# Little Lulu

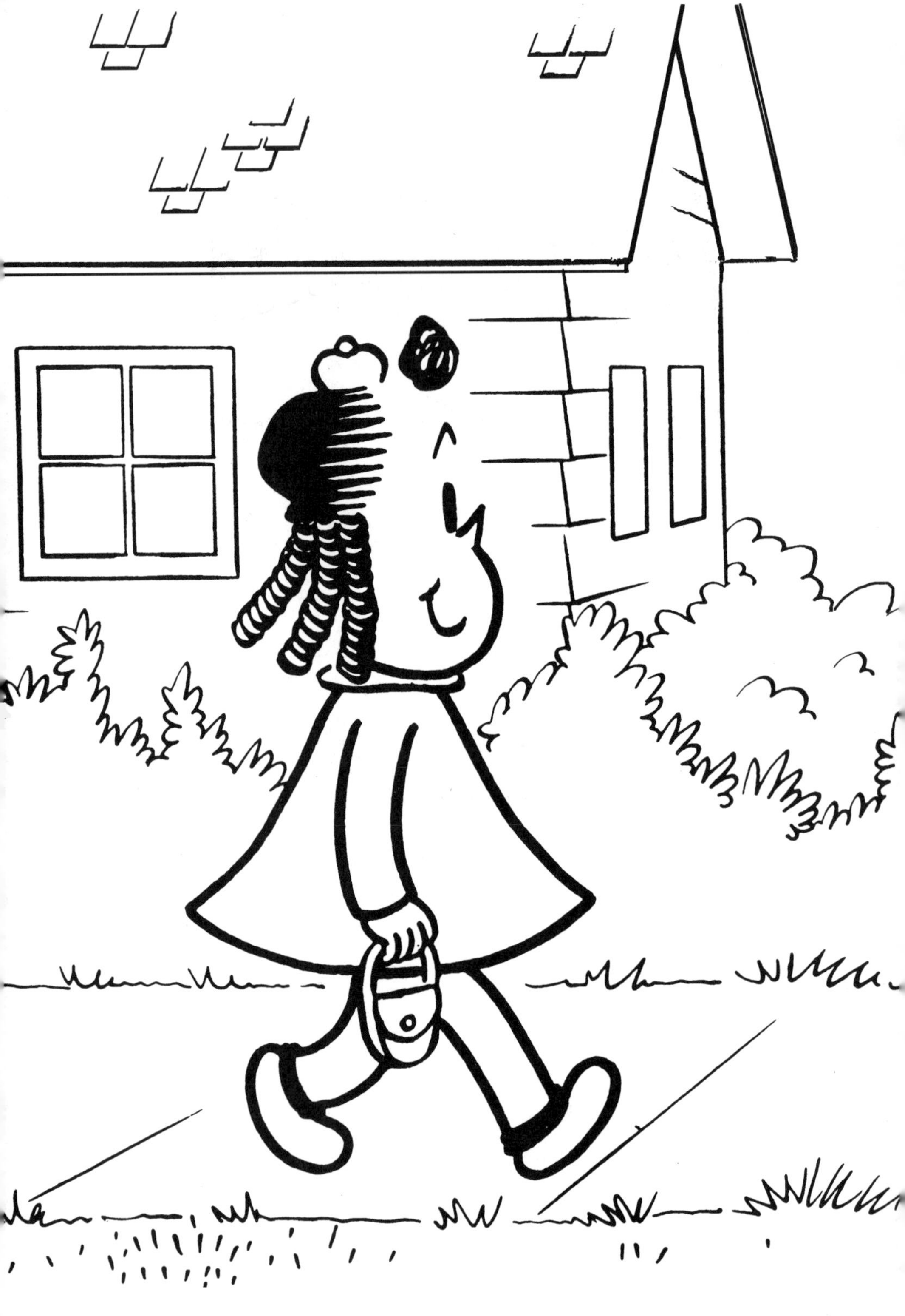

# Little Lulu®

## Lulu Goes Shopping

Story and Art
### John Stanley
and
### Irving Tripp

Based on the character

created by

### Marge Buell

DARK HORSE BOOKS™

Publisher
**Mike Richardson**

Editor
**Shawna Gore**

Editorial Assistants
**Rachel Miller**
**Gina Gagliano**

Collection Designer
**Debra Bailey**

Art Director
**Lia Ribacchi**

J-GN
LITTLE LULU
341-2585

Published by
**Dark Horse Books**
A division of Dark Horse Comics, Inc.
10956 SE Main Street
Milwaukie, OR 97222

darkhorse.com

Little Lulu # 4: Lulu Goes Shopping© November, 2004. Published by Dark Horse Comics, Inc., 10956 SE Main Street, Milwaukie, Oregon 97222. Little Lulu and associated character names, images, and other indicia are trademarks of and copyrighted by Classic Media, Inc. All Rights Reserved. Dark Horse Comics® is a trademark of Dark Horse Comics, Inc., registered in various categories and countries. All rights reserved. No portion of this publication may be reproduced or transmitted, in any form or by any means, without the express written permission of Dark Horse Comics, Inc. Names, characters, places, and incidents featured in this publication either are the product of the author's imagination or are used fictitiously. Any resemblance to actual persons (living or dead), events, institutions, or locales, without satiric intent, is coincidental.

First edition: November 2004
ISBN: 1-59307-270-8

3 5 7 9 10 8 6 4 2
Printed in U.S.A.

# A note about Lulu

Little Lulu came into the world through the pen of cartoonist Marjorie "Marge" Henderson Buell in 1935. Originally commissioned as a series of single-panel cartoons by *The Saturday Evening Post*, Lulu took the world by storm with her charm, smarts, and sass. Within ten years, she not only was the star of her own cartoon series, but a celebrity spokesgirl for a variety of high-profile commercial products.

Little Lulu truly hit her stride as America's sweetheart in the comic books published by Dell Comics starting in 1945. While Buell was solely responsible for Lulu's original single-panel shenanigans, the comic book stories were put into the able hands of comics legend John Stanley. Stanley wrote and laid out the comics while artist Irving Tripp provided the finished drawings. After a number of trial appearances in Dell comics, Lulu's appeal was undeniable, and she was granted her very own series, called *Marge's Little Lulu*, which was published regularly through 1984.

This volume of Dark Horse Books' *Little Lulu* library contains every comic story from issues six through twelve of *Marge's Little Lulu*.

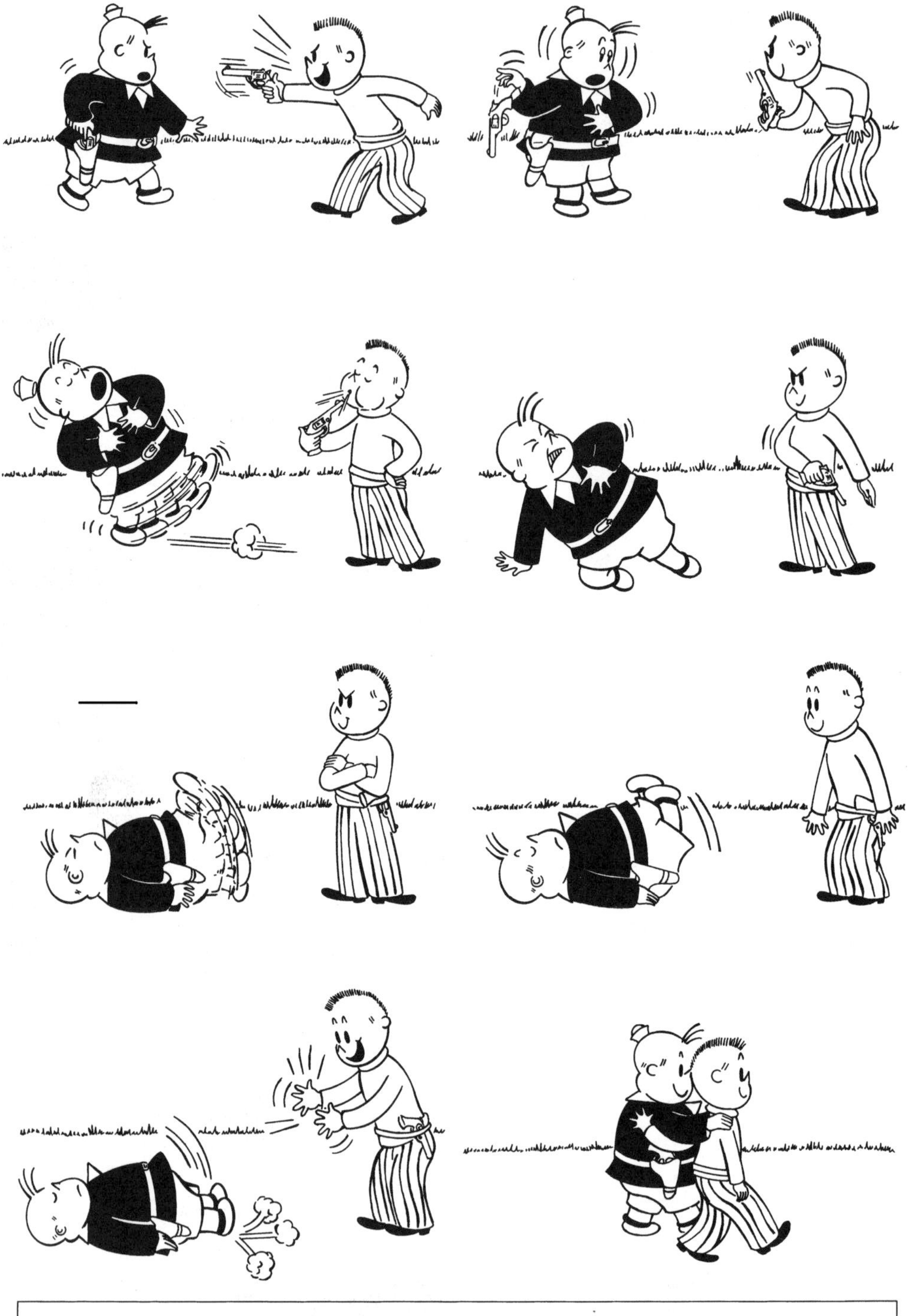

**Little Lulu No. 6, November-December, 1948**

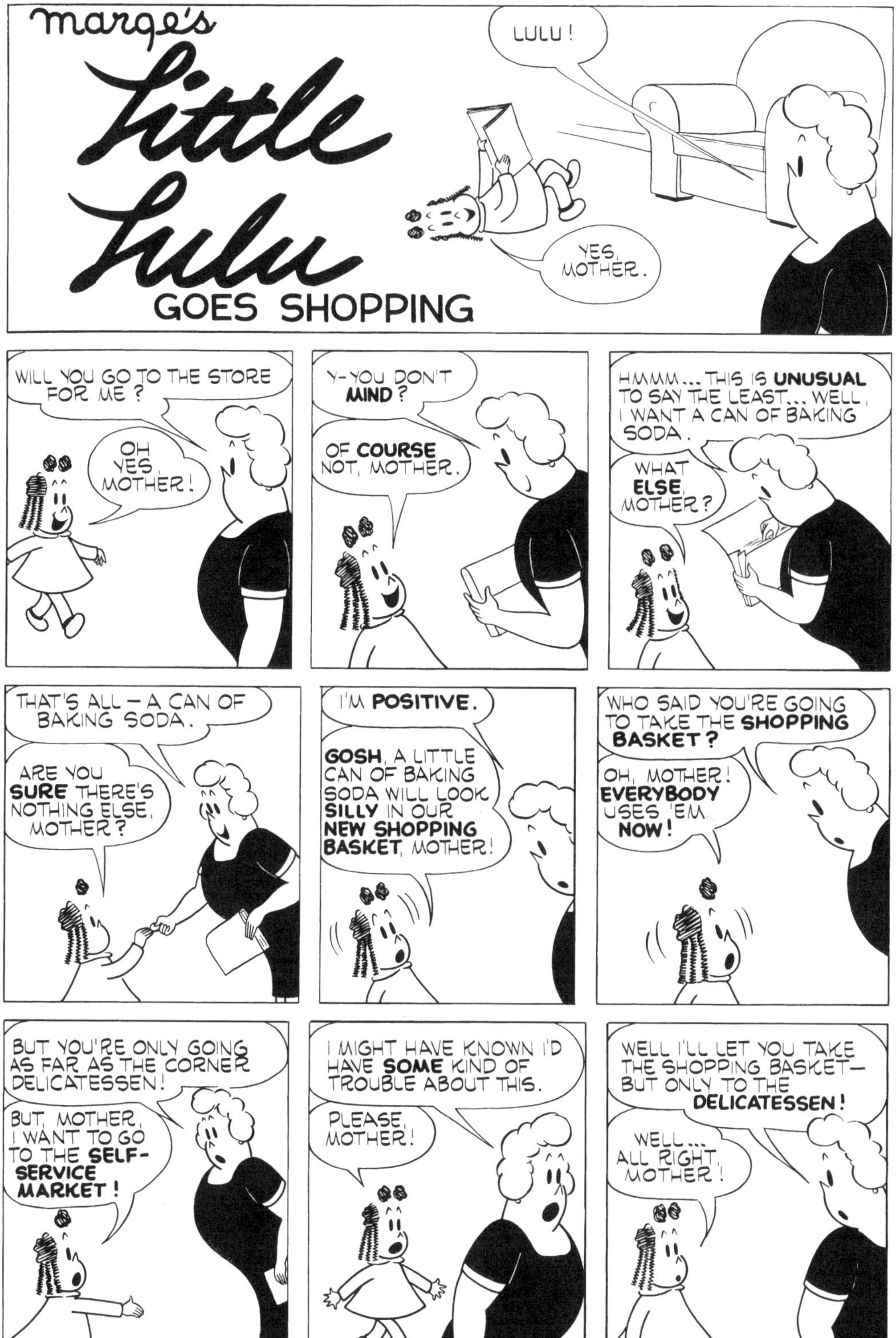
marge's
Little Lulu
GOES SHOPPING
LULU!
YES, MOTHER.
WILL YOU GO TO THE STORE FOR ME?
OH YES, MOTHER!
Y-YOU DON'T **MIND**?
OF **COURSE** NOT, MOTHER.
HMMM... THIS IS **UNUSUAL** TO SAY THE LEAST... WELL, I WANT A CAN OF BAKING SODA.
WHAT **ELSE**, MOTHER?
THAT'S ALL — A CAN OF BAKING SODA.
ARE YOU **SURE** THERE'S NOTHING ELSE, MOTHER?
I'M **POSITIVE**.
**GOSH**, A LITTLE CAN OF BAKING SODA WILL LOOK **SILLY** IN OUR **NEW SHOPPING BASKET**, MOTHER!
WHO SAID YOU'RE GOING TO TAKE THE **SHOPPING BASKET**?
OH, MOTHER! **EVERYBODY** USES 'EM **NOW**!
BUT YOU'RE ONLY GOING AS FAR AS THE CORNER DELICATESSEN!
BUT, MOTHER, I WANT TO GO TO THE **SELF-SERVICE MARKET**!
I MIGHT HAVE KNOWN I'D HAVE **SOME** KIND OF TROUBLE ABOUT THIS.
PLEASE, MOTHER!
WELL I'LL LET YOU TAKE THE SHOPPING BASKET— BUT ONLY TO THE **DELICATESSEN**!
WELL... ALL RIGHT, MOTHER!

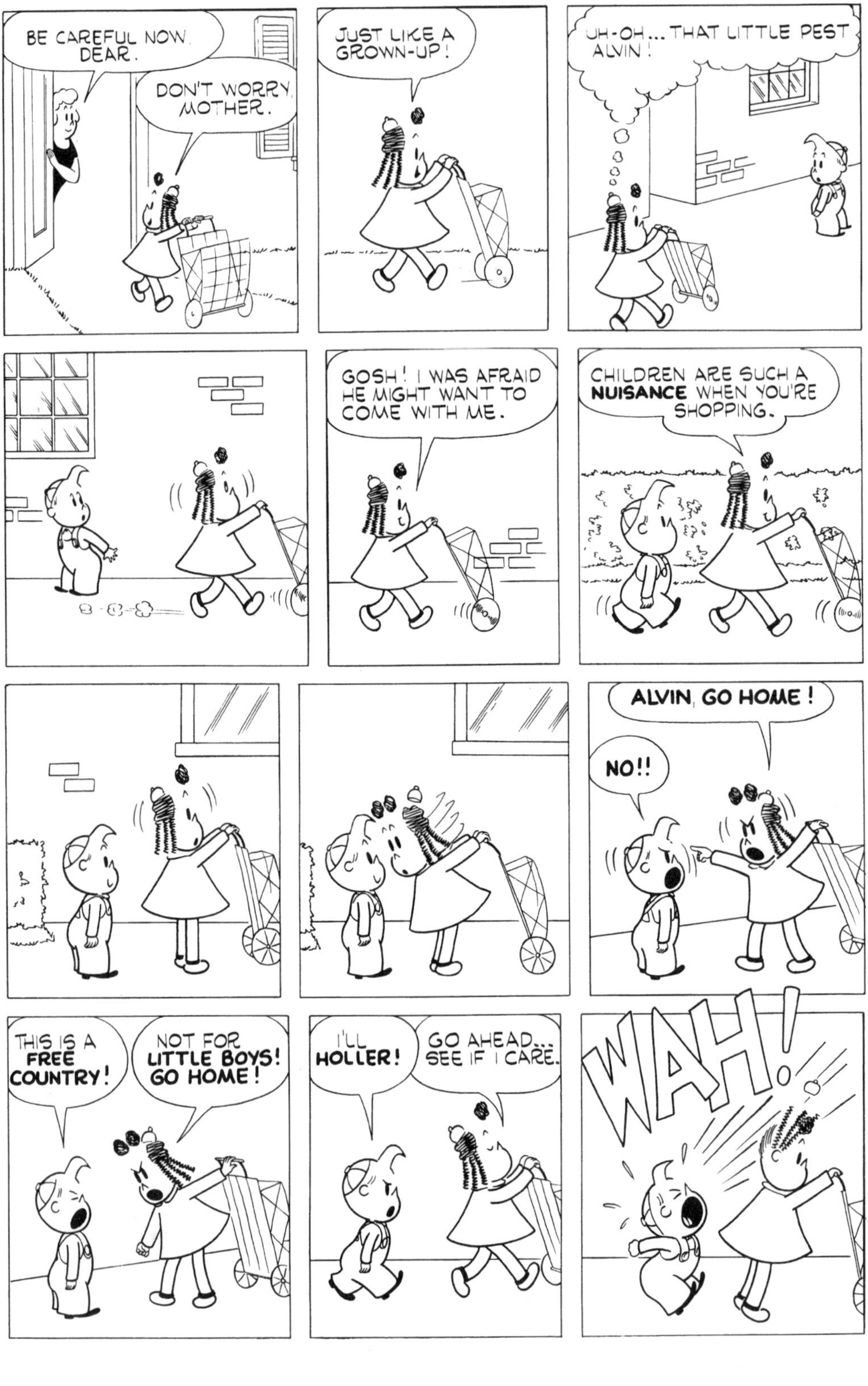
BE CAREFUL NOW, DEAR.
DON'T WORRY, MOTHER.
JUST LIKE A GROWN-UP!
UH-OH... THAT LITTLE PEST ALVIN!
GOSH! I WAS AFRAID HE MIGHT WANT TO COME WITH ME.
CHILDREN ARE SUCH A NUISANCE WHEN YOU'RE SHOPPING.
ALVIN, GO HOME!
NO!!
THIS IS A FREE COUNTRY!
NOT FOR LITTLE BOYS! GO HOME!
I'LL HOLLER!
GO AHEAD... SEE IF I CARE.
WAH!

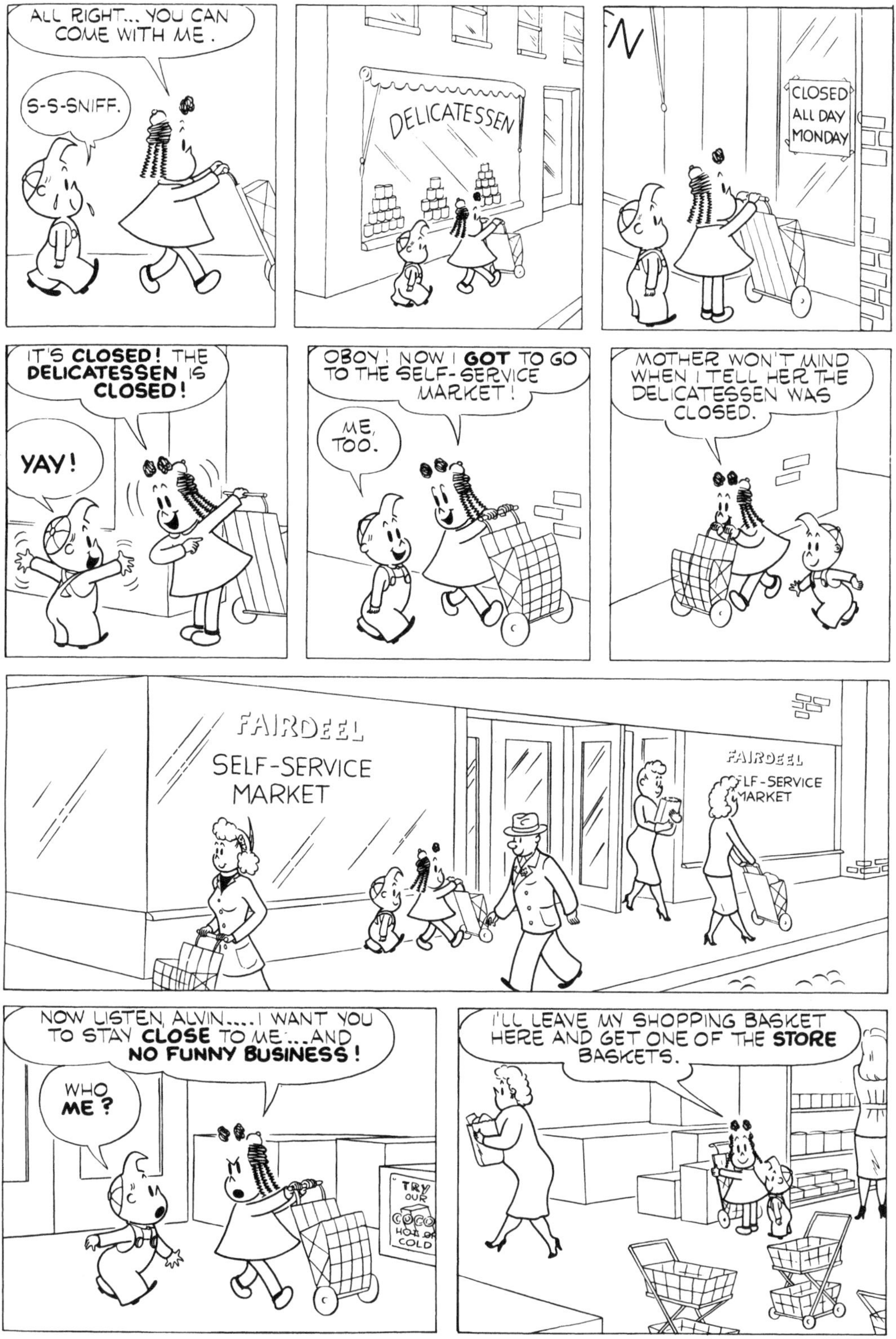
ALL RIGHT... YOU CAN COME WITH ME.
S-S-SNIFF.
DELICATESSEN
CLOSED ALL DAY MONDAY
IT'S **CLOSED!** THE **DELICATESSEN** IS **CLOSED!**
YAY!
OBOY! NOW I **GOT** TO GO TO THE SELF-SERVICE MARKET!
ME, TOO.
MOTHER WON'T MIND WHEN I TELL HER THE DELICATESSEN WAS CLOSED.
FAIRDEEL
SELF-SERVICE MARKET
FAIRDEEL
NOW LISTEN, ALVIN....I WANT YOU TO STAY **CLOSE** TO ME....AND **NO FUNNY BUSINESS!**
WHO **ME?**
TRY OUR
COLD
I'LL LEAVE MY SHOPPING BASKET HERE AND GET ONE OF THE **STORE** BASKETS.

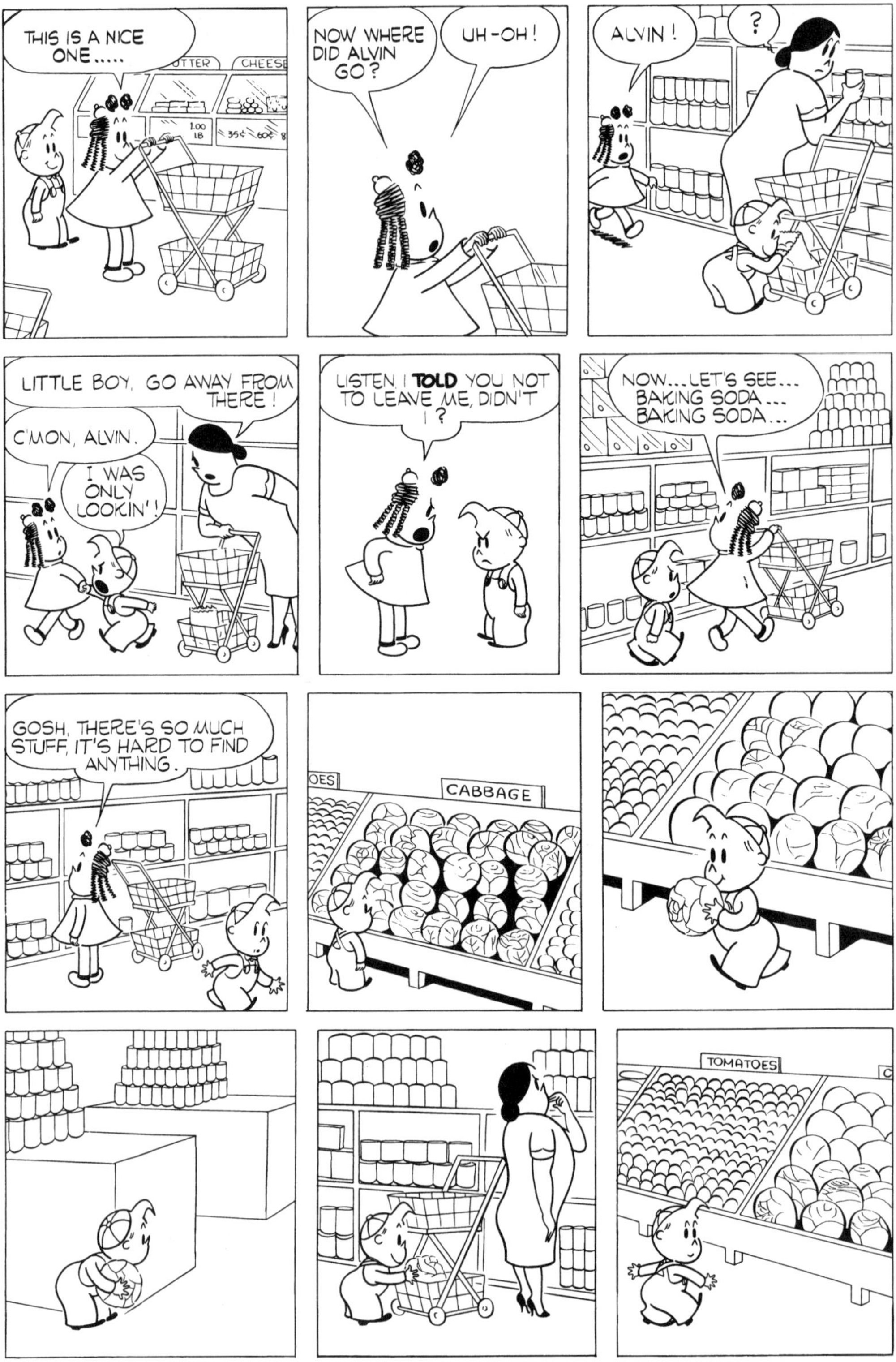
THIS IS A NICE ONE.....
BUTTER
CHEESE
1.00 LB
35¢
60¢
NOW WHERE DID ALVIN GO?
UH-OH!
ALVIN!
?
LITTLE BOY, GO AWAY FROM THERE!
C'MON, ALVIN.
I WAS ONLY LOOKIN'!
LISTEN, I **TOLD** YOU NOT TO LEAVE ME, DIDN'T I?
NOW... LET'S SEE... BAKING SODA... BAKING SODA...
GOSH, THERE'S SO MUCH STUFF, IT'S HARD TO FIND ANYTHING.
CABBAGE
TOMATOES

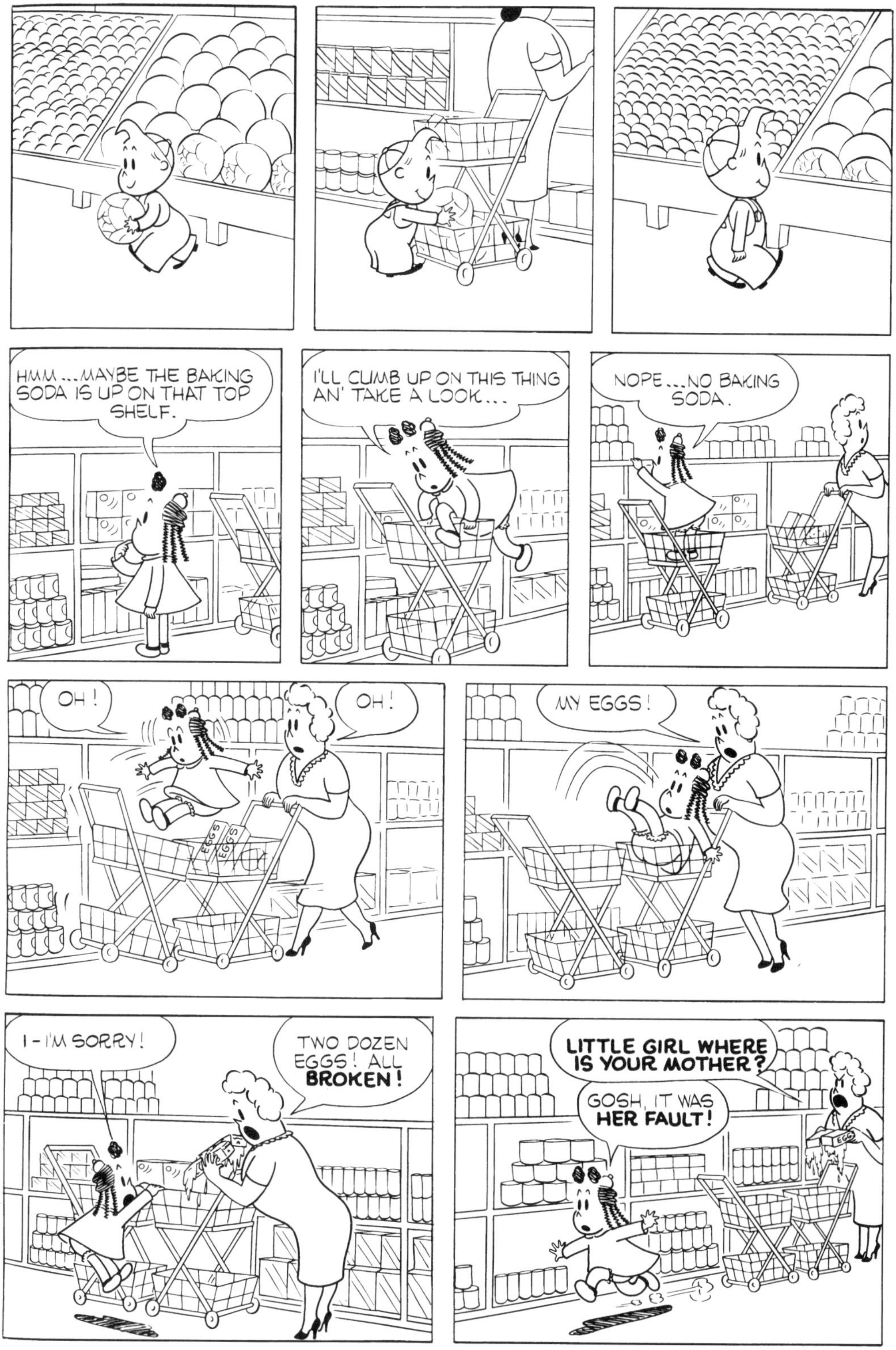
HMM ... MAYBE THE BAKING SODA IS UP ON THAT TOP SHELF.
I'LL CLIMB UP ON THIS THING AN' TAKE A LOOK ...
NOPE ... NO BAKING SODA.
OH!
OH!
EGGS
EGGS
MY EGGS!
I - I'M SORRY!
TWO DOZEN EGGS! ALL **BROKEN!**
**LITTLE GIRL WHERE IS YOUR MOTHER?**
GOSH, IT WAS **HER FAULT!**

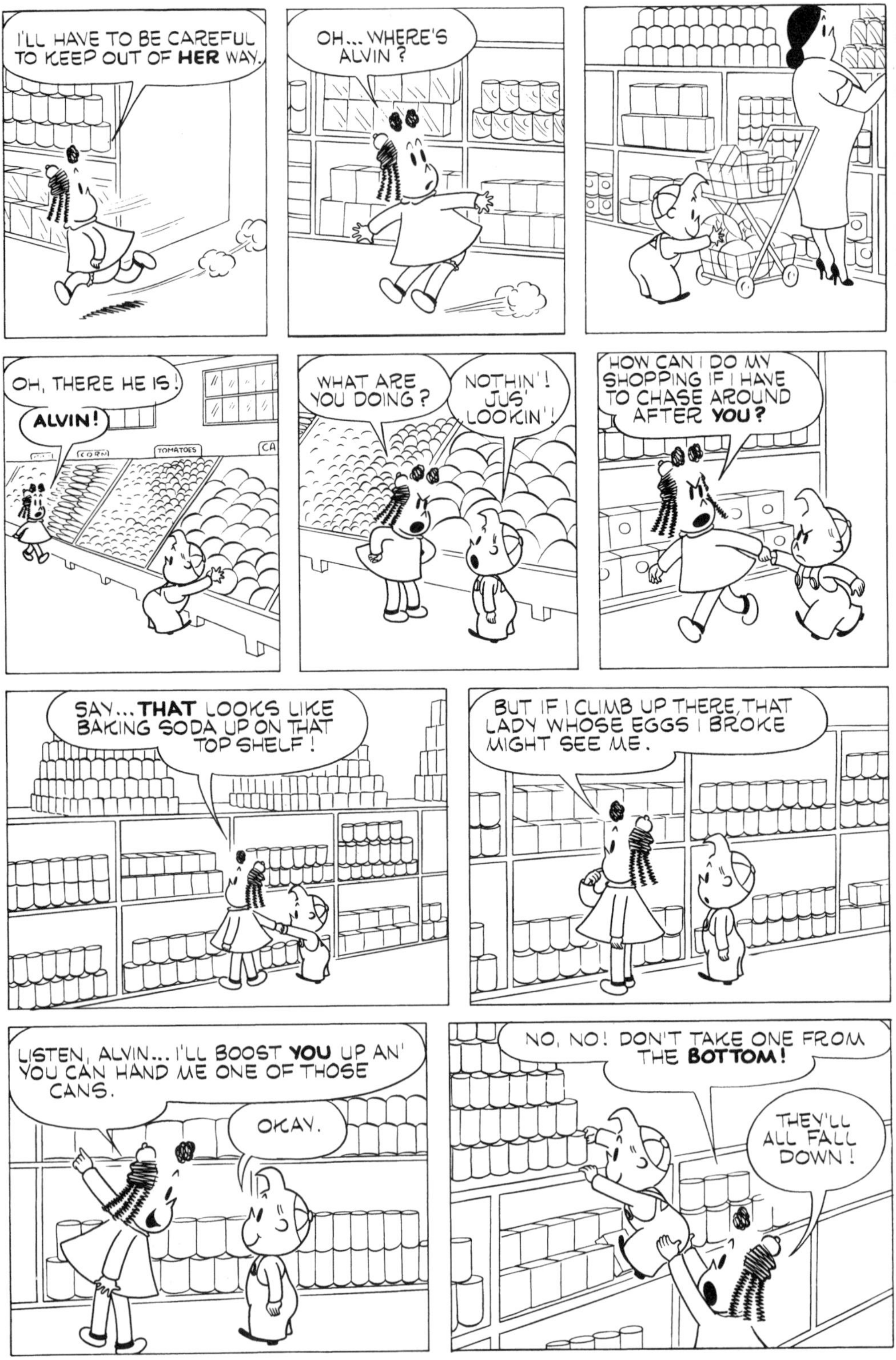
I'LL HAVE TO BE CAREFUL TO KEEP OUT OF **HER** WAY.
OH... WHERE'S ALVIN ?
OH, THERE HE IS!
**ALVIN!**
CORN
TOMATOES
WHAT ARE YOU DOING ?
NOTHIN'! JUS' LOOKIN'!
HOW CAN I DO MY SHOPPING IF I HAVE TO CHASE AROUND AFTER **YOU?**
SAY... **THAT** LOOKS LIKE BAKING SODA UP ON THAT TOP SHELF!
BUT IF I CLIMB UP THERE, THAT LADY WHOSE EGGS I BROKE MIGHT SEE ME.
LISTEN, ALVIN... I'LL BOOST **YOU** UP AN' YOU CAN HAND ME ONE OF THOSE CANS.
OKAY.
NO, NO! DON'T TAKE ONE FROM THE **BOTTOM!**
THEY'LL ALL FALL DOWN!

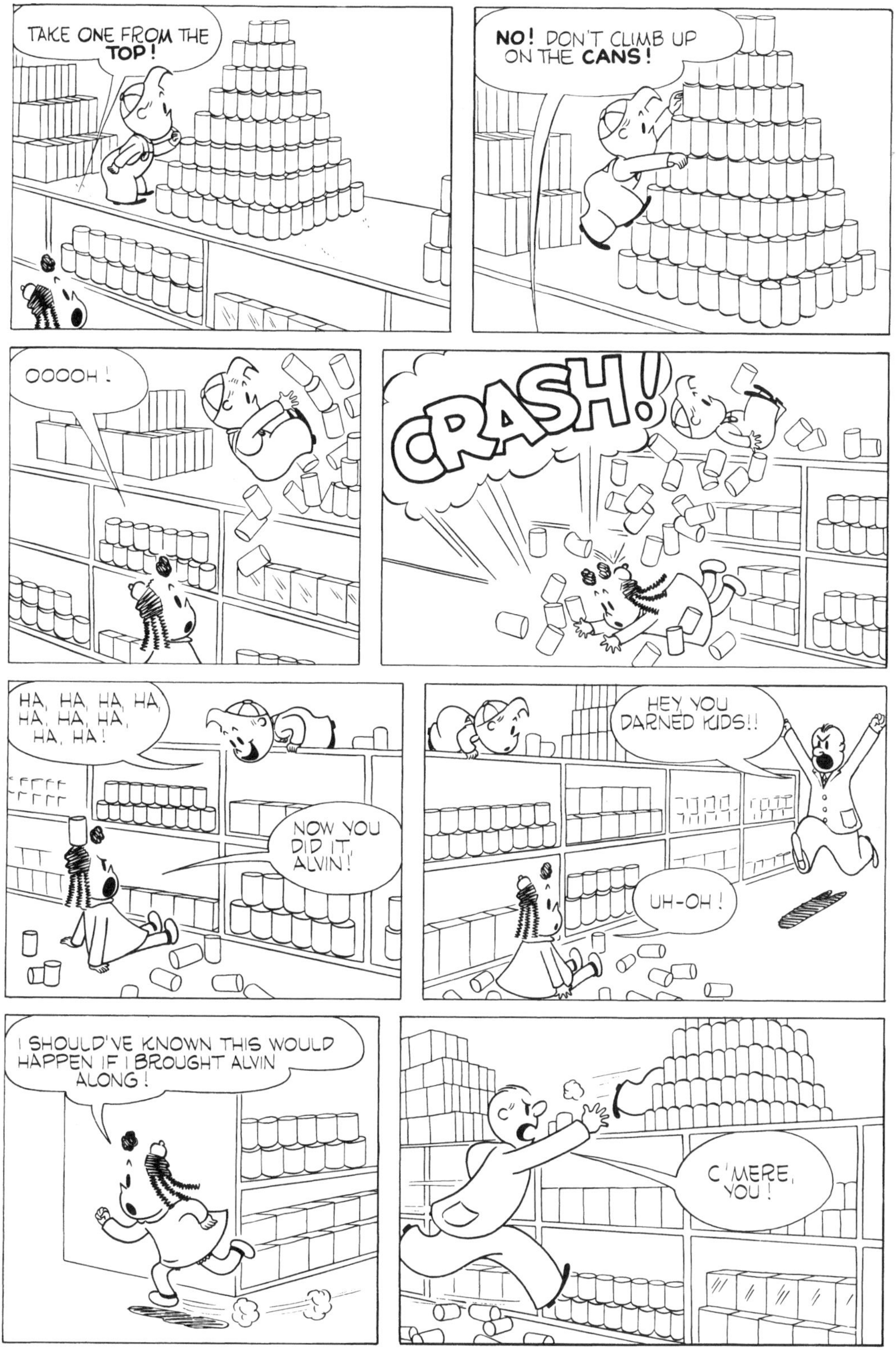
TAKE ONE FROM THE **TOP**!
**NO**! DON'T CLIMB UP ON THE **CANS**!
OOOOH!
CRASH!
HA, HA, HA, HA, HA, HA, HA, HA, HA!
NOW YOU DID IT, ALVIN!
HEY, YOU DARNED KIDS!!
UH-OH!
I SHOULD'VE KNOWN THIS WOULD HAPPEN IF I BROUGHT ALVIN ALONG!
C'MERE, YOU!

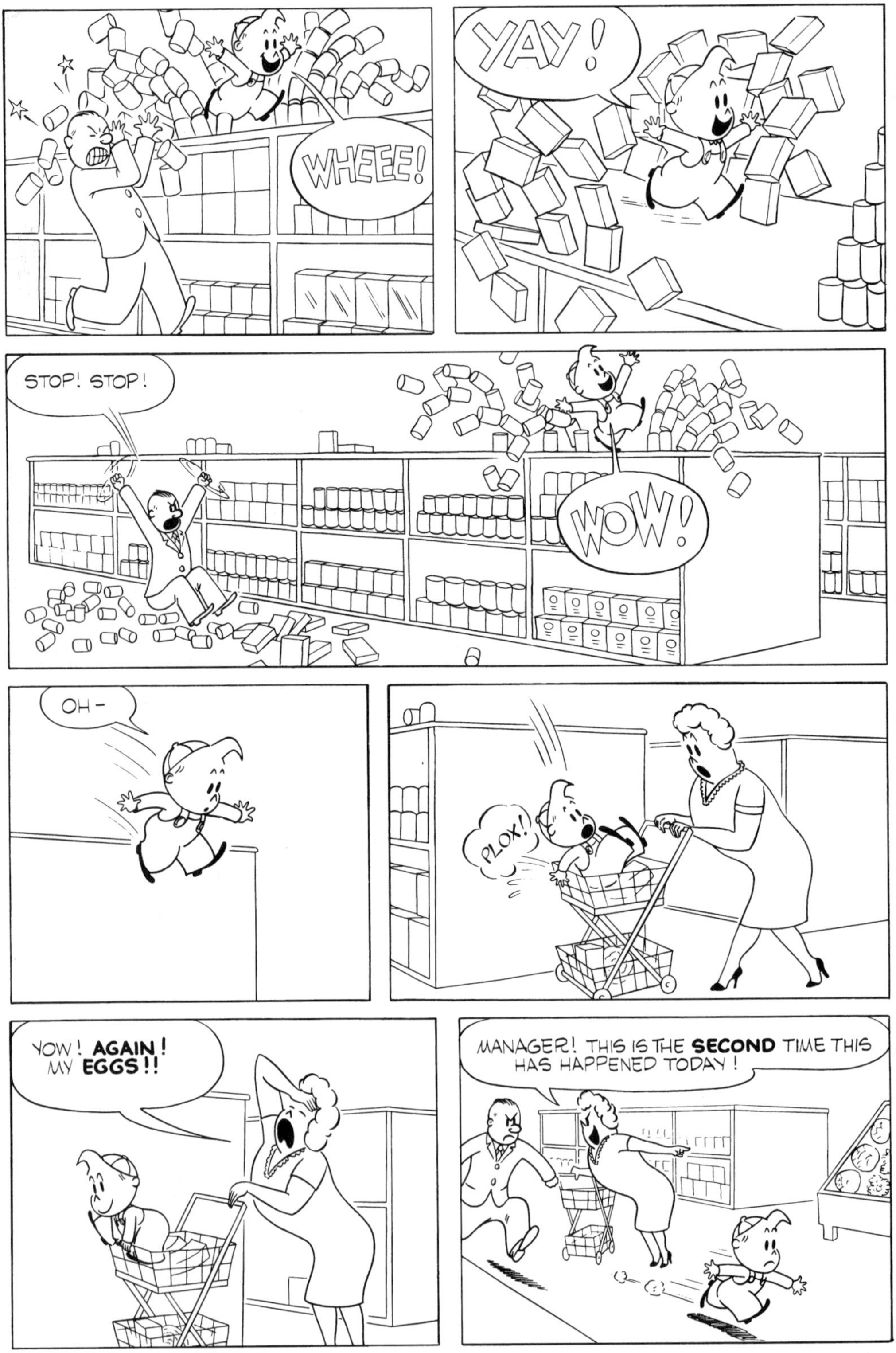
WHEEE!
YAY!
STOP! STOP!
WOW!
OH -
PLOX!
YOW! **AGAIN**! MY **EGGS**!!
MANAGER! THIS IS THE **SECOND** TIME THIS HAS HAPPENED TODAY!

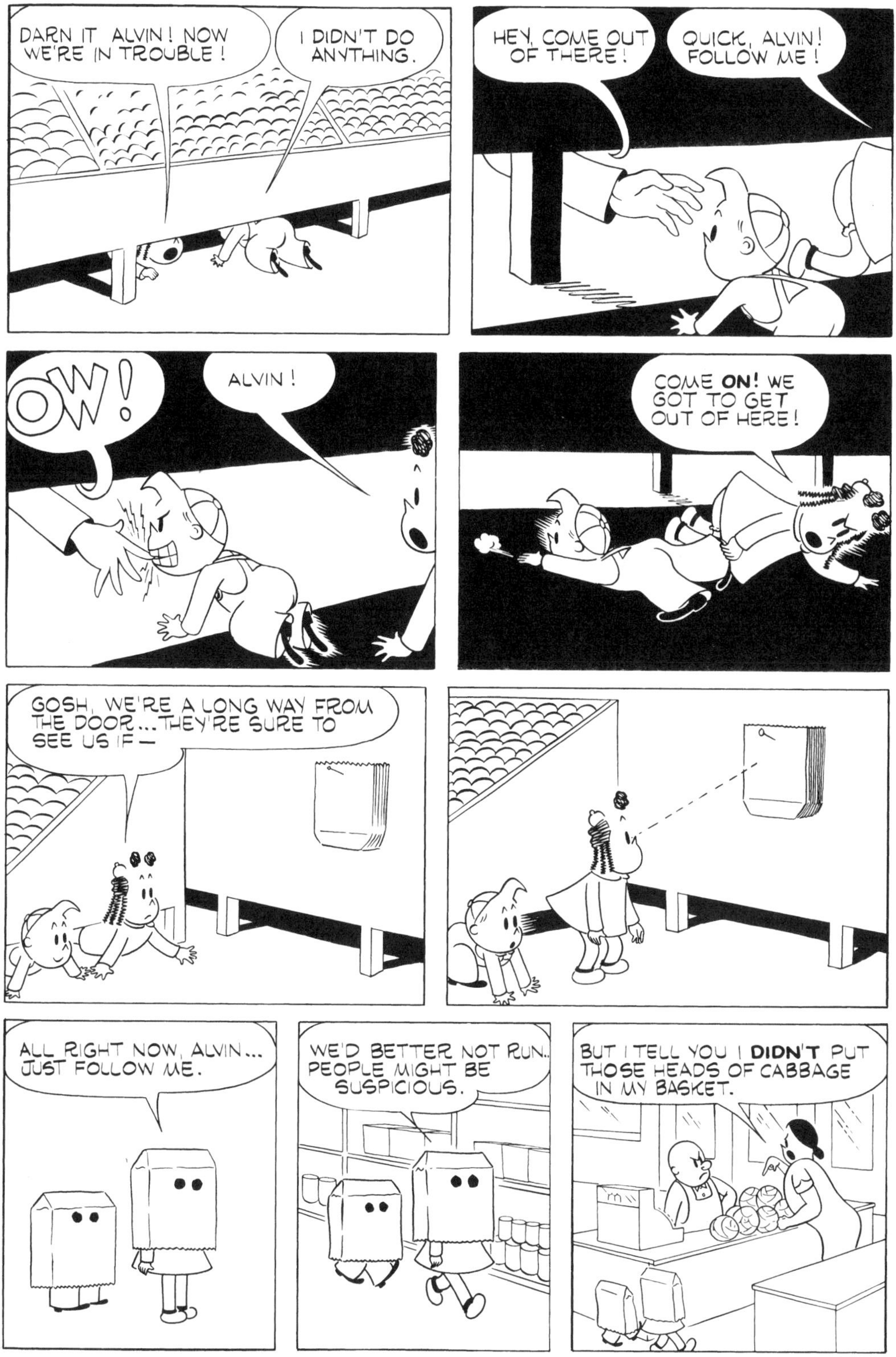
DARN IT ALVIN! NOW WE'RE IN TROUBLE!
I DIDN'T DO ANYTHING.
HEY, COME OUT OF THERE!
QUICK, ALVIN! FOLLOW ME!
OW!
ALVIN!
COME **ON!** WE GOT TO GET OUT OF HERE!
GOSH, WE'RE A LONG WAY FROM THE DOOR... THEY'RE SURE TO SEE US IF—
ALL RIGHT NOW, ALVIN... JUST FOLLOW ME.
WE'D BETTER NOT RUN.. PEOPLE MIGHT BE SUSPICIOUS.
BUT I TELL YOU I **DIDN'T** PUT THOSE HEADS OF CABBAGE IN MY BASKET.

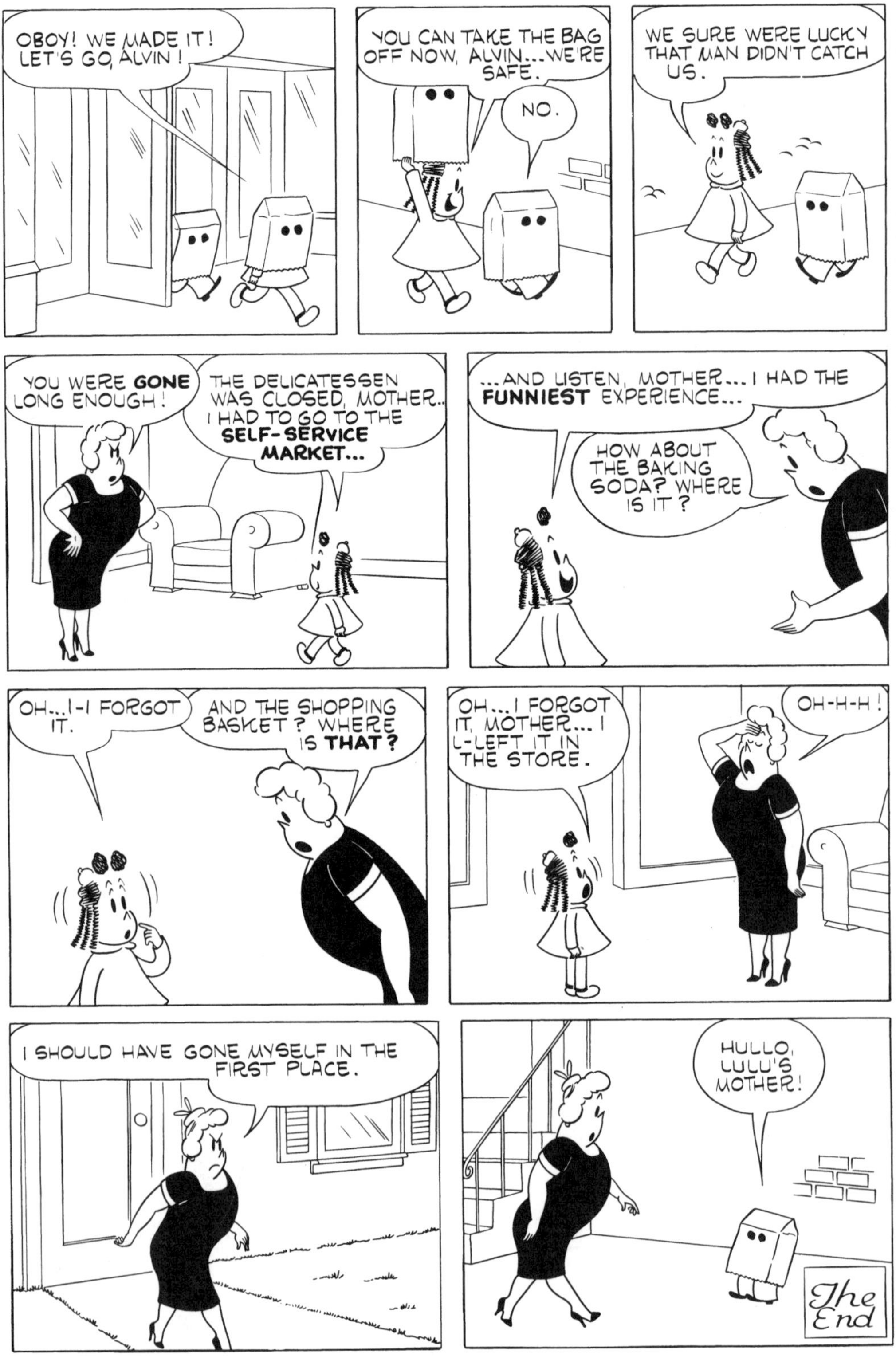
OBOY! WE MADE IT! LET'S GO, ALVIN!
YOU CAN TAKE THE BAG OFF NOW, ALVIN...WE'RE SAFE.
NO.
WE SURE WERE LUCKY THAT MAN DIDN'T CATCH US.
YOU WERE **GONE** LONG ENOUGH!
THE DELICATESSEN WAS CLOSED, MOTHER.. I HAD TO GO TO THE **SELF-SERVICE MARKET...**
...AND LISTEN, MOTHER... I HAD THE **FUNNIEST** EXPERIENCE...
HOW ABOUT THE BAKING SODA? WHERE IS IT?
OH...I-I FORGOT IT.
AND THE SHOPPING BASKET? WHERE IS **THAT?**
OH...I FORGOT IT, MOTHER... I L-LEFT IT IN THE STORE.
OH-H-H!
I SHOULD HAVE GONE MYSELF IN THE FIRST PLACE.
HULLO, LULU'S MOTHER!
The End

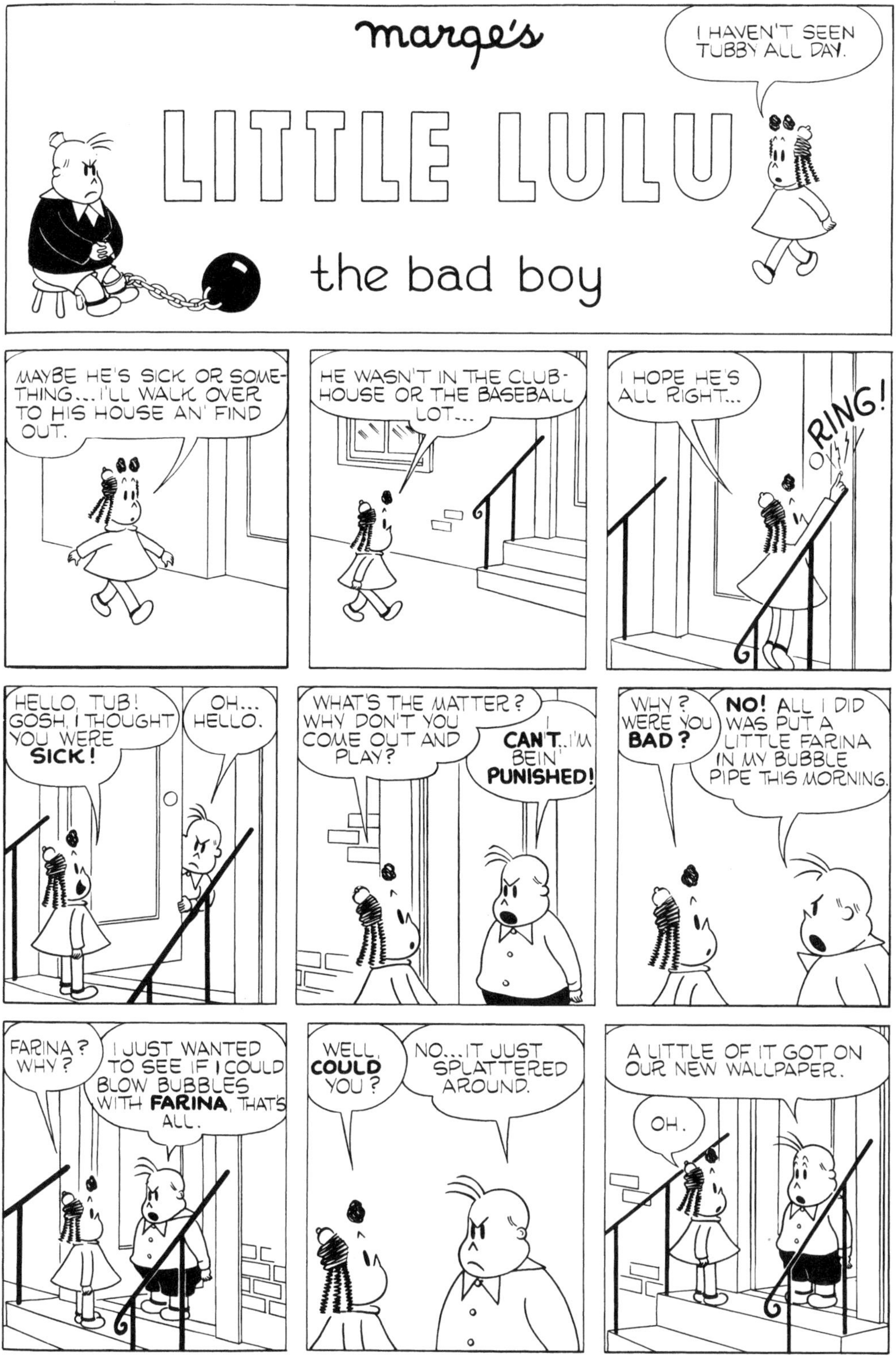
marge's
LITTLE LULU
the bad boy
I HAVEN'T SEEN TUBBY ALL DAY.
MAYBE HE'S SICK OR SOMETHING... I'LL WALK OVER TO HIS HOUSE AN' FIND OUT.
HE WASN'T IN THE CLUBHOUSE OR THE BASEBALL LOT...
I HOPE HE'S ALL RIGHT...
RING!
HELLO, TUB! GOSH, I THOUGHT YOU WERE SICK!
OH... HELLO.
WHAT'S THE MATTER? WHY DON'T YOU COME OUT AND PLAY?
I CAN'T.. I'M BEIN' PUNISHED!
WHY? WERE YOU BAD?
NO! ALL I DID WAS PUT A LITTLE FARINA IN MY BUBBLE PIPE THIS MORNING.
FARINA? WHY?
I JUST WANTED TO SEE IF I COULD BLOW BUBBLES WITH FARINA, THAT'S ALL.
WELL, COULD YOU?
NO... IT JUST SPLATTERED AROUND.
A LITTLE OF IT GOT ON OUR NEW WALLPAPER.
OH.

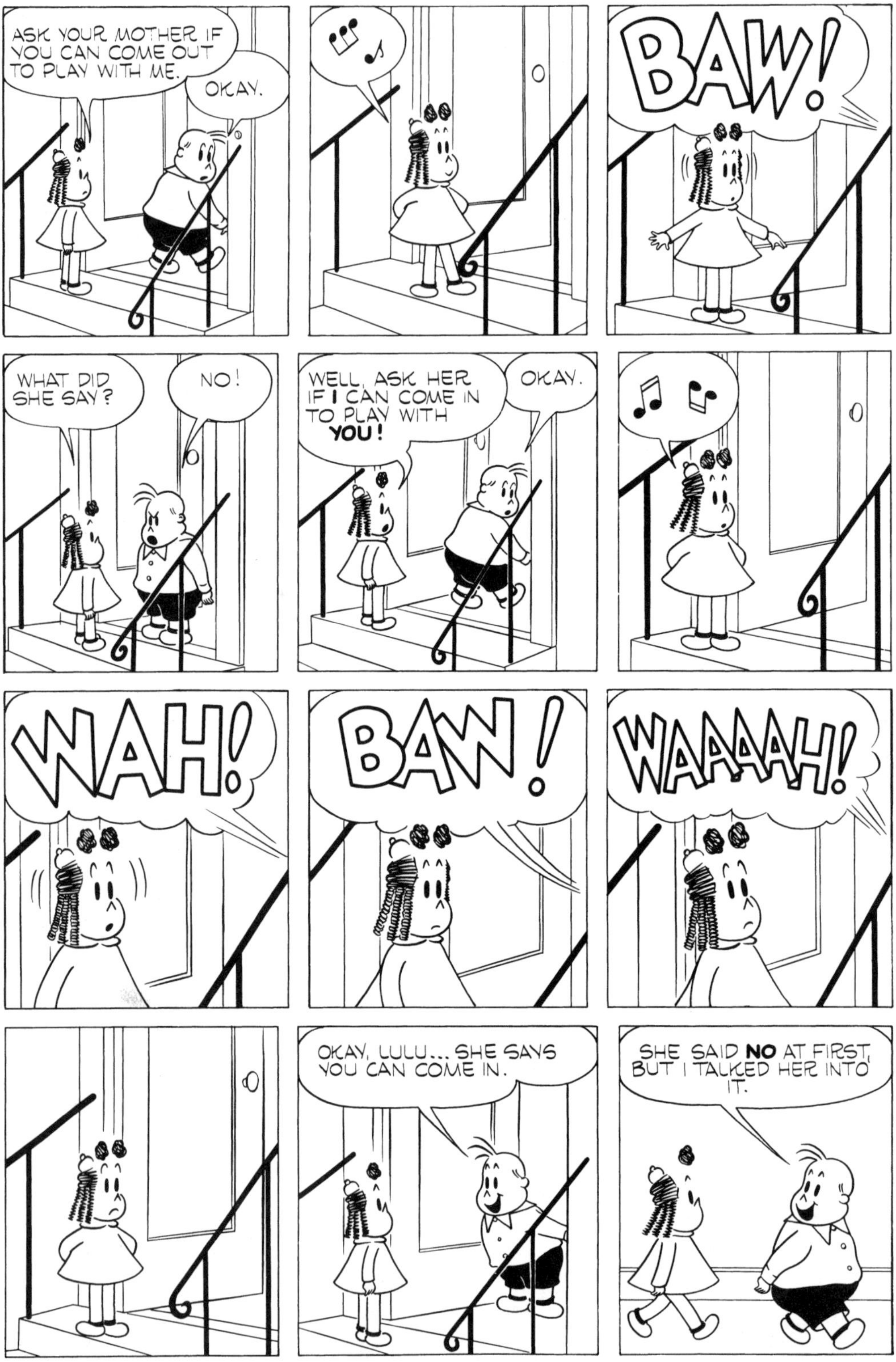
ASK YOUR MOTHER IF YOU CAN COME OUT TO PLAY WITH ME.
OKAY.
BAW!
WHAT DID SHE SAY?
NO!
WELL, ASK HER IF **I** CAN COME IN TO PLAY WITH **YOU**!
OKAY.
WAH!
BAW!
WAAAAH!
OKAY, LULU... SHE SAYS YOU CAN COME IN.
SHE SAID **NO** AT FIRST, BUT I TALKED HER INTO IT.

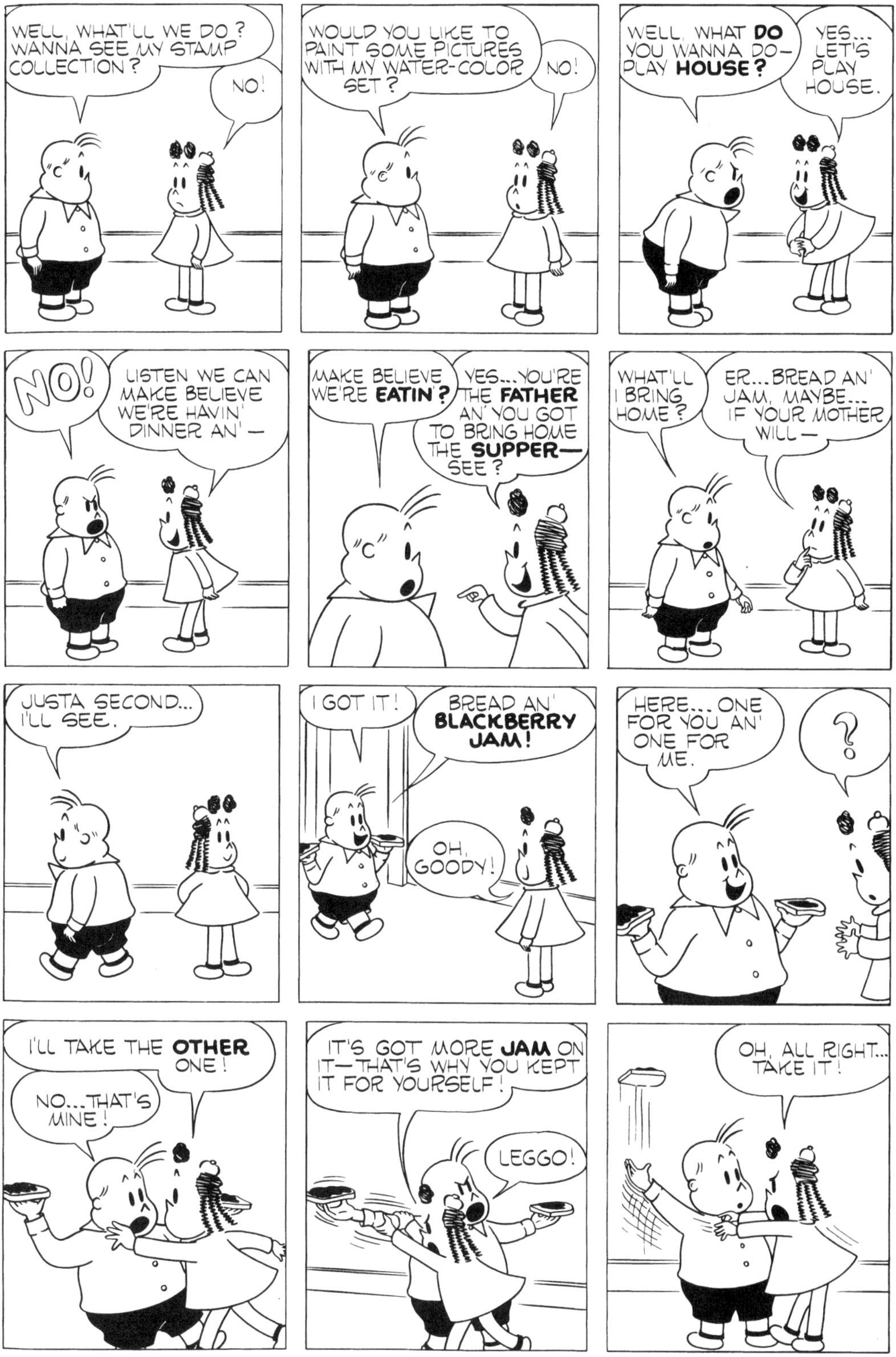
WELL, WHAT'LL WE DO? WANNA SEE MY STAMP COLLECTION?
NO!
WOULD YOU LIKE TO PAINT SOME PICTURES WITH MY WATER-COLOR SET?
NO!
WELL, WHAT **DO** YOU WANNA DO— PLAY **HOUSE?**
YES... LET'S PLAY HOUSE.
NO!
LISTEN WE CAN MAKE BELIEVE WE'RE HAVIN' DINNER AN'—
MAKE BELIEVE WE'RE **EATIN'?**
YES... YOU'RE THE **FATHER** AN' YOU GOT TO BRING HOME THE **SUPPER**— SEE?
WHAT'LL I BRING HOME?
ER... BREAD AN' JAM, MAYBE... IF YOUR MOTHER WILL—
JUSTA SECOND... I'LL SEE.
I GOT IT!
BREAD AN' **BLACKBERRY JAM!**
OH, GOODY!
HERE... ONE FOR YOU AN' ONE FOR ME.
?
I'LL TAKE THE **OTHER** ONE!
NO... THAT'S MINE!
IT'S GOT MORE **JAM** ON IT—THAT'S WHY YOU KEPT IT FOR YOURSELF!
LEGGO!
OH, ALL RIGHT... TAKE IT!

?
?
GOSH! WHEN YOU LET GO OF MY ARM TH' BREAD FLEW UP AN' STUCK ON THE CEILING.
WHAT'LL WE DO?
OH, MAYBE IT'LL FALL DOWN.
YOU COULD POKE IT DOWN WITH A LONG STICK OR SOMETHING.
A **BROOM**! I'LL GET THE BROOM!
I-I TOLD MY MOTHER I WANTED THE BROOM TO SWEEP UP CRUMBS.
TSK, TSK... THAT'S A FIB!
IT WON'T REACH.
STAND ON A **CHAIR**.
I STILL CAN'T REACH IT.
HOW ABOUT **THROWING** SOMETHING AT IT?
MY MOTHER WOULD HEAR THE NOISE.
SA-A-AY HOW ABOUT YOUR **BOW AN' ARROW?**
BUT, HOW?
LISTEN, WE'LL TIE A STRING ON THE ARROW AN' SHOOT IT AT THE BREAD—
—IT'LL STICK IN THE BREAD AN' THEN YOU CAN YANK IT DOWN WITH THE **STRING**!
I-I'LL TRY IT.
I GOT THE BOW AN' ARROW AN' THE STRING...
THIS IS **SURE** TO WORK.
ALL RIGHT, DON'T STAND ON THE STRING NOW.
I WON'T.

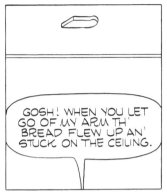

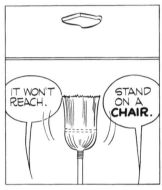

TWANG!
THUD!
MISSED!
I'LL PULL IT DOWN AN' TAKE ANOTHER SHOT.
**THAT'S** WHY I THOUGHT OF THE **STRING!**
UH-OH!
LOOKIT WHAT HAPPENED!
GOSH!
WHAT IF YOUR **MOTHER** COMES IN, TUB?
OH, SHE'S OUT IN THE BACK HANGIN' UP SOME WASH.
I GOTTA GET THAT BREAD DOWN BEFORE SHE COMES IN THOUGH.
THUD
DARN! MISSED **AGAIN!**
YANK IT DOWN.
NOW THERE'RE **TWO** HOLES IN THE CEILING!
I'LL HIT IT **THIS** TIME!

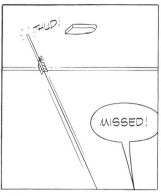

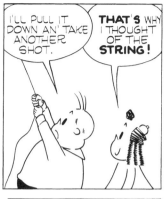

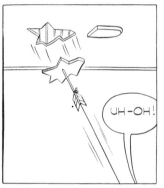

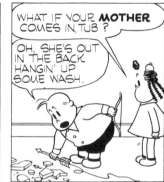

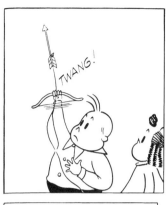

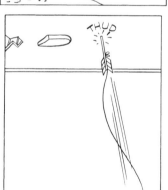

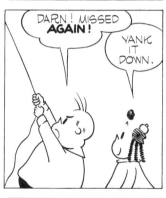

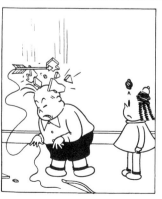

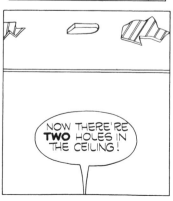

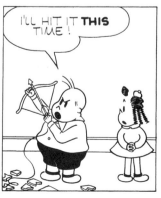

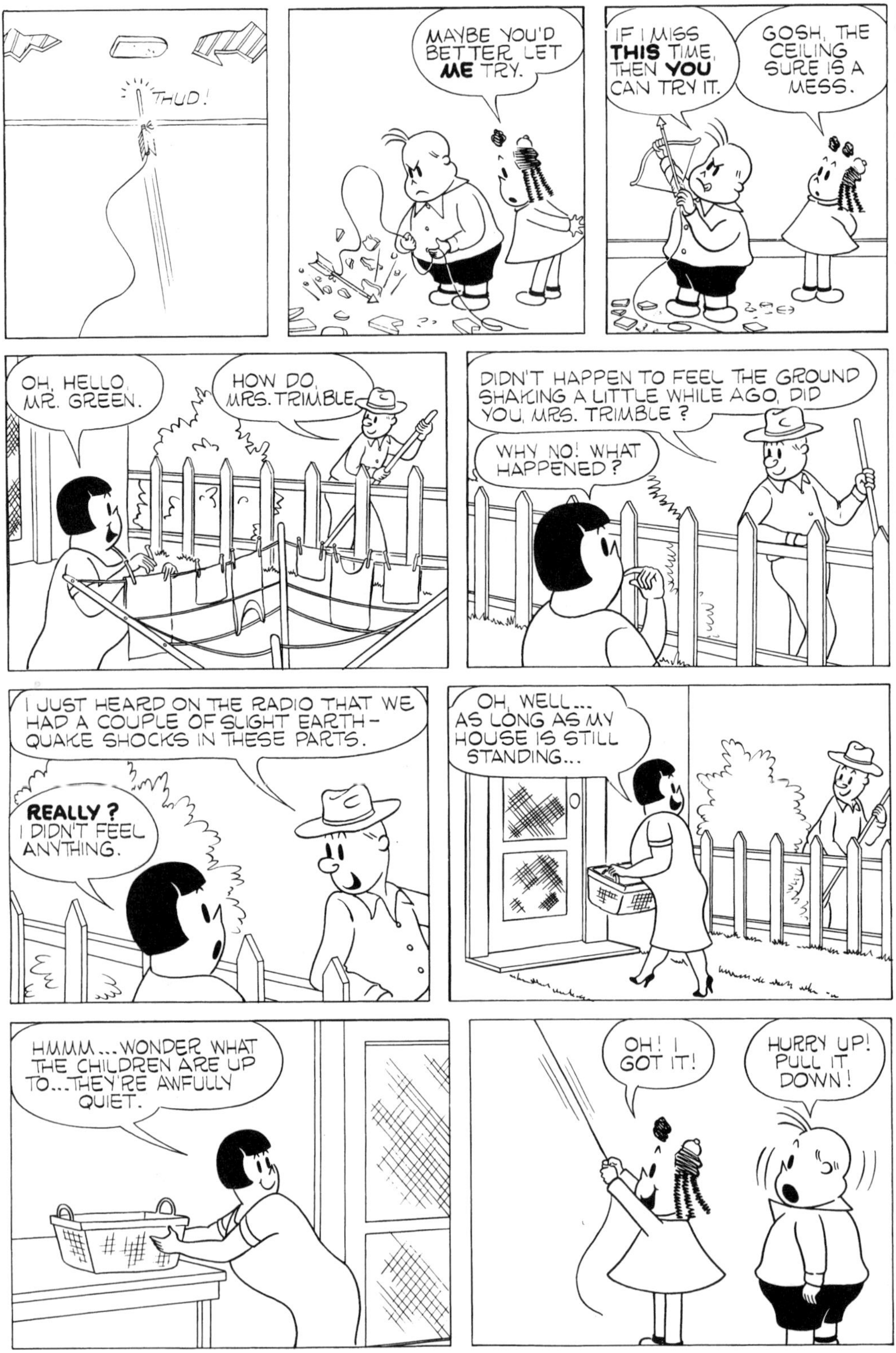
THUD!
MAYBE YOU'D BETTER LET ME TRY.
IF I MISS THIS TIME, THEN YOU CAN TRY IT.
GOSH, THE CEILING SURE IS A MESS.
OH, HELLO, MR. GREEN.
HOW DO, MRS. TRIMBLE.
DIDN'T HAPPEN TO FEEL THE GROUND SHAKING A LITTLE WHILE AGO, DID YOU, MRS. TRIMBLE?
WHY NO! WHAT HAPPENED?
I JUST HEARD ON THE RADIO THAT WE HAD A COUPLE OF SLIGHT EARTH-QUAKE SHOCKS IN THESE PARTS.
REALLY? I DIDN'T FEEL ANYTHING.
OH, WELL... AS LONG AS MY HOUSE IS STILL STANDING...
HMMM... WONDER WHAT THE CHILDREN ARE UP TO... THEY'RE AWFULLY QUIET.
OH! I GOT IT!
HURRY UP! PULL IT DOWN!

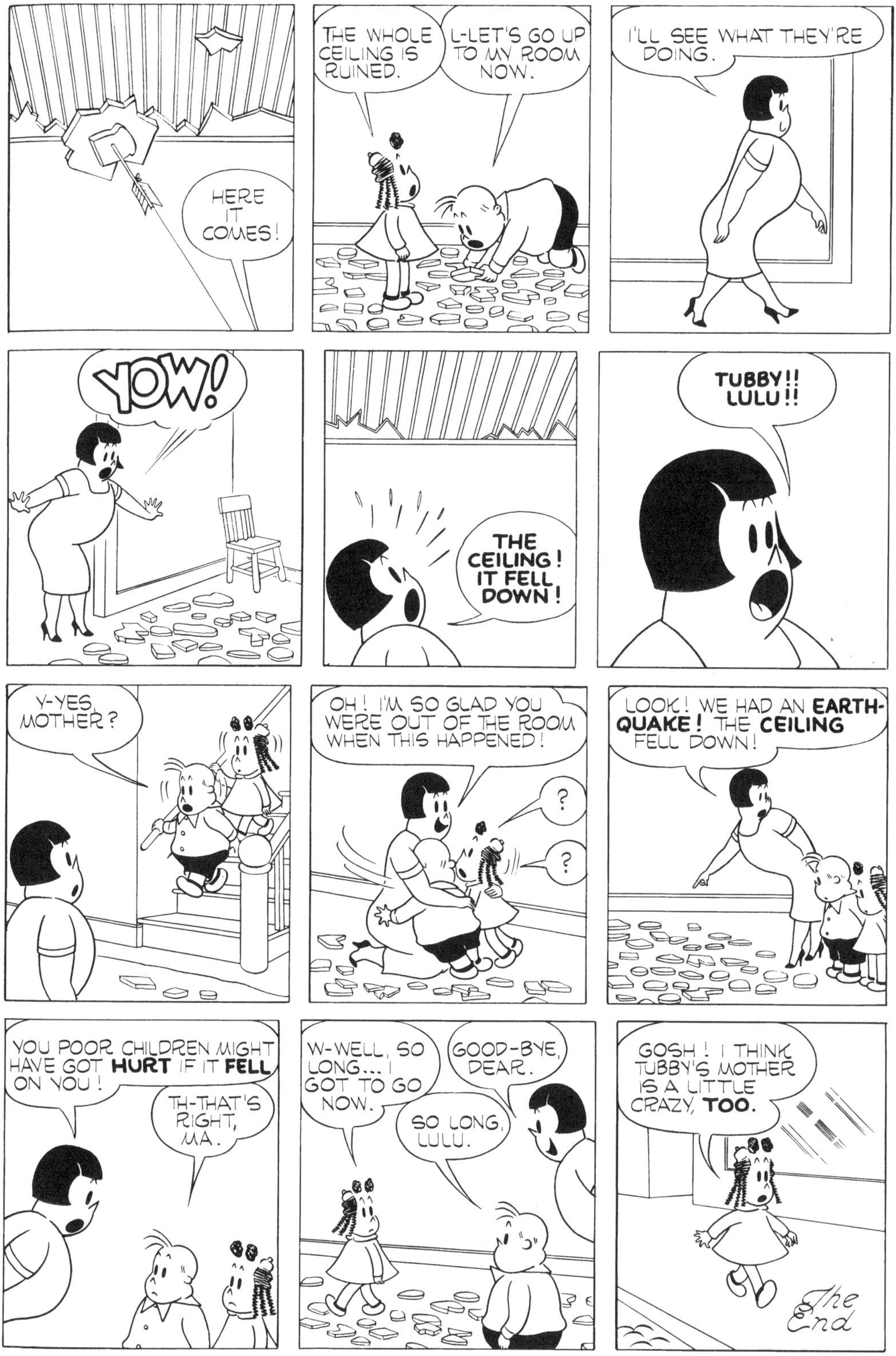
HERE IT COMES!
THE WHOLE CEILING IS RUINED.
L-LET'S GO UP TO MY ROOM NOW.
I'LL SEE WHAT THEY'RE DOING.
YOW!
THE CEILING! IT FELL DOWN!
TUBBY!! LULU!!
Y-YES, MOTHER?
OH! I'M SO GLAD YOU WERE OUT OF THE ROOM WHEN THIS HAPPENED!
?
?
LOOK! WE HAD AN **EARTHQUAKE!** THE **CEILING** FELL DOWN!
YOU POOR CHILDREN MIGHT HAVE GOT **HURT** IF IT **FELL** ON YOU!
TH-THAT'S RIGHT, MA.
W-WELL, SO LONG... I GOT TO GO NOW.
GOOD-BYE, DEAR.
SO LONG, LULU.
GOSH! I THINK TUBBY'S MOTHER IS A LITTLE CRAZY, **TOO.**
The End

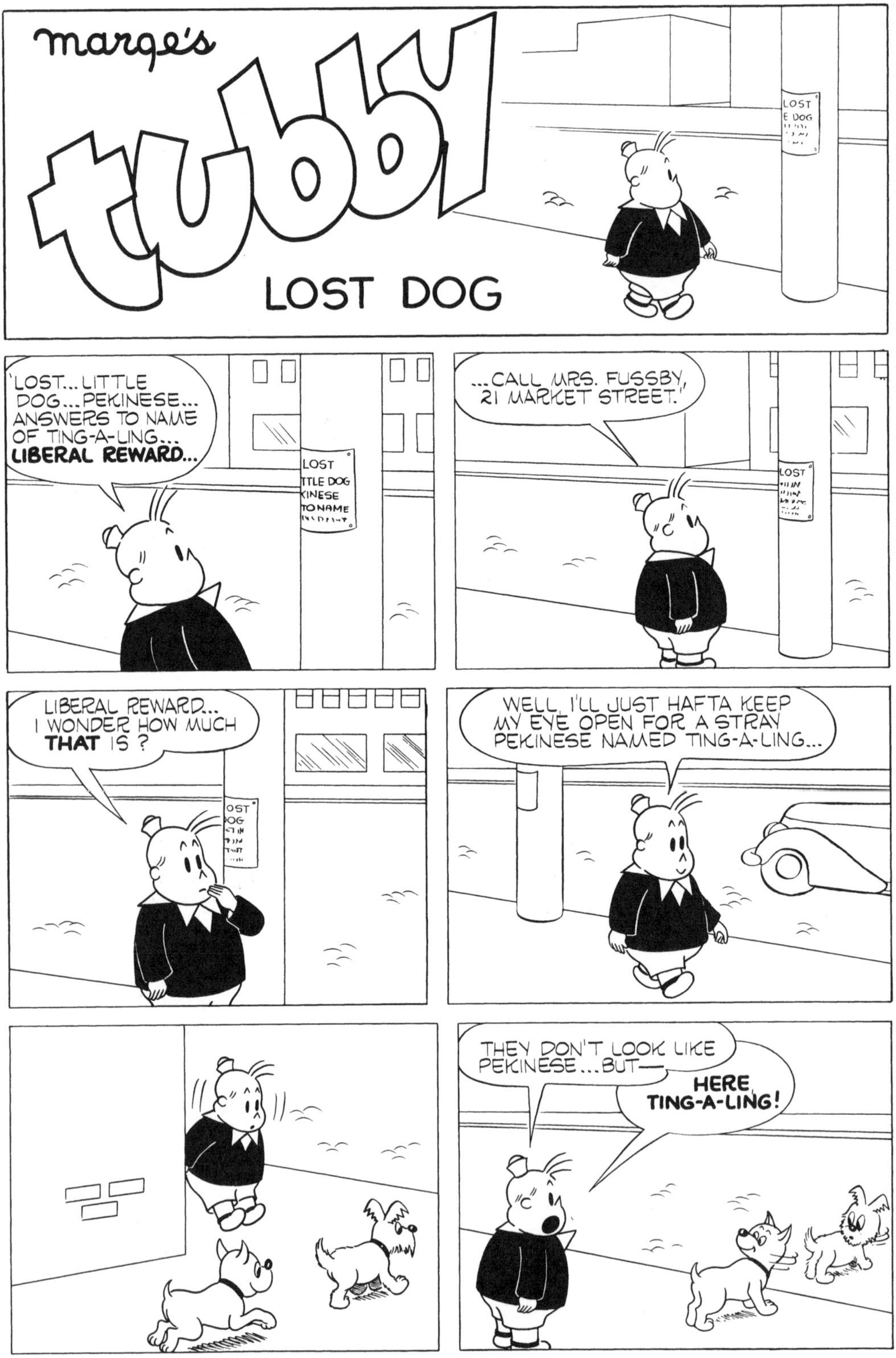
marge's
tubby
LOST DOG
'LOST... LITTLE DOG... PEKINESE... ANSWERS TO NAME OF TING-A-LING... **LIBERAL REWARD...**
...CALL MRS. FUSSBY, 21 MARKET STREET.'
LIBERAL REWARD... I WONDER HOW MUCH **THAT** IS ?
WELL, I'LL JUST HAFTA KEEP MY EYE OPEN FOR A STRAY PEKINESE NAMED TING-A-LING...
THEY DON'T LOOK LIKE PEKINESE... BUT—
**HERE, TING-A-LING!**

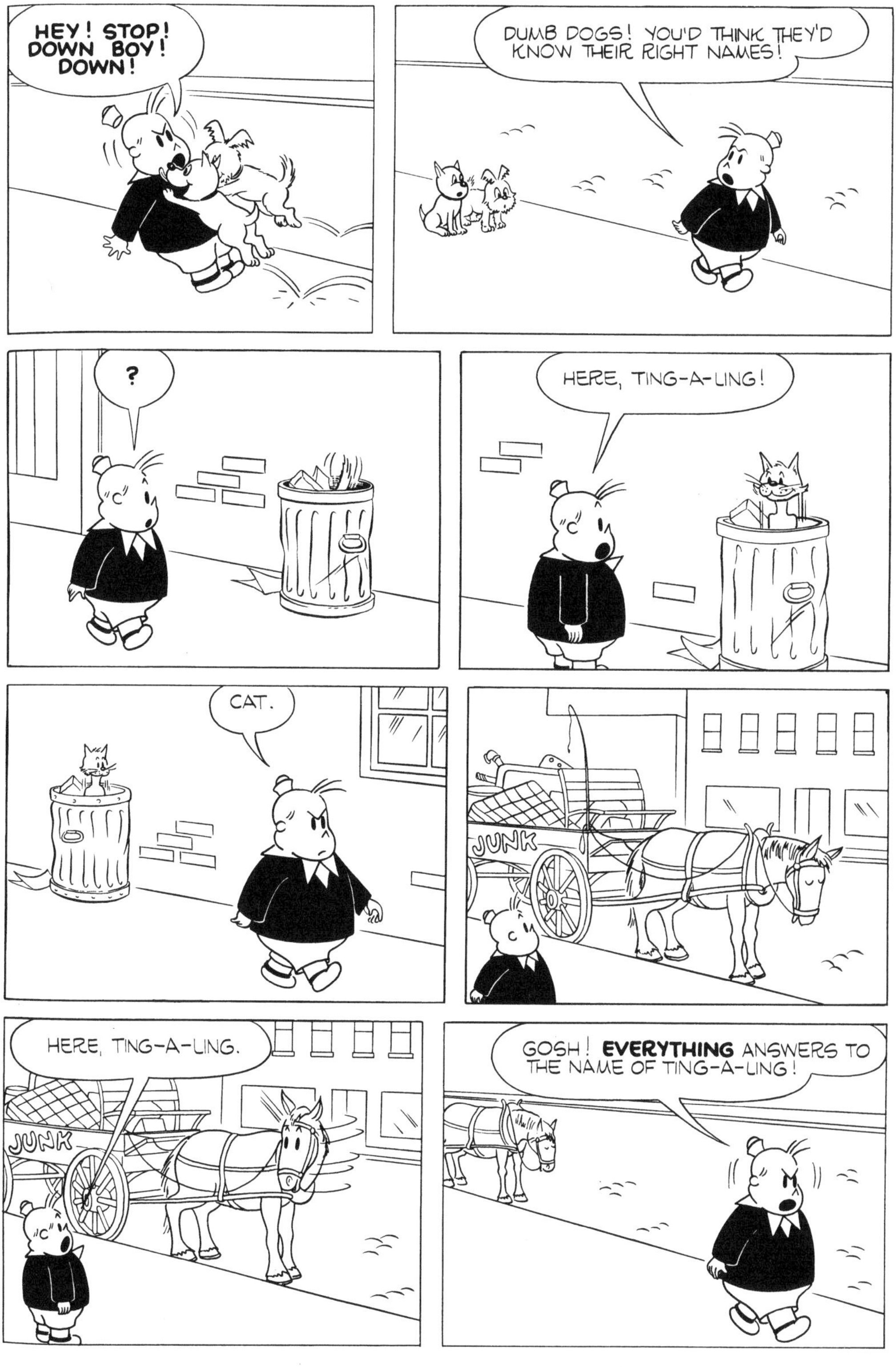
HEY! STOP! DOWN BOY! DOWN!
DUMB DOGS! YOU'D THINK THEY'D KNOW THEIR RIGHT NAMES!
?
HERE, TING-A-LING!
CAT.
JUNK
HERE, TING-A-LING.
JUNK
GOSH! **EVERYTHING** ANSWERS TO THE NAME OF TING-A-LING!

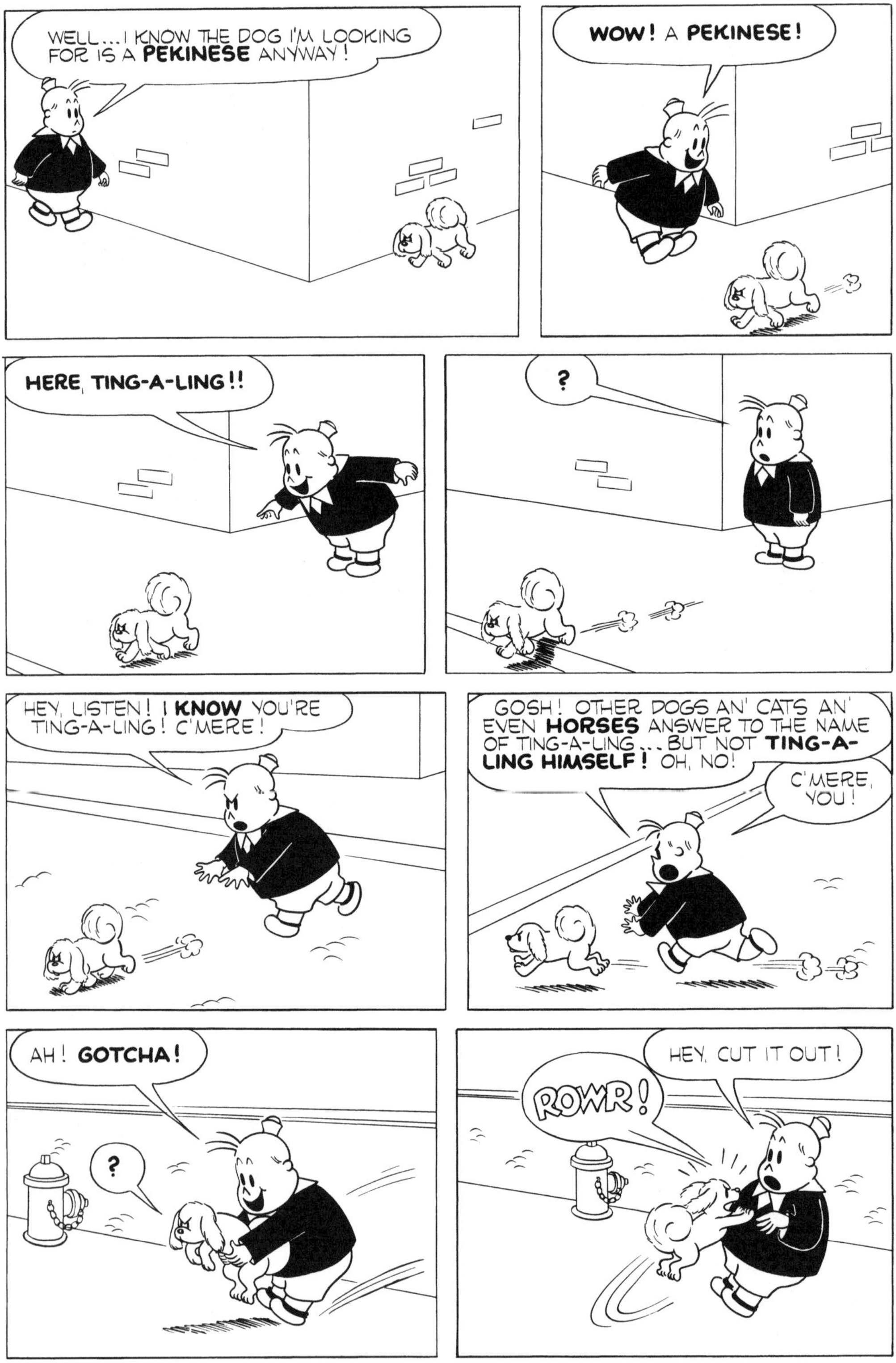
WELL...I KNOW THE DOG I'M LOOKING FOR IS A PEKINESE ANYWAY!
WOW! A PEKINESE!
HERE, TING-A-LING!!
?
HEY, LISTEN! I KNOW YOU'RE TING-A-LING! C'MERE!
GOSH! OTHER DOGS AN' CATS AN' EVEN HORSES ANSWER TO THE NAME OF TING-A-LING... BUT NOT TING-A-LING HIMSELF! OH, NO!
C'MERE, YOU!
AH! GOTCHA!
?
ROWR!
HEY, CUT IT OUT!

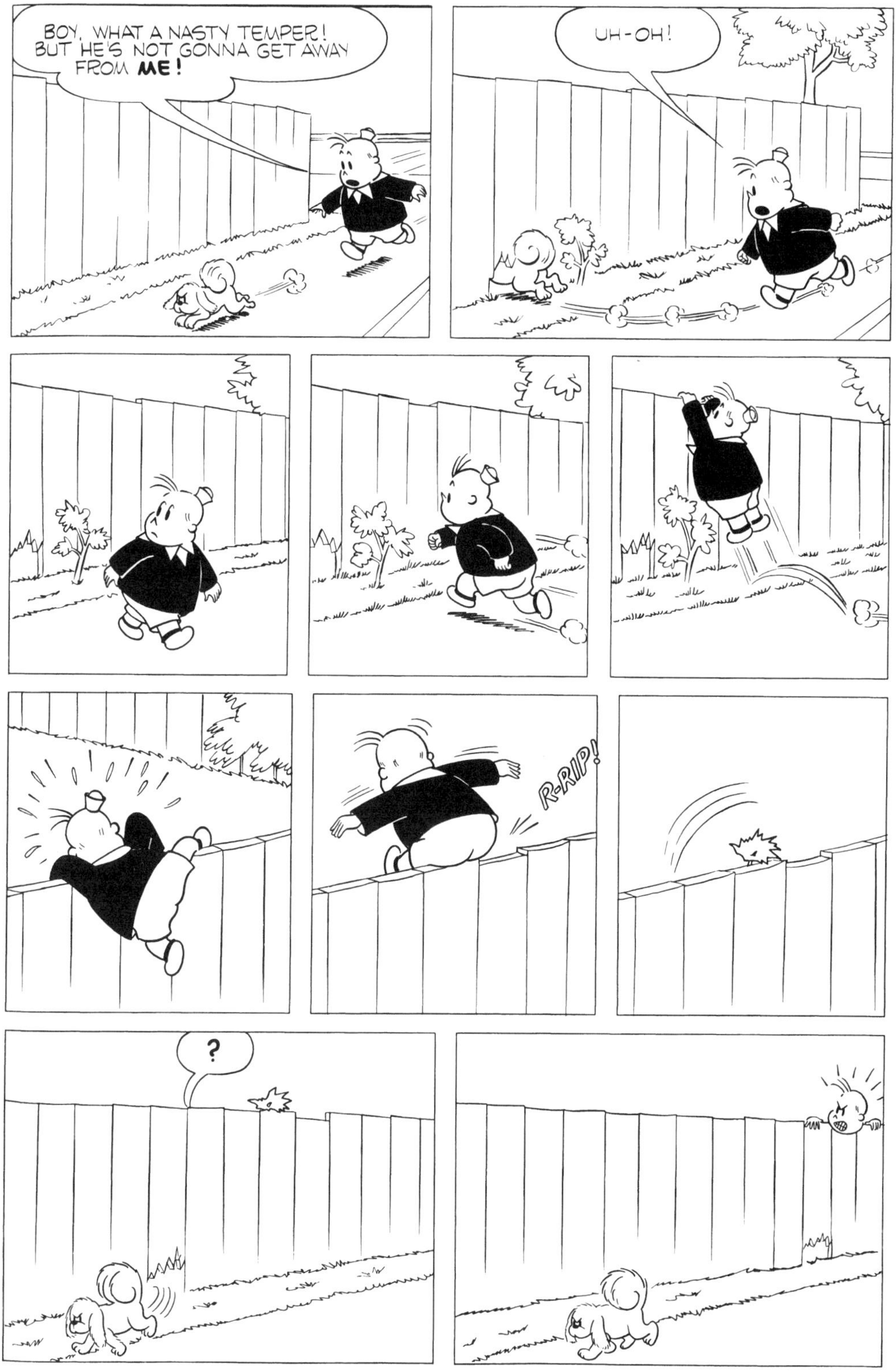
BOY, WHAT A NASTY TEMPER! BUT HE'S NOT GONNA GET AWAY FROM ME!
UH-OH!
R-RIP!
?

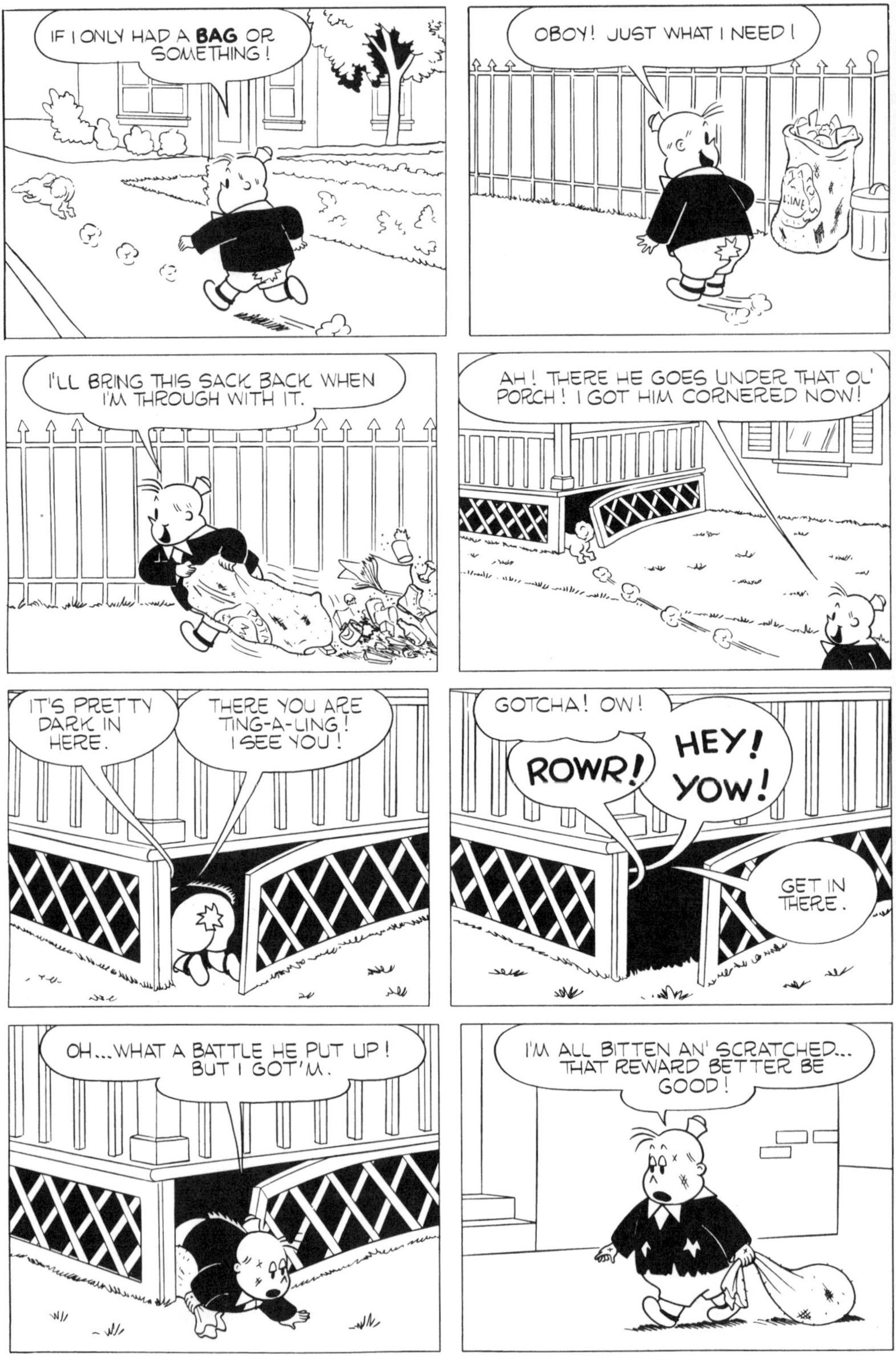
IF I ONLY HAD A **BAG** OR SOMETHING!
OBOY! JUST WHAT I NEED!
I'LL BRING THIS SACK BACK WHEN I'M THROUGH WITH IT.
AH! THERE HE GOES UNDER THAT OL' PORCH! I GOT HIM CORNERED NOW!
IT'S PRETTY DARK IN HERE.
THERE YOU ARE TING-A-LING! I SEE YOU!
GOTCHA! OW!
ROWR!
HEY! YOW!
GET IN THERE.
OH...WHAT A BATTLE HE PUT UP! BUT I GOT'M.
I'M ALL BITTEN AN' SCRATCHED... THAT REWARD BETTER BE GOOD!

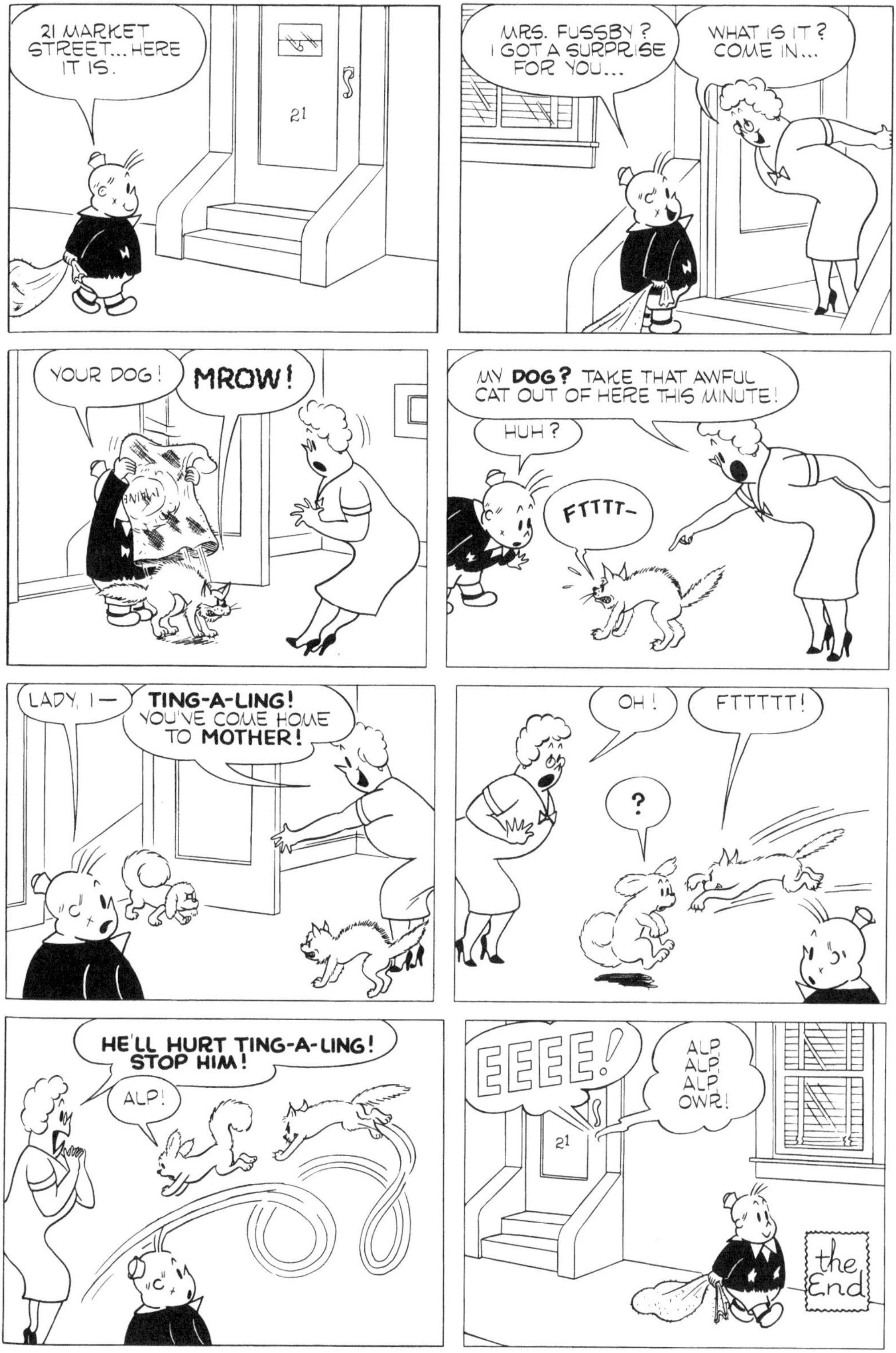

21 MARKET STREET... HERE IT IS.
21
MRS. FUSSBY? I GOT A SURPRISE FOR YOU...
WHAT IS IT? COME IN...
YOUR DOG!
MROW!
MY DOG? TAKE THAT AWFUL CAT OUT OF HERE THIS MINUTE!
HUH?
FTTTT-
LADY, I—
TING-A-LING! YOU'VE COME HOME TO MOTHER!
OH!
FTTTTT!
?
HE'LL HURT TING-A-LING! STOP HIM!
ALP!
EEEE!
ALP! ALP! ALP! OWR!
21
the End

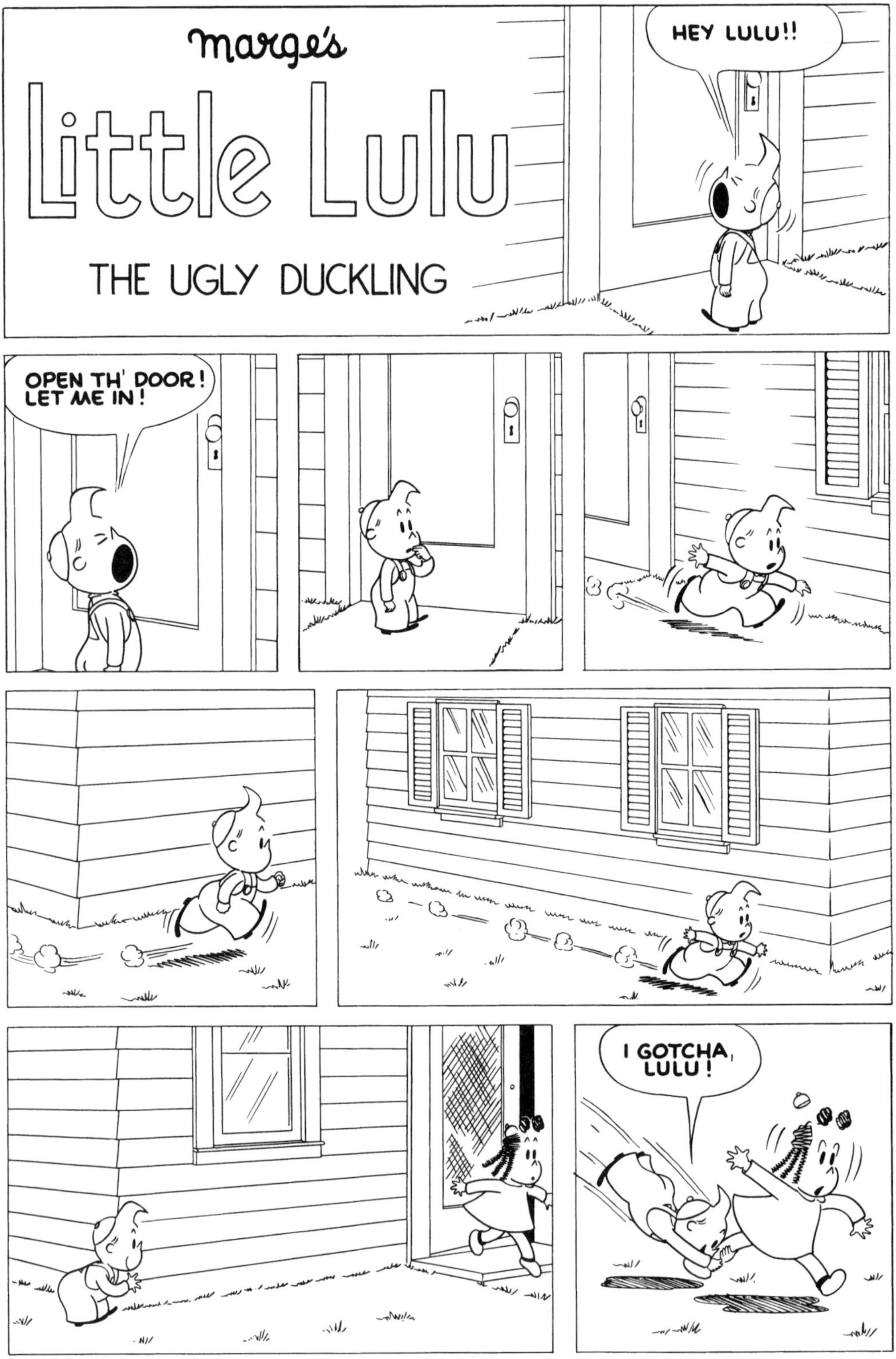
marge's
Little Lulu
THE UGLY DUCKLING
HEY LULU!!
OPEN TH' DOOR! LET ME IN!
I GOTCHA, LULU!

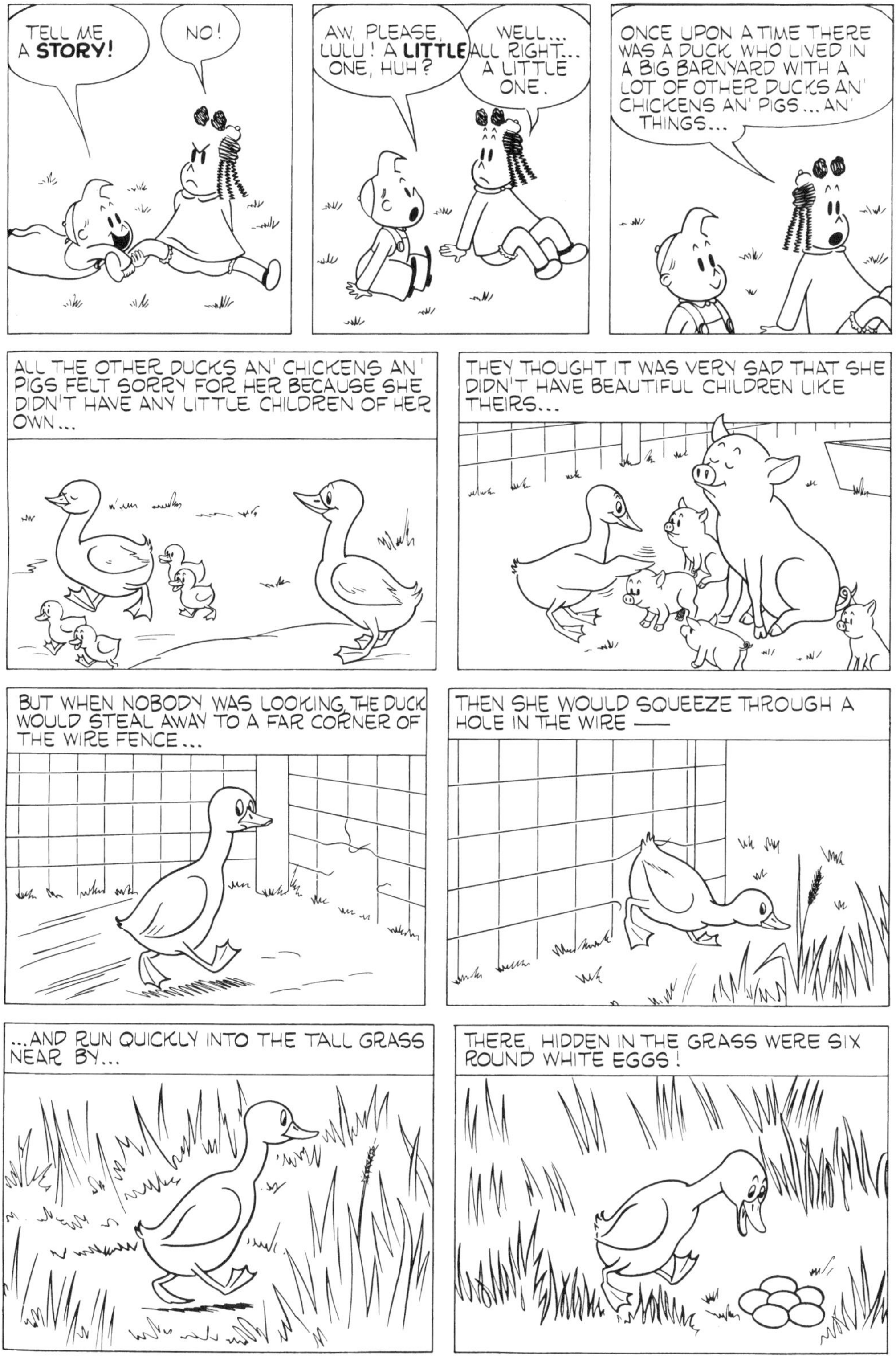
TELL ME A **STORY**!
NO!
AW, PLEASE, LULU! A **LITTLE** ONE, HUH?
WELL... ALL RIGHT... A LITTLE ONE.
ONCE UPON A TIME THERE WAS A DUCK WHO LIVED IN A BIG BARNYARD WITH A LOT OF OTHER DUCKS AN' CHICKENS AN' PIGS... AN' THINGS...
ALL THE OTHER DUCKS AN' CHICKENS AN' PIGS FELT SORRY FOR HER BECAUSE SHE DIDN'T HAVE ANY LITTLE CHILDREN OF HER OWN...
THEY THOUGHT IT WAS VERY SAD THAT SHE DIDN'T HAVE BEAUTIFUL CHILDREN LIKE THEIRS...
BUT WHEN NOBODY WAS LOOKING THE DUCK WOULD STEAL AWAY TO A FAR CORNER OF THE WIRE FENCE...
THEN SHE WOULD SQUEEZE THROUGH A HOLE IN THE WIRE —
...AND RUN QUICKLY INTO THE TALL GRASS NEAR BY...
THERE, HIDDEN IN THE GRASS WERE SIX ROUND WHITE EGGS!

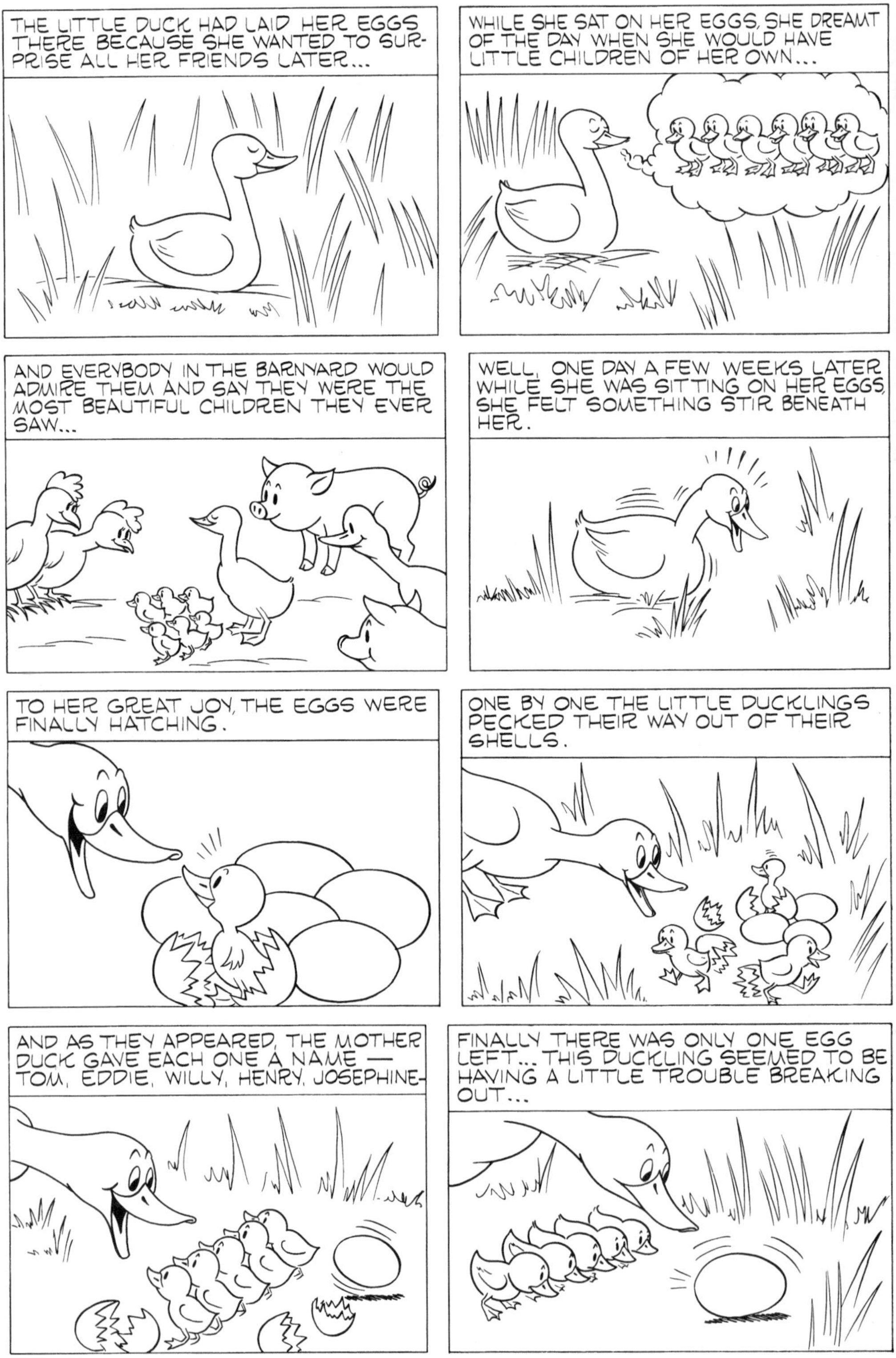
THE LITTLE DUCK HAD LAID HER EGGS THERE BECAUSE SHE WANTED TO SURPRISE ALL HER FRIENDS LATER...
WHILE SHE SAT ON HER EGGS, SHE DREAMT OF THE DAY WHEN SHE WOULD HAVE LITTLE CHILDREN OF HER OWN...
AND EVERYBODY IN THE BARNYARD WOULD ADMIRE THEM AND SAY THEY WERE THE MOST BEAUTIFUL CHILDREN THEY EVER SAW...
WELL, ONE DAY A FEW WEEKS LATER WHILE SHE WAS SITTING ON HER EGGS, SHE FELT SOMETHING STIR BENEATH HER.
TO HER GREAT JOY, THE EGGS WERE FINALLY HATCHING.
ONE BY ONE THE LITTLE DUCKLINGS PECKED THEIR WAY OUT OF THEIR SHELLS.
AND AS THEY APPEARED, THE MOTHER DUCK GAVE EACH ONE A NAME — TOM, EDDIE, WILLY, HENRY, JOSEPHINE-
FINALLY THERE WAS ONLY ONE EGG LEFT... THIS DUCKLING SEEMED TO BE HAVING A LITTLE TROUBLE BREAKING OUT...

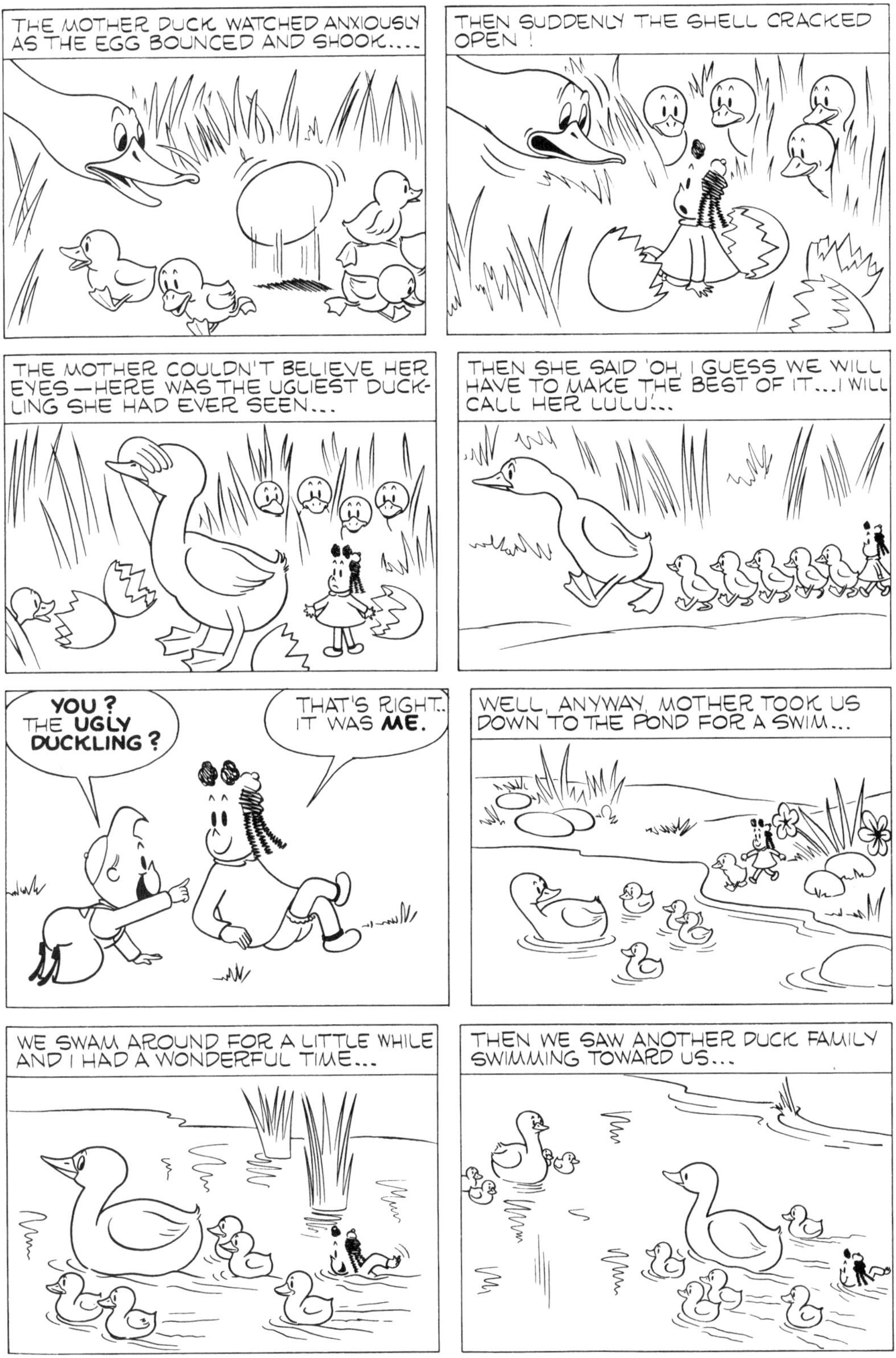
THE MOTHER DUCK WATCHED ANXIOUSLY AS THE EGG BOUNCED AND SHOOK....
THEN SUDDENLY THE SHELL CRACKED OPEN !
THE MOTHER COULDN'T BELIEVE HER EYES—HERE WAS THE UGLIEST DUCKLING SHE HAD EVER SEEN...
THEN SHE SAID 'OH, I GUESS WE WILL HAVE TO MAKE THE BEST OF IT...I WILL CALL HER LULU'...
YOU ? THE UGLY DUCKLING ?
THAT'S RIGHT.. IT WAS ME.
WELL, ANYWAY, MOTHER TOOK US DOWN TO THE POND FOR A SWIM...
WE SWAM AROUND FOR A LITTLE WHILE AND I HAD A WONDERFUL TIME...
THEN WE SAW ANOTHER DUCK FAMILY SWIMMING TOWARD US...

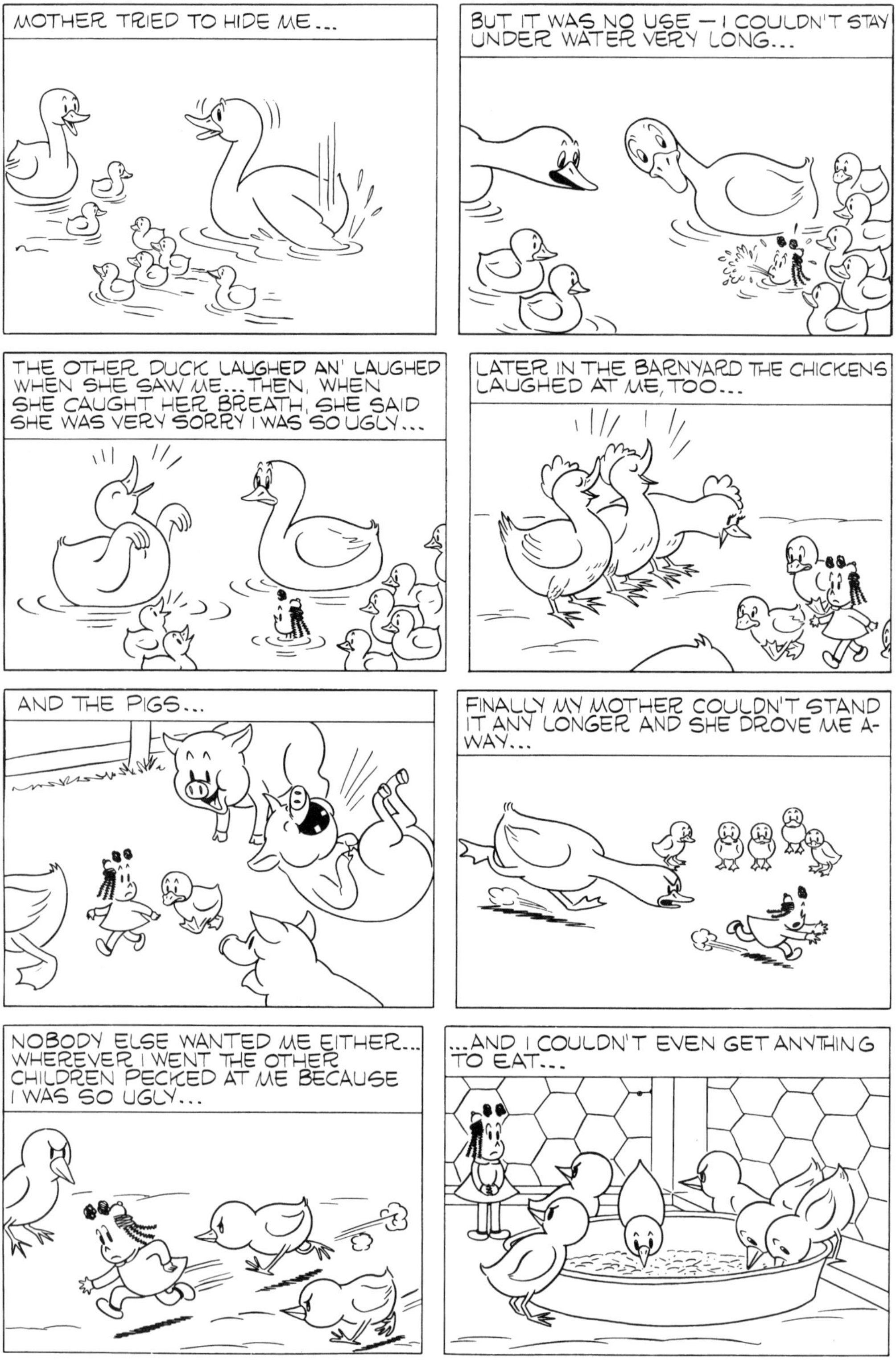
MOTHER TRIED TO HIDE ME...
BUT IT WAS NO USE — I COULDN'T STAY UNDER WATER VERY LONG...
THE OTHER DUCK LAUGHED AN' LAUGHED WHEN SHE SAW ME... THEN, WHEN SHE CAUGHT HER BREATH, SHE SAID SHE WAS VERY SORRY I WAS SO UGLY...
LATER IN THE BARNYARD THE CHICKENS LAUGHED AT ME, TOO...
AND THE PIGS...
FINALLY MY MOTHER COULDN'T STAND IT ANY LONGER AND SHE DROVE ME A-WAY...
NOBODY ELSE WANTED ME EITHER... WHEREVER I WENT THE OTHER CHILDREN PECKED AT ME BECAUSE I WAS SO UGLY...
...AND I COULDN'T EVEN GET ANYTHING TO EAT...

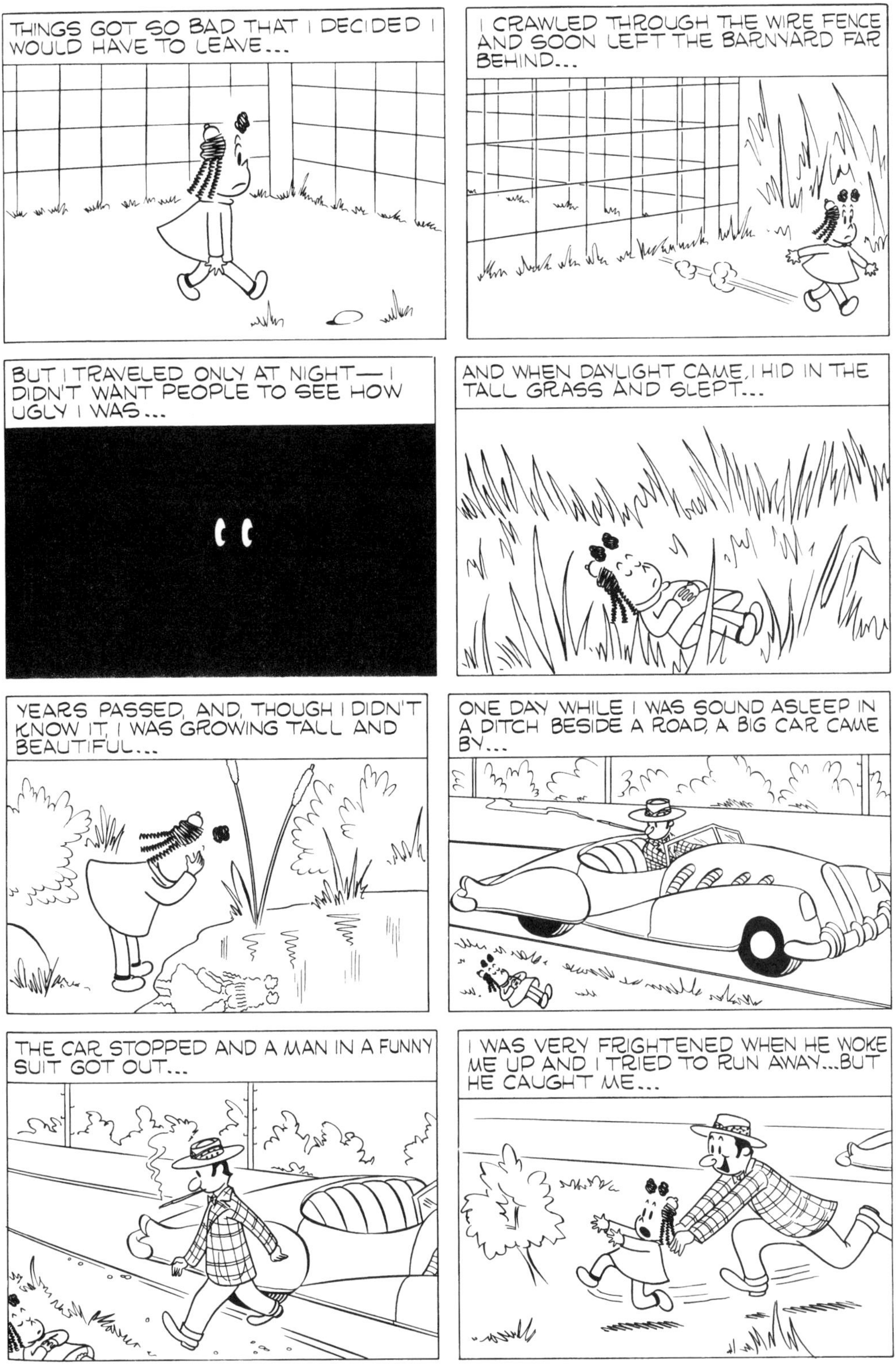
THINGS GOT SO BAD THAT I DECIDED I WOULD HAVE TO LEAVE...
I CRAWLED THROUGH THE WIRE FENCE AND SOON LEFT THE BARNYARD FAR BEHIND...
BUT I TRAVELED ONLY AT NIGHT— I DIDN'T WANT PEOPLE TO SEE HOW UGLY I WAS...
AND WHEN DAYLIGHT CAME, I HID IN THE TALL GRASS AND SLEPT...
YEARS PASSED, AND, THOUGH I DIDN'T KNOW IT, I WAS GROWING TALL AND BEAUTIFUL...
ONE DAY WHILE I WAS SOUND ASLEEP IN A DITCH BESIDE A ROAD, A BIG CAR CAME BY...
THE CAR STOPPED AND A MAN IN A FUNNY SUIT GOT OUT...
I WAS VERY FRIGHTENED WHEN HE WOKE ME UP AND I TRIED TO RUN AWAY...BUT HE CAUGHT ME...

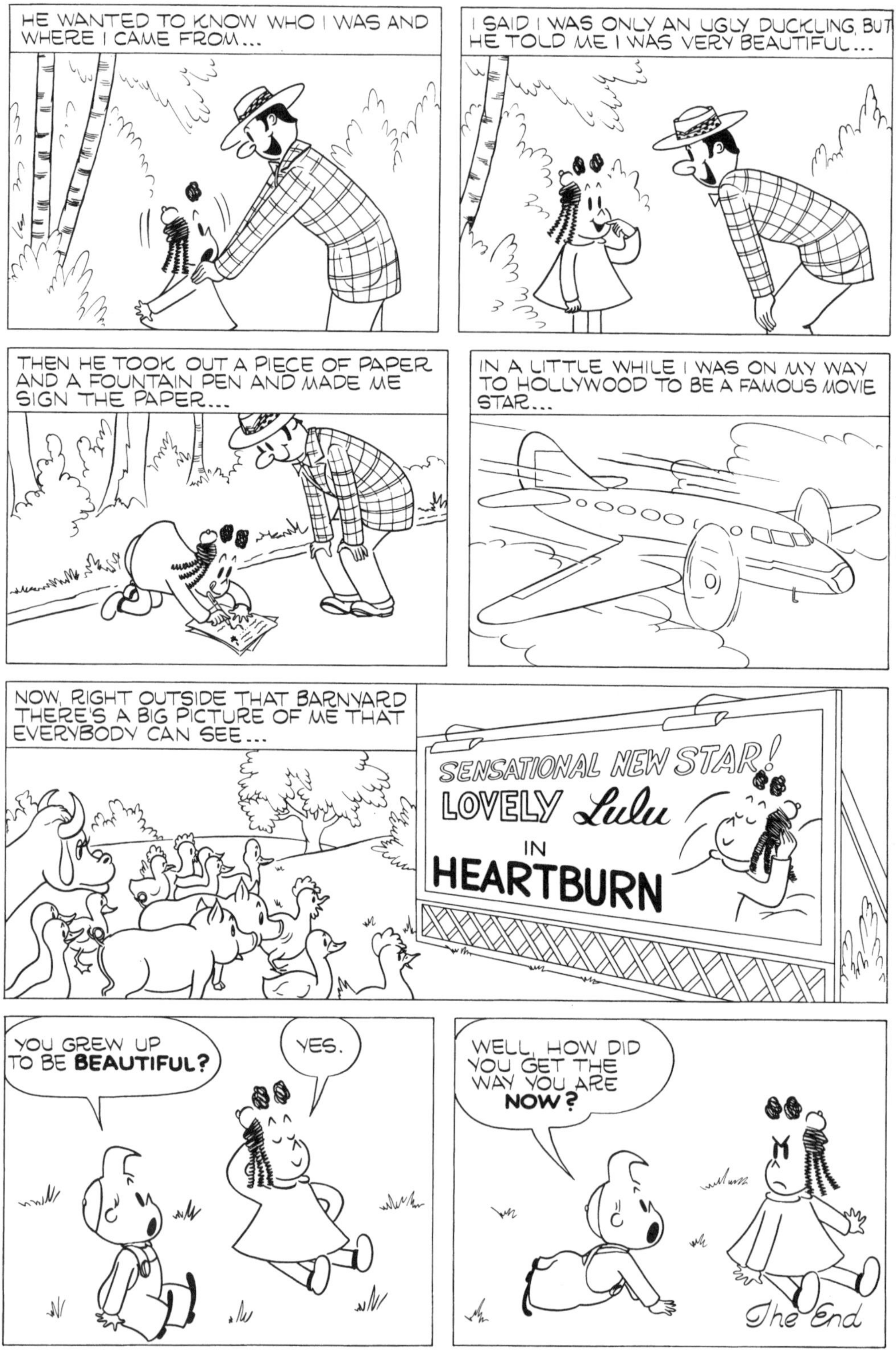
HE WANTED TO KNOW WHO I WAS AND WHERE I CAME FROM...
I SAID I WAS ONLY AN UGLY DUCKLING, BUT HE TOLD ME I WAS VERY BEAUTIFUL...
THEN HE TOOK OUT A PIECE OF PAPER AND A FOUNTAIN PEN AND MADE ME SIGN THE PAPER...
IN A LITTLE WHILE I WAS ON MY WAY TO HOLLYWOOD TO BE A FAMOUS MOVIE STAR...
NOW, RIGHT OUTSIDE THAT BARNYARD THERE'S A BIG PICTURE OF ME THAT EVERYBODY CAN SEE...
SENSATIONAL NEW STAR!
LOVELY Lulu
IN
HEARTBURN
YOU GREW UP TO BE **BEAUTIFUL?**
YES.
WELL, HOW DID YOU GET THE WAY YOU ARE **NOW?**
The End

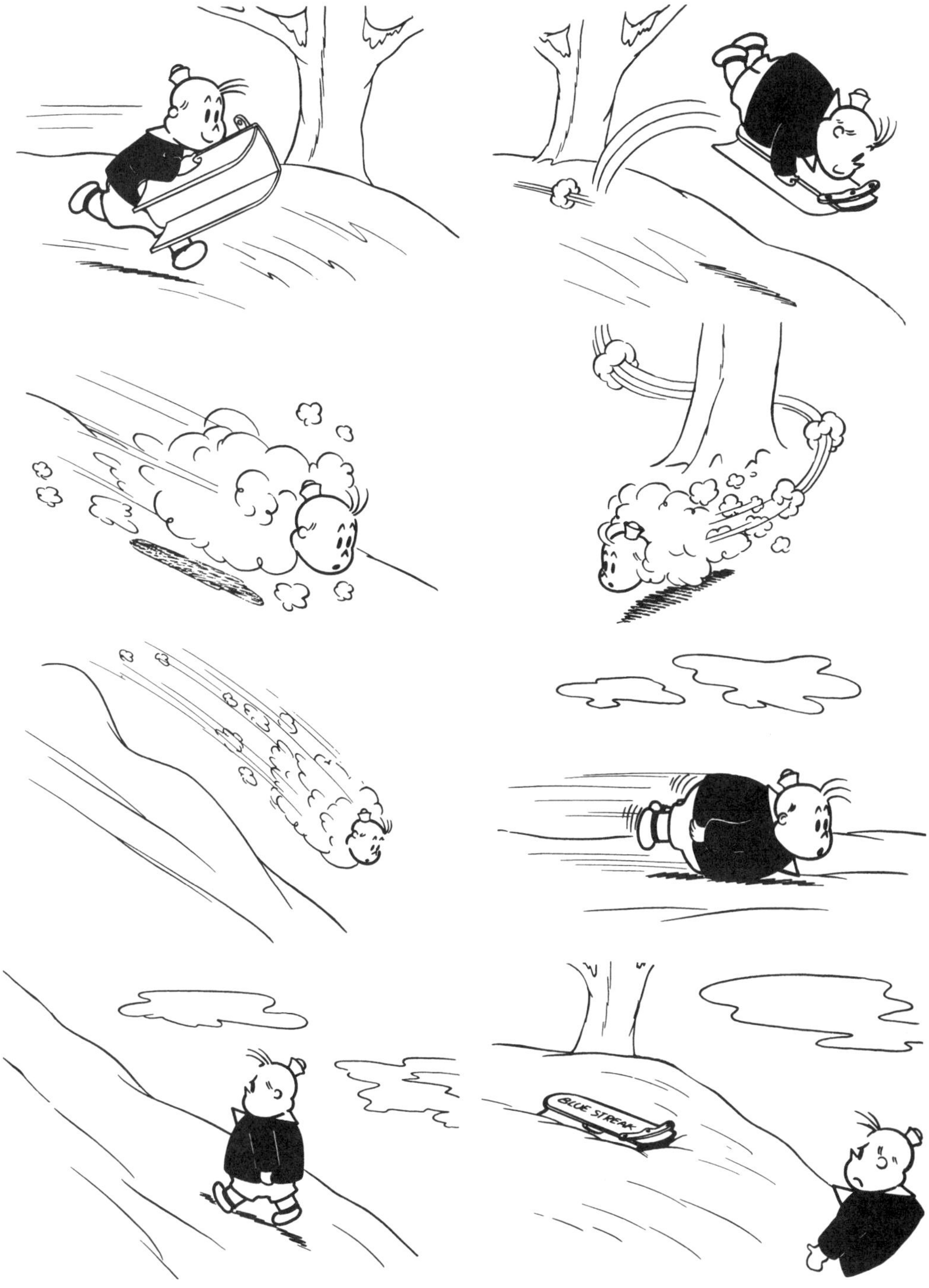
BLUE STREAK

Little Lulu No. 7, January, 1949

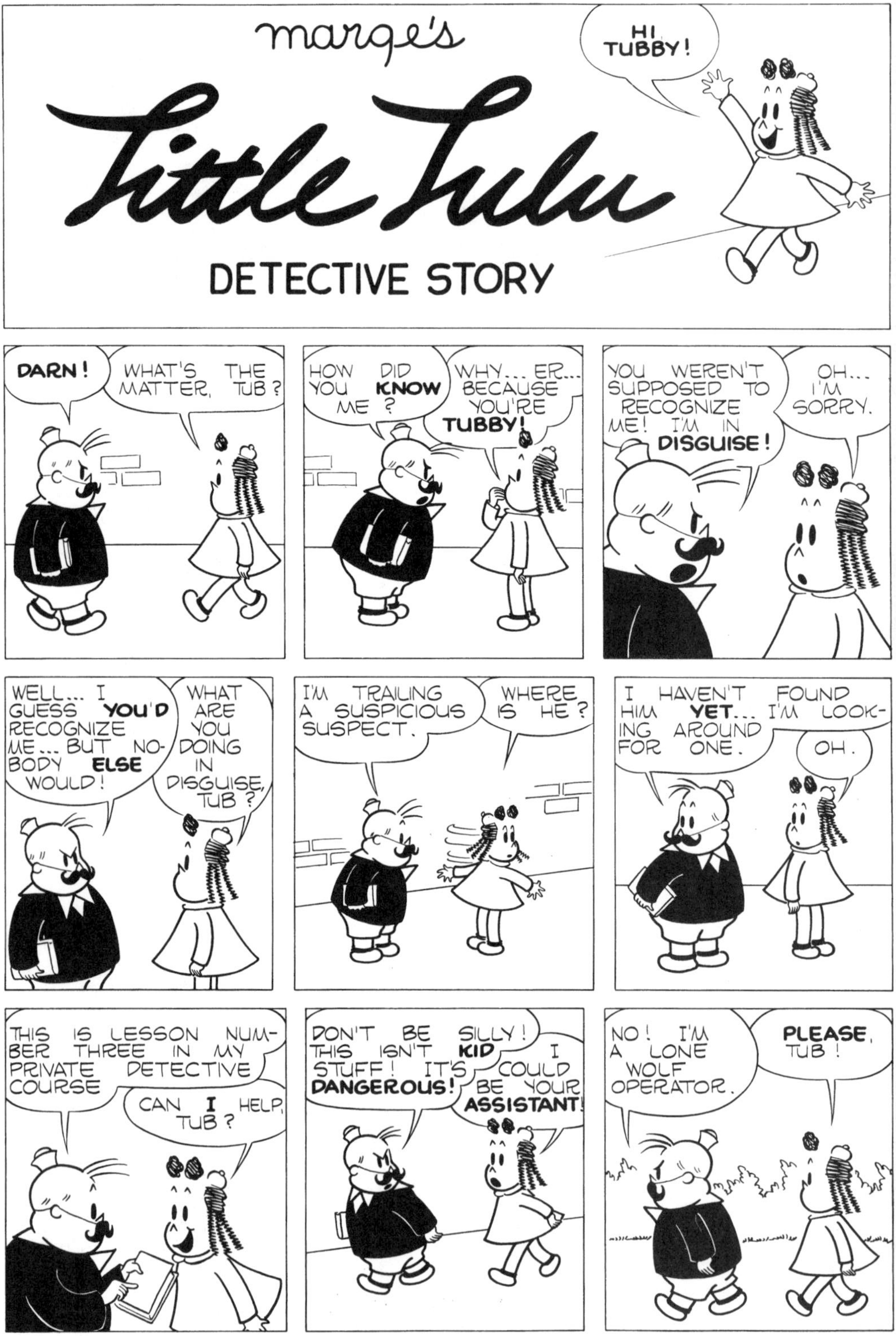
marge's
Little Lulu
DETECTIVE STORY
HI TUBBY!
DARN!
WHAT'S THE MATTER, TUB?
HOW DID YOU KNOW ME?
WHY... ER... BECAUSE YOU'RE TUBBY!
YOU WEREN'T SUPPOSED TO RECOGNIZE ME! I'M IN DISGUISE!
OH... I'M SORRY.
WELL... I GUESS YOU'D RECOGNIZE ME... BUT NOBODY ELSE WOULD!
WHAT ARE YOU DOING IN DISGUISE, TUB?
I'M TRAILING A SUSPICIOUS SUSPECT.
WHERE IS HE?
I HAVEN'T FOUND HIM YET... I'M LOOKING AROUND FOR ONE.
OH.
THIS IS LESSON NUMBER THREE IN MY PRIVATE DETECTIVE COURSE
CAN I HELP, TUB?
DON'T BE SILLY! THIS ISN'T KID STUFF! IT'S DANGEROUS!
I COULD BE YOUR ASSISTANT!
NO! I'M A LONE WOLF OPERATOR.
PLEASE, TUB!

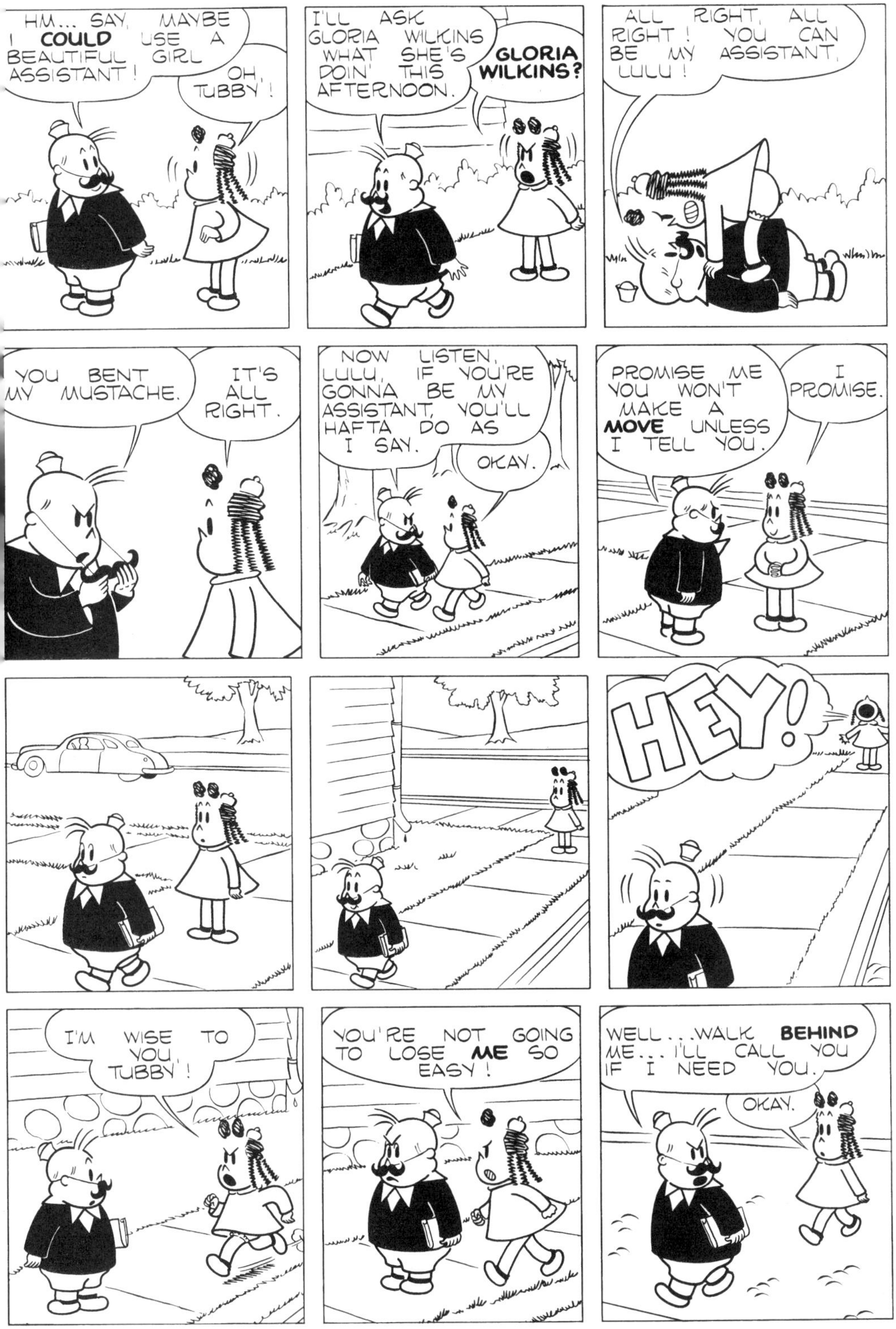
HM... SAY, MAYBE I **COULD** USE A BEAUTIFUL GIRL ASSISTANT!
OH, TUBBY!
I'LL ASK GLORIA WILKINS WHAT SHE'S DOIN' THIS AFTERNOON.
**GLORIA WILKINS?**
ALL RIGHT, ALL RIGHT! YOU CAN BE MY ASSISTANT, LULU!
YOU BENT MY MUSTACHE.
IT'S ALL RIGHT.
NOW LISTEN, LULU, IF YOU'RE GONNA BE MY ASSISTANT, YOU'LL HAFTA DO AS I SAY.
OKAY.
PROMISE ME YOU WON'T MAKE A **MOVE** UNLESS I TELL YOU.
I PROMISE.
HEY!
I'M WISE TO YOU, TUBBY!
YOU'RE NOT GOING TO LOSE **ME** SO EASY!
WELL...WALK **BEHIND** ME... I'LL CALL YOU IF I NEED YOU.
OKAY.

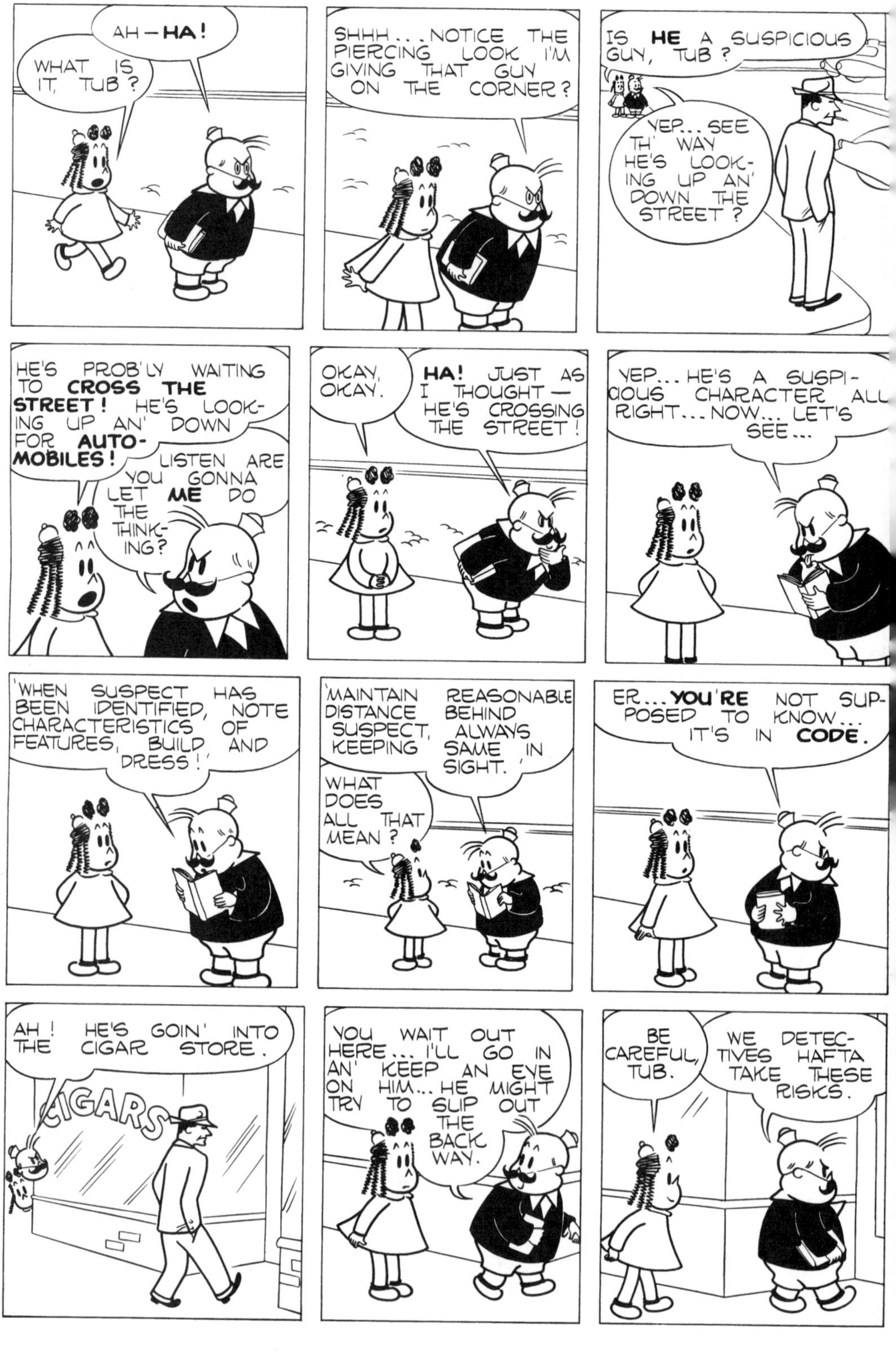
WHAT IS IT, TUB?
AH—HA!
SHHH...NOTICE THE PIERCING LOOK I'M GIVING THAT GUY ON THE CORNER?
IS HE A SUSPICIOUS GUY, TUB?
YEP...SEE TH' WAY HE'S LOOKING UP AN' DOWN THE STREET?
HE'S PROB'LY WAITING TO CROSS THE STREET! HE'S LOOKING UP AN' DOWN FOR AUTOMOBILES!
LISTEN ARE YOU GONNA LET ME DO THE THINKING?
OKAY, OKAY.
HA! JUST AS I THOUGHT—HE'S CROSSING THE STREET!
YEP...HE'S A SUSPICIOUS CHARACTER ALL RIGHT...NOW...LET'S SEE...
'WHEN SUSPECT HAS BEEN IDENTIFIED, NOTE CHARACTERISTICS OF FEATURES, BUILD AND DRESS!'
'MAINTAIN REASONABLE DISTANCE BEHIND SUSPECT, ALWAYS KEEPING SAME IN SIGHT.'
WHAT DOES ALL THAT MEAN?
ER...YOU'RE NOT SUPPOSED TO KNOW...IT'S IN CODE.
AH! HE'S GOIN' INTO THE CIGAR STORE.
CIGARS
YOU WAIT OUT HERE...I'LL GO IN AN' KEEP AN EYE ON HIM...HE MIGHT TRY TO SLIP OUT THE BACK WAY.
BE CAREFUL, TUB.
WE DETECTIVES HAFTA TAKE THESE RISKS.

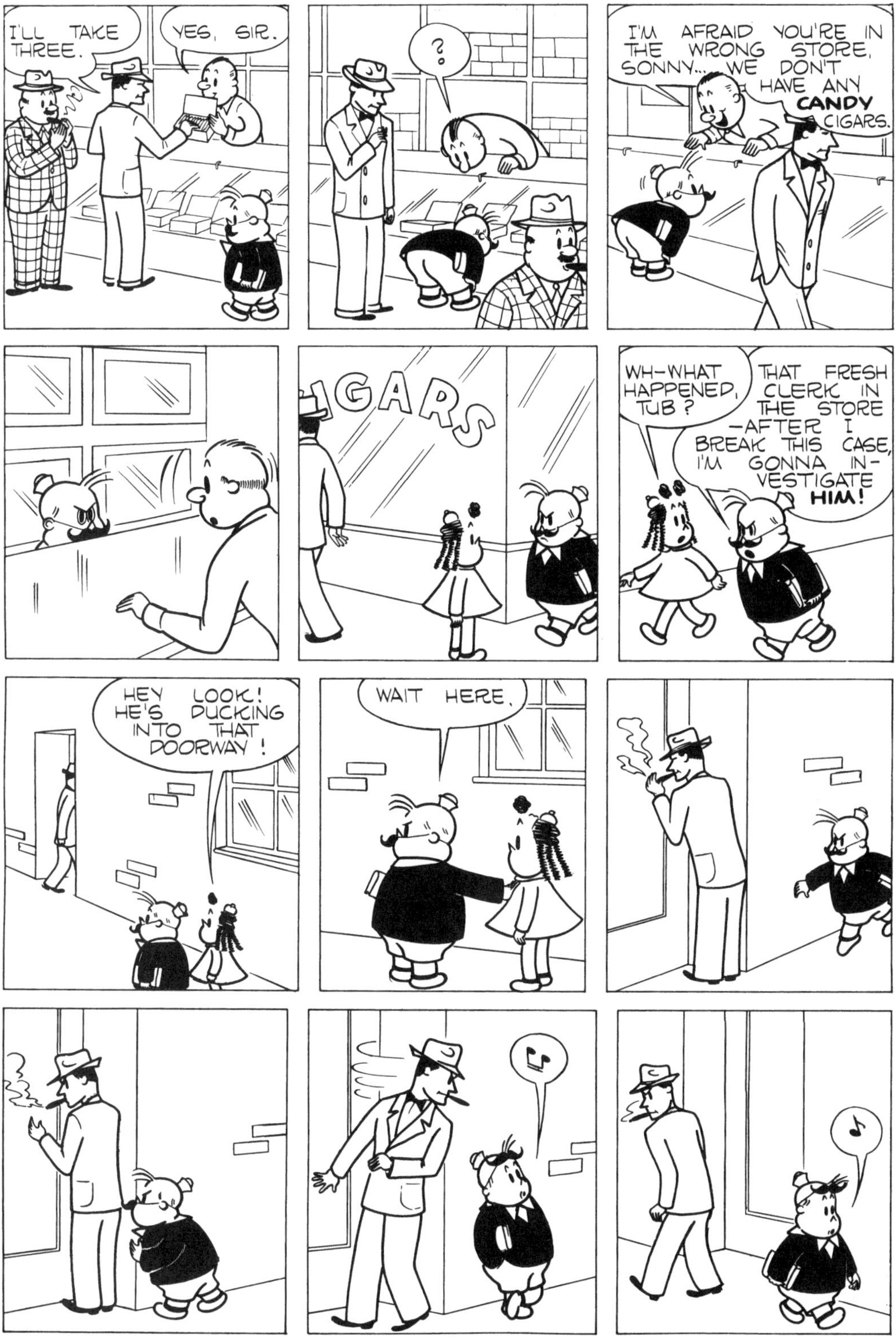
I'LL TAKE THREE.
YES, SIR.
?
I'M AFRAID YOU'RE IN THE WRONG STORE, SONNY... WE DON'T HAVE ANY **CANDY** CIGARS.
CIGARS
WH-WHAT HAPPENED, TUB?
THAT FRESH CLERK IN THE STORE —AFTER I BREAK THIS CASE, I'M GONNA IN-VESTIGATE **HIM**!
HEY LOOK! HE'S DUCKING INTO THAT DOORWAY!
WAIT HERE.

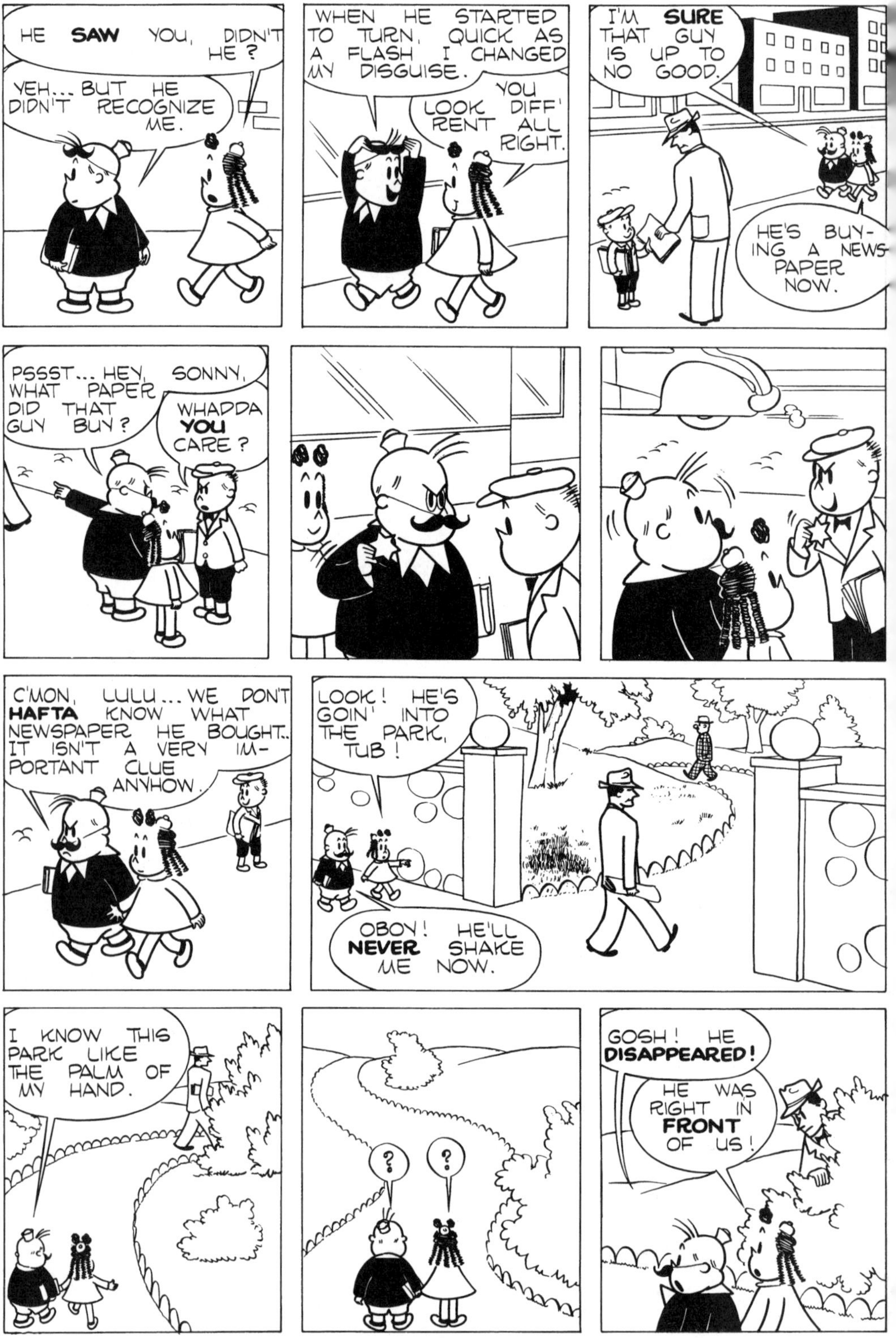
HE **SAW** YOU, DIDN'T HE?
YEH... BUT HE DIDN'T RECOGNIZE ME.
WHEN HE STARTED TO TURN, QUICK AS A FLASH I CHANGED MY DISGUISE.
YOU LOOK DIFF'RENT ALL RIGHT.
I'M **SURE** THAT GUY IS UP TO NO GOOD.
HE'S BUYING A NEWSPAPER NOW.
PSSST... HEY, SONNY, WHAT PAPER DID THAT GUY BUY?
WHADDA **YOU** CARE?
C'MON, LULU... WE DON'T **HAFTA** KNOW WHAT NEWSPAPER HE BOUGHT.. IT ISN'T A VERY IMPORTANT CLUE ANYHOW.
LOOK! HE'S GOIN' INTO THE PARK, TUB!
OBOY! HE'LL **NEVER** SHAKE ME NOW.
I KNOW THIS PARK LIKE THE PALM OF MY HAND.
?
?
GOSH! HE **DISAPPEARED**!
HE WAS RIGHT IN **FRONT** OF US!

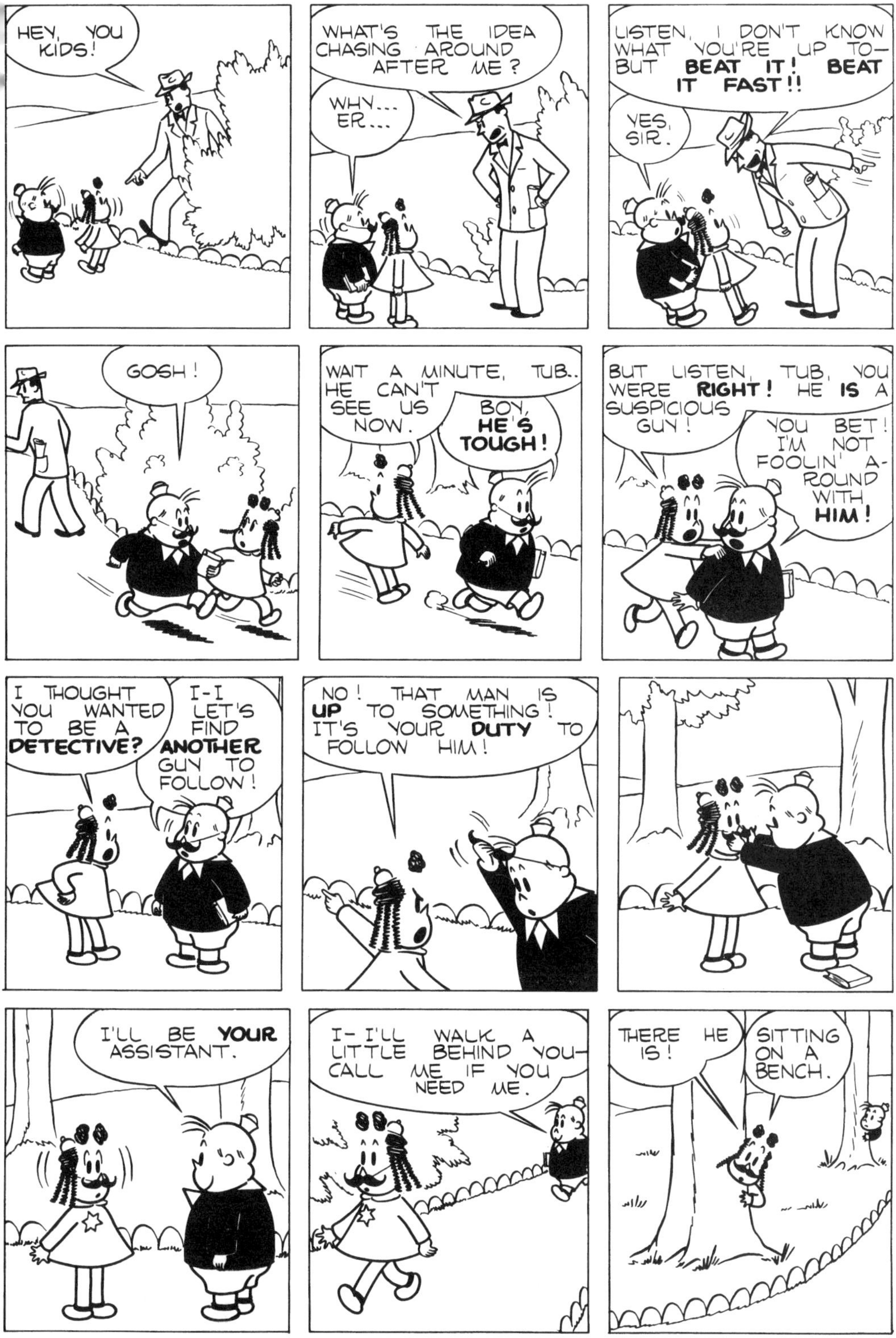
HEY, YOU KIDS!
WHAT'S THE IDEA CHASING AROUND AFTER ME?
WHY... ER...
LISTEN, I DON'T KNOW WHAT YOU'RE UP TO— BUT **BEAT IT! BEAT IT FAST!!**
YES, SIR.
GOSH!
WAIT A MINUTE, TUB.. HE CAN'T SEE US NOW.
BOY, **HE'S TOUGH!**
BUT LISTEN, TUB, YOU WERE **RIGHT!** HE **IS** A SUSPICIOUS GUY!
YOU BET! I'M NOT FOOLIN' A-ROUND WITH **HIM!**
I THOUGHT YOU WANTED TO BE A **DETECTIVE?**
I-I LET'S FIND **ANOTHER** GUY TO FOLLOW!
NO! THAT MAN IS **UP** TO SOMETHING! IT'S YOUR **DUTY** TO FOLLOW HIM!
I'LL BE **YOUR** ASSISTANT.
I-I'LL WALK A LITTLE BEHIND YOU— CALL ME IF YOU NEED ME.
THERE HE IS!
SITTING ON A BENCH.

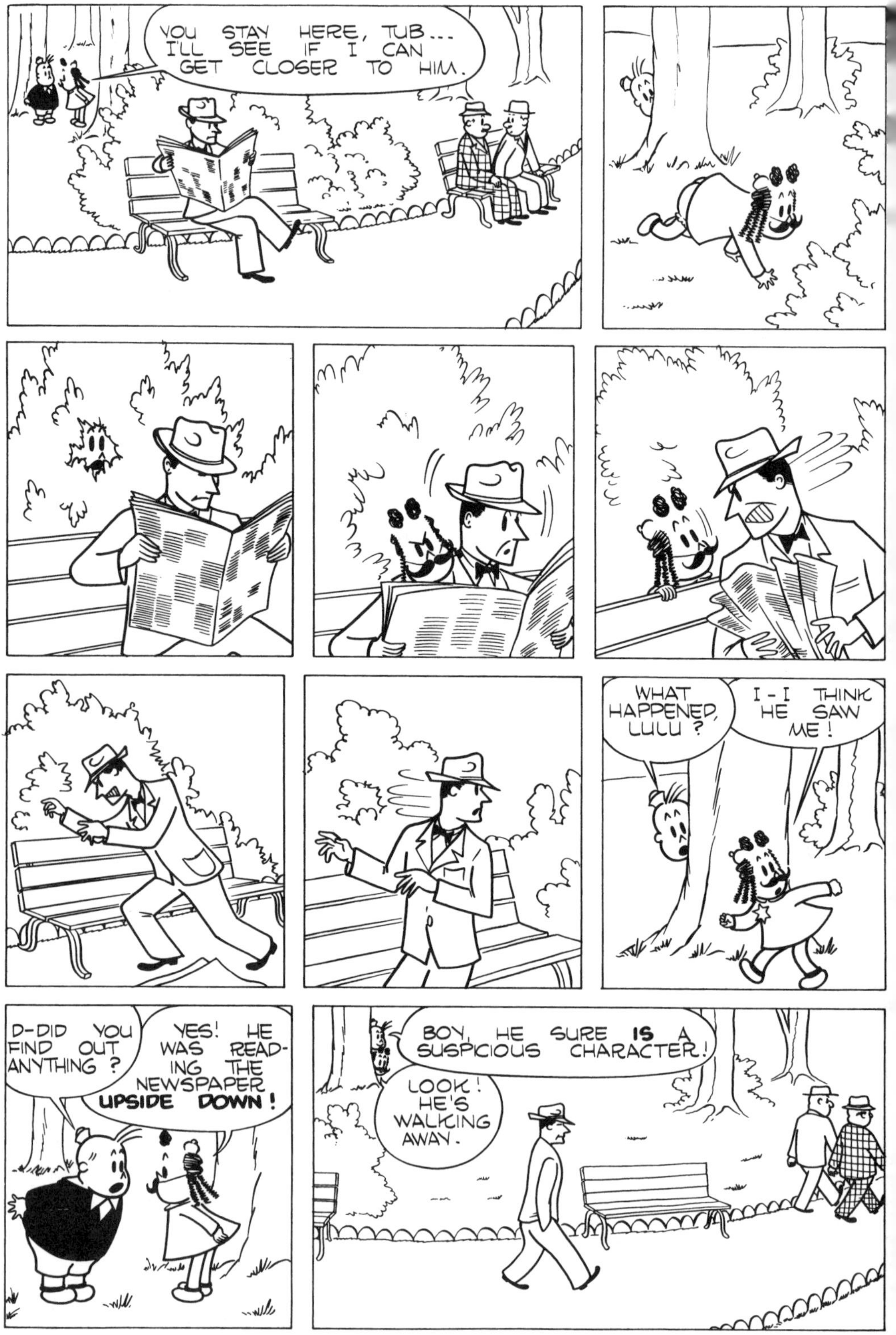
YOU STAY HERE, TUB... I'LL SEE IF I CAN GET CLOSER TO HIM.
WHAT HAPPENED, LULU ?
I-I THINK HE SAW ME!
D-DID YOU FIND OUT ANYTHING ?
YES! HE WAS READ-ING THE NEWSPAPER **UPSIDE DOWN**!
BOY, HE SURE **IS** A SUSPICIOUS CHARACTER!
LOOK! HE'S WALKING AWAY.

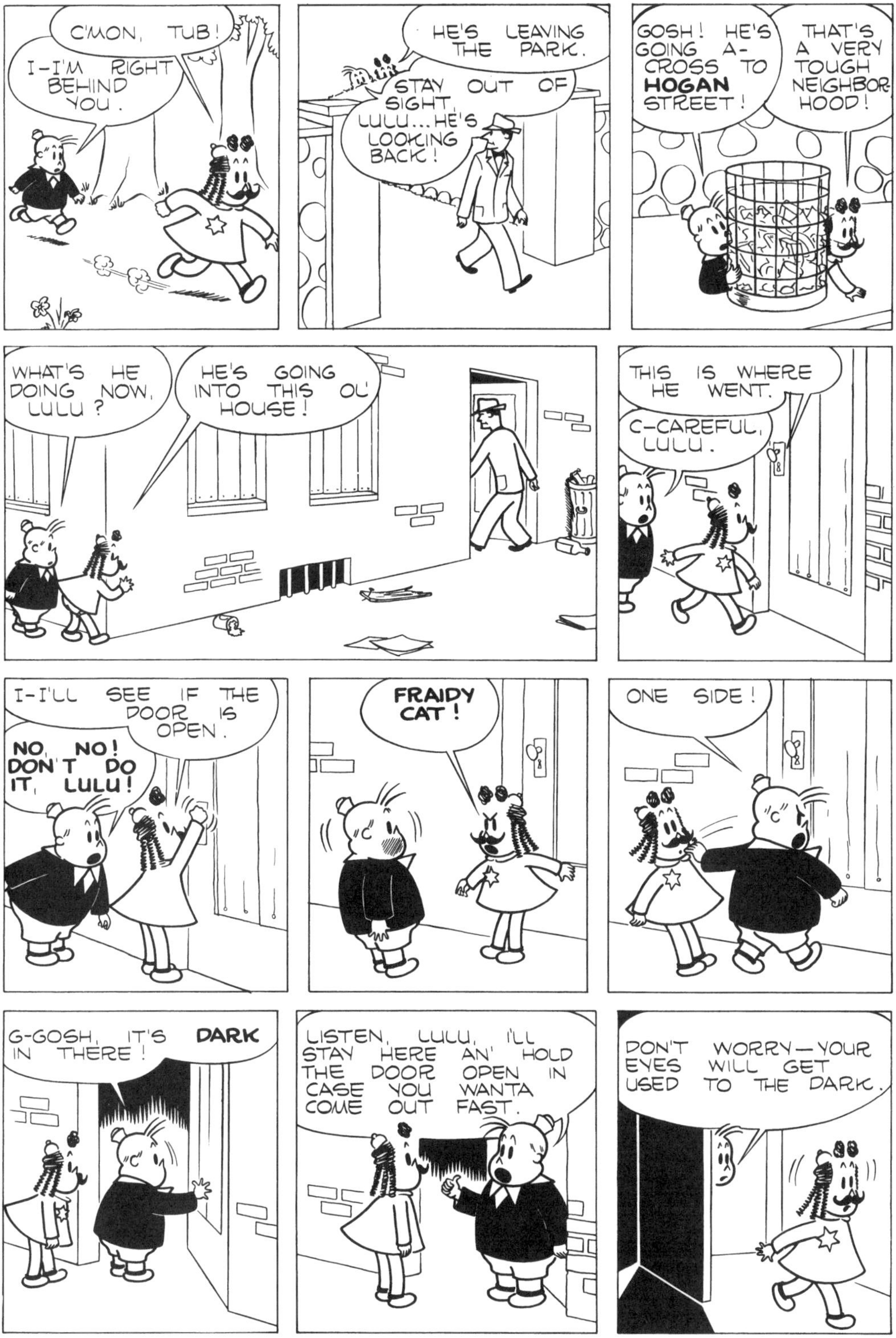
C'MON, TUB!
I-I'M RIGHT BEHIND YOU.
HE'S LEAVING THE PARK.
STAY OUT OF SIGHT, LULU... HE'S LOOKING BACK!
GOSH! HE'S GOING A-CROSS TO **HOGAN** STREET!
THAT'S A VERY TOUGH NEIGHBOR-HOOD!
WHAT'S HE DOING NOW, LULU?
HE'S GOING INTO THIS OL' HOUSE!
THIS IS WHERE HE WENT.
C-CAREFUL, LULU.
I-I'LL SEE IF THE DOOR IS OPEN.
**NO, NO! DON'T DO IT, LULU!**
**FRAIDY CAT!**
ONE SIDE!
G-GOSH, IT'S **DARK** IN THERE!
LISTEN, LULU, I'LL STAY HERE AN' HOLD THE DOOR OPEN IN CASE YOU WANTA COME OUT FAST.
DON'T WORRY—YOUR EYES WILL GET USED TO THE DARK.

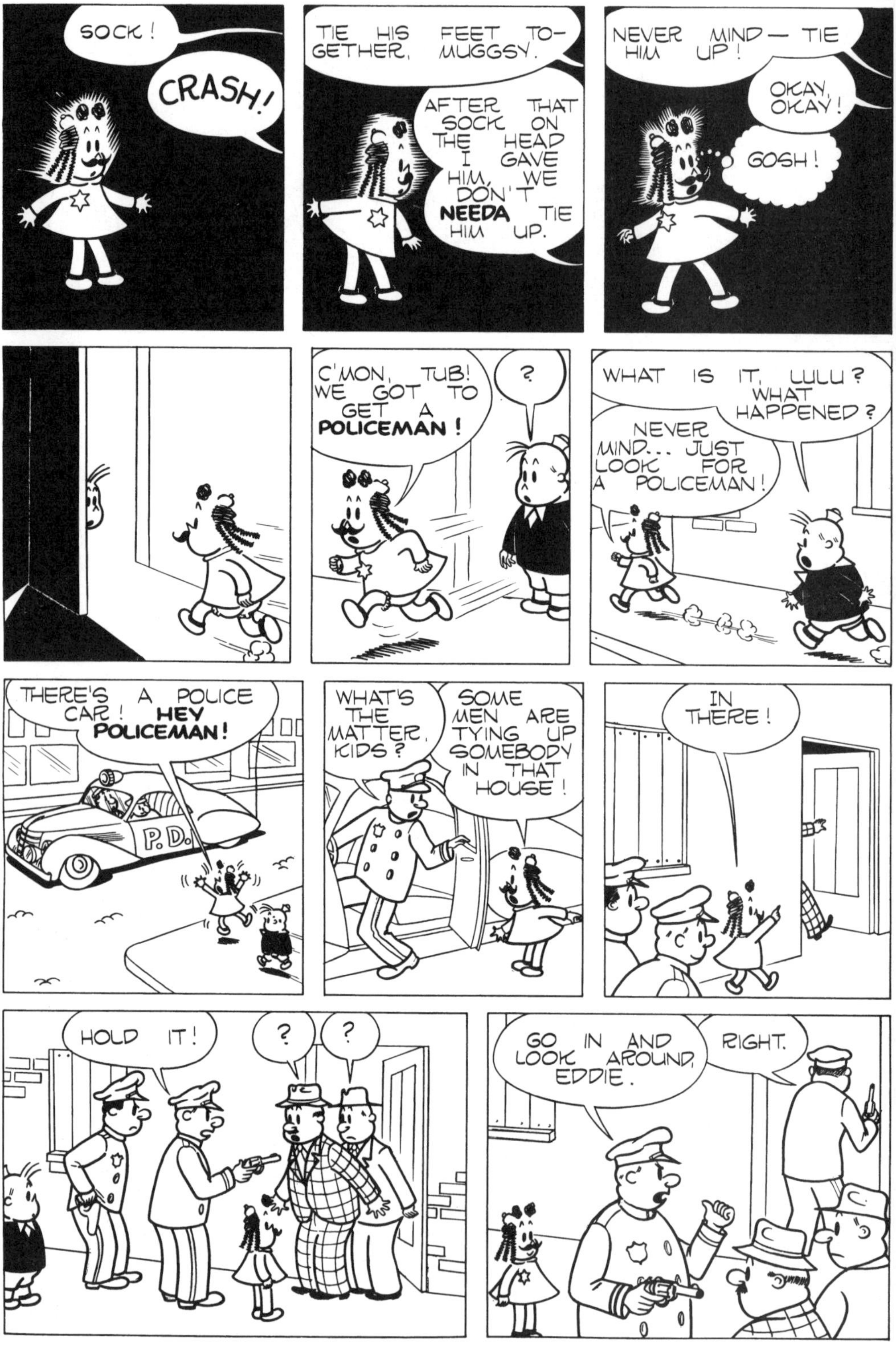
SOCK!
CRASH!
TIE HIS FEET TOGETHER, MUGGSY.
AFTER THAT SOCK ON THE HEAD I GAVE HIM, WE DON'T NEEDA TIE HIM UP.
NEVER MIND— TIE HIM UP!
OKAY, OKAY!
GOSH!
C'MON, TUB! WE GOT TO GET A POLICEMAN!
?
WHAT IS IT, LULU? WHAT HAPPENED?
NEVER MIND... JUST LOOK FOR A POLICEMAN!
THERE'S A POLICE CAR! HEY POLICEMAN!
P.D.
WHAT'S THE MATTER, KIDS?
SOME MEN ARE TYING UP SOMEBODY IN THAT HOUSE!
IN THERE!
HOLD IT!
?
?
GO IN AND LOOK AROUND, EDDIE.
RIGHT.

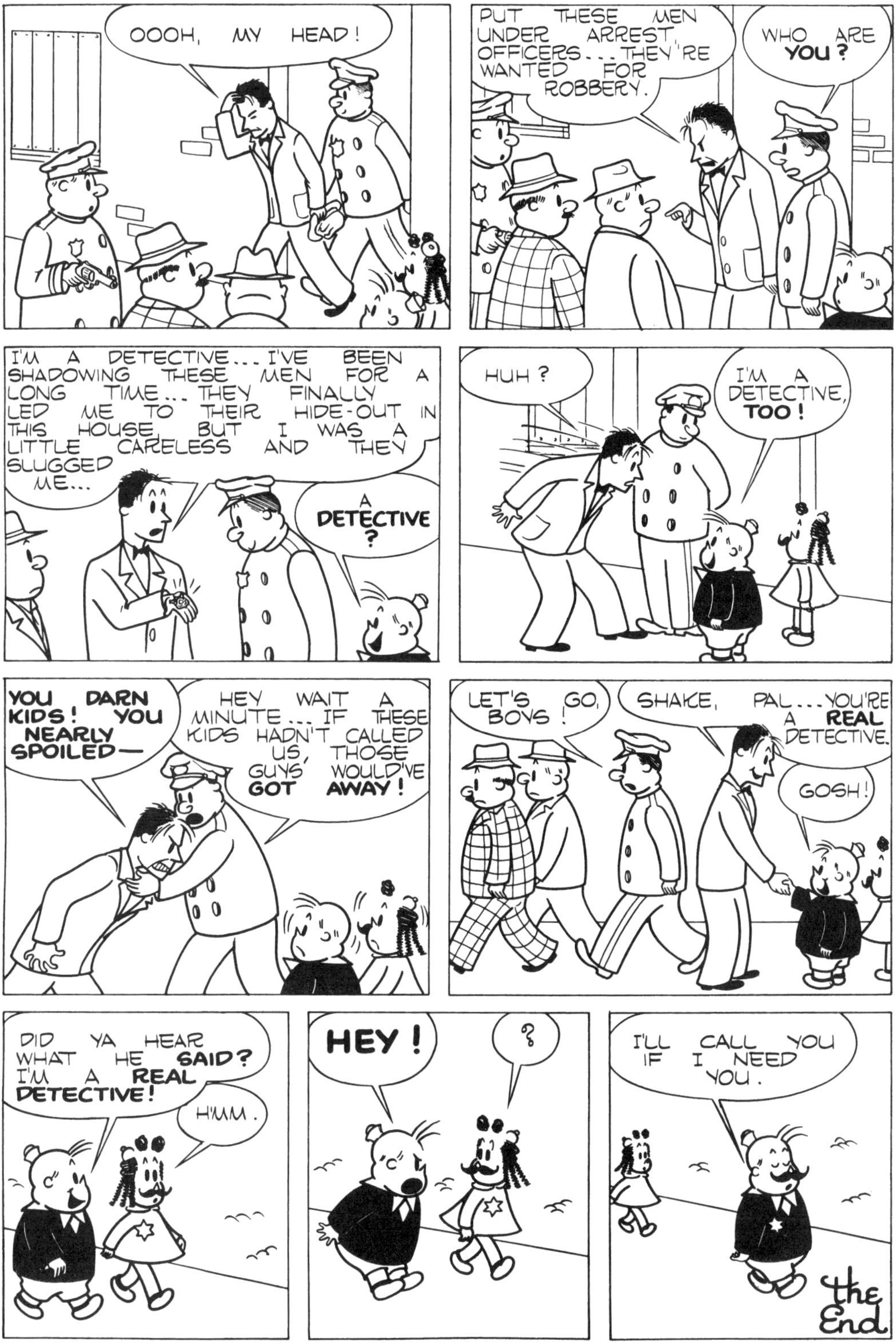
OOOH, MY HEAD!
PUT THESE MEN UNDER ARREST, OFFICERS... THEY'RE WANTED FOR ROBBERY.
WHO ARE YOU?
I'M A DETECTIVE... I'VE BEEN SHADOWING THESE MEN FOR A LONG TIME... THEY FINALLY LED ME TO THEIR HIDE-OUT IN THIS HOUSE, BUT I WAS A LITTLE CARELESS AND THEY SLUGGED ME...
A DETECTIVE?
HUH?
I'M A DETECTIVE, TOO!
YOU DARN KIDS! YOU NEARLY SPOILED—
HEY WAIT A MINUTE... IF THESE KIDS HADN'T CALLED US, THOSE GUYS WOULD'VE GOT AWAY!
LET'S GO, BOYS!
SHAKE, PAL... YOU'RE A REAL DETECTIVE.
GOSH!
DID YA HEAR WHAT HE SAID? I'M A REAL DETECTIVE!
H'MM.
HEY!
?
I'LL CALL YOU IF I NEED YOU.
the End

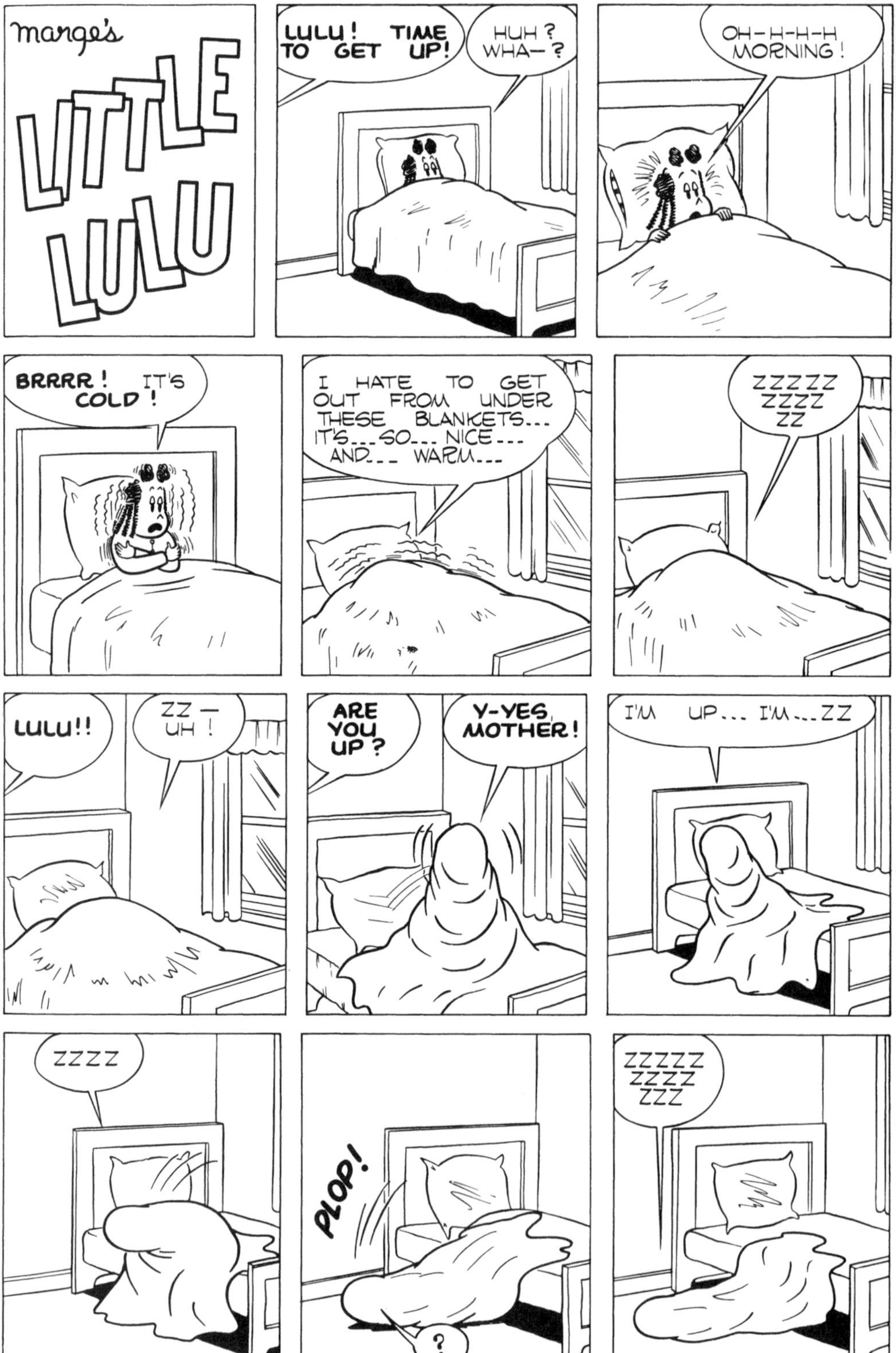
marge's
LITTLE LULU
LULU! TIME TO GET UP!
HUH? WHA—?
OH-H-H-H MORNING!
BRRRR! IT'S COLD!
I HATE TO GET OUT FROM UNDER THESE BLANKETS... IT'S... SO... NICE... AND... WARM...
ZZZZZ ZZZZ ZZ
LULU!!
ZZ— UH!
ARE YOU UP?
Y-YES, MOTHER!
I'M UP... I'M...ZZ
ZZZZ
PLOP!
?
ZZZZZ ZZZZ ZZZ

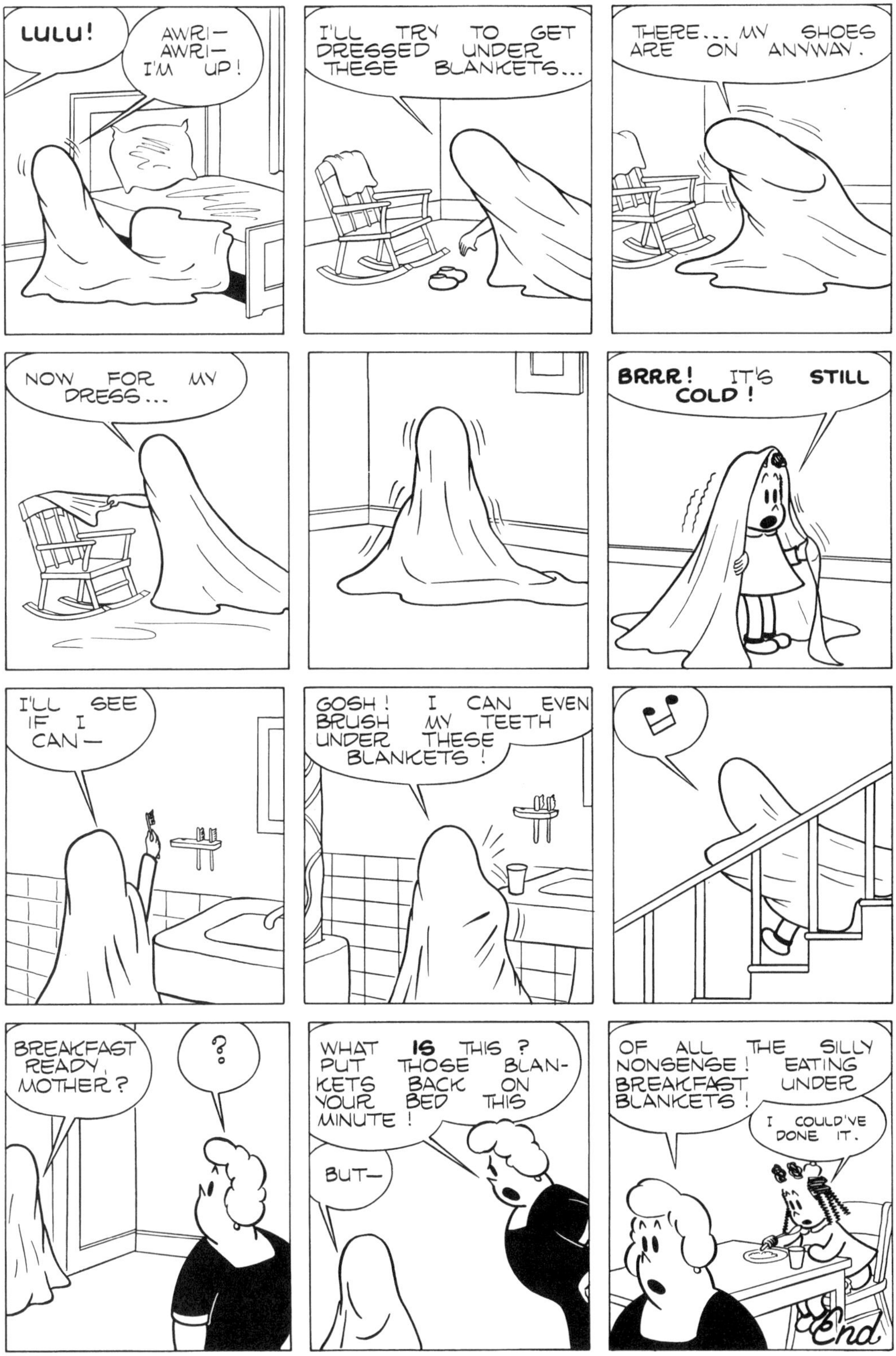

LULU!
AWRI— AWRI— I'M UP!
I'LL TRY TO GET DRESSED UNDER THESE BLANKETS...
THERE... MY SHOES ARE ON ANYWAY.
NOW FOR MY DRESS...
BRRR! IT'S STILL COLD!
I'LL SEE IF I CAN—
GOSH! I CAN EVEN BRUSH MY TEETH UNDER THESE BLANKETS!
BREAKFAST READY, MOTHER?
?
WHAT IS THIS? PUT THOSE BLAN-KETS BACK ON YOUR BED THIS MINUTE!
BUT—
OF ALL THE SILLY NONSENSE! EATING BREAKFAST UNDER BLANKETS!
I COULD'VE DONE IT.
End

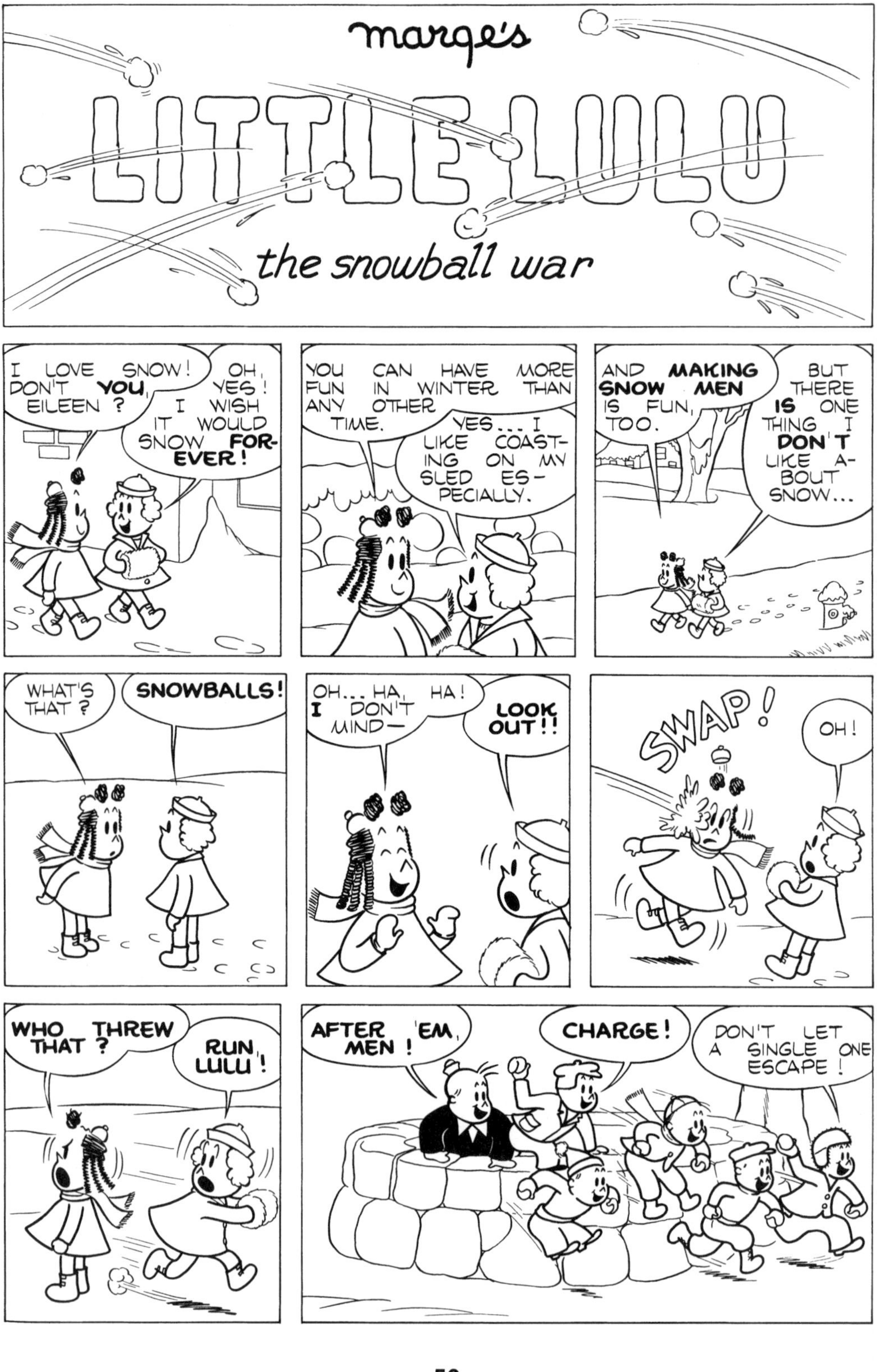
marge's
LITTLE LULU
the snowball war
I LOVE SNOW! DON'T YOU, EILEEN?
OH, YES! I WISH IT WOULD SNOW FOREVER!
YOU CAN HAVE MORE FUN IN WINTER THAN ANY OTHER TIME.
YES... I LIKE COASTING ON MY SLED ESPECIALLY.
AND MAKING SNOW MEN IS FUN, TOO.
BUT THERE IS ONE THING I DON'T LIKE ABOUT SNOW...
WHAT'S THAT?
SNOWBALLS!
OH... HA, HA! I DON'T MIND—
LOOK OUT!!
SWAP!
OH!
WHO THREW THAT?
RUN, LULU!
AFTER 'EM, MEN!
CHARGE!
DON'T LET A SINGLE ONE ESCAPE!

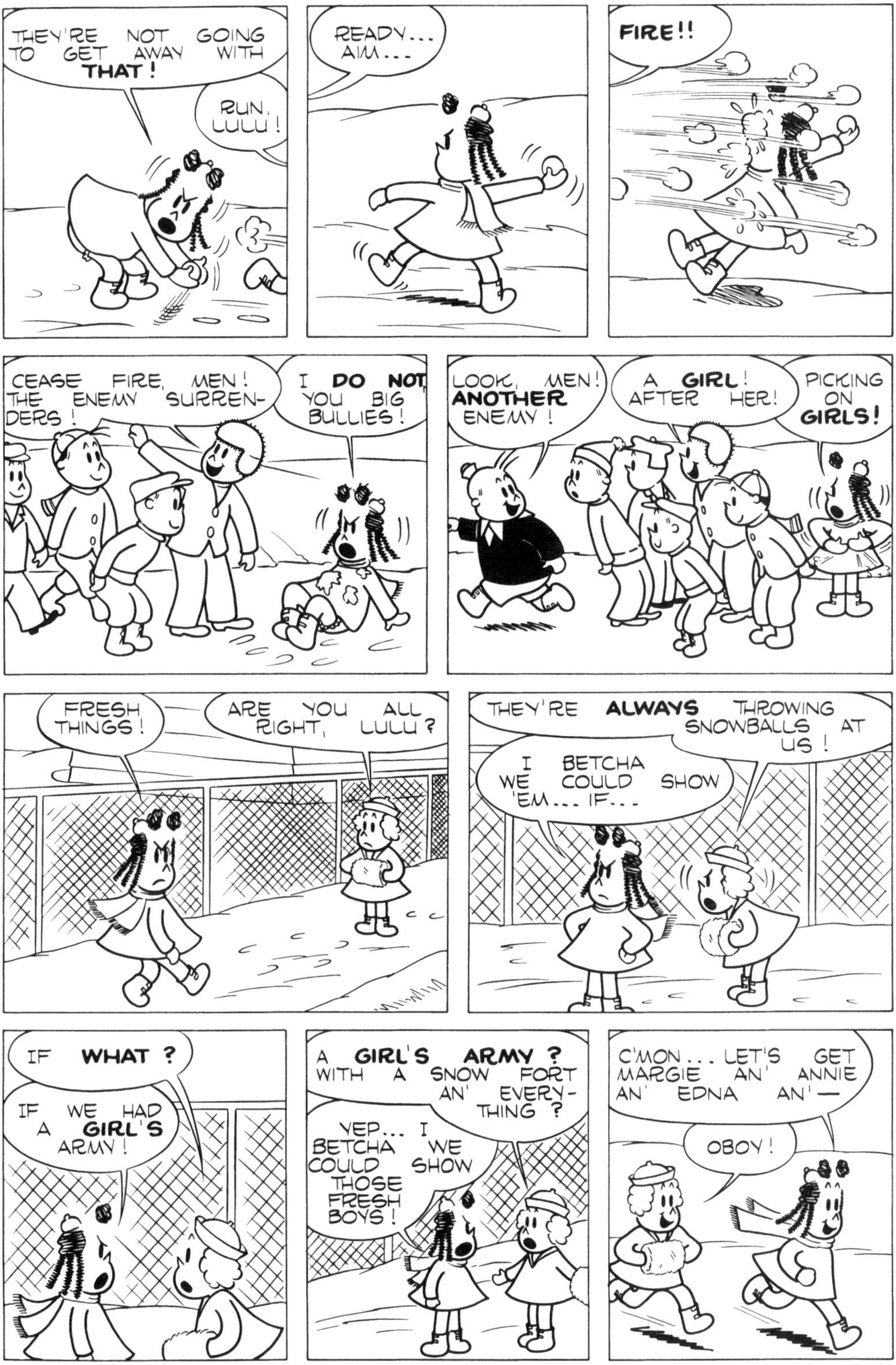
THEY'RE NOT GOING TO GET AWAY WITH **THAT**!
RUN, LULU!
READY... AIM...
**FIRE**!!
CEASE FIRE, MEN! THE ENEMY SURRENDERS!
I **DO NOT**, YOU BIG BULLIES!
LOOK, MEN! **ANOTHER** ENEMY!
A **GIRL**! AFTER HER!
PICKING ON **GIRLS**!
FRESH THINGS!
ARE YOU ALL RIGHT, LULU?
THEY'RE **ALWAYS** THROWING SNOWBALLS AT US!
I BETCHA WE COULD SHOW 'EM... IF...
IF **WHAT**?
IF WE HAD A **GIRL'S** ARMY!
A **GIRL'S ARMY**? WITH A SNOW FORT AN' EVERYTHING?
YEP... I BETCHA WE COULD SHOW THOSE FRESH BOYS!
C'MON... LET'S GET MARGIE AN' ANNIE AN' EDNA AN'—
OBOY!

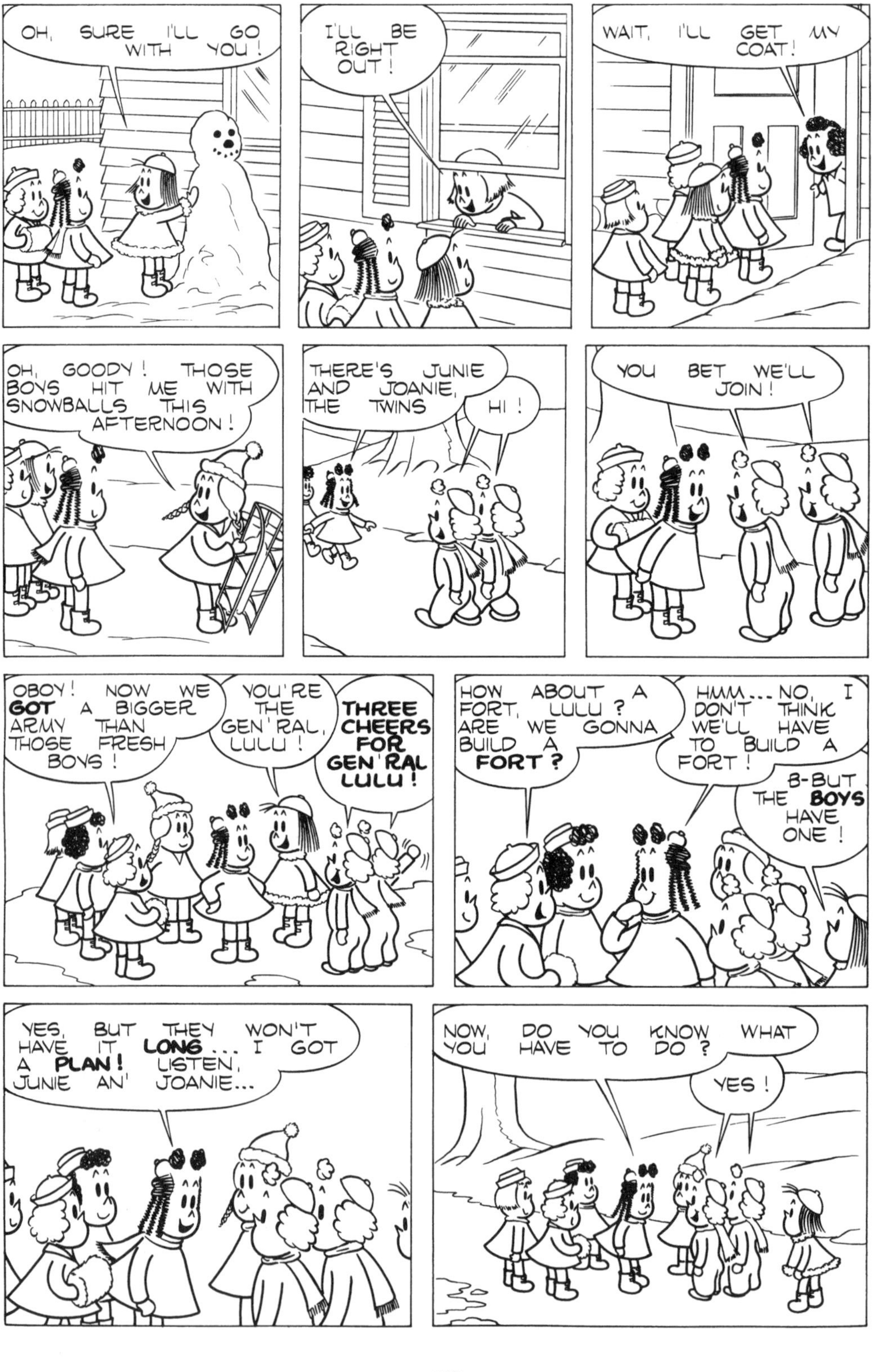
OH, SURE I'LL GO WITH YOU!
I'LL BE RIGHT OUT!
WAIT, I'LL GET MY COAT!
OH, GOODY! THOSE BOYS HIT ME WITH SNOWBALLS THIS AFTERNOON!
THERE'S JUNIE AND JOANIE, THE TWINS
HI!
YOU BET WE'LL JOIN!
OBOY! NOW WE **GOT** A BIGGER ARMY THAN THOSE FRESH BOYS!
YOU'RE THE GEN'RAL, LULU!
**THREE CHEERS FOR GEN'RAL LULU!**
HOW ABOUT A FORT, LULU? ARE WE GONNA BUILD A **FORT?**
HMM... NO, I DON'T THINK WE'LL HAVE TO BUILD A FORT!
B-BUT THE **BOYS** HAVE ONE!
YES, BUT THEY WON'T HAVE IT **LONG**... I GOT A **PLAN!** LISTEN, JUNIE AN' JOANIE...
NOW, DO YOU KNOW WHAT YOU HAVE TO DO?
YES!

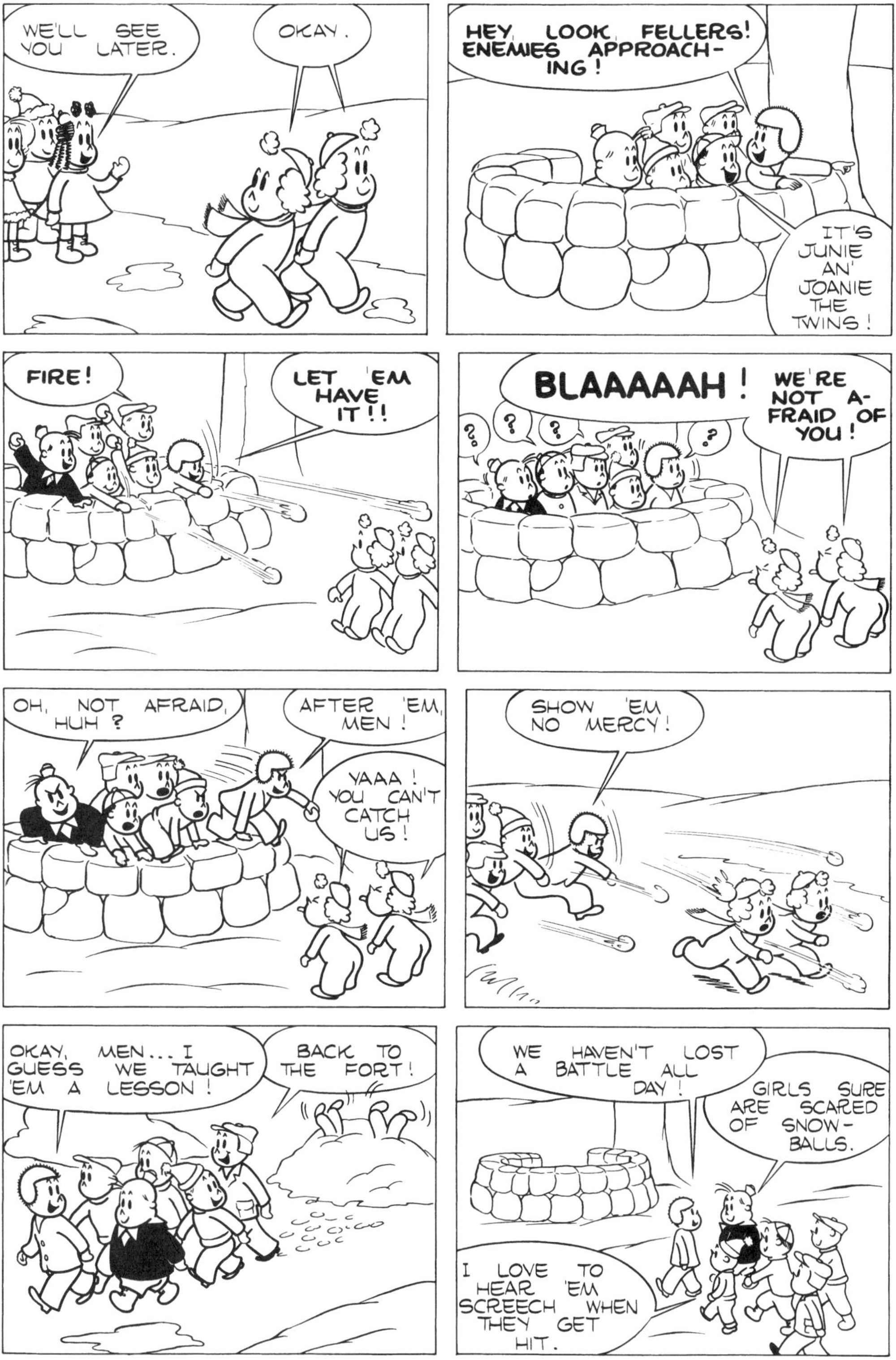
WE'LL SEE YOU LATER.
OKAY.
HEY, LOOK, FELLERS! ENEMIES APPROACH-ING!
IT'S JUNIE AN' JOANIE THE TWINS!
FIRE!
LET 'EM HAVE IT!!
BLAAAAAH!
WE'RE NOT A-FRAID OF YOU!
OH, NOT AFRAID, HUH?
AFTER 'EM, MEN!
YAAA! YOU CAN'T CATCH US!
SHOW 'EM NO MERCY!
OKAY, MEN... I GUESS WE TAUGHT 'EM A LESSON!
BACK TO THE FORT!
WE HAVEN'T LOST A BATTLE ALL DAY!
GIRLS SURE ARE SCARED OF SNOW-BALLS.
I LOVE TO HEAR 'EM SCREECH WHEN THEY GET HIT.

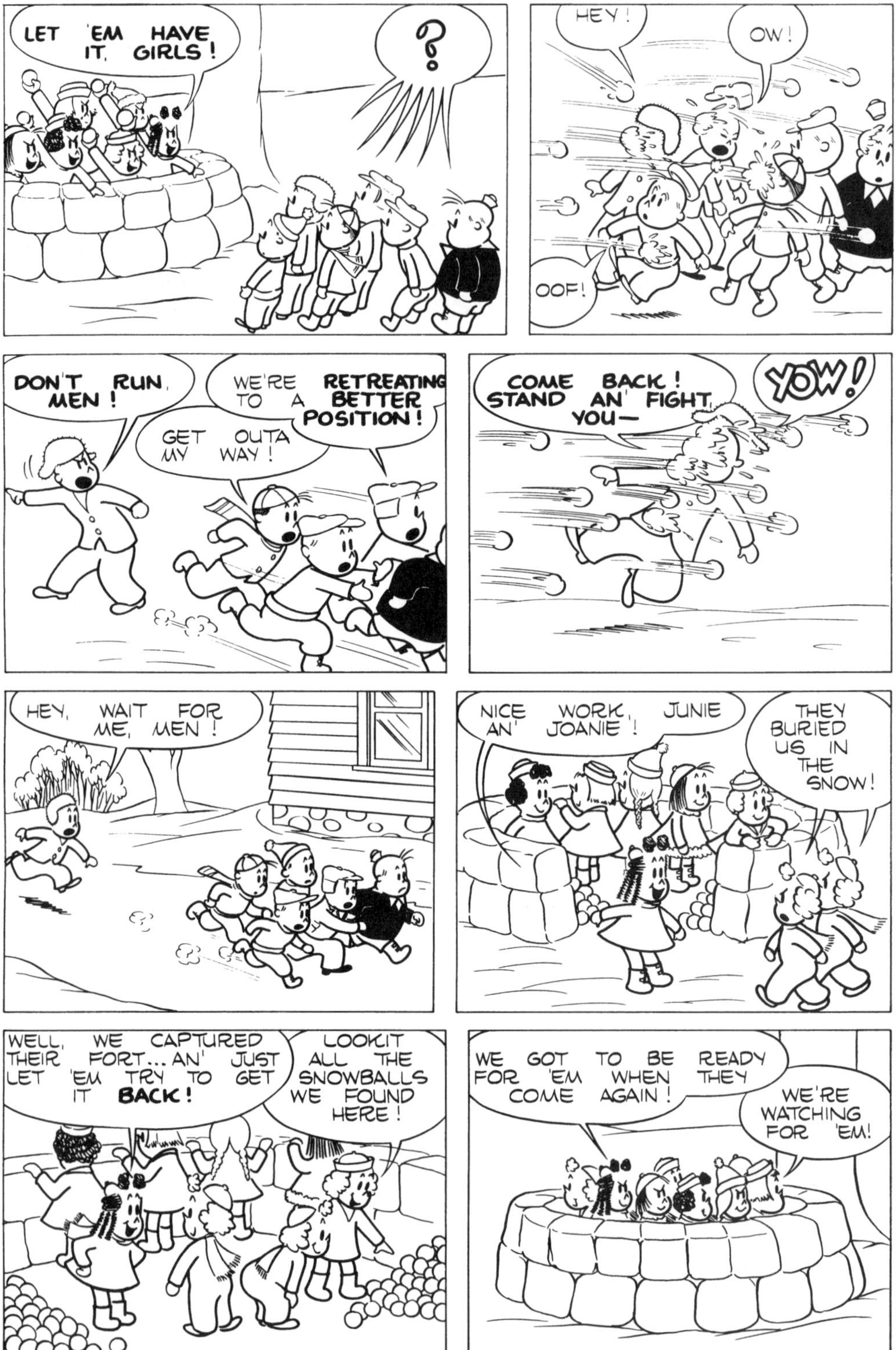

LET 'EM HAVE IT, GIRLS!
?
HEY!
OW!
OOF!
DON'T RUN, MEN!
WE'RE RETREATING TO A BETTER POSITION!
GET OUTA MY WAY!
COME BACK! STAND AN' FIGHT, YOU—
YOW!
HEY, WAIT FOR ME, MEN!
NICE WORK, JUNIE AN' JOANIE!
THEY BURIED US IN THE SNOW!
WELL, WE CAPTURED THEIR FORT... AN' JUST LET 'EM TRY TO GET IT BACK!
LOOKIT ALL THE SNOWBALLS WE FOUND HERE!
WE GOT TO BE READY FOR 'EM WHEN THEY COME AGAIN!
WE'RE WATCHING FOR 'EM!

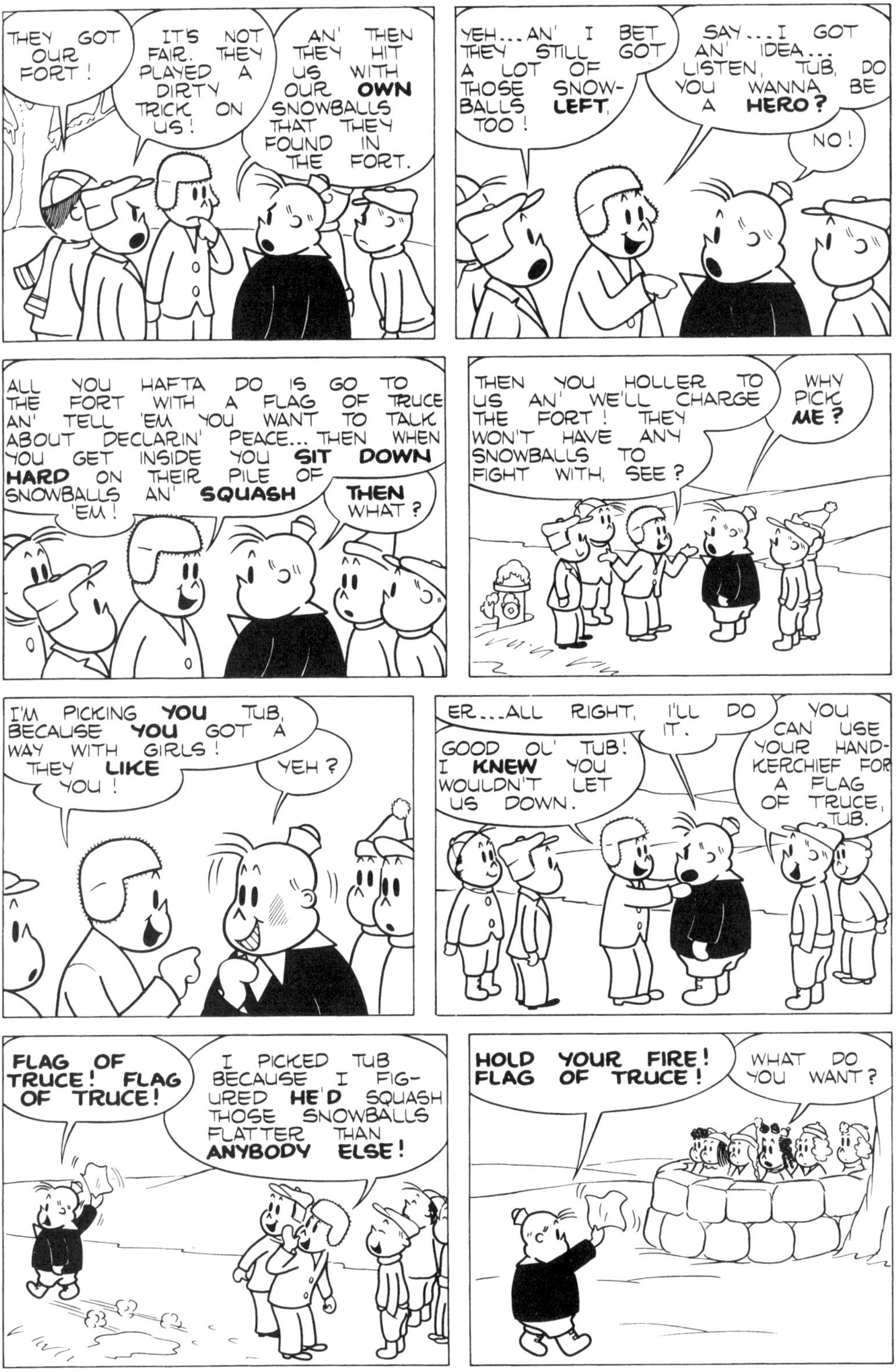
THEY GOT OUR FORT!
IT'S NOT FAIR. THEY PLAYED A DIRTY TRICK ON US!
AN' THEN THEY HIT US WITH OUR OWN SNOWBALLS THAT THEY FOUND IN THE FORT.
YEH... AN' I BET THEY STILL GOT A LOT OF THOSE SNOW-BALLS LEFT, TOO!
SAY... I GOT AN' IDEA... LISTEN, TUB, DO YOU WANNA BE A HERO?
NO!
ALL YOU HAFTA DO IS GO TO THE FORT WITH A FLAG OF TRUCE AN' TELL 'EM YOU WANT TO TALK ABOUT DECLARIN' PEACE... THEN WHEN YOU GET INSIDE YOU SIT DOWN HARD ON THEIR PILE OF SNOWBALLS AN' SQUASH 'EM!
THEN WHAT?
THEN YOU HOLLER TO US AN' WE'LL CHARGE THE FORT! THEY WON'T HAVE ANY SNOWBALLS TO FIGHT WITH, SEE?
WHY PICK ME?
I'M PICKING YOU TUB, BECAUSE YOU GOT A WAY WITH GIRLS! THEY LIKE YOU!
YEH?
ER...ALL RIGHT, I'LL DO IT.
GOOD OL' TUB! I KNEW YOU WOULDN'T LET US DOWN.
YOU CAN USE YOUR HAND-KERCHIEF FOR A FLAG OF TRUCE, TUB.
FLAG OF TRUCE! FLAG OF TRUCE!
I PICKED TUB BECAUSE I FIG-URED HE'D SQUASH THOSE SNOWBALLS FLATTER THAN ANYBODY ELSE!
HOLD YOUR FIRE! FLAG OF TRUCE!
WHAT DO YOU WANT?

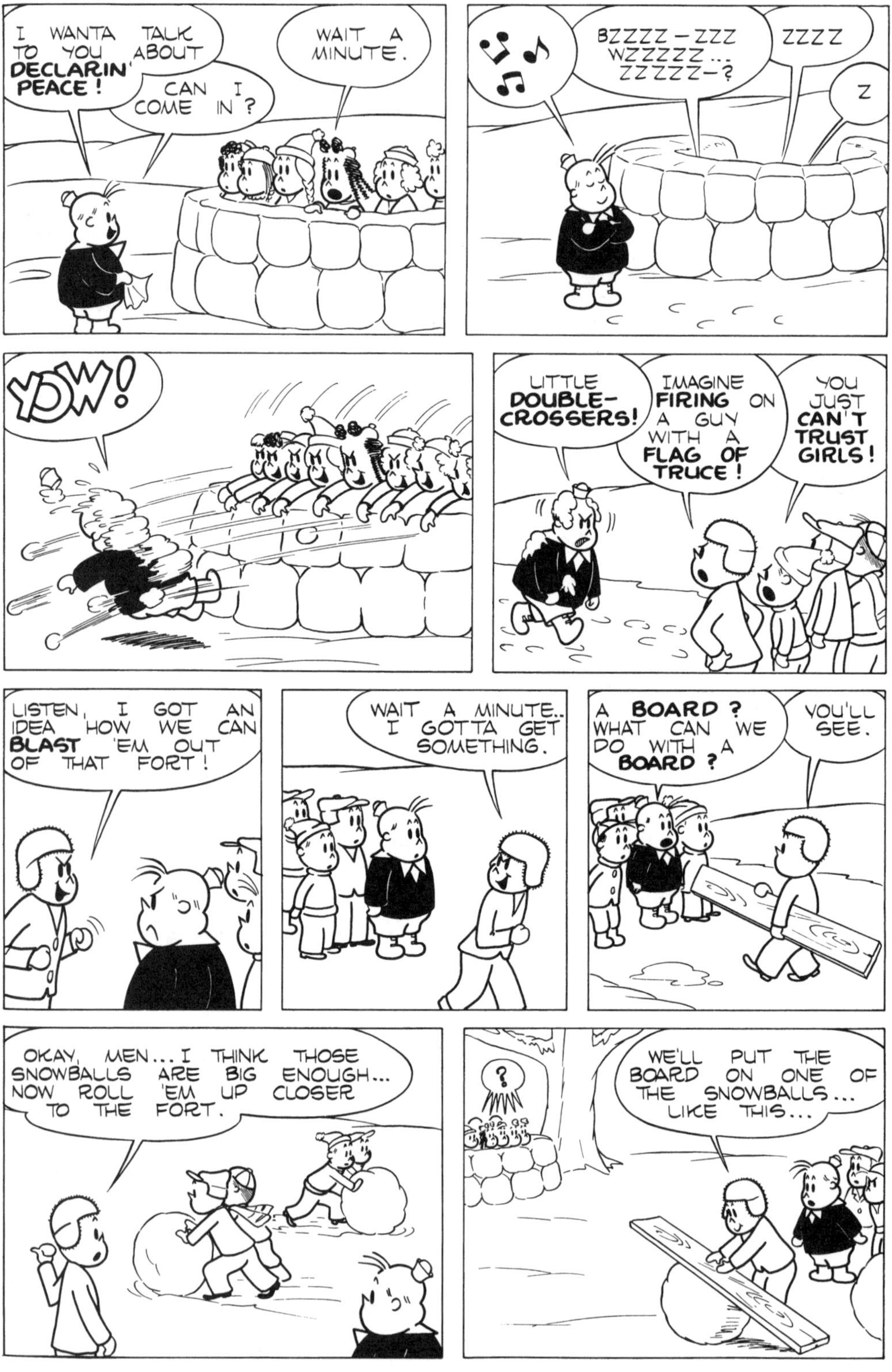
I WANTA TALK TO YOU ABOUT **DECLARIN' PEACE**!
CAN I COME IN ?
WAIT A MINUTE.
BZZZZ-ZZZ WZZZZZ... ZZZZZ-?
ZZZZ
Z
YOW!
LITTLE **DOUBLE-CROSSERS**!
IMAGINE **FIRING** ON A GUY WITH A **FLAG OF TRUCE**!
YOU JUST **CAN'T TRUST GIRLS**!
LISTEN, I GOT AN IDEA HOW WE CAN **BLAST** 'EM OUT OF THAT FORT!
WAIT A MINUTE.. I GOTTA GET SOMETHING.
A **BOARD** ? WHAT CAN WE DO WITH A **BOARD** ?
YOU'LL SEE.
OKAY, MEN... I THINK THOSE SNOWBALLS ARE BIG ENOUGH... NOW ROLL 'EM UP CLOSER TO THE FORT.
?
WE'LL PUT THE BOARD ON ONE OF THE SNOWBALLS... LIKE THIS...

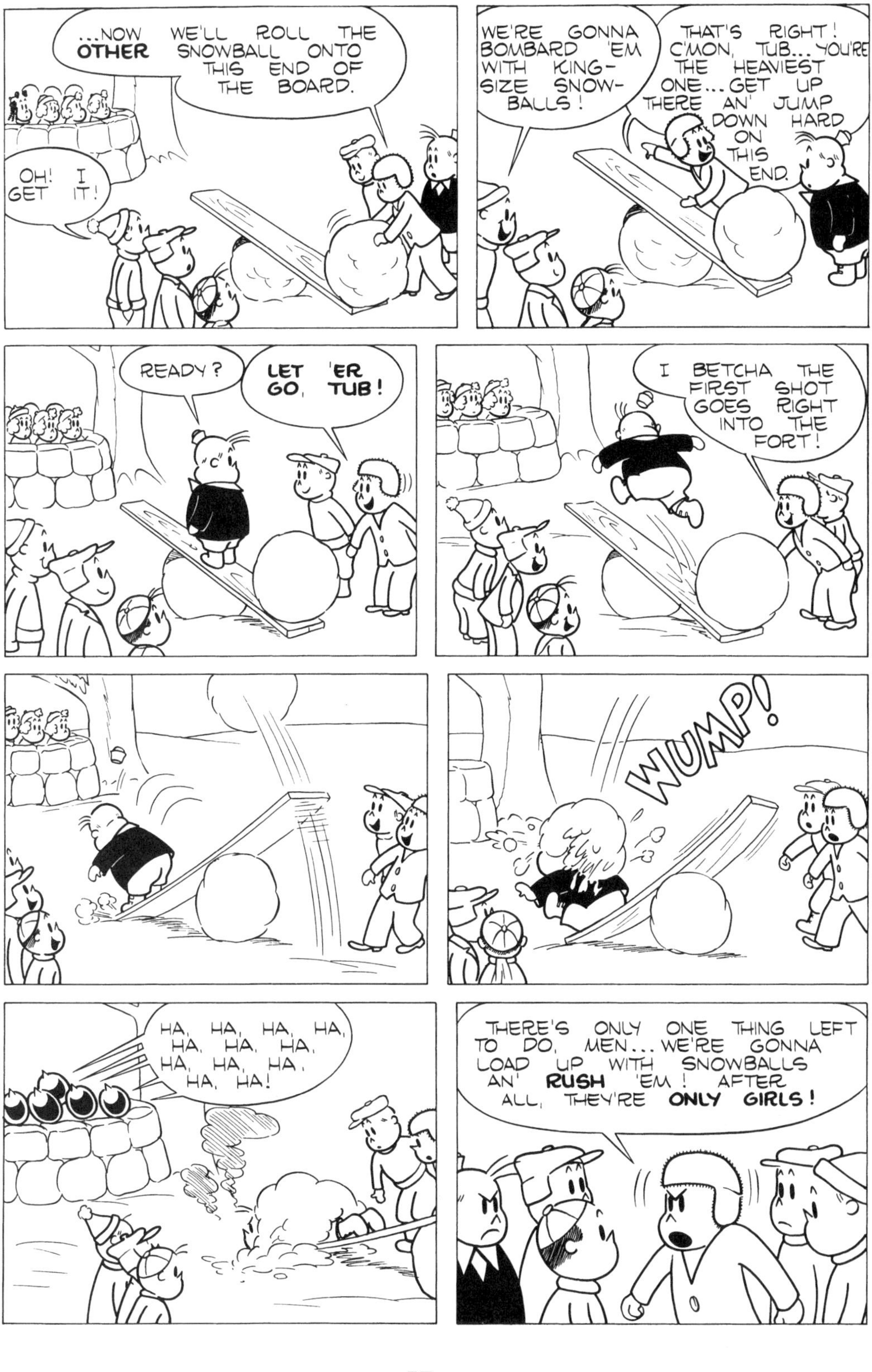
...NOW WE'LL ROLL THE OTHER SNOWBALL ONTO THIS END OF THE BOARD.
OH! I GET IT!
WE'RE GONNA BOMBARD 'EM WITH KING-SIZE SNOW-BALLS!
THAT'S RIGHT! C'MON, TUB... YOU'RE THE HEAVIEST ONE... GET UP THERE AN' JUMP DOWN HARD ON THIS END.
READY?
LET 'ER GO, TUB!
I BETCHA THE FIRST SHOT GOES RIGHT INTO THE FORT!
WUMP!
HA, HA, HA, HA, HA, HA, HA, HA, HA, HA, HA, HA!
THERE'S ONLY ONE THING LEFT TO DO, MEN... WE'RE GONNA LOAD UP WITH SNOWBALLS AN' RUSH 'EM! AFTER ALL, THEY'RE ONLY GIRLS!

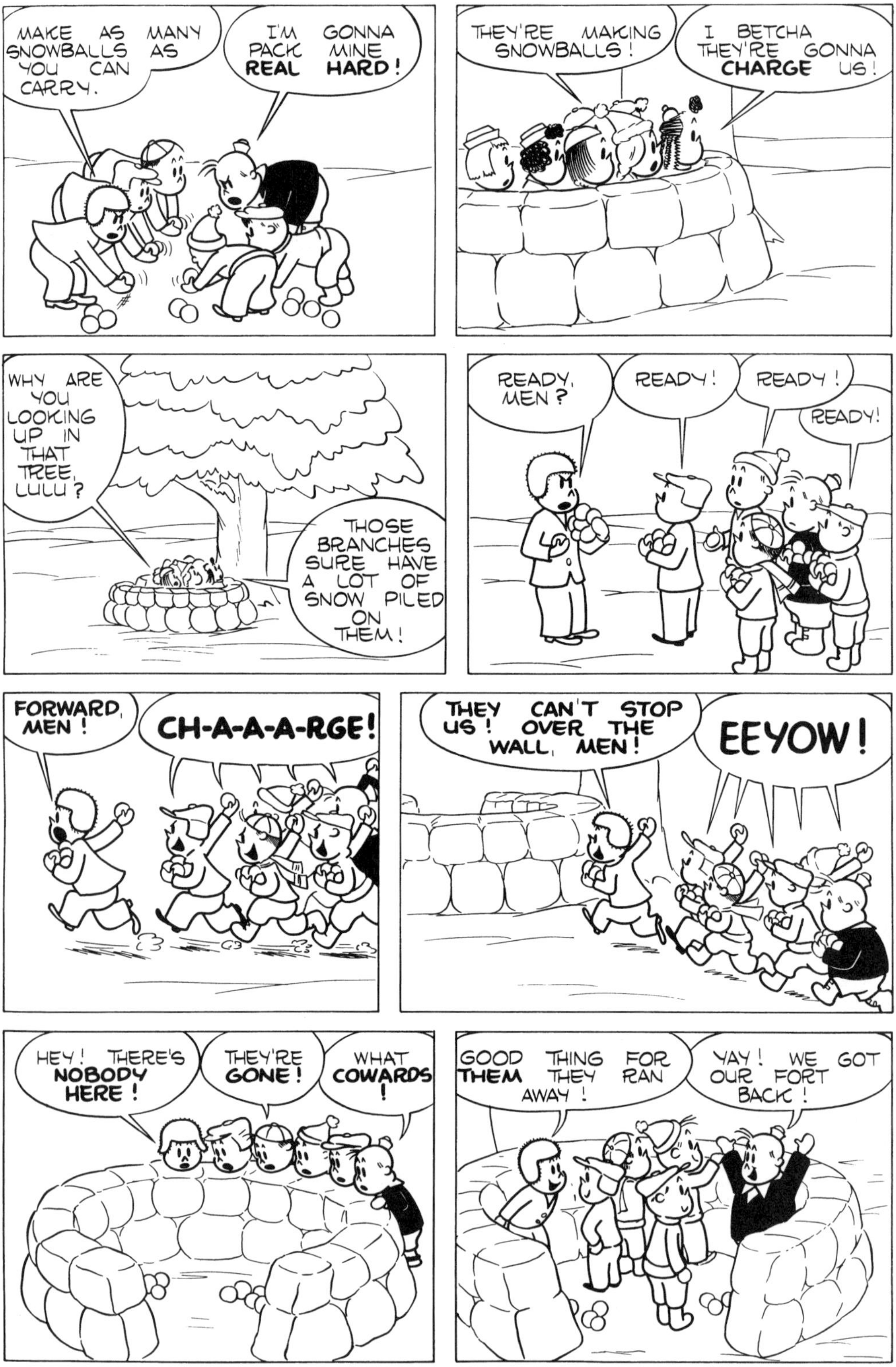
MAKE AS MANY SNOWBALLS AS YOU CAN CARRY.
I'M GONNA PACK MINE **REAL HARD**!
THEY'RE MAKING SNOWBALLS!
I BETCHA THEY'RE GONNA **CHARGE** US!
WHY ARE YOU LOOKING UP IN THAT TREE, LULU?
THOSE BRANCHES SURE HAVE A LOT OF SNOW PILED ON THEM!
READY, MEN?
READY!
READY!
READY!
FORWARD, MEN!
CH-A-A-A-RGE!
THEY CAN'T STOP US! OVER THE WALL, MEN!
EEYOW!
HEY! THERE'S **NOBODY HERE**!
THEY'RE **GONE**!
WHAT **COWARDS**!
GOOD THING FOR **THEM** THEY RAN AWAY!
YAY! WE GOT OUR FORT BACK!

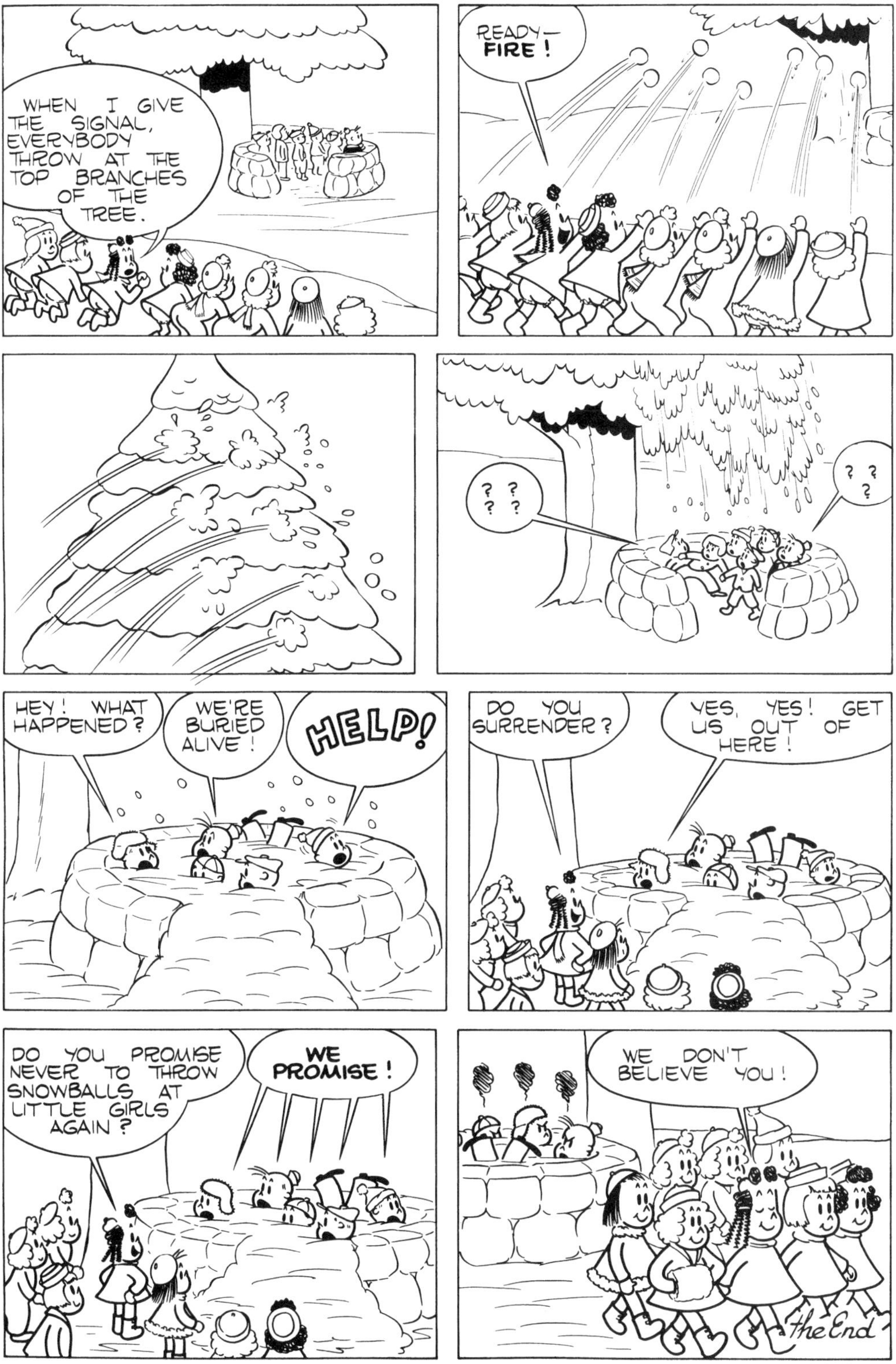
WHEN I GIVE THE SIGNAL, EVERYBODY THROW AT THE TOP BRANCHES OF THE TREE.
READY— FIRE!
? ? ? ?
? ? ?
HEY! WHAT HAPPENED?
WE'RE BURIED ALIVE!
HELP!
DO YOU SURRENDER?
YES, YES! GET US OUT OF HERE!
DO YOU PROMISE NEVER TO THROW SNOWBALLS AT LITTLE GIRLS AGAIN?
WE PROMISE!
WE DON'T BELIEVE YOU!
the End

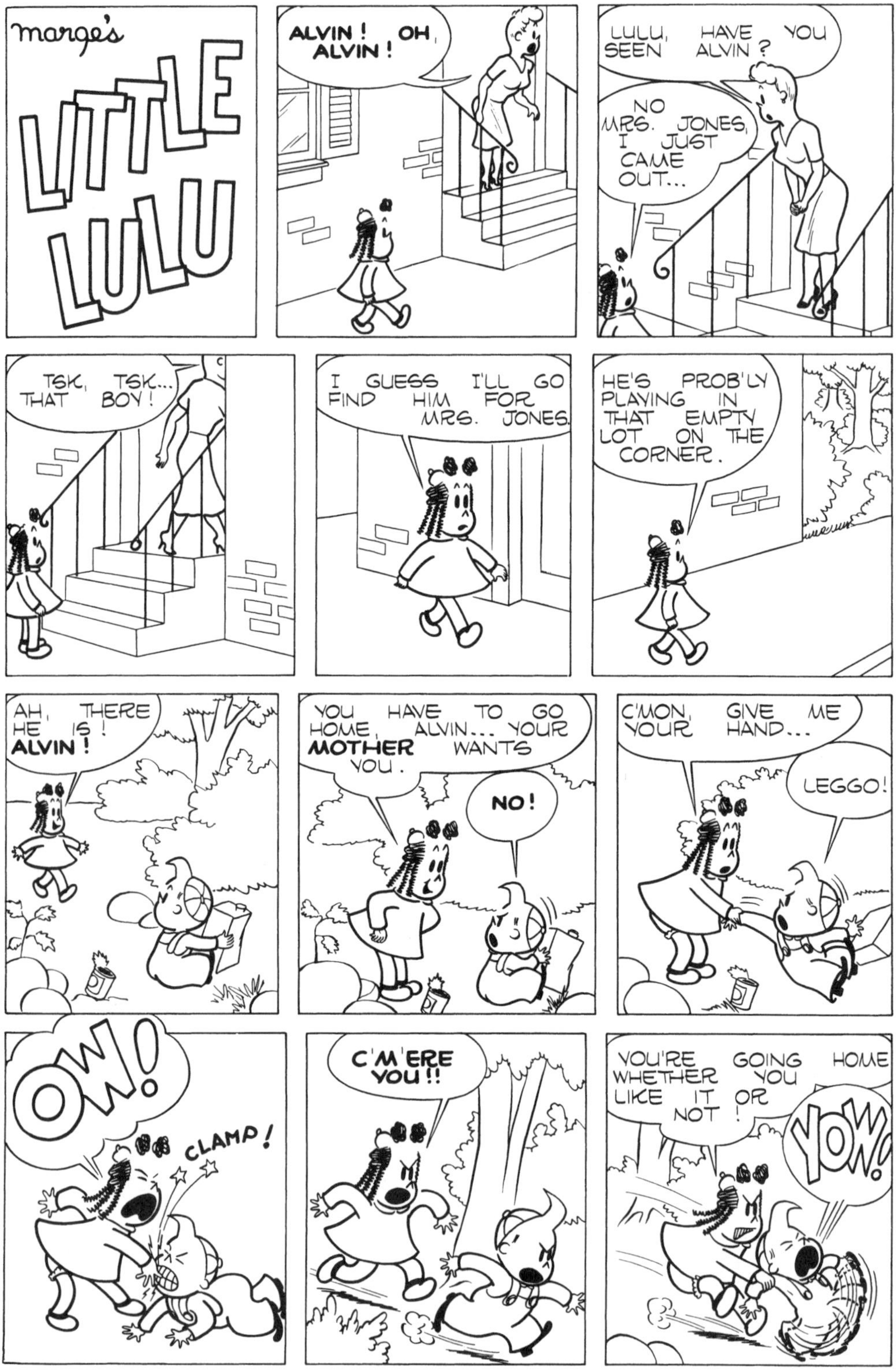
marge's
LITTLE LULU
ALVIN! OH, ALVIN!
LULU, HAVE YOU SEEN ALVIN?
NO MRS. JONES, I JUST CAME OUT...
TSK, TSK... THAT BOY!
I GUESS I'LL GO FIND HIM FOR MRS. JONES.
HE'S PROB'LY PLAYING IN THAT EMPTY LOT ON THE CORNER.
AH, THERE HE IS! ALVIN!
YOU HAVE TO GO HOME, ALVIN... YOUR MOTHER WANTS YOU.
NO!
C'MON, GIVE ME YOUR HAND...
LEGGO!
OW!
CLAMP!
C'M'ERE YOU!!
YOU'RE GOING HOME WHETHER YOU LIKE IT OR NOT!
YOW!

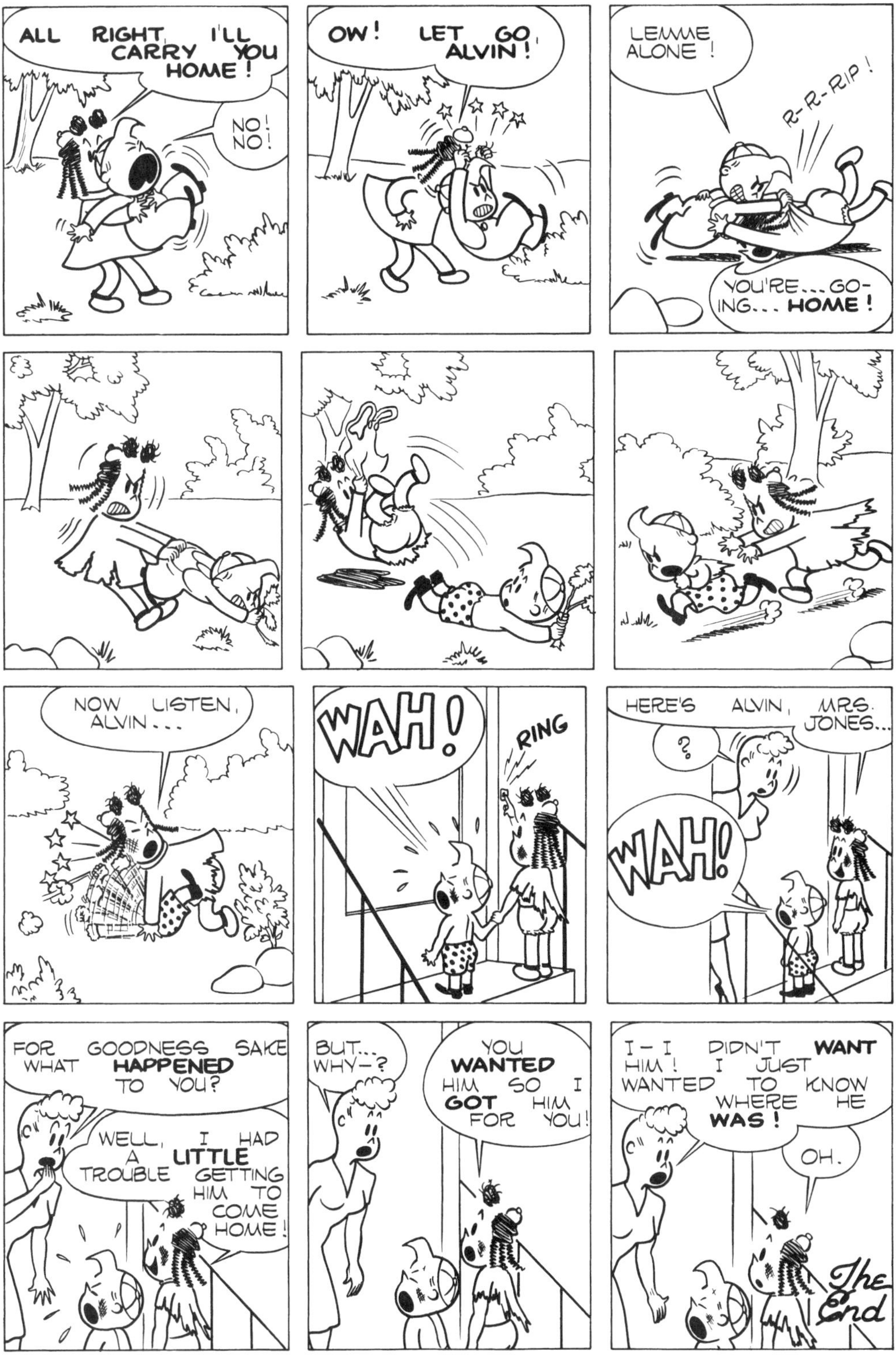
ALL RIGHT, I'LL CARRY YOU HOME!
NO! NO!
OW! LET GO, ALVIN!
LEMME ALONE!
R-R-RIP!
YOU'RE... GO-ING... HOME!
NOW LISTEN, ALVIN...
WAH!
RING
HERE'S ALVIN, MRS. JONES...
?
WAH!
FOR GOODNESS SAKE WHAT HAPPENED TO YOU?
WELL, I HAD A LITTLE TROUBLE GETTING HIM TO COME HOME!
BUT... WHY-?
YOU WANTED HIM SO I GOT HIM FOR YOU!
I-I DIDN'T WANT HIM! I JUST WANTED TO KNOW WHERE HE WAS!
OH.
The End

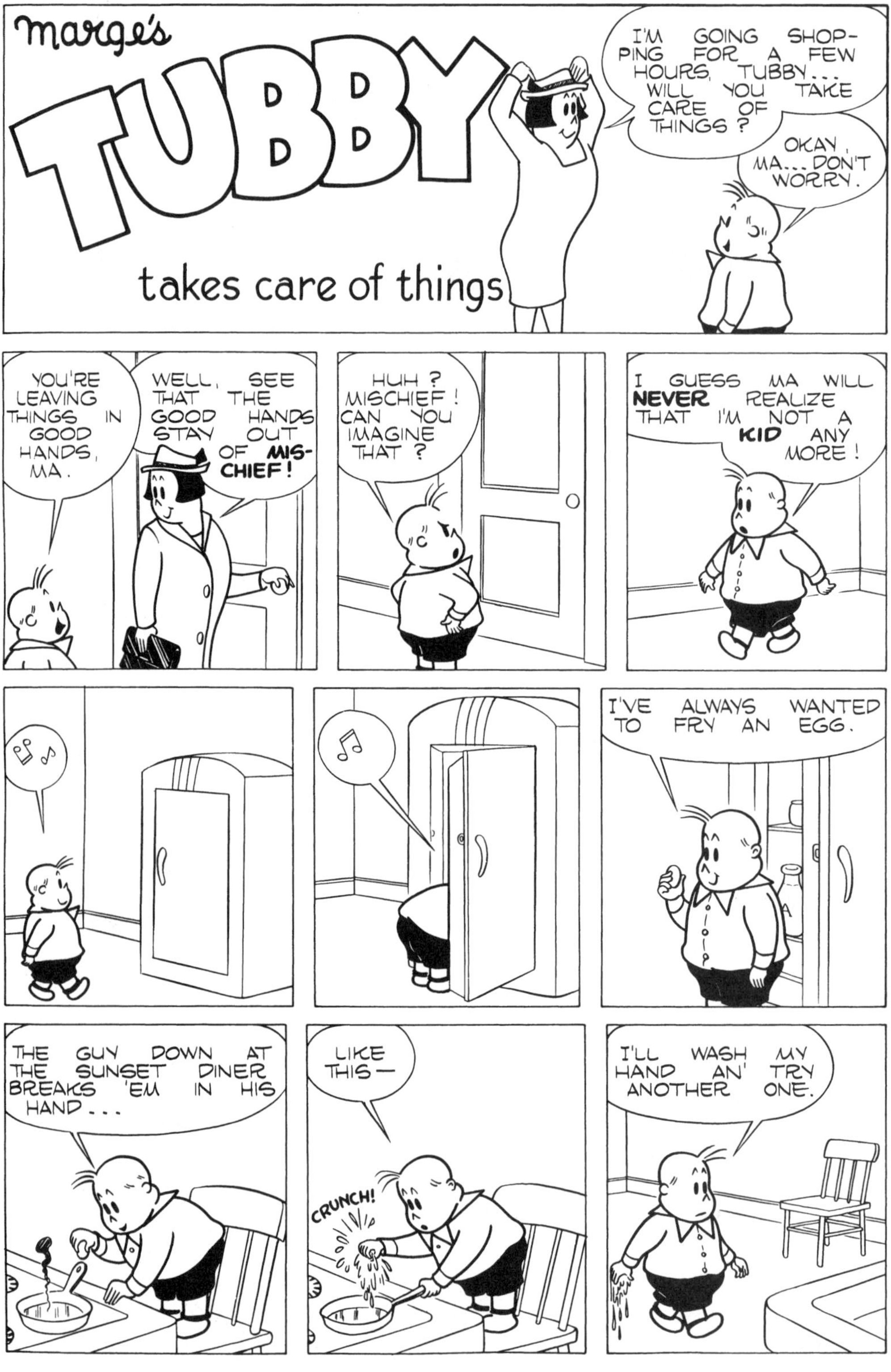
marge's
TUBBY
takes care of things
I'M GOING SHOPPING FOR A FEW HOURS, TUBBY... WILL YOU TAKE CARE OF THINGS?
OKAY, MA... DON'T WORRY.
YOU'RE LEAVING THINGS IN GOOD HANDS, MA.
WELL, SEE THAT THE GOOD HANDS STAY OUT OF MISCHIEF!
HUH? MISCHIEF! CAN YOU IMAGINE THAT?
I GUESS MA WILL NEVER REALIZE THAT I'M NOT A KID ANY MORE!
I'VE ALWAYS WANTED TO FRY AN EGG.
THE GUY DOWN AT THE SUNSET DINER BREAKS 'EM IN HIS HAND...
LIKE THIS—
CRUNCH!
I'LL WASH MY HAND AN' TRY ANOTHER ONE.

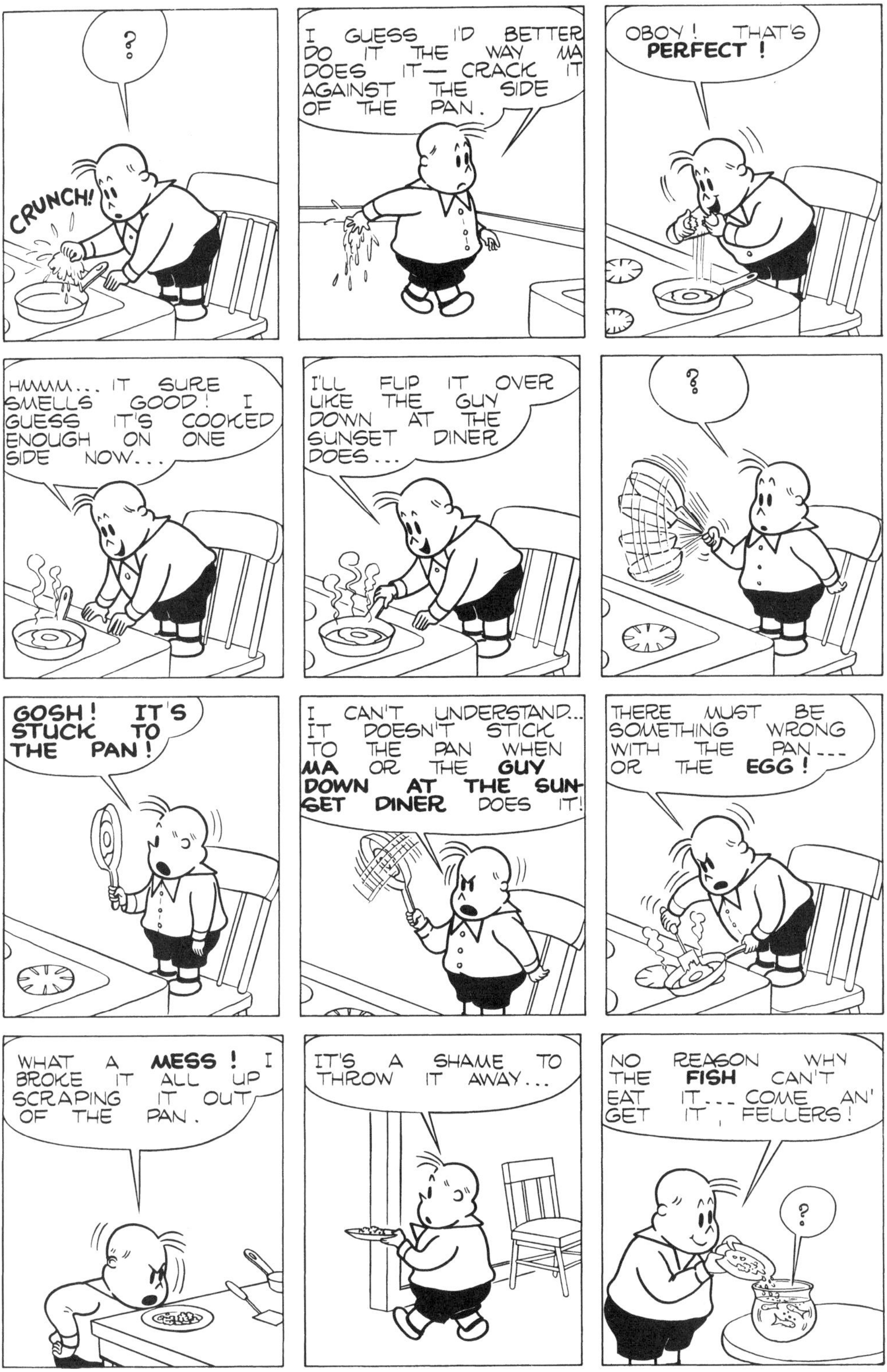
?
CRUNCH!
I GUESS I'D BETTER DO IT THE WAY MA DOES IT— CRACK IT AGAINST THE SIDE OF THE PAN.
OBOY! THAT'S **PERFECT**!
HMMM... IT SURE SMELLS GOOD! I GUESS IT'S COOKED ENOUGH ON ONE SIDE NOW...
I'LL FLIP IT OVER LIKE THE GUY DOWN AT THE SUNSET DINER DOES...
?
**GOSH! IT'S STUCK TO THE PAN!**
I CAN'T UNDERSTAND... IT DOESN'T STICK TO THE PAN WHEN **MA** OR THE **GUY DOWN AT THE SUNSET DINER** DOES IT!
THERE MUST BE SOMETHING WRONG WITH THE PAN--- OR THE **EGG**!
WHAT A **MESS!** I BROKE IT ALL UP SCRAPING IT OUT OF THE PAN.
IT'S A SHAME TO THROW IT AWAY...
NO REASON WHY THE **FISH** CAN'T EAT IT--- COME AN' GET IT, FELLERS!
?

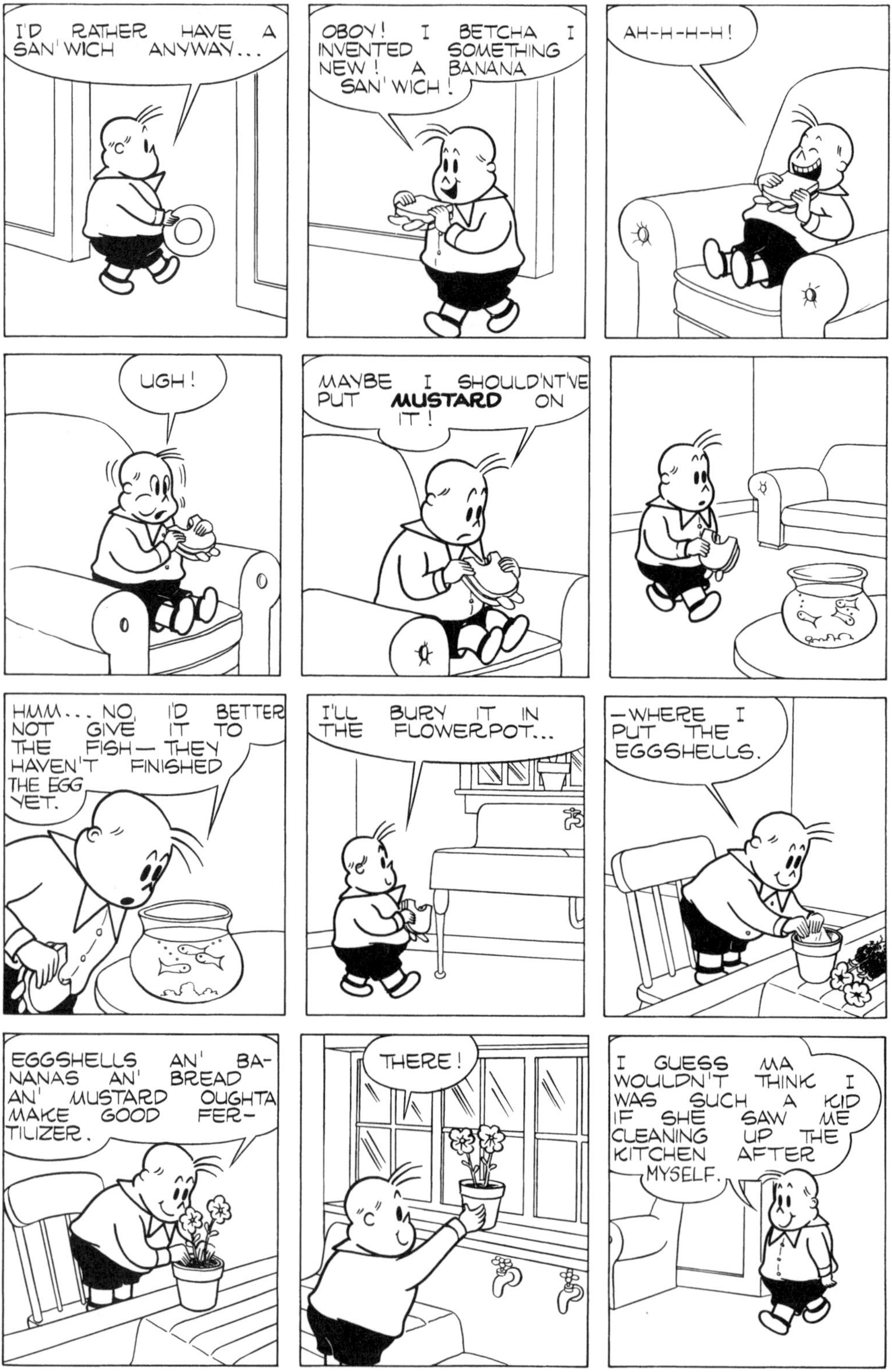
I'D RATHER HAVE A SAN'WICH ANYWAY...
OBOY! I BETCHA I INVENTED SOMETHING NEW! A BANANA SAN'WICH!
AH-H-H-H!
UGH!
MAYBE I SHOULD'NT'VE PUT **MUSTARD** ON IT!
HMM... NO, I'D BETTER NOT GIVE IT TO THE FISH— THEY HAVEN'T FINISHED THE EGG YET.
I'LL BURY IT IN THE FLOWERPOT...
—WHERE I PUT THE EGGSHELLS.
EGGSHELLS AN' BANANAS AN' BREAD AN' MUSTARD OUGHTA MAKE GOOD FERTILIZER.
THERE!
I GUESS MA WOULDN'T THINK I WAS SUCH A KID IF SHE SAW ME CLEANING UP THE KITCHEN AFTER MYSELF.

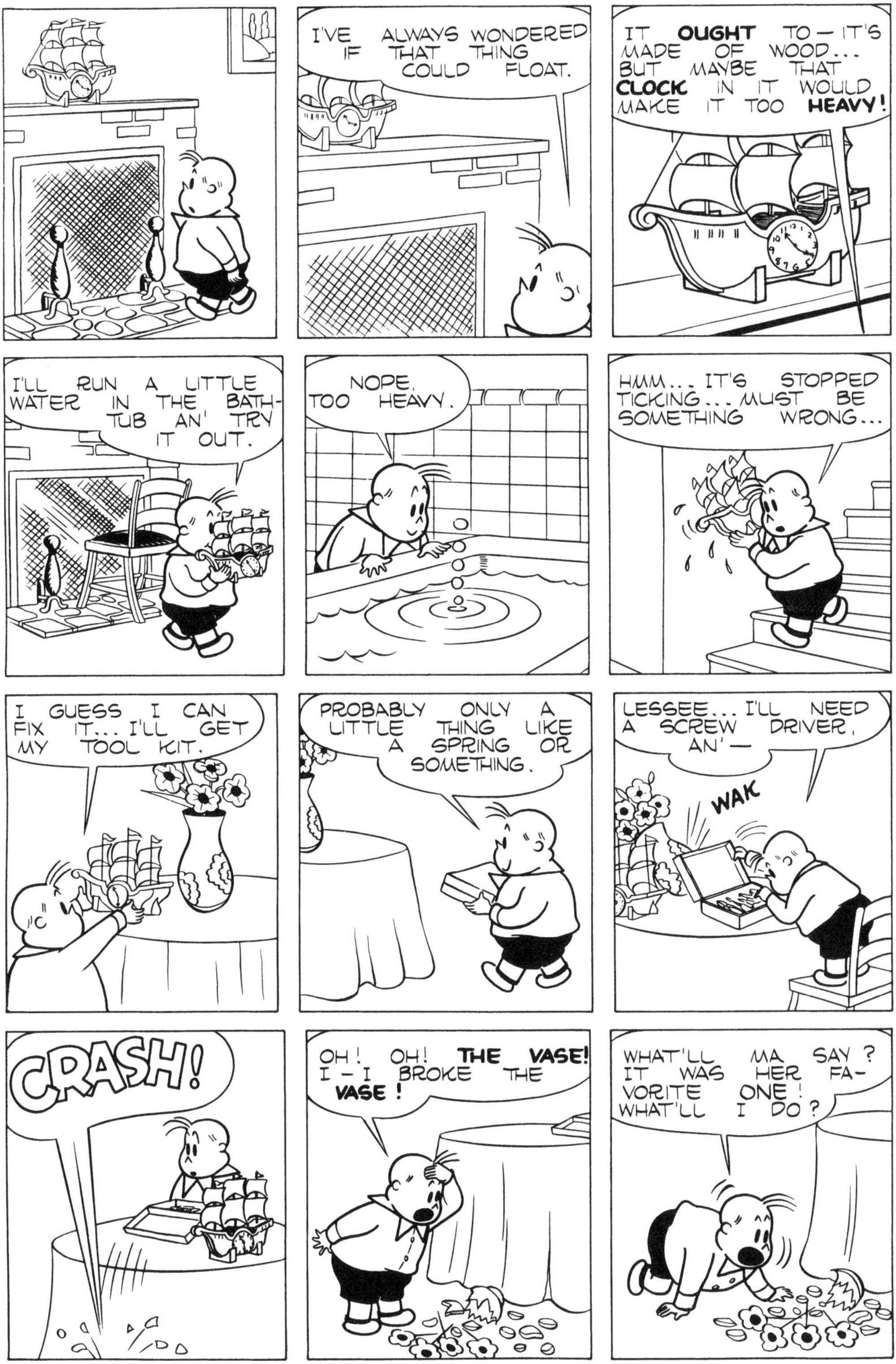
I'VE ALWAYS WONDERED IF THAT THING COULD FLOAT.
IT OUGHT TO — IT'S MADE OF WOOD... BUT MAYBE THAT CLOCK IN IT WOULD MAKE IT TOO HEAVY!
I'LL RUN A LITTLE WATER IN THE BATH-TUB AN' TRY IT OUT.
NOPE. TOO HEAVY.
HMM... IT'S STOPPED TICKING... MUST BE SOMETHING WRONG...
I GUESS I CAN FIX IT... I'LL GET MY TOOL KIT.
PROBABLY ONLY A LITTLE THING LIKE A SPRING OR SOMETHING.
LESSEE... I'LL NEED A SCREW DRIVER, AN'—
WAK
CRASH!
OH! OH! THE VASE! I-I BROKE THE VASE!
WHAT'LL MA SAY? IT WAS HER FA-VORITE ONE! WHAT'LL I DO?

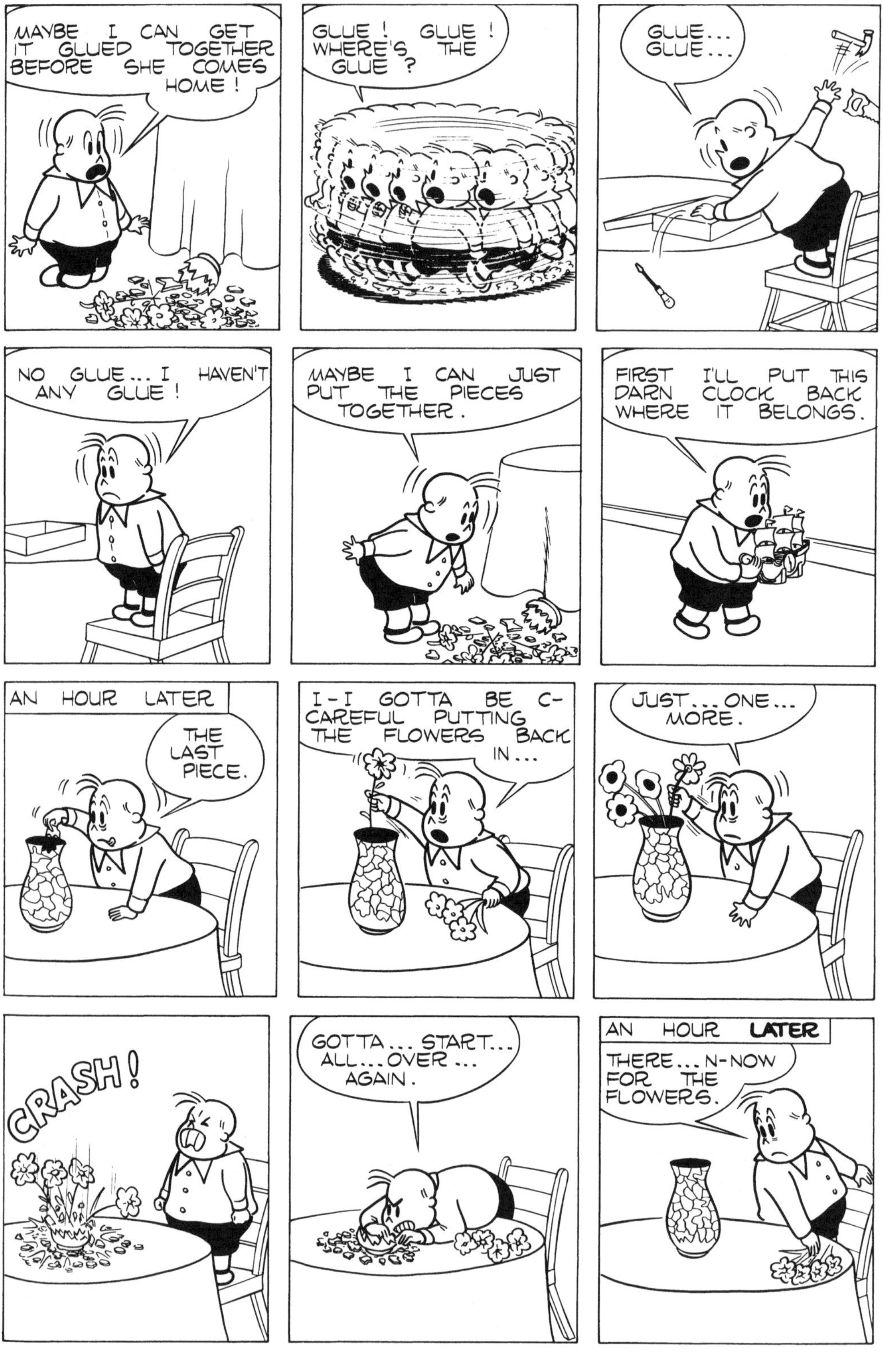
MAYBE I CAN GET IT GLUED TOGETHER BEFORE SHE COMES HOME!
GLUE! GLUE! WHERE'S THE GLUE?
GLUE... GLUE...
NO GLUE... I HAVEN'T ANY GLUE!
MAYBE I CAN JUST PUT THE PIECES TOGETHER.
FIRST I'LL PUT THIS DARN CLOCK BACK WHERE IT BELONGS.
AN HOUR LATER
THE LAST PIECE.
I-I GOTTA BE C-CAREFUL PUTTING THE FLOWERS BACK IN...
JUST... ONE... MORE.
CRASH!
GOTTA... START... ALL... OVER... AGAIN.
AN HOUR LATER
THERE... N-NOW FOR THE FLOWERS.

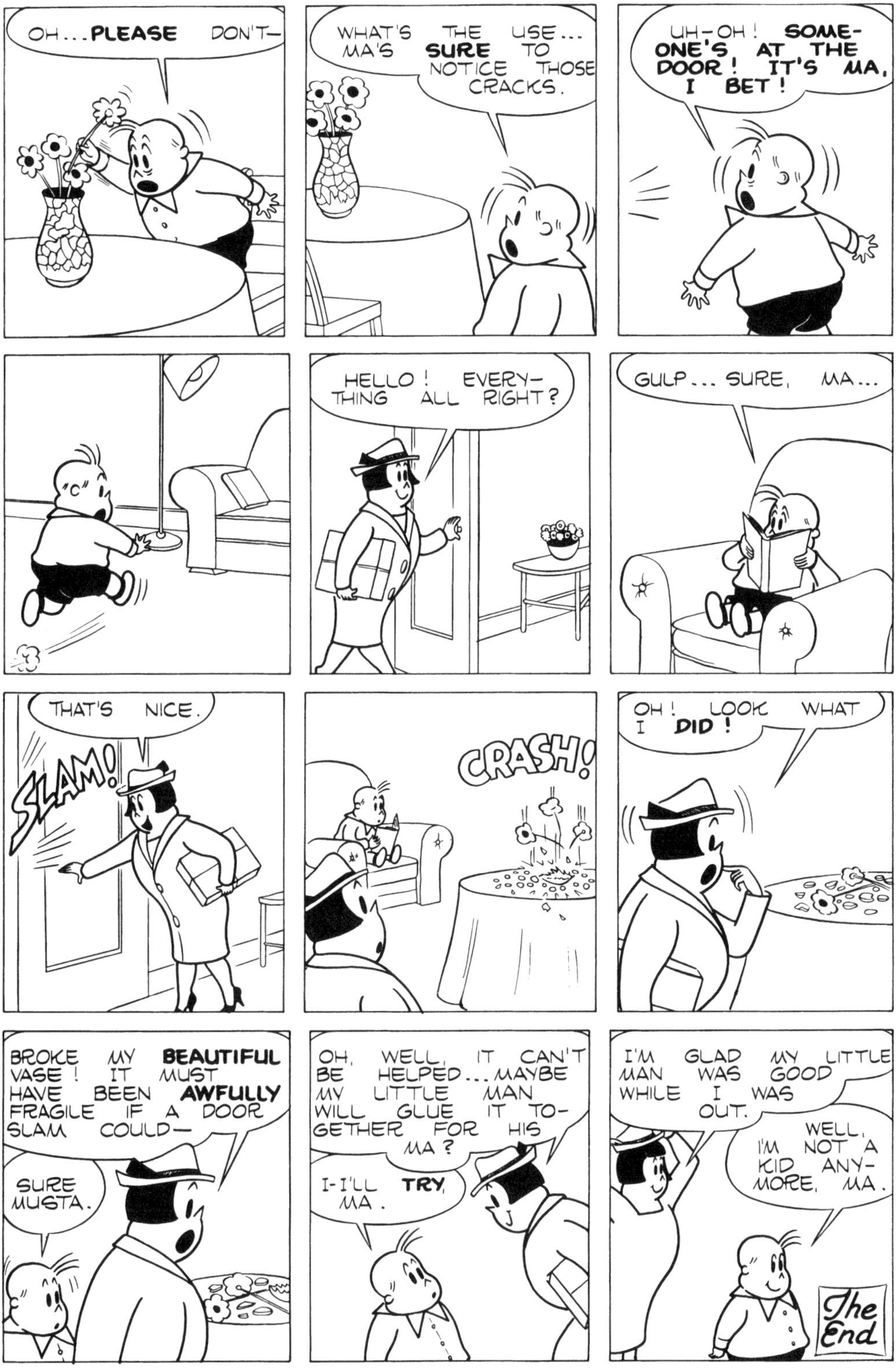

OH... PLEASE DON'T—
WHAT'S THE USE... MA'S SURE TO NOTICE THOSE CRACKS.
UH-OH! SOME-ONE'S AT THE DOOR! IT'S MA, I BET!
HELLO! EVERY-THING ALL RIGHT?
GULP... SURE, MA...
THAT'S NICE.
SLAM!
CRASH!
OH! LOOK WHAT I DID!
BROKE MY BEAUTIFUL VASE! IT MUST HAVE BEEN AWFULLY FRAGILE IF A DOOR SLAM COULD—
SURE MUSTA.
OH, WELL, IT CAN'T BE HELPED... MAYBE MY LITTLE MAN WILL GLUE IT TO-GETHER FOR HIS MA?
I-I'LL TRY, MA.
I'M GLAD MY LITTLE MAN WAS GOOD WHILE I WAS OUT.
WELL, I'M NOT A KID ANY-MORE, MA.
The End

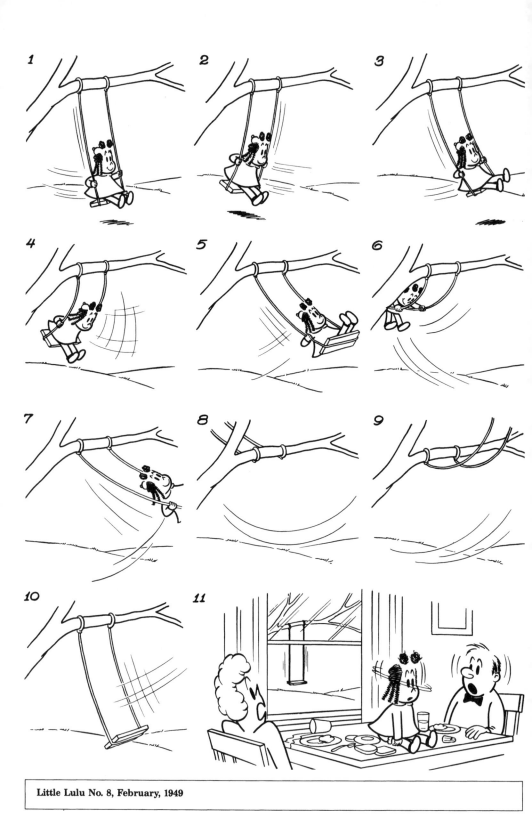

Little Lulu No. 8, February, 1949

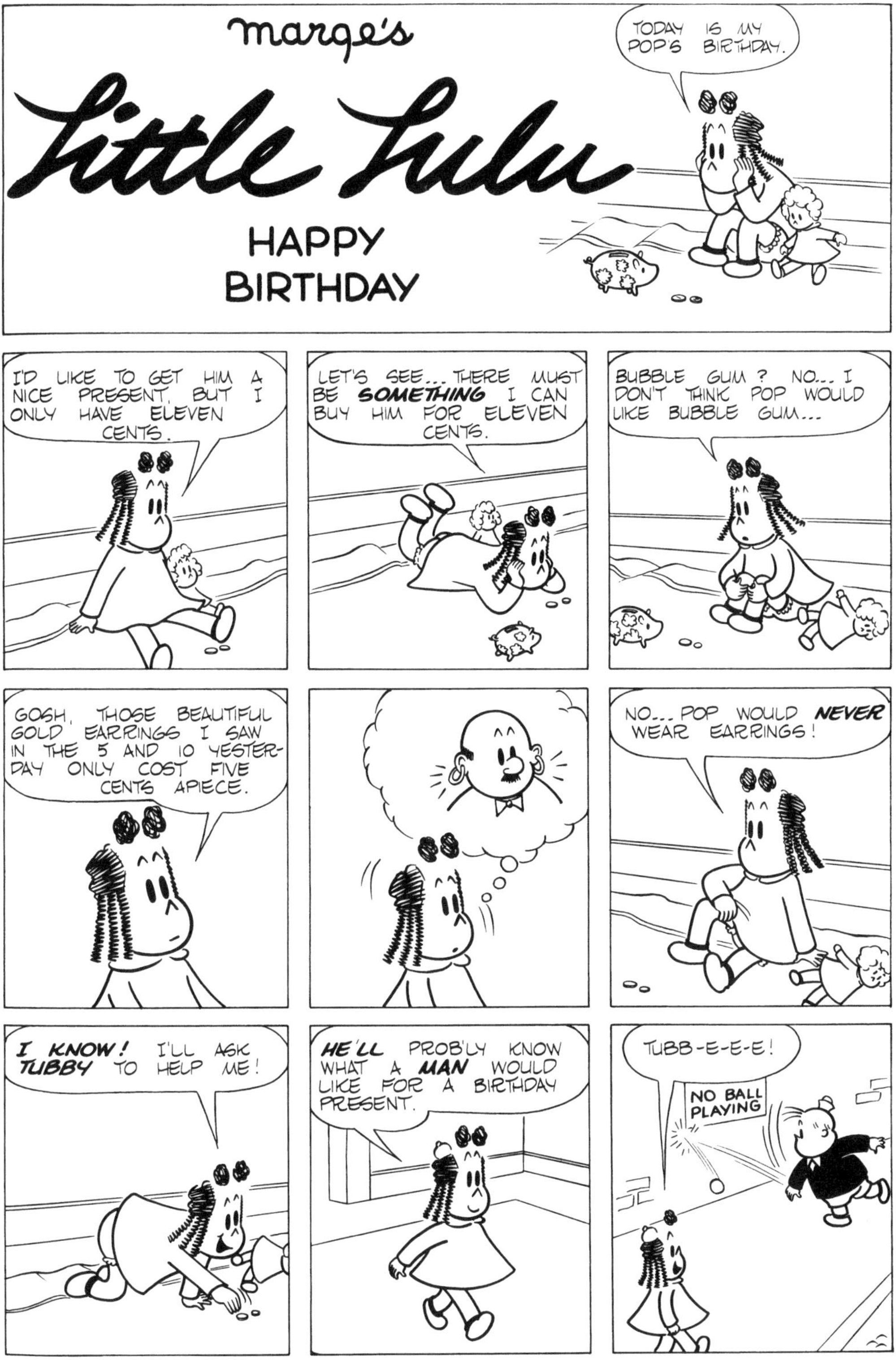
marge's
Little Lulu
HAPPY BIRTHDAY
TODAY IS MY POP'S BIRTHDAY.
I'D LIKE TO GET HIM A NICE PRESENT, BUT I ONLY HAVE ELEVEN CENTS.
LET'S SEE... THERE MUST BE SOMETHING I CAN BUY HIM FOR ELEVEN CENTS.
BUBBLE GUM? NO... I DON'T THINK POP WOULD LIKE BUBBLE GUM...
GOSH, THOSE BEAUTIFUL GOLD EARRINGS I SAW IN THE 5 AND 10 YESTERDAY ONLY COST FIVE CENTS APIECE.
NO... POP WOULD NEVER WEAR EARRINGS!
I KNOW! I'LL ASK TUBBY TO HELP ME!
HE'LL PROB'LY KNOW WHAT A MAN WOULD LIKE FOR A BIRTHDAY PRESENT.
TUBB-E-E-E!
NO BALL PLAYING

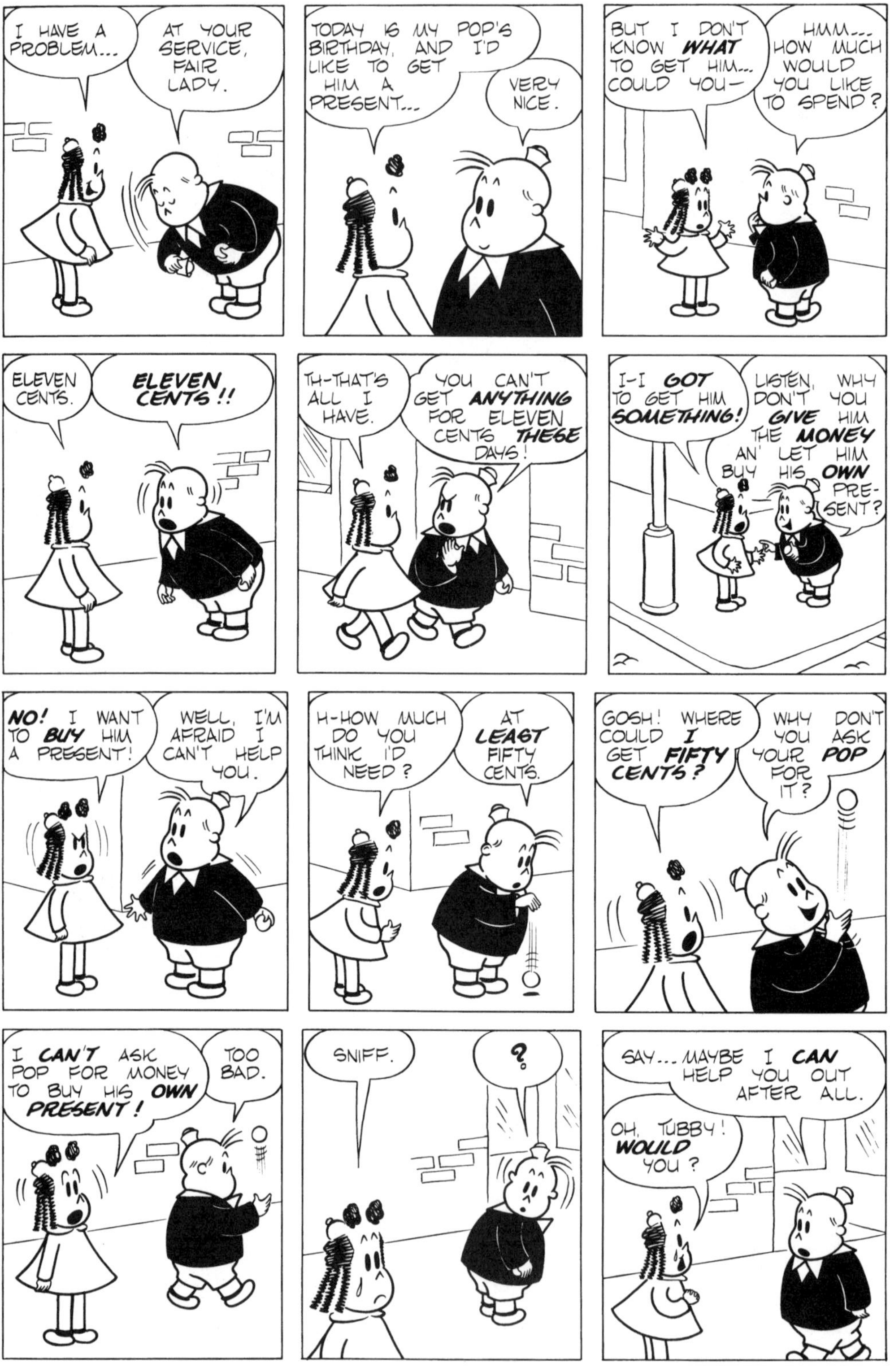
I HAVE A PROBLEM...
AT YOUR SERVICE, FAIR LADY.
TODAY IS MY POP'S BIRTHDAY, AND I'D LIKE TO GET HIM A PRESENT...
VERY NICE.
BUT I DON'T KNOW **WHAT** TO GET HIM... COULD YOU—
HMM... HOW MUCH WOULD YOU LIKE TO SPEND?
ELEVEN CENTS.
**ELEVEN CENTS!!**
TH-THAT'S ALL I HAVE.
YOU CAN'T GET **ANYTHING** FOR ELEVEN CENTS **THESE** DAYS!
I-I **GOT** TO GET HIM **SOMETHING!**
LISTEN, WHY DON'T YOU **GIVE** HIM THE **MONEY** AN' LET HIM BUY HIS **OWN** PRESENT?
**NO!** I WANT TO **BUY** HIM A PRESENT!
WELL, I'M AFRAID I CAN'T HELP YOU.
H-HOW MUCH DO YOU THINK I'D NEED?
AT **LEAST** FIFTY CENTS.
GOSH! WHERE COULD **I** GET **FIFTY CENTS?**
WHY DON'T YOU ASK YOUR **POP** FOR IT?
I **CAN'T** ASK POP FOR MONEY TO BUY HIS **OWN PRESENT!**
TOO BAD.
SNIFF.
?
SAY... MAYBE I **CAN** HELP YOU OUT AFTER ALL.
OH, TUBBY! **WOULD** YOU?

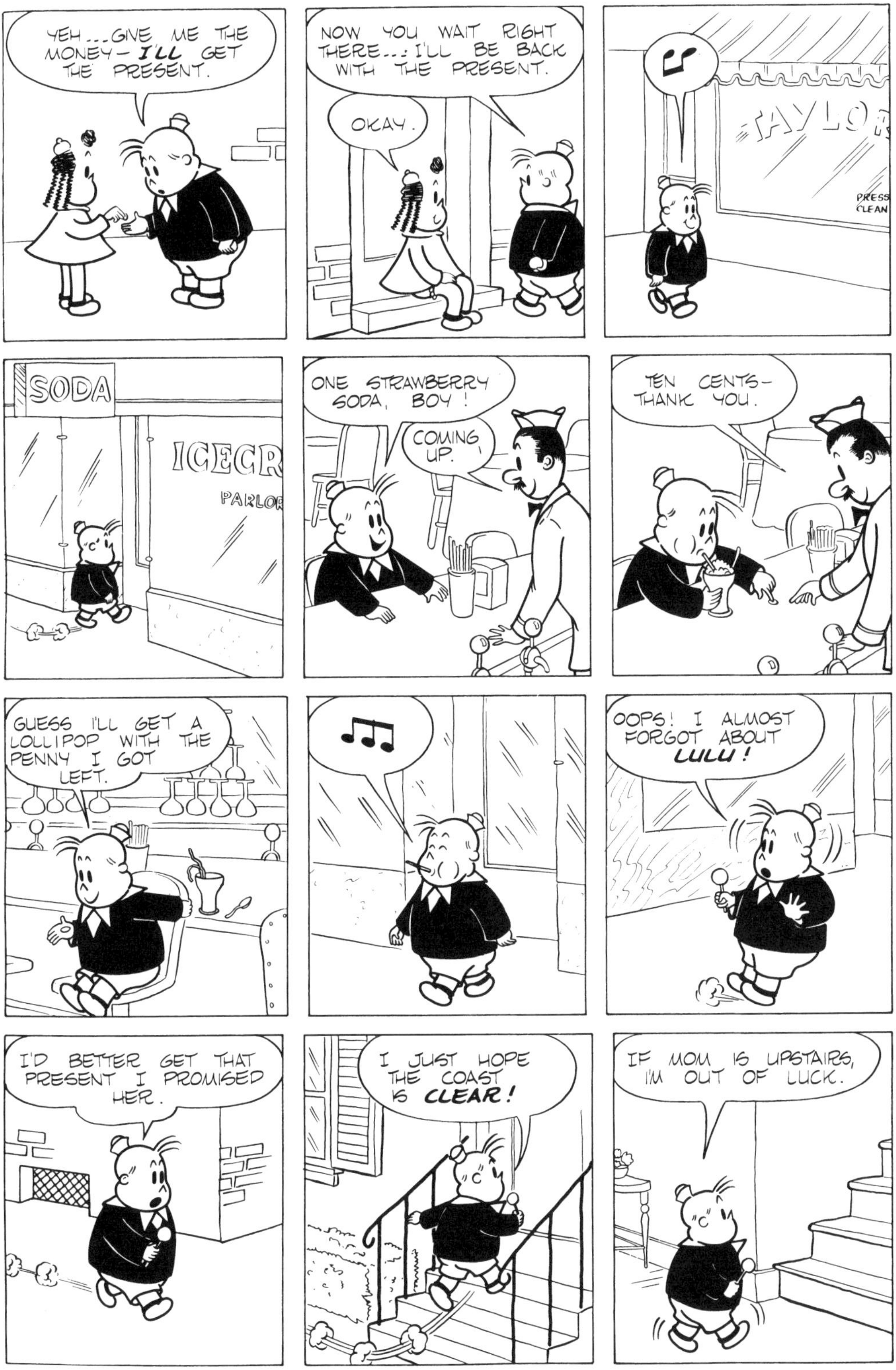
YEH...GIVE ME THE MONEY—I'LL GET THE PRESENT.
NOW YOU WAIT RIGHT THERE...I'LL BE BACK WITH THE PRESENT.
OKAY.
TAYLO
PRESS
CLEAN
SODA
ICECR
PARLOR
ONE STRAWBERRY SODA, BOY!
COMING UP.
TEN CENTS—THANK YOU.
GUESS I'LL GET A LOLLIPOP WITH THE PENNY I GOT LEFT.
OOPS! I ALMOST FORGOT ABOUT LULU!
I'D BETTER GET THAT PRESENT I PROMISED HER.
I JUST HOPE THE COAST IS CLEAR!
IF MOM IS UPSTAIRS, I'M OUT OF LUCK.

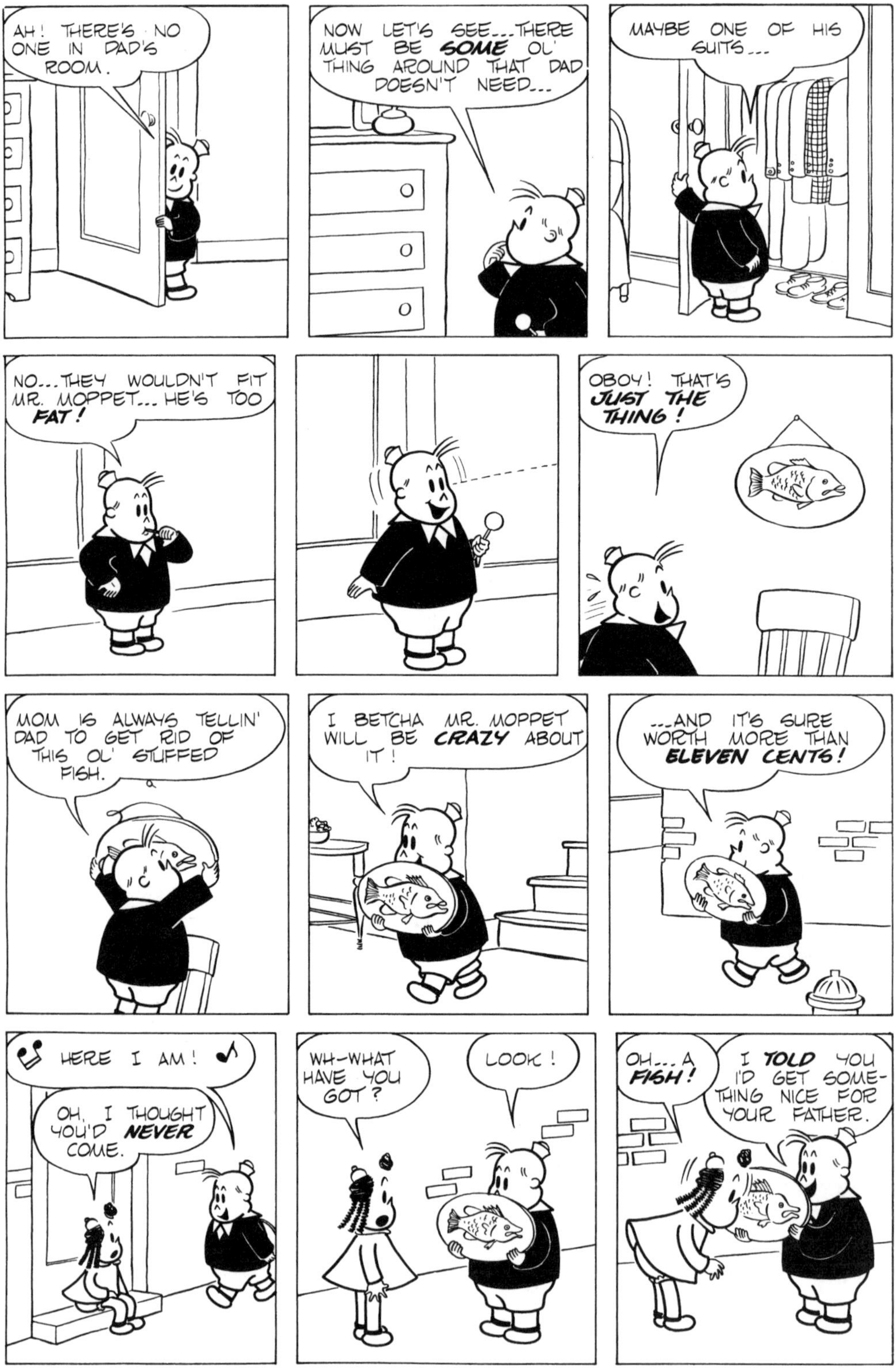
AH! THERE'S NO ONE IN DAD'S ROOM.
NOW LET'S SEE... THERE MUST BE SOME OL' THING AROUND THAT DAD DOESN'T NEED...
MAYBE ONE OF HIS SUITS...
NO... THEY WOULDN'T FIT MR. MOPPET... HE'S TOO FAT!
OBOY! THAT'S JUST THE THING!
MOM IS ALWAYS TELLIN' DAD TO GET RID OF THIS OL' STUFFED FISH.
I BETCHA MR. MOPPET WILL BE CRAZY ABOUT IT!
...AND IT'S SURE WORTH MORE THAN ELEVEN CENTS!
HERE I AM!
OH, I THOUGHT YOU'D NEVER COME.
WH-WHAT HAVE YOU GOT?
LOOK!
OH... A FISH!
I TOLD YOU I'D GET SOME-THING NICE FOR YOUR FATHER.

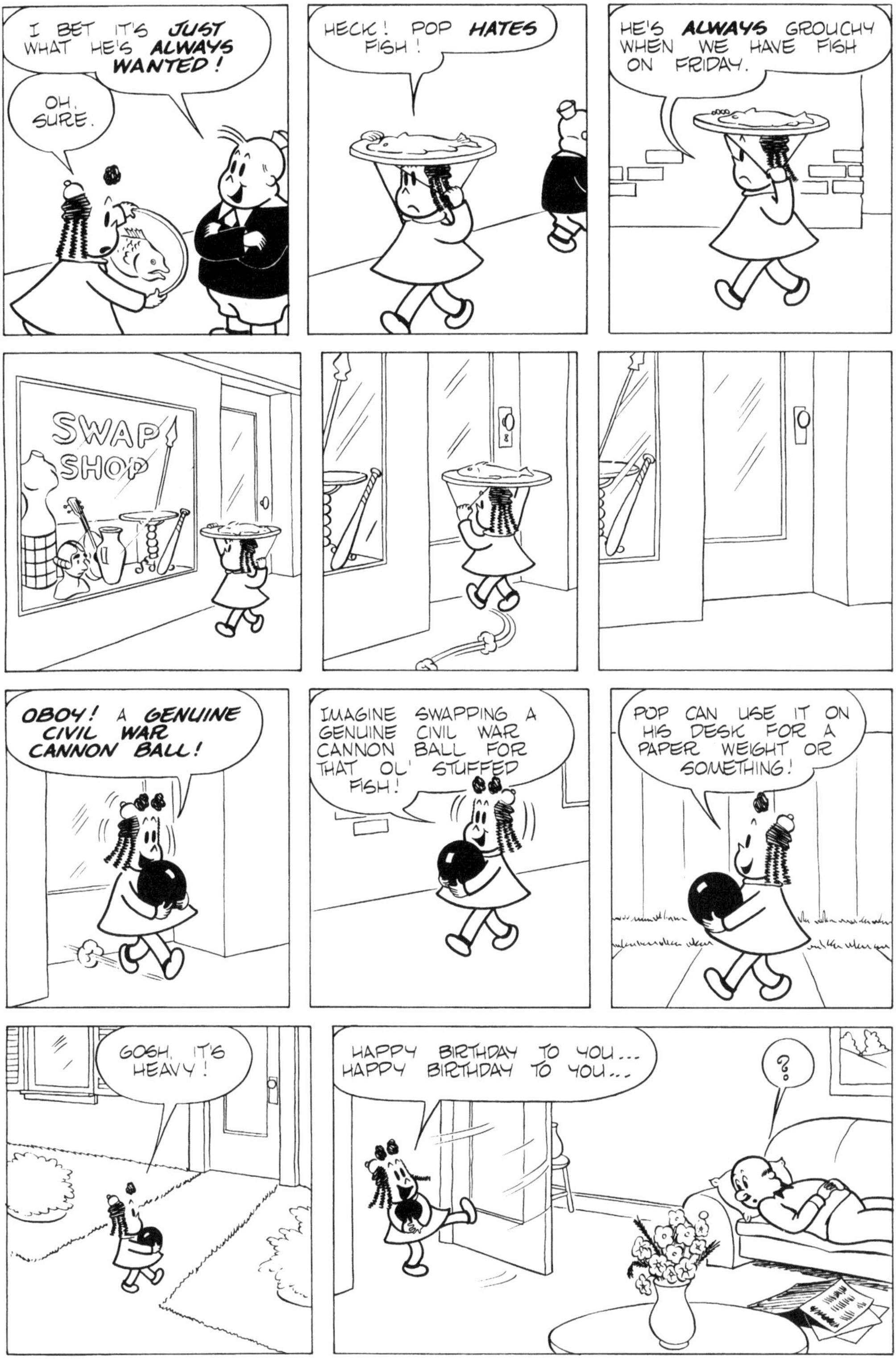
I BET IT'S JUST WHAT HE'S ALWAYS WANTED!
OH, SURE.
HECK! POP HATES FISH!
HE'S ALWAYS GROUCHY WHEN WE HAVE FISH ON FRIDAY.
SWAP SHOP
OBOY! A GENUINE CIVIL WAR CANNON BALL!
IMAGINE SWAPPING A GENUINE CIVIL WAR CANNON BALL FOR THAT OL' STUFFED FISH!
POP CAN USE IT ON HIS DESK FOR A PAPER WEIGHT OR SOMETHING!
GOSH, IT'S HEAVY!
HAPPY BIRTHDAY TO YOU... HAPPY BIRTHDAY TO YOU...
?

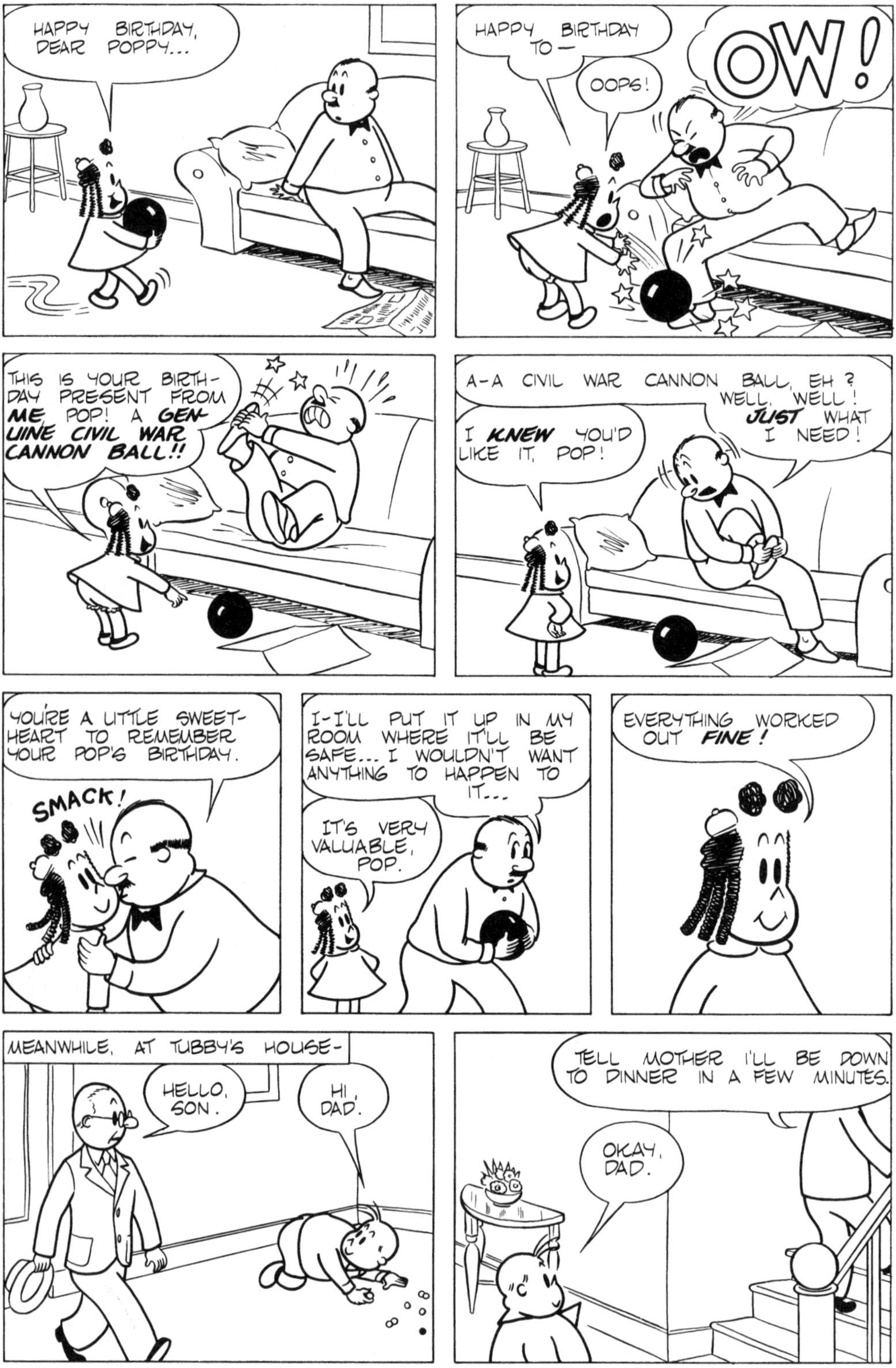
HAPPY BIRTHDAY, DEAR POPPY...
HAPPY BIRTHDAY TO—
OOPS!
OW!
THIS IS YOUR BIRTH-DAY PRESENT FROM ME POP! A GEN-UINE CIVIL WAR CANNON BALL!!
A-A CIVIL WAR CANNON BALL, EH? WELL, WELL! JUST WHAT I NEED!
I KNEW YOU'D LIKE IT, POP!
YOU'RE A LITTLE SWEET-HEART TO REMEMBER YOUR POP'S BIRTHDAY.
SMACK!
I-I'LL PUT IT UP IN MY ROOM WHERE IT'LL BE SAFE... I WOULDN'T WANT ANYTHING TO HAPPEN TO IT...
IT'S VERY VALUABLE, POP.
EVERYTHING WORKED OUT FINE!
MEANWHILE, AT TUBBY'S HOUSE—
HELLO, SON.
HI, DAD.
TELL MOTHER I'LL BE DOWN TO DINNER IN A FEW MINUTES.
OKAY, DAD.

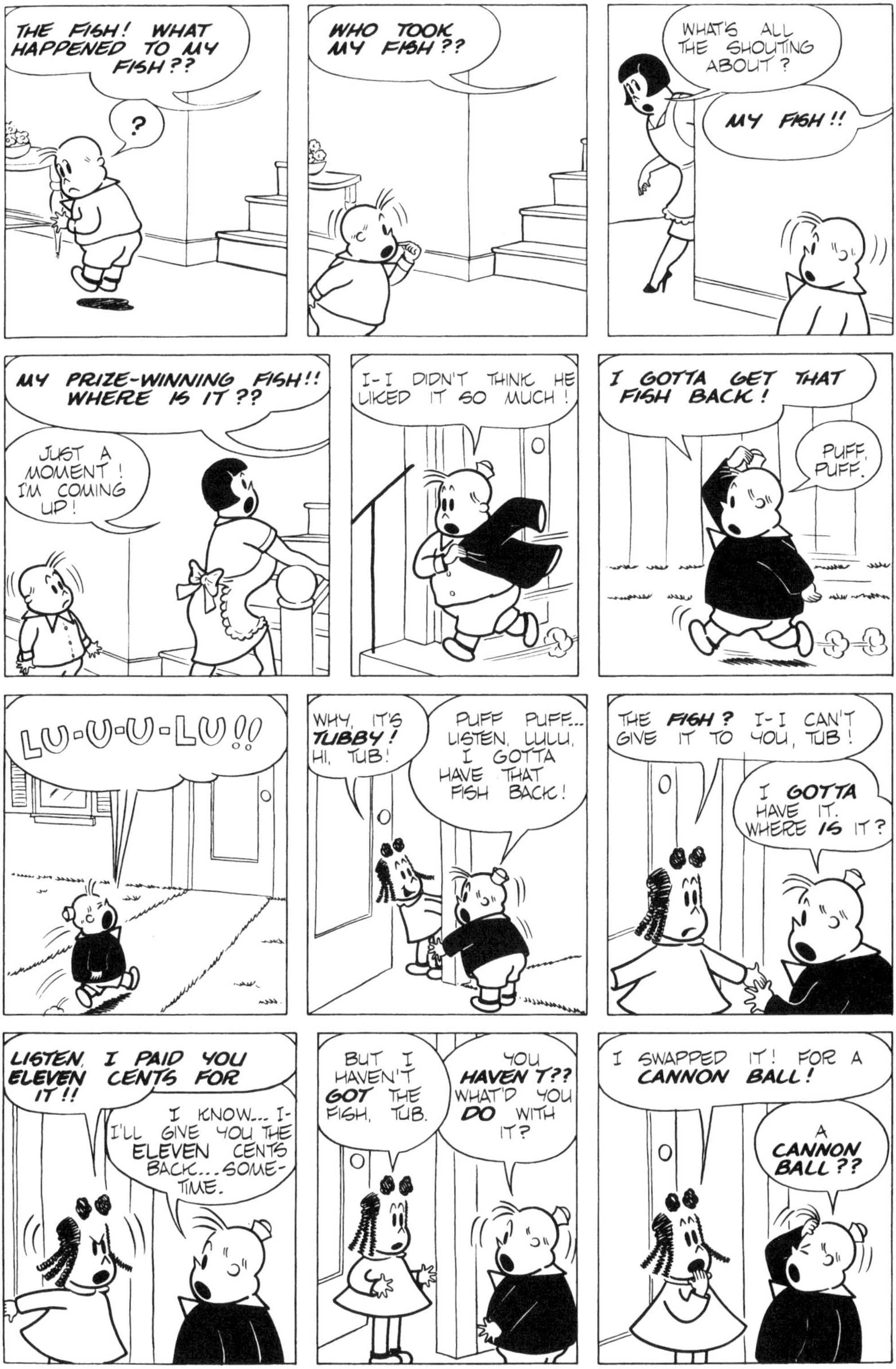
THE FISH! WHAT HAPPENED TO MY FISH??
?
WHO TOOK MY FISH??
WHAT'S ALL THE SHOUTING ABOUT?
MY FISH!!
MY PRIZE-WINNING FISH!! WHERE IS IT??
JUST A MOMENT! I'M COMING UP!
I-I DIDN'T THINK HE LIKED IT SO MUCH!
I GOTTA GET THAT FISH BACK!
PUFF, PUFF.
LU-U-U-LU!!
WHY, IT'S TUBBY! HI, TUB!
PUFF PUFF... LISTEN, LULU, I GOTTA HAVE THAT FISH BACK!
THE FISH? I-I CAN'T GIVE IT TO YOU, TUB!
I GOTTA HAVE IT. WHERE IS IT?
LISTEN, I PAID YOU ELEVEN CENTS FOR IT!!
I KNOW... I-I'LL GIVE YOU THE ELEVEN CENTS BACK... SOME-TIME.
BUT I HAVEN'T GOT THE FISH, TUB.
YOU HAVEN'T?? WHAT'D YOU DO WITH IT?
I SWAPPED IT! FOR A CANNON BALL!
A CANNON BALL??

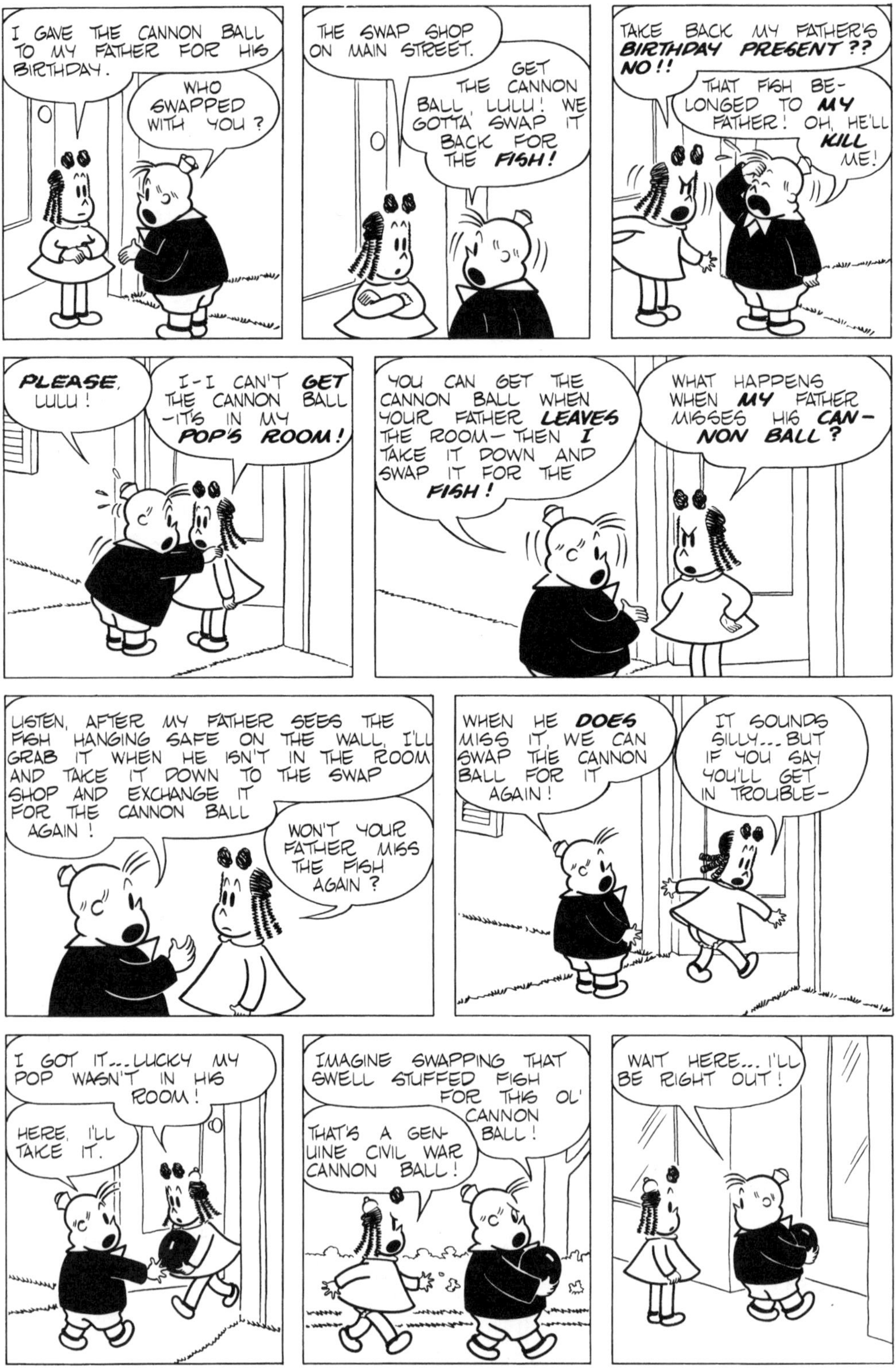
I GAVE THE CANNON BALL TO MY FATHER FOR HIS BIRTHDAY.
WHO SWAPPED WITH YOU?
THE SWAP SHOP ON MAIN STREET.
GET THE CANNON BALL, LULU! WE GOTTA' SWAP IT BACK FOR THE FISH!
TAKE BACK MY FATHER'S BIRTHDAY PRESENT?? NO!!
THAT FISH BELONGED TO MY FATHER! OH, HE'LL KILL ME!
PLEASE, LULU!
I-I CAN'T GET THE CANNON BALL -IT'S IN MY POP'S ROOM!
YOU CAN GET THE CANNON BALL WHEN YOUR FATHER LEAVES THE ROOM—THEN I TAKE IT DOWN AND SWAP IT FOR THE FISH!
WHAT HAPPENS WHEN MY FATHER MISSES HIS CANNON BALL?
LISTEN, AFTER MY FATHER SEES THE FISH HANGING SAFE ON THE WALL, I'LL GRAB IT WHEN HE ISN'T IN THE ROOM AND TAKE IT DOWN TO THE SWAP SHOP AND EXCHANGE IT FOR THE CANNON BALL AGAIN!
WON'T YOUR FATHER MISS THE FISH AGAIN?
WHEN HE DOES MISS IT, WE CAN SWAP THE CANNON BALL FOR IT AGAIN!
IT SOUNDS SILLY... BUT IF YOU SAY YOU'LL GET IN TROUBLE-
I GOT IT... LUCKY MY POP WASN'T IN HIS ROOM!
HERE, I'LL TAKE IT.
IMAGINE SWAPPING THAT SWELL STUFFED FISH FOR THIS OL' CANNON BALL!
THAT'S A GENUINE CIVIL WAR CANNON BALL!
WAIT HERE... I'LL BE RIGHT OUT!

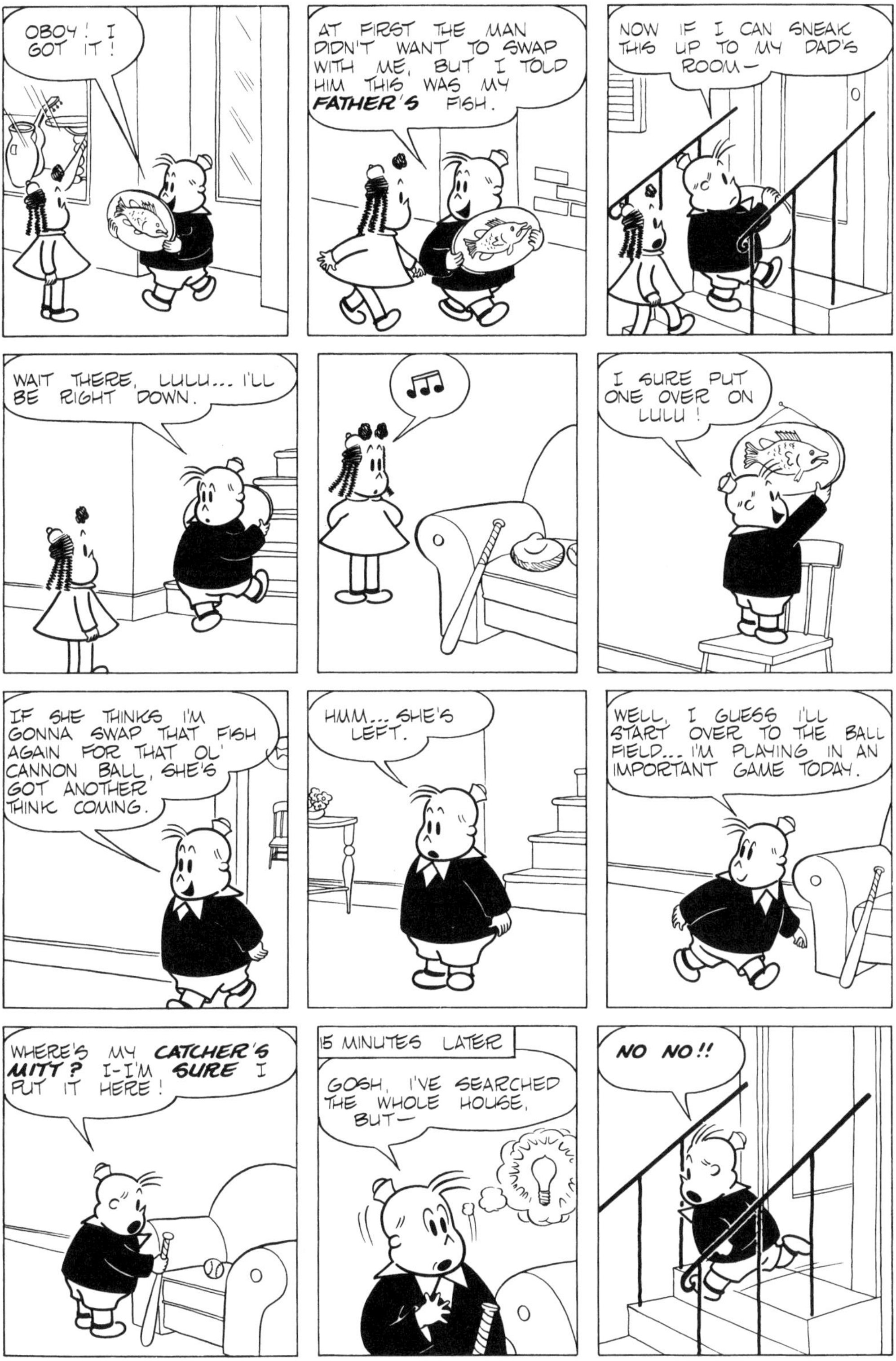
OBOY! I GOT IT!
AT FIRST THE MAN DIDN'T WANT TO SWAP WITH ME, BUT I TOLD HIM THIS WAS MY **FATHER'S** FISH.
NOW IF I CAN SNEAK THIS UP TO MY DAD'S ROOM—
WAIT THERE, LULU... I'LL BE RIGHT DOWN.
I SURE PUT ONE OVER ON LULU!
IF SHE THINKS I'M GONNA SWAP THAT FISH AGAIN FOR THAT OL' CANNON BALL, SHE'S GOT ANOTHER THINK COMING.
HMM... SHE'S LEFT.
WELL, I GUESS I'LL START OVER TO THE BALL FIELD... I'M PLAYING IN AN IMPORTANT GAME TODAY.
WHERE'S MY **CATCHER'S MITT?** I-I'M **SURE** I PUT IT HERE!
15 MINUTES LATER
GOSH, I'VE SEARCHED THE WHOLE HOUSE, BUT—
**NO NO!!**

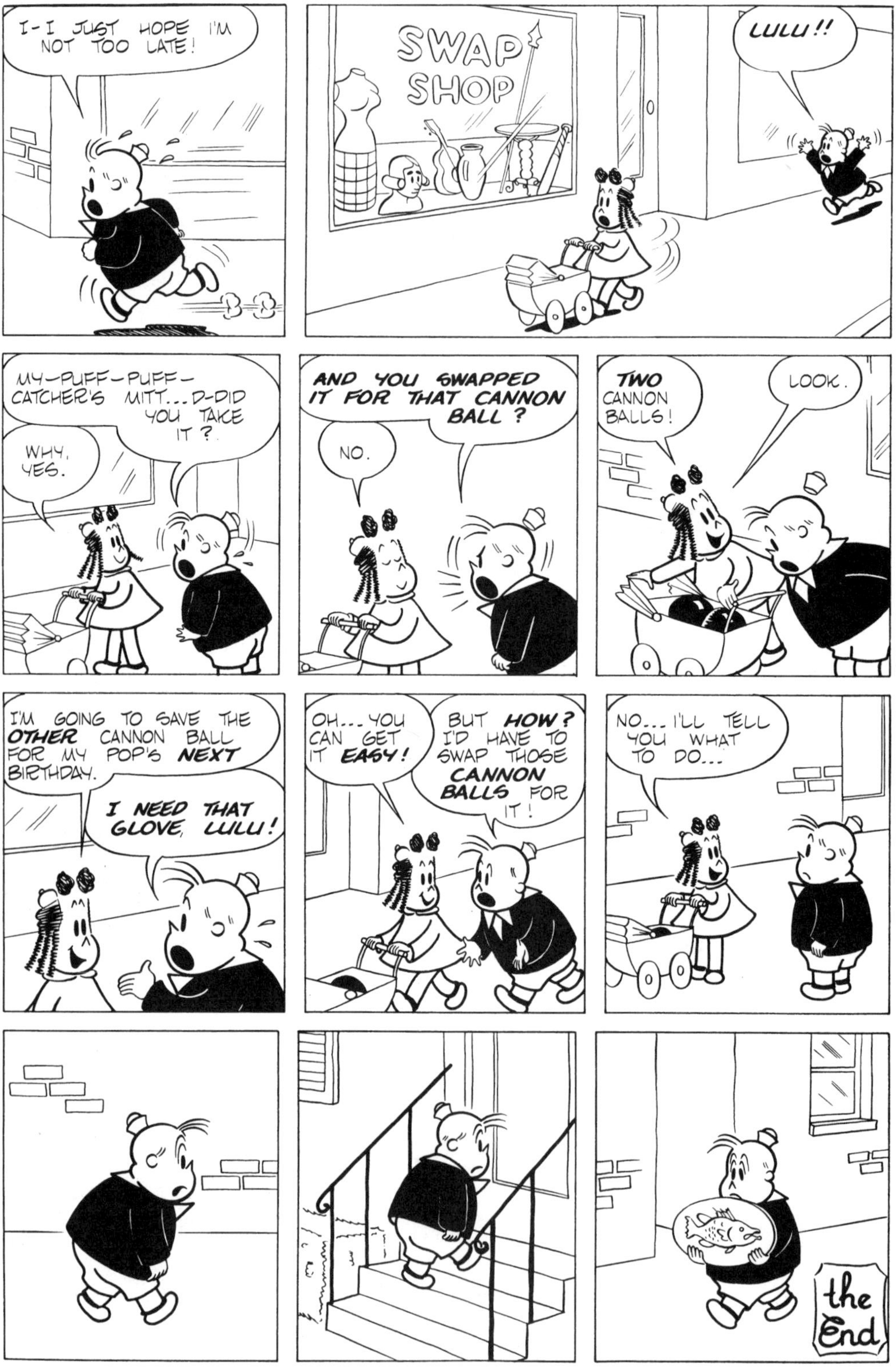
I-I JUST HOPE I'M NOT TOO LATE!
SWAP SHOP
LULU!!
MY—PUFF—PUFF—CATCHER'S MITT... D-DID YOU TAKE IT?
WHY, YES.
AND YOU SWAPPED IT FOR THAT CANNON BALL?
NO.
TWO CANNON BALLS!
LOOK.
I'M GOING TO SAVE THE OTHER CANNON BALL FOR MY POP'S NEXT BIRTHDAY.
I NEED THAT GLOVE, LULU!
OH... YOU CAN GET IT EASY!
BUT HOW? I'D HAVE TO SWAP THOSE CANNON BALLS FOR IT!
NO... I'LL TELL YOU WHAT TO DO...
the End

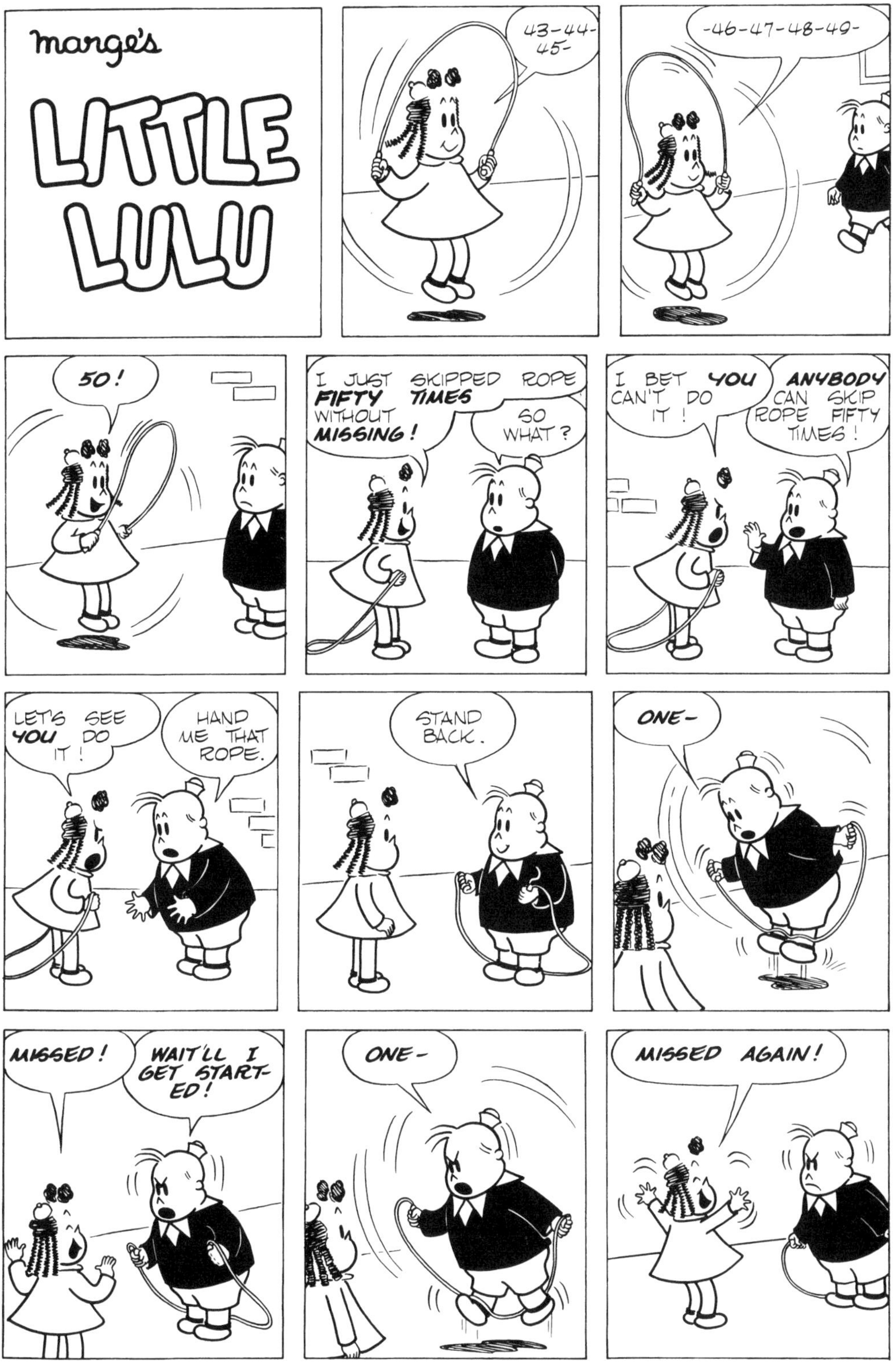
marge's
LITTLE LULU
43-44-45-
-46-47-48-49-
50!
I JUST SKIPPED ROPE FIFTY TIMES WITHOUT MISSING!
SO WHAT?
I BET YOU CAN'T DO IT!
ANYBODY CAN SKIP ROPE FIFTY TIMES!
LET'S SEE YOU DO IT!
HAND ME THAT ROPE.
STAND BACK.
ONE-
MISSED!
WAIT'LL I GET START-ED!
ONE-
MISSED AGAIN!

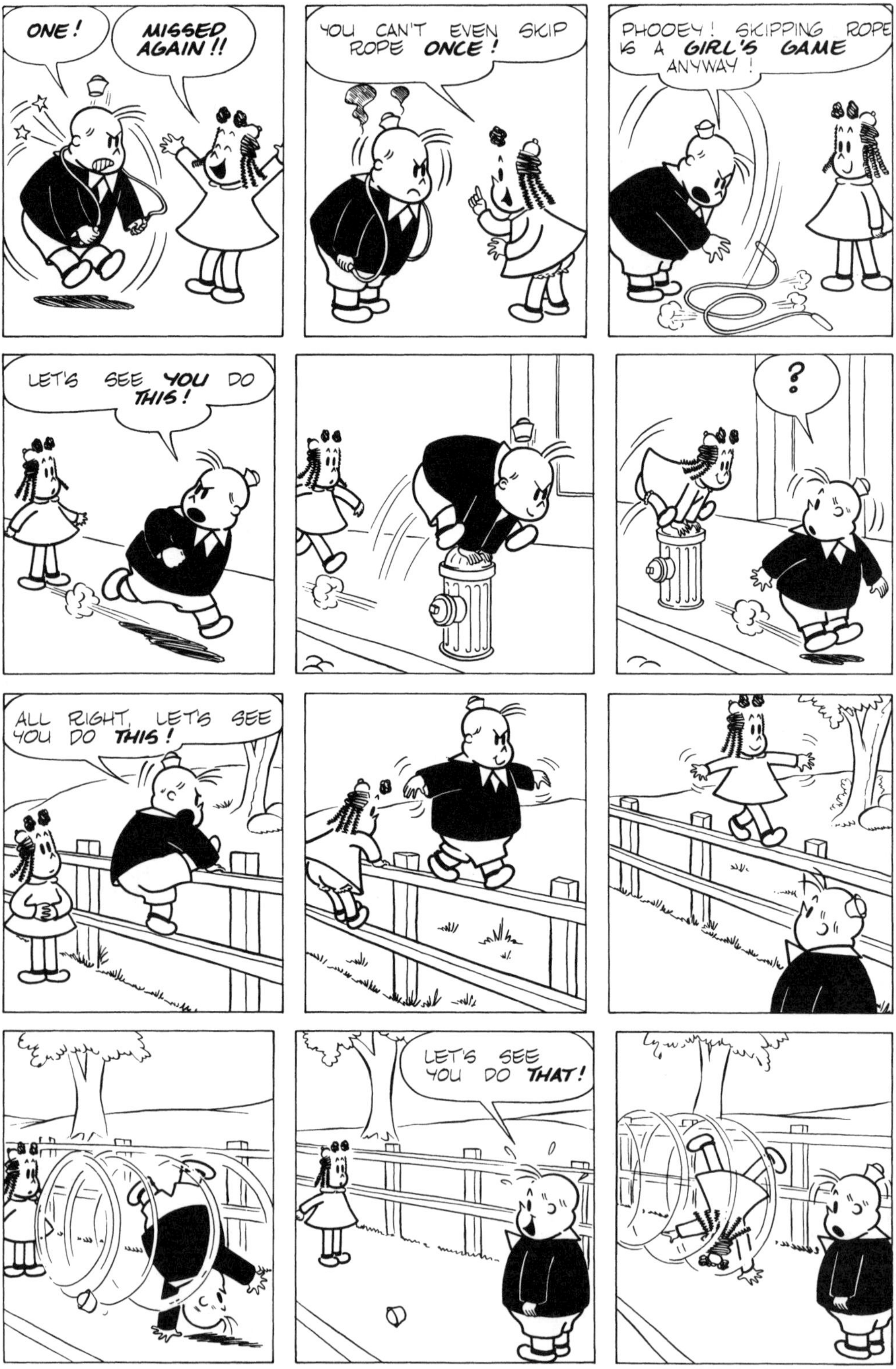
ONE!
MISSED AGAIN!!
YOU CAN'T EVEN SKIP ROPE ONCE!
PHOOEY! SKIPPING ROPE IS A GIRL'S GAME ANYWAY!
LET'S SEE YOU DO THIS!
?
ALL RIGHT, LET'S SEE YOU DO THIS!
LET'S SEE YOU DO THAT!

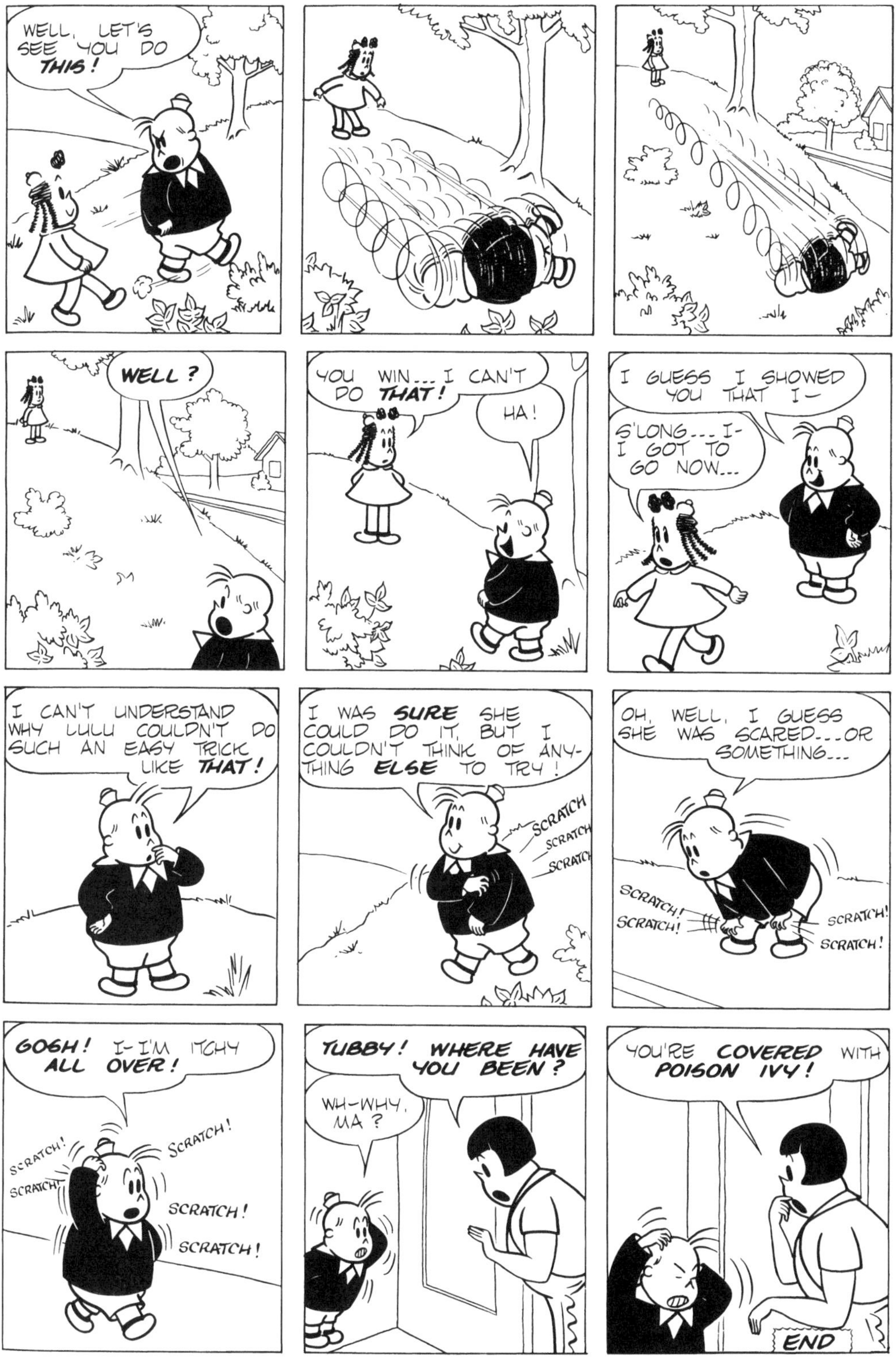
WELL, LET'S SEE YOU DO THIS!
WELL?
YOU WIN... I CAN'T DO THAT!
HA!
I GUESS I SHOWED YOU THAT I—
S'LONG... I-I GOT TO GO NOW...
I CAN'T UNDERSTAND WHY LULU COULDN'T DO SUCH AN EASY TRICK LIKE THAT!
I WAS SURE SHE COULD DO IT, BUT I COULDN'T THINK OF ANYTHING ELSE TO TRY!
SCRATCH
SCRATCH
SCRATCH
OH, WELL, I GUESS SHE WAS SCARED...OR SOMETHING...
SCRATCH!
SCRATCH!
SCRATCH!
SCRATCH!
GOSH! I-I'M ITCHY ALL OVER!
SCRATCH!
SCRATCH!
SCRATCH!
SCRATCH!
SCRATCH!
TUBBY! WHERE HAVE YOU BEEN?
WH-WHY, MA?
YOU'RE COVERED WITH POISON IVY!
END

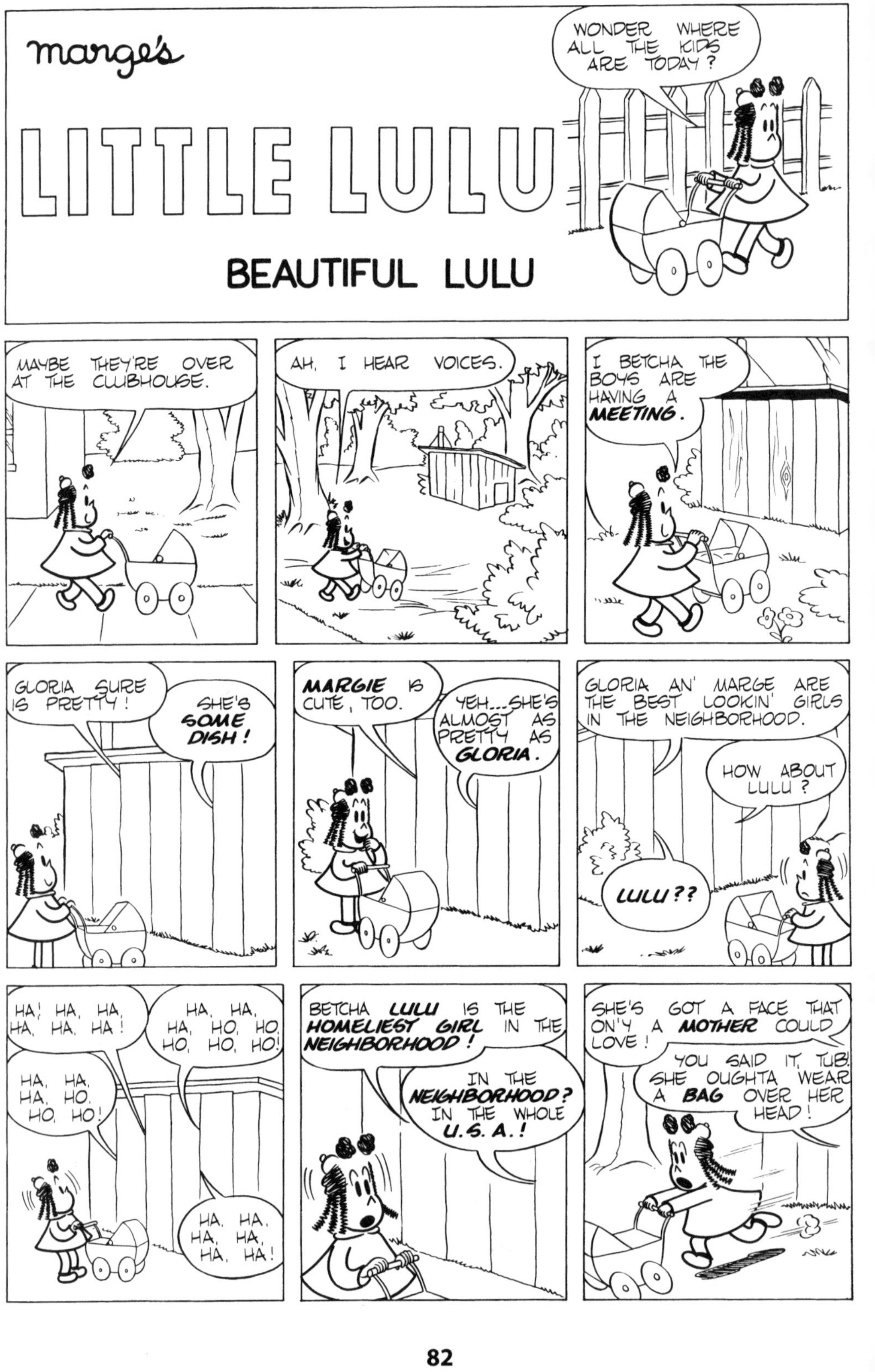

marge's
LITTLE LULU
BEAUTIFUL LULU
WONDER WHERE ALL THE KIDS ARE TODAY?
MAYBE THEY'RE OVER AT THE CLUBHOUSE.
AH, I HEAR VOICES.
I BETCHA THE BOYS ARE HAVING A MEETING.
GLORIA SURE IS PRETTY!
SHE'S SOME DISH!
MARGIE IS CUTE, TOO.
YEH...SHE'S ALMOST AS PRETTY AS GLORIA.
GLORIA AN' MARGE ARE THE BEST LOOKIN' GIRLS IN THE NEIGHBORHOOD.
HOW ABOUT LULU?
LULU??
HA! HA, HA, HA, HA, HA!
HA, HA, HA, HO, HO, HO, HO, HO!
HA, HA, HA, HO, HO, HO!
HA, HA, HA, HA, HA, HA!
BETCHA LULU IS THE HOMELIEST GIRL IN THE NEIGHBORHOOD!
IN THE NEIGHBORHOOD? IN THE WHOLE U.S.A.!
SHE'S GOT A FACE THAT ON'Y A MOTHER COULD LOVE!
YOU SAID IT, TUB! SHE OUGHTA WEAR A BAG OVER HER HEAD!

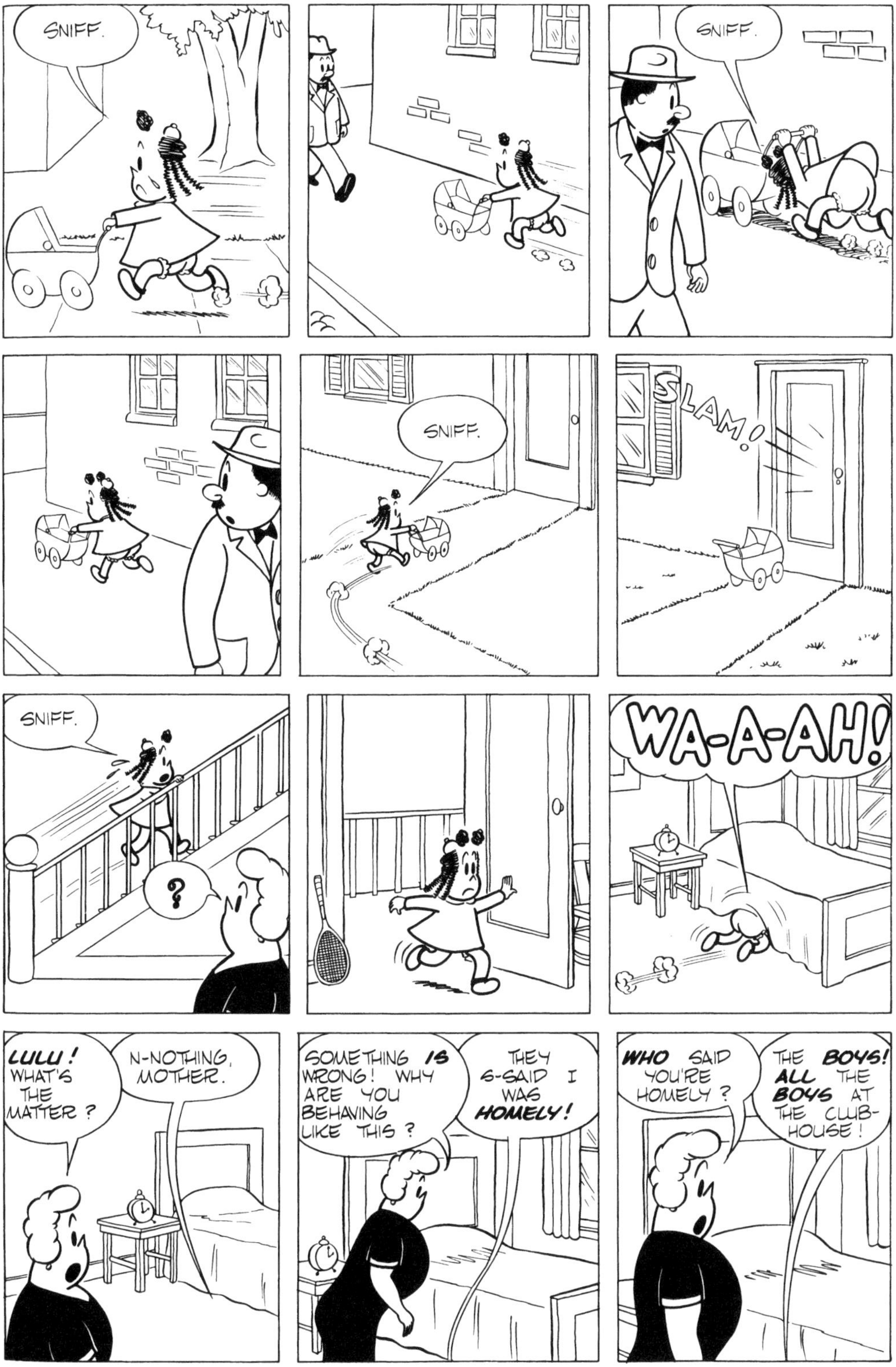
SNIFF.
SNIFF.
SNIFF.
SLAM!
SNIFF.
?
WA-A-AH!
LULU! WHAT'S THE MATTER ?
N-NOTHING, MOTHER.
SOMETHING **IS** WRONG! WHY ARE YOU BEHAVING LIKE THIS ?
THEY S-SAID I WAS **HOMELY!**
**WHO** SAID YOU'RE HOMELY ?
THE **BOYS! ALL** THE **BOYS** AT THE CLUB-HOUSE!

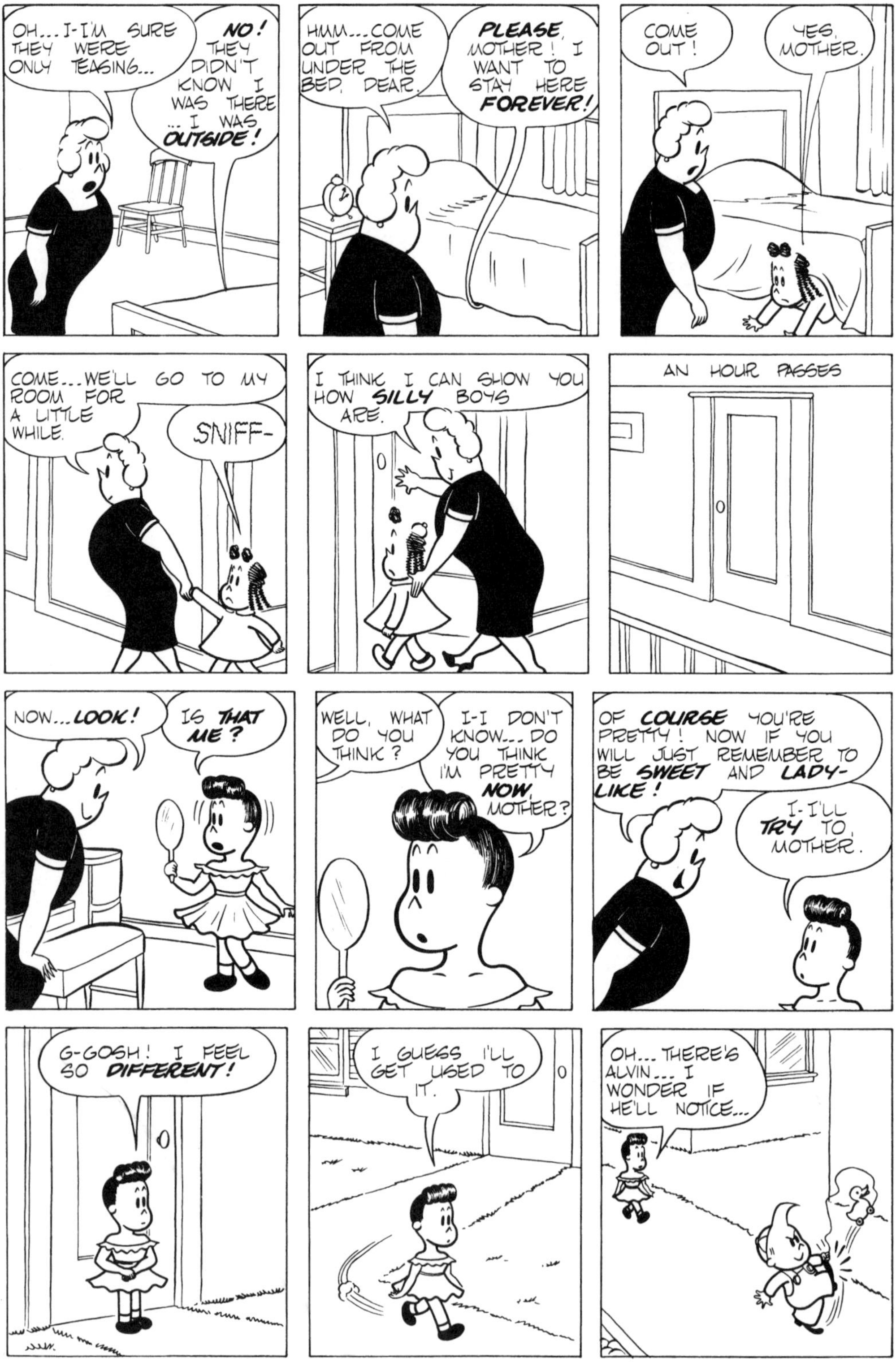

OH... I-I'M SURE THEY WERE ONLY TEASING...
NO! THEY DIDN'T KNOW I WAS THERE ... I WAS OUTSIDE!
HMM... COME OUT FROM UNDER THE BED, DEAR.
PLEASE, MOTHER! I WANT TO STAY HERE FOREVER!
COME OUT!
YES, MOTHER.
COME... WE'LL GO TO MY ROOM FOR A LITTLE WHILE.
SNIFF-
I THINK I CAN SHOW YOU HOW SILLY BOYS ARE.
AN HOUR PASSES
NOW... LOOK!
IS THAT ME?
WELL, WHAT DO YOU THINK?
I-I DON'T KNOW... DO YOU THINK I'M PRETTY NOW, MOTHER?
OF COURSE YOU'RE PRETTY! NOW IF YOU WILL JUST REMEMBER TO BE SWEET AND LADY-LIKE!
I-I'LL TRY TO, MOTHER.
G-GOSH! I FEEL SO DIFFERENT!
I GUESS I'LL GET USED TO IT.
OH... THERE'S ALVIN... I WONDER IF HE'LL NOTICE...

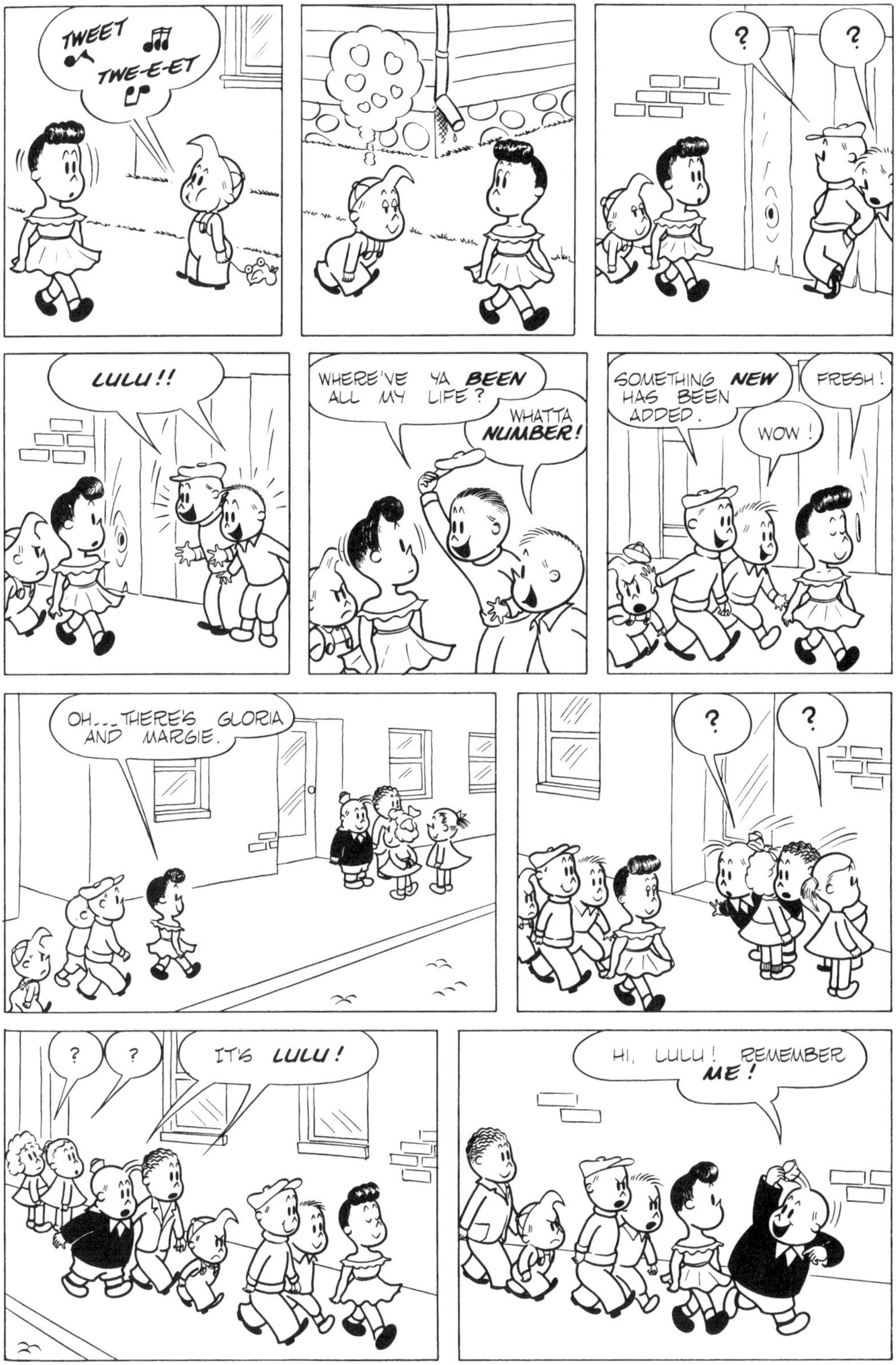
TWEET
TWE-E-ET
?
?
LULU!!
WHERE'VE YA BEEN ALL MY LIFE?
WHATTA NUMBER!
SOMETHING NEW HAS BEEN ADDED.
FRESH!
WOW!
OH...THERE'S GLORIA AND MARGIE.
?
?
?
?
IT'S LULU!
HI, LULU! REMEMBER ME!

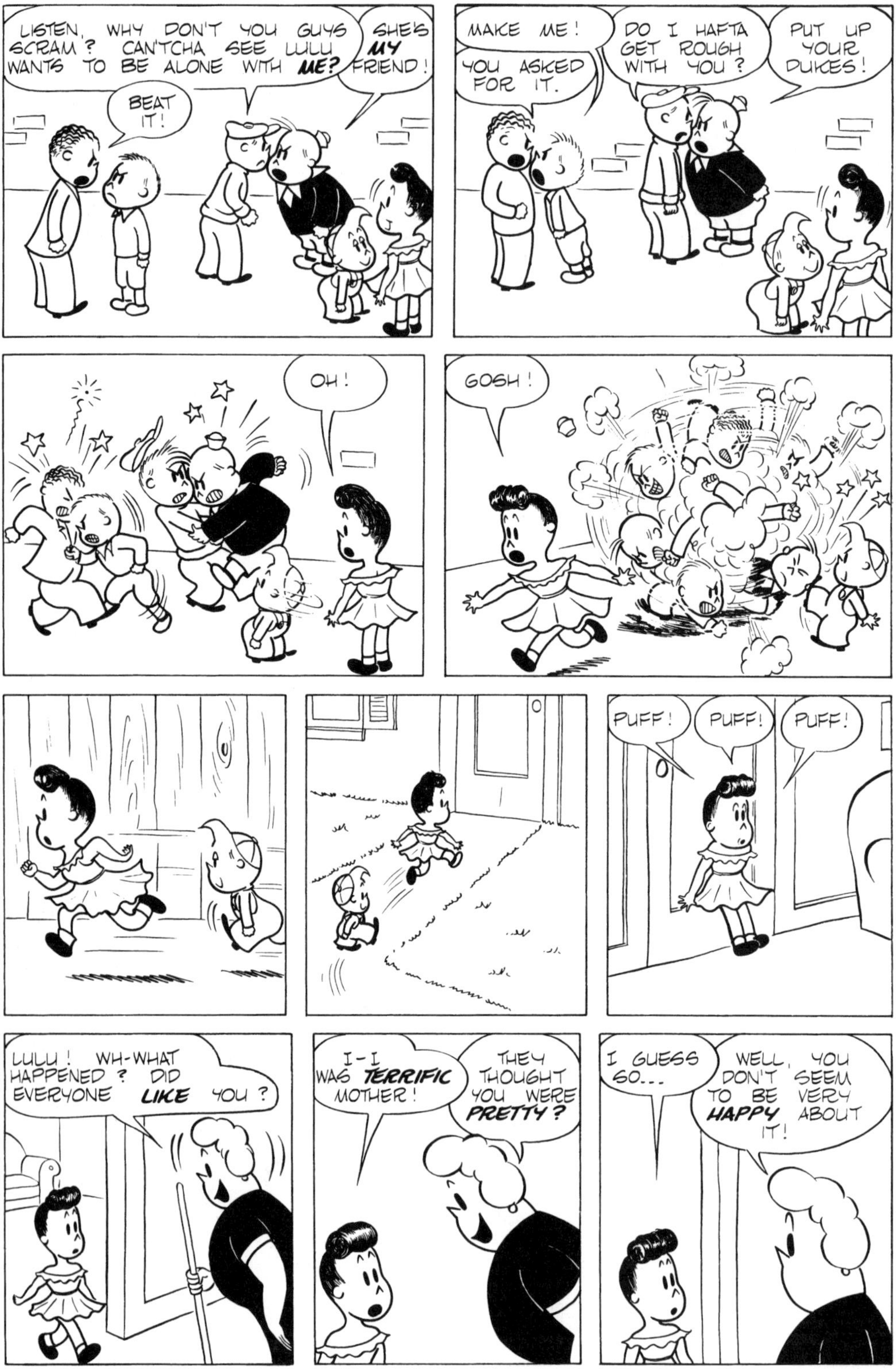
LISTEN, WHY DON'T YOU GUYS SCRAM? CAN'TCHA SEE LULU WANTS TO BE ALONE WITH ME?
SHE'S MY FRIEND!
BEAT IT!
MAKE ME!
YOU ASKED FOR IT.
DO I HAFTA GET ROUGH WITH YOU?
PUT UP YOUR DUKES!
OH!
GOSH!
PUFF!
PUFF!
PUFF!
LULU! WH-WHAT HAPPENED? DID EVERYONE LIKE YOU?
I-I WAS TERRIFIC MOTHER!
THEY THOUGHT YOU WERE PRETTY?
I GUESS SO...
WELL, YOU DON'T SEEM TO BE VERY HAPPY ABOUT IT!

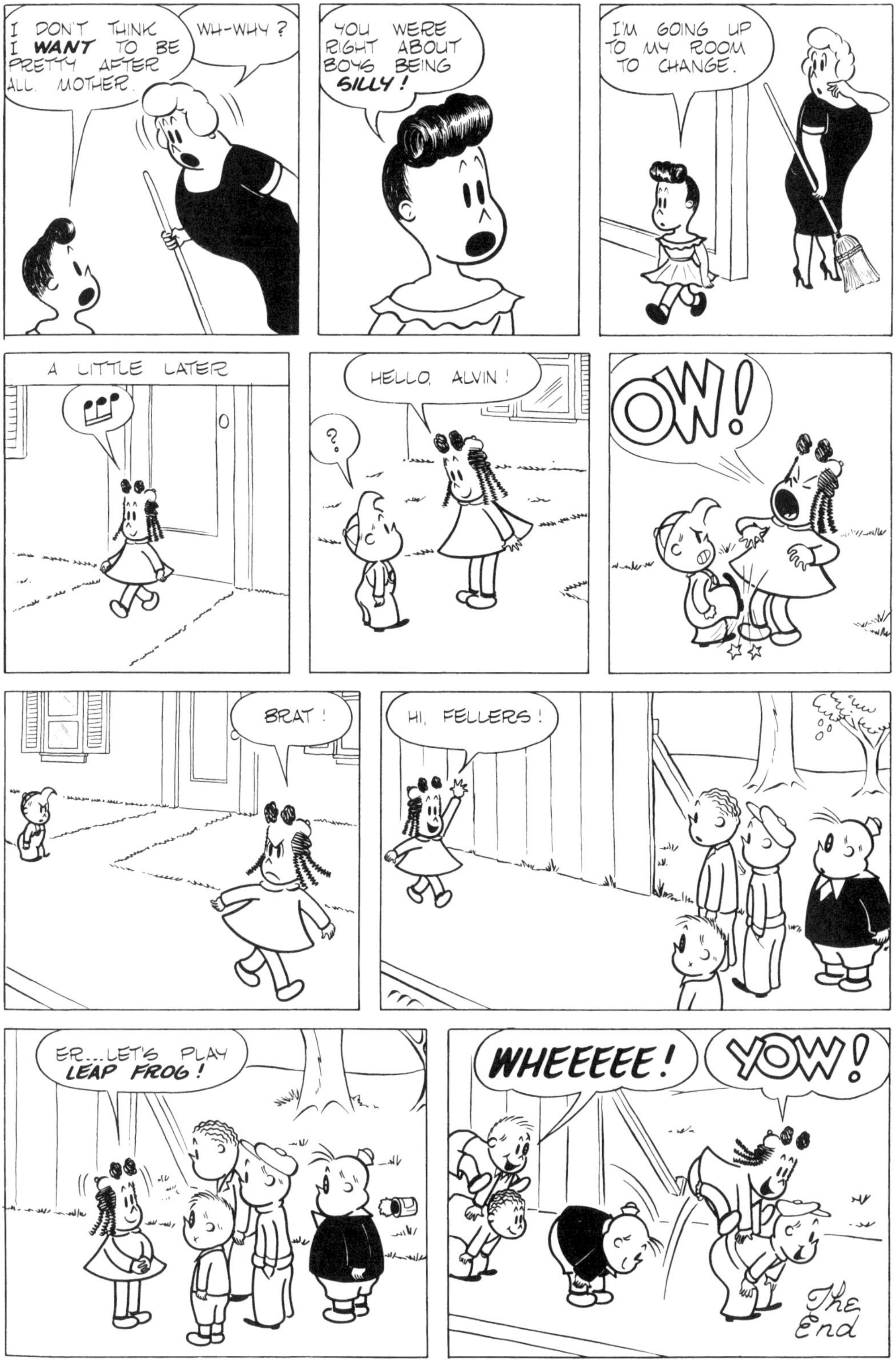
I DON'T THINK I WANT TO BE PRETTY AFTER ALL, MOTHER.
WH-WHY ?
YOU WERE RIGHT ABOUT BOYS BEING SILLY !
I'M GOING UP TO MY ROOM TO CHANGE.
A LITTLE LATER
HELLO, ALVIN !
?
OW !
BRAT !
HI, FELLERS !
ER...LET'S PLAY LEAP FROG !
WHEEEEE !
YOW !
The End

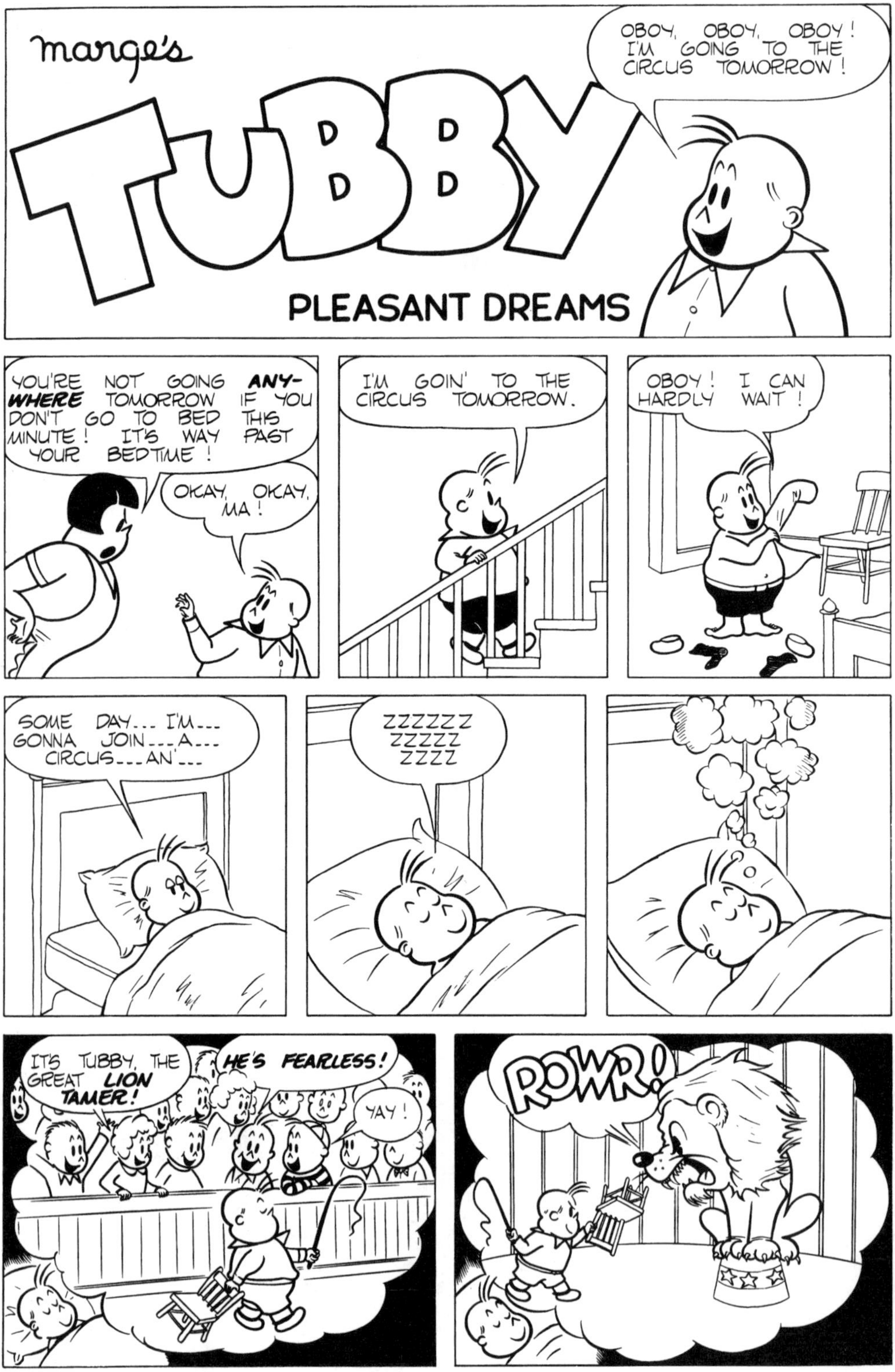
marge's
TUBBY
OBOY, OBOY, OBOY! I'M GOING TO THE CIRCUS TOMORROW!
PLEASANT DREAMS
YOU'RE NOT GOING ANYWHERE TOMORROW IF YOU DON'T GO TO BED THIS MINUTE! IT'S WAY PAST YOUR BEDTIME!
OKAY, OKAY, MA!
I'M GOIN' TO THE CIRCUS TOMORROW.
OBOY! I CAN HARDLY WAIT!
SOME DAY... I'M... GONNA JOIN... A... CIRCUS... AN'...
ZZZZZZ ZZZZZ ZZZZ
IT'S TUBBY, THE GREAT LION TAMER!
HE'S FEARLESS!
YAY!
ROWR!

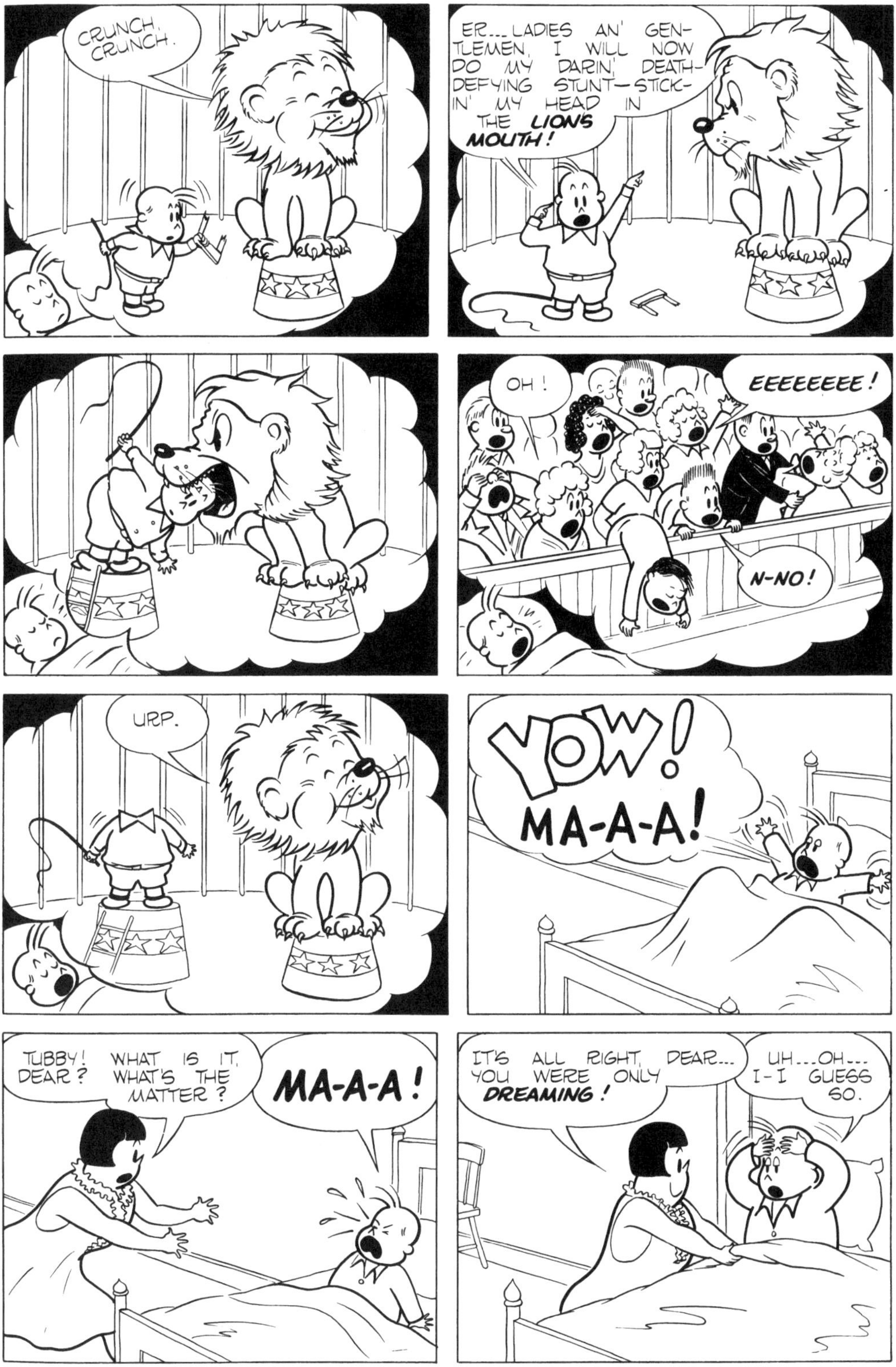
CRUNCH, CRUNCH.
ER... LADIES AN' GENTLEMEN, I WILL NOW DO MY DARIN', DEATH-DEFYING STUNT—STICKIN' MY HEAD IN THE **LION'S MOUTH!**
OH!
**EEEEEEEE!**
**N-NO!**
URP.
YOW!
MA-A-A!
TUBBY! WHAT IS IT, DEAR? WHAT'S THE MATTER?
**MA-A-A!**
IT'S ALL RIGHT, DEAR... YOU WERE ONLY **DREAMING!**
UH...OH... I-I GUESS SO.

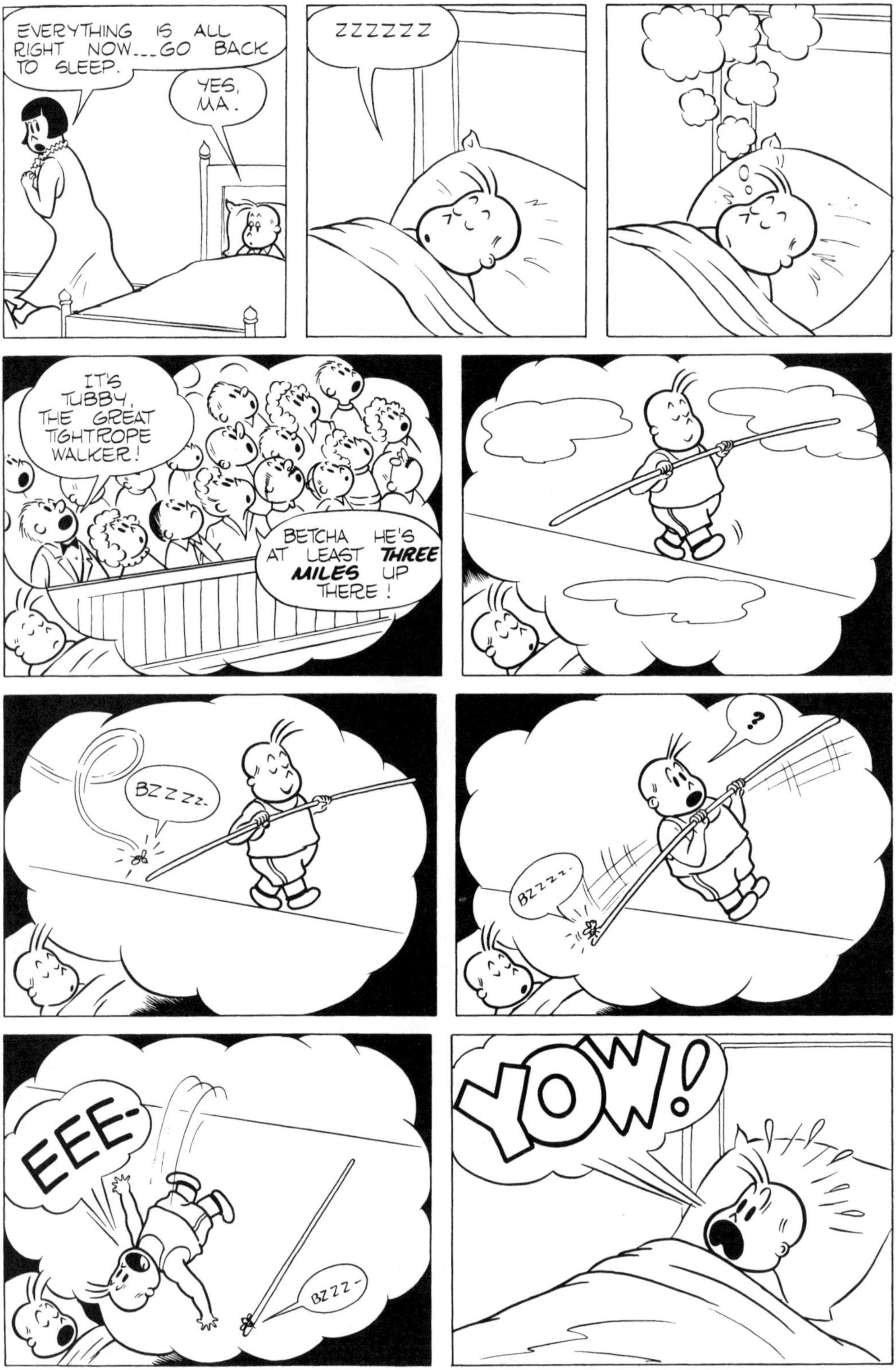
EVERYTHING IS ALL RIGHT NOW...GO BACK TO SLEEP.
YES, MA.
ZZZZZZ
IT'S TUBBY, THE GREAT TIGHTROPE WALKER!
BETCHA HE'S AT LEAST THREE MILES UP THERE!
BZZZZ-
?
BZZZZ-
EEE-
BZZZ-
YOW!

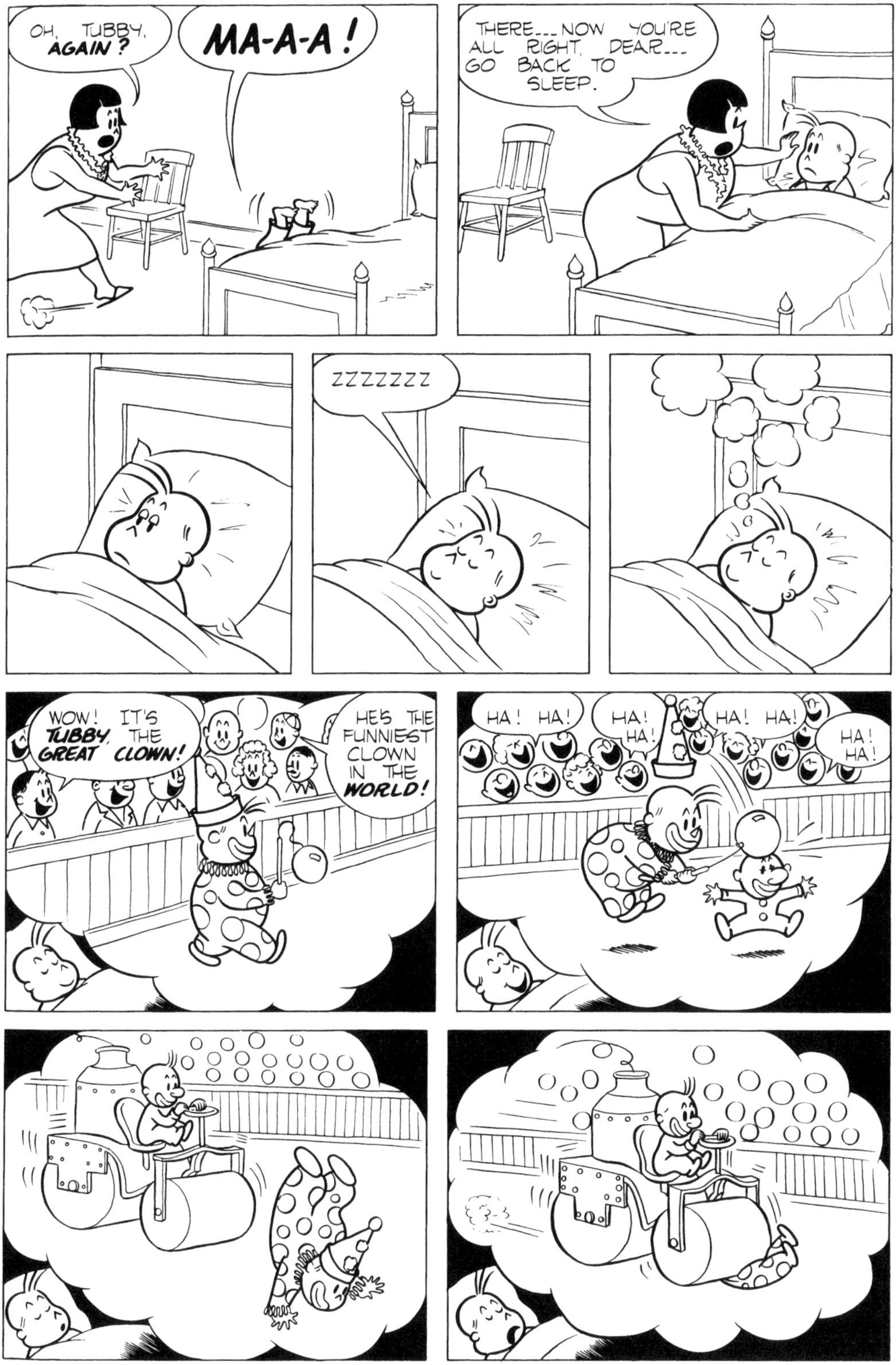
OH, TUBBY, AGAIN?
MA-A-A!
THERE...NOW YOU'RE ALL RIGHT, DEAR... GO BACK TO SLEEP.
ZZZZZZZ
WOW! IT'S TUBBY, THE GREAT CLOWN!
HE'S THE FUNNIEST CLOWN IN THE WORLD!
HA! HA!
HA! HA!
HA! HA!
HA! HA!

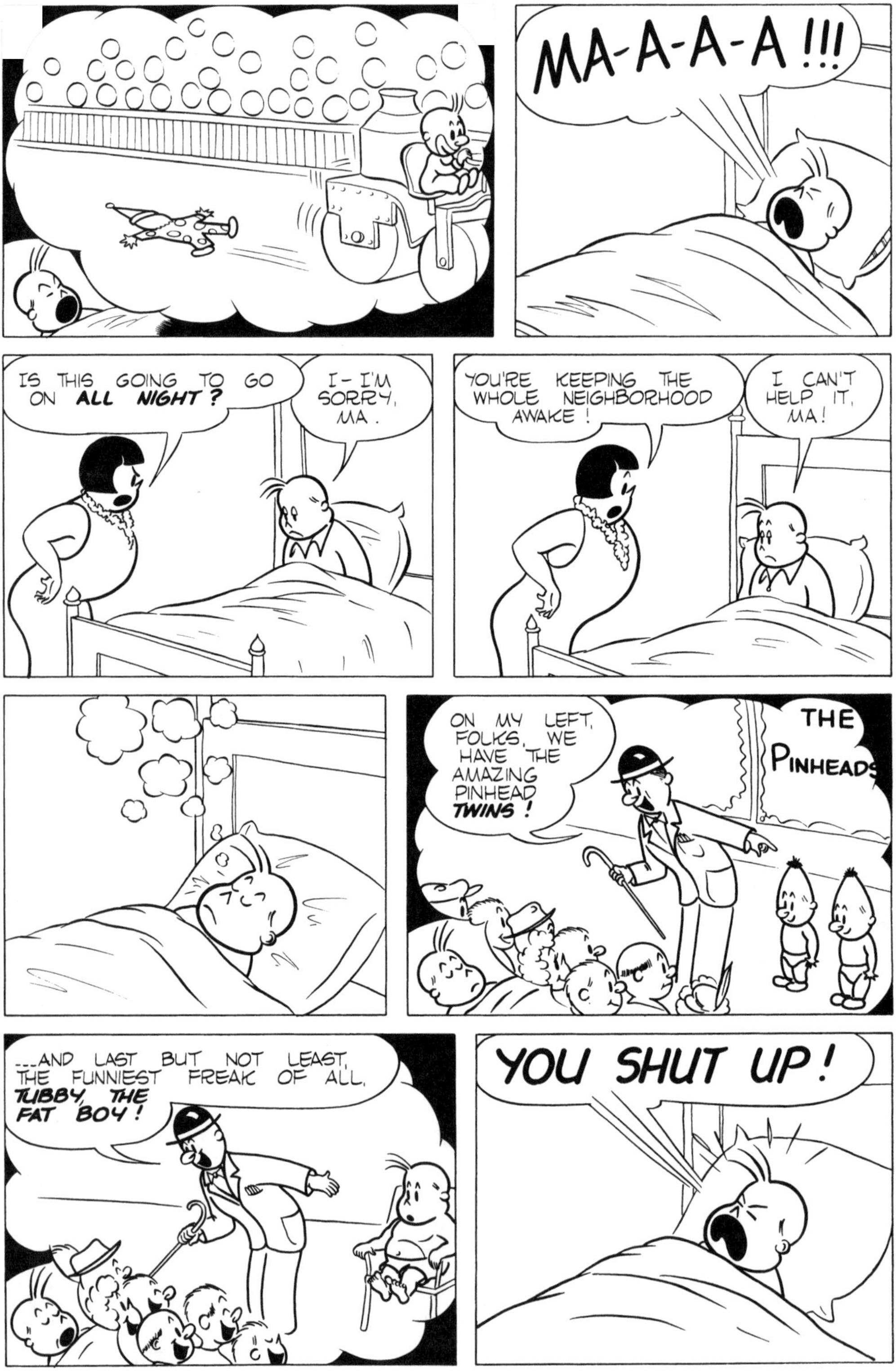
MA-A-A-A !!!
IS THIS GOING TO GO ON ALL NIGHT ?
I- I'M SORRY, MA.
YOU'RE KEEPING THE WHOLE NEIGHBORHOOD AWAKE !
I CAN'T HELP IT, MA!
ON MY LEFT, FOLKS, WE HAVE THE AMAZING PINHEAD TWINS !
THE PINHEADS
...AND LAST BUT NOT LEAST, THE FUNNIEST FREAK OF ALL, TUBBY, THE FAT BOY !
YOU SHUT UP !

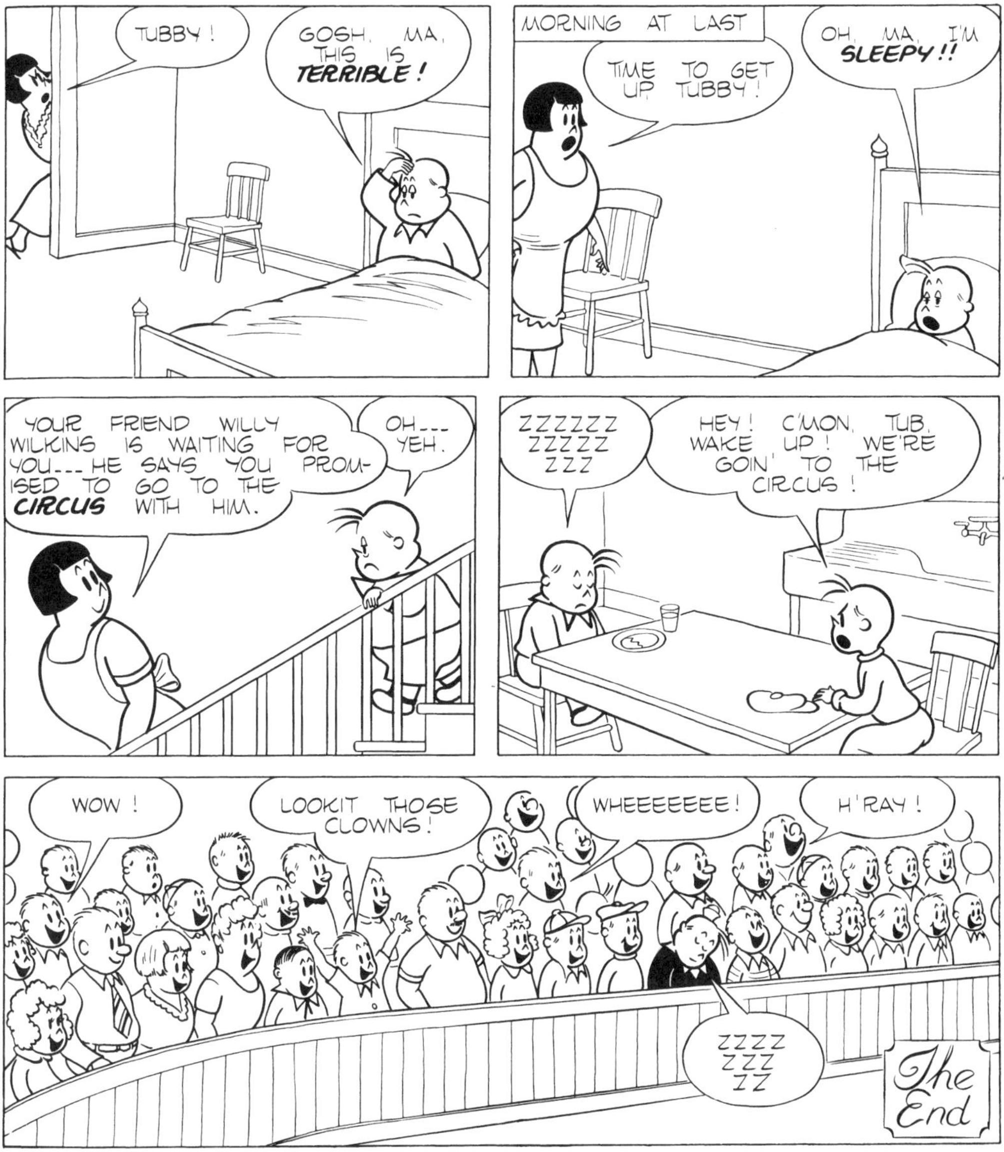
TUBBY!
GOSH, MA, THIS IS TERRIBLE!
MORNING AT LAST
TIME TO GET UP, TUBBY!
OH, MA, I'M SLEEPY!!
YOUR FRIEND WILLY WILKINS IS WAITING FOR YOU... HE SAYS YOU PROMISED TO GO TO THE CIRCUS WITH HIM.
OH... YEH.
ZZZZZZ ZZZZZ ZZZ
HEY! C'MON, TUB, WAKE UP! WE'RE GOIN' TO THE CIRCUS!
WOW!
LOOKIT THOSE CLOWNS!
WHEEEEEEEE!
H'RAY!
ZZZZ ZZZ ZZ
The End

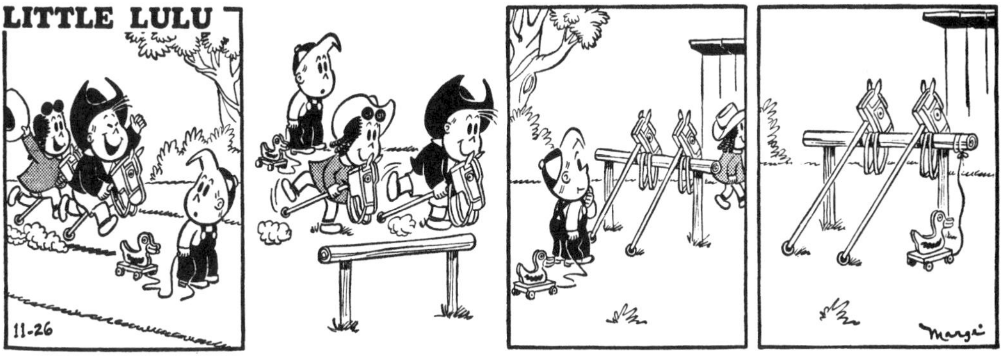
LITTLE LULU
11-26
Marge

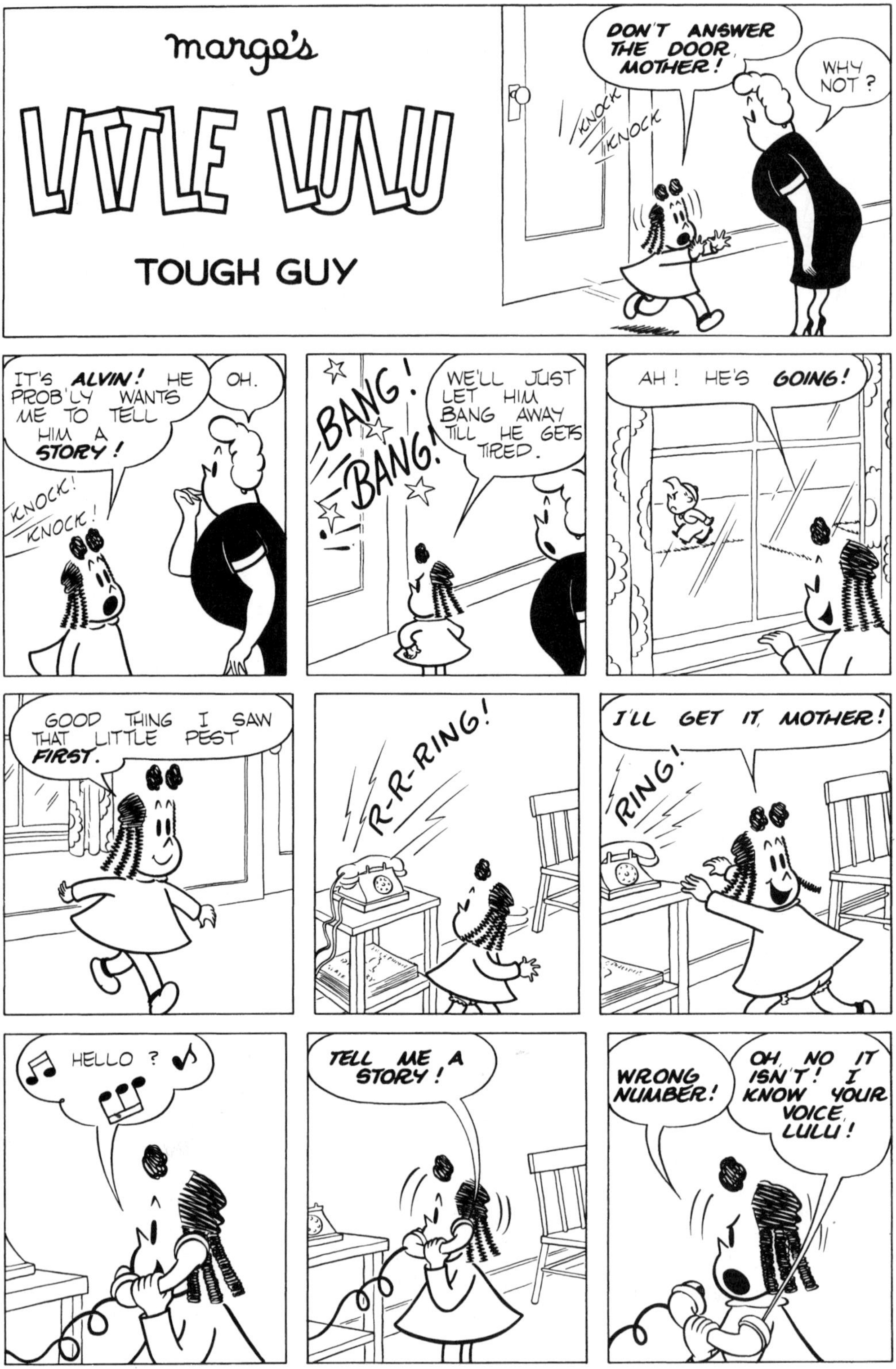
marge's
LITTLE LULU
TOUGH GUY
DON'T ANSWER THE DOOR, MOTHER!
KNOCK
KNOCK
WHY NOT?
IT'S ALVIN! HE PROB'LY WANTS ME TO TELL HIM A STORY!
OH.
KNOCK!
KNOCK!
BANG!
BANG!
WE'LL JUST LET HIM BANG AWAY TILL HE GETS TIRED.
AH! HE'S GOING!
GOOD THING I SAW THAT LITTLE PEST FIRST.
R-R-RING!
I'LL GET IT, MOTHER!
RING!
HELLO?
TELL ME A STORY!
WRONG NUMBER!
OH, NO IT ISN'T! I KNOW YOUR VOICE, LULU!

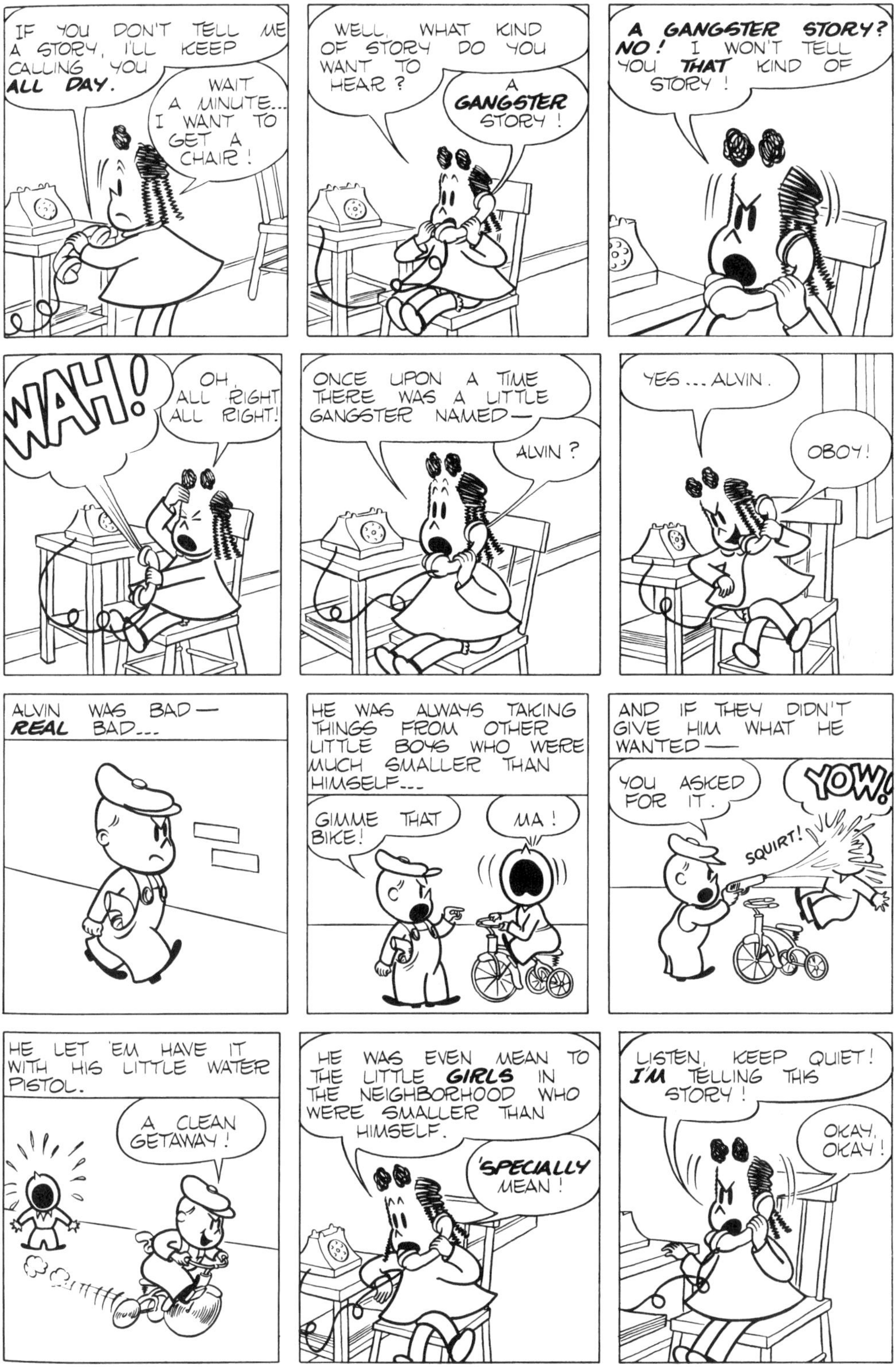
IF YOU DON'T TELL ME A STORY, I'LL KEEP CALLING YOU **ALL DAY**.
WAIT A MINUTE... I WANT TO GET A CHAIR!
WELL, WHAT KIND OF STORY DO YOU WANT TO HEAR?
A **GANGSTER** STORY!
**A GANGSTER STORY? NO!** I WON'T TELL YOU **THAT** KIND OF STORY!
WAH!
OH, ALL RIGHT ALL RIGHT!
ONCE UPON A TIME THERE WAS A LITTLE GANGSTER NAMED—
ALVIN?
YES... ALVIN.
OBOY!
ALVIN WAS BAD— **REAL** BAD...
HE WAS ALWAYS TAKING THINGS FROM OTHER LITTLE BOYS WHO WERE MUCH SMALLER THAN HIMSELF...
GIMME THAT BIKE!
MA!
AND IF THEY DIDN'T GIVE HIM WHAT HE WANTED—
YOU ASKED FOR IT.
YOW!
SQUIRT!
HE LET 'EM HAVE IT WITH HIS LITTLE WATER PISTOL.
A CLEAN GETAWAY!
HE WAS EVEN MEAN TO THE LITTLE **GIRLS** IN THE NEIGHBORHOOD WHO WERE SMALLER THAN HIMSELF.
**'SPECIALLY** MEAN!
LISTEN, KEEP QUIET! **I'M** TELLING THIS STORY!
OKAY, OKAY!

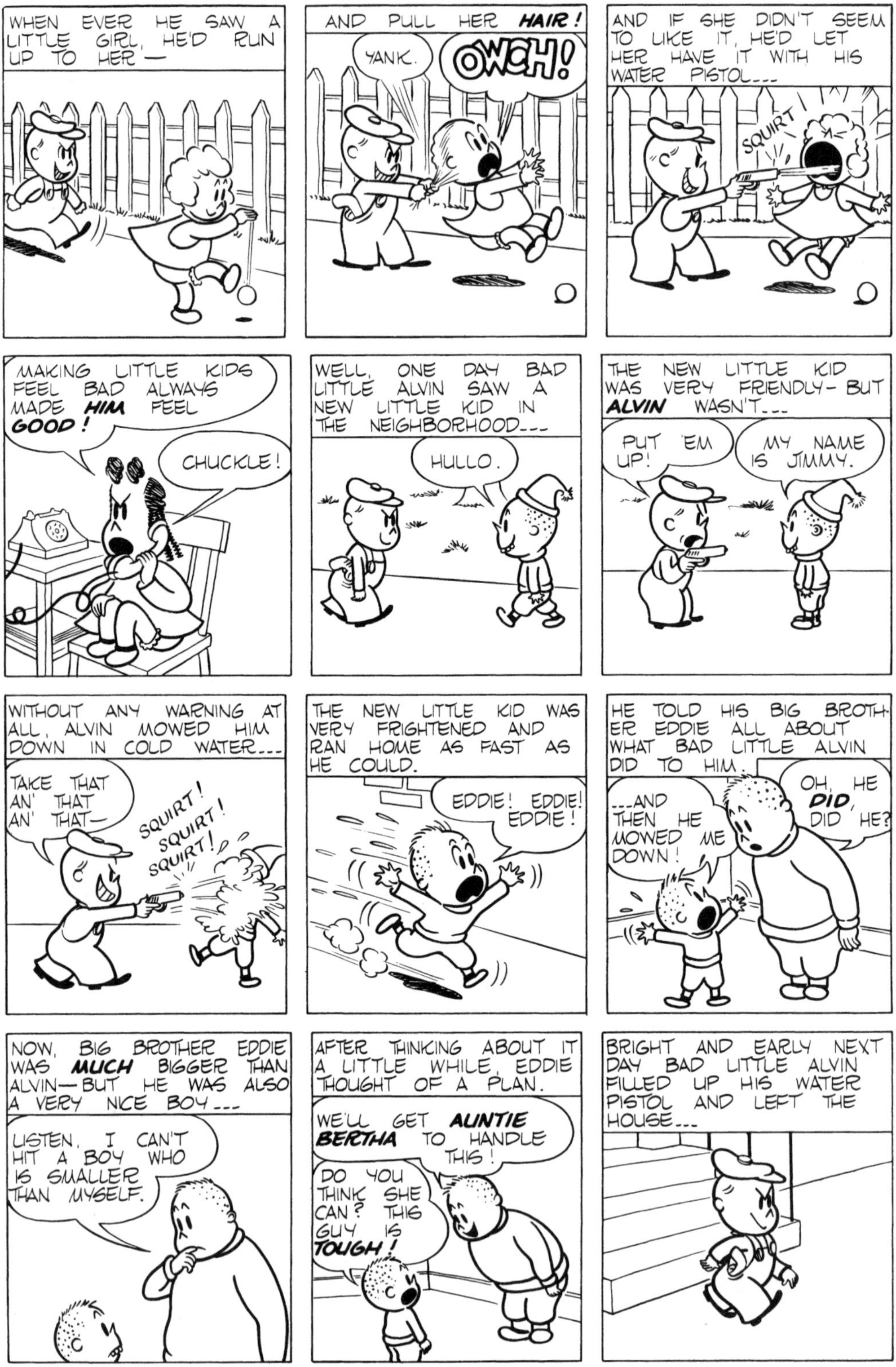
WHEN EVER HE SAW A LITTLE GIRL, HE'D RUN UP TO HER—
AND PULL HER HAIR!
YANK.
OWCH!
AND IF SHE DIDN'T SEEM TO LIKE IT, HE'D LET HER HAVE IT WITH HIS WATER PISTOL---
SQUIRT
MAKING LITTLE KIDS FEEL BAD ALWAYS MADE HIM FEEL GOOD!
CHUCKLE!
WELL, ONE DAY BAD LITTLE ALVIN SAW A NEW LITTLE KID IN THE NEIGHBORHOOD---
HULLO.
THE NEW LITTLE KID WAS VERY FRIENDLY- BUT ALVIN WASN'T---
PUT 'EM UP!
MY NAME IS JIMMY.
WITHOUT ANY WARNING AT ALL, ALVIN MOWED HIM DOWN IN COLD WATER---
TAKE THAT AN' THAT AN' THAT—
SQUIRT! SQUIRT! SQUIRT!
THE NEW LITTLE KID WAS VERY FRIGHTENED AND RAN HOME AS FAST AS HE COULD.
EDDIE! EDDIE! EDDIE!
HE TOLD HIS BIG BROTHER EDDIE ALL ABOUT WHAT BAD LITTLE ALVIN DID TO HIM.
---AND THEN HE MOWED ME DOWN!
OH, HE DID, DID HE?
NOW, BIG BROTHER EDDIE WAS MUCH BIGGER THAN ALVIN—BUT HE WAS ALSO A VERY NICE BOY---
LISTEN, I CAN'T HIT A BOY WHO IS SMALLER THAN MYSELF.
AFTER THINKING ABOUT IT A LITTLE WHILE, EDDIE THOUGHT OF A PLAN.
WE'LL GET AUNTIE BERTHA TO HANDLE THIS!
DO YOU THINK SHE CAN? THIS GUY IS TOUGH!
BRIGHT AND EARLY NEXT DAY BAD LITTLE ALVIN FILLED UP HIS WATER PISTOL AND LEFT THE HOUSE---

HE WALKED A FEW BLOCKS, BUT HE DIDN'T MEET A SINGLE KID TO SHOOT HIS WATER PISTOL AT...

I GUESS I SCARED 'EM ALL OUTA THE NEIGHBORHOOD.

SUDDENLY HE TURNED A CORNER AND CAME FACE TO FACE WITH NEARLY ALL THE KIDS IN THE NEIGHBORHOOD WHO WERE SMALLER THAN HIMSELF.

THEY ALL TURNED AND RAN WHEN HE DREW HIS WATER PISTOL AND CHARGED AT THEM.

GRRRRR!

ALL EXCEPT ONE LITTLE GIRL—

?

SHE WAS THE TINIEST LITTLE GIRL BAD LITTLE ALVIN HAD EVER SEEN— BUT SHE DIDN'T SEEM TO BE AFRAID OF HIM.

ALVIN LIFTED HIS WATER PISTOL AND POINTED IT RIGHT AT HER.

YOU ASKED FOR IT.

THEN THE STRANGEST THING HAPPENED—

ZIP

WITH ONE QUICK MOVEMENT, THE LITTLE GIRL TOOK ALVIN'S WATER PISTOL AWAY FROM HIM.

HEY!

THEN SHE LET HIM HAVE IT.

YOW!

THE OTHER KIDS, WHO WERE STANDING A LITTLE WAY OFF LAUGHED AND LAUGHED...

HA! HA! HA! HA!

GOSH, BUT ALVIN WAS MAD! HE RUSHED AT THE TINY LITTLE GIRL, AND—

GRRRRR!

THE NEXT THING YOU KNOW, HE WAS LYING OVER HER KNEE GETTING A GOOD SPANKING.

WAK! WAK! WAK!

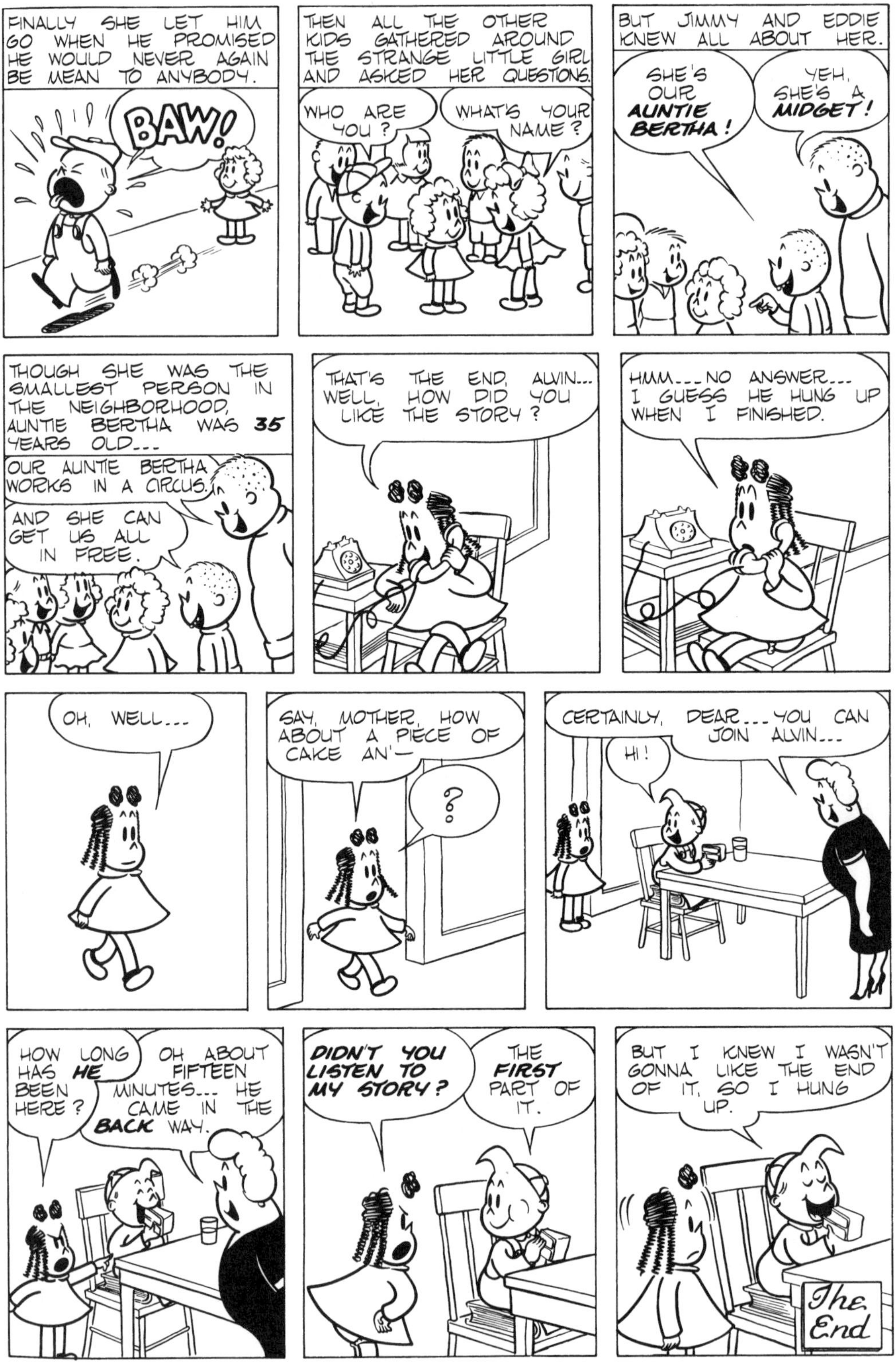

FINALLY SHE LET HIM GO WHEN HE PROMISED HE WOULD NEVER AGAIN BE MEAN TO ANYBODY.
BAW!
THEN ALL THE OTHER KIDS GATHERED AROUND THE STRANGE LITTLE GIRL AND ASKED HER QUESTIONS.
WHO ARE YOU ?
WHAT'S YOUR NAME ?
BUT JIMMY AND EDDIE KNEW ALL ABOUT HER.
SHE'S OUR AUNTIE BERTHA !
YEH, SHE'S A MIDGET !
THOUGH SHE WAS THE SMALLEST PERSON IN THE NEIGHBORHOOD, AUNTIE BERTHA WAS 35 YEARS OLD---
OUR AUNTIE BERTHA WORKS IN A CIRCUS.
AND SHE CAN GET US ALL IN FREE.
THAT'S THE END, ALVIN--- WELL, HOW DID YOU LIKE THE STORY ?
HMM--- NO ANSWER--- I GUESS HE HUNG UP WHEN I FINISHED.
OH, WELL---
SAY, MOTHER, HOW ABOUT A PIECE OF CAKE AN'—
?
CERTAINLY, DEAR--- YOU CAN JOIN ALVIN---
HI !
HOW LONG HAS HE BEEN HERE ?
OH ABOUT FIFTEEN MINUTES--- HE CAME IN THE BACK WAY.
DIDN'T YOU LISTEN TO MY STORY ?
THE FIRST PART OF IT.
BUT I KNEW I WASN'T GONNA LIKE THE END OF IT, SO I HUNG UP.
The End

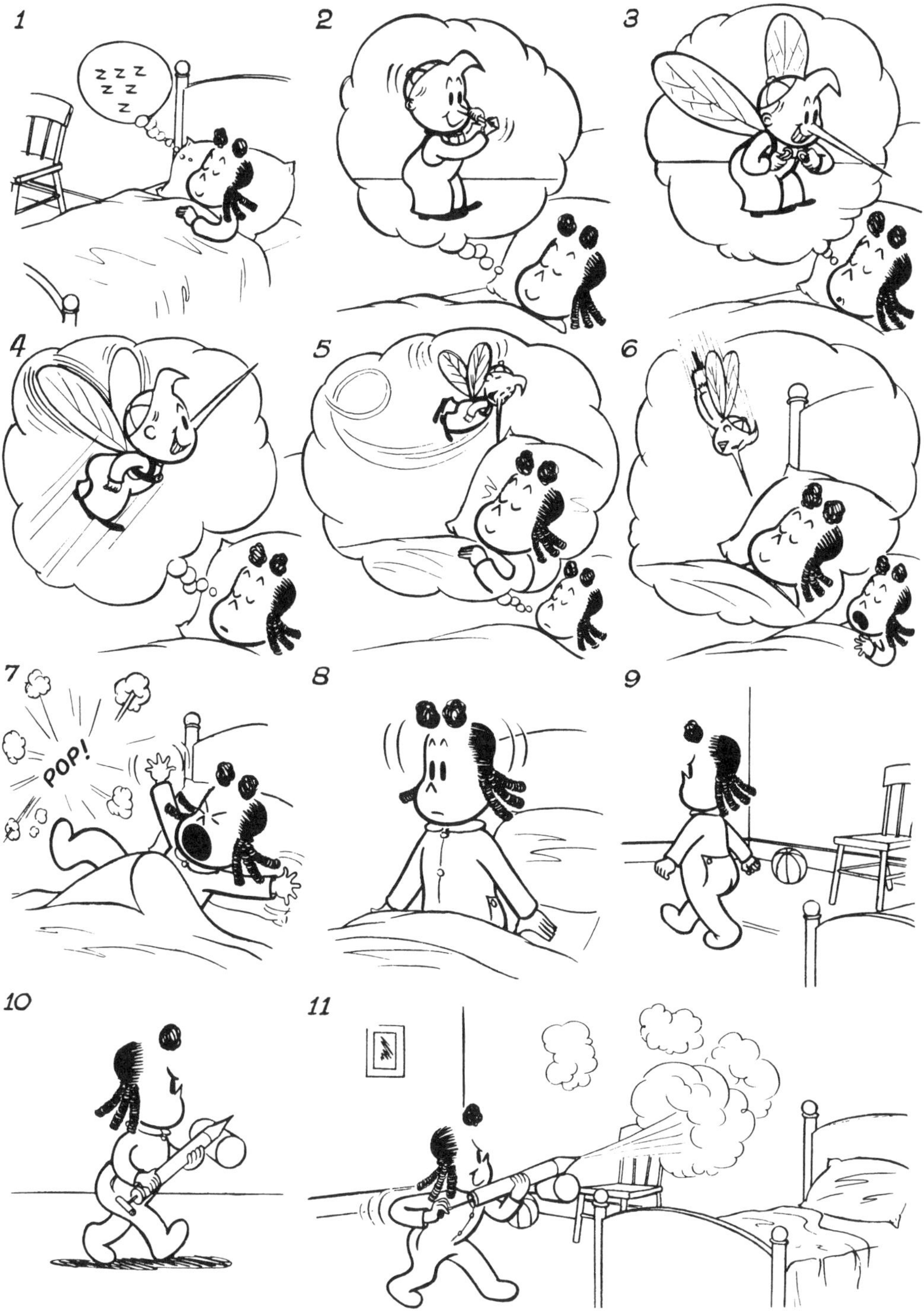
Z Z Z
Z Z Z
Z
POP!

Little Lulu No. 9, March, 1949

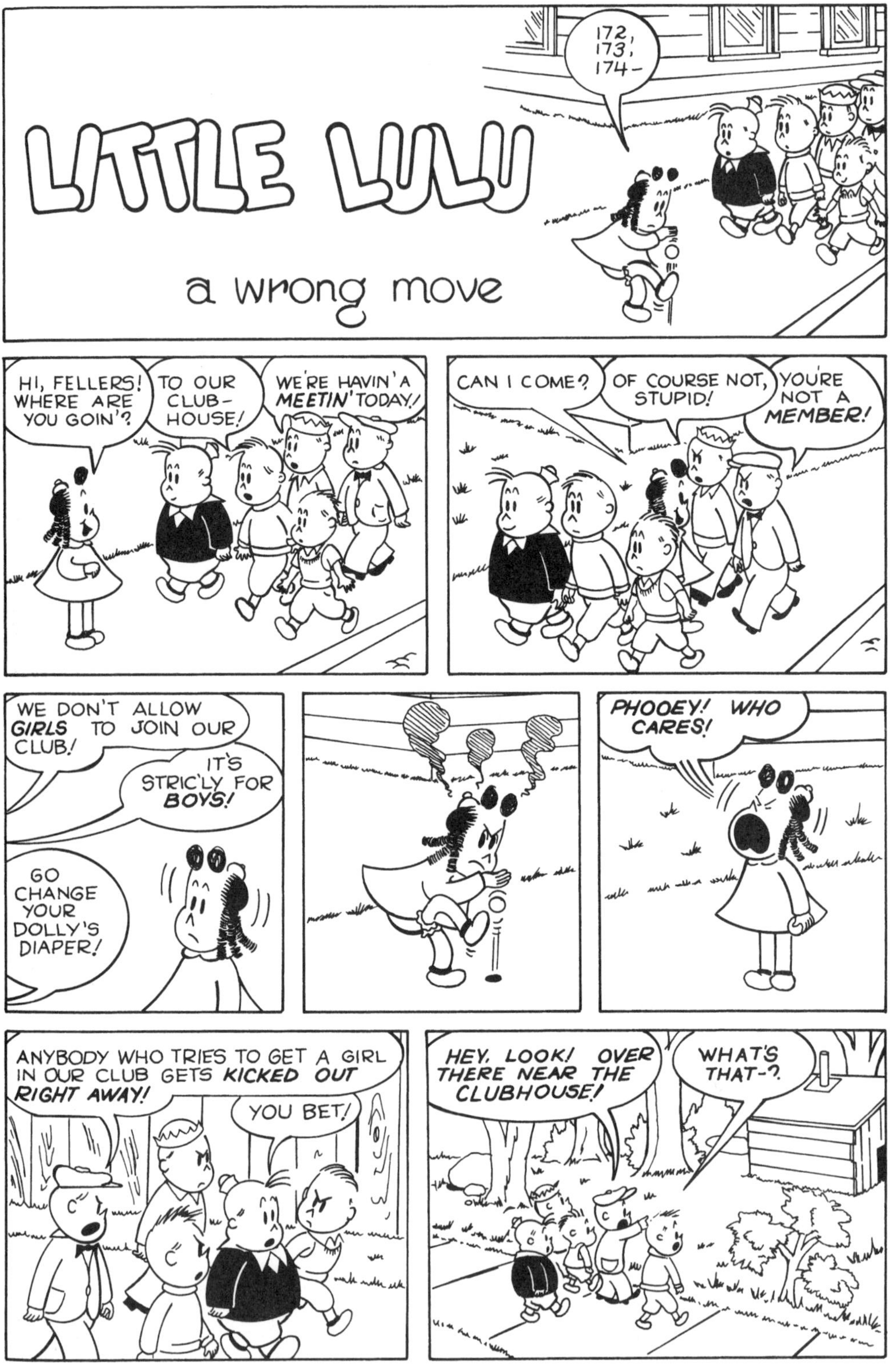
LITTLE LULU
a wrong move
172, 173, 174 -
HI, FELLERS! WHERE ARE YOU GOIN'?
TO OUR CLUB-HOUSE!
WE'RE HAVIN' A MEETIN' TODAY!
CAN I COME?
OF COURSE NOT, STUPID!
YOU'RE NOT A MEMBER!
WE DON'T ALLOW GIRLS TO JOIN OUR CLUB!
IT'S STRIC'LY FOR BOYS!
GO CHANGE YOUR DOLLY'S DIAPER!
PHOOEY! WHO CARES!
ANYBODY WHO TRIES TO GET A GIRL IN OUR CLUB GETS KICKED OUT RIGHT AWAY!
YOU BET!
HEY, LOOK! OVER THERE NEAR THE CLUBHOUSE!
WHAT'S THAT-?

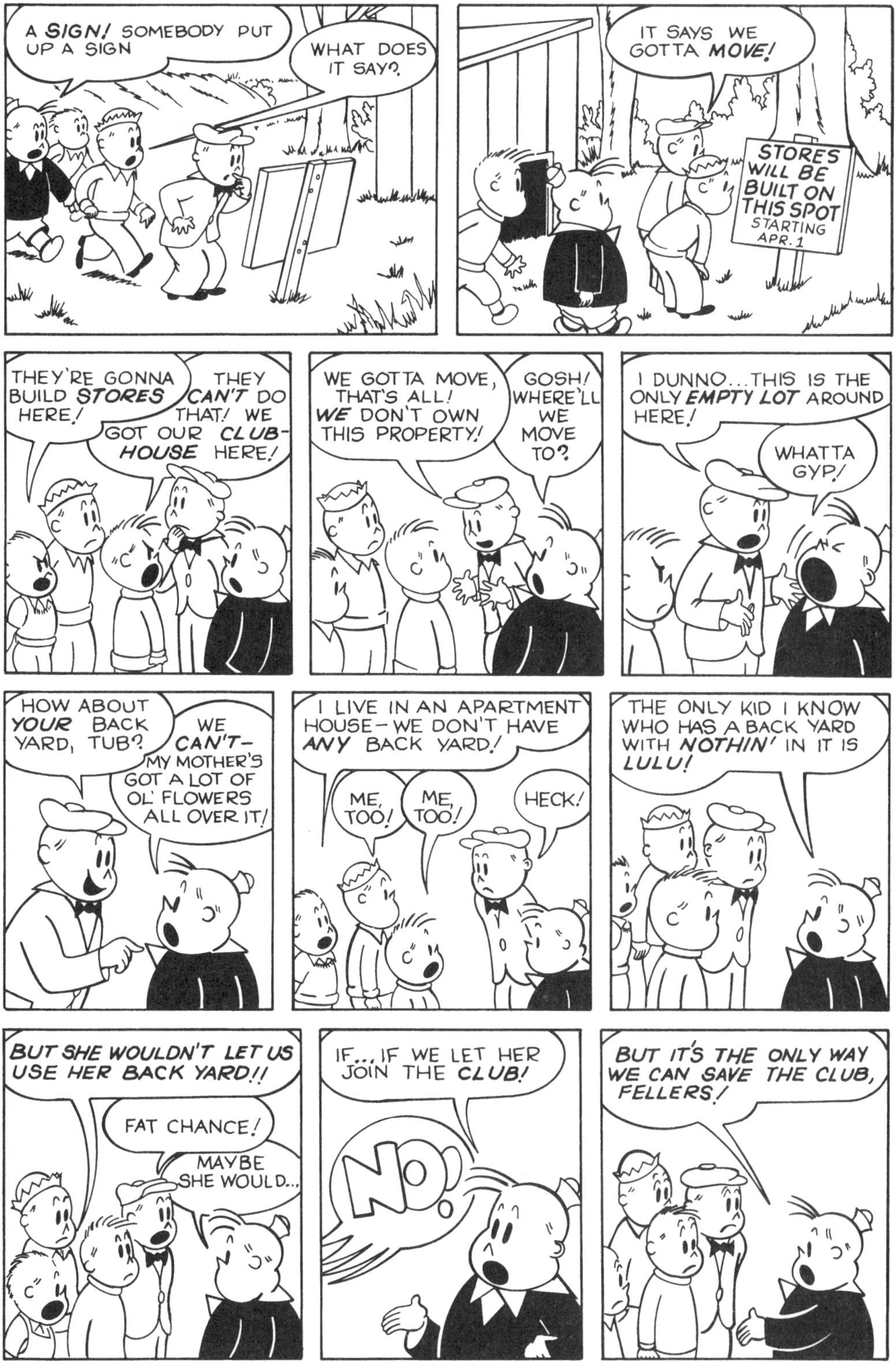
A SIGN! SOMEBODY PUT UP A SIGN
WHAT DOES IT SAY?
IT SAYS WE GOTTA MOVE!
STORES WILL BE BUILT ON THIS SPOT STARTING APR. 1
THEY'RE GONNA BUILD STORES HERE!
THEY CAN'T DO THAT! WE GOT OUR CLUB-HOUSE HERE!
WE GOTTA MOVE, THAT'S ALL! WE DON'T OWN THIS PROPERTY!
GOSH! WHERE'LL WE MOVE TO?
I DUNNO... THIS IS THE ONLY EMPTY LOT AROUND HERE!
WHATTA GYP!
HOW ABOUT YOUR BACK YARD, TUB?
WE CAN'T— MY MOTHER'S GOT A LOT OF OL' FLOWERS ALL OVER IT!
I LIVE IN AN APARTMENT HOUSE— WE DON'T HAVE ANY BACK YARD!
ME, TOO!
ME, TOO!
HECK!
THE ONLY KID I KNOW WHO HAS A BACK YARD WITH NOTHIN' IN IT IS LULU!
BUT SHE WOULDN'T LET US USE HER BACK YARD!!
FAT CHANCE!
MAYBE SHE WOULD...
IF... IF WE LET HER JOIN THE CLUB!
NO!
BUT IT'S THE ONLY WAY WE CAN SAVE THE CLUB, FELLERS!

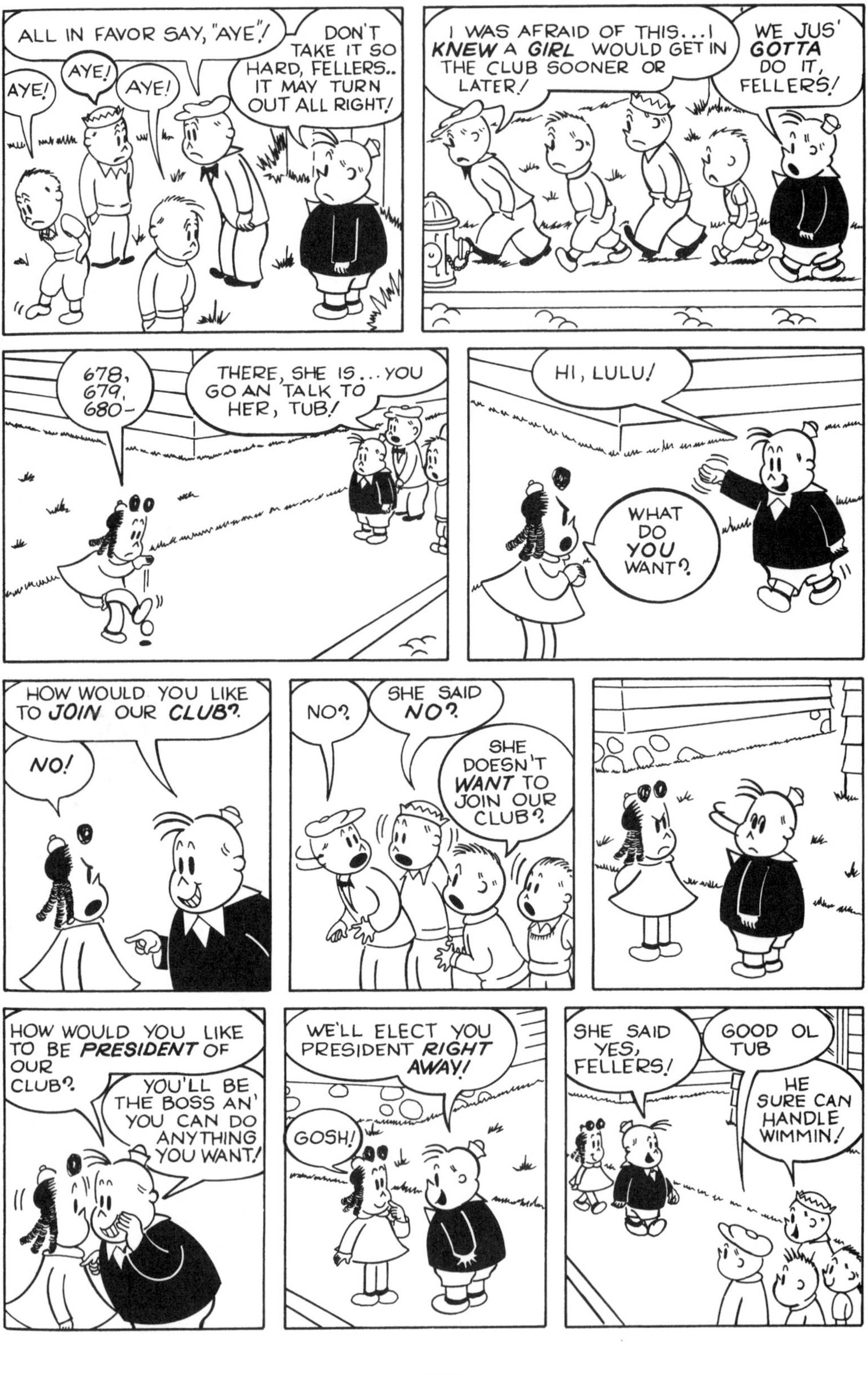
ALL IN FAVOR SAY, "AYE"!
AYE!
AYE!
AYE!
DON'T TAKE IT SO HARD, FELLERS.. IT MAY TURN OUT ALL RIGHT!
I WAS AFRAID OF THIS...I KNEW A GIRL WOULD GET IN THE CLUB SOONER OR LATER!
WE JUS' GOTTA DO IT, FELLERS!
678, 679, 680–
THERE, SHE IS...YOU GO AN' TALK TO HER, TUB!
HI, LULU!
WHAT DO YOU WANT?
HOW WOULD YOU LIKE TO JOIN OUR CLUB?
NO!
NO?
SHE SAID NO?
SHE DOESN'T WANT TO JOIN OUR CLUB?
HOW WOULD YOU LIKE TO BE PRESIDENT OF OUR CLUB?
YOU'LL BE THE BOSS AN' YOU CAN DO ANYTHING YOU WANT!
WE'LL ELECT YOU PRESIDENT RIGHT AWAY!
GOSH!
SHE SAID YES, FELLERS!
GOOD OL TUB
HE SURE CAN HANDLE WIMMIN!

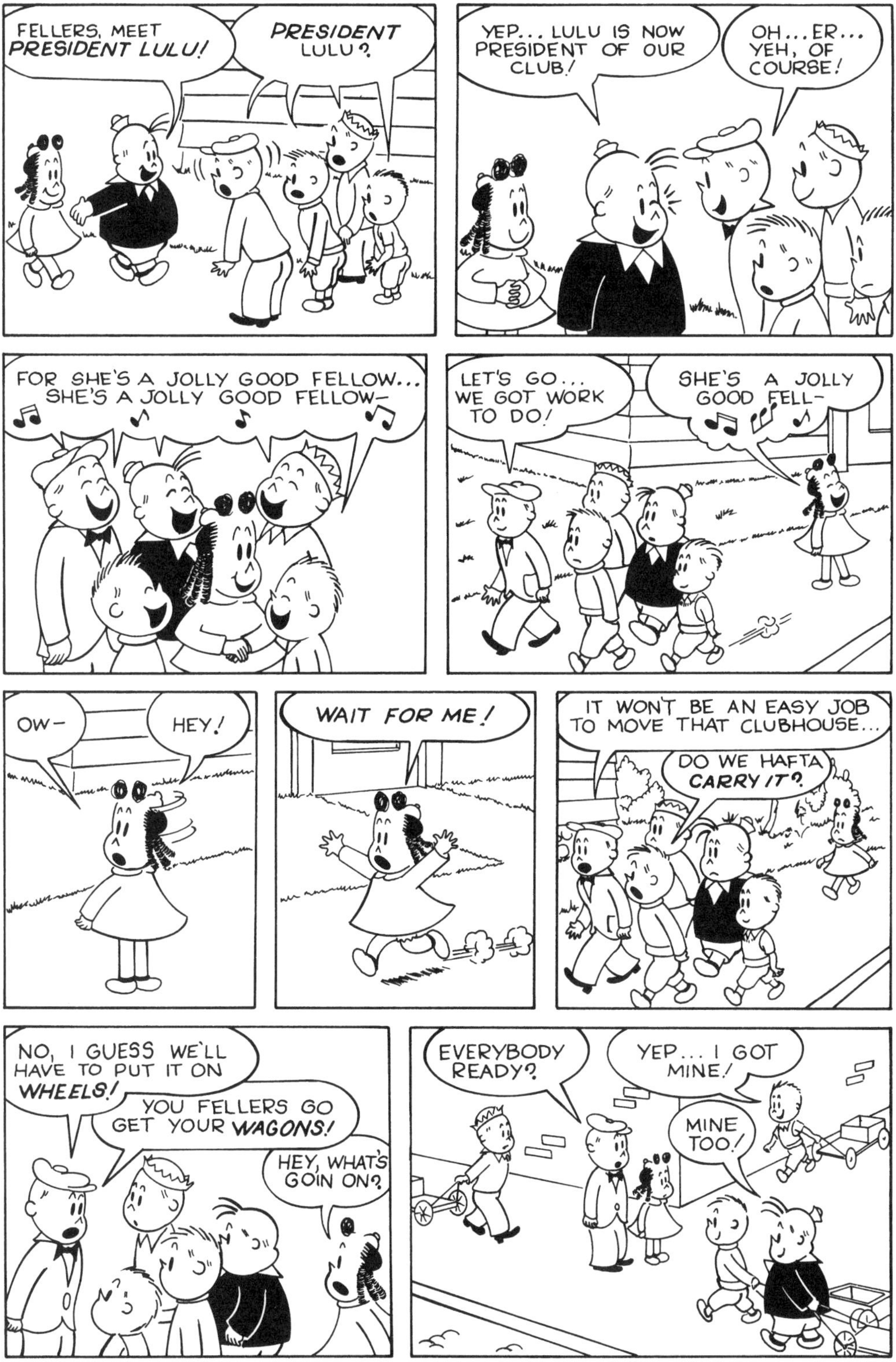
FELLERS, MEET PRESIDENT LULU!
PRESIDENT LULU?
YEP... LULU IS NOW PRESIDENT OF OUR CLUB!
OH... ER... YEH, OF COURSE!
FOR SHE'S A JOLLY GOOD FELLOW... SHE'S A JOLLY GOOD FELLOW—
LET'S GO... WE GOT WORK TO DO!
SHE'S A JOLLY GOOD FELL—
OW—
HEY!
WAIT FOR ME!
IT WON'T BE AN EASY JOB TO MOVE THAT CLUBHOUSE...
DO WE HAFTA CARRY IT?
NO, I GUESS WE'LL HAVE TO PUT IT ON WHEELS!
YOU FELLERS GO GET YOUR WAGONS!
HEY, WHAT'S GOIN ON?
EVERYBODY READY?
YEP... I GOT MINE!
MINE TOO!

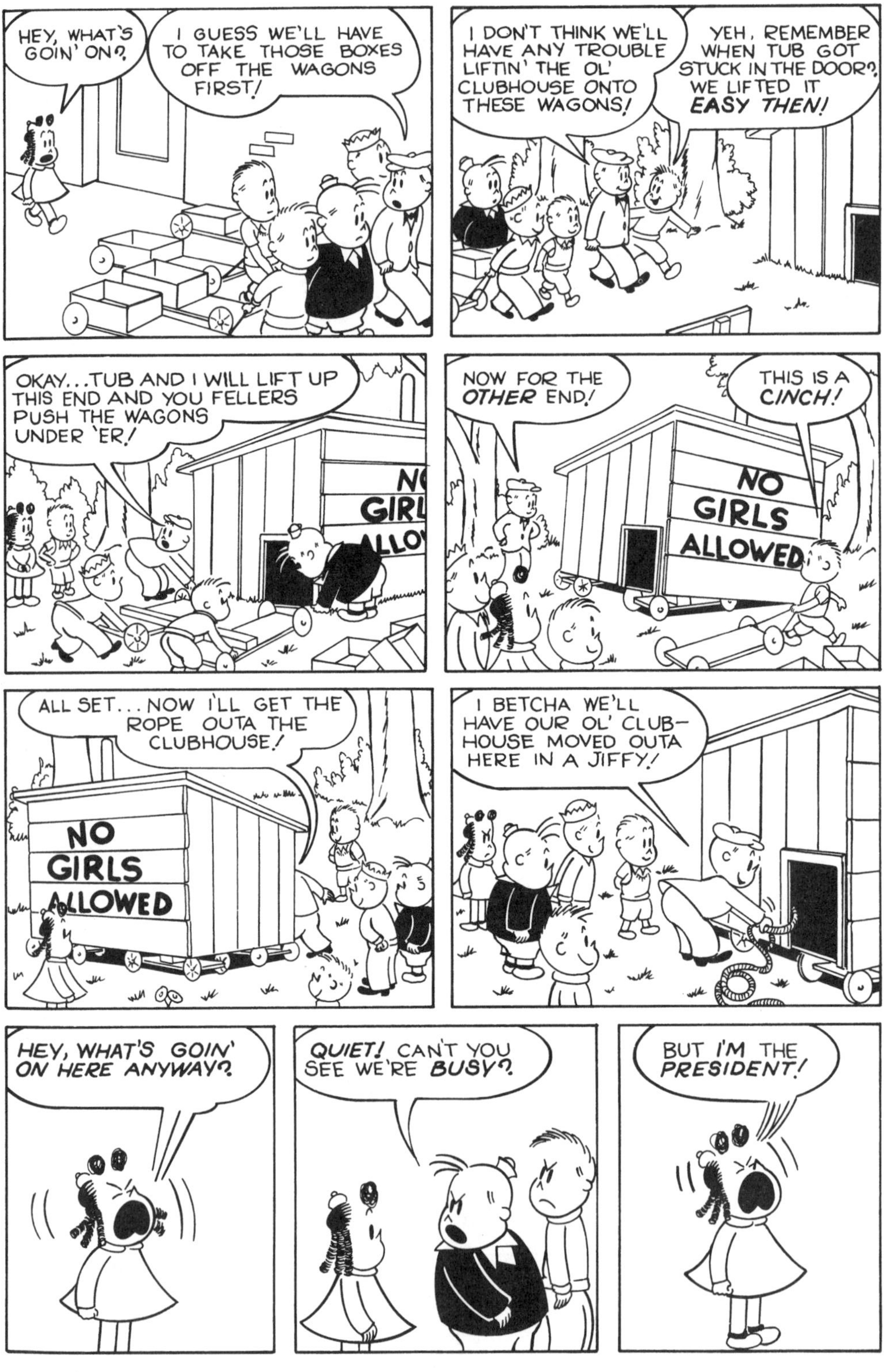
HEY, WHAT'S GOIN' ON?
I GUESS WE'LL HAVE TO TAKE THOSE BOXES OFF THE WAGONS FIRST!
I DON'T THINK WE'LL HAVE ANY TROUBLE LIFTIN' THE OL' CLUBHOUSE ONTO THESE WAGONS!
YEH, REMEMBER WHEN TUB GOT STUCK IN THE DOOR? WE LIFTED IT EASY THEN!
OKAY... TUB AND I WILL LIFT UP THIS END AND YOU FELLERS PUSH THE WAGONS UNDER 'ER!
NO GIRLS ALLOWED
NOW FOR THE OTHER END!
THIS IS A CINCH!
NO GIRLS ALLOWED
ALL SET... NOW I'LL GET THE ROPE OUTA THE CLUBHOUSE!
NO GIRLS ALLOWED
I BETCHA WE'LL HAVE OUR OL' CLUB-HOUSE MOVED OUTA HERE IN A JIFFY!
HEY, WHAT'S GOIN' ON HERE ANYWAY?
QUIET! CAN'T YOU SEE WE'RE BUSY?
BUT I'M THE PRESIDENT!

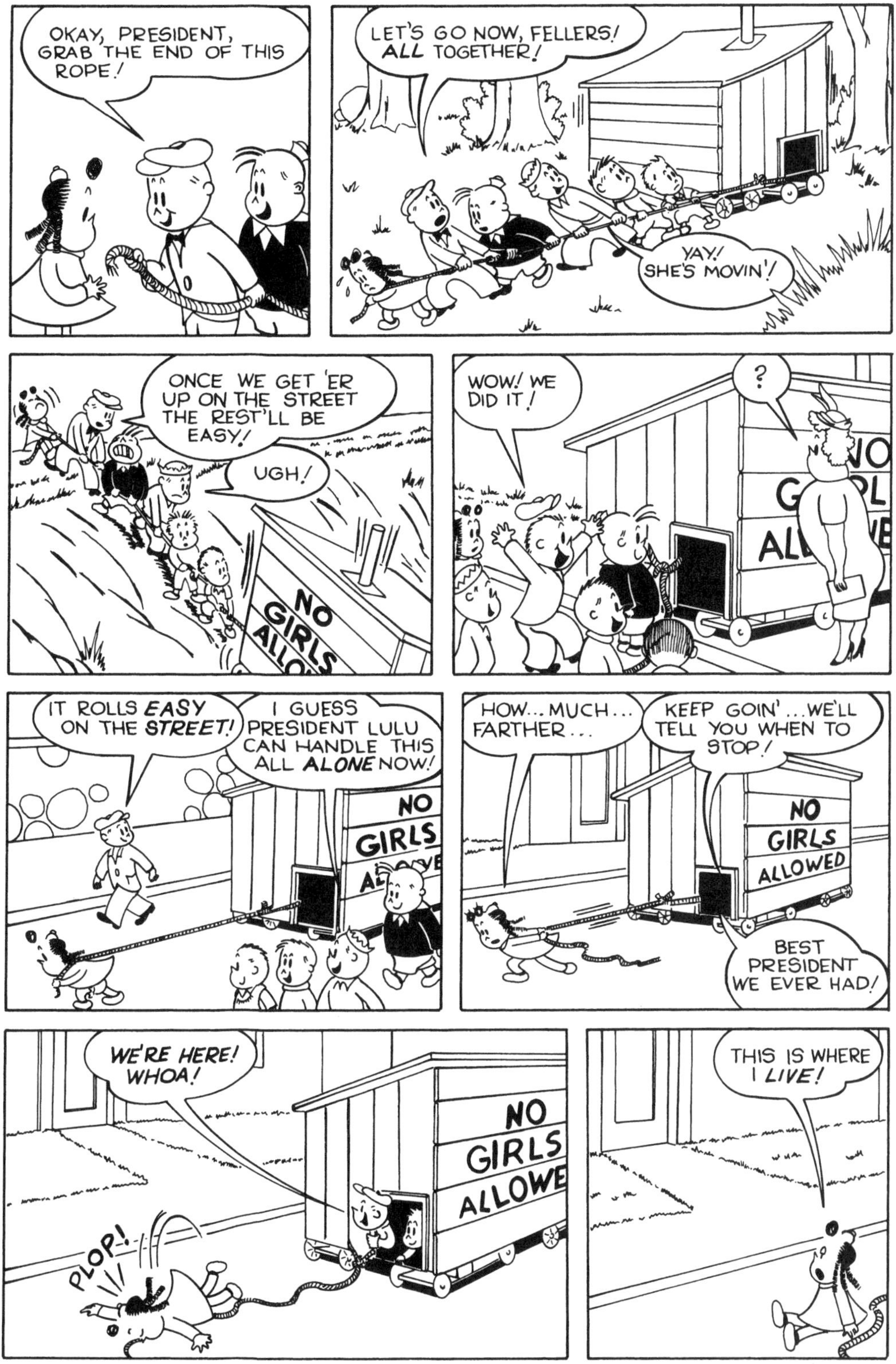
OKAY, PRESIDENT, GRAB THE END OF THIS ROPE!
LET'S GO NOW, FELLERS! ALL TOGETHER!
YAY! SHE'S MOVIN'!
ONCE WE GET 'ER UP ON THE STREET THE REST'LL BE EASY!
UGH!
NO GIRLS ALLOW
WOW! WE DID IT!
?
IT ROLLS EASY ON THE STREET!
I GUESS PRESIDENT LULU CAN HANDLE THIS ALL ALONE NOW!
NO GIRLS
HOW... MUCH... FARTHER...
KEEP GOIN' ...WE'LL TELL YOU WHEN TO STOP!
NO GIRLS ALLOWED
BEST PRESIDENT WE EVER HAD!
WE'RE HERE! WHOA!
NO GIRLS ALLOWE
PLOP!
THIS IS WHERE I LIVE!

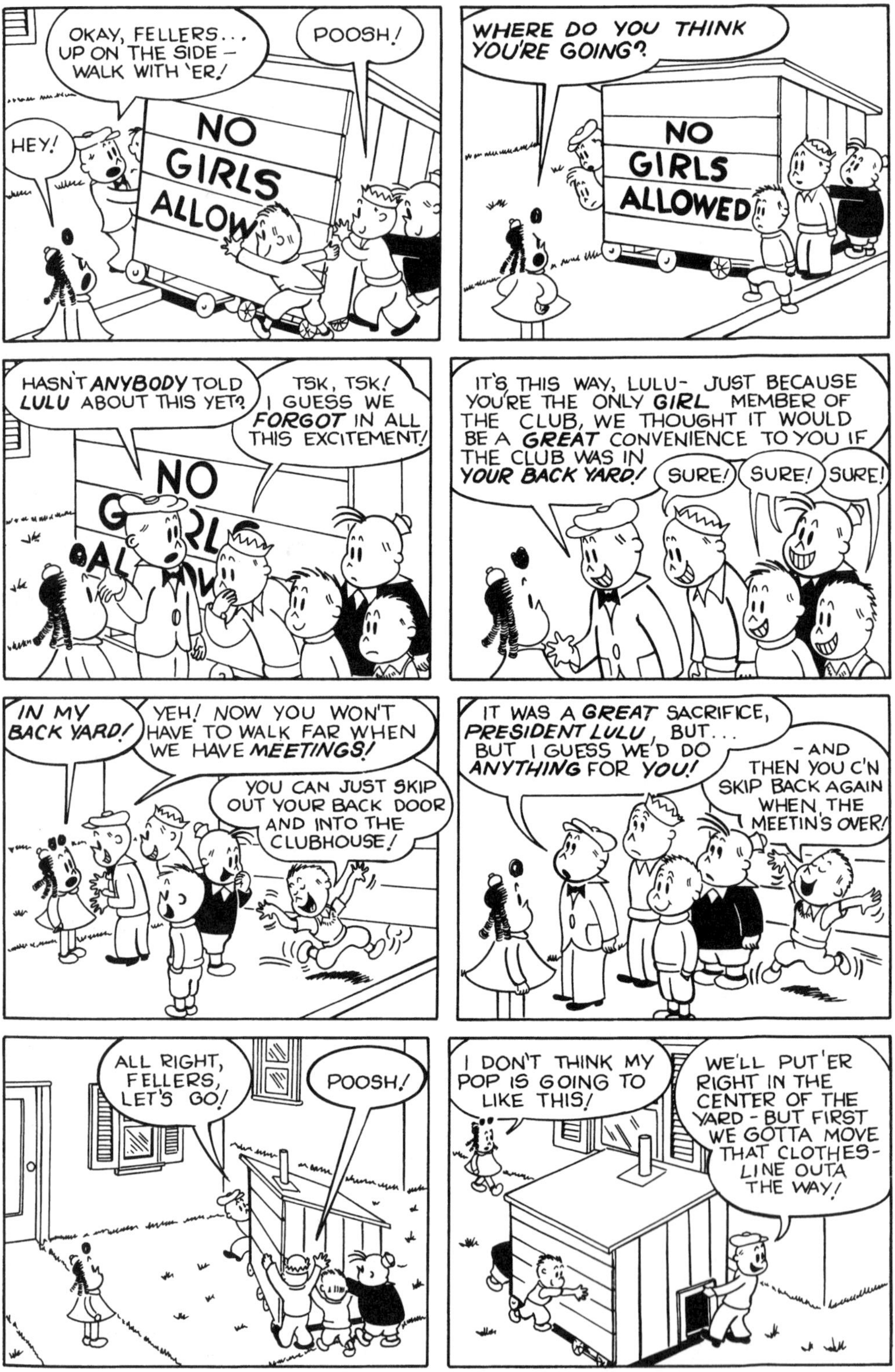
OKAY, FELLERS... UP ON THE SIDE — WALK WITH 'ER!
POOSH!
HEY!
NO GIRLS ALLOW
WHERE DO YOU THINK YOU'RE GOING?
NO GIRLS ALLOWED
HASN'T ANYBODY TOLD LULU ABOUT THIS YET?
TSK, TSK! I GUESS WE FORGOT IN ALL THIS EXCITEMENT!
IT'S THIS WAY, LULU- JUST BECAUSE YOU'RE THE ONLY GIRL MEMBER OF THE CLUB, WE THOUGHT IT WOULD BE A GREAT CONVENIENCE TO YOU IF THE CLUB WAS IN YOUR BACK YARD!
SURE!
SURE!
SURE!
IN MY BACK YARD!
YEH! NOW YOU WON'T HAVE TO WALK FAR WHEN WE HAVE MEETINGS!
YOU CAN JUST SKIP OUT YOUR BACK DOOR AND INTO THE CLUBHOUSE!
IT WAS A GREAT SACRIFICE, PRESIDENT LULU, BUT... BUT I GUESS WE'D DO ANYTHING FOR YOU!
-AND THEN YOU C'N SKIP BACK AGAIN WHEN THE MEETIN'S OVER!
ALL RIGHT, FELLERS, LET'S GO!
POOSH!
I DON'T THINK MY POP IS GOING TO LIKE THIS!
WE'LL PUT'ER RIGHT IN THE CENTER OF THE YARD - BUT FIRST WE GOTTA MOVE THAT CLOTHES-LINE OUTA THE WAY!

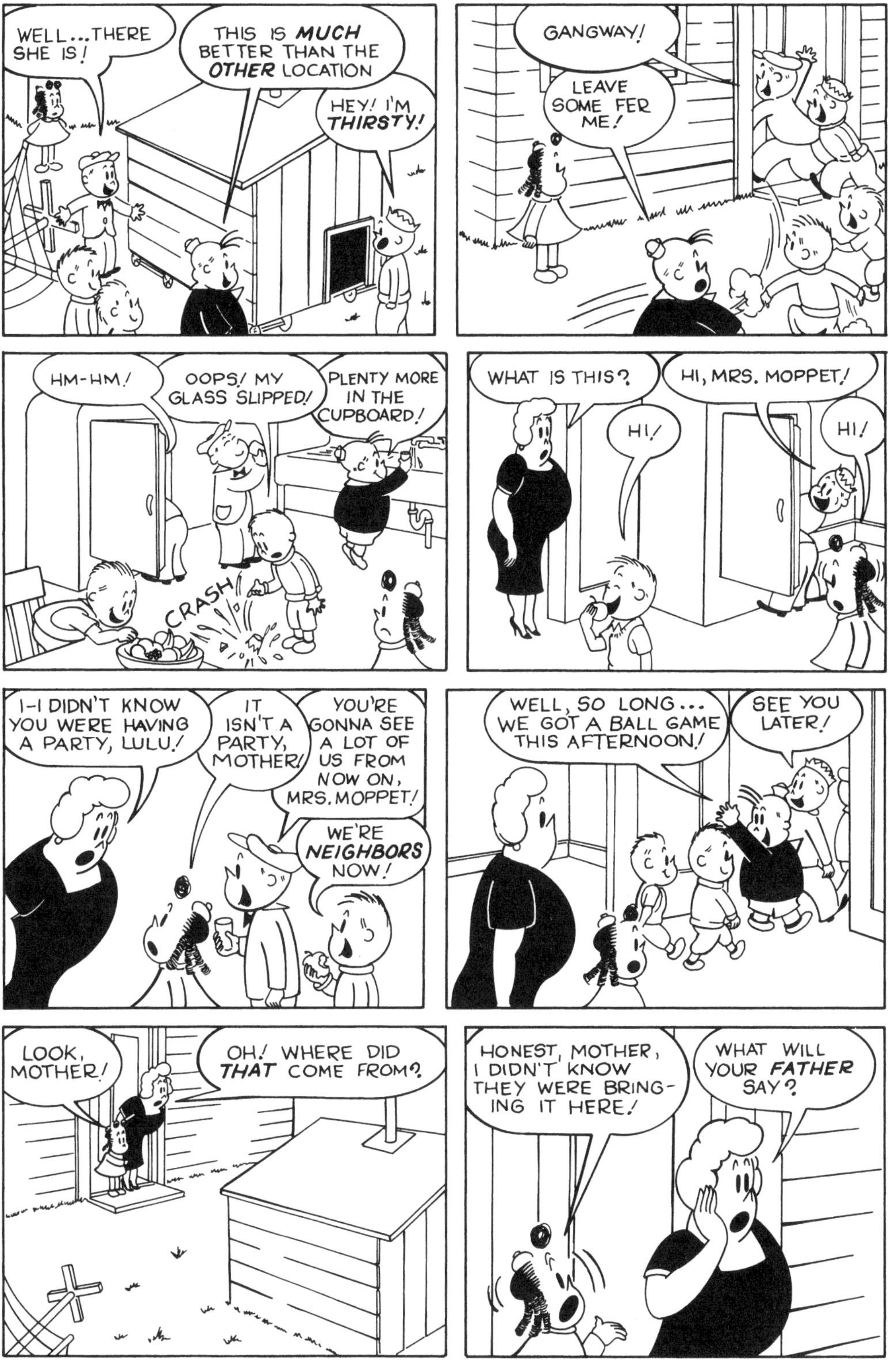
WELL...THERE SHE IS!
THIS IS MUCH BETTER THAN THE OTHER LOCATION
HEY! I'M THIRSTY!
GANGWAY!
LEAVE SOME FER ME!
HM-HM!
OOPS! MY GLASS SLIPPED!
PLENTY MORE IN THE CUPBOARD!
CRASH
WHAT IS THIS?
HI!
HI, MRS. MOPPET!
HI!
I-I DIDN'T KNOW YOU WERE HAVING A PARTY, LULU!
IT ISN'T A PARTY, MOTHER!
YOU'RE GONNA SEE A LOT OF US FROM NOW ON, MRS. MOPPET!
WE'RE NEIGHBORS NOW!
WELL, SO LONG... WE GOT A BALL GAME THIS AFTERNOON!
SEE YOU LATER!
LOOK, MOTHER!
OH! WHERE DID THAT COME FROM?
HONEST, MOTHER, I DIDN'T KNOW THEY WERE BRING-ING IT HERE!
WHAT WILL YOUR FATHER SAY?

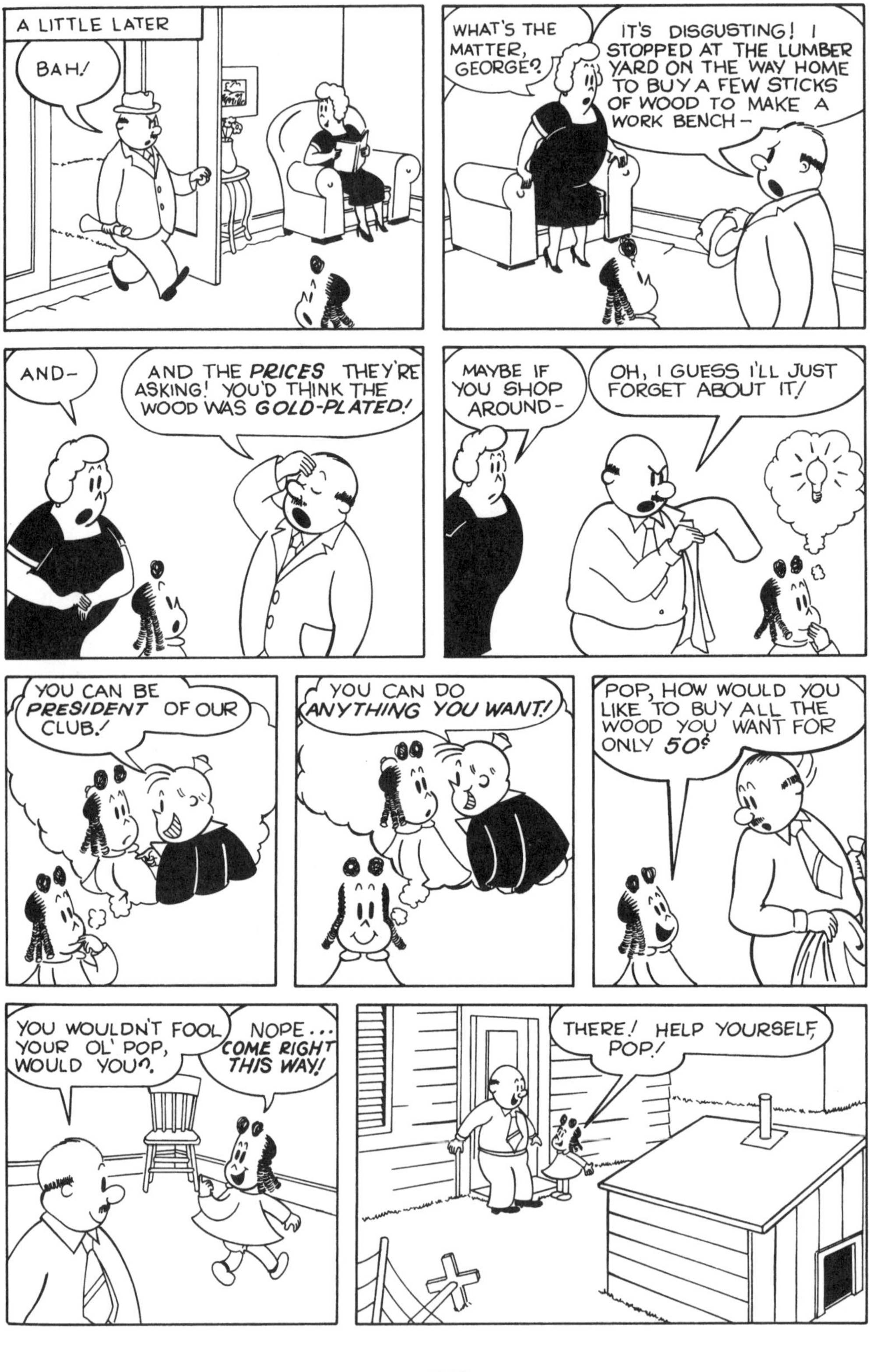
A LITTLE LATER
BAH!
WHAT'S THE MATTER, GEORGE?
IT'S DISGUSTING! I STOPPED AT THE LUMBER YARD ON THE WAY HOME TO BUY A FEW STICKS OF WOOD TO MAKE A WORK BENCH–
AND–
AND THE PRICES THEY'RE ASKING! YOU'D THINK THE WOOD WAS GOLD-PLATED!
MAYBE IF YOU SHOP AROUND–
OH, I GUESS I'LL JUST FORGET ABOUT IT!
YOU CAN BE PRESIDENT OF OUR CLUB!
YOU CAN DO ANYTHING YOU WANT!
POP, HOW WOULD YOU LIKE TO BUY ALL THE WOOD YOU WANT FOR ONLY 50¢
YOU WOULDN'T FOOL YOUR OL' POP, WOULD YOU?
NOPE... COME RIGHT THIS WAY!
THERE! HELP YOURSELF, POP!

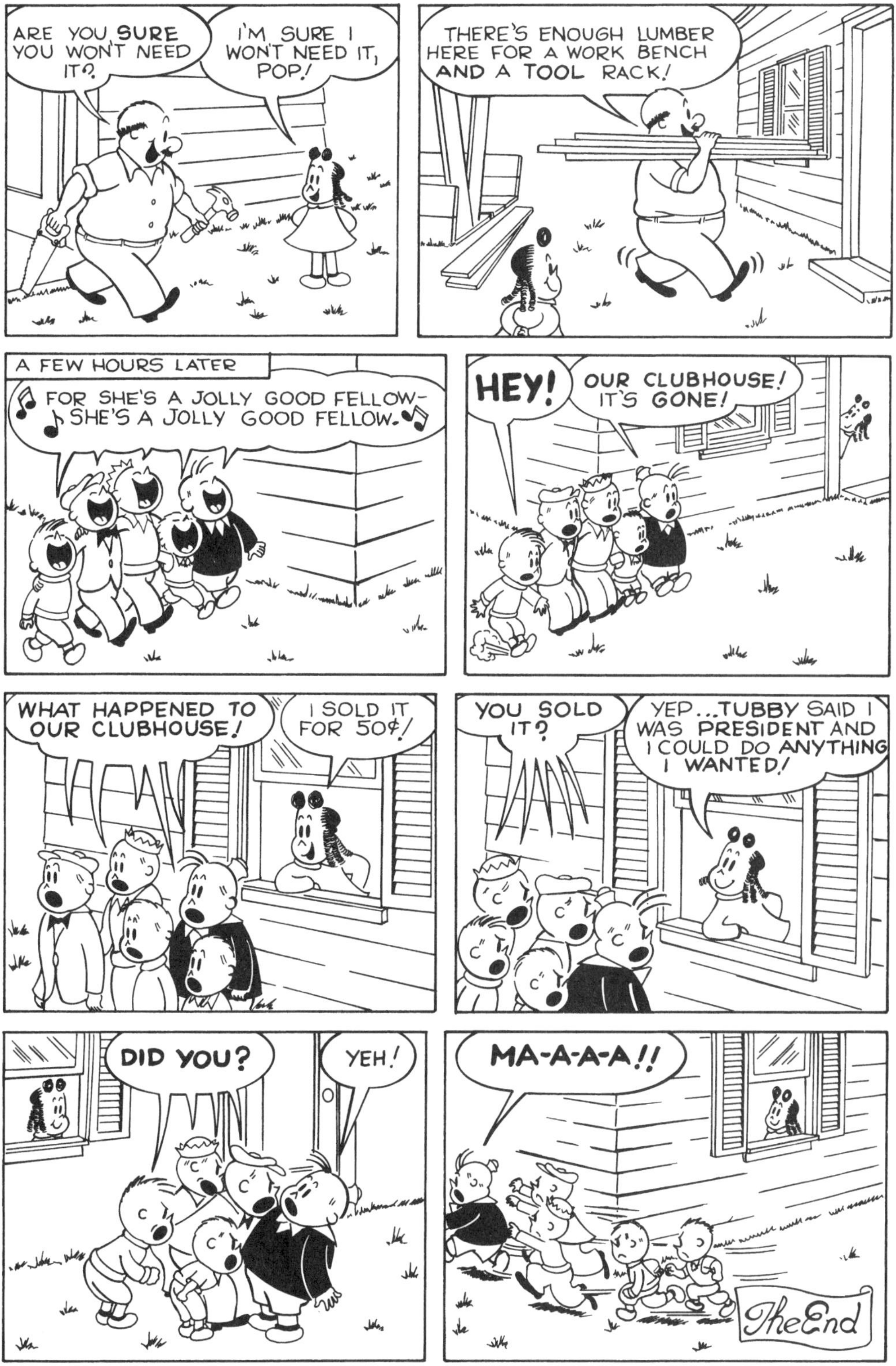
ARE YOU SURE YOU WON'T NEED IT?
I'M SURE I WON'T NEED IT, POP!
THERE'S ENOUGH LUMBER HERE FOR A WORK BENCH AND A TOOL RACK!
A FEW HOURS LATER
FOR SHE'S A JOLLY GOOD FELLOW- SHE'S A JOLLY GOOD FELLOW-
HEY!
OUR CLUBHOUSE! IT'S GONE!
WHAT HAPPENED TO OUR CLUBHOUSE!
I SOLD IT FOR 50¢!
YOU SOLD IT?
YEP...TUBBY SAID I WAS PRESIDENT AND I COULD DO ANYTHING I WANTED!
DID YOU?
YEH!
MA-A-A-A!!
The End

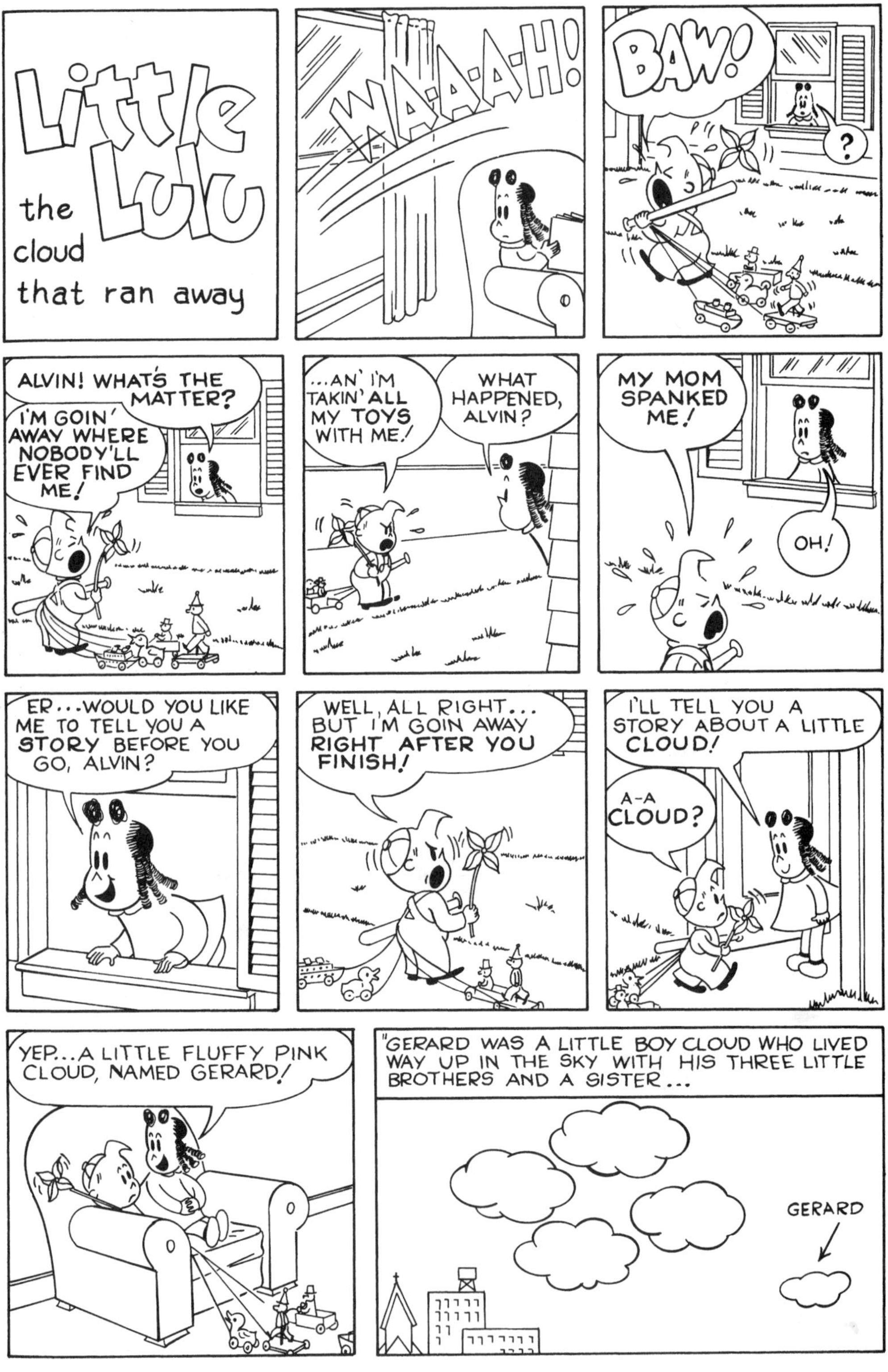
Little Lulu
the cloud that ran away
WA-A-A-H!
BAW!
?
ALVIN! WHAT'S THE MATTER?
I'M GOIN' AWAY WHERE NOBODY'LL EVER FIND ME!
...AN' I'M TAKIN' ALL MY TOYS WITH ME!
WHAT HAPPENED, ALVIN?
MY MOM SPANKED ME!
OH!
ER...WOULD YOU LIKE ME TO TELL YOU A STORY BEFORE YOU GO, ALVIN?
WELL, ALL RIGHT... BUT I'M GOIN AWAY RIGHT AFTER YOU FINISH!
I'LL TELL YOU A STORY ABOUT A LITTLE CLOUD!
A-A CLOUD?
YEP...A LITTLE FLUFFY PINK CLOUD, NAMED GERARD!
"GERARD WAS A LITTLE BOY CLOUD WHO LIVED WAY UP IN THE SKY WITH HIS THREE LITTLE BROTHERS AND A SISTER...
GERARD

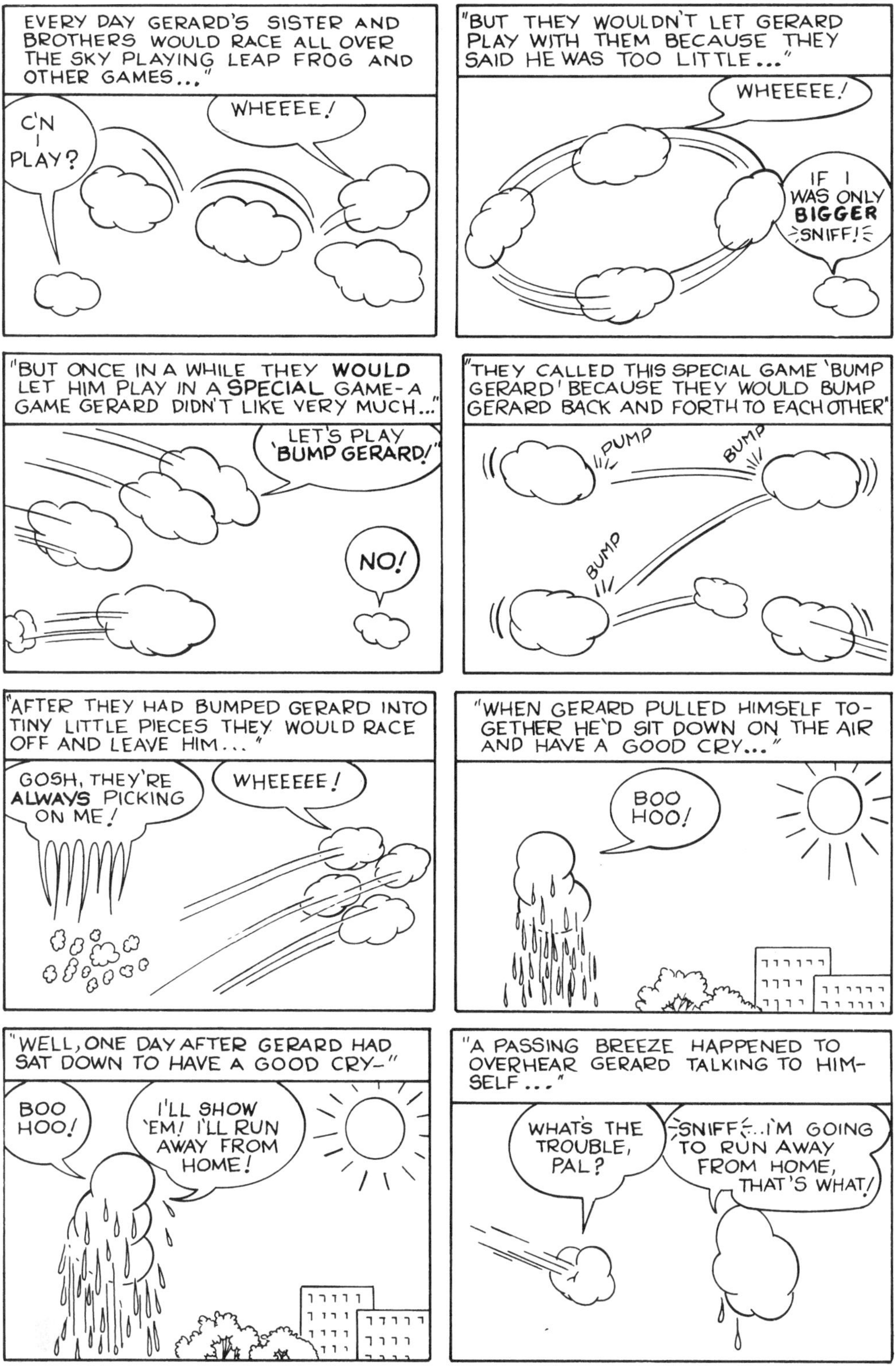
EVERY DAY GERARD'S SISTER AND BROTHERS WOULD RACE ALL OVER THE SKY PLAYING LEAP FROG AND OTHER GAMES..."
C'N I PLAY?
WHEEEE!
"BUT THEY WOULDN'T LET GERARD PLAY WITH THEM BECAUSE THEY SAID HE WAS TOO LITTLE..."
WHEEEEE!
IF I WAS ONLY BIGGER SNIFF!
"BUT ONCE IN A WHILE THEY WOULD LET HIM PLAY IN A SPECIAL GAME- A GAME GERARD DIDN'T LIKE VERY MUCH..."
LET'S PLAY 'BUMP GERARD!'
NO!
"THEY CALLED THIS SPECIAL GAME 'BUMP GERARD' BECAUSE THEY WOULD BUMP GERARD BACK AND FORTH TO EACH OTHER"
PUMP
BUMP
BUMP
"AFTER THEY HAD BUMPED GERARD INTO TINY LITTLE PIECES THEY WOULD RACE OFF AND LEAVE HIM..."
GOSH, THEY'RE ALWAYS PICKING ON ME!
WHEEEEE!
"WHEN GERARD PULLED HIMSELF TOGETHER HE'D SIT DOWN ON THE AIR AND HAVE A GOOD CRY..."
BOO HOO!
"WELL, ONE DAY AFTER GERARD HAD SAT DOWN TO HAVE A GOOD CRY-"
BOO HOO!
I'LL SHOW 'EM! I'LL RUN AWAY FROM HOME!
"A PASSING BREEZE HAPPENED TO OVERHEAR GERARD TALKING TO HIMSELF..."
WHAT'S THE TROUBLE, PAL?
SNIFF ...I'M GOING TO RUN AWAY FROM HOME, THAT'S WHAT!

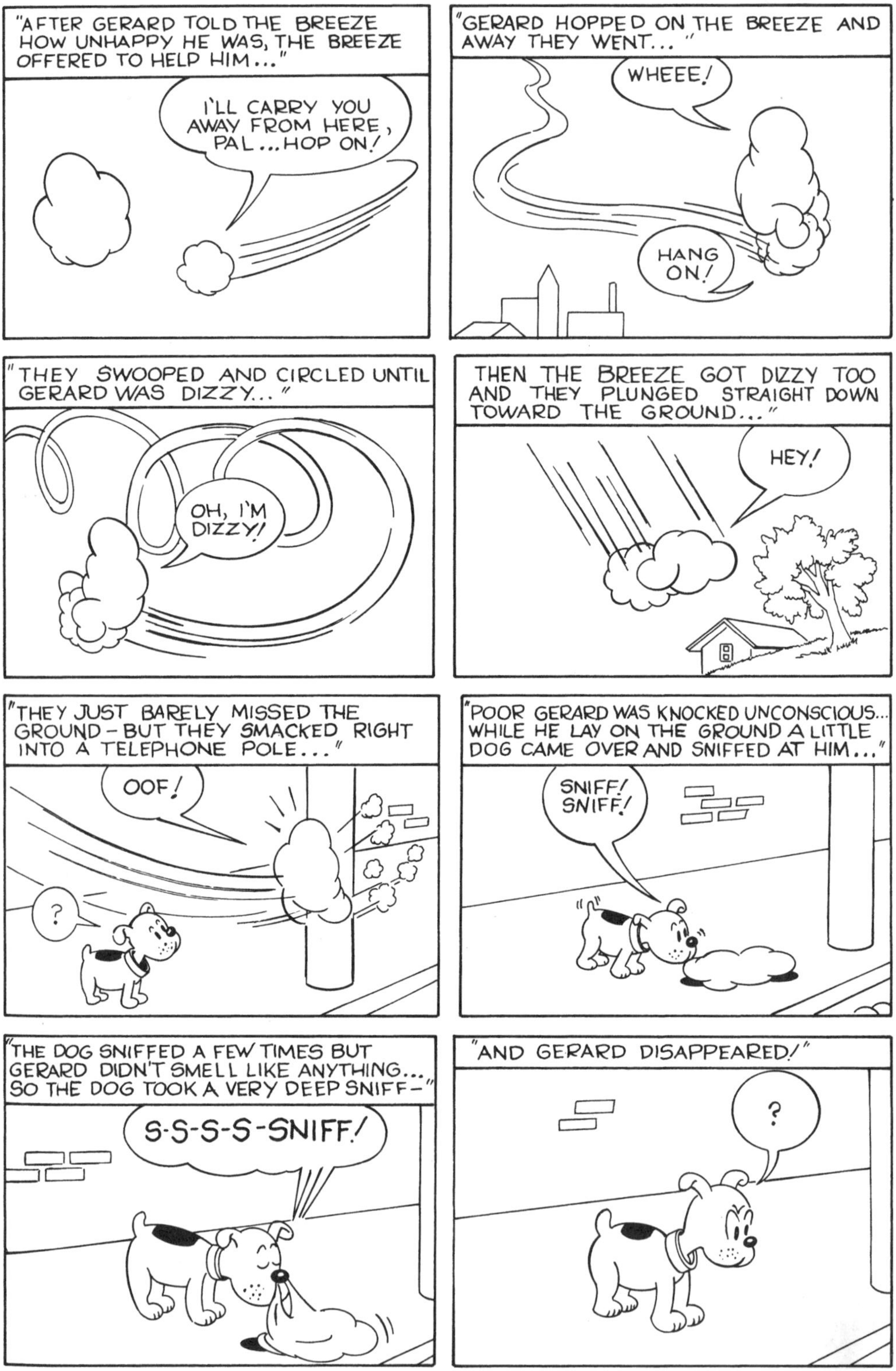
"AFTER GERARD TOLD THE BREEZE HOW UNHAPPY HE WAS, THE BREEZE OFFERED TO HELP HIM..."
I'LL CARRY YOU AWAY FROM HERE, PAL...HOP ON!
"GERARD HOPPED ON THE BREEZE AND AWAY THEY WENT..."
WHEEE!
HANG ON!
"THEY SWOOPED AND CIRCLED UNTIL GERARD WAS DIZZY..."
OH, I'M DIZZY!
THEN THE BREEZE GOT DIZZY TOO AND THEY PLUNGED STRAIGHT DOWN TOWARD THE GROUND..."
HEY!
"THEY JUST BARELY MISSED THE GROUND - BUT THEY SMACKED RIGHT INTO A TELEPHONE POLE..."
OOF!
?
"POOR GERARD WAS KNOCKED UNCONSCIOUS... WHILE HE LAY ON THE GROUND A LITTLE DOG CAME OVER AND SNIFFED AT HIM..."
SNIFF! SNIFF!
"THE DOG SNIFFED A FEW TIMES BUT GERARD DIDN'T SMELL LIKE ANYTHING... SO THE DOG TOOK A VERY DEEP SNIFF-"
S-S-S-S-SNIFF!
"AND GERARD DISAPPEARED!"
?

"A SECOND LATER GERARD WOKE UP AND WAS SURPRISED TO FIND HIMSELF IN A VERY DARK LITTLE ROOM..."

WHERE AM I?

"GERARD WAS INSIDE THE DOG! BUT A MOMENT LATER THE DOG BREATHED OUT AND GERARD WAS OUTSIDE THE DOG AGAIN."

"GERARD AND THE DOG LOOKED AT EACH OTHER FOR A MOMENT, THEN THEY TURNED AND RAN OFF IN OPPOSITE DIRECTIONS..."

YIPE! YIPE! YIPE!

"THE LITTLE CLOUD WAS VERY FRIGHTENED HE RACED AROUND LOOKING FOR SOME PLACE TO HIDE..."

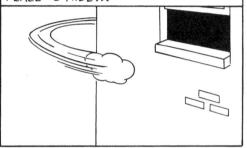

"HE SAW AN OPEN WINDOW NEAR BY AND WITHOUT HESITATING PLUNGED INTO IT..."

"STRAIGHT ACROSS THE ROOM HE WENT AND DARTED UNDER A CHAIR IN THE CORNER..."

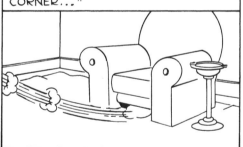

"GERARD HID THERE FOR AN HOUR OR SO AND WAS JUST BEGINNING TO FEEL SAFE WHEN HE HEARD A STRANGE NOISE IN THE ROOM..."

WIRRRRR-RRRR-

"THE NOISE CAME NEARER AND NEARER UNTIL THE FRIGHTENED LITTLE CLOUD FELT HIMSELF BEING PULLED FORWARD..."

WHIRRRR-

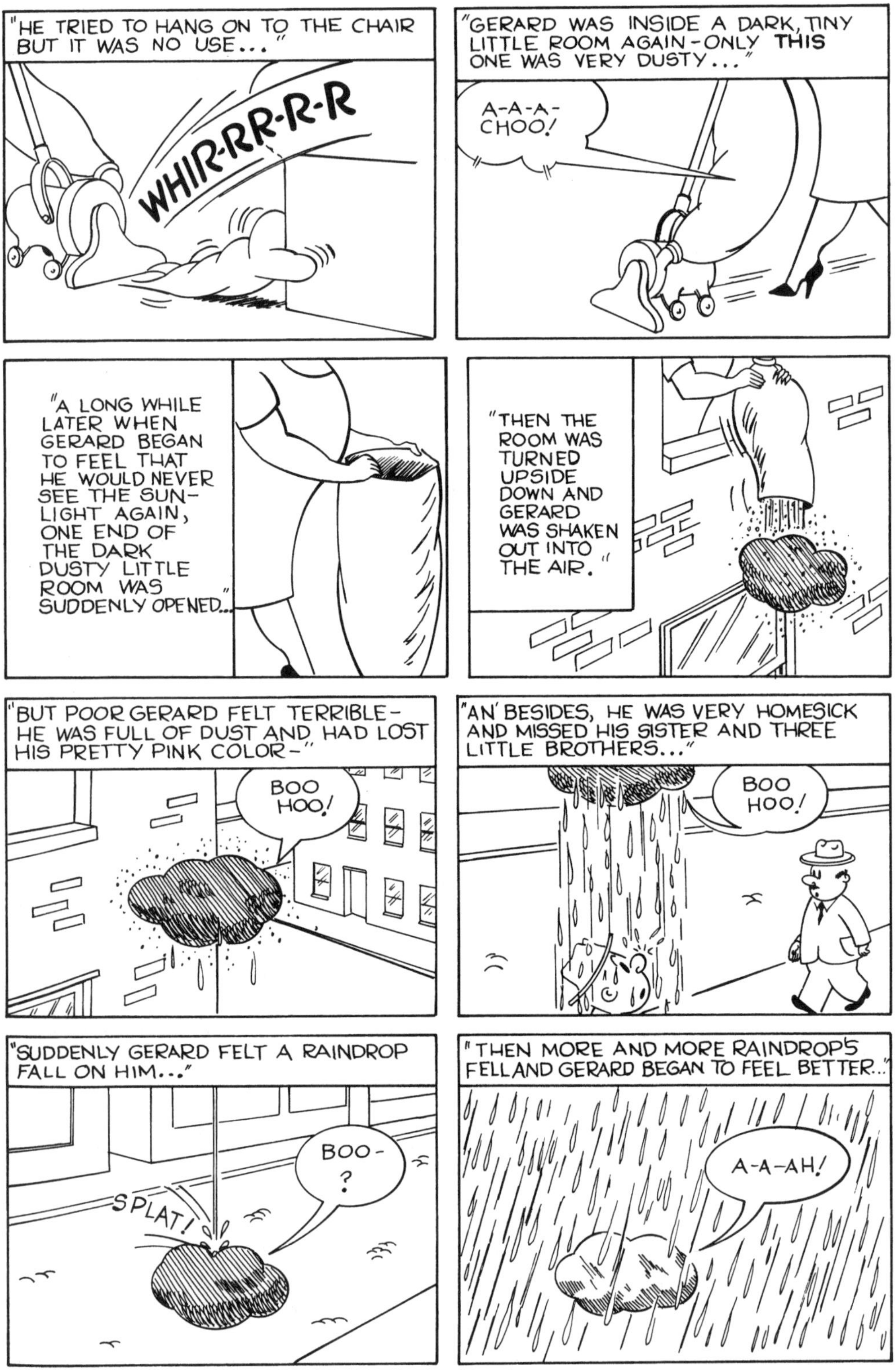
"HE TRIED TO HANG ON TO THE CHAIR BUT IT WAS NO USE..."
WHIR-RR-R-R
"GERARD WAS INSIDE A DARK, TINY LITTLE ROOM AGAIN - ONLY THIS ONE WAS VERY DUSTY..."
A-A-A-CHOO!
"A LONG WHILE LATER WHEN GERARD BEGAN TO FEEL THAT HE WOULD NEVER SEE THE SUN-LIGHT AGAIN, ONE END OF THE DARK DUSTY LITTLE ROOM WAS SUDDENLY OPENED..."
"THEN THE ROOM WAS TURNED UPSIDE DOWN AND GERARD WAS SHAKEN OUT INTO THE AIR."
"BUT POOR GERARD FELT TERRIBLE - HE WAS FULL OF DUST AND HAD LOST HIS PRETTY PINK COLOR -"
BOO HOO!
"AN' BESIDES, HE WAS VERY HOMESICK AND MISSED HIS SISTER AND THREE LITTLE BROTHERS..."
BOO HOO!
"SUDDENLY GERARD FELT A RAINDROP FALL ON HIM..."
SPLAT!
BOO-?
"THEN MORE AND MORE RAINDROPS FELL AND GERARD BEGAN TO FEEL BETTER..."
A-A-AH!

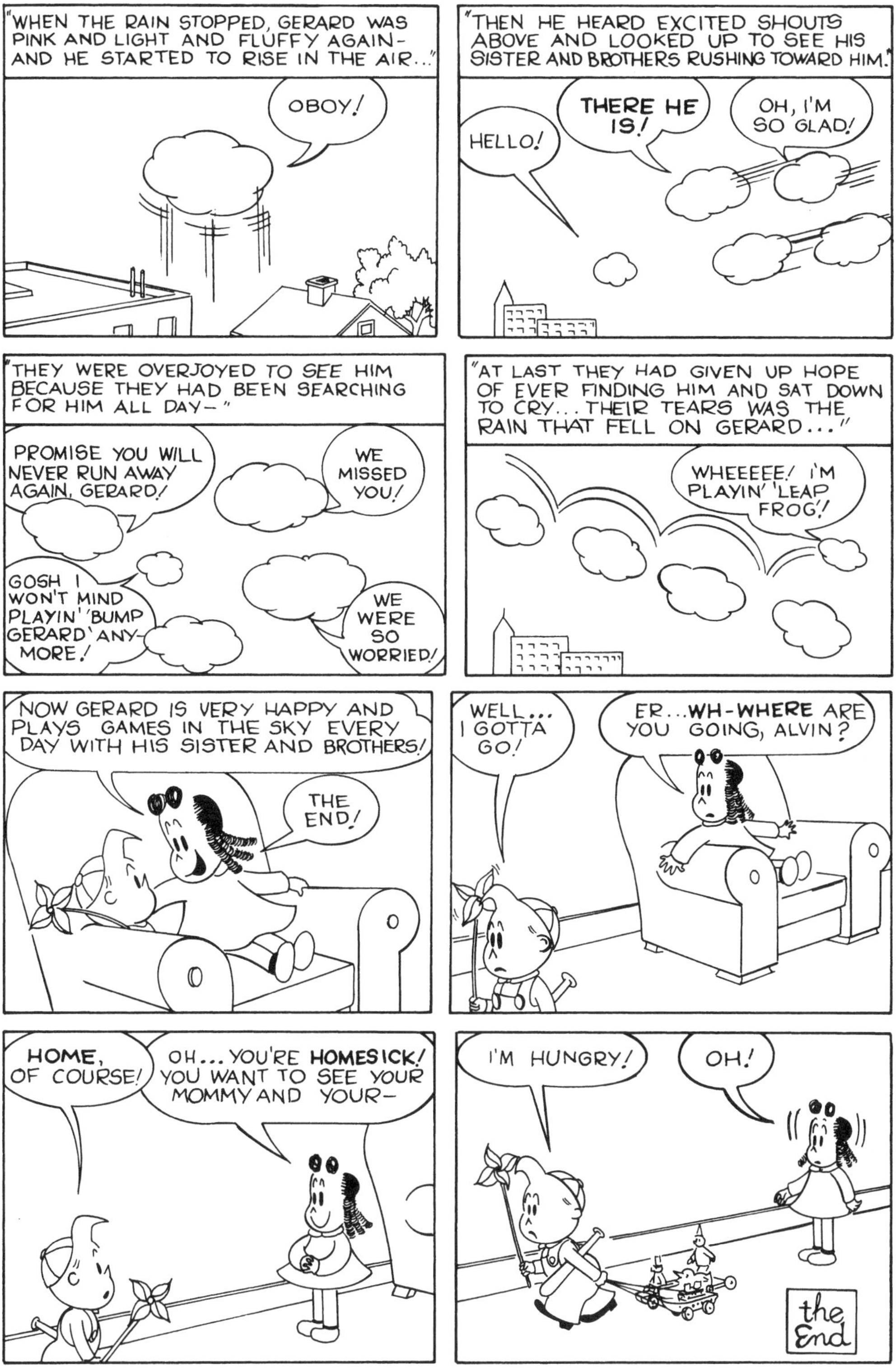
"WHEN THE RAIN STOPPED, GERARD WAS PINK AND LIGHT AND FLUFFY AGAIN- AND HE STARTED TO RISE IN THE AIR..."
OBOY!
"THEN HE HEARD EXCITED SHOUTS ABOVE AND LOOKED UP TO SEE HIS SISTER AND BROTHERS RUSHING TOWARD HIM."
HELLO!
THERE HE IS!
OH, I'M SO GLAD!
"THEY WERE OVERJOYED TO SEE HIM BECAUSE THEY HAD BEEN SEARCHING FOR HIM ALL DAY-"
PROMISE YOU WILL NEVER RUN AWAY AGAIN, GERARD!
WE MISSED YOU!
GOSH I WON'T MIND PLAYIN' 'BUMP GERARD' ANY-MORE!
WE WERE SO WORRIED!
"AT LAST THEY HAD GIVEN UP HOPE OF EVER FINDING HIM AND SAT DOWN TO CRY... THEIR TEARS WAS THE RAIN THAT FELL ON GERARD..."
WHEEEEE! I'M PLAYIN' 'LEAP FROG'!
NOW GERARD IS VERY HAPPY AND PLAYS GAMES IN THE SKY EVERY DAY WITH HIS SISTER AND BROTHERS!
THE END!
WELL... I GOTTA GO!
ER...WH-WHERE ARE YOU GOING, ALVIN?
HOME, OF COURSE!
OH... YOU'RE HOMESICK! YOU WANT TO SEE YOUR MOMMY AND YOUR-
I'M HUNGRY!
OH!
the End

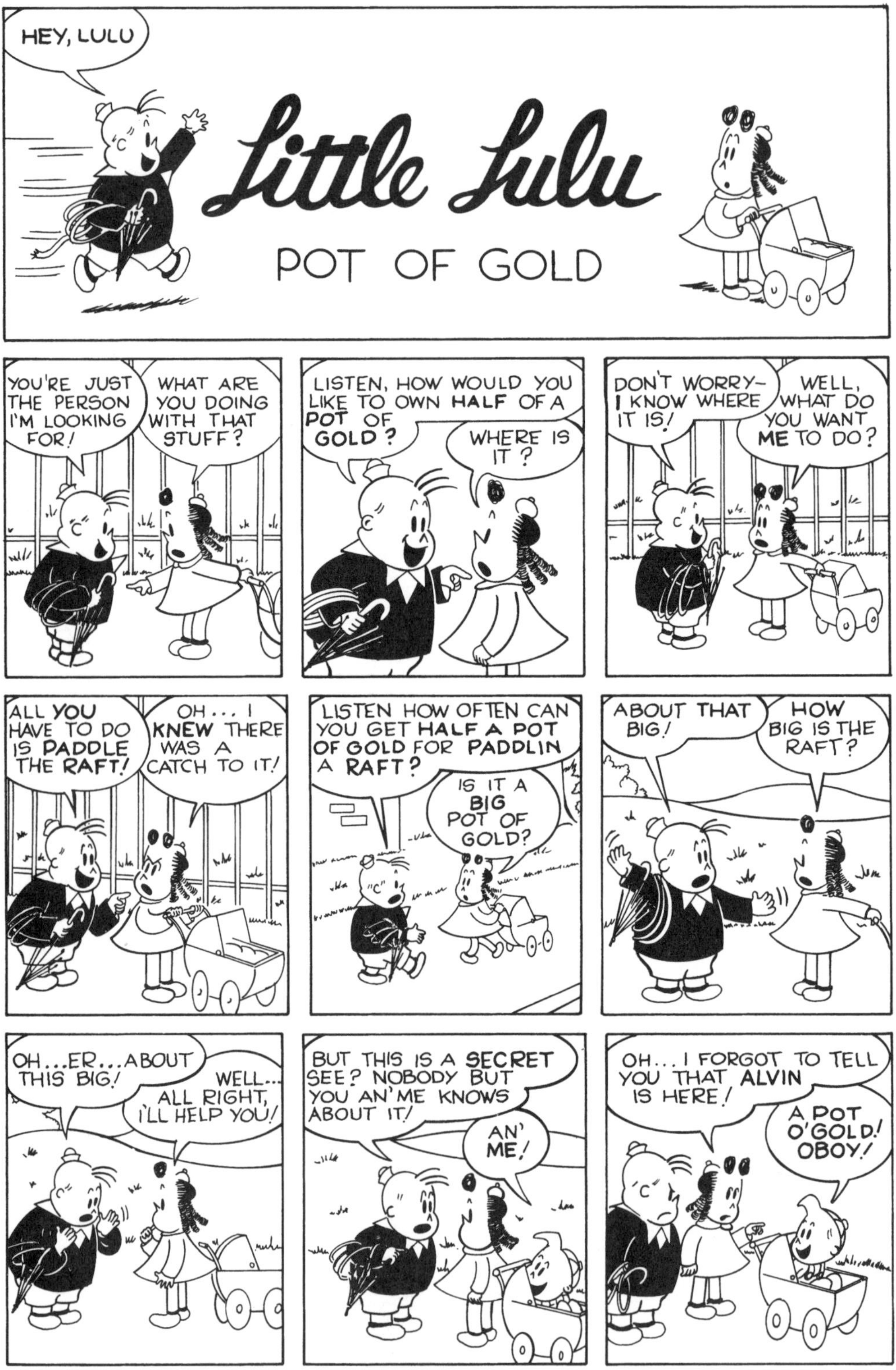

HEY, LULU
Little Lulu
POT OF GOLD
YOU'RE JUST THE PERSON I'M LOOKING FOR!
WHAT ARE YOU DOING WITH THAT STUFF?
LISTEN, HOW WOULD YOU LIKE TO OWN HALF OF A POT OF GOLD?
WHERE IS IT?
DON'T WORRY– I KNOW WHERE IT IS!
WELL, WHAT DO YOU WANT ME TO DO?
ALL YOU HAVE TO DO IS PADDLE THE RAFT!
OH... I KNEW THERE WAS A CATCH TO IT!
LISTEN HOW OFTEN CAN YOU GET HALF A POT OF GOLD FOR PADDLIN A RAFT?
IS IT A BIG POT OF GOLD?
ABOUT THAT BIG!
HOW BIG IS THE RAFT?
OH...ER...ABOUT THIS BIG!
WELL... ALL RIGHT, I'LL HELP YOU!
BUT THIS IS A SECRET SEE? NOBODY BUT YOU AN' ME KNOWS ABOUT IT!
AN' ME!
OH... I FORGOT TO TELL YOU THAT ALVIN IS HERE!
A POT O'GOLD! OBOY!

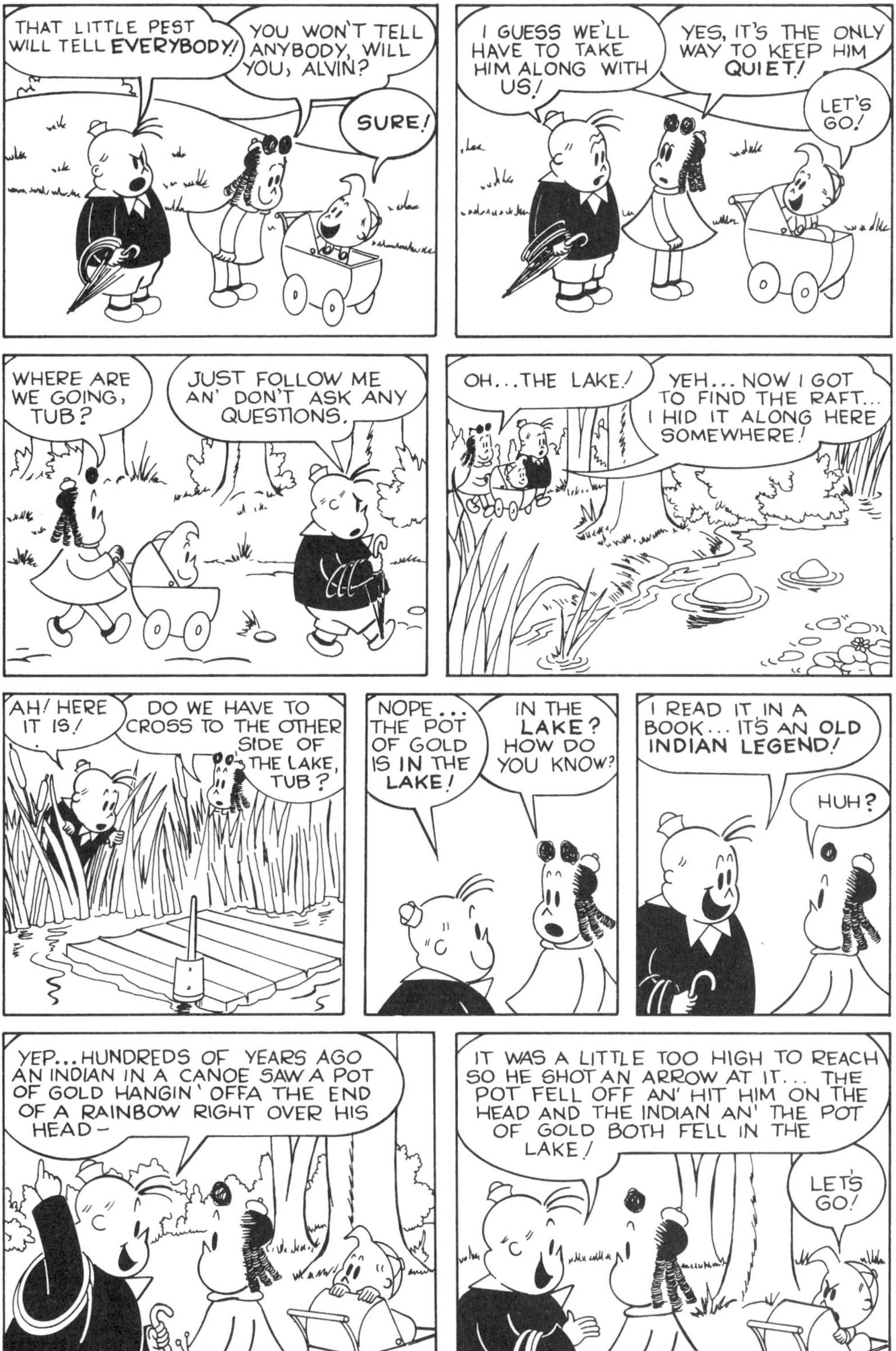
THAT LITTLE PEST WILL TELL EVERYBODY!
YOU WON'T TELL ANYBODY, WILL YOU, ALVIN?
SURE!
I GUESS WE'LL HAVE TO TAKE HIM ALONG WITH US!
YES, IT'S THE ONLY WAY TO KEEP HIM QUIET!
LET'S GO!
WHERE ARE WE GOING, TUB?
JUST FOLLOW ME AN' DON'T ASK ANY QUESTIONS.
OH...THE LAKE!
YEH... NOW I GOT TO FIND THE RAFT... I HID IT ALONG HERE SOMEWHERE!
AH! HERE IT IS!
DO WE HAVE TO CROSS TO THE OTHER SIDE OF THE LAKE, TUB?
NOPE... THE POT OF GOLD IS IN THE LAKE!
IN THE LAKE? HOW DO YOU KNOW?
I READ IT IN A BOOK... IT'S AN OLD INDIAN LEGEND!
HUH?
YEP...HUNDREDS OF YEARS AGO AN INDIAN IN A CANOE SAW A POT OF GOLD HANGIN' OFFA THE END OF A RAINBOW RIGHT OVER HIS HEAD–
IT WAS A LITTLE TOO HIGH TO REACH SO HE SHOT AN ARROW AT IT... THE POT FELL OFF AN' HIT HIM ON THE HEAD AND THE INDIAN AN' THE POT OF GOLD BOTH FELL IN THE LAKE!
LET'S GO!

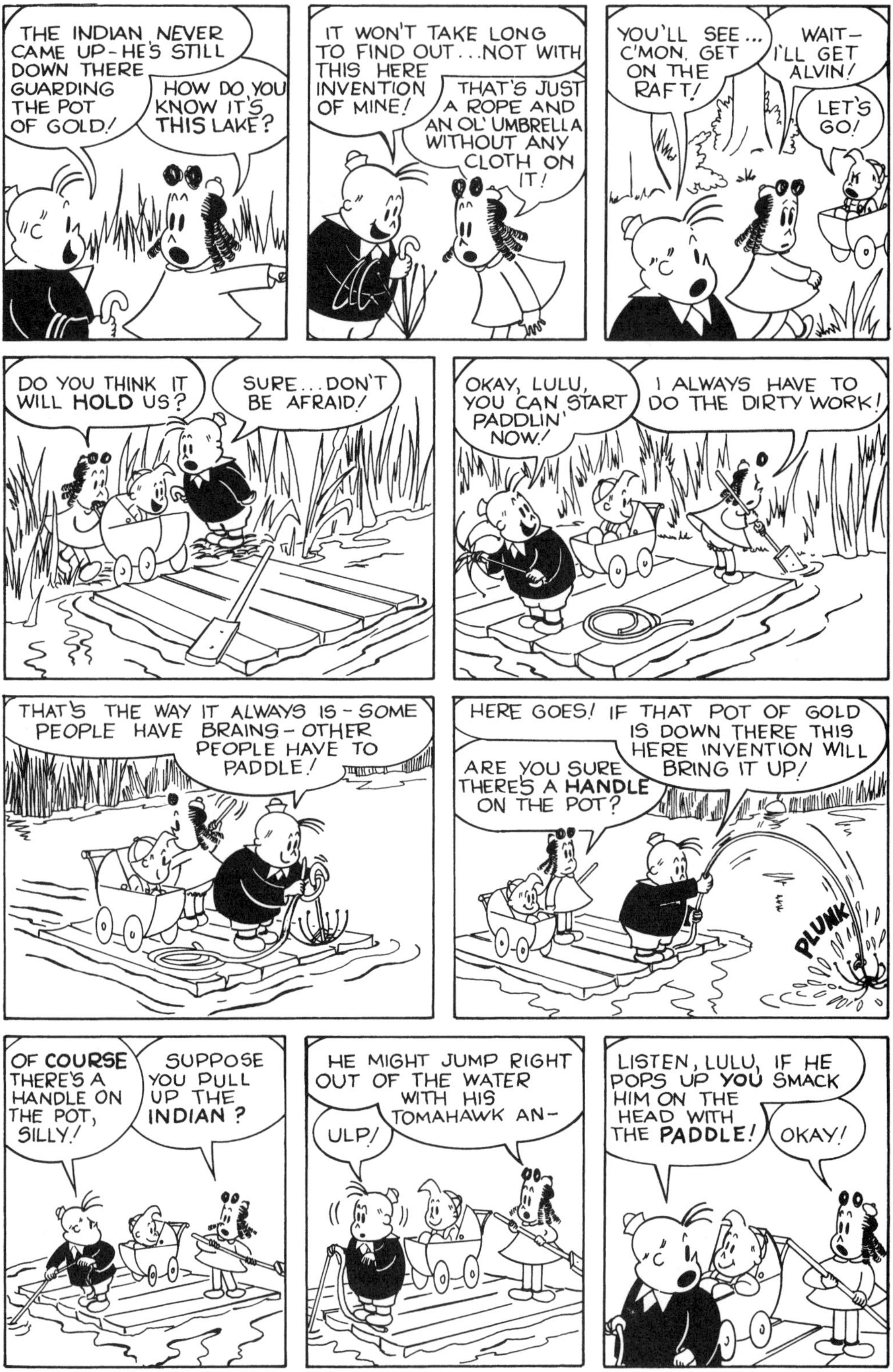
THE INDIAN NEVER CAME UP-HE'S STILL DOWN THERE GUARDING THE POT OF GOLD!
HOW DO YOU KNOW IT'S THIS LAKE?
IT WON'T TAKE LONG TO FIND OUT...NOT WITH THIS HERE INVENTION OF MINE!
THAT'S JUST A ROPE AND AN OL' UMBRELLA WITHOUT ANY CLOTH ON IT!
YOU'LL SEE... C'MON, GET ON THE RAFT!
WAIT- I'LL GET ALVIN!
LET'S GO!
DO YOU THINK IT WILL HOLD US?
SURE... DON'T BE AFRAID!
OKAY, LULU, YOU CAN START PADDLIN' NOW!
I ALWAYS HAVE TO DO THE DIRTY WORK!
THAT'S THE WAY IT ALWAYS IS - SOME PEOPLE HAVE BRAINS - OTHER PEOPLE HAVE TO PADDLE!
HERE GOES! IF THAT POT OF GOLD IS DOWN THERE THIS HERE INVENTION WILL BRING IT UP!
ARE YOU SURE THERE'S A HANDLE ON THE POT?
PLUNK
OF COURSE THERE'S A HANDLE ON THE POT, SILLY!
SUPPOSE YOU PULL UP THE INDIAN?
HE MIGHT JUMP RIGHT OUT OF THE WATER WITH HIS TOMAHAWK AN-
ULP!
LISTEN, LULU, IF HE POPS UP YOU SMACK HIM ON THE HEAD WITH THE PADDLE!
OKAY!

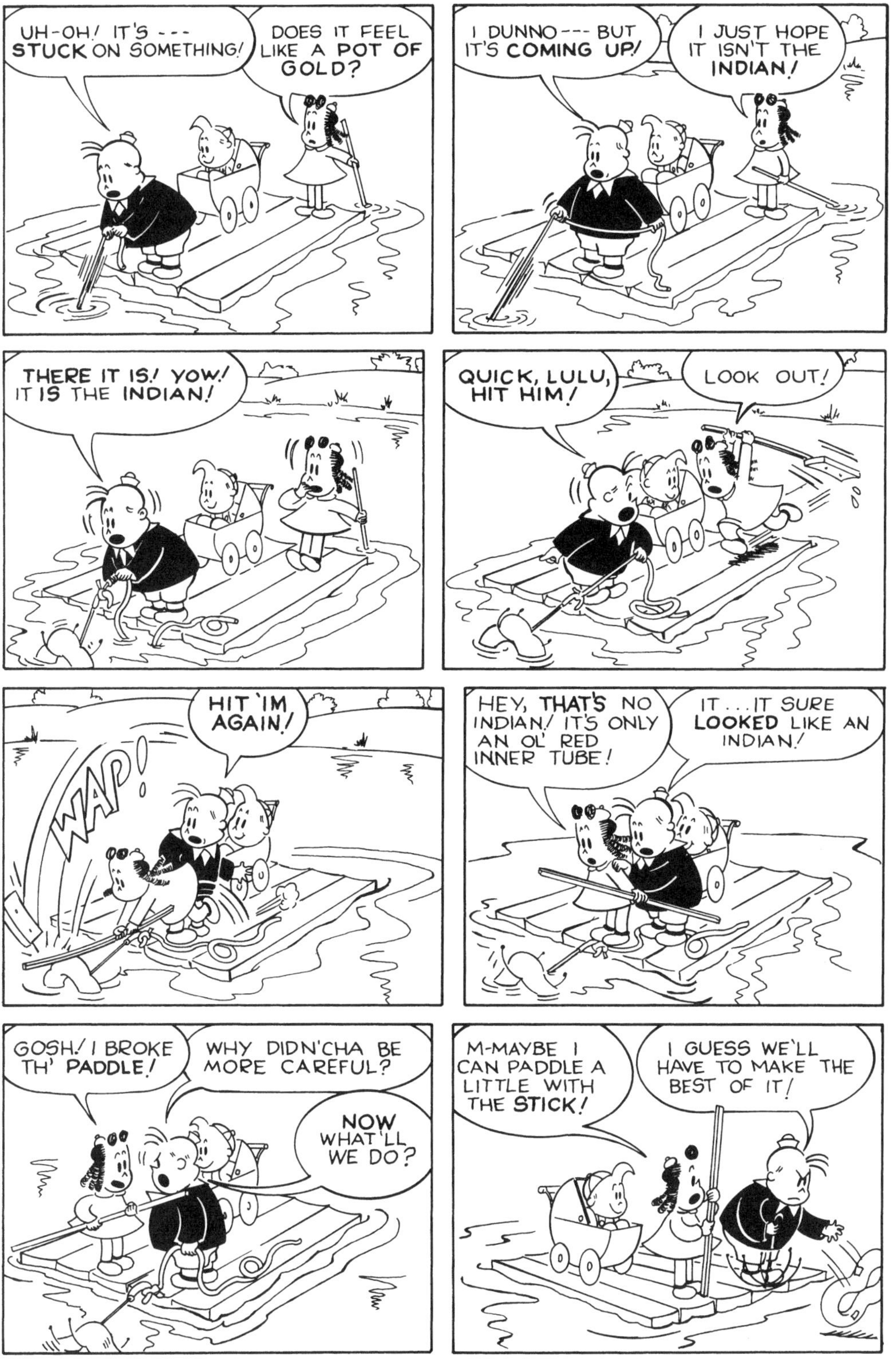
UH-OH! IT'S --- STUCK ON SOMETHING!
DOES IT FEEL LIKE A POT OF GOLD?
I DUNNO --- BUT IT'S COMING UP!
I JUST HOPE IT ISN'T THE INDIAN!
THERE IT IS! YOW! IT IS THE INDIAN!
QUICK, LULU, HIT HIM!
LOOK OUT!
WAP!
HIT 'IM AGAIN!
HEY, THAT'S NO INDIAN! IT'S ONLY AN OL' RED INNER TUBE!
IT . . . IT SURE LOOKED LIKE AN INDIAN!
GOSH! I BROKE TH' PADDLE!
WHY DIDN'CHA BE MORE CAREFUL?
NOW WHAT'LL WE DO?
M-MAYBE I CAN PADDLE A LITTLE WITH THE STICK!
I GUESS WE'LL HAVE TO MAKE THE BEST OF IT!

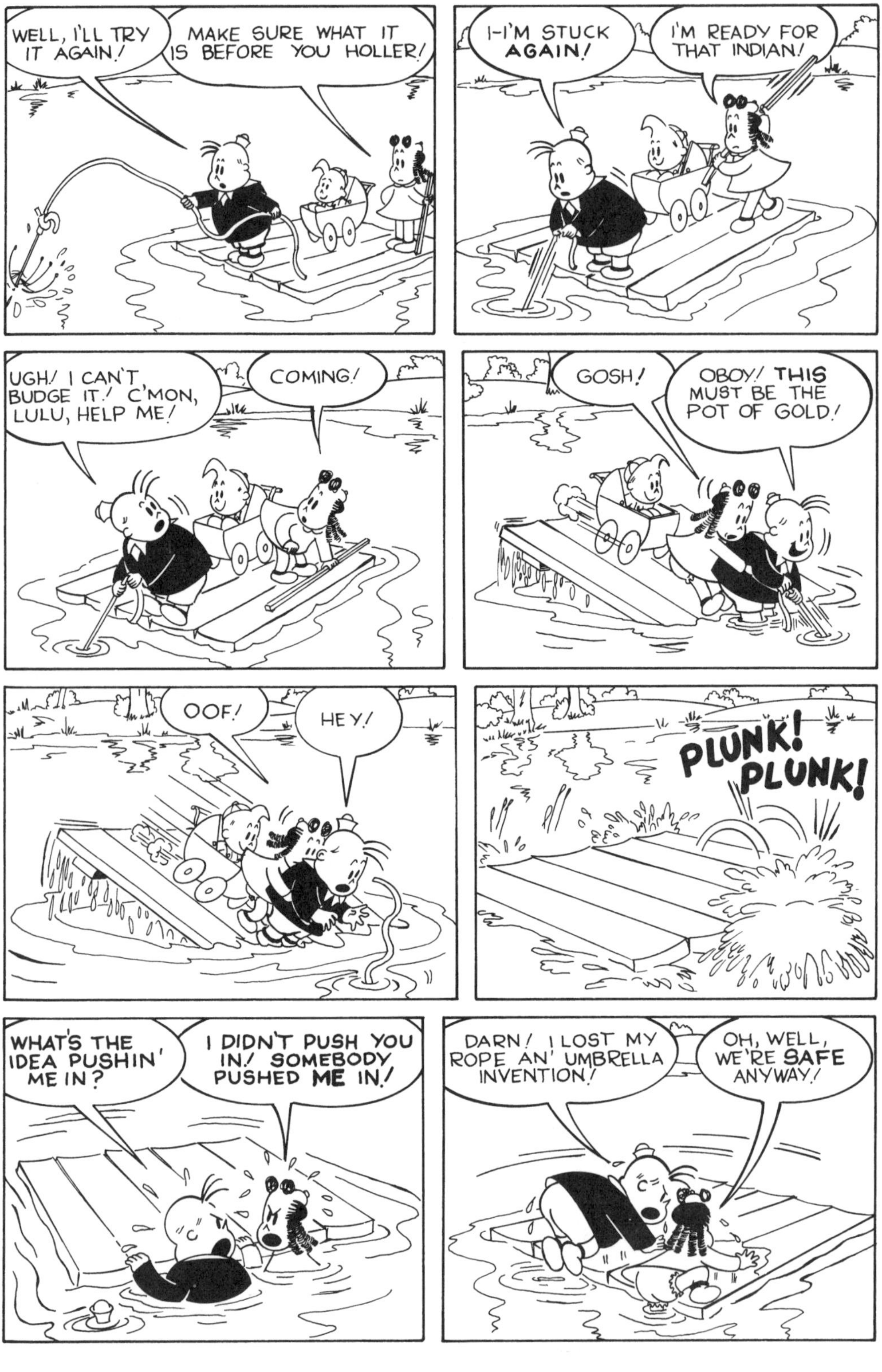
WELL, I'LL TRY IT AGAIN!
MAKE SURE WHAT IT IS BEFORE YOU HOLLER!
I-I'M STUCK AGAIN!
I'M READY FOR THAT INDIAN!
UGH! I CAN'T BUDGE IT! C'MON, LULU, HELP ME!
COMING!
GOSH!
OBOY! THIS MUST BE THE POT OF GOLD!
OOF!
HEY!
PLUNK! PLUNK!
WHAT'S THE IDEA PUSHIN' ME IN?
I DIDN'T PUSH YOU IN! SOMEBODY PUSHED ME IN!
DARN! I LOST MY ROPE AN' UMBRELLA INVENTION!
OH, WELL, WE'RE SAFE ANYWAY!

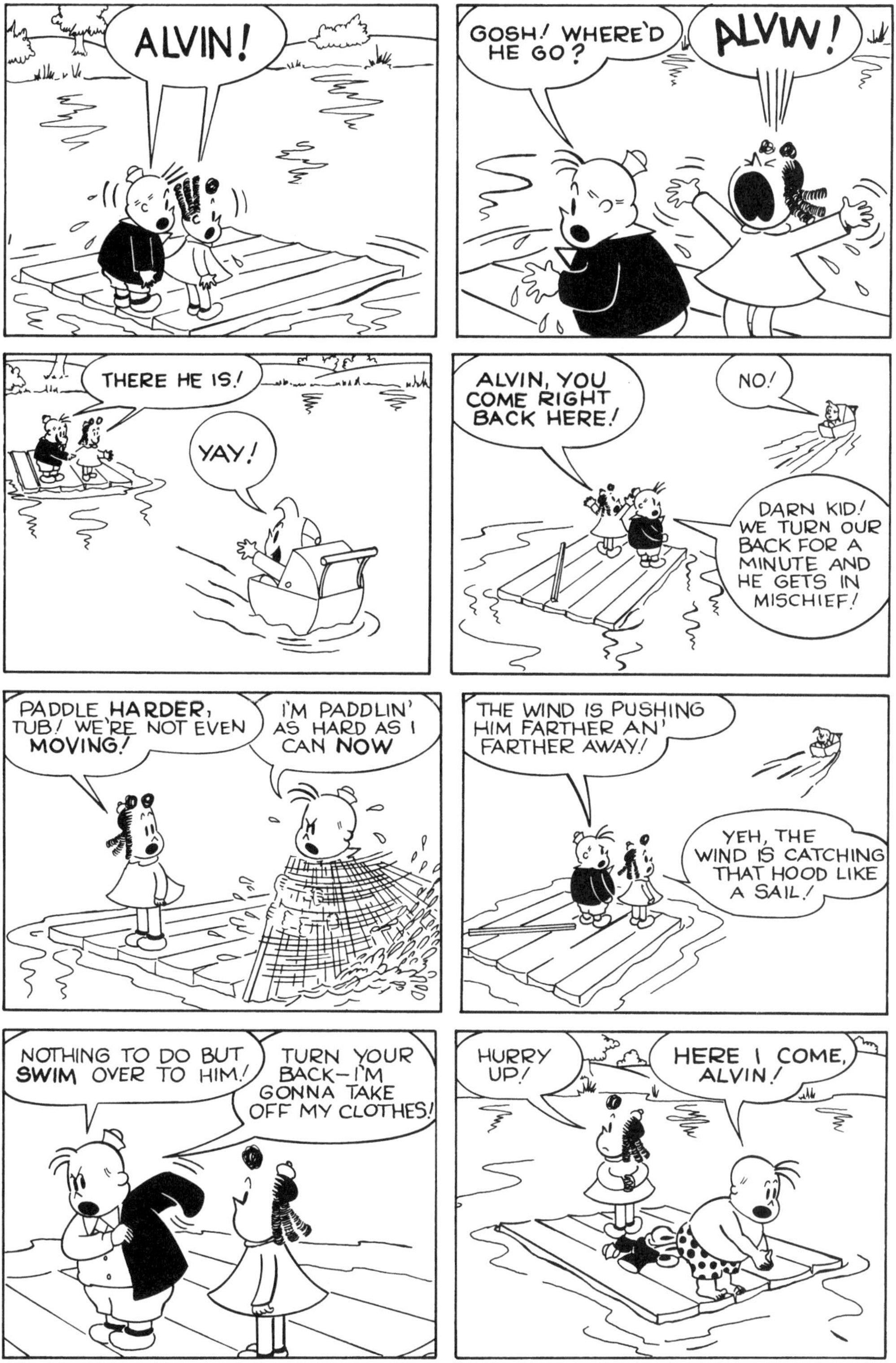
ALVIN!
GOSH! WHERE'D HE GO?
ALVIN!
THERE HE IS!
YAY!
ALVIN, YOU COME RIGHT BACK HERE!
NO!
DARN KID! WE TURN OUR BACK FOR A MINUTE AND HE GETS IN MISCHIEF!
PADDLE HARDER, TUB! WE'RE NOT EVEN MOVING!
I'M PADDLIN' AS HARD AS I CAN NOW
THE WIND IS PUSHING HIM FARTHER AN' FARTHER AWAY!
YEH, THE WIND IS CATCHING THAT HOOD LIKE A SAIL!
NOTHING TO DO BUT SWIM OVER TO HIM!
TURN YOUR BACK—I'M GONNA TAKE OFF MY CLOTHES!
HURRY UP!
HERE I COME, ALVIN!

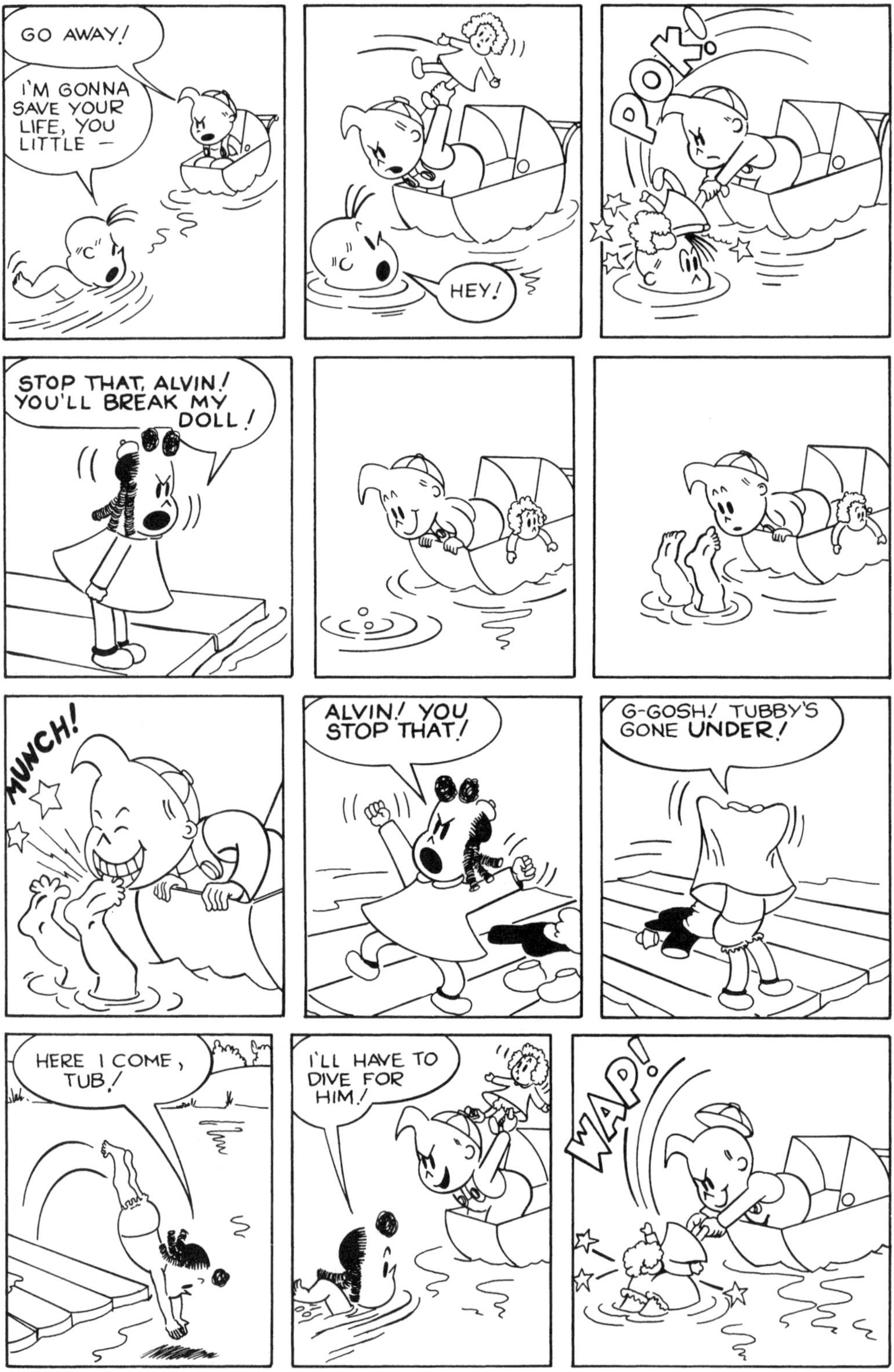
GO AWAY!
I'M GONNA SAVE YOUR LIFE, YOU LITTLE —
HEY!
POK!
STOP THAT, ALVIN! YOU'LL BREAK MY DOLL!
MUNCH!
ALVIN! YOU STOP THAT!
G-GOSH! TUBBY'S GONE UNDER!
HERE I COME, TUB!
I'LL HAVE TO DIVE FOR HIM!
WAP!

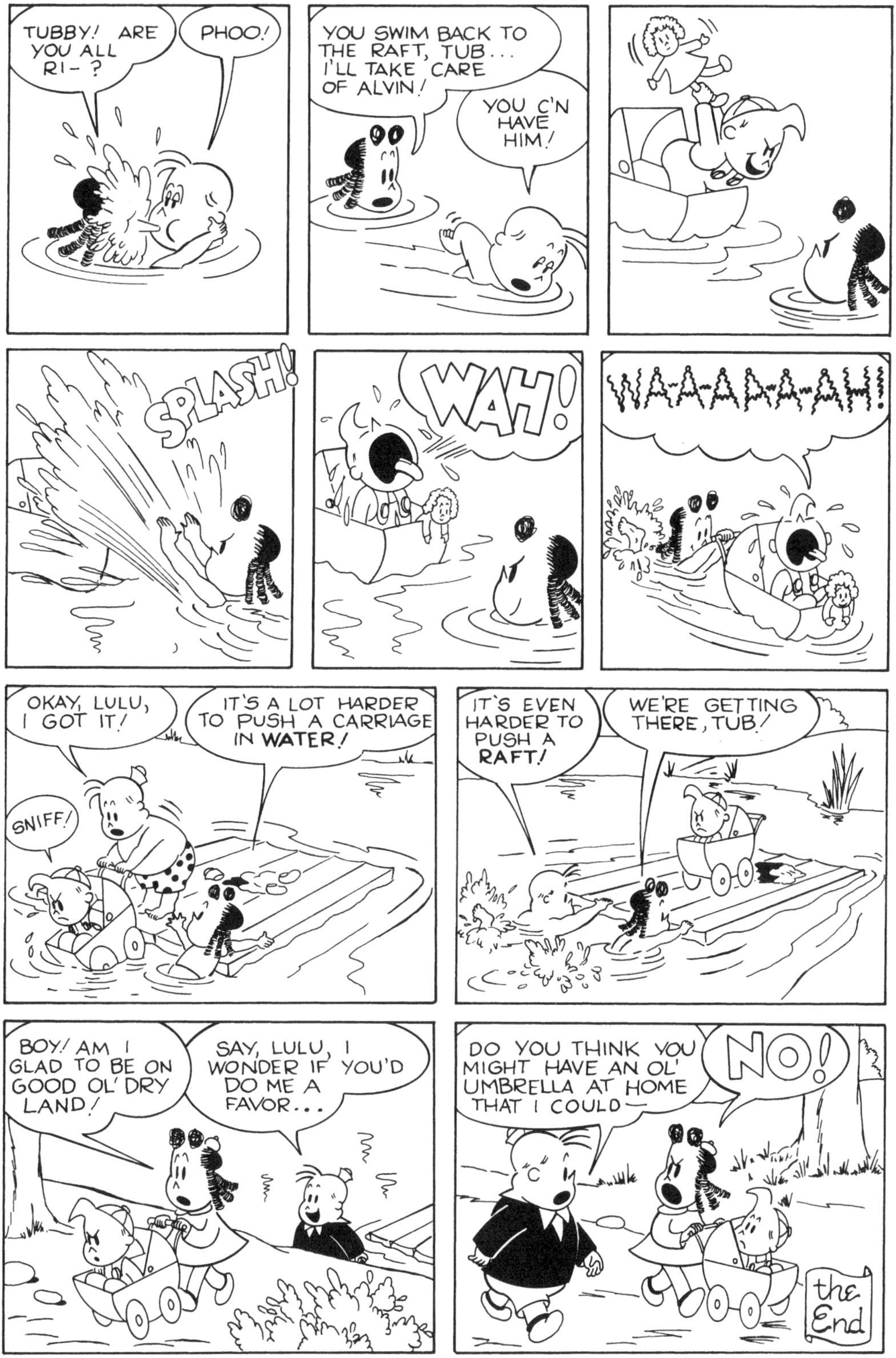

TUBBY! ARE YOU ALL RI- ?
PHOO!
YOU SWIM BACK TO THE RAFT, TUB... I'LL TAKE CARE OF ALVIN!
YOU C'N HAVE HIM!
SPLASH!
WAH!
WA-A-AH-A-AH!
OKAY, LULU, I GOT IT!
IT'S A LOT HARDER TO PUSH A CARRIAGE IN WATER!
SNIFF!
IT'S EVEN HARDER TO PUSH A RAFT!
WE'RE GETTING THERE, TUB!
BOY! AM I GLAD TO BE ON GOOD OL' DRY LAND!
SAY, LULU, I WONDER IF YOU'D DO ME A FAVOR...
DO YOU THINK YOU MIGHT HAVE AN OL' UMBRELLA AT HOME THAT I COULD—
NO!
the End

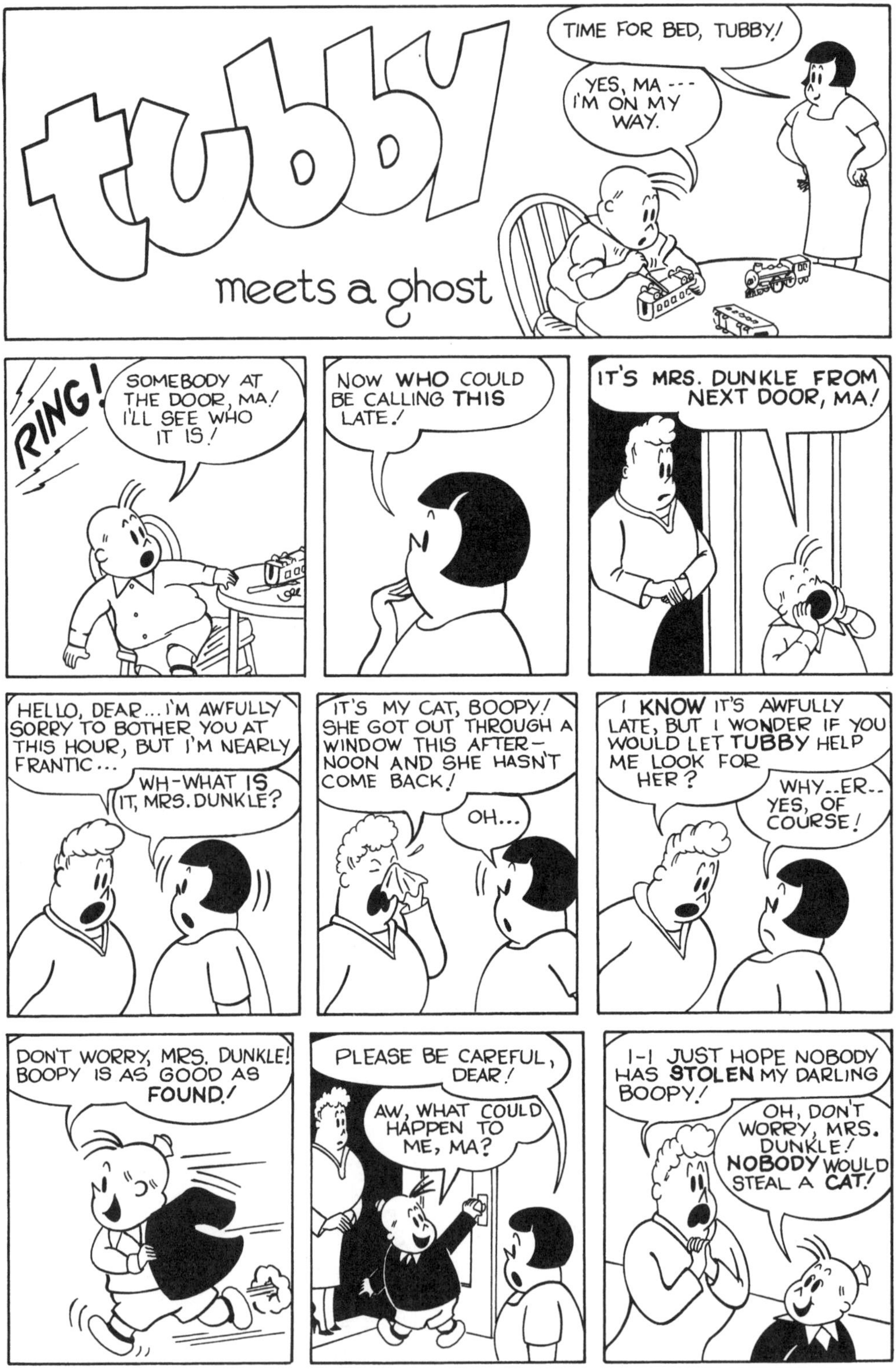
tubby
meets a ghost
TIME FOR BED, TUBBY!
YES, MA --- I'M ON MY WAY.
RING!
SOMEBODY AT THE DOOR, MA! I'LL SEE WHO IT IS!
NOW WHO COULD BE CALLING THIS LATE!
IT'S MRS. DUNKLE FROM NEXT DOOR, MA!
HELLO, DEAR... I'M AWFULLY SORRY TO BOTHER YOU AT THIS HOUR, BUT I'M NEARLY FRANTIC...
WH-WHAT IS IT, MRS. DUNKLE?
IT'S MY CAT, BOOPY! SHE GOT OUT THROUGH A WINDOW THIS AFTER-NOON AND SHE HASN'T COME BACK!
OH...
I KNOW IT'S AWFULLY LATE, BUT I WONDER IF YOU WOULD LET TUBBY HELP ME LOOK FOR HER?
WHY..ER.. YES, OF COURSE!
DON'T WORRY, MRS. DUNKLE! BOOPY IS AS GOOD AS FOUND!
PLEASE BE CAREFUL, DEAR!
AW, WHAT COULD HAPPEN TO ME, MA?
I-I JUST HOPE NOBODY HAS STOLEN MY DARLING BOOPY!
OH, DON'T WORRY, MRS. DUNKLE! NOBODY WOULD STEAL A CAT!

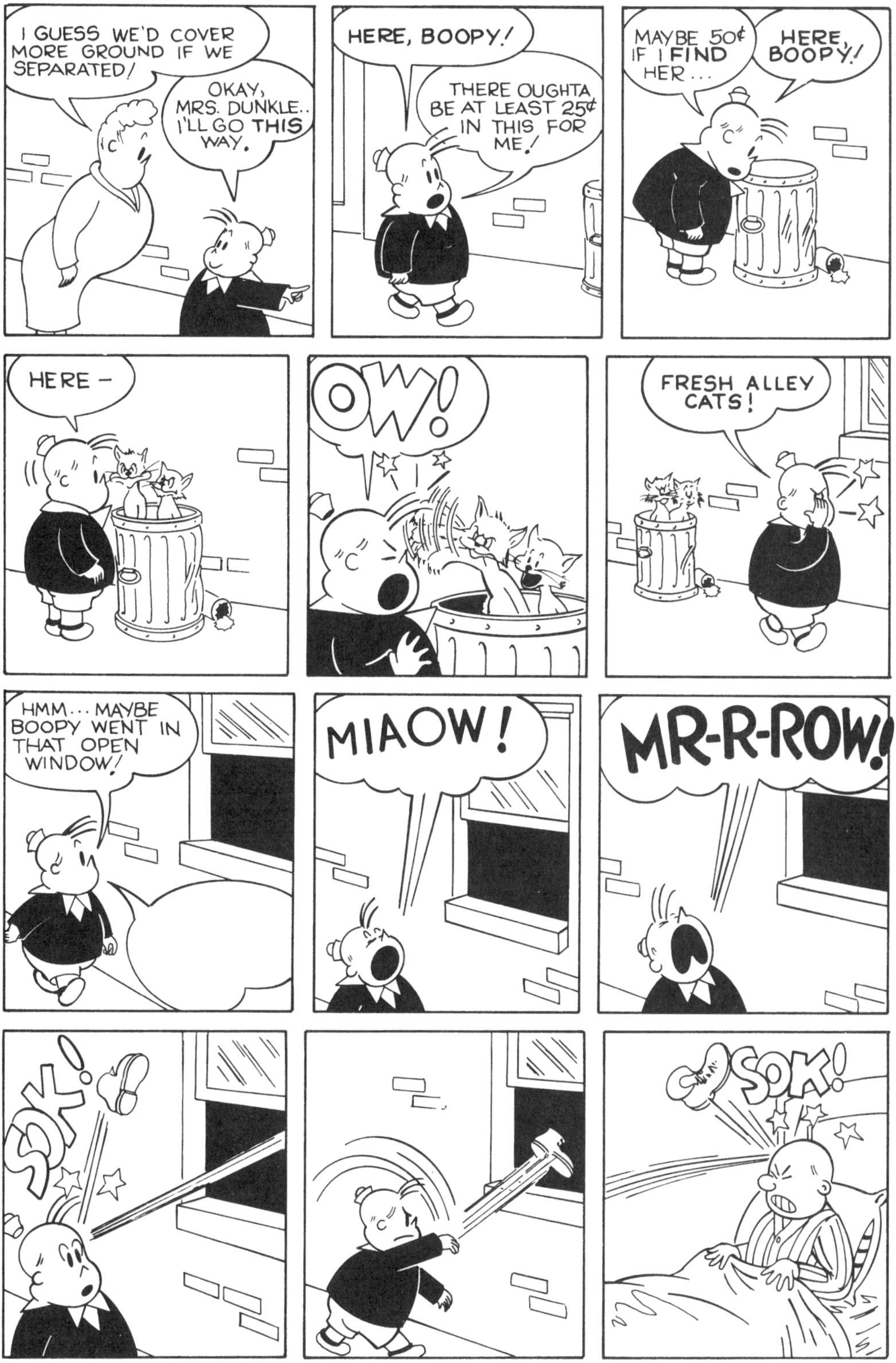
I GUESS WE'D COVER MORE GROUND IF WE SEPARATED!
OKAY, MRS. DUNKLE.. I'LL GO THIS WAY.
HERE, BOOPY!
THERE OUGHTA BE AT LEAST 25¢ IN THIS FOR ME!
MAYBE 50¢ IF I FIND HER...
HERE, BOOPY!
HERE -
OW!
FRESH ALLEY CATS!
HMM... MAYBE BOOPY WENT IN THAT OPEN WINDOW!
MIAOW!
MR-R-ROW!
SOK!
SOK!

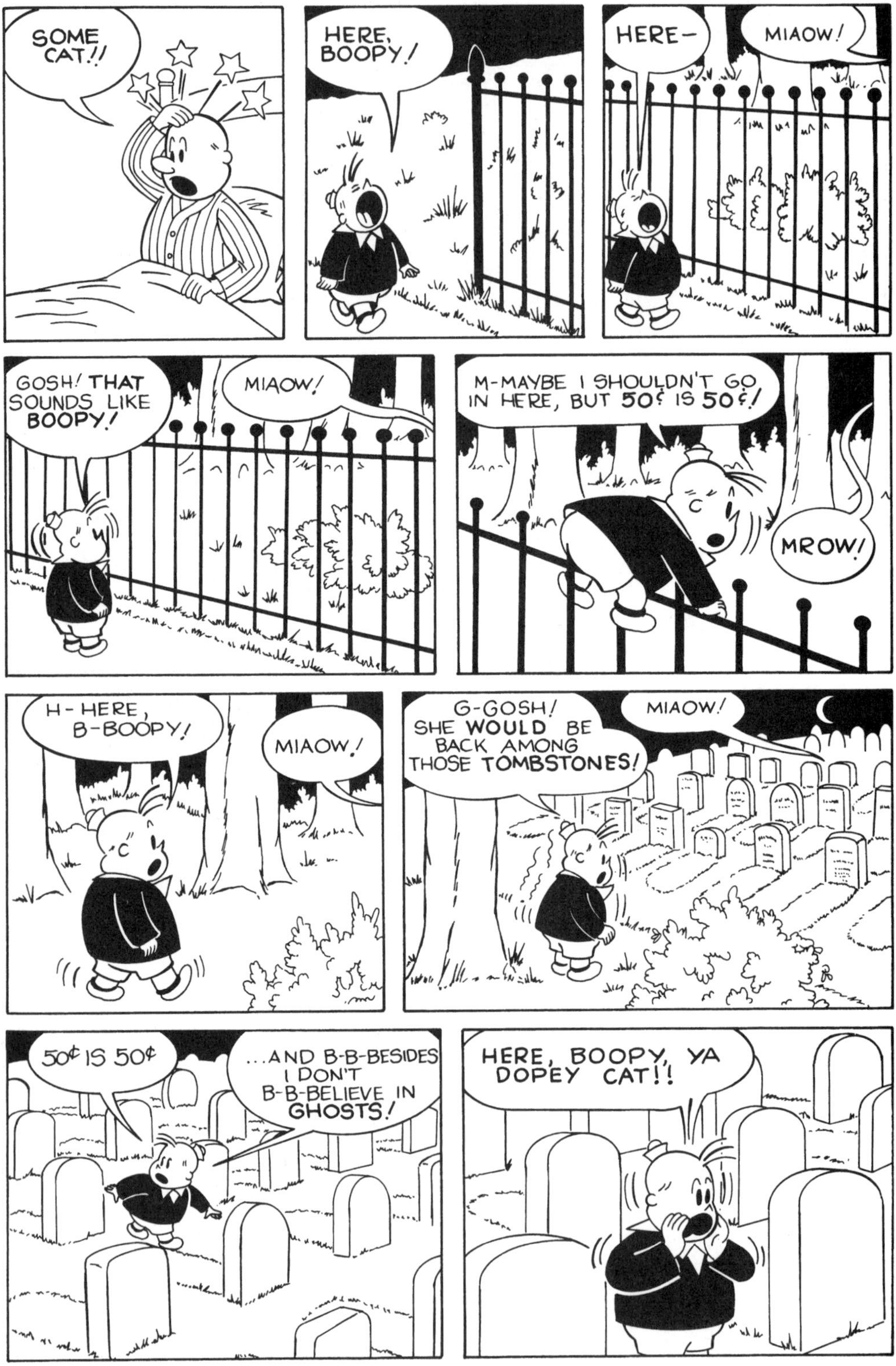

SOME CAT!!
HERE, BOOPY!
HERE-
MIAOW!
GOSH! THAT SOUNDS LIKE BOOPY!
MIAOW!
M-MAYBE I SHOULDN'T GO IN HERE, BUT 50¢ IS 50¢!
MROW!
H-HERE, B-BOOPY!
MIAOW!
G-GOSH! SHE WOULD BE BACK AMONG THOSE TOMBSTONES!
MIAOW!
50¢ IS 50¢
...AND B-B-BESIDES I DON'T B-B-BELIEVE IN GHOSTS!
HERE, BOOPY, YA DOPEY CAT!!

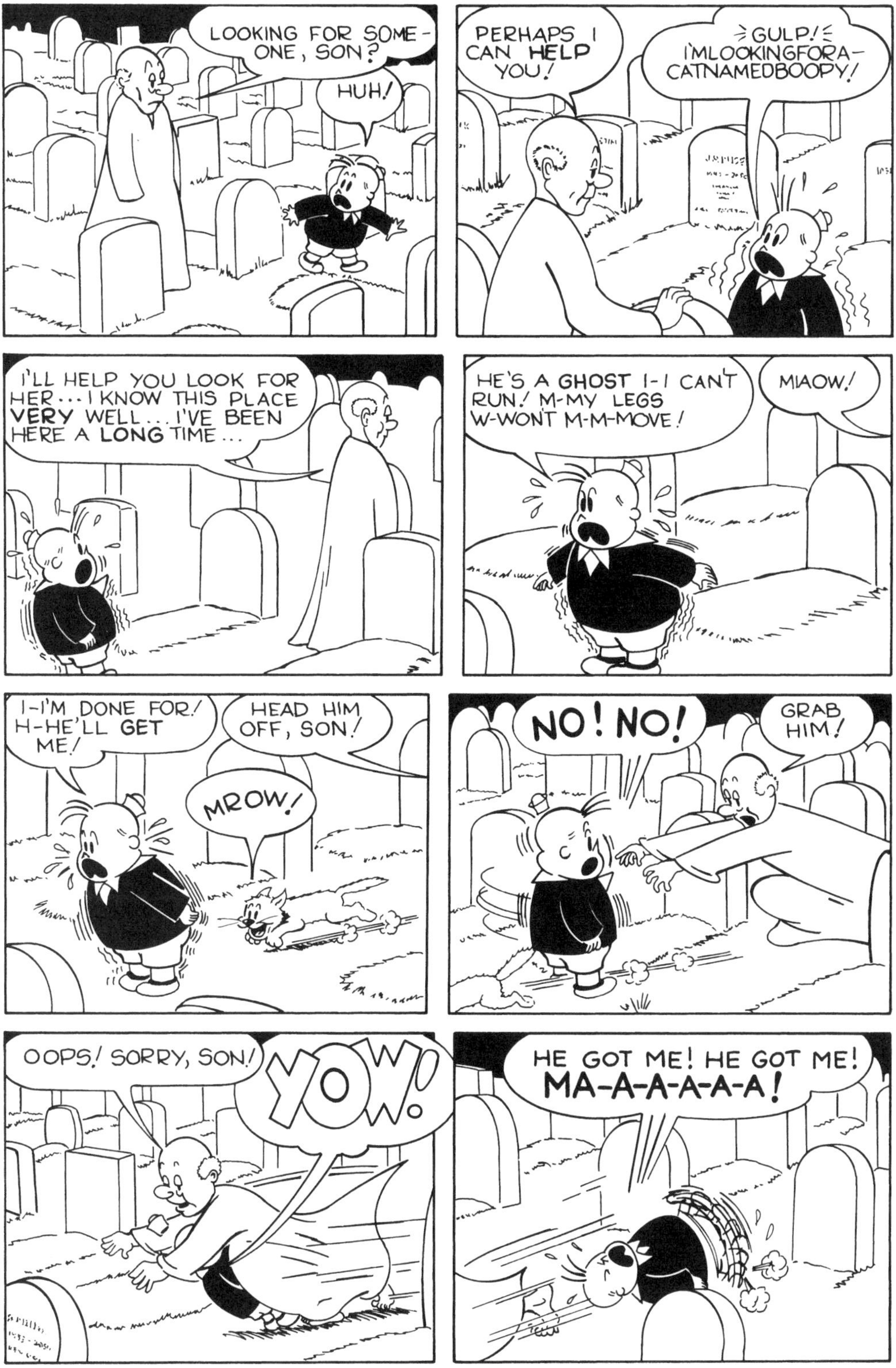

LOOKING FOR SOME-ONE, SON?
HUH!
PERHAPS I CAN HELP YOU!
GULP! I'MLOOKINGFORA CATNAMEDBOOPY!
I'LL HELP YOU LOOK FOR HER... I KNOW THIS PLACE VERY WELL... I'VE BEEN HERE A LONG TIME...
HE'S A GHOST I-I CAN'T RUN! M-MY LEGS W-WON'T M-M-MOVE!
MIAOW!
I-I'M DONE FOR! H-HE'LL GET ME!
HEAD HIM OFF, SON!
MROW!
NO! NO!
GRAB HIM!
OOPS! SORRY, SON!
YOW! WOW!
HE GOT ME! HE GOT ME! MA-A-A-A-A-A!

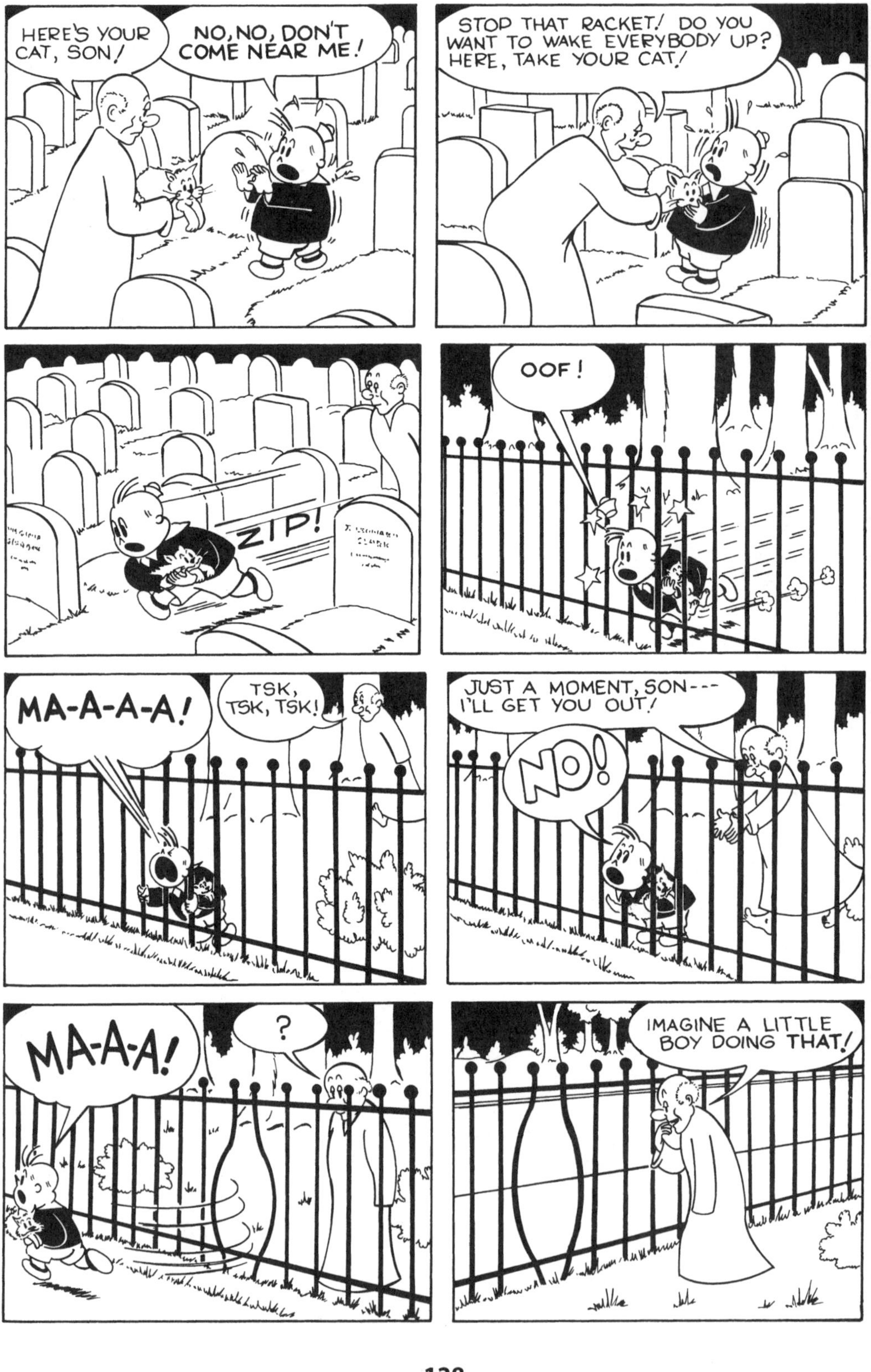
HERE'S YOUR CAT, SON!
NO, NO, DON'T COME NEAR ME!
STOP THAT RACKET! DO YOU WANT TO WAKE EVERYBODY UP? HERE, TAKE YOUR CAT!
ZIP!
OOF!
MA-A-A-A!
TSK, TSK, TSK!
JUST A MOMENT, SON--- I'LL GET YOU OUT!
NO!
MA-A-A!
?
IMAGINE A LITTLE BOY DOING THAT!

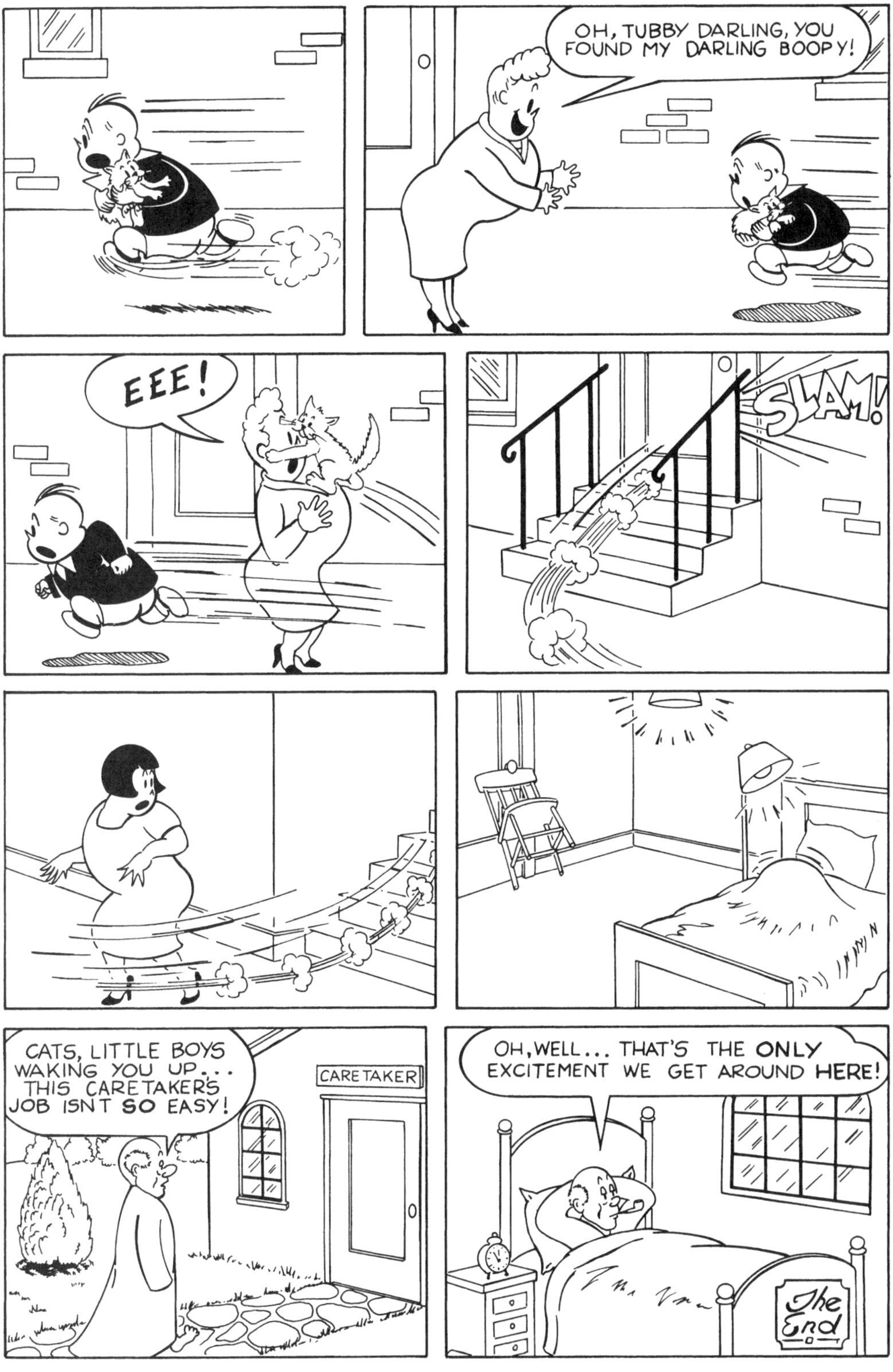
OH, TUBBY DARLING, YOU FOUND MY DARLING BOOPY!
EEE!
SLAM!
CATS, LITTLE BOYS WAKING YOU UP... THIS CARETAKER'S JOB ISN'T SO EASY!
CARETAKER
OH, WELL... THAT'S THE ONLY EXCITEMENT WE GET AROUND HERE!
The End

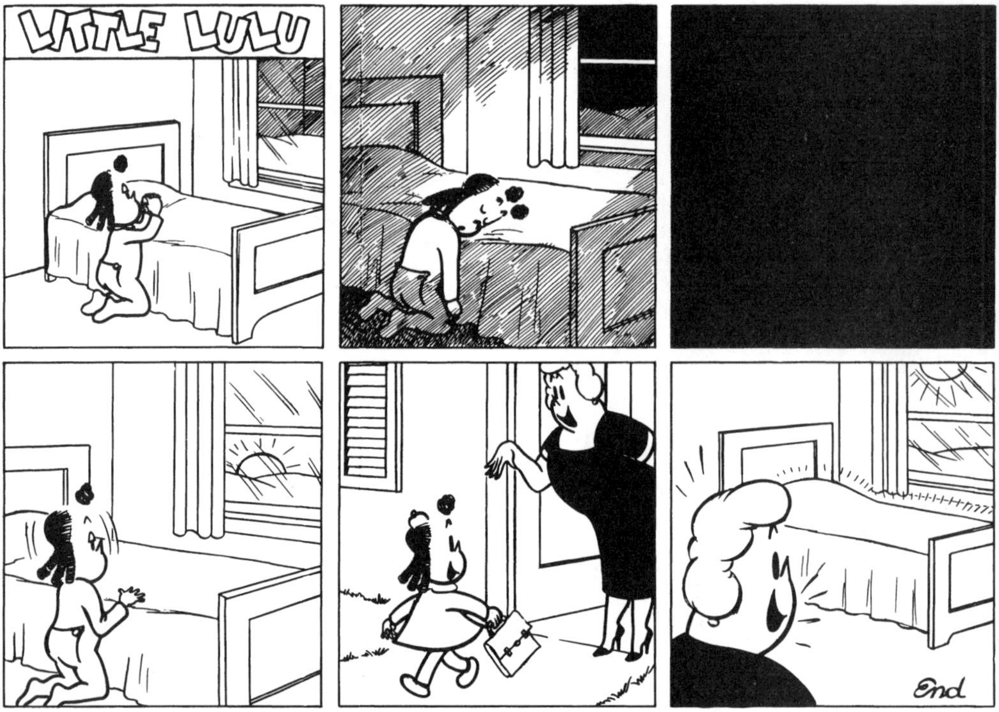
LITTLE LULU
End

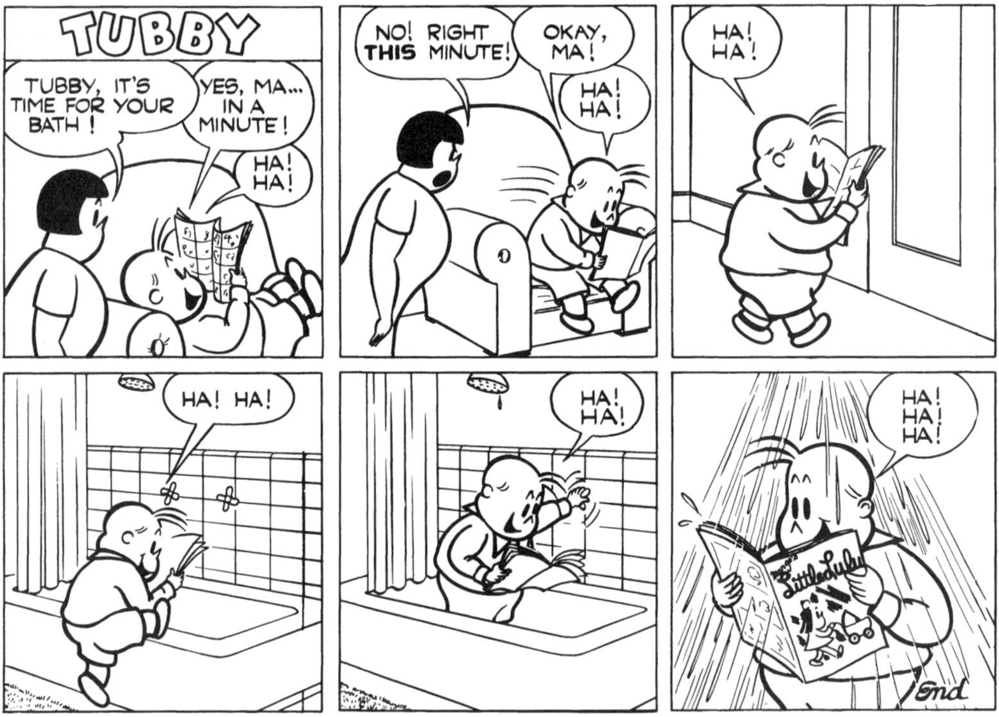
TUBBY
TUBBY, IT'S TIME FOR YOUR BATH!
YES, MA... IN A MINUTE!
HA! HA!
NO! RIGHT **THIS** MINUTE!
OKAY, MA!
HA! HA!
HA! HA!
HA! HA!
HA! HA!
HA! HA! HA!
End

**Little Lulu No. 10, April, 1949**

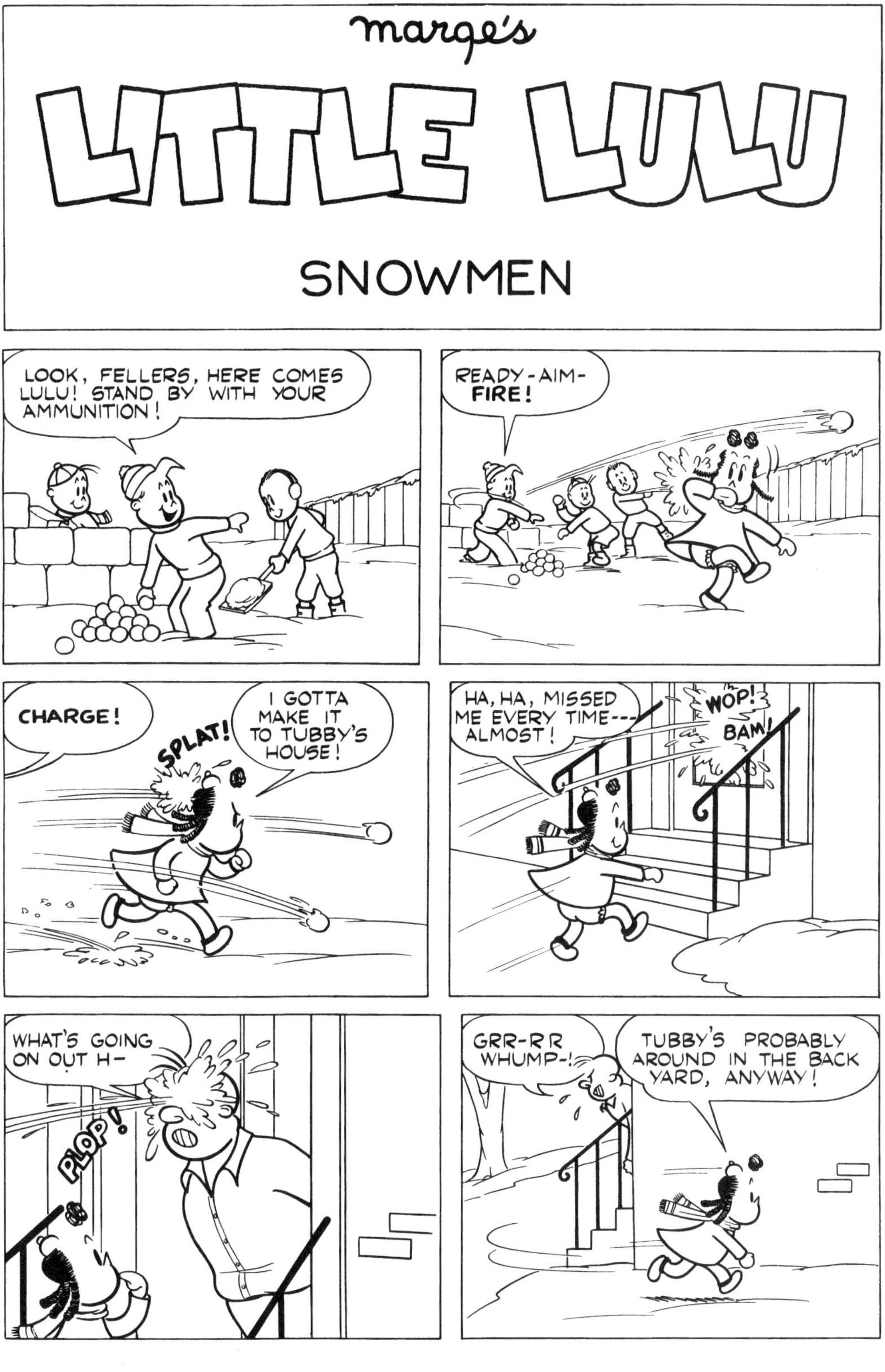
marge's
LITTLE LULU
SNOWMEN
LOOK, FELLERS, HERE COMES LULU! STAND BY WITH YOUR AMMUNITION!
READY-AIM-FIRE!
CHARGE!
SPLAT!
I GOTTA MAKE IT TO TUBBY'S HOUSE!
HA, HA, MISSED ME EVERY TIME--- ALMOST!
WOP!
BAM!
WHAT'S GOING ON OUT H—
PLOP!
GRR-RR WHUMP-!
TUBBY'S PROBABLY AROUND IN THE BACK YARD, ANYWAY!

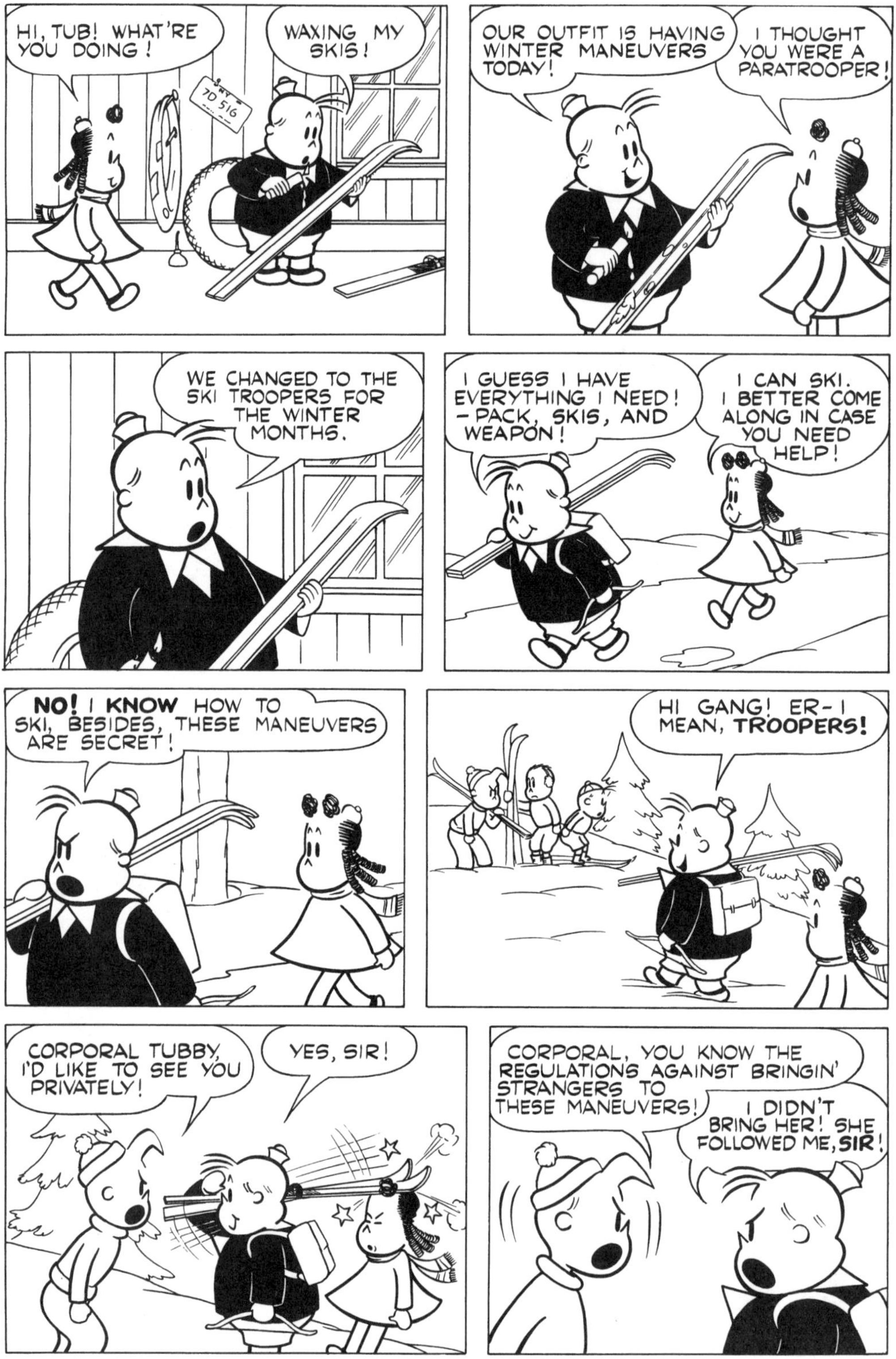
HI, TUB! WHAT'RE YOU DOING!
WAXING MY SKIS!
7D 516
OUR OUTFIT IS HAVING WINTER MANEUVERS TODAY!
I THOUGHT YOU WERE A PARATROOPER!
WE CHANGED TO THE SKI TROOPERS FOR THE WINTER MONTHS.
I GUESS I HAVE EVERYTHING I NEED! - PACK, SKIS, AND WEAPON!
I CAN SKI. I BETTER COME ALONG IN CASE YOU NEED HELP!
**NO!** I **KNOW** HOW TO SKI, BESIDES, THESE MANEUVERS ARE SECRET!
HI GANG! ER- I MEAN, **TROOPERS!**
CORPORAL TUBBY, I'D LIKE TO SEE YOU PRIVATELY!
YES, SIR!
CORPORAL, YOU KNOW THE REGULATIONS AGAINST BRINGIN' STRANGERS TO THESE MANEUVERS!
I DIDN'T BRING HER! SHE FOLLOWED ME, **SIR**!

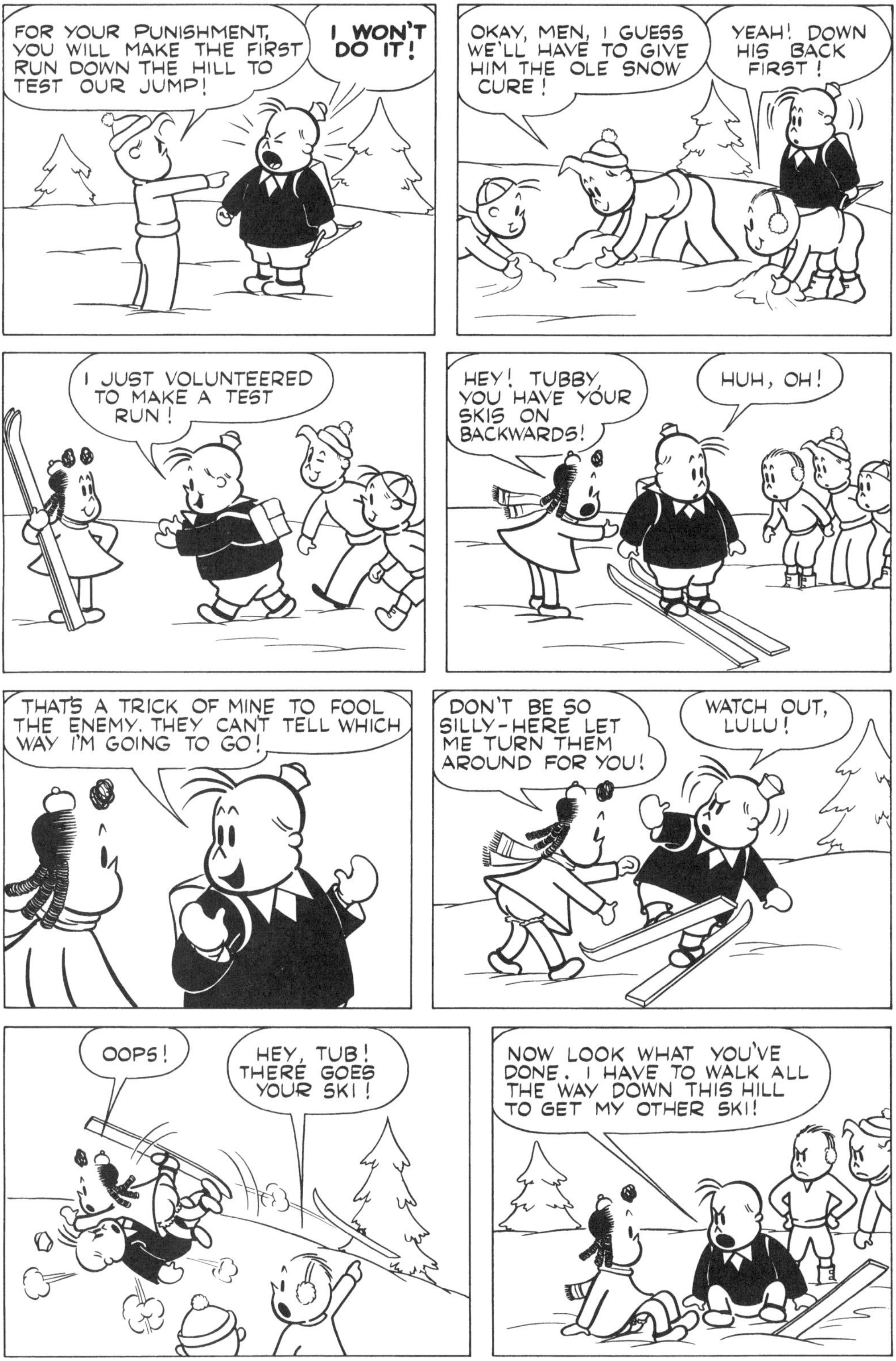
FOR YOUR PUNISHMENT, YOU WILL MAKE THE FIRST RUN DOWN THE HILL TO TEST OUR JUMP!
I WON'T DO IT!
OKAY, MEN, I GUESS WE'LL HAVE TO GIVE HIM THE OLE SNOW CURE!
YEAH! DOWN HIS BACK FIRST!
I JUST VOLUNTEERED TO MAKE A TEST RUN!
HEY! TUBBY, YOU HAVE YOUR SKIS ON BACKWARDS!
HUH, OH!
THAT'S A TRICK OF MINE TO FOOL THE ENEMY. THEY CAN'T TELL WHICH WAY I'M GOING TO GO!
DON'T BE SO SILLY-HERE LET ME TURN THEM AROUND FOR YOU!
WATCH OUT, LULU!
OOPS!
HEY, TUB! THERE GOES YOUR SKI!
NOW LOOK WHAT YOU'VE DONE. I HAVE TO WALK ALL THE WAY DOWN THIS HILL TO GET MY OTHER SKI!

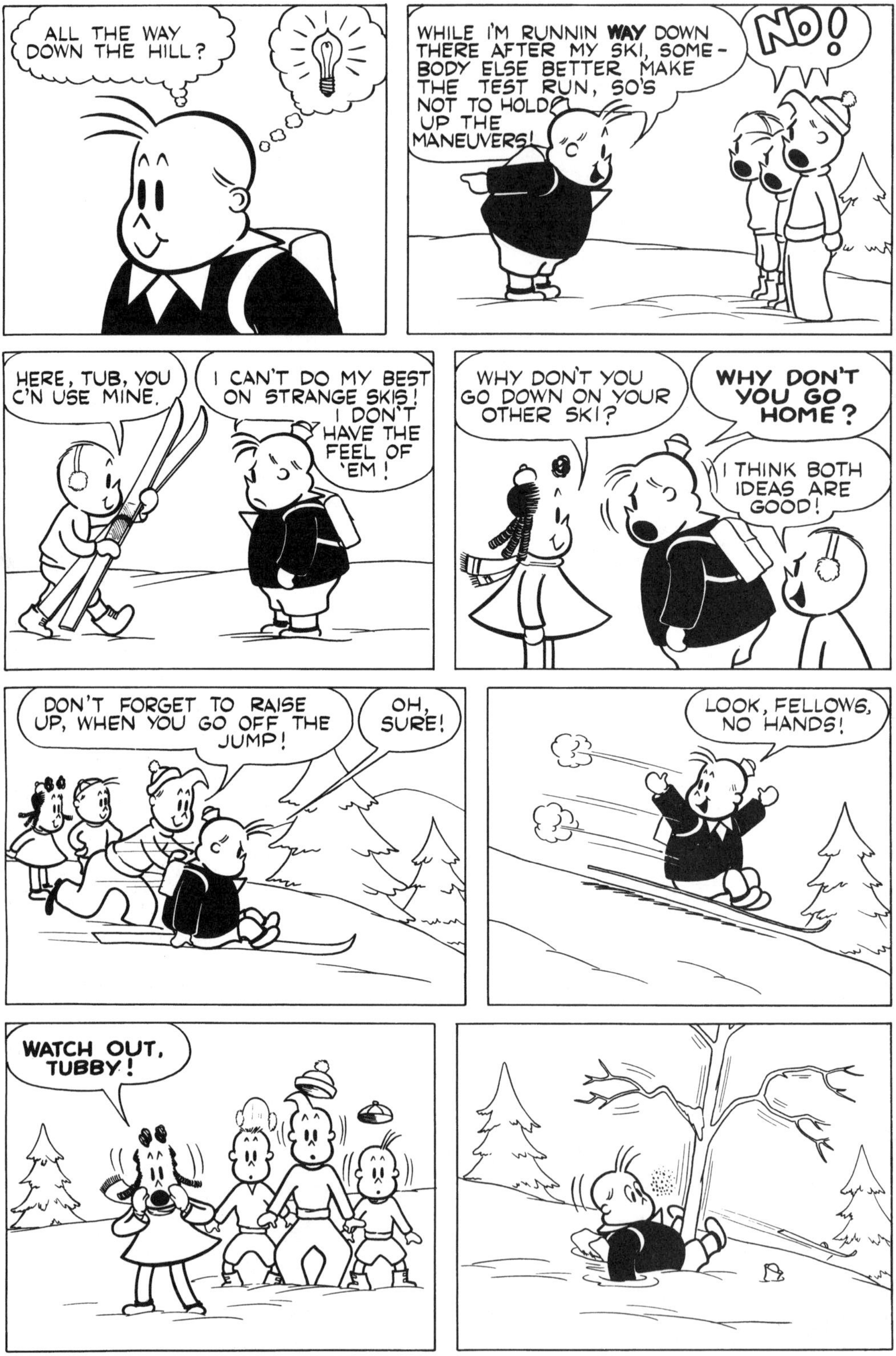
ALL THE WAY DOWN THE HILL?
WHILE I'M RUNNIN WAY DOWN THERE AFTER MY SKI, SOME-BODY ELSE BETTER MAKE THE TEST RUN, SO'S NOT TO HOLD UP THE MANEUVERS!
NO!
HERE, TUB, YOU C'N USE MINE.
I CAN'T DO MY BEST ON STRANGE SKIS! I DON'T HAVE THE FEEL OF 'EM!
WHY DON'T YOU GO DOWN ON YOUR OTHER SKI?
WHY DON'T YOU GO HOME?
I THINK BOTH IDEAS ARE GOOD!
DON'T FORGET TO RAISE UP, WHEN YOU GO OFF THE JUMP!
OH, SURE!
LOOK, FELLOWS, NO HANDS!
WATCH OUT, TUBBY!

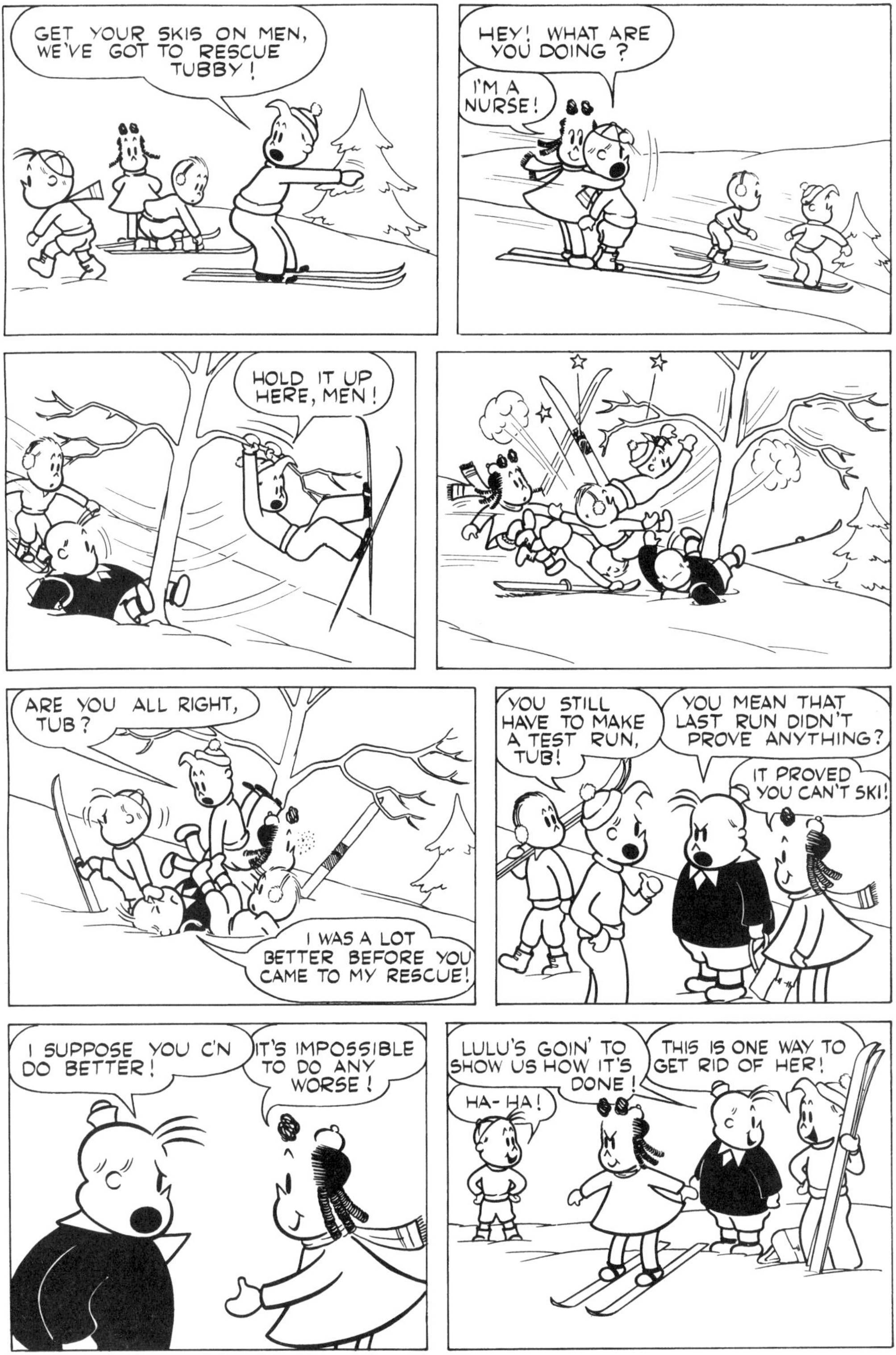
GET YOUR SKIS ON MEN, WE'VE GOT TO RESCUE TUBBY!
HEY! WHAT ARE YOU DOING?
I'M A NURSE!
HOLD IT UP HERE, MEN!
ARE YOU ALL RIGHT, TUB?
I WAS A LOT BETTER BEFORE YOU CAME TO MY RESCUE!
YOU STILL HAVE TO MAKE A TEST RUN, TUB!
YOU MEAN THAT LAST RUN DIDN'T PROVE ANYTHING?
IT PROVED YOU CAN'T SKI!
I SUPPOSE YOU C'N DO BETTER!
IT'S IMPOSSIBLE TO DO ANY WORSE!
LULU'S GOIN' TO SHOW US HOW IT'S DONE!
HA-HA!
THIS IS ONE WAY TO GET RID OF HER!

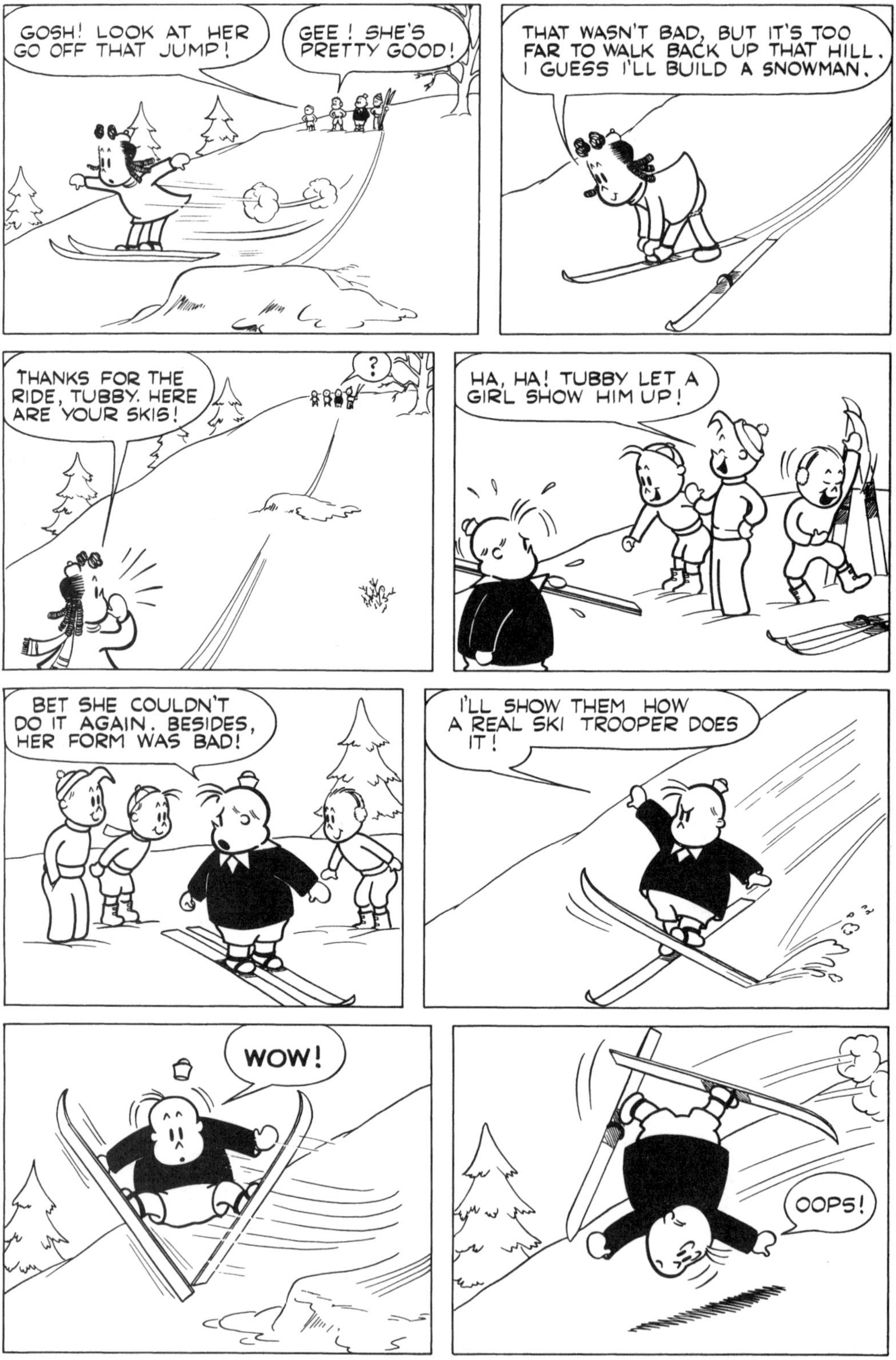
GOSH! LOOK AT HER GO OFF THAT JUMP!
GEE! SHE'S PRETTY GOOD!
THAT WASN'T BAD, BUT IT'S TOO FAR TO WALK BACK UP THAT HILL. I GUESS I'LL BUILD A SNOWMAN.
THANKS FOR THE RIDE, TUBBY. HERE ARE YOUR SKIS!
?
HA, HA! TUBBY LET A GIRL SHOW HIM UP!
BET SHE COULDN'T DO IT AGAIN. BESIDES, HER FORM WAS BAD!
I'LL SHOW THEM HOW A REAL SKI TROOPER DOES IT!
WOW!
OOPS!

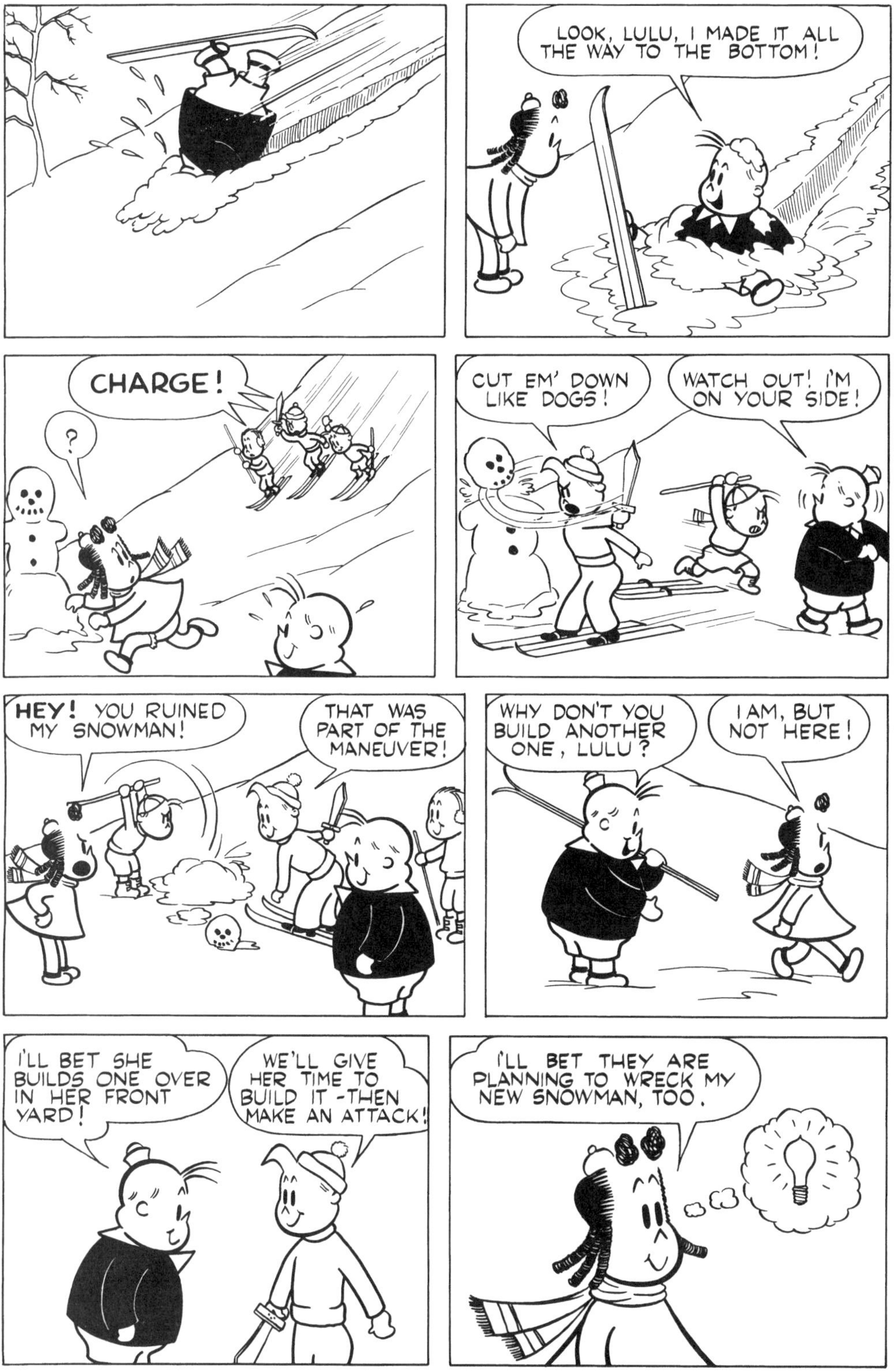
LOOK, LULU, I MADE IT ALL THE WAY TO THE BOTTOM!
CHARGE!
?
CUT EM' DOWN LIKE DOGS!
WATCH OUT! I'M ON YOUR SIDE!
HEY! YOU RUINED MY SNOWMAN!
THAT WAS PART OF THE MANEUVER!
WHY DON'T YOU BUILD ANOTHER ONE, LULU?
I AM, BUT NOT HERE!
I'LL BET SHE BUILDS ONE OVER IN HER FRONT YARD!
WE'LL GIVE HER TIME TO BUILD IT -THEN MAKE AN ATTACK!
I'LL BET THEY ARE PLANNING TO WRECK MY NEW SNOWMAN, TOO.

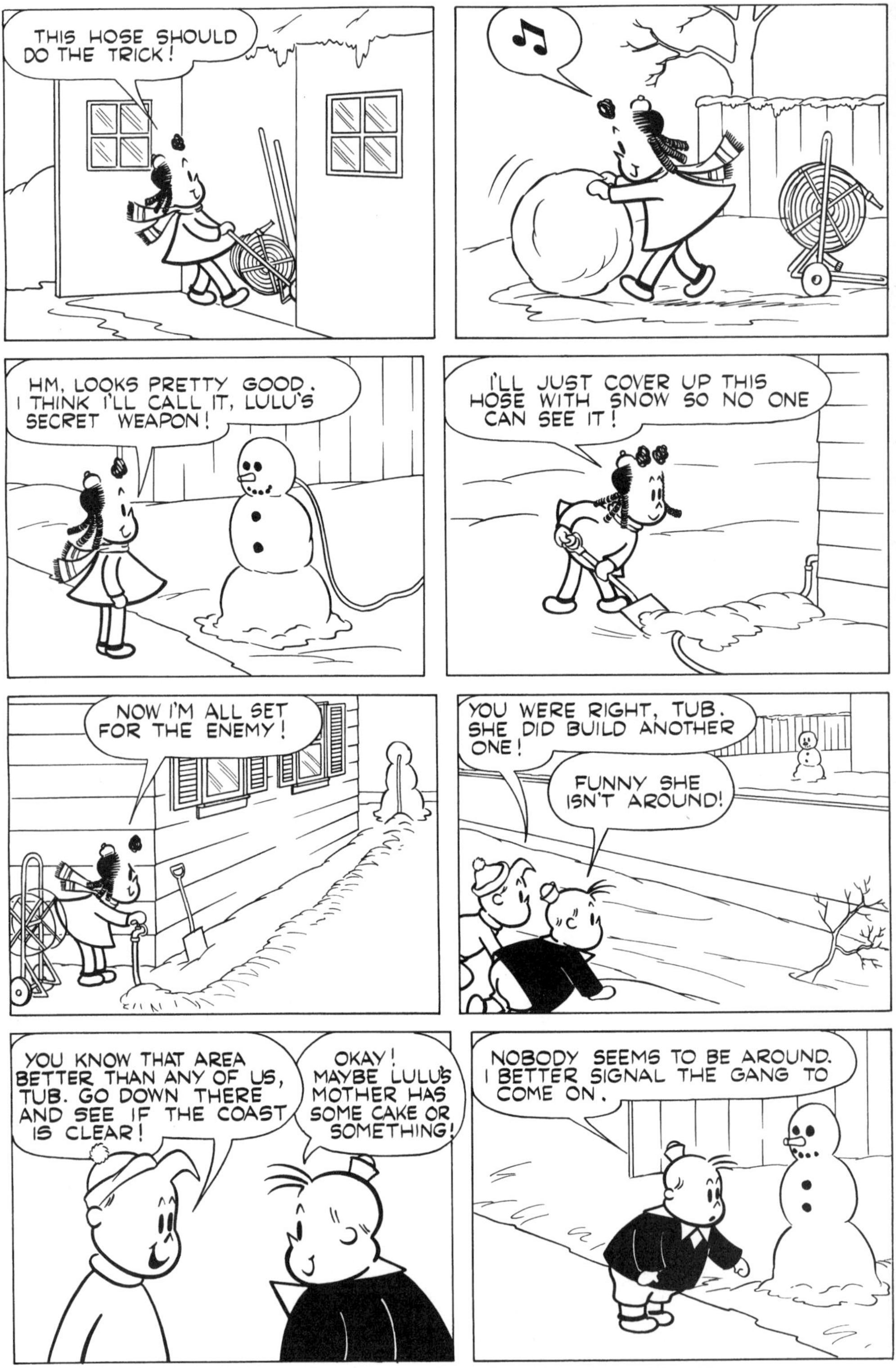
THIS HOSE SHOULD DO THE TRICK!
♪
HM, LOOKS PRETTY GOOD. I THINK I'LL CALL IT, LULU'S SECRET WEAPON!
I'LL JUST COVER UP THIS HOSE WITH SNOW SO NO ONE CAN SEE IT!
NOW I'M ALL SET FOR THE ENEMY!
YOU WERE RIGHT, TUB. SHE DID BUILD ANOTHER ONE!
FUNNY SHE ISN'T AROUND!
YOU KNOW THAT AREA BETTER THAN ANY OF US, TUB. GO DOWN THERE AND SEE IF THE COAST IS CLEAR!
OKAY! MAYBE LULU'S MOTHER HAS SOME CAKE OR SOMETHING!
NOBODY SEEMS TO BE AROUND. I BETTER SIGNAL THE GANG TO COME ON.

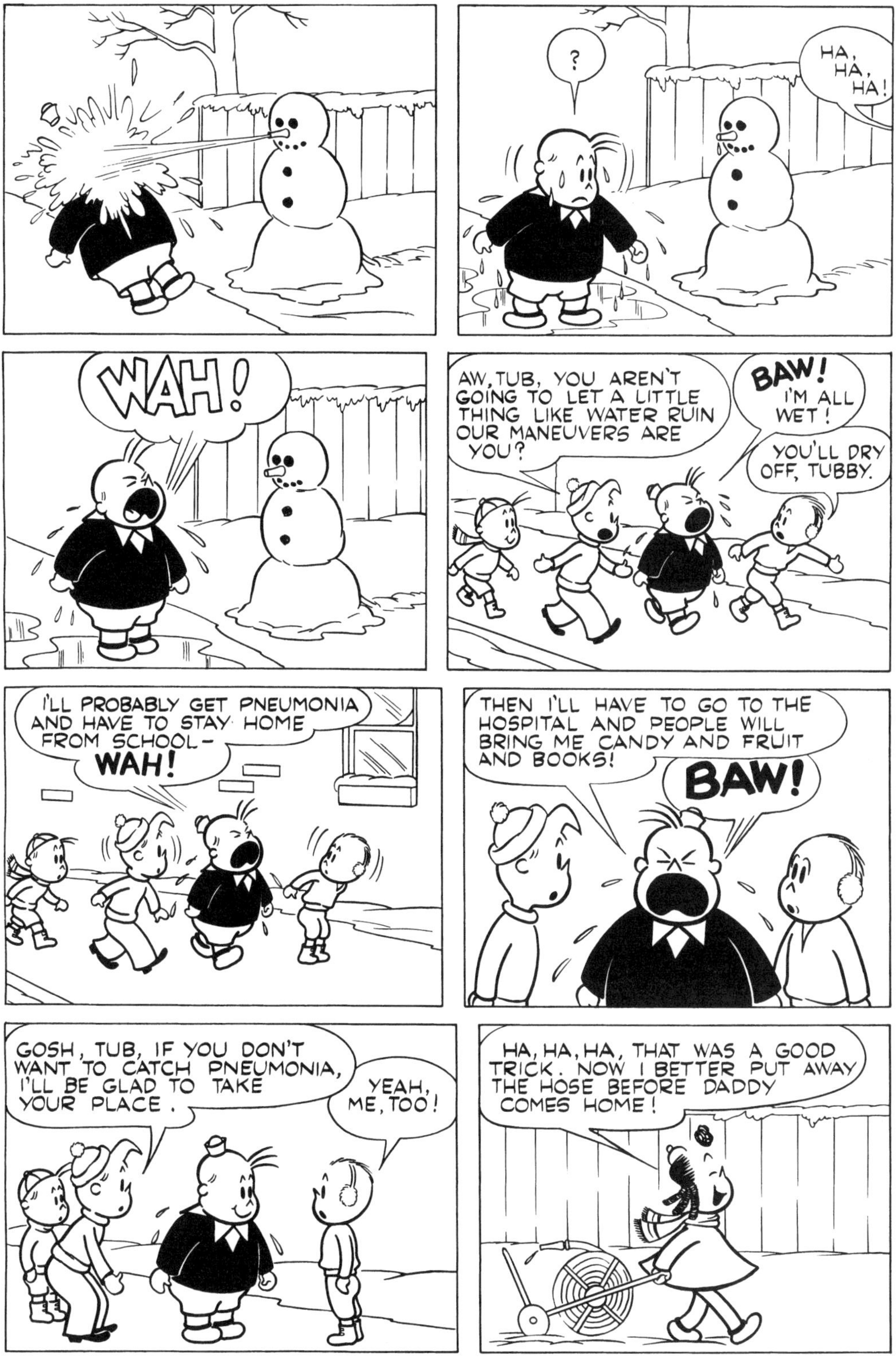
?
HA, HA, HA!
WAH!
AW, TUB, YOU AREN'T GOING TO LET A LITTLE THING LIKE WATER RUIN OUR MANEUVERS ARE YOU?
BAW! I'M ALL WET!
YOU'LL DRY OFF, TUBBY.
I'LL PROBABLY GET PNEUMONIA AND HAVE TO STAY HOME FROM SCHOOL- WAH!
THEN I'LL HAVE TO GO TO THE HOSPITAL AND PEOPLE WILL BRING ME CANDY AND FRUIT AND BOOKS!
BAW!
GOSH, TUB, IF YOU DON'T WANT TO CATCH PNEUMONIA, I'LL BE GLAD TO TAKE YOUR PLACE.
YEAH, ME, TOO!
HA, HA, HA, THAT WAS A GOOD TRICK. NOW I BETTER PUT AWAY THE HOSE BEFORE DADDY COMES HOME!

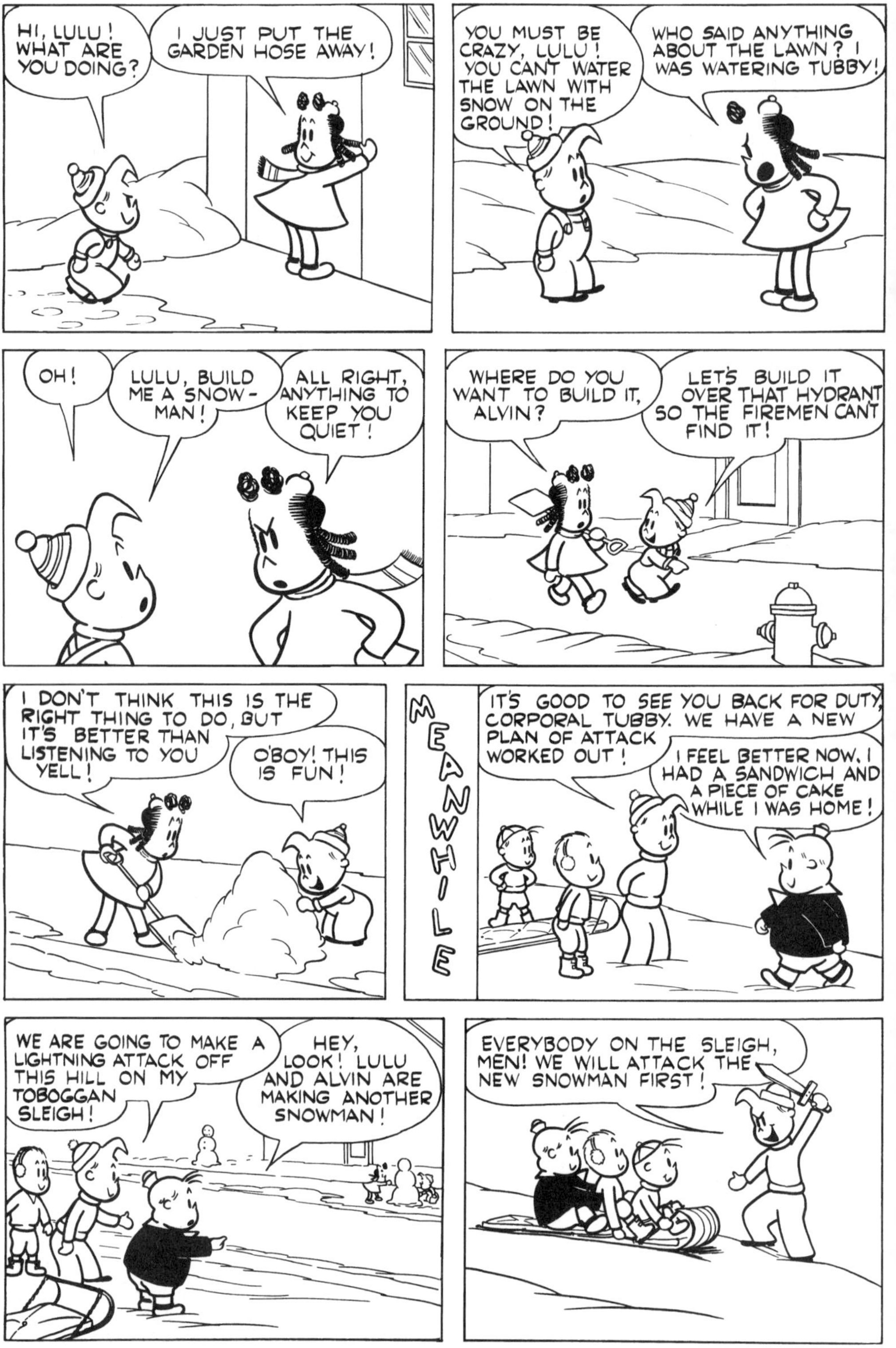

HI, LULU! WHAT ARE YOU DOING?
I JUST PUT THE GARDEN HOSE AWAY!
YOU MUST BE CRAZY, LULU! YOU CAN'T WATER THE LAWN WITH SNOW ON THE GROUND!
WHO SAID ANYTHING ABOUT THE LAWN? I WAS WATERING TUBBY!
OH!
LULU, BUILD ME A SNOW-MAN!
ALL RIGHT, ANYTHING TO KEEP YOU QUIET!
WHERE DO YOU WANT TO BUILD IT, ALVIN?
LET'S BUILD IT OVER THAT HYDRANT SO THE FIREMEN CAN'T FIND IT!
I DON'T THINK THIS IS THE RIGHT THING TO DO, BUT IT'S BETTER THAN LISTENING TO YOU YELL!
O'BOY! THIS IS FUN!
MEANWHILE
IT'S GOOD TO SEE YOU BACK FOR DUTY, CORPORAL TUBBY. WE HAVE A NEW PLAN OF ATTACK WORKED OUT!
I FEEL BETTER NOW. I HAD A SANDWICH AND A PIECE OF CAKE WHILE I WAS HOME!
WE ARE GOING TO MAKE A LIGHTNING ATTACK OFF THIS HILL ON MY TOBOGGAN SLEIGH!
HEY, LOOK! LULU AND ALVIN ARE MAKING ANOTHER SNOWMAN!
EVERYBODY ON THE SLEIGH, MEN! WE WILL ATTACK THE NEW SNOWMAN FIRST!

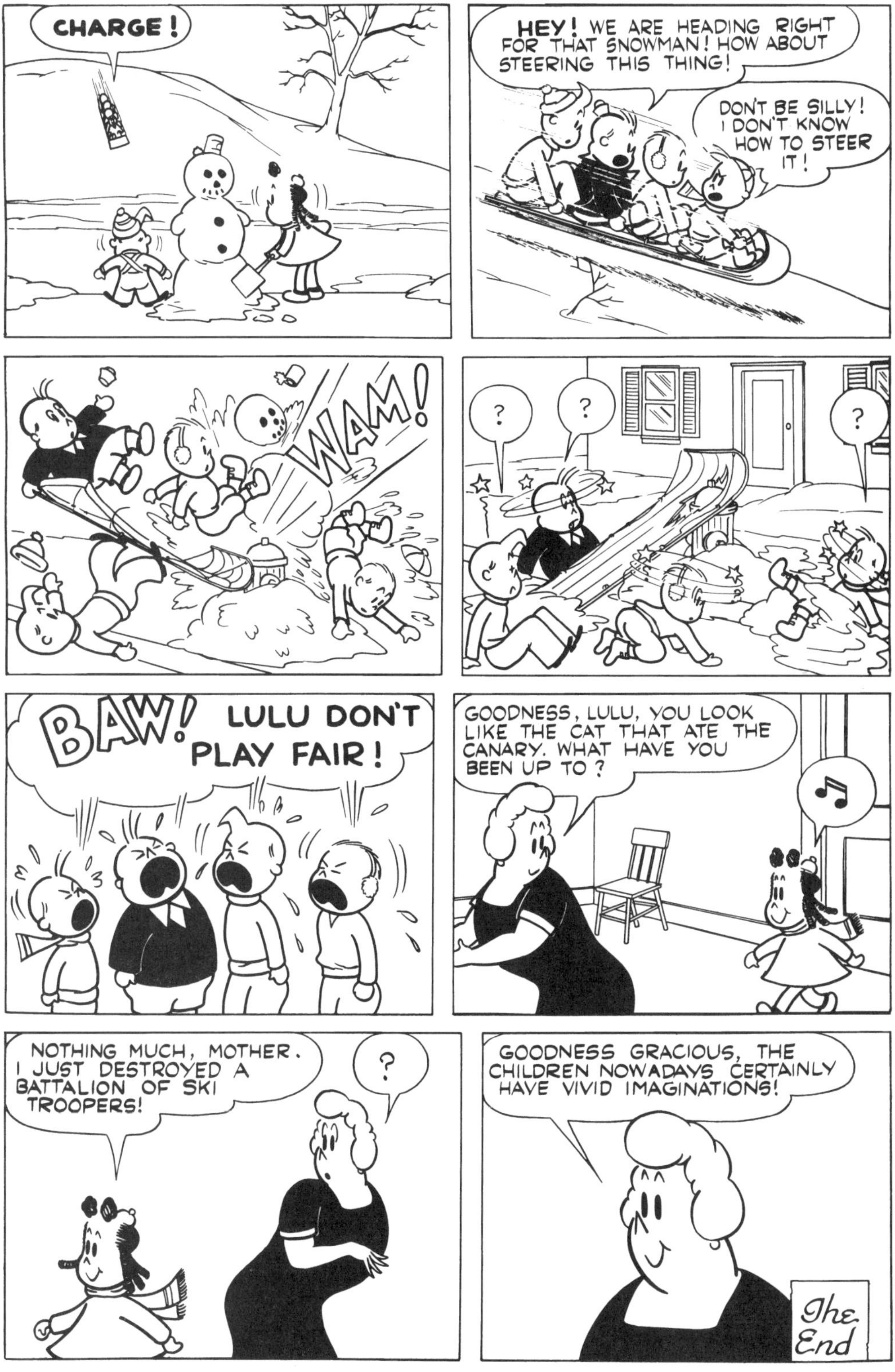
CHARGE!
HEY! WE ARE HEADING RIGHT FOR THAT SNOWMAN! HOW ABOUT STEERING THIS THING!
DON'T BE SILLY! I DON'T KNOW HOW TO STEER IT!
WAM!
?
?
?
BAW! LULU DON'T PLAY FAIR!
GOODNESS, LULU, YOU LOOK LIKE THE CAT THAT ATE THE CANARY. WHAT HAVE YOU BEEN UP TO?
NOTHING MUCH, MOTHER. I JUST DESTROYED A BATTALION OF SKI TROOPERS!
?
GOODNESS GRACIOUS, THE CHILDREN NOWADAYS CERTAINLY HAVE VIVID IMAGINATIONS!
The End

marge's

# LITTLE LULU

## Bank Robbery

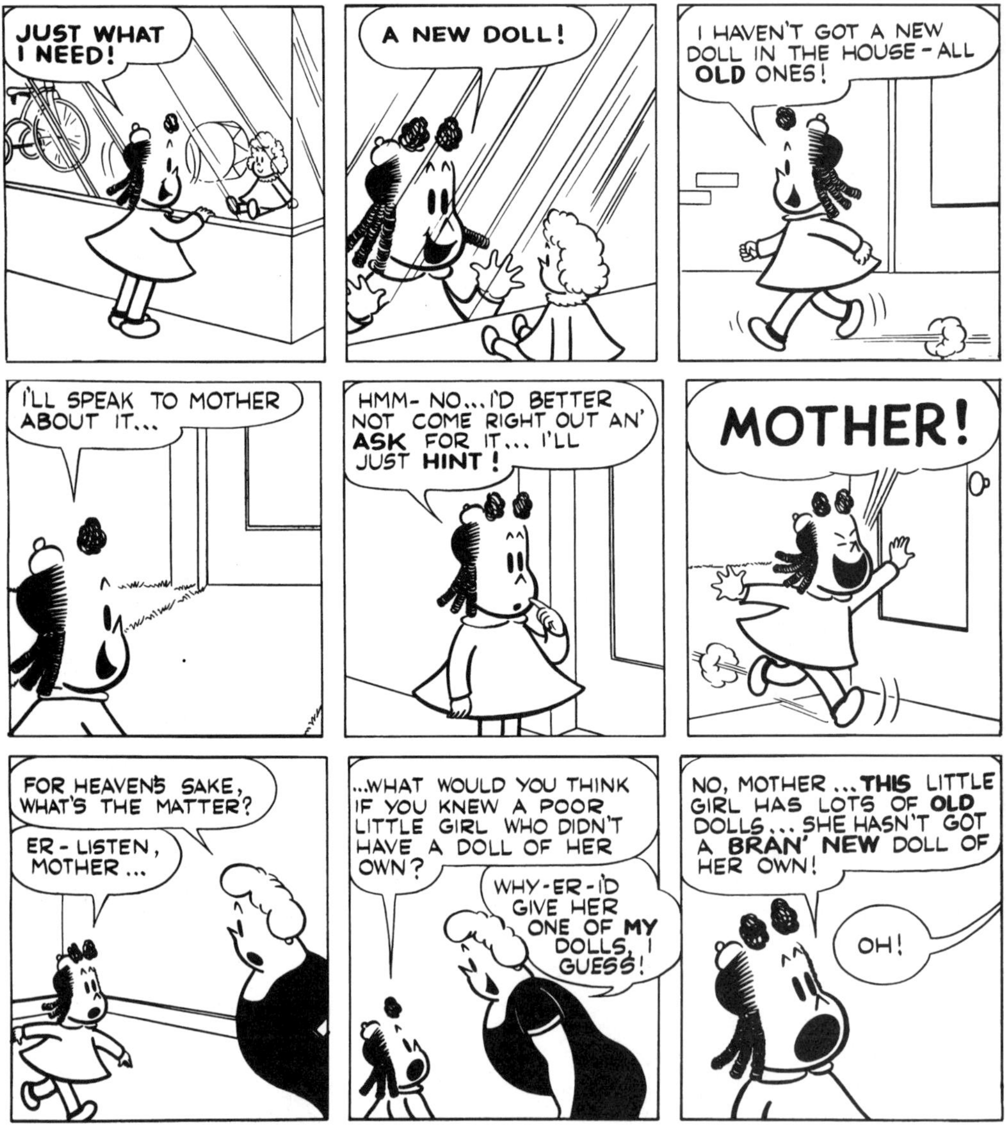
JUST WHAT I NEED!
A NEW DOLL!
I HAVEN'T GOT A NEW DOLL IN THE HOUSE - ALL **OLD** ONES!
I'LL SPEAK TO MOTHER ABOUT IT...
HMM- NO...I'D BETTER NOT COME RIGHT OUT AN' **ASK** FOR IT... I'LL JUST **HINT**!
MOTHER!
FOR HEAVEN'S SAKE, WHAT'S THE MATTER?
ER- LISTEN, MOTHER...
...WHAT WOULD YOU THINK IF YOU KNEW A POOR LITTLE GIRL WHO DIDN'T HAVE A DOLL OF HER OWN?
WHY-ER-I'D GIVE HER ONE OF **MY** DOLLS, I GUESS!
NO, MOTHER... **THIS** LITTLE GIRL HAS LOTS OF **OLD** DOLLS... SHE HASN'T GOT A **BRAN' NEW** DOLL OF HER OWN!
OH!

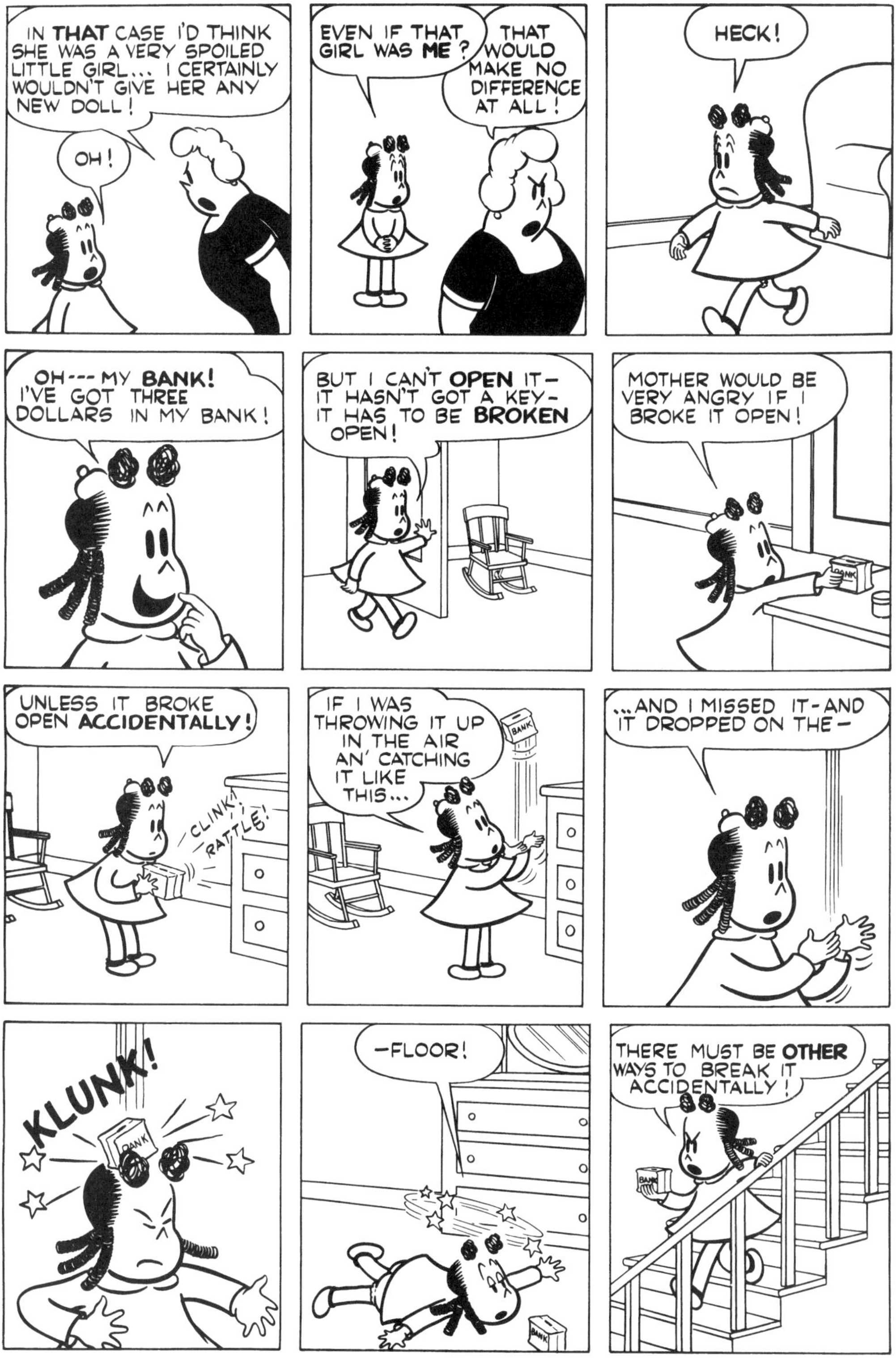
IN THAT CASE I'D THINK SHE WAS A VERY SPOILED LITTLE GIRL... I CERTAINLY WOULDN'T GIVE HER ANY NEW DOLL!
OH!
EVEN IF THAT GIRL WAS ME?
THAT WOULD MAKE NO DIFFERENCE AT ALL!
HECK!
OH--- MY BANK! I'VE GOT THREE DOLLARS IN MY BANK!
BUT I CAN'T OPEN IT– IT HASN'T GOT A KEY– IT HAS TO BE BROKEN OPEN!
MOTHER WOULD BE VERY ANGRY IF I BROKE IT OPEN!
UNLESS IT BROKE OPEN ACCIDENTALLY!
CLINK! RATTLE!
IF I WAS THROWING IT UP IN THE AIR AN' CATCHING IT LIKE THIS...
BANK
...AND I MISSED IT–AND IT DROPPED ON THE–
KLUNK!
BANK
–FLOOR!
BANK
THERE MUST BE OTHER WAYS TO BREAK IT ACCIDENTALLY!
BANK

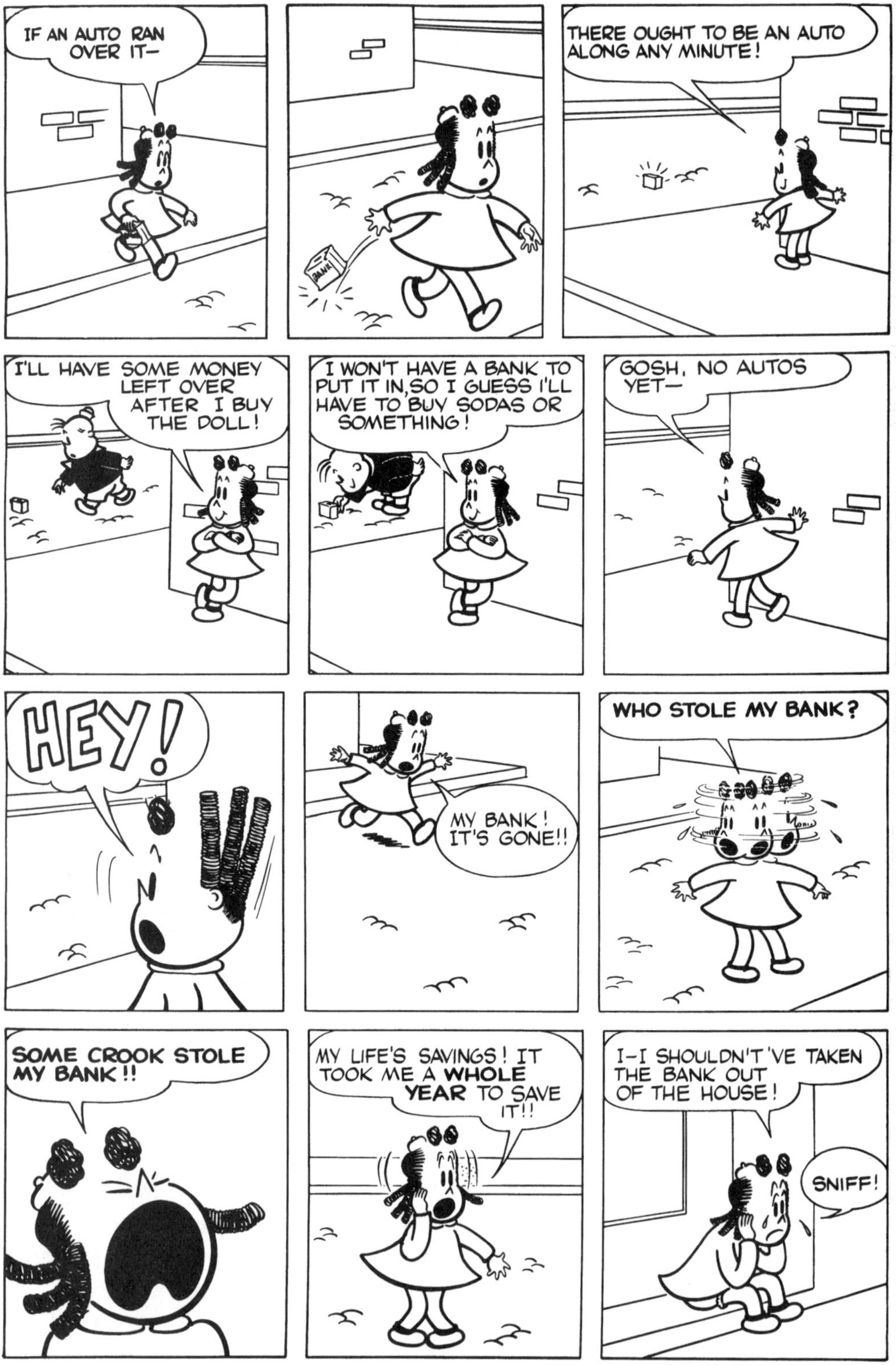
IF AN AUTO RAN OVER IT—
BANK
THERE OUGHT TO BE AN AUTO ALONG ANY MINUTE!
I'LL HAVE SOME MONEY LEFT OVER AFTER I BUY THE DOLL!
I WON'T HAVE A BANK TO PUT IT IN, SO I GUESS I'LL HAVE TO BUY SODAS OR SOMETHING!
GOSH, NO AUTOS YET—
HEY!
MY BANK! IT'S GONE!!
WHO STOLE MY BANK?
SOME CROOK STOLE MY BANK!!
MY LIFE'S SAVINGS! IT TOOK ME A **WHOLE YEAR** TO SAVE IT!!
I-I SHOULDN'T'VE TAKEN THE BANK OUT OF THE HOUSE!
SNIFF!

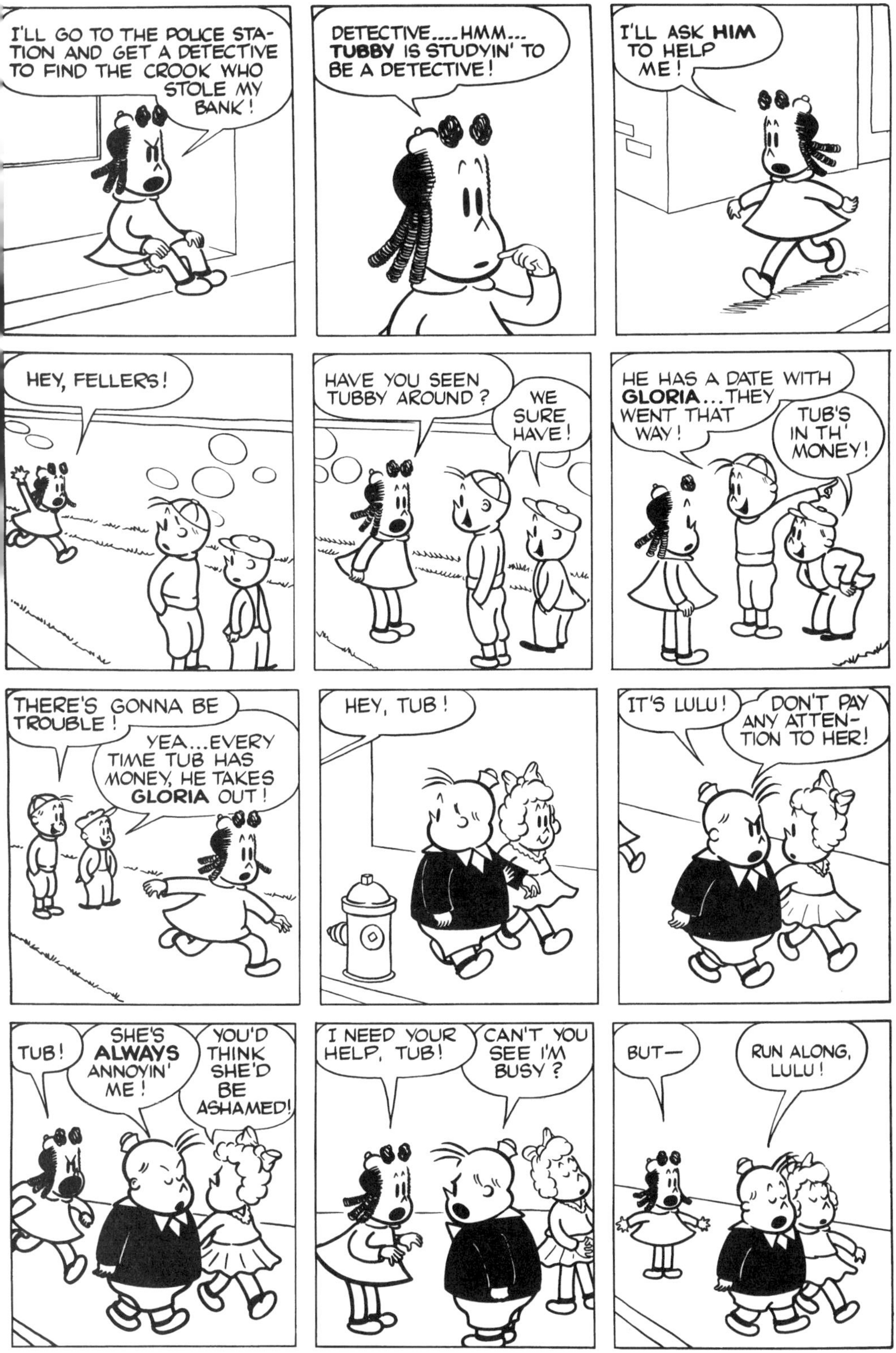
I'LL GO TO THE POLICE STATION AND GET A DETECTIVE TO FIND THE CROOK WHO STOLE MY BANK!
DETECTIVE....HMM... TUBBY IS STUDYIN' TO BE A DETECTIVE!
I'LL ASK HIM TO HELP ME!
HEY, FELLERS!
HAVE YOU SEEN TUBBY AROUND?
WE SURE HAVE!
HE HAS A DATE WITH GLORIA...THEY WENT THAT WAY!
TUB'S IN TH' MONEY!
THERE'S GONNA BE TROUBLE!
YEA...EVERY TIME TUB HAS MONEY, HE TAKES GLORIA OUT!
HEY, TUB!
IT'S LULU!
DON'T PAY ANY ATTENTION TO HER!
TUB!
SHE'S ALWAYS ANNOYIN' ME!
YOU'D THINK SHE'D BE ASHAMED!
I NEED YOUR HELP, TUB!
CAN'T YOU SEE I'M BUSY?
BUT—
RUN ALONG, LULU!

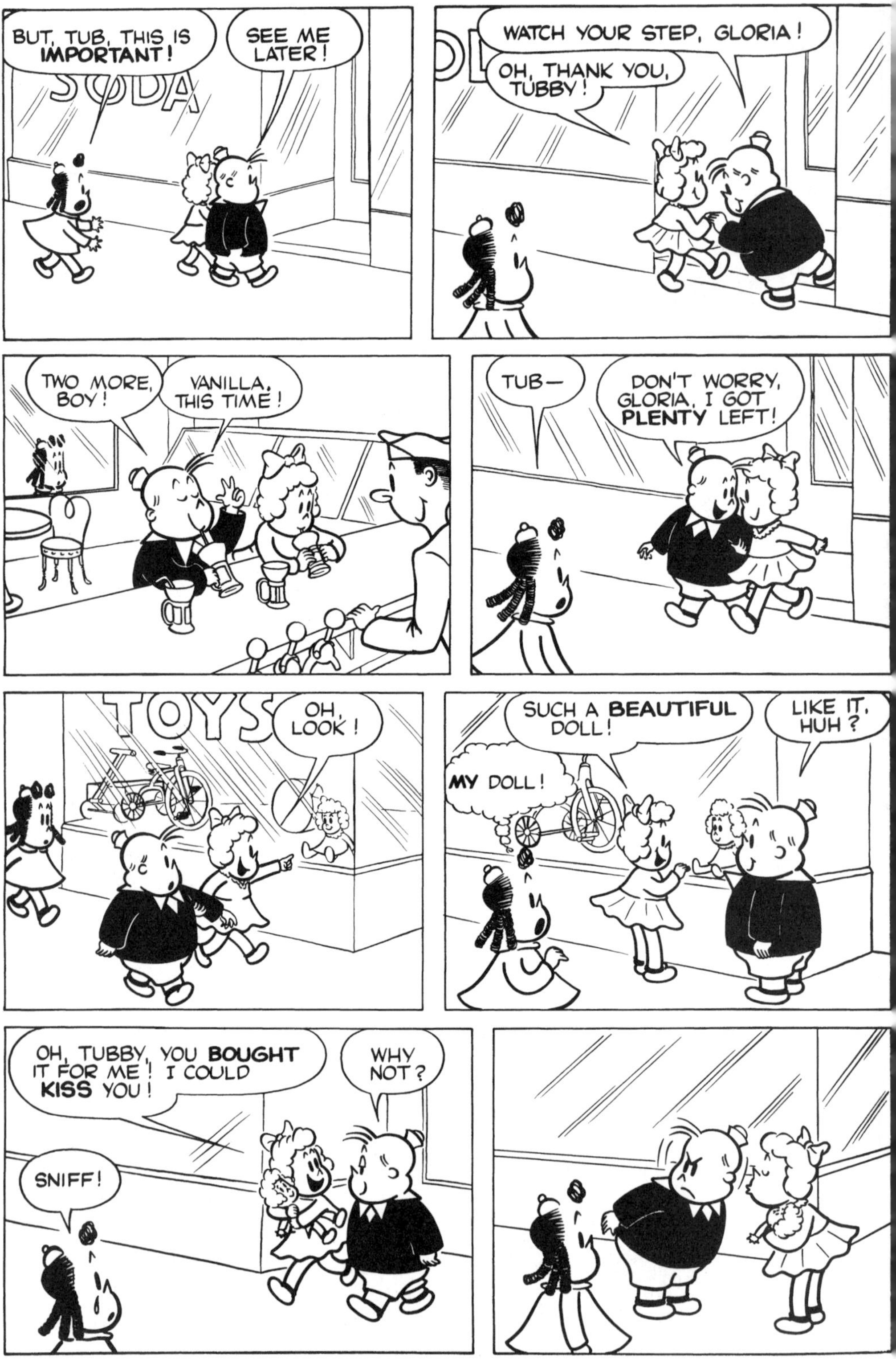
BUT, TUB, THIS IS **IMPORTANT**!
SEE ME LATER!
SODA
WATCH YOUR STEP, GLORIA!
OH, THANK YOU, TUBBY!
TWO MORE, BOY!
VANILLA, THIS TIME!
TUB—
DON'T WORRY, GLORIA, I GOT **PLENTY** LEFT!
TOYS
OH, LOOK!
SUCH A **BEAUTIFUL** DOLL!
LIKE IT, HUH?
**MY** DOLL!
OH, TUBBY, YOU **BOUGHT** IT FOR ME! I COULD **KISS** YOU!
WHY NOT?
SNIFF!

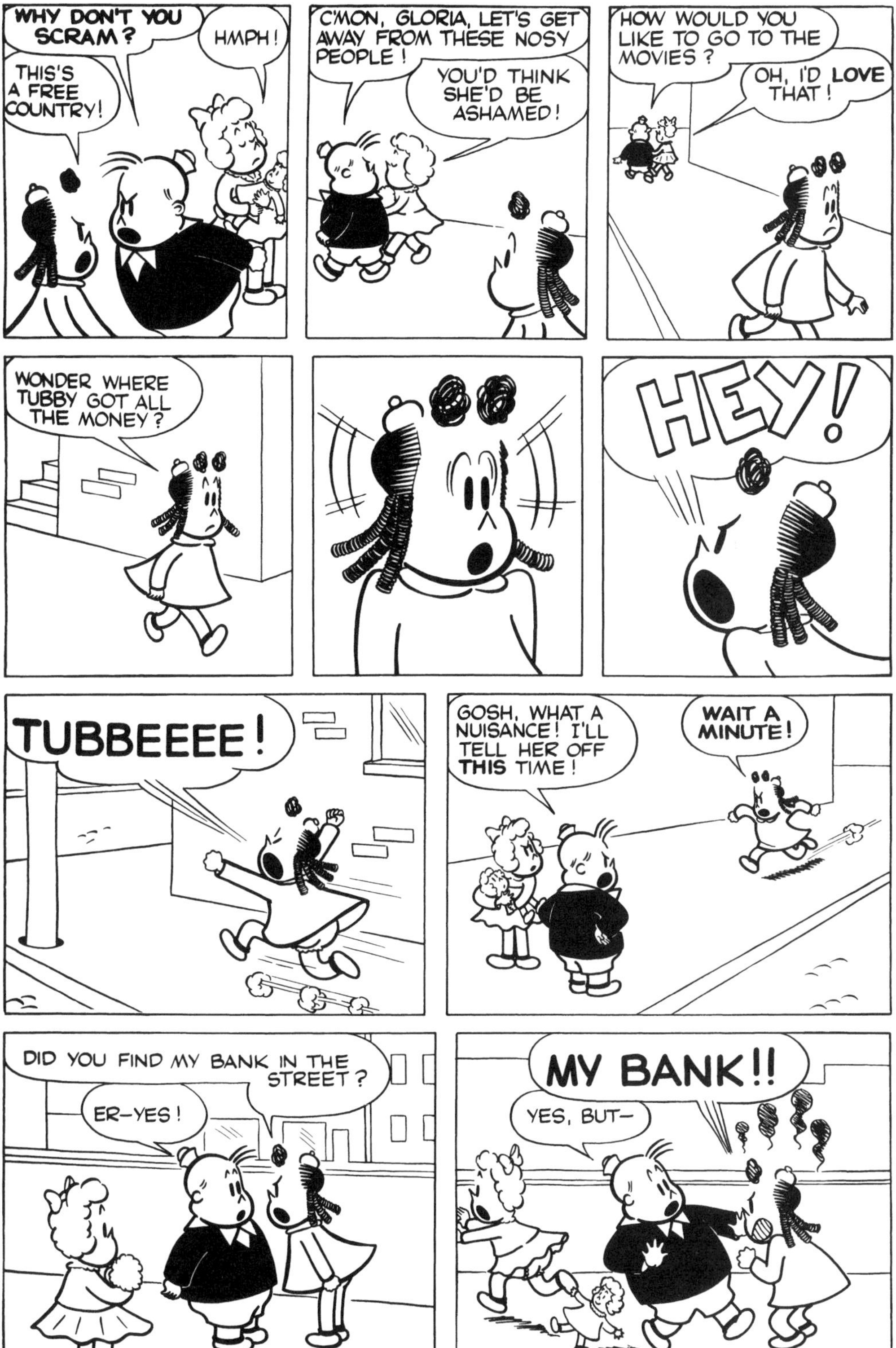
WHY DON'T YOU SCRAM?
HMPH!
THIS'S A FREE COUNTRY!
C'MON, GLORIA, LET'S GET AWAY FROM THESE NOSY PEOPLE!
YOU'D THINK SHE'D BE ASHAMED!
HOW WOULD YOU LIKE TO GO TO THE MOVIES?
OH, I'D LOVE THAT!
WONDER WHERE TUBBY GOT ALL THE MONEY?
HEY!
TUBBEEEE!
GOSH, WHAT A NUISANCE! I'LL TELL HER OFF THIS TIME!
WAIT A MINUTE!
DID YOU FIND MY BANK IN THE STREET?
ER–YES!
MY BANK!!
YES, BUT–

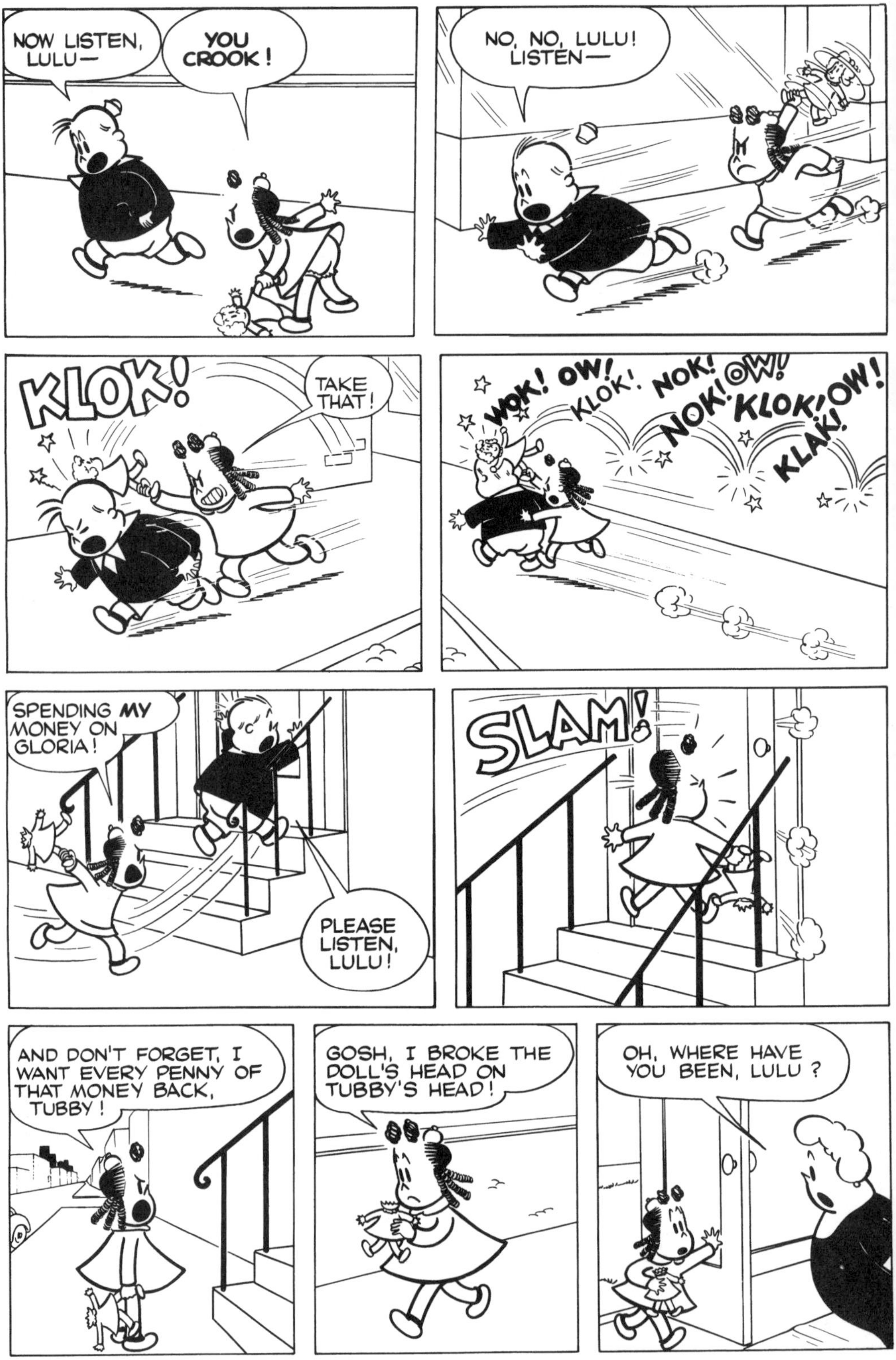
NOW LISTEN, LULU—
YOU CROOK!
NO, NO, LULU! LISTEN—
KLOK!
TAKE THAT!
WOK! OW! KLOK! NOK! OW! NOK! KLOK! OW! KLAK!
SPENDING MY MONEY ON GLORIA!
PLEASE LISTEN, LULU!
SLAM!
AND DON'T FORGET, I WANT EVERY PENNY OF THAT MONEY BACK, TUBBY!
GOSH, I BROKE THE DOLL'S HEAD ON TUBBY'S HEAD!
OH, WHERE HAVE YOU BEEN, LULU ?

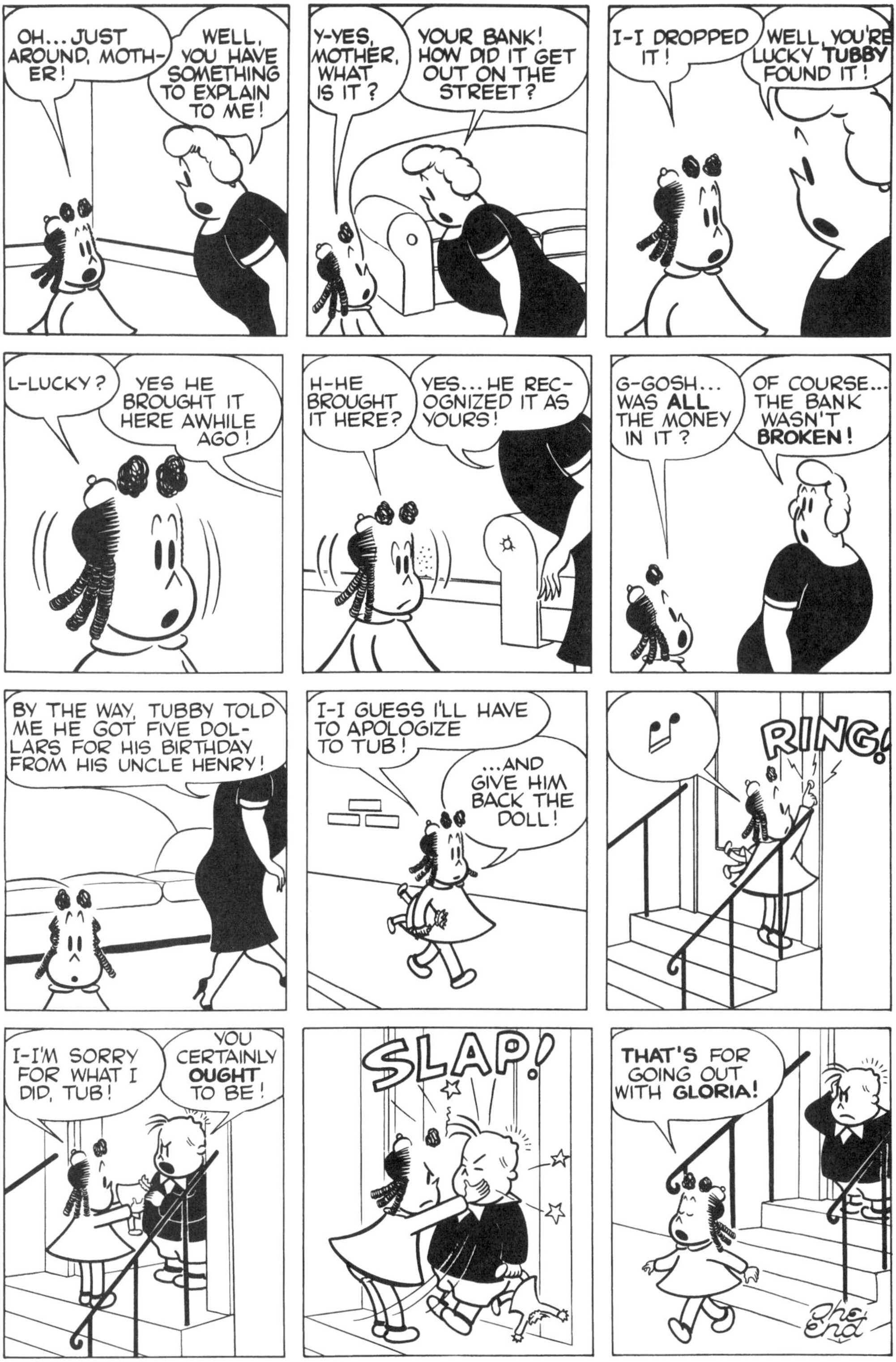

OH...JUST AROUND, MOTH-ER!
WELL, YOU HAVE SOMETHING TO EXPLAIN TO ME!
Y-YES, MOTHER, WHAT IS IT?
YOUR BANK! HOW DID IT GET OUT ON THE STREET?
I-I DROPPED IT!
WELL, YOU'RE LUCKY TUBBY FOUND IT!
L-LUCKY?
YES HE BROUGHT IT HERE AWHILE AGO!
H-HE BROUGHT IT HERE?
YES...HE REC-OGNIZED IT AS YOURS!
G-GOSH... WAS ALL THE MONEY IN IT?
OF COURSE... THE BANK WASN'T BROKEN!
BY THE WAY, TUBBY TOLD ME HE GOT FIVE DOL-LARS FOR HIS BIRTHDAY FROM HIS UNCLE HENRY!
I-I GUESS I'LL HAVE TO APOLOGIZE TO TUB!
...AND GIVE HIM BACK THE DOLL!
RING!
I-I'M SORRY FOR WHAT I DID, TUB!
YOU CERTAINLY OUGHT TO BE!
SLAP!
THAT'S FOR GOING OUT WITH GLORIA!
The End

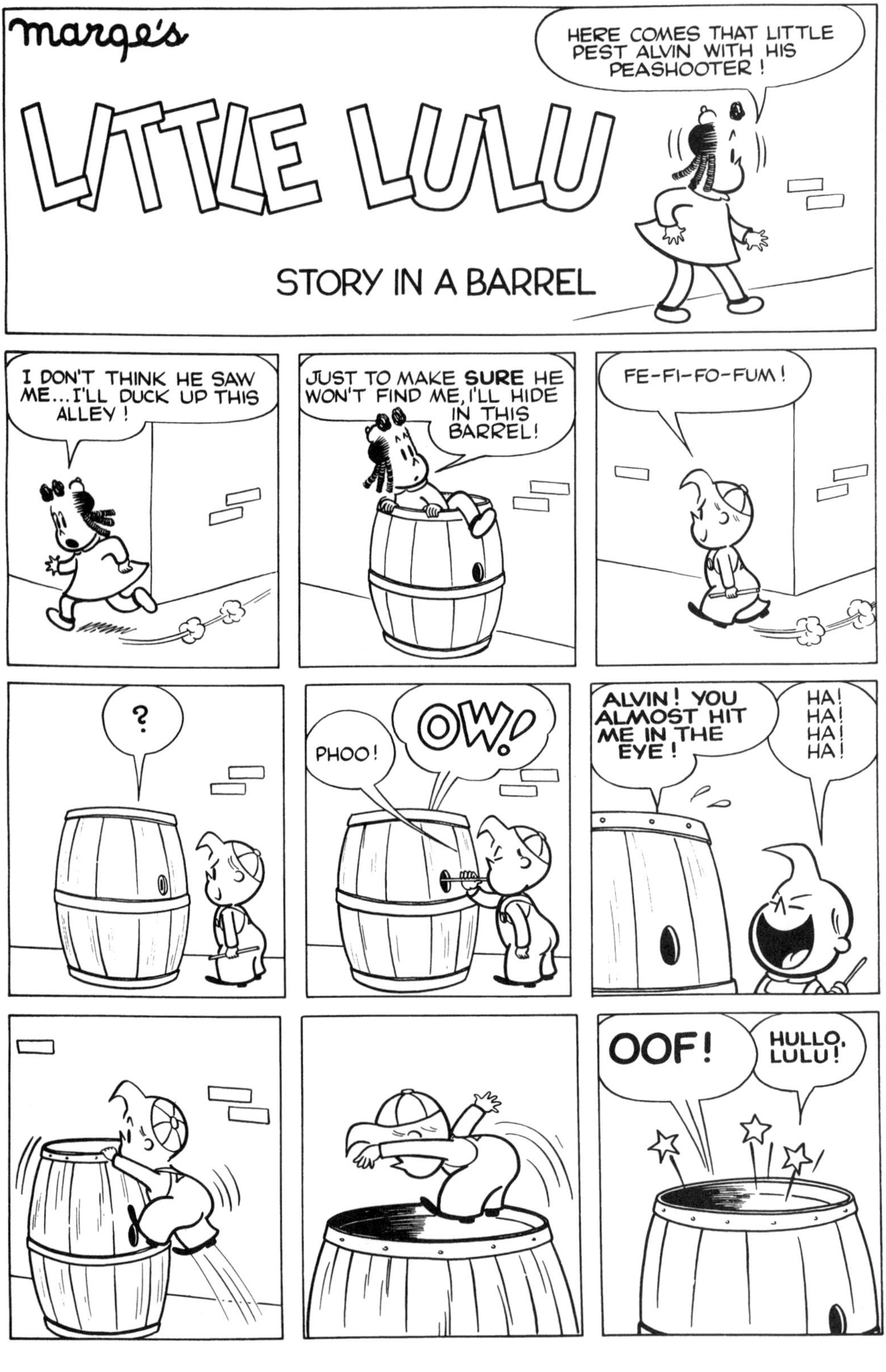
marge's
LITTLE LULU
HERE COMES THAT LITTLE PEST ALVIN WITH HIS PEASHOOTER!
STORY IN A BARREL
I DON'T THINK HE SAW ME...I'LL DUCK UP THIS ALLEY!
JUST TO MAKE SURE HE WON'T FIND ME, I'LL HIDE IN THIS BARREL!
FE-FI-FO-FUM!
?
PHOO!
OW!
ALVIN! YOU ALMOST HIT ME IN THE EYE!
HA! HA! HA! HA!
OOF!
HULLO, LULU!

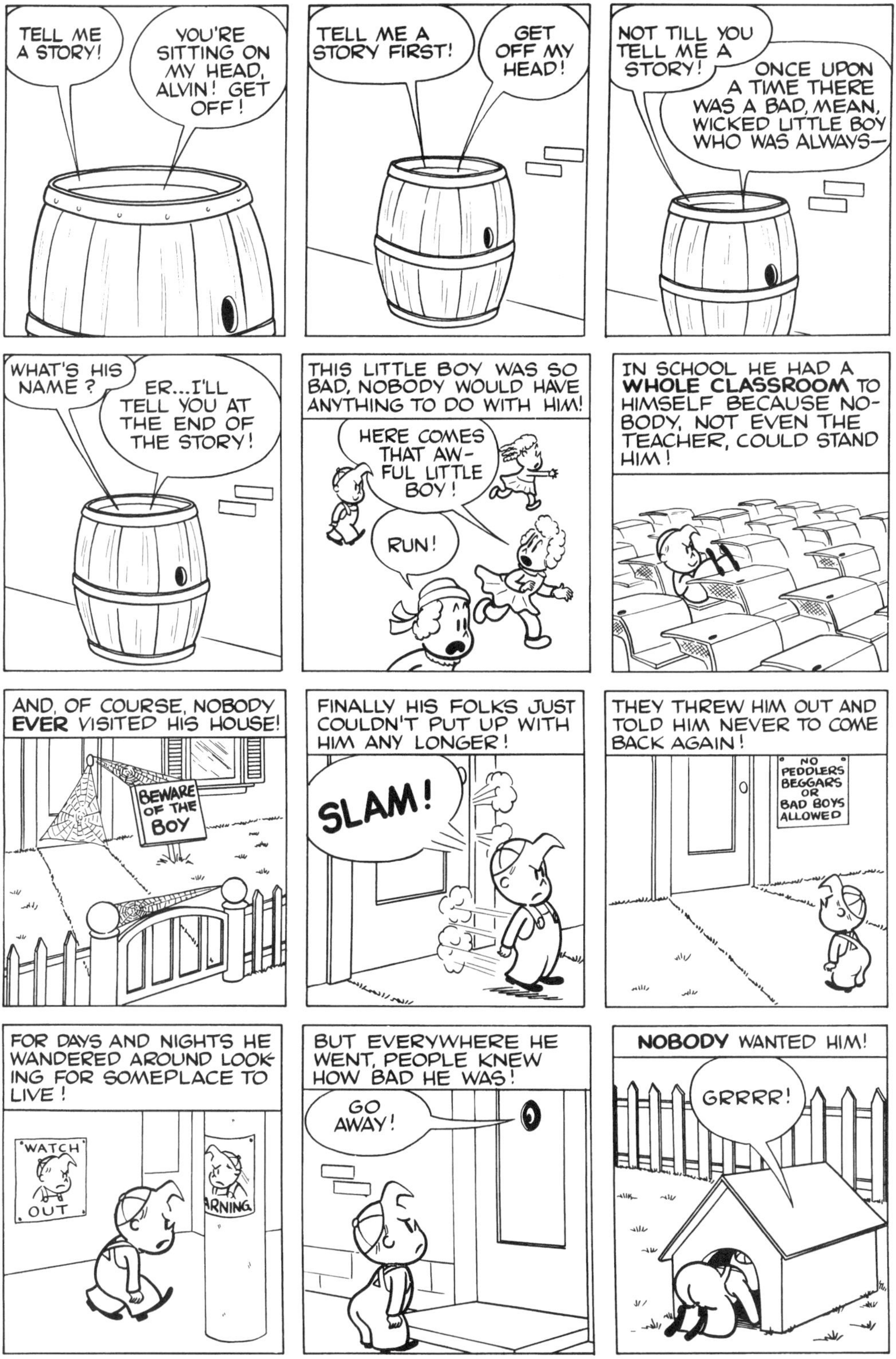
TELL ME A STORY!
YOU'RE SITTING ON MY HEAD, ALVIN! GET OFF!
TELL ME A STORY FIRST!
GET OFF MY HEAD!
NOT TILL YOU TELL ME A STORY!
ONCE UPON A TIME THERE WAS A BAD, MEAN, WICKED LITTLE BOY WHO WAS ALWAYS—
WHAT'S HIS NAME?
ER...I'LL TELL YOU AT THE END OF THE STORY!
THIS LITTLE BOY WAS SO BAD, NOBODY WOULD HAVE ANYTHING TO DO WITH HIM!
HERE COMES THAT AW-FUL LITTLE BOY!
RUN!
IN SCHOOL HE HAD A **WHOLE CLASSROOM** TO HIMSELF BECAUSE NO-BODY, NOT EVEN THE TEACHER, COULD STAND HIM!
AND, OF COURSE, NOBODY **EVER** VISITED HIS HOUSE!
BEWARE OF THE BOY
FINALLY HIS FOLKS JUST COULDN'T PUT UP WITH HIM ANY LONGER!
SLAM!
THEY THREW HIM OUT AND TOLD HIM NEVER TO COME BACK AGAIN!
NO PEDDLERS BEGGARS OR BAD BOYS ALLOWED
FOR DAYS AND NIGHTS HE WANDERED AROUND LOOK-ING FOR SOMEPLACE TO LIVE!
WATCH OUT
ARNING
BUT EVERYWHERE HE WENT, PEOPLE KNEW HOW BAD HE WAS!
GO AWAY!
**NOBODY** WANTED HIM!
GRRRR!

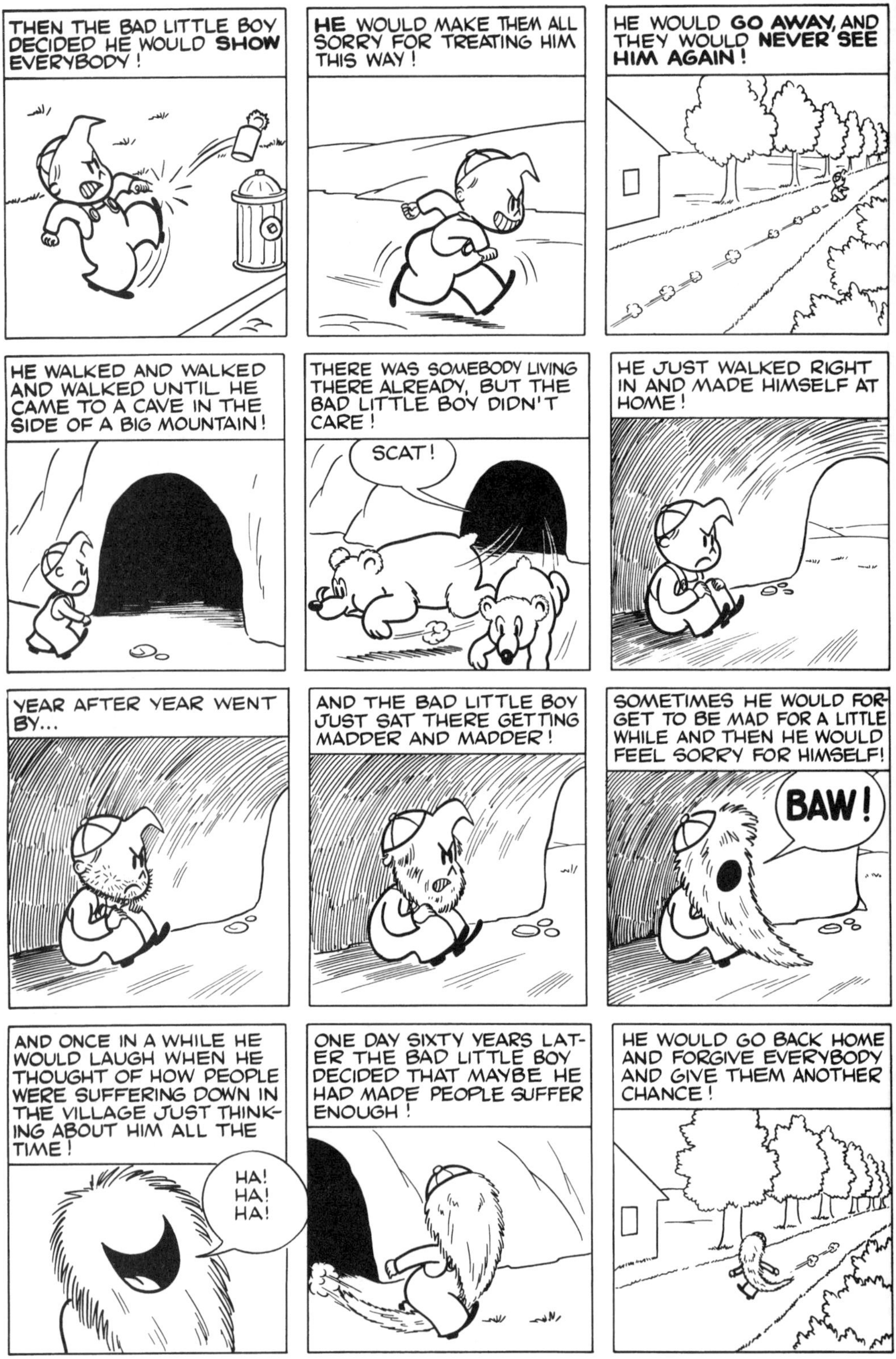
THEN THE BAD LITTLE BOY DECIDED HE WOULD **SHOW** EVERYBODY!
**HE** WOULD MAKE THEM ALL SORRY FOR TREATING HIM THIS WAY!
HE WOULD **GO AWAY**, AND THEY WOULD **NEVER SEE HIM AGAIN**!
HE WALKED AND WALKED AND WALKED UNTIL HE CAME TO A CAVE IN THE SIDE OF A BIG MOUNTAIN!
THERE WAS SOMEBODY LIVING THERE ALREADY, BUT THE BAD LITTLE BOY DIDN'T CARE!
SCAT!
HE JUST WALKED RIGHT IN AND MADE HIMSELF AT HOME!
YEAR AFTER YEAR WENT BY...
AND THE BAD LITTLE BOY JUST SAT THERE GETTING MADDER AND MADDER!
SOMETIMES HE WOULD FORGET TO BE MAD FOR A LITTLE WHILE AND THEN HE WOULD FEEL SORRY FOR HIMSELF!
BAW!
AND ONCE IN A WHILE HE WOULD LAUGH WHEN HE THOUGHT OF HOW PEOPLE WERE SUFFERING DOWN IN THE VILLAGE JUST THINKING ABOUT HIM ALL THE TIME!
HA! HA! HA!
ONE DAY SIXTY YEARS LATER THE BAD LITTLE BOY DECIDED THAT MAYBE HE HAD MADE PEOPLE SUFFER ENOUGH!
HE WOULD GO BACK HOME AND FORGIVE EVERYBODY AND GIVE THEM ANOTHER CHANCE!

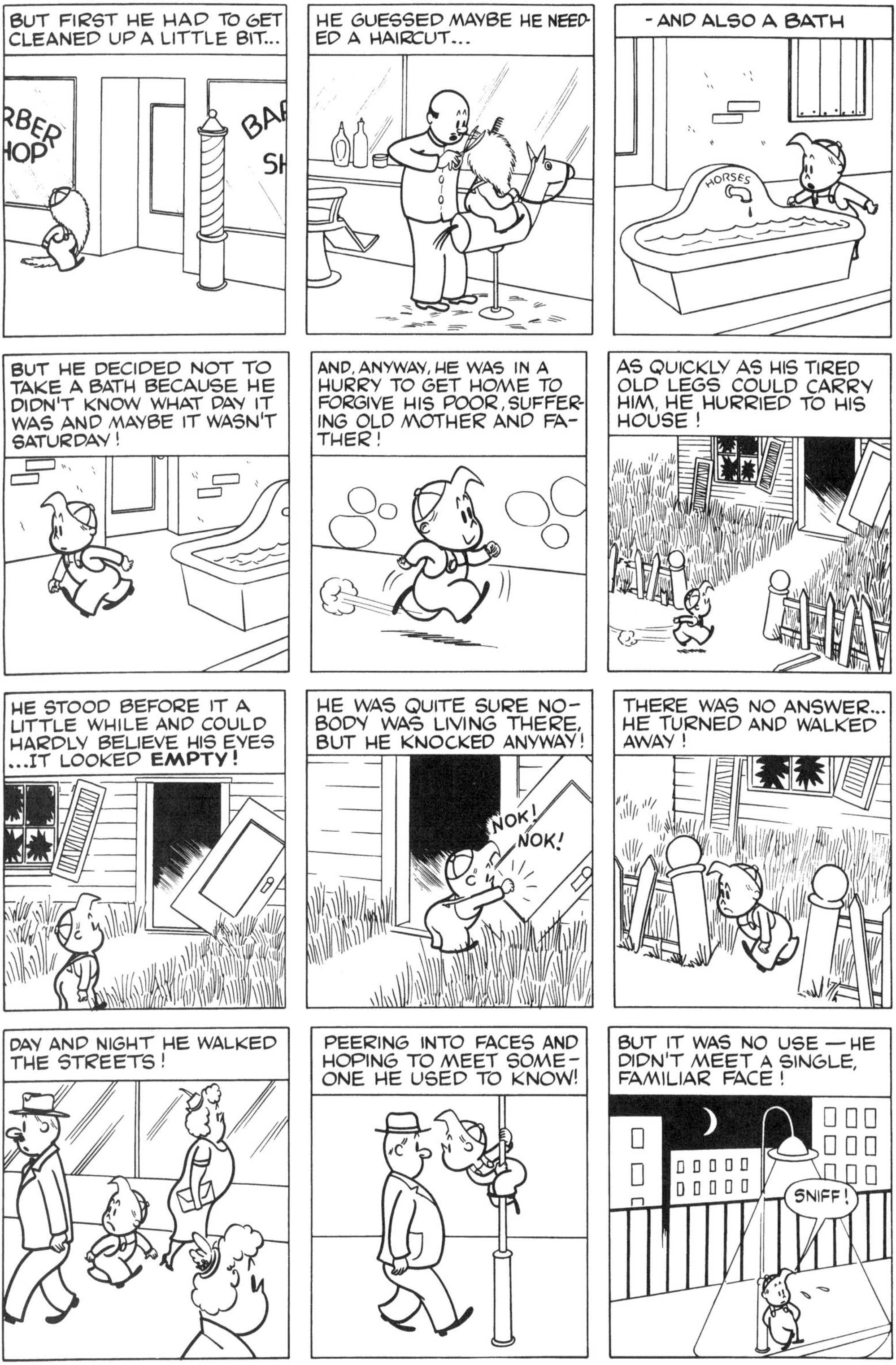
BUT FIRST HE HAD TO GET CLEANED UP A LITTLE BIT...
HE GUESSED MAYBE HE NEEDED A HAIRCUT...
- AND ALSO A BATH
HORSES
BUT HE DECIDED NOT TO TAKE A BATH BECAUSE HE DIDN'T KNOW WHAT DAY IT WAS AND MAYBE IT WASN'T SATURDAY!
AND, ANYWAY, HE WAS IN A HURRY TO GET HOME TO FORGIVE HIS POOR, SUFFERING OLD MOTHER AND FATHER!
AS QUICKLY AS HIS TIRED OLD LEGS COULD CARRY HIM, HE HURRIED TO HIS HOUSE!
HE STOOD BEFORE IT A LITTLE WHILE AND COULD HARDLY BELIEVE HIS EYES ...IT LOOKED EMPTY!
HE WAS QUITE SURE NOBODY WAS LIVING THERE, BUT HE KNOCKED ANYWAY!
NOK!
NOK!
THERE WAS NO ANSWER... HE TURNED AND WALKED AWAY!
DAY AND NIGHT HE WALKED THE STREETS!
PEERING INTO FACES AND HOPING TO MEET SOMEONE HE USED TO KNOW!
BUT IT WAS NO USE — HE DIDN'T MEET A SINGLE, FAMILIAR FACE!
SNIFF!

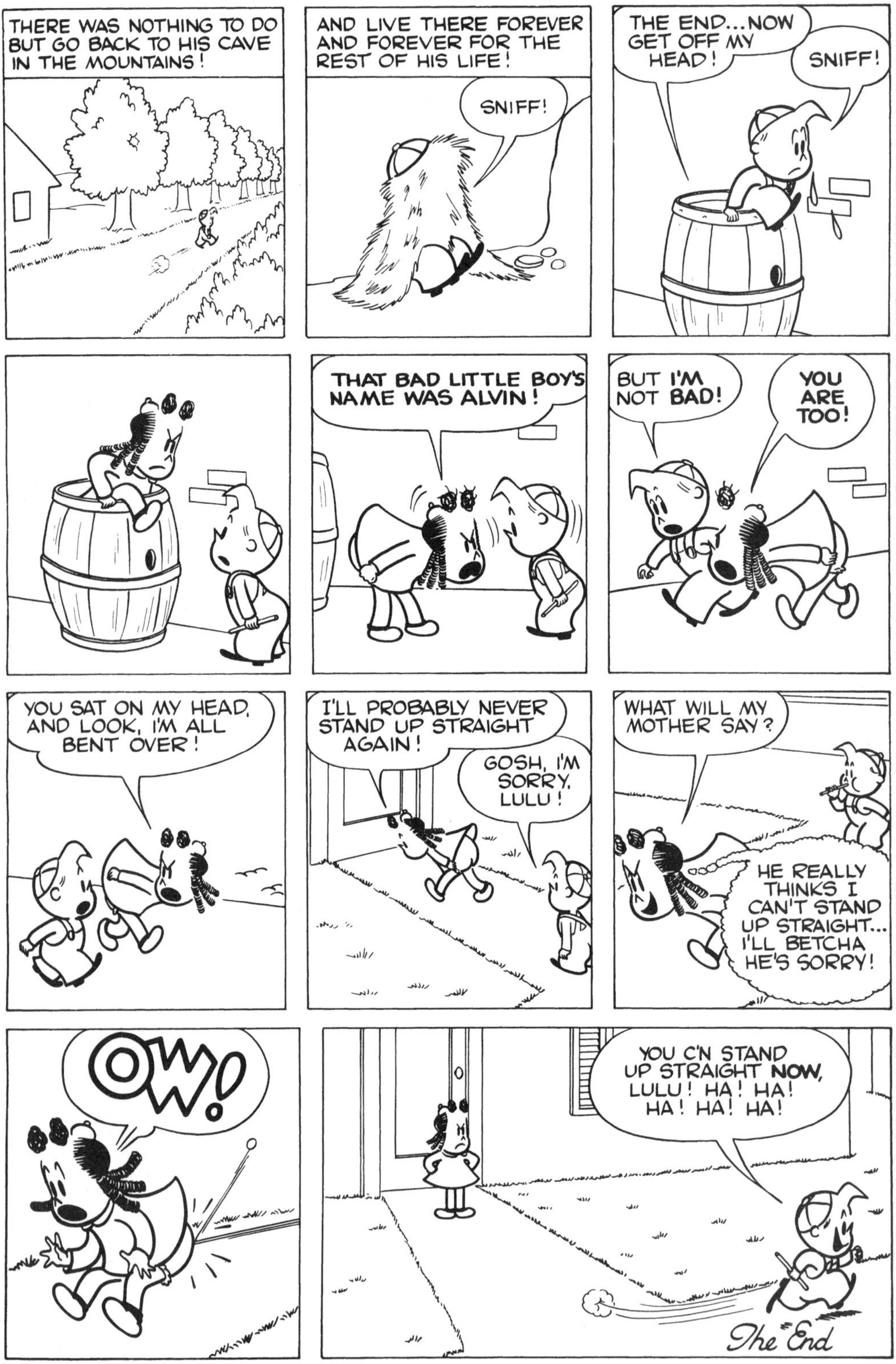
THERE WAS NOTHING TO DO BUT GO BACK TO HIS CAVE IN THE MOUNTAINS!
AND LIVE THERE FOREVER AND FOREVER FOR THE REST OF HIS LIFE!
SNIFF!
THE END...NOW GET OFF MY HEAD!
SNIFF!
THAT BAD LITTLE BOY'S NAME WAS ALVIN!
BUT I'M NOT BAD!
YOU ARE TOO!
YOU SAT ON MY HEAD, AND LOOK, I'M ALL BENT OVER!
I'LL PROBABLY NEVER STAND UP STRAIGHT AGAIN!
GOSH, I'M SORRY, LULU!
WHAT WILL MY MOTHER SAY?
HE REALLY THINKS I CAN'T STAND UP STRAIGHT... I'LL BETCHA HE'S SORRY!
OW!
YOU C'N STAND UP STRAIGHT NOW, LULU! HA! HA! HA! HA! HA!
The End

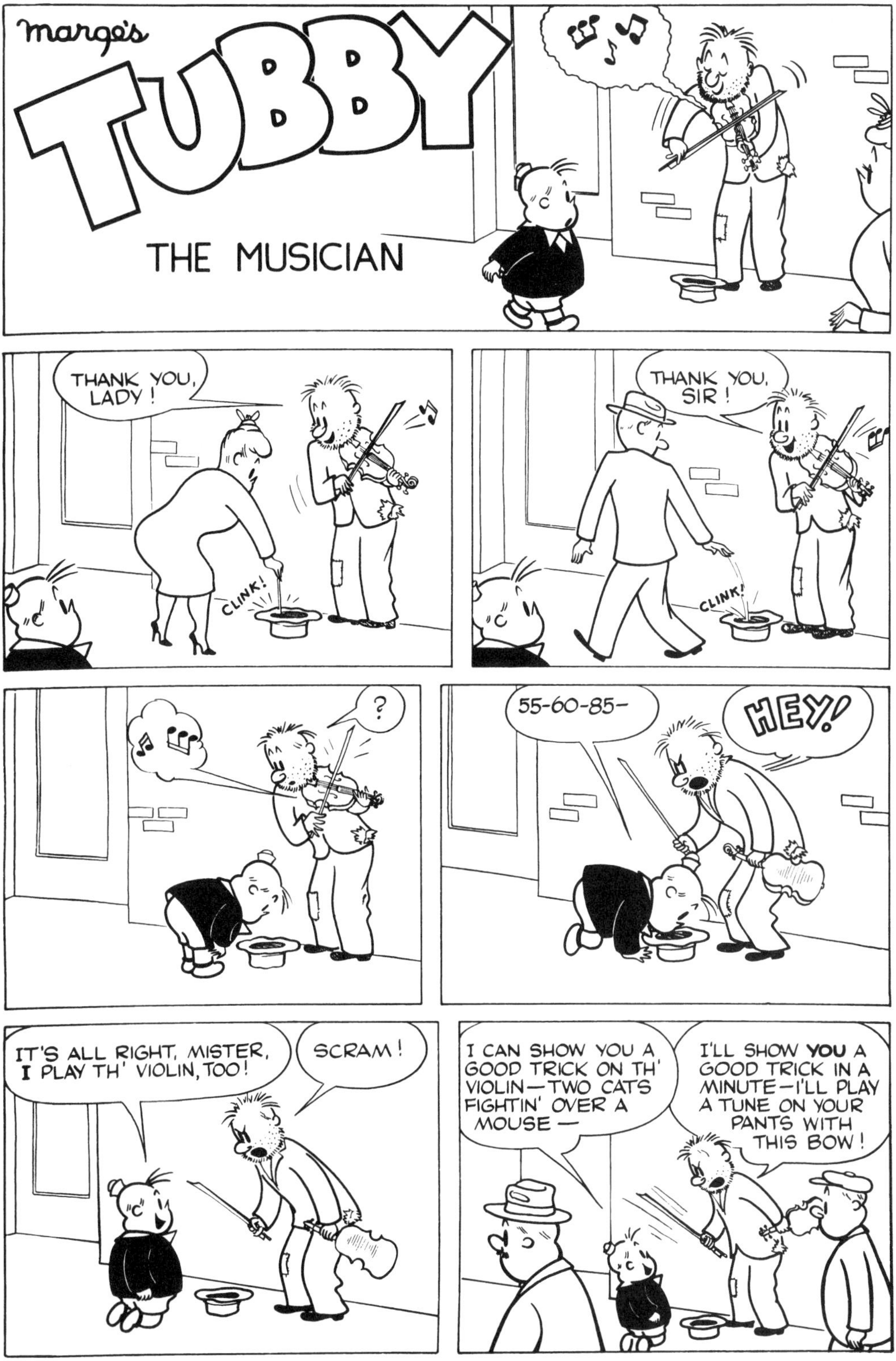
marge's
TUBBY
THE MUSICIAN
THANK YOU, LADY!
CLINK!
THANK YOU, SIR!
CLINK!
?
55-60-85-
HEY!
IT'S ALL RIGHT, MISTER, I PLAY TH' VIOLIN, TOO!
SCRAM!
I CAN SHOW YOU A GOOD TRICK ON TH' VIOLIN—TWO CATS FIGHTIN' OVER A MOUSE—
I'LL SHOW YOU A GOOD TRICK IN A MINUTE—I'LL PLAY A TUNE ON YOUR PANTS WITH THIS BOW!

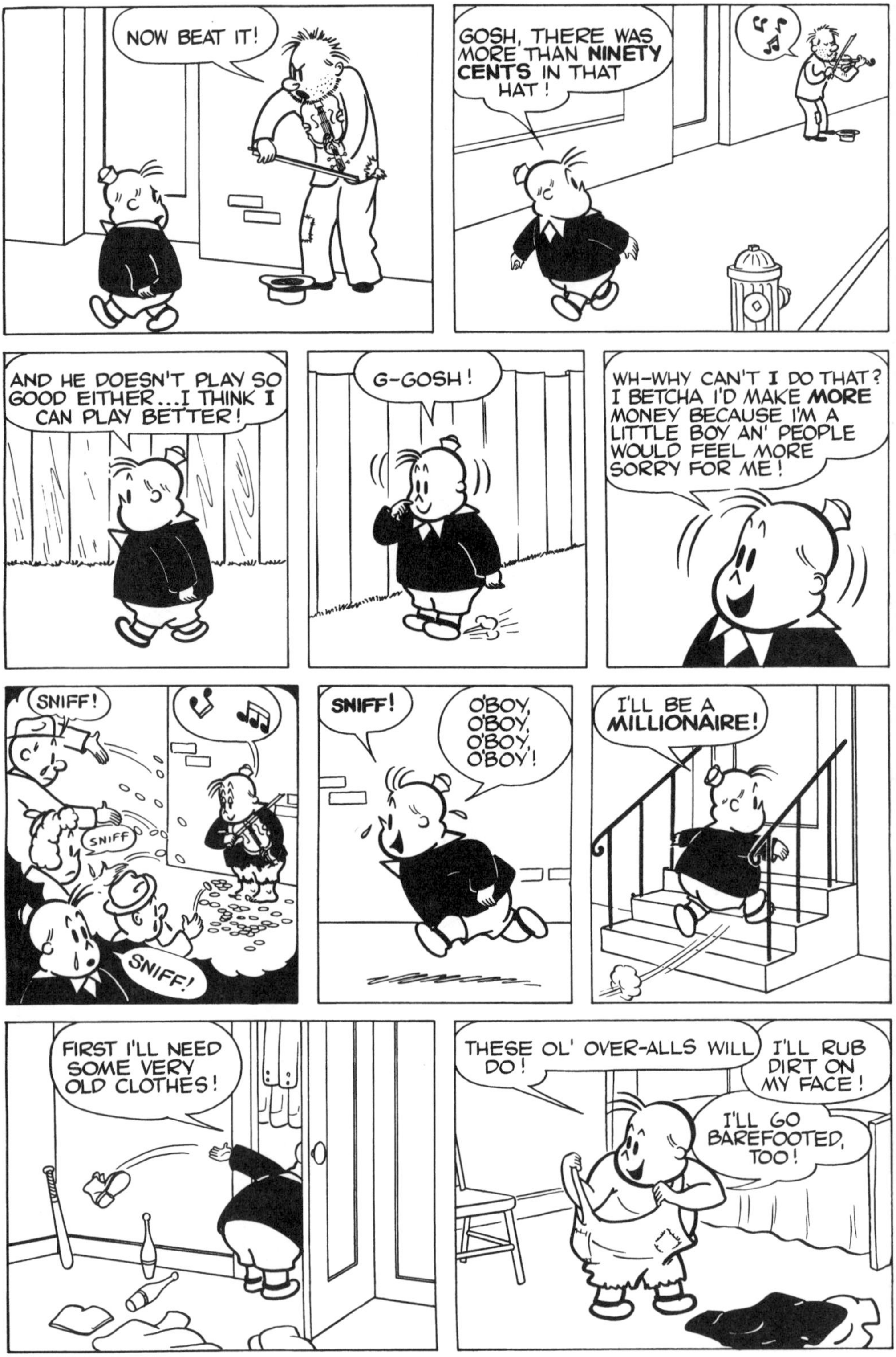
NOW BEAT IT!
GOSH, THERE WAS MORE THAN NINETY CENTS IN THAT HAT!
AND HE DOESN'T PLAY SO GOOD EITHER...I THINK I CAN PLAY BETTER!
G-GOSH!
WH-WHY CAN'T I DO THAT? I BETCHA I'D MAKE MORE MONEY BECAUSE I'M A LITTLE BOY AN' PEOPLE WOULD FEEL MORE SORRY FOR ME!
SNIFF!
SNIFF
SNIFF!
SNIFF!
O'BOY, O'BOY, O'BOY, O'BOY!
I'LL BE A MILLIONAIRE!
FIRST I'LL NEED SOME VERY OLD CLOTHES!
THESE OL' OVER-ALLS WILL DO!
I'LL RUB DIRT ON MY FACE!
I'LL GO BAREFOOTED, TOO!

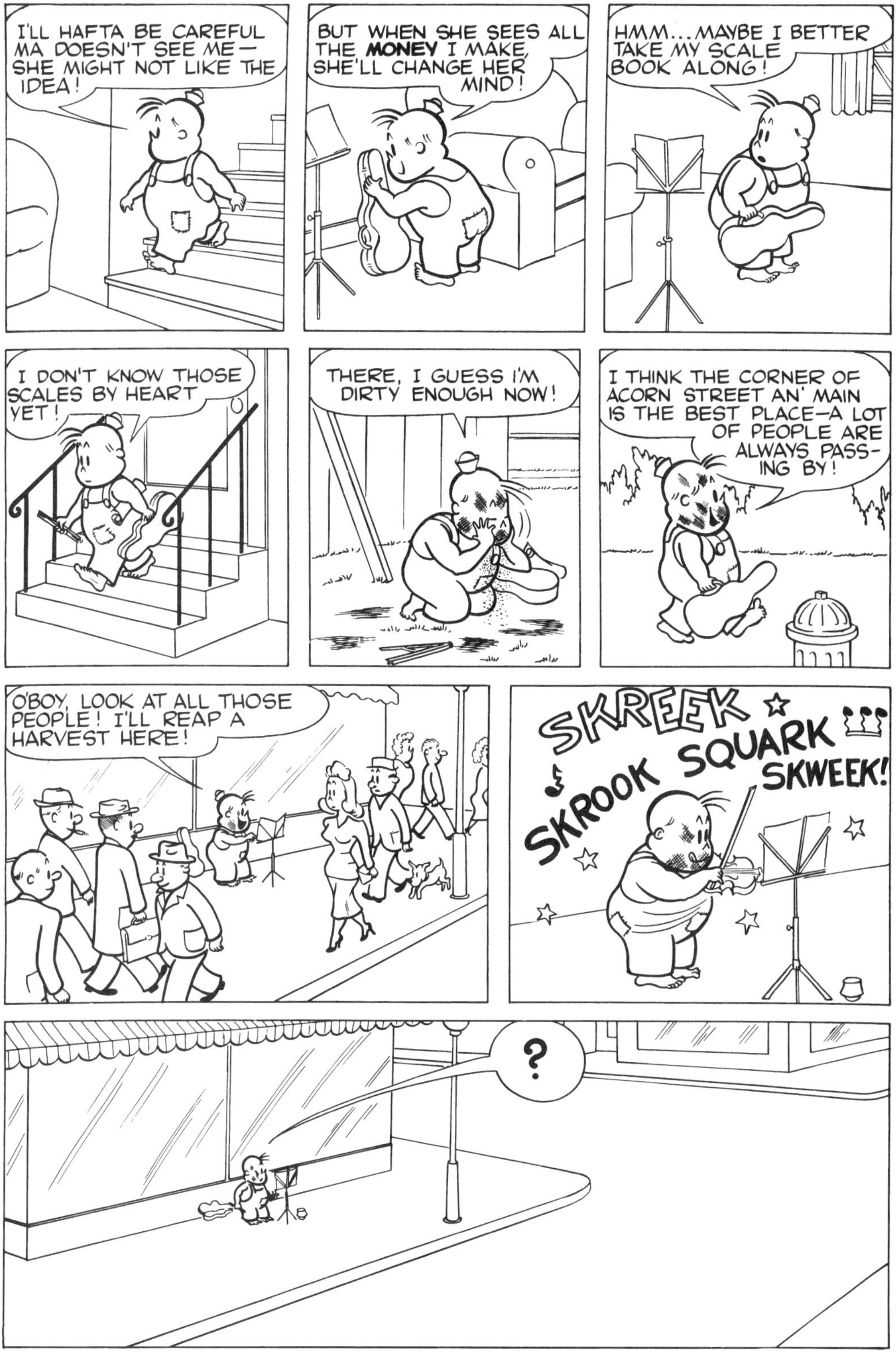
I'LL HAFTA BE CAREFUL MA DOESN'T SEE ME— SHE MIGHT NOT LIKE THE IDEA!
BUT WHEN SHE SEES ALL THE **MONEY** I MAKE, SHE'LL CHANGE HER MIND!
HMM...MAYBE I BETTER TAKE MY SCALE BOOK ALONG!
I DON'T KNOW THOSE SCALES BY HEART YET!
THERE, I GUESS I'M DIRTY ENOUGH NOW!
I THINK THE CORNER OF ACORN STREET AN' MAIN IS THE BEST PLACE—A LOT OF PEOPLE ARE ALWAYS PASSING BY!
O'BOY, LOOK AT ALL THOSE PEOPLE! I'LL REAP A HARVEST HERE!
SKREEK
SKROOK SQUARK
SKWEEK!
?

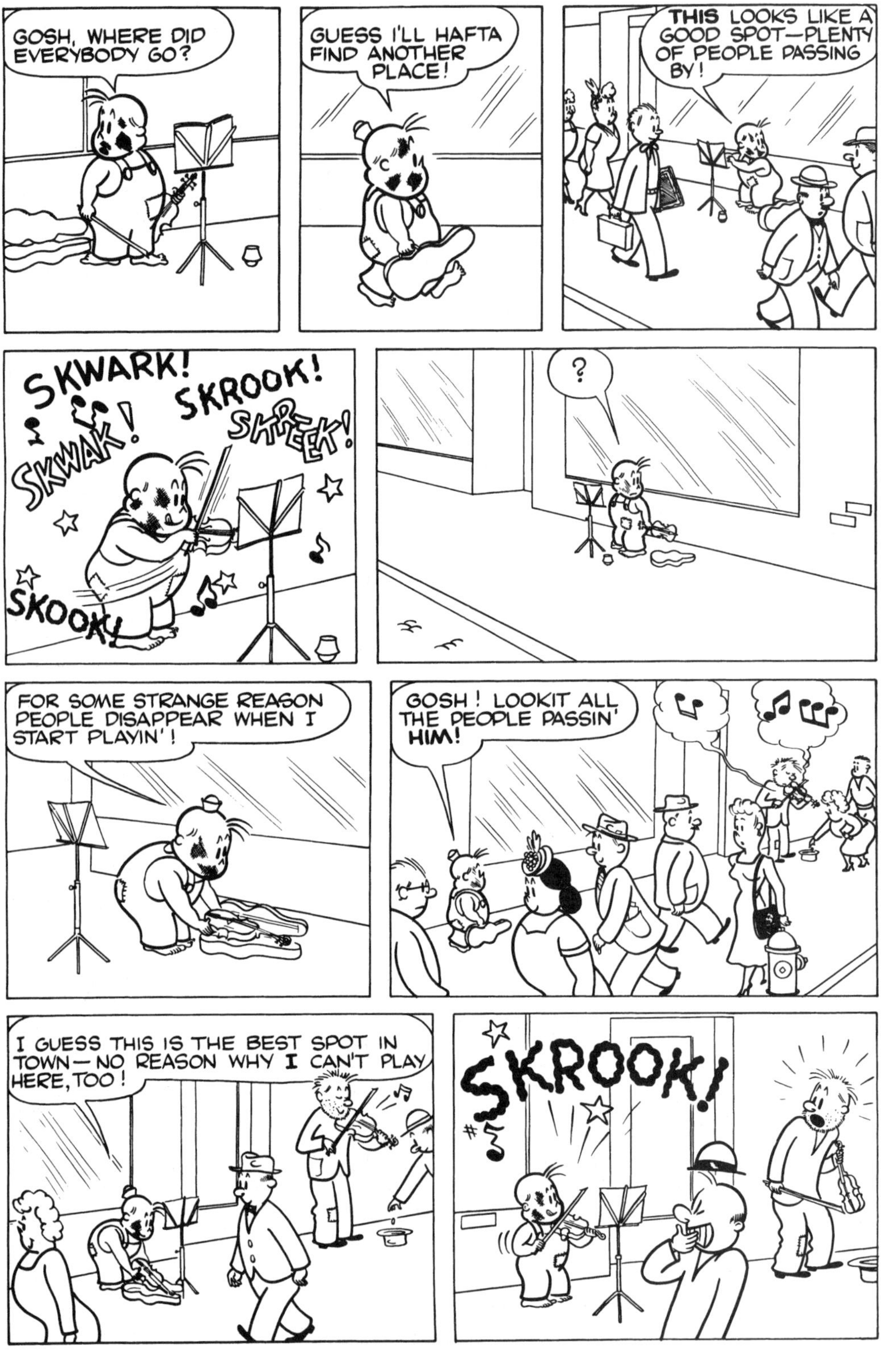
GOSH, WHERE DID EVERYBODY GO?
GUESS I'LL HAFTA FIND ANOTHER PLACE!
THIS LOOKS LIKE A GOOD SPOT—PLENTY OF PEOPLE PASSING BY!
SKWARK!
SKROOK!
SKWAK!
SKREEK!
SKOOK!
?
FOR SOME STRANGE REASON PEOPLE DISAPPEAR WHEN I START PLAYIN'!
GOSH! LOOKIT ALL THE PEOPLE PASSIN' HIM!
I GUESS THIS IS THE BEST SPOT IN TOWN—NO REASON WHY I CAN'T PLAY HERE, TOO!
SKROOK!

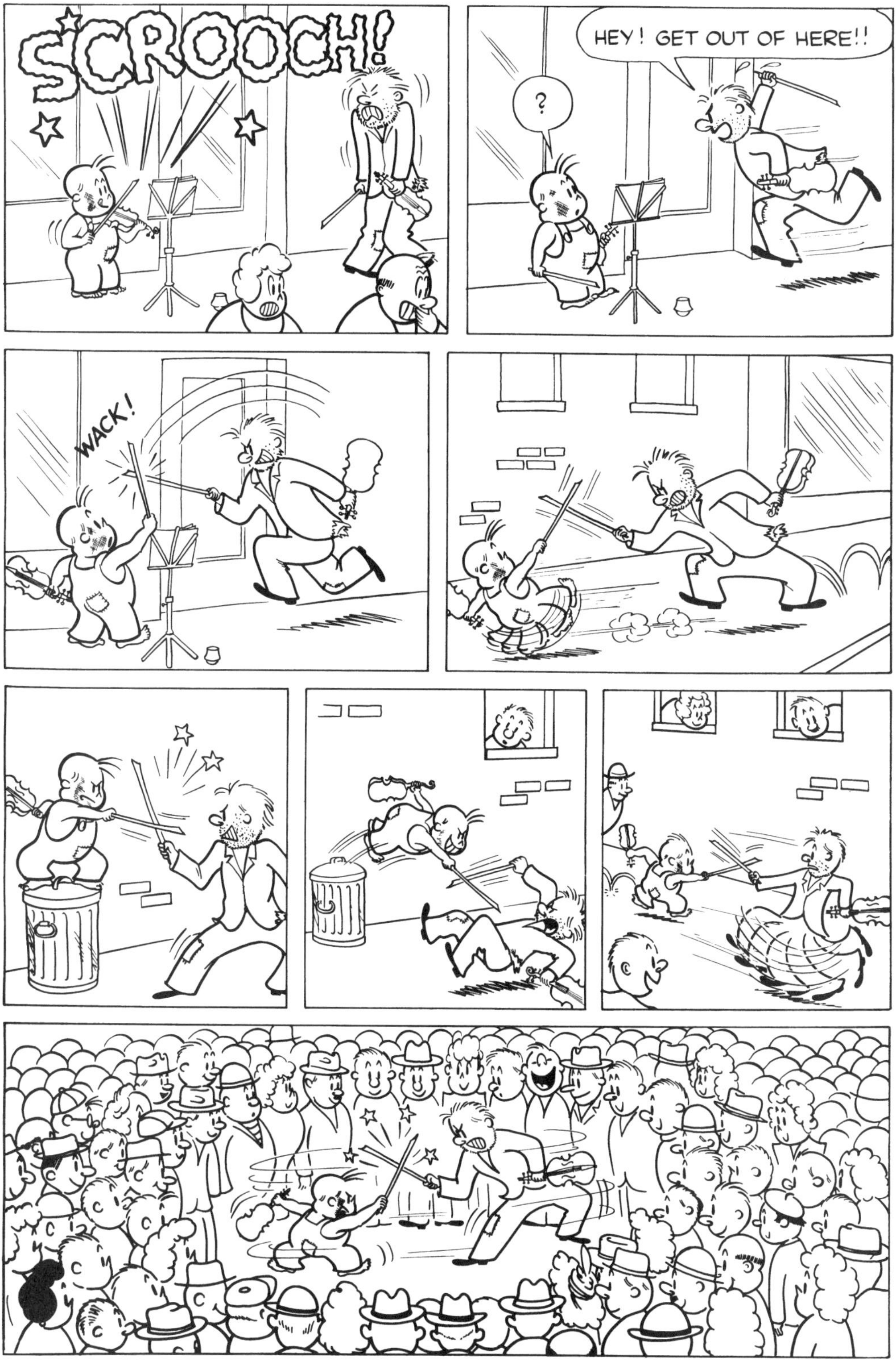
SCROOCH!
HEY! GET OUT OF HERE!!
?
WACK!

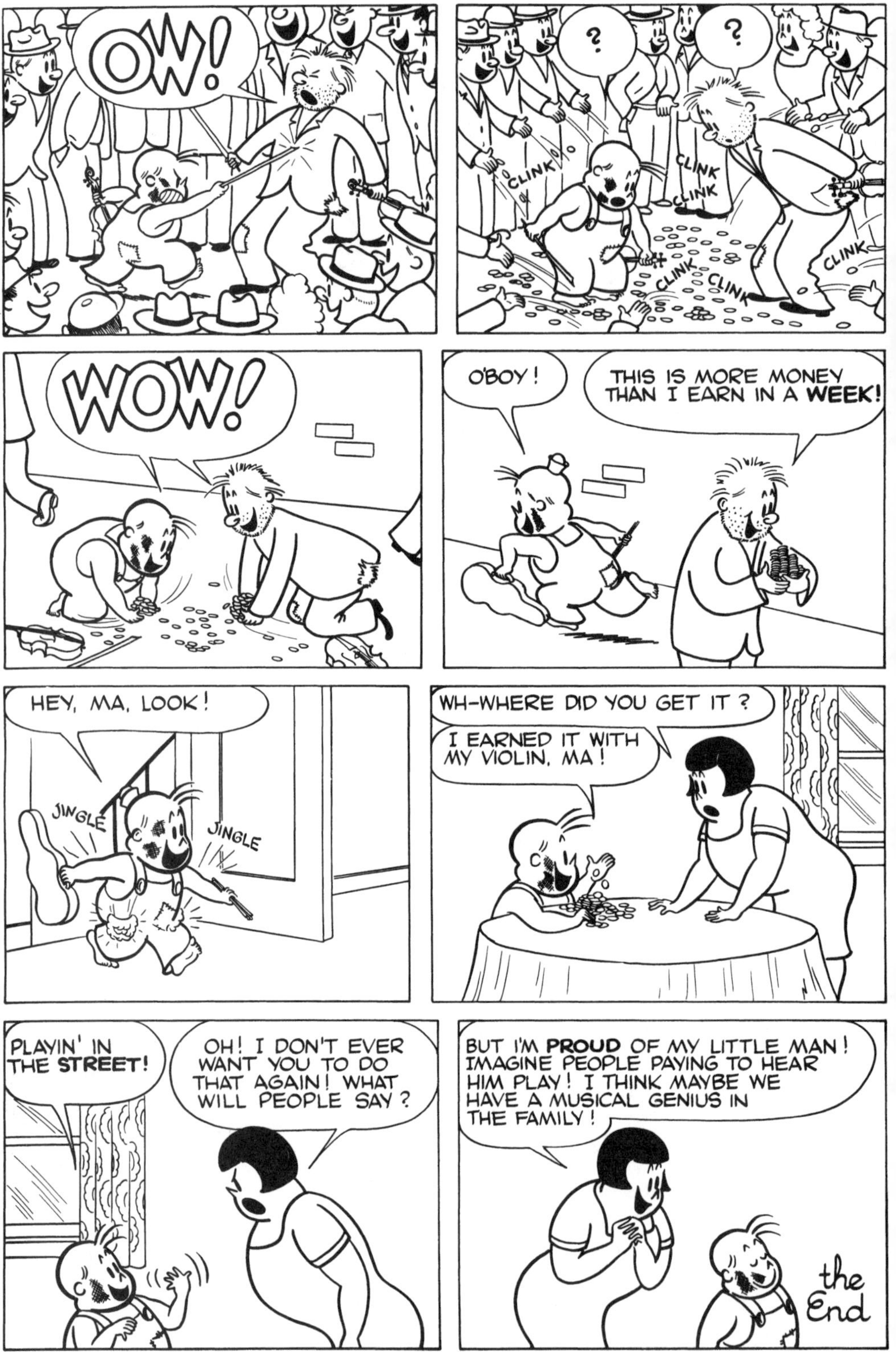

OW!
?
?
CLINK
CLINK
CLINK
CLINK
CLINK
CLINK
WOW!
O'BOY!
THIS IS MORE MONEY THAN I EARN IN A WEEK!
HEY, MA, LOOK!
JINGLE
JINGLE
WH-WHERE DID YOU GET IT?
I EARNED IT WITH MY VIOLIN, MA!
PLAYIN' IN THE STREET!
OH! I DON'T EVER WANT YOU TO DO THAT AGAIN! WHAT WILL PEOPLE SAY?
BUT I'M PROUD OF MY LITTLE MAN! IMAGINE PEOPLE PAYING TO HEAR HIM PLAY! I THINK MAYBE WE HAVE A MUSICAL GENIUS IN THE FAMILY!
the End

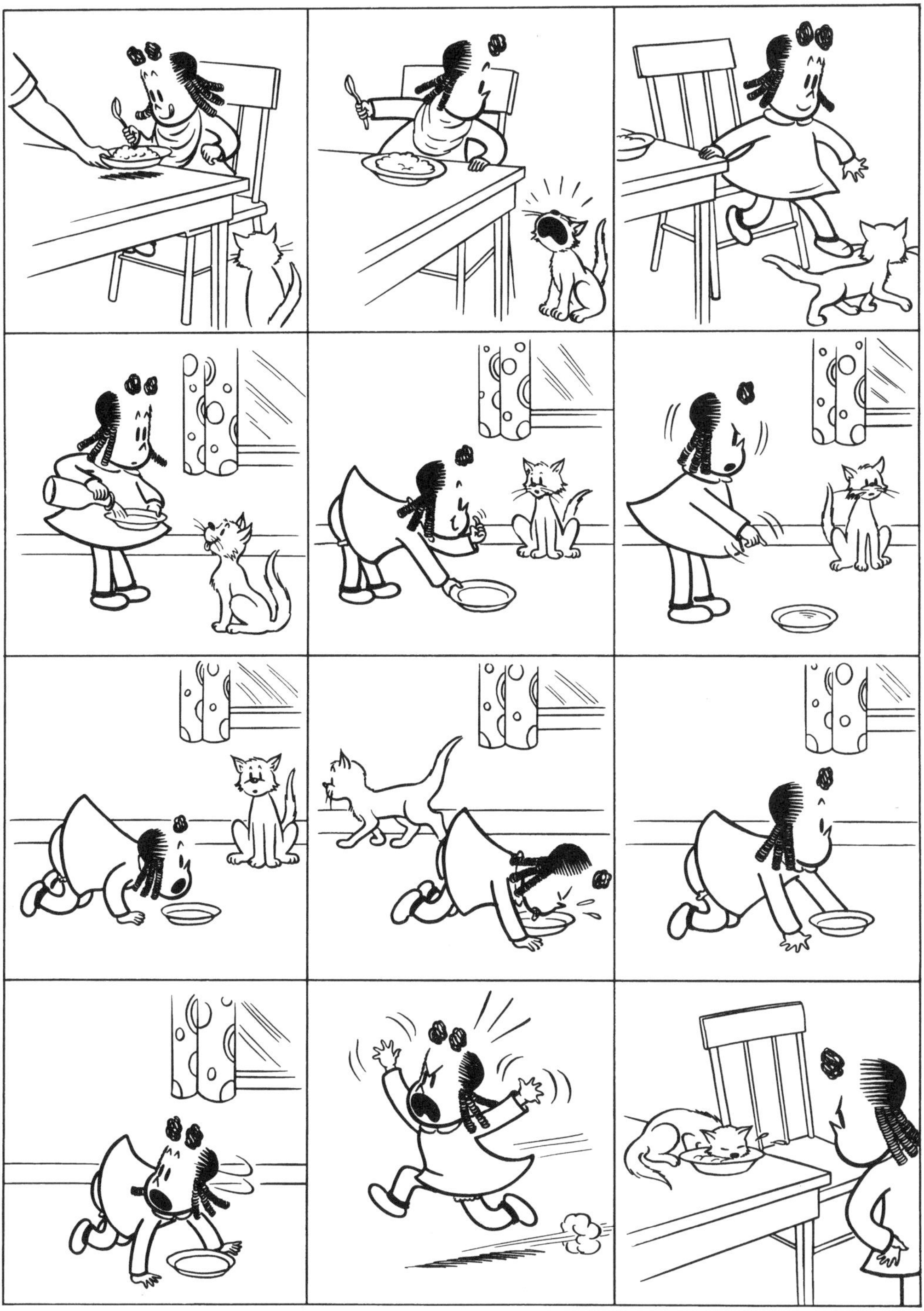

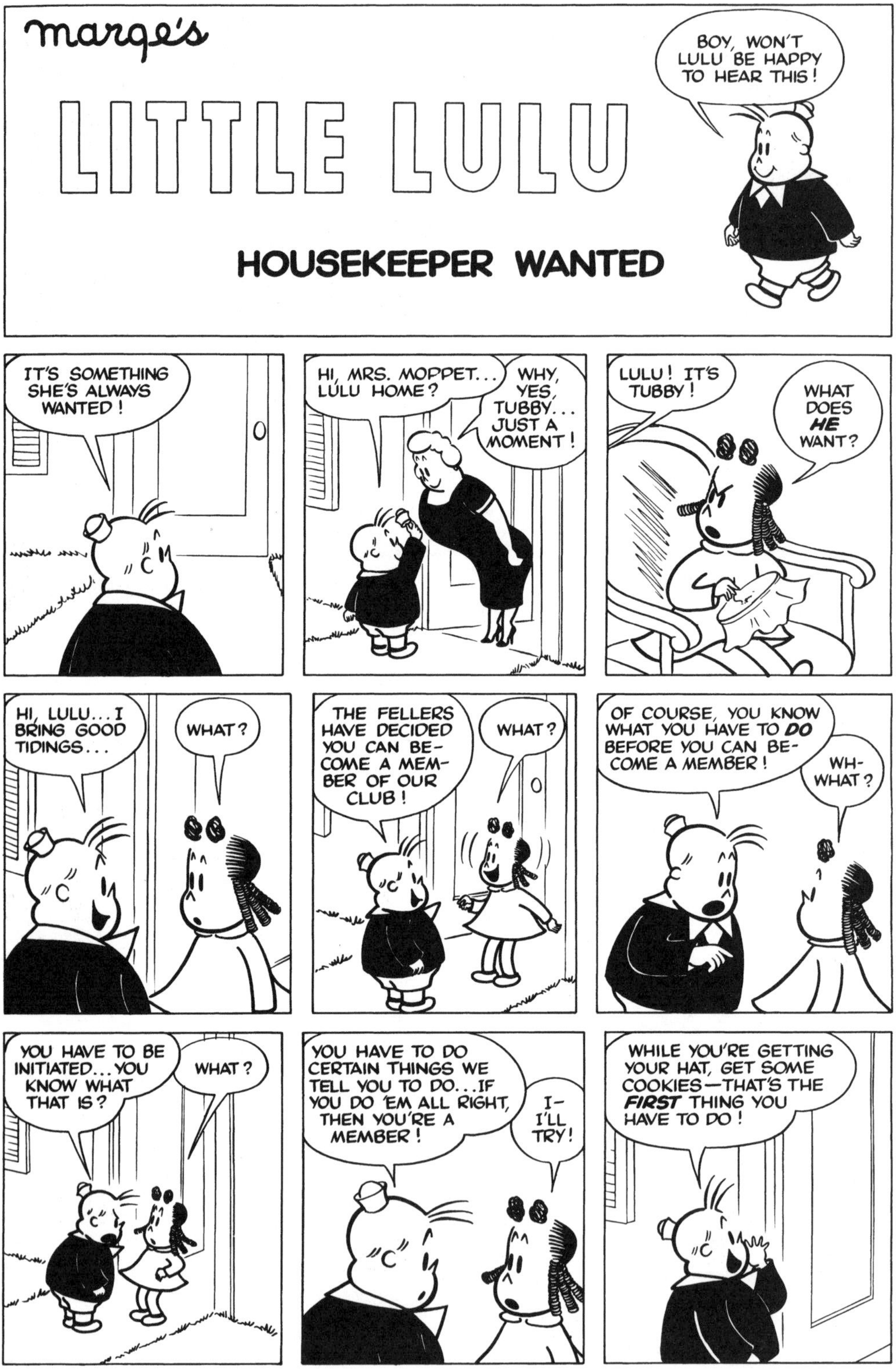
marge's
LITTLE LULU
HOUSEKEEPER WANTED
BOY, WON'T LULU BE HAPPY TO HEAR THIS!
IT'S SOMETHING SHE'S ALWAYS WANTED!
HI, MRS. MOPPET... LULU HOME?
WHY, YES, TUBBY... JUST A MOMENT!
LULU! IT'S TUBBY!
WHAT DOES HE WANT?
HI, LULU... I BRING GOOD TIDINGS...
WHAT?
THE FELLERS HAVE DECIDED YOU CAN BECOME A MEMBER OF OUR CLUB!
WHAT?
OF COURSE, YOU KNOW WHAT YOU HAVE TO DO BEFORE YOU CAN BECOME A MEMBER!
WH-WHAT?
YOU HAVE TO BE INITIATED... YOU KNOW WHAT THAT IS?
WHAT?
YOU HAVE TO DO CERTAIN THINGS WE TELL YOU TO DO... IF YOU DO 'EM ALL RIGHT, THEN YOU'RE A MEMBER!
I- I'LL TRY!
WHILE YOU'RE GETTING YOUR HAT, GET SOME COOKIES—THAT'S THE FIRST THING YOU HAVE TO DO!

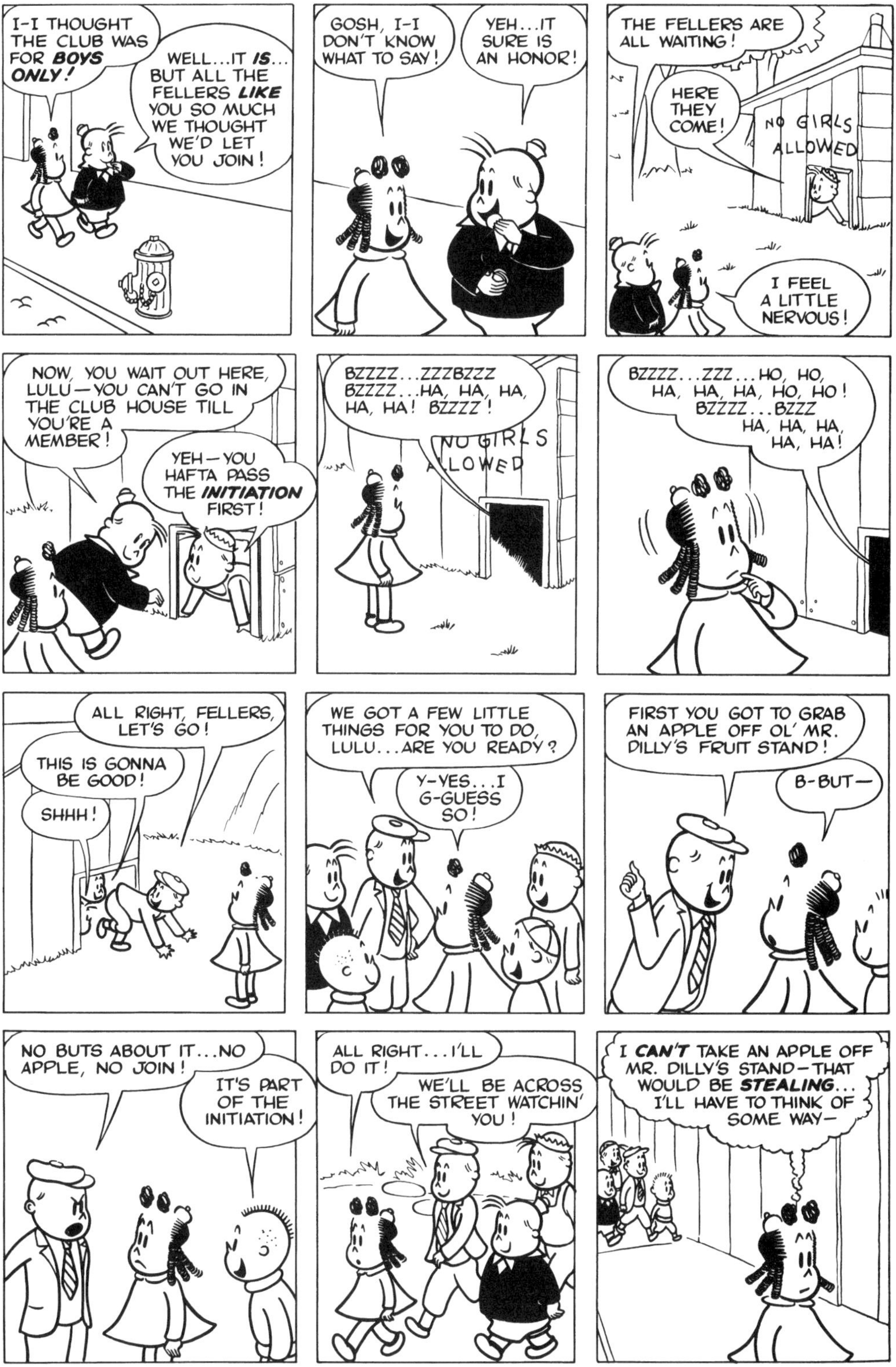
I-I THOUGHT THE CLUB WAS FOR **BOYS ONLY**!
WELL...IT **IS**... BUT ALL THE FELLERS **LIKE** YOU SO MUCH WE THOUGHT WE'D LET YOU JOIN!
GOSH, I-I DON'T KNOW WHAT TO SAY!
YEH...IT SURE IS AN HONOR!
THE FELLERS ARE ALL WAITING!
HERE THEY COME!
NO GIRLS ALLOWED
I FEEL A LITTLE NERVOUS!
NOW, YOU WAIT OUT HERE, LULU—YOU CAN'T GO IN THE CLUB HOUSE TILL YOU'RE A MEMBER!
YEH—YOU HAFTA PASS THE **INITIATION** FIRST!
BZZZZ...ZZZBZZZ BZZZZ...HA, HA, HA, HA, HA! BZZZZ!
NO GIRLS ALLOWED
BZZZZ...ZZZ...HO, HO, HA, HA, HA, HO, HO! BZZZZ...BZZZ HA, HA, HA, HA, HA!
ALL RIGHT, FELLERS, LET'S GO!
THIS IS GONNA BE GOOD!
SHHH!
WE GOT A FEW LITTLE THINGS FOR YOU TO DO, LULU...ARE YOU READY?
Y-YES...I G-GUESS SO!
FIRST YOU GOT TO GRAB AN APPLE OFF OL' MR. DILLY'S FRUIT STAND!
B-BUT—
NO BUTS ABOUT IT...NO APPLE, NO JOIN!
IT'S PART OF THE INITIATION!
ALL RIGHT...I'LL DO IT!
WE'LL BE ACROSS THE STREET WATCHIN' YOU!
I **CAN'T** TAKE AN APPLE OFF MR. DILLY'S STAND—THAT WOULD BE **STEALING**... I'LL HAVE TO THINK OF SOME WAY—

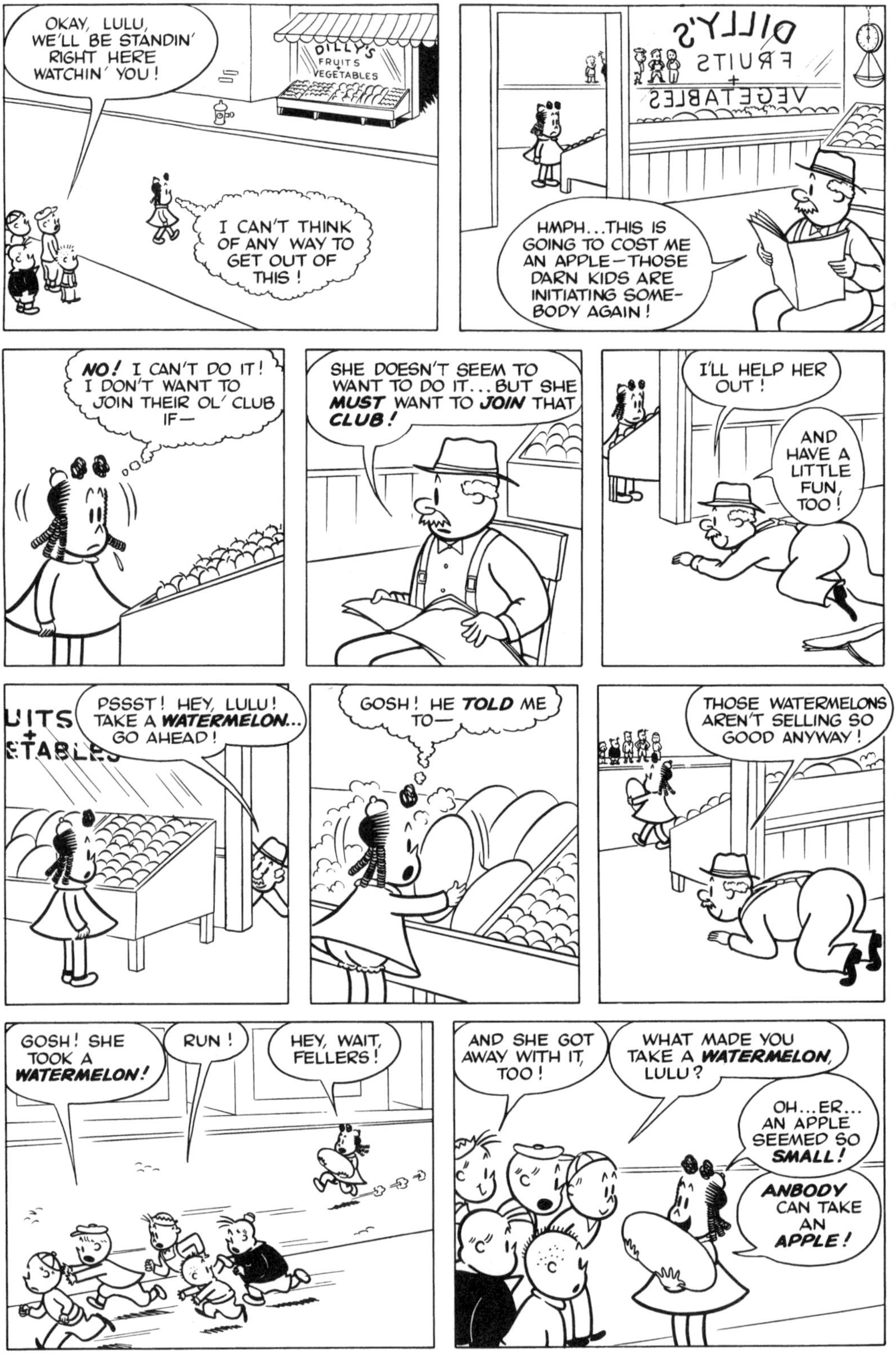
OKAY, LULU, WE'LL BE STANDIN' RIGHT HERE WATCHIN' YOU!
DILLY'S FRUITS + VEGETABLES
I CAN'T THINK OF ANY WAY TO GET OUT OF THIS!
DILLY'S FRUITS + VEGETABLES
HMPH...THIS IS GOING TO COST ME AN APPLE—THOSE DARN KIDS ARE INITIATING SOMEBODY AGAIN!
NO! I CAN'T DO IT! I DON'T WANT TO JOIN THEIR OL' CLUB IF—
SHE DOESN'T SEEM TO WANT TO DO IT...BUT SHE MUST WANT TO JOIN THAT CLUB!
I'LL HELP HER OUT!
AND HAVE A LITTLE FUN, TOO!
PSSST! HEY, LULU! TAKE A WATERMELON... GO AHEAD!
GOSH! HE TOLD ME TO—
THOSE WATERMELONS AREN'T SELLING SO GOOD ANYWAY!
GOSH! SHE TOOK A WATERMELON!
RUN!
HEY, WAIT, FELLERS!
AND SHE GOT AWAY WITH IT, TOO!
WHAT MADE YOU TAKE A WATERMELON, LULU?
OH...ER... AN APPLE SEEMED SO SMALL!
ANBODY CAN TAKE AN APPLE!

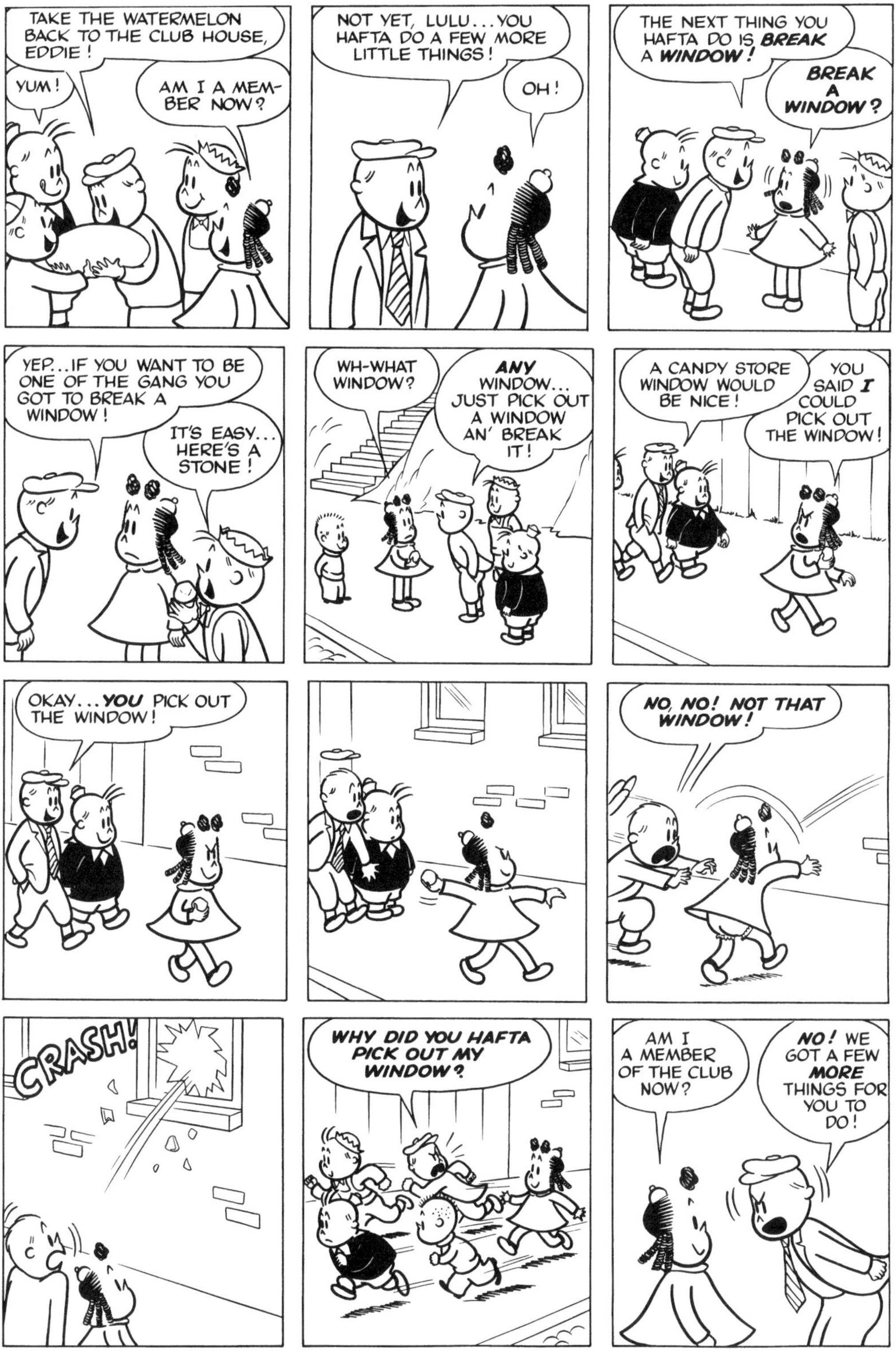
TAKE THE WATERMELON BACK TO THE CLUB HOUSE, EDDIE!
YUM!
AM I A MEMBER NOW?
NOT YET, LULU...YOU HAFTA DO A FEW MORE LITTLE THINGS!
OH!
THE NEXT THING YOU HAFTA DO IS BREAK A WINDOW!
BREAK A WINDOW?
YEP...IF YOU WANT TO BE ONE OF THE GANG YOU GOT TO BREAK A WINDOW!
IT'S EASY... HERE'S A STONE!
WH-WHAT WINDOW?
ANY WINDOW... JUST PICK OUT A WINDOW AN' BREAK IT!
A CANDY STORE WINDOW WOULD BE NICE!
YOU SAID I COULD PICK OUT THE WINDOW!
OKAY...YOU PICK OUT THE WINDOW!
NO, NO! NOT THAT WINDOW!
CRASH!
WHY DID YOU HAFTA PICK OUT MY WINDOW?
AM I A MEMBER OF THE CLUB NOW?
NO! WE GOT A FEW MORE THINGS FOR YOU TO DO!

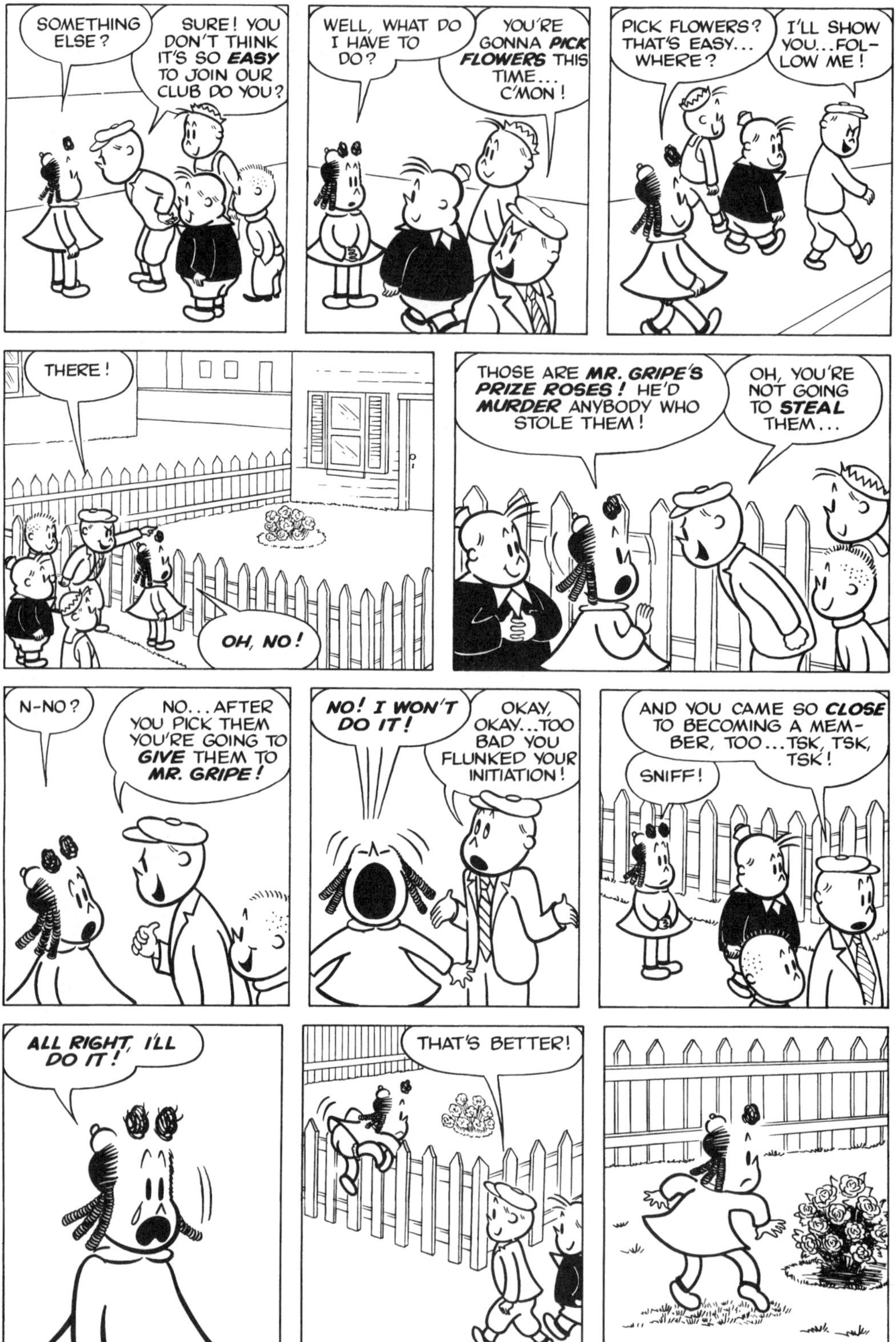
SOMETHING ELSE?
SURE! YOU DON'T THINK IT'S SO EASY TO JOIN OUR CLUB DO YOU?
WELL, WHAT DO I HAVE TO DO?
YOU'RE GONNA PICK FLOWERS THIS TIME... C'MON!
PICK FLOWERS? THAT'S EASY... WHERE?
I'LL SHOW YOU...FOL-LOW ME!
THERE!
OH, NO!
THOSE ARE MR. GRIPE'S PRIZE ROSES! HE'D MURDER ANYBODY WHO STOLE THEM!
OH, YOU'RE NOT GOING TO STEAL THEM...
N-NO?
NO...AFTER YOU PICK THEM YOU'RE GOING TO GIVE THEM TO MR. GRIPE!
NO! I WON'T DO IT!
OKAY, OKAY...TOO BAD YOU FLUNKED YOUR INITIATION!
AND YOU CAME SO CLOSE TO BECOMING A MEM-BER, TOO...TSK, TSK, TSK!
SNIFF!
ALL RIGHT, I'LL DO IT!
THAT'S BETTER!

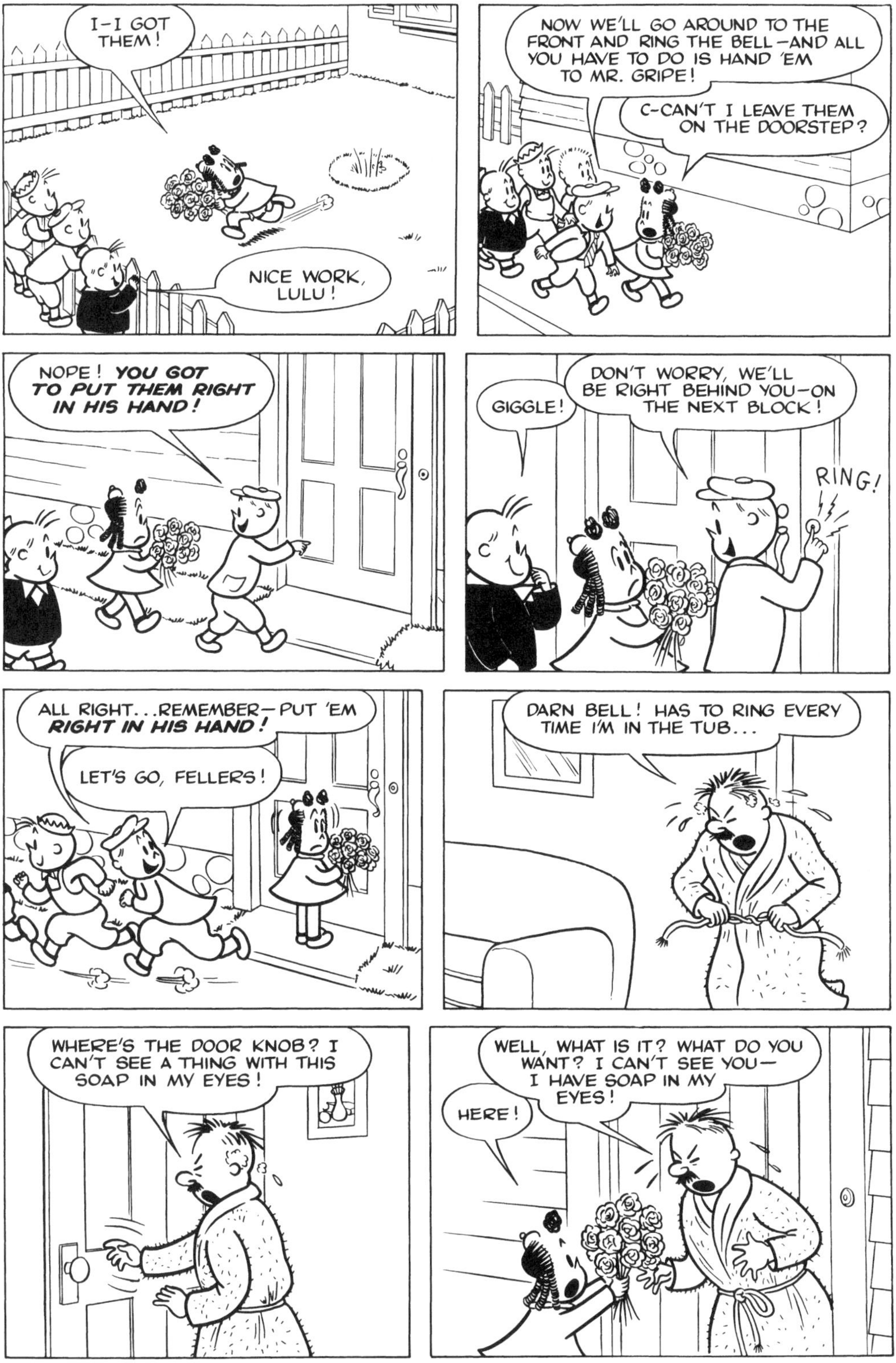
I-I GOT THEM!
NICE WORK, LULU!
NOW WE'LL GO AROUND TO THE FRONT AND RING THE BELL—AND ALL YOU HAVE TO DO IS HAND 'EM TO MR. GRIPE!
C-CAN'T I LEAVE THEM ON THE DOORSTEP?
NOPE! **YOU GOT TO PUT THEM RIGHT IN HIS HAND!**
GIGGLE!
DON'T WORRY, WE'LL BE RIGHT BEHIND YOU—ON THE NEXT BLOCK!
RING!
ALL RIGHT...REMEMBER—PUT 'EM **RIGHT IN HIS HAND!**
LET'S GO, FELLERS!
DARN BELL! HAS TO RING EVERY TIME I'M IN THE TUB...
WHERE'S THE DOOR KNOB? I CAN'T SEE A THING WITH THIS SOAP IN MY EYES!
WELL, WHAT IS IT? WHAT DO YOU WANT? I CAN'T SEE YOU—I HAVE SOAP IN MY EYES!
HERE!

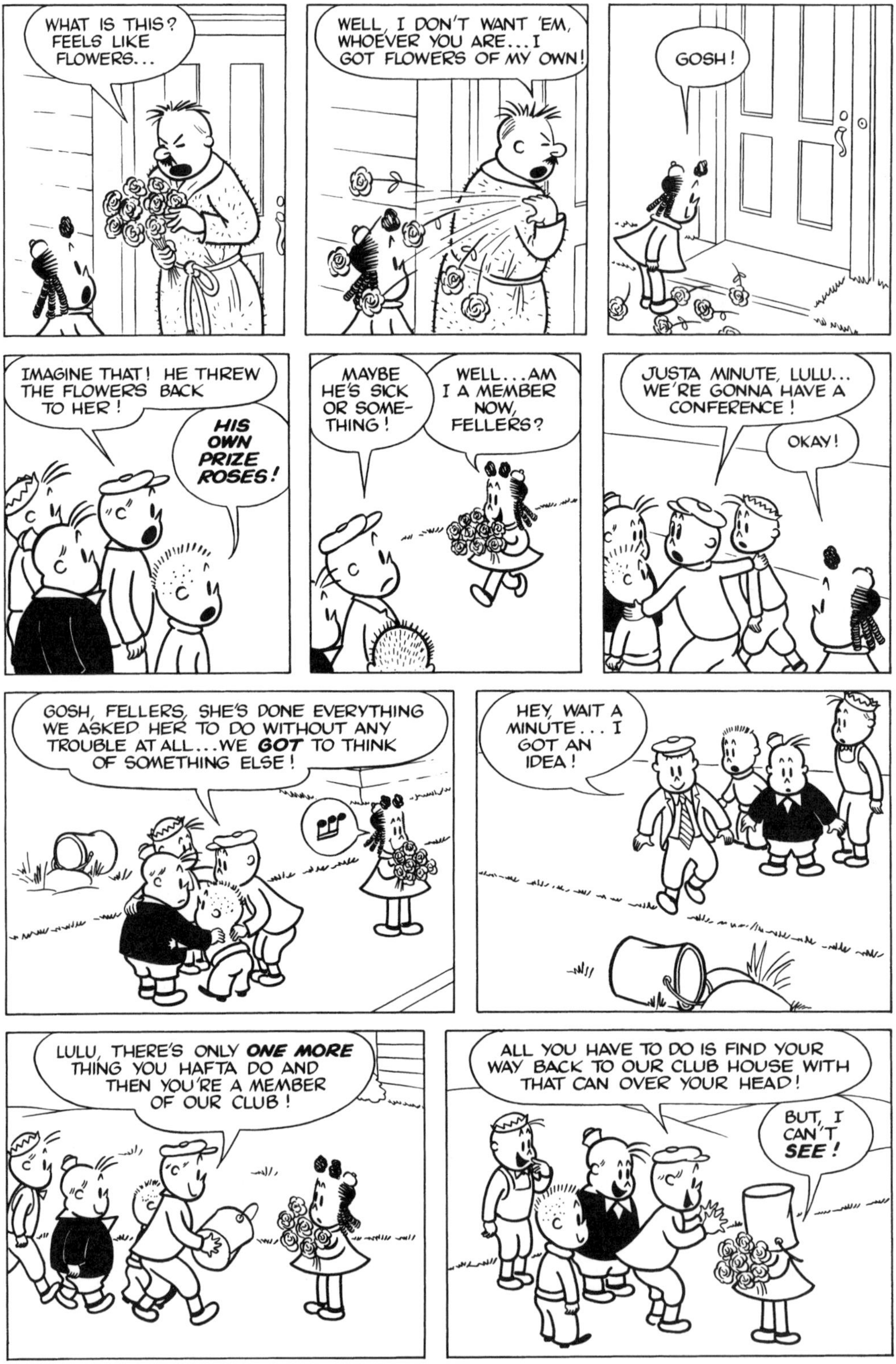
WHAT IS THIS? FEELS LIKE FLOWERS...
WELL, I DON'T WANT 'EM, WHOEVER YOU ARE... I GOT FLOWERS OF MY OWN!
GOSH!
IMAGINE THAT! HE THREW THE FLOWERS BACK TO HER!
HIS OWN PRIZE ROSES!
MAYBE HE'S SICK OR SOME-THING!
WELL... AM I A MEMBER NOW, FELLERS?
JUSTA MINUTE, LULU... WE'RE GONNA HAVE A CONFERENCE!
OKAY!
GOSH, FELLERS, SHE'S DONE EVERYTHING WE ASKED HER TO DO WITHOUT ANY TROUBLE AT ALL... WE GOT TO THINK OF SOMETHING ELSE!
HEY, WAIT A MINUTE... I GOT AN IDEA!
LULU, THERE'S ONLY ONE MORE THING YOU HAFTA DO AND THEN YOU'RE A MEMBER OF OUR CLUB!
ALL YOU HAVE TO DO IS FIND YOUR WAY BACK TO OUR CLUB HOUSE WITH THAT CAN OVER YOUR HEAD!
BUT, I CAN'T SEE!

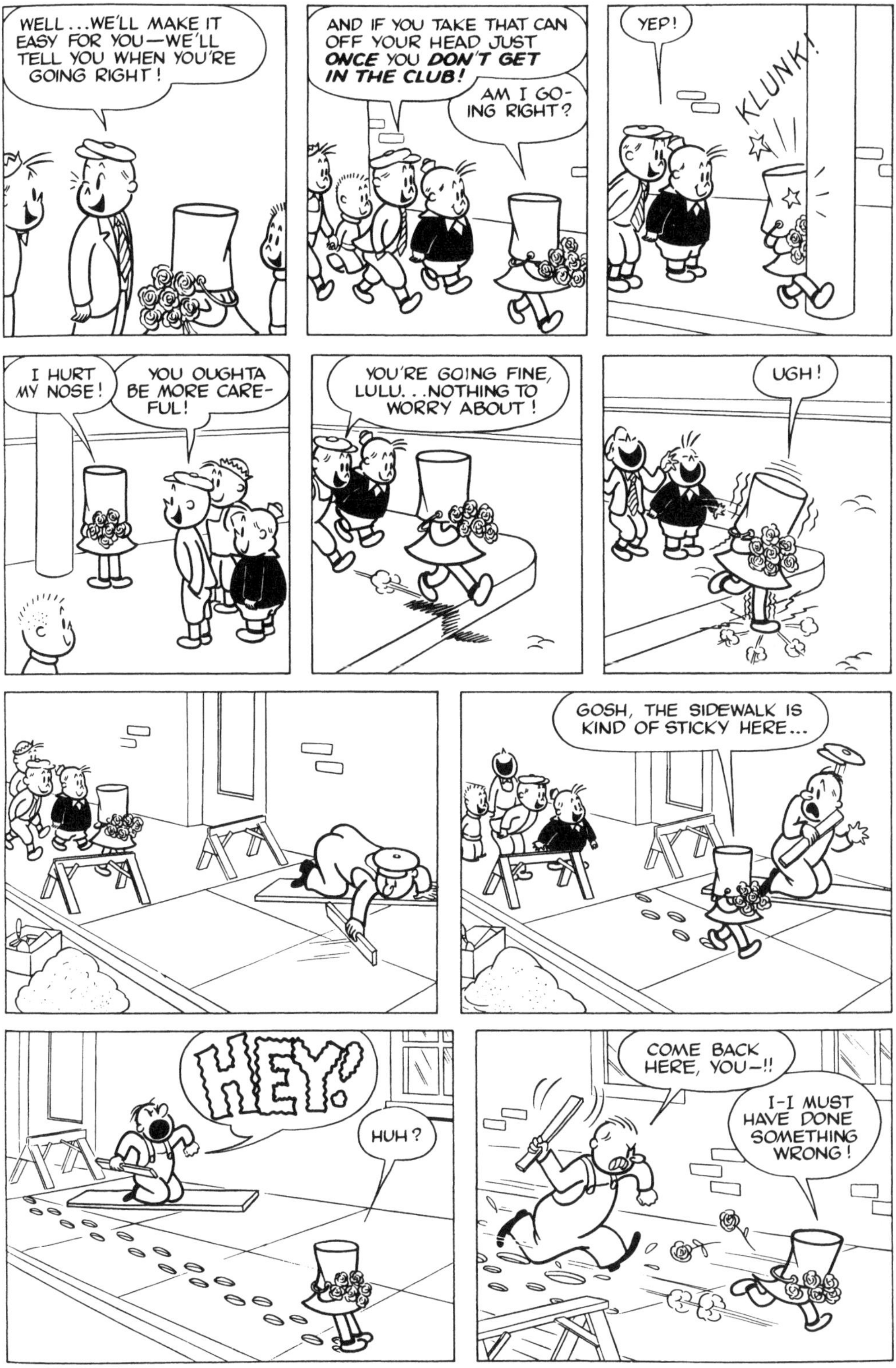
WELL...WE'LL MAKE IT EASY FOR YOU—WE'LL TELL YOU WHEN YOU'RE GOING RIGHT!
AND IF YOU TAKE THAT CAN OFF YOUR HEAD JUST ONCE YOU DON'T GET IN THE CLUB!
AM I GOING RIGHT?
YEP!
KLUNK!
I HURT MY NOSE!
YOU OUGHTA BE MORE CAREFUL!
YOU'RE GOING FINE, LULU...NOTHING TO WORRY ABOUT!
UGH!
GOSH, THE SIDEWALK IS KIND OF STICKY HERE...
HEY!
HUH?
COME BACK HERE, YOU—!!
I-I MUST HAVE DONE SOMETHING WRONG!

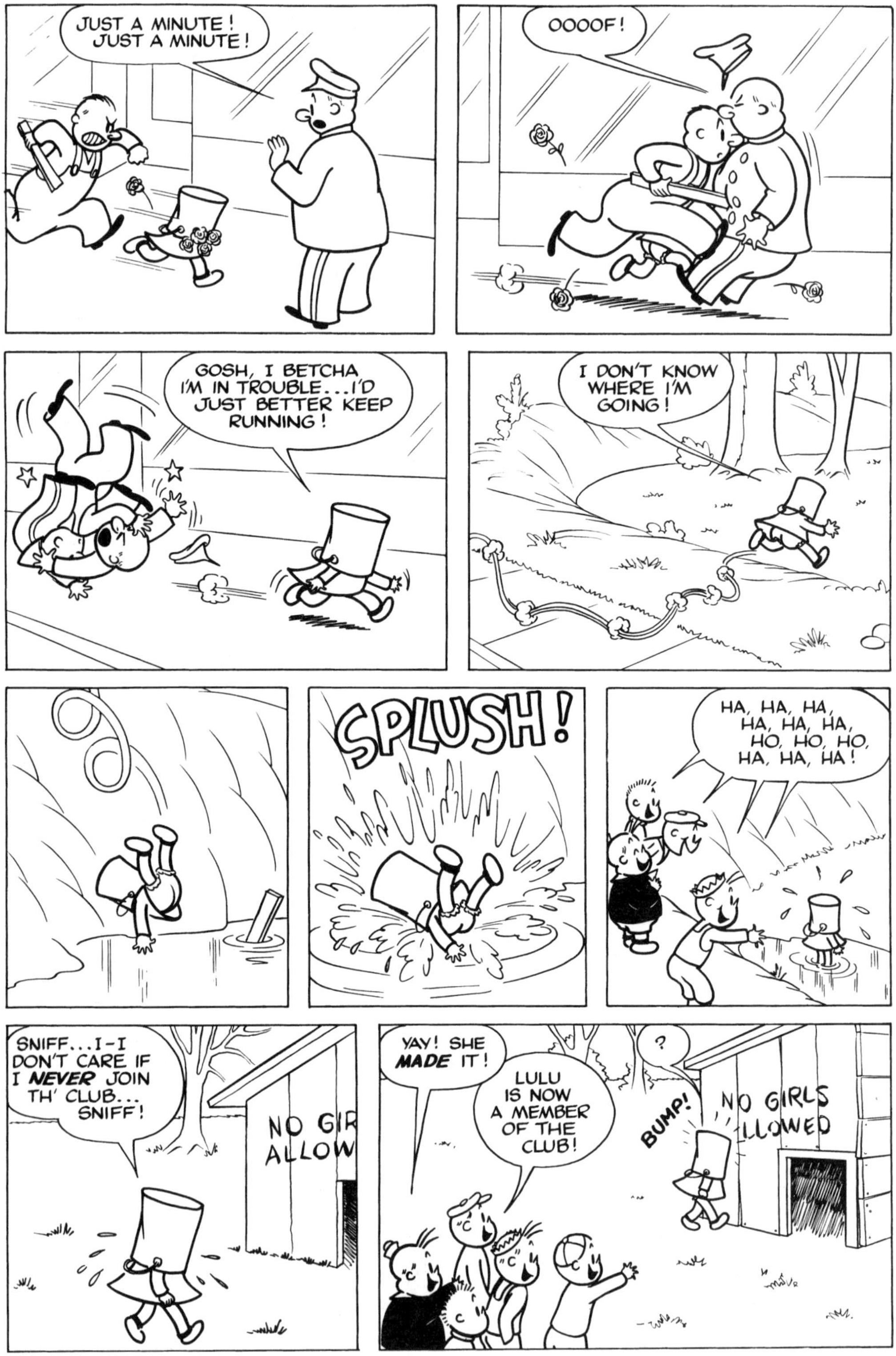
JUST A MINUTE! JUST A MINUTE!
OOOOF!
GOSH, I BETCHA I'M IN TROUBLE...I'D JUST BETTER KEEP RUNNING!
I DON'T KNOW WHERE I'M GOING!
SPLUSH!
HA, HA, HA, HA, HA, HA, HO, HO, HO, HA, HA, HA!
SNIFF...I-I DON'T CARE IF I **NEVER** JOIN TH' CLUB... SNIFF!
NO GIR
ALLOW
YAY! SHE **MADE** IT!
LULU IS NOW A MEMBER OF THE CLUB!
?
BUMP!
NO GIRLS
LLOWED

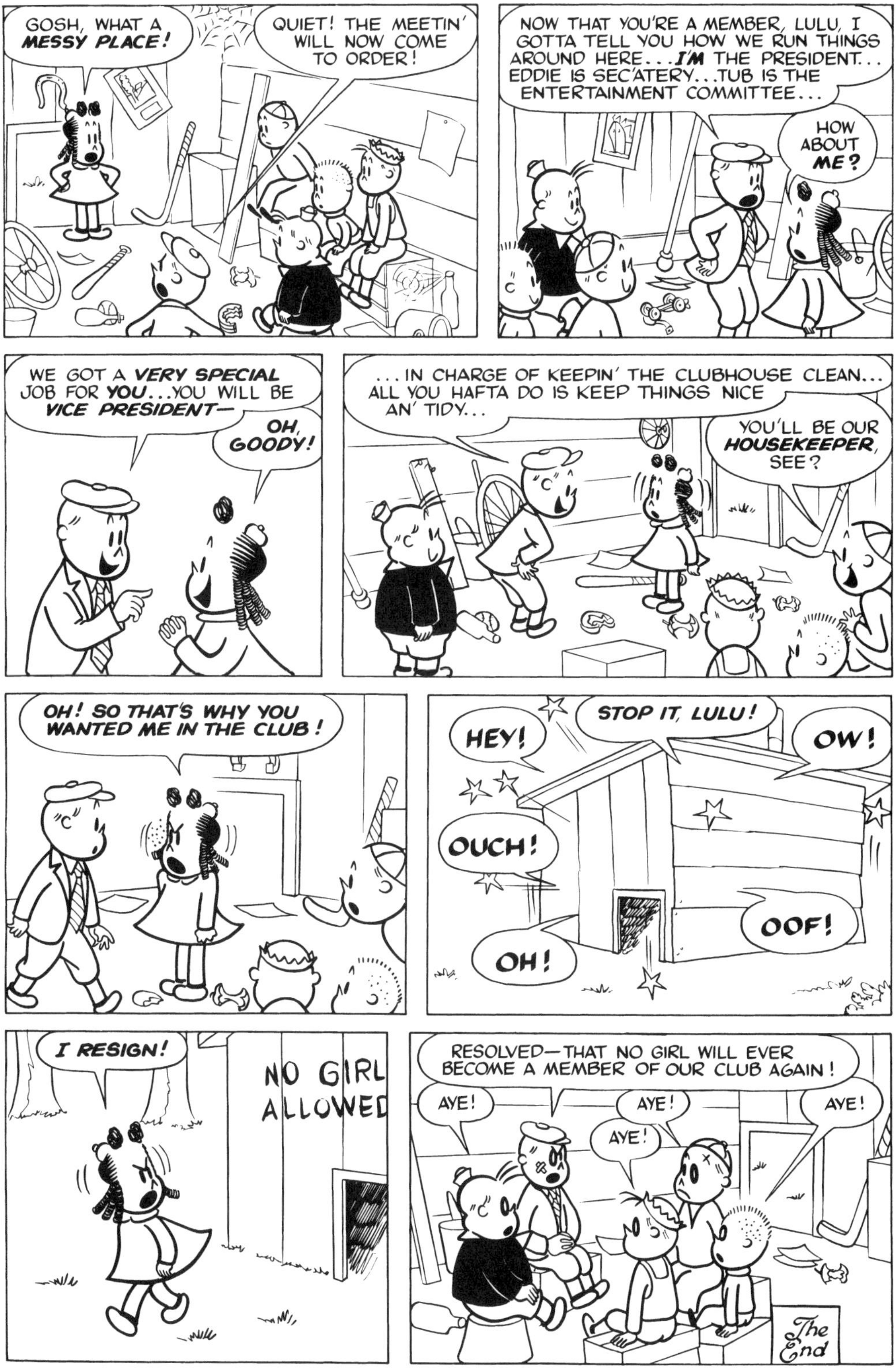
GOSH, WHAT A MESSY PLACE!
QUIET! THE MEETIN' WILL NOW COME TO ORDER!
NOW THAT YOU'RE A MEMBER, LULU, I GOTTA TELL YOU HOW WE RUN THINGS AROUND HERE... I'M THE PRESIDENT... EDDIE IS SEC'ATERY... TUB IS THE ENTERTAINMENT COMMITTEE...
HOW ABOUT ME?
WE GOT A VERY SPECIAL JOB FOR YOU... YOU WILL BE VICE PRESIDENT—
OH, GOODY!
...IN CHARGE OF KEEPIN' THE CLUBHOUSE CLEAN... ALL YOU HAFTA DO IS KEEP THINGS NICE AN' TIDY...
YOU'LL BE OUR HOUSEKEEPER, SEE?
OH! SO THAT'S WHY YOU WANTED ME IN THE CLUB!
HEY!
STOP IT, LULU!
OW!
OUCH!
OOF!
OH!
I RESIGN!
NO GIRL ALLOWED
RESOLVED—THAT NO GIRL WILL EVER BECOME A MEMBER OF OUR CLUB AGAIN!
AYE!
AYE!
AYE!
AYE!
The End

# marge's Little Lulu

## A clothes call

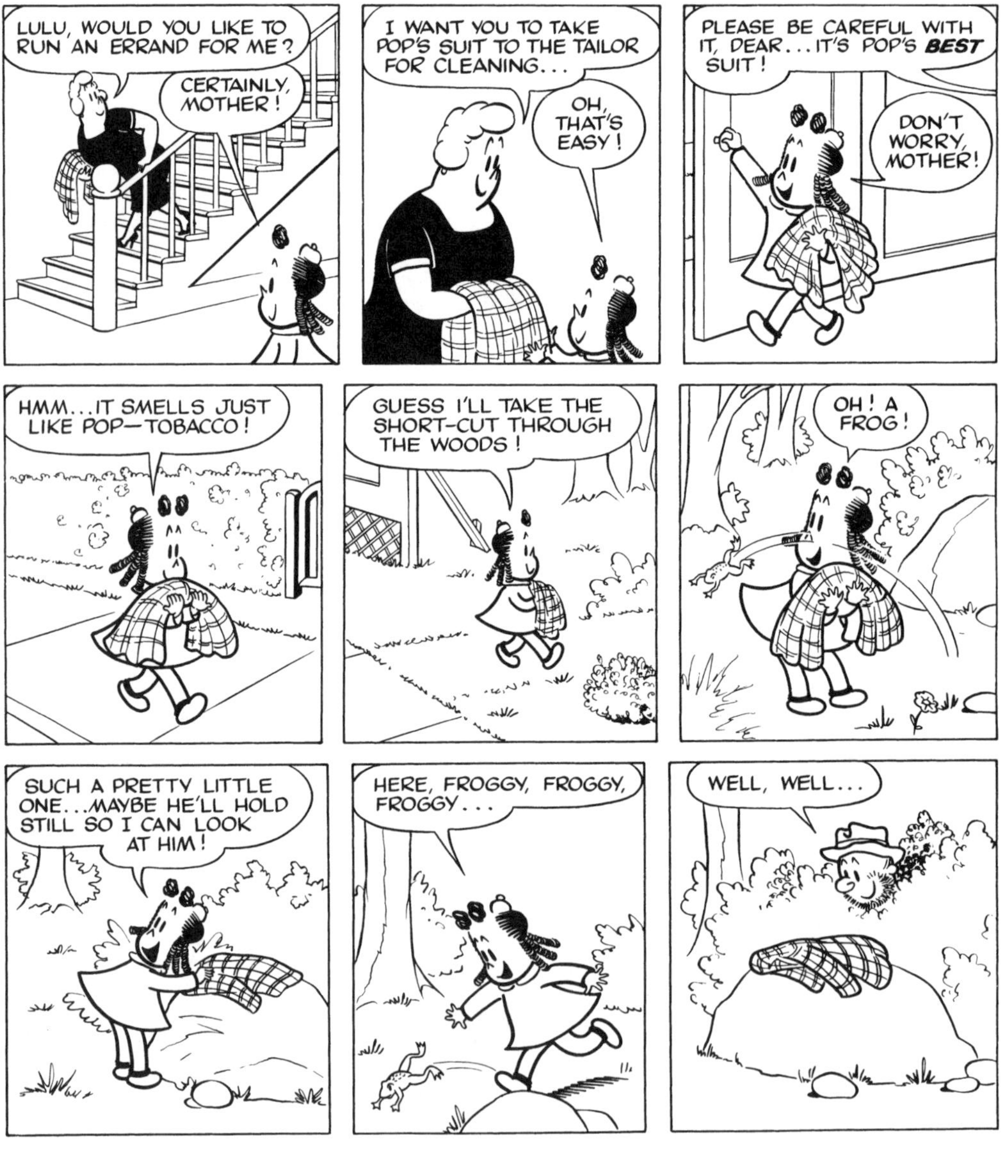
LULU, WOULD YOU LIKE TO RUN AN ERRAND FOR ME?
CERTAINLY, MOTHER!
I WANT YOU TO TAKE POP'S SUIT TO THE TAILOR FOR CLEANING...
OH, THAT'S EASY!
PLEASE BE CAREFUL WITH IT, DEAR... IT'S POP'S **BEST** SUIT!
DON'T WORRY, MOTHER!
HMM... IT SMELLS JUST LIKE POP—TOBACCO!
GUESS I'LL TAKE THE SHORT-CUT THROUGH THE WOODS!
OH! A FROG!
SUCH A PRETTY LITTLE ONE... MAYBE HE'LL HOLD STILL SO I CAN LOOK AT HIM!
HERE, FROGGY, FROGGY, FROGGY...
WELL, WELL...

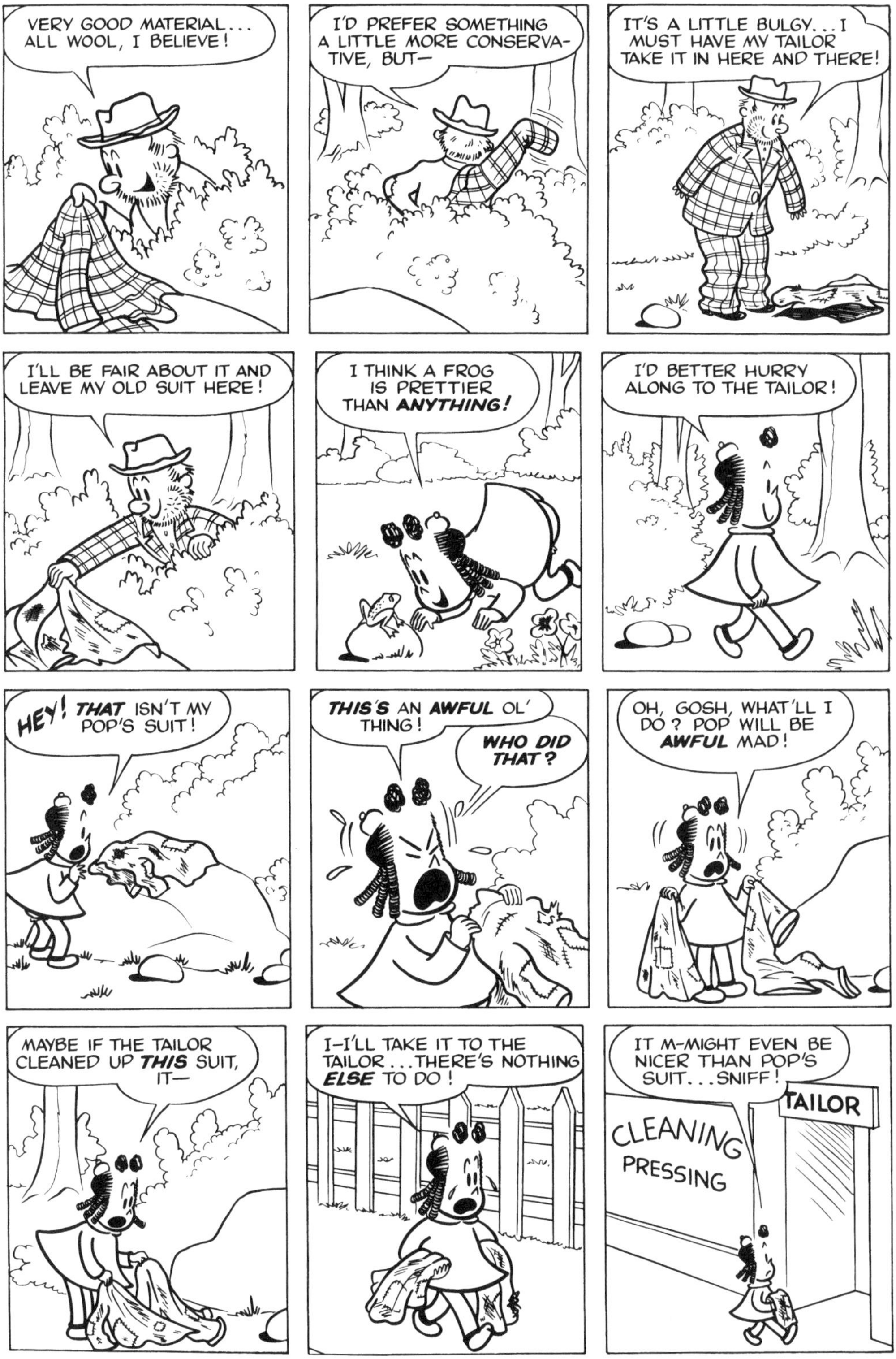
VERY GOOD MATERIAL... ALL WOOL, I BELIEVE!
I'D PREFER SOMETHING A LITTLE MORE CONSERVA-TIVE, BUT—
IT'S A LITTLE BULGY... I MUST HAVE MY TAILOR TAKE IT IN HERE AND THERE!
I'LL BE FAIR ABOUT IT AND LEAVE MY OLD SUIT HERE!
I THINK A FROG IS PRETTIER THAN ANYTHING!
I'D BETTER HURRY ALONG TO THE TAILOR!
HEY! THAT ISN'T MY POP'S SUIT!
THIS'S AN AWFUL OL' THING!
WHO DID THAT?
OH, GOSH, WHAT'LL I DO? POP WILL BE AWFUL MAD!
MAYBE IF THE TAILOR CLEANED UP THIS SUIT, IT—
I-I'LL TAKE IT TO THE TAILOR... THERE'S NOTHING ELSE TO DO!
IT M-MIGHT EVEN BE NICER THAN POP'S SUIT... SNIFF!
TAILOR
CLEANING
PRESSING

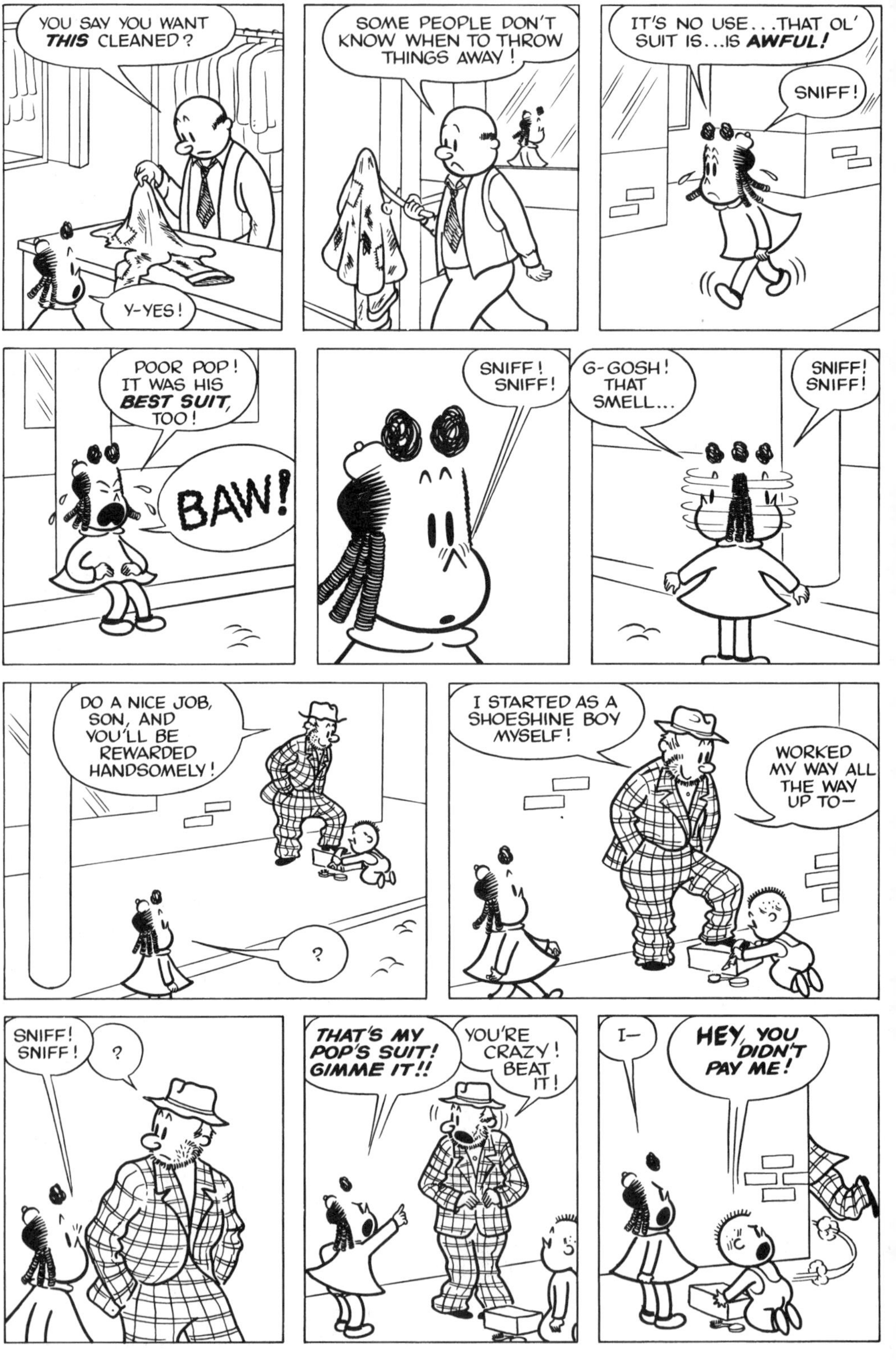
YOU SAY YOU WANT **THIS** CLEANED?
Y-YES!
SOME PEOPLE DON'T KNOW WHEN TO THROW THINGS AWAY!
IT'S NO USE...THAT OL' SUIT IS...IS **AWFUL!**
SNIFF!
POOR POP! IT WAS HIS **BEST SUIT,** TOO!
BAW!
SNIFF! SNIFF!
G-GOSH! THAT SMELL...
SNIFF! SNIFF!
DO A NICE JOB, SON, AND YOU'LL BE REWARDED HANDSOMELY!
?
I STARTED AS A SHOESHINE BOY MYSELF!
WORKED MY WAY ALL THE WAY UP TO—
SNIFF! SNIFF!
?
**THAT'S MY POP'S SUIT! GIMME IT!!**
YOU'RE CRAZY! BEAT IT!
I—
**HEY, YOU DIDN'T PAY ME!**

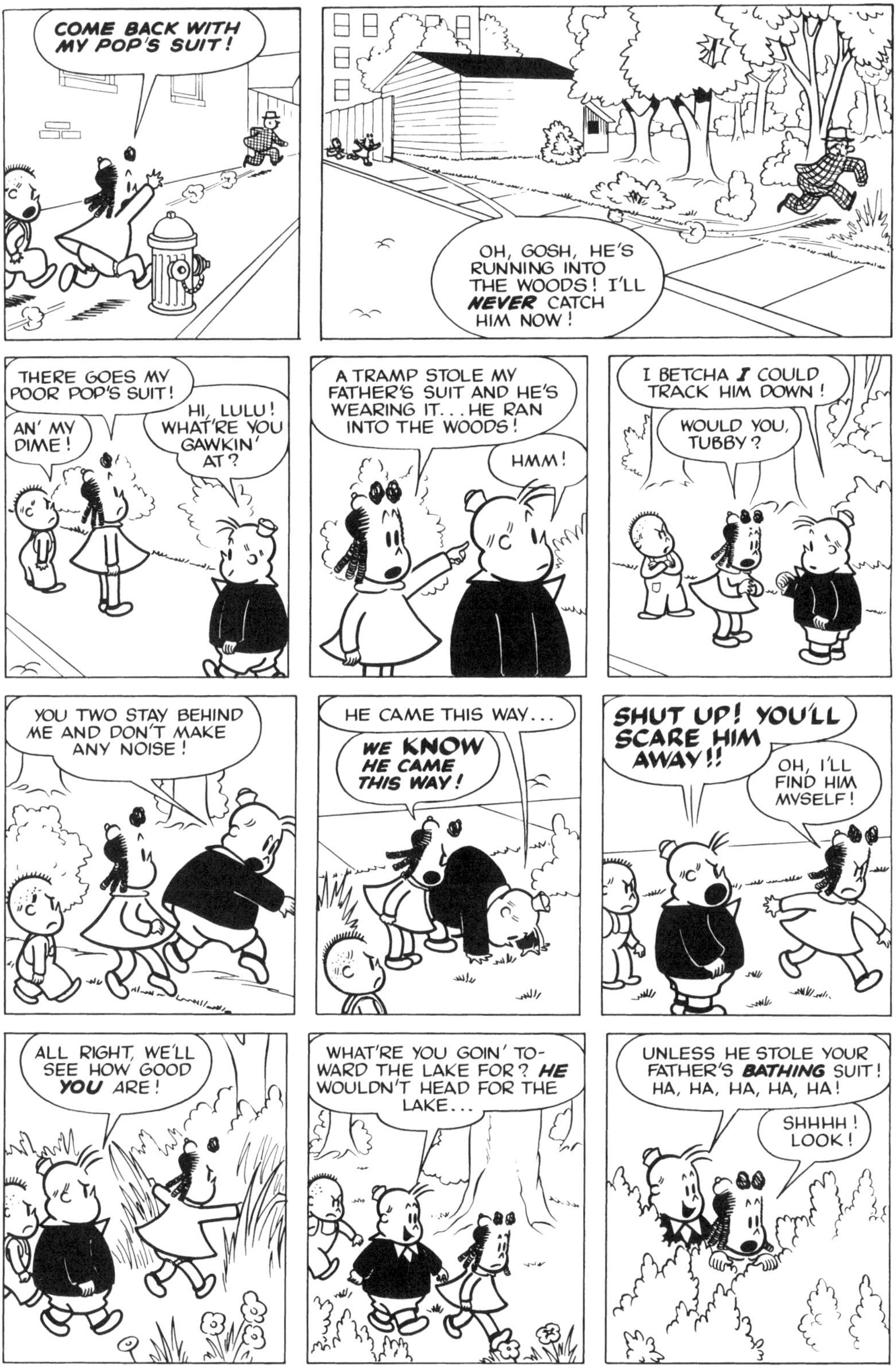
COME BACK WITH MY POP'S SUIT!
OH, GOSH, HE'S RUNNING INTO THE WOODS! I'LL NEVER CATCH HIM NOW!
THERE GOES MY POOR POP'S SUIT!
AN' MY DIME!
HI, LULU! WHAT'RE YOU GAWKIN' AT?
A TRAMP STOLE MY FATHER'S SUIT AND HE'S WEARING IT... HE RAN INTO THE WOODS!
HMM!
I BETCHA I COULD TRACK HIM DOWN!
WOULD YOU, TUBBY?
YOU TWO STAY BEHIND ME AND DON'T MAKE ANY NOISE!
HE CAME THIS WAY...
WE KNOW HE CAME THIS WAY!
SHUT UP! YOU'LL SCARE HIM AWAY!!
OH, I'LL FIND HIM MYSELF!
ALL RIGHT, WE'LL SEE HOW GOOD YOU ARE!
WHAT'RE YOU GOIN' TO-WARD THE LAKE FOR? HE WOULDN'T HEAD FOR THE LAKE...
UNLESS HE STOLE YOUR FATHER'S BATHING SUIT! HA, HA, HA, HA, HA!
SHHHH! LOOK!

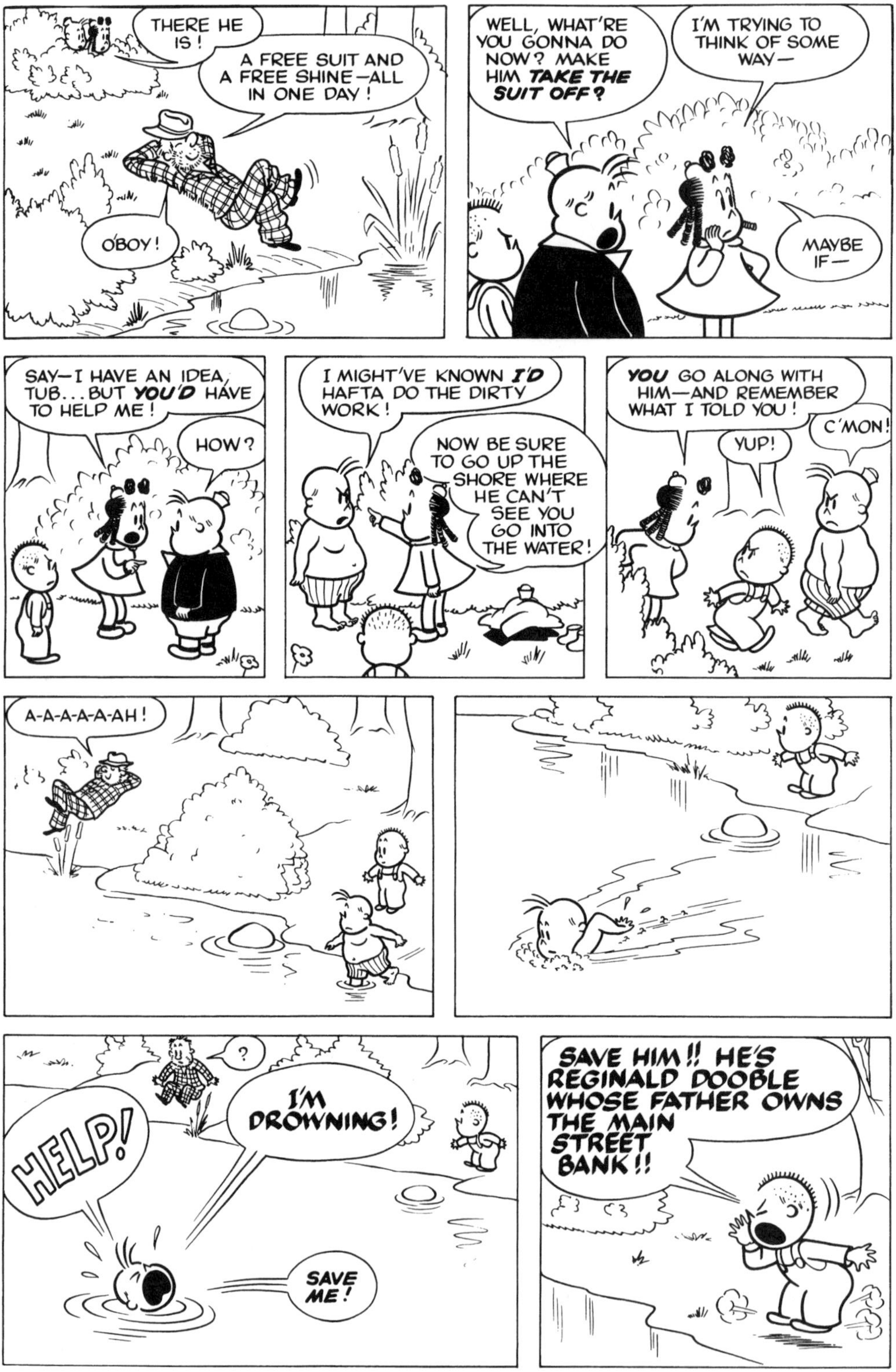
THERE HE IS!
A FREE SUIT AND A FREE SHINE—ALL IN ONE DAY!
O'BOY!
WELL, WHAT'RE YOU GONNA DO NOW? MAKE HIM TAKE THE SUIT OFF?
I'M TRYING TO THINK OF SOME WAY—
MAYBE IF—
SAY—I HAVE AN IDEA, TUB...BUT YOU'D HAVE TO HELP ME!
HOW?
I MIGHT'VE KNOWN I'D HAFTA DO THE DIRTY WORK!
NOW BE SURE TO GO UP THE SHORE WHERE HE CAN'T SEE YOU GO INTO THE WATER!
YOU GO ALONG WITH HIM—AND REMEMBER WHAT I TOLD YOU!
YUP!
C'MON!
A-A-A-A-A-AH!
?
HELP!
I'M DROWNING!
SAVE ME!
SAVE HIM!! HE'S REGINALD DOOBLE WHOSE FATHER OWNS THE MAIN STREET BANK!!

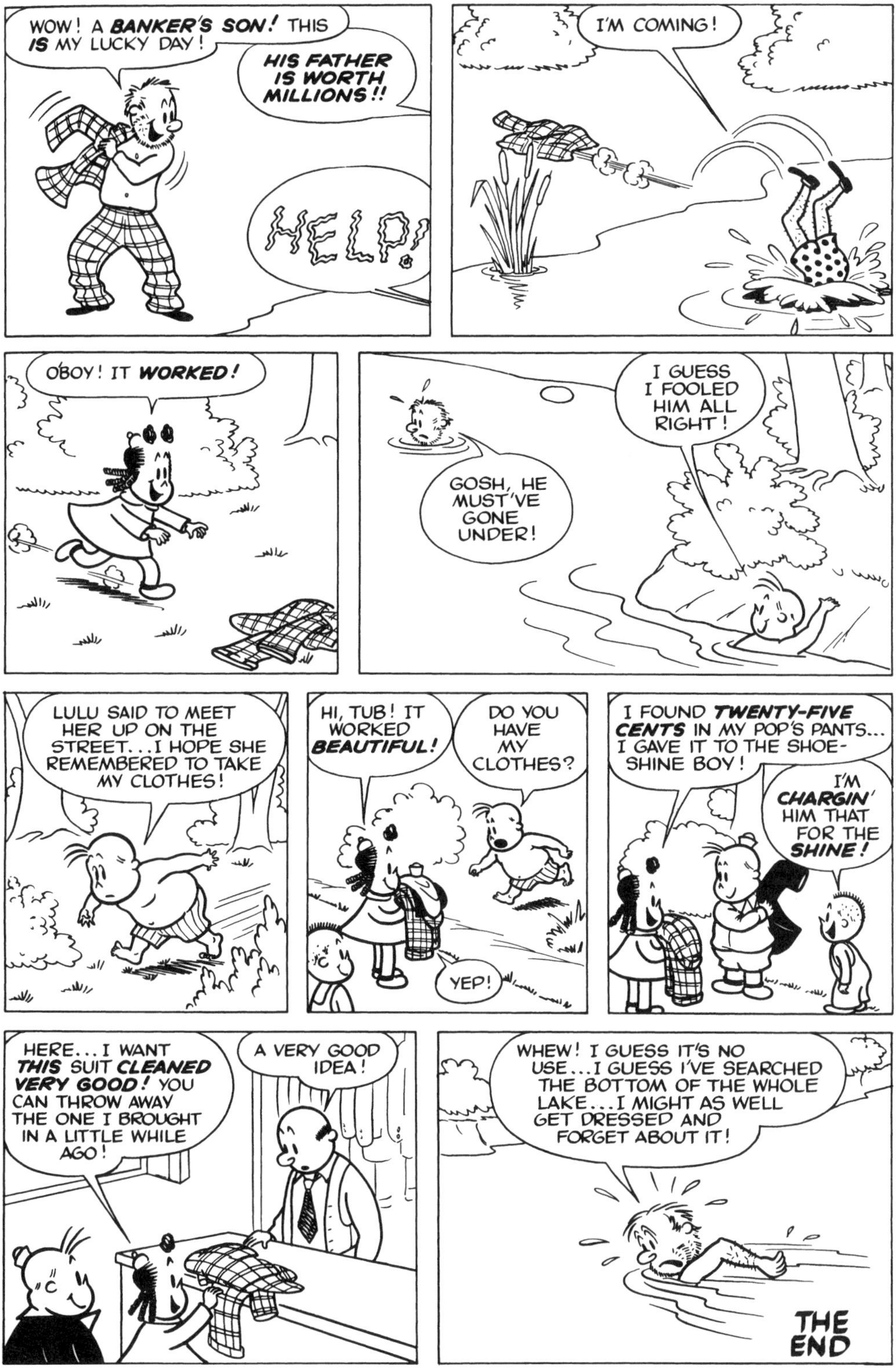
WOW! A BANKER'S SON! THIS IS MY LUCKY DAY!
HIS FATHER IS WORTH MILLIONS!!
HELP!
I'M COMING!
O'BOY! IT WORKED!
GOSH, HE MUST'VE GONE UNDER!
I GUESS I FOOLED HIM ALL RIGHT!
LULU SAID TO MEET HER UP ON THE STREET...I HOPE SHE REMEMBERED TO TAKE MY CLOTHES!
HI, TUB! IT WORKED BEAUTIFUL!
DO YOU HAVE MY CLOTHES?
YEP!
I FOUND TWENTY-FIVE CENTS IN MY POP'S PANTS... I GAVE IT TO THE SHOE-SHINE BOY!
I'M CHARGIN' HIM THAT FOR THE SHINE!
HERE...I WANT THIS SUIT CLEANED VERY GOOD! YOU CAN THROW AWAY THE ONE I BROUGHT IN A LITTLE WHILE AGO!
A VERY GOOD IDEA!
WHEW! I GUESS IT'S NO USE...I GUESS I'VE SEARCHED THE BOTTOM OF THE WHOLE LAKE...I MIGHT AS WELL GET DRESSED AND FORGET ABOUT IT!
THE END

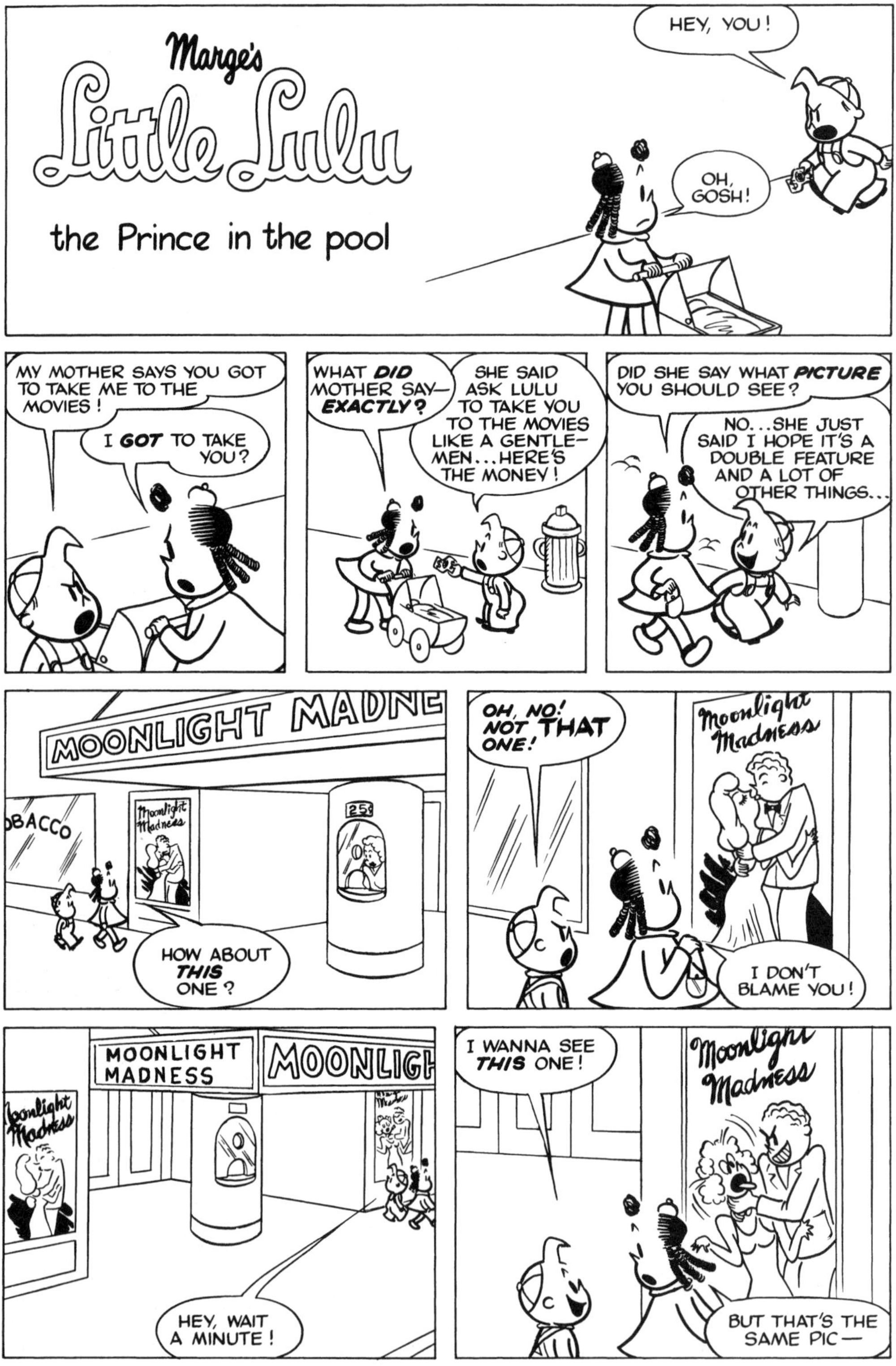
Marge's
Little Lulu
the Prince in the pool
HEY, YOU!
OH, GOSH!
MY MOTHER SAYS YOU GOT TO TAKE ME TO THE MOVIES!
I GOT TO TAKE YOU?
WHAT DID MOTHER SAY— EXACTLY?
SHE SAID ASK LULU TO TAKE YOU TO THE MOVIES LIKE A GENTLE-MEN...HERE'S THE MONEY!
DID SHE SAY WHAT PICTURE YOU SHOULD SEE?
NO...SHE JUST SAID I HOPE IT'S A DOUBLE FEATURE AND A LOT OF OTHER THINGS...
MOONLIGHT MADNE
OBACCO
Moonlight Madness
25¢
HOW ABOUT THIS ONE?
OH, NO! NOT THAT ONE!
Moonlight Madness
I DON'T BLAME YOU!
MOONLIGHT MADNESS
MOONLIGH
Moonlight Madness
HEY, WAIT A MINUTE!
I WANNA SEE THIS ONE!
Moonlight Madness
BUT THAT'S THE SAME PIC—

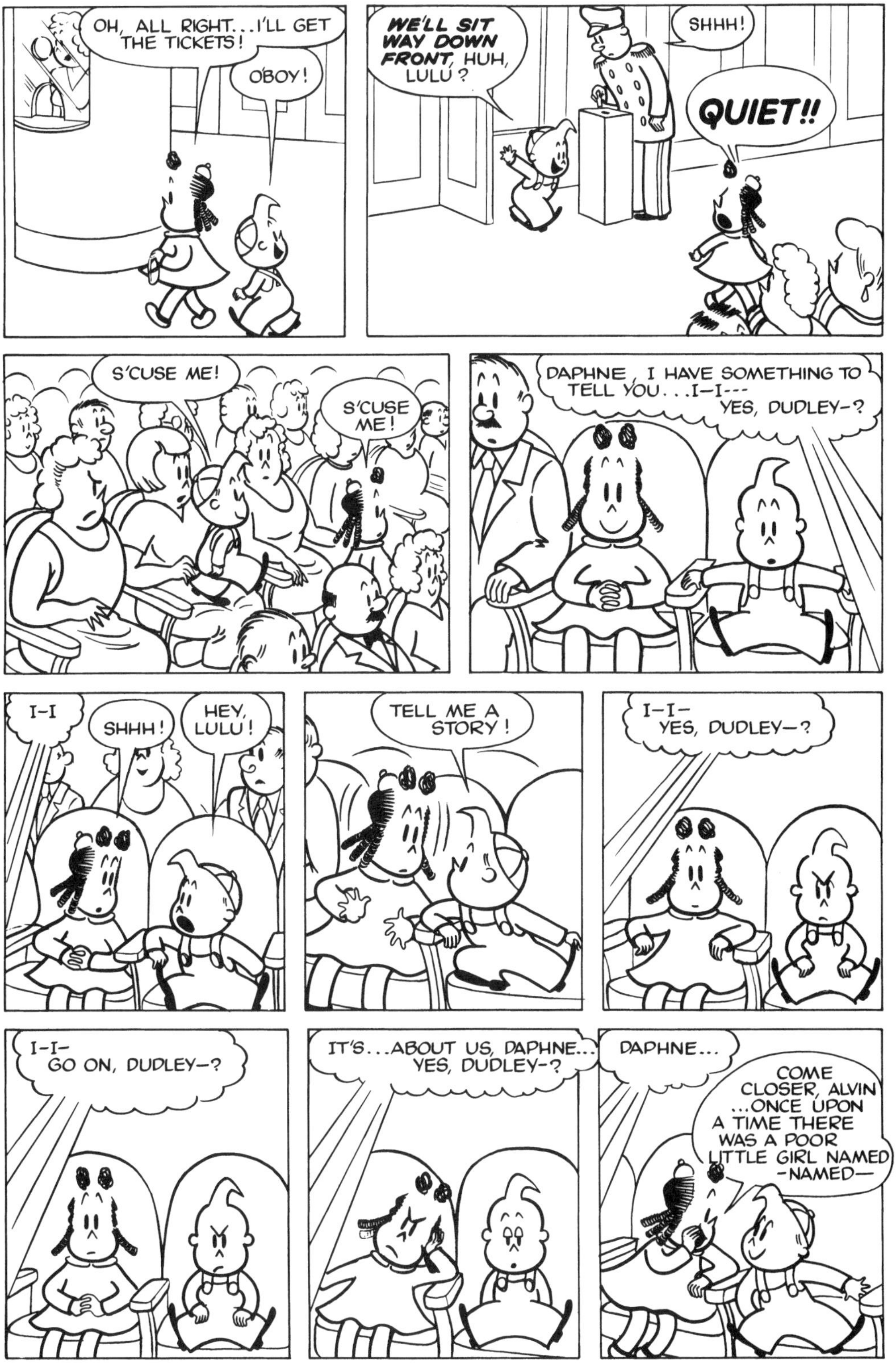
OH, ALL RIGHT...I'LL GET THE TICKETS!
O'BOY!
WE'LL SIT WAY DOWN FRONT, HUH, LULU?
SHHH!
QUIET!!
S'CUSE ME!
S'CUSE ME!
DAPHNE, I HAVE SOMETHING TO TELL YOU...I—I---
YES, DUDLEY—?
I—I
SHHH!
HEY, LULU!
TELL ME A STORY!
I—I—
YES, DUDLEY—?
I—I—
GO ON, DUDLEY—?
IT'S...ABOUT US, DAPHNE...
YES, DUDLEY—?
DAPHNE...
COME CLOSER, ALVIN ...ONCE UPON A TIME THERE WAS A POOR LITTLE GIRL NAMED —NAMED—

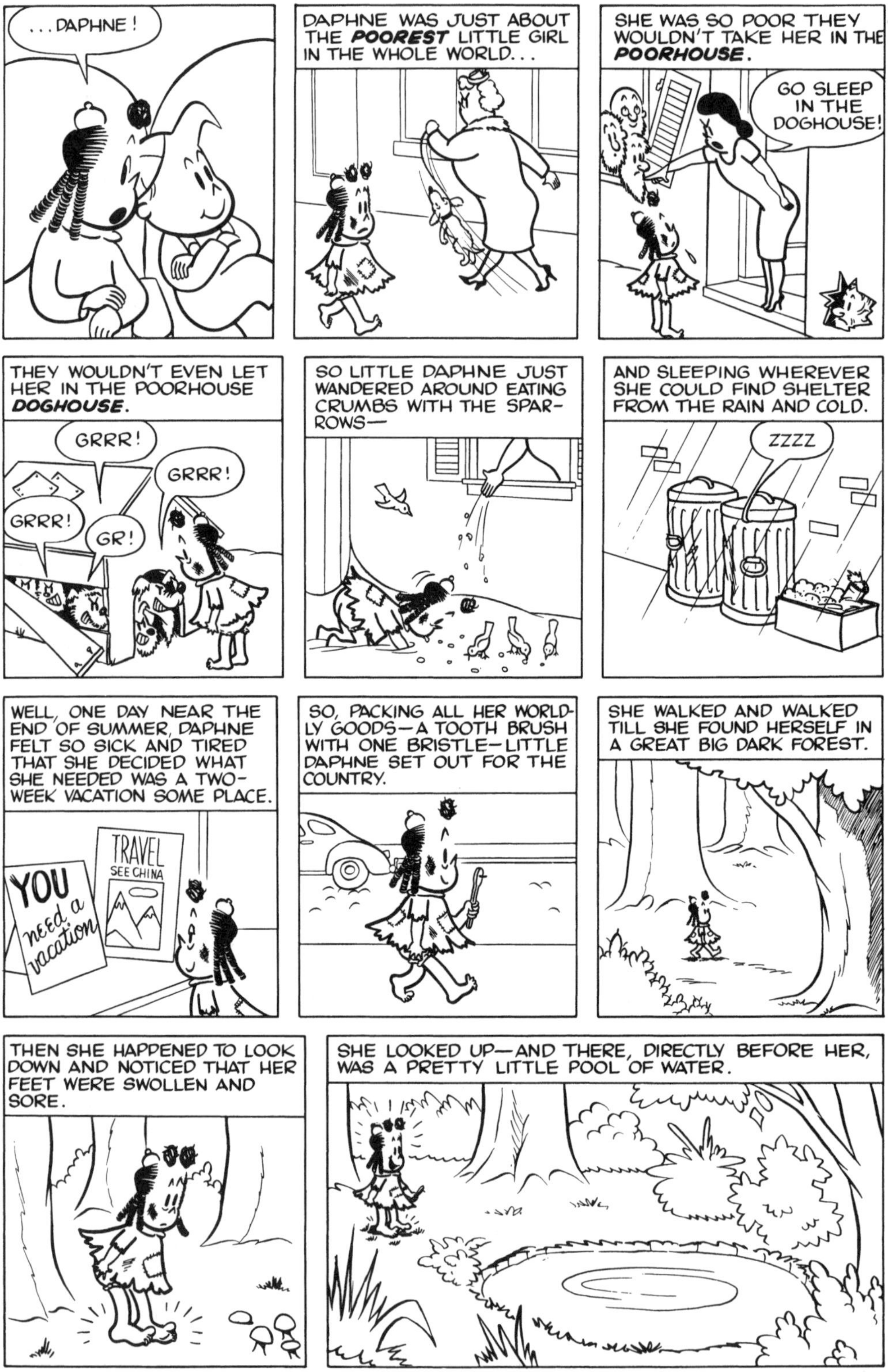
...DAPHNE!
DAPHNE WAS JUST ABOUT THE POOREST LITTLE GIRL IN THE WHOLE WORLD...
SHE WAS SO POOR THEY WOULDN'T TAKE HER IN THE POORHOUSE.
GO SLEEP IN THE DOGHOUSE!
THEY WOULDN'T EVEN LET HER IN THE POORHOUSE DOGHOUSE.
GRRR!
GRRR!
GRRR!
GR!
SO LITTLE DAPHNE JUST WANDERED AROUND EATING CRUMBS WITH THE SPARROWS—
AND SLEEPING WHEREVER SHE COULD FIND SHELTER FROM THE RAIN AND COLD.
ZZZZ
WELL, ONE DAY NEAR THE END OF SUMMER, DAPHNE FELT SO SICK AND TIRED THAT SHE DECIDED WHAT SHE NEEDED WAS A TWO-WEEK VACATION SOME PLACE.
YOU need a vacation
TRAVEL
SEE CHINA
SO, PACKING ALL HER WORLDLY GOODS—A TOOTH BRUSH WITH ONE BRISTLE—LITTLE DAPHNE SET OUT FOR THE COUNTRY.
SHE WALKED AND WALKED TILL SHE FOUND HERSELF IN A GREAT BIG DARK FOREST.
THEN SHE HAPPENED TO LOOK DOWN AND NOTICED THAT HER FEET WERE SWOLLEN AND SORE.
SHE LOOKED UP—AND THERE, DIRECTLY BEFORE HER, WAS A PRETTY LITTLE POOL OF WATER.

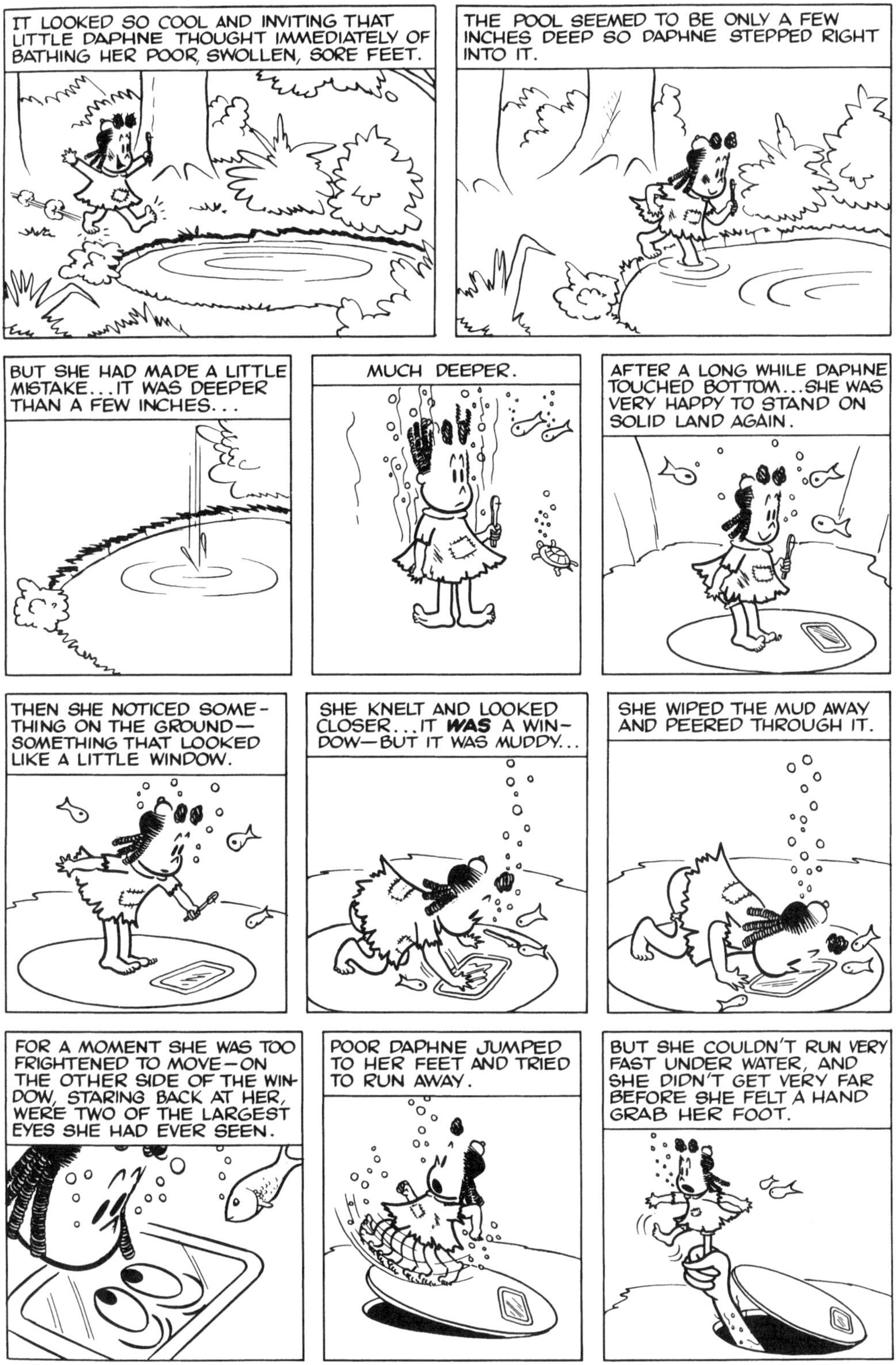
IT LOOKED SO COOL AND INVITING THAT LITTLE DAPHNE THOUGHT IMMEDIATELY OF BATHING HER POOR, SWOLLEN, SORE FEET.
THE POOL SEEMED TO BE ONLY A FEW INCHES DEEP SO DAPHNE STEPPED RIGHT INTO IT.
BUT SHE HAD MADE A LITTLE MISTAKE...IT WAS DEEPER THAN A FEW INCHES...
MUCH DEEPER.
AFTER A LONG WHILE DAPHNE TOUCHED BOTTOM...SHE WAS VERY HAPPY TO STAND ON SOLID LAND AGAIN.
THEN SHE NOTICED SOMETHING ON THE GROUND—SOMETHING THAT LOOKED LIKE A LITTLE WINDOW.
SHE KNELT AND LOOKED CLOSER...IT **WAS** A WINDOW—BUT IT WAS MUDDY...
SHE WIPED THE MUD AWAY AND PEERED THROUGH IT.
FOR A MOMENT SHE WAS TOO FRIGHTENED TO MOVE—ON THE OTHER SIDE OF THE WINDOW, STARING BACK AT HER, WERE TWO OF THE LARGEST EYES SHE HAD EVER SEEN.
POOR DAPHNE JUMPED TO HER FEET AND TRIED TO RUN AWAY.
BUT SHE COULDN'T RUN VERY FAST UNDER WATER, AND SHE DIDN'T GET VERY FAR BEFORE SHE FELT A HAND GRAB HER FOOT.

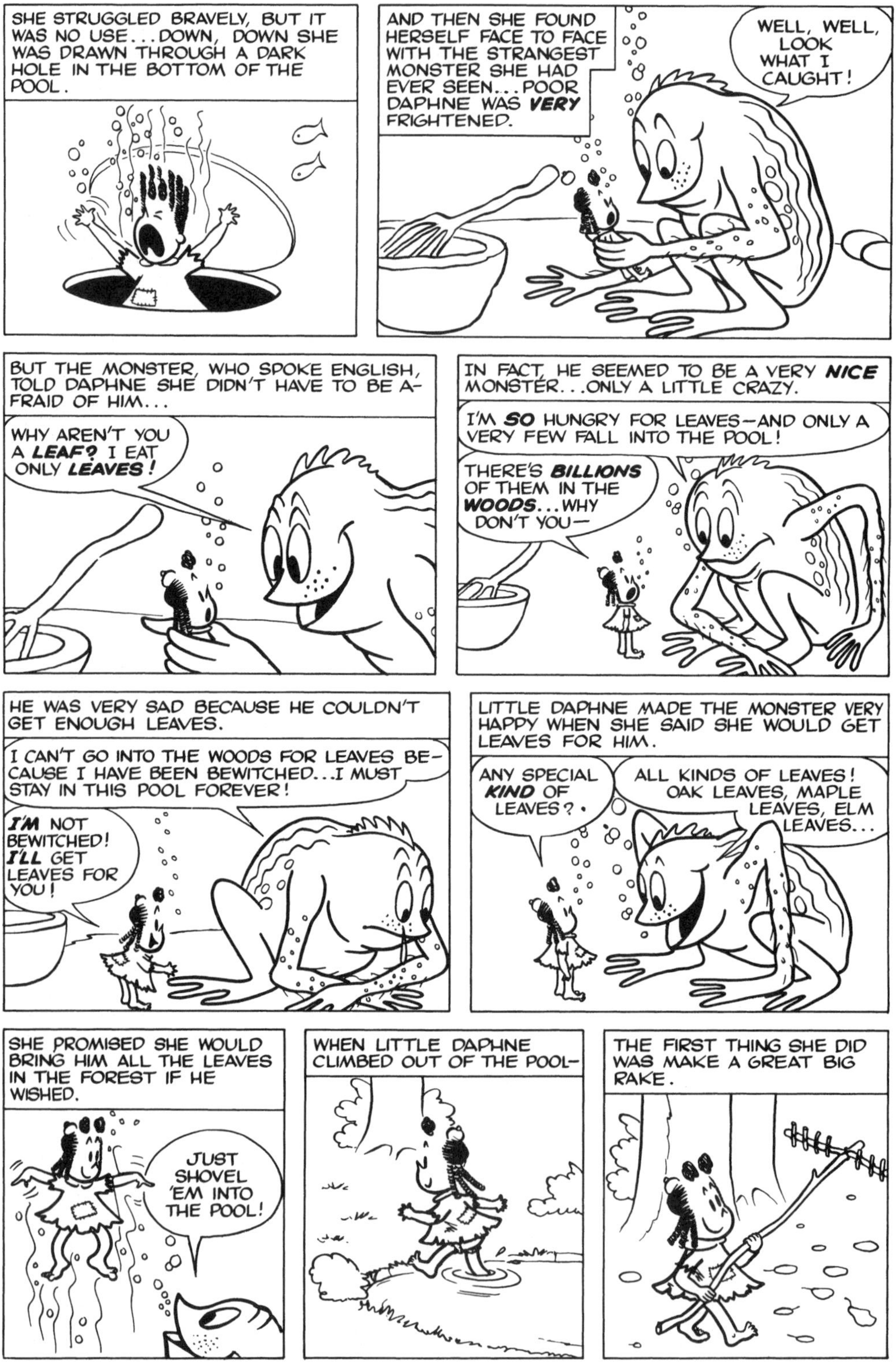
SHE STRUGGLED BRAVELY, BUT IT WAS NO USE...DOWN, DOWN SHE WAS DRAWN THROUGH A DARK HOLE IN THE BOTTOM OF THE POOL.
AND THEN SHE FOUND HERSELF FACE TO FACE WITH THE STRANGEST MONSTER SHE HAD EVER SEEN...POOR DAPHNE WAS VERY FRIGHTENED.
WELL, WELL, LOOK WHAT I CAUGHT!
BUT THE MONSTER, WHO SPOKE ENGLISH, TOLD DAPHNE SHE DIDN'T HAVE TO BE AFRAID OF HIM...
WHY AREN'T YOU A LEAF? I EAT ONLY LEAVES!
IN FACT, HE SEEMED TO BE A VERY NICE MONSTER...ONLY A LITTLE CRAZY.
I'M SO HUNGRY FOR LEAVES—AND ONLY A VERY FEW FALL INTO THE POOL!
THERE'S BILLIONS OF THEM IN THE WOODS...WHY DON'T YOU—
HE WAS VERY SAD BECAUSE HE COULDN'T GET ENOUGH LEAVES.
I CAN'T GO INTO THE WOODS FOR LEAVES BECAUSE I HAVE BEEN BEWITCHED...I MUST STAY IN THIS POOL FOREVER!
I'M NOT BEWITCHED! I'LL GET LEAVES FOR YOU!
LITTLE DAPHNE MADE THE MONSTER VERY HAPPY WHEN SHE SAID SHE WOULD GET LEAVES FOR HIM.
ANY SPECIAL KIND OF LEAVES?
ALL KINDS OF LEAVES! OAK LEAVES, MAPLE LEAVES, ELM LEAVES...
SHE PROMISED SHE WOULD BRING HIM ALL THE LEAVES IN THE FOREST IF HE WISHED.
JUST SHOVEL 'EM INTO THE POOL!
WHEN LITTLE DAPHNE CLIMBED OUT OF THE POOL—
THE FIRST THING SHE DID WAS MAKE A GREAT BIG RAKE.

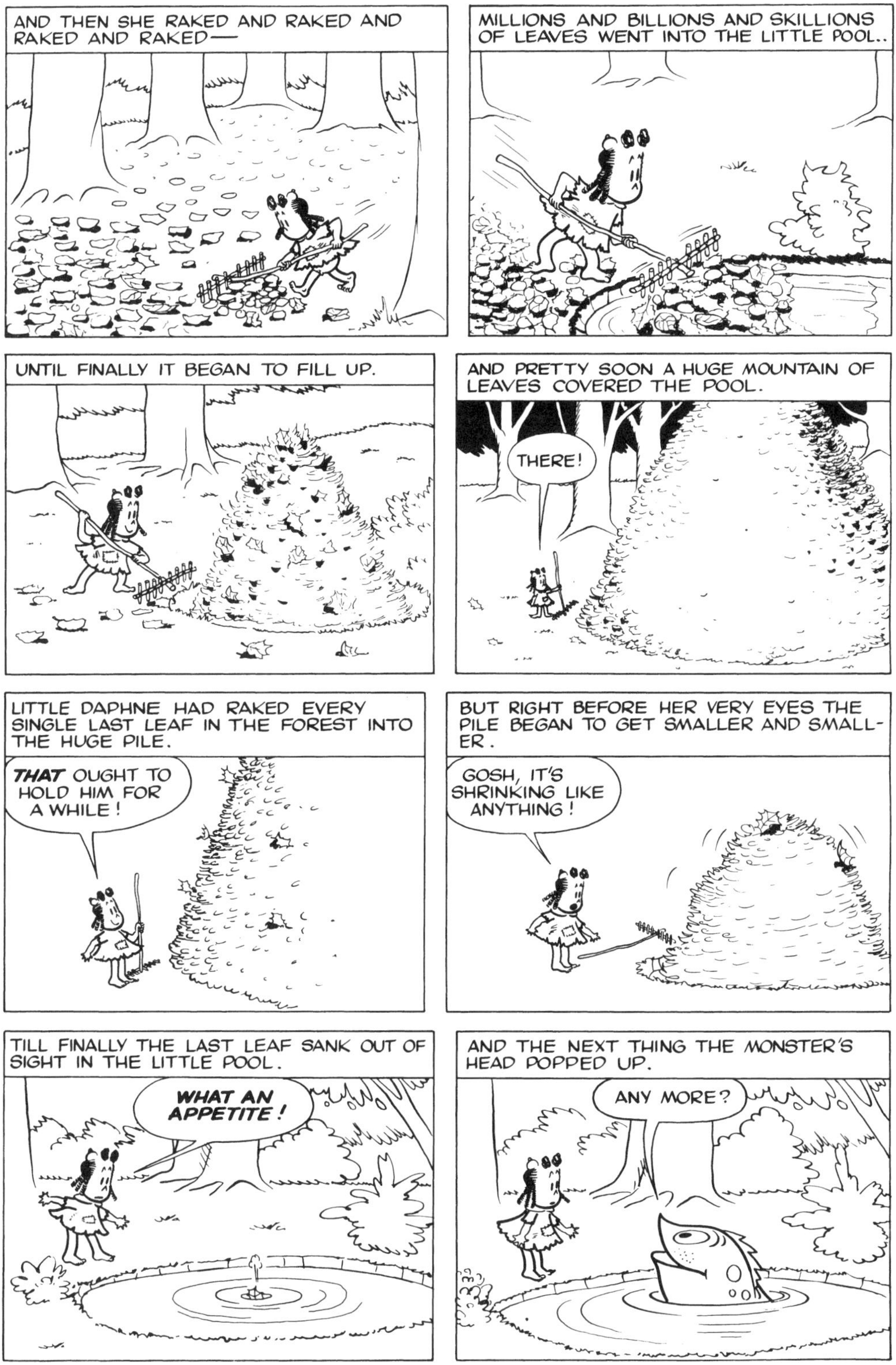
AND THEN SHE RAKED AND RAKED AND RAKED AND RAKED—
MILLIONS AND BILLIONS AND SKILLIONS OF LEAVES WENT INTO THE LITTLE POOL..
UNTIL FINALLY IT BEGAN TO FILL UP.
AND PRETTY SOON A HUGE MOUNTAIN OF LEAVES COVERED THE POOL.
THERE!
LITTLE DAPHNE HAD RAKED EVERY SINGLE LAST LEAF IN THE FOREST INTO THE HUGE PILE.
THAT OUGHT TO HOLD HIM FOR A WHILE!
BUT RIGHT BEFORE HER VERY EYES THE PILE BEGAN TO GET SMALLER AND SMALLER.
GOSH, IT'S SHRINKING LIKE ANYTHING!
TILL FINALLY THE LAST LEAF SANK OUT OF SIGHT IN THE LITTLE POOL.
WHAT AN APPETITE!
AND THE NEXT THING THE MONSTER'S HEAD POPPED UP.
ANY MORE?

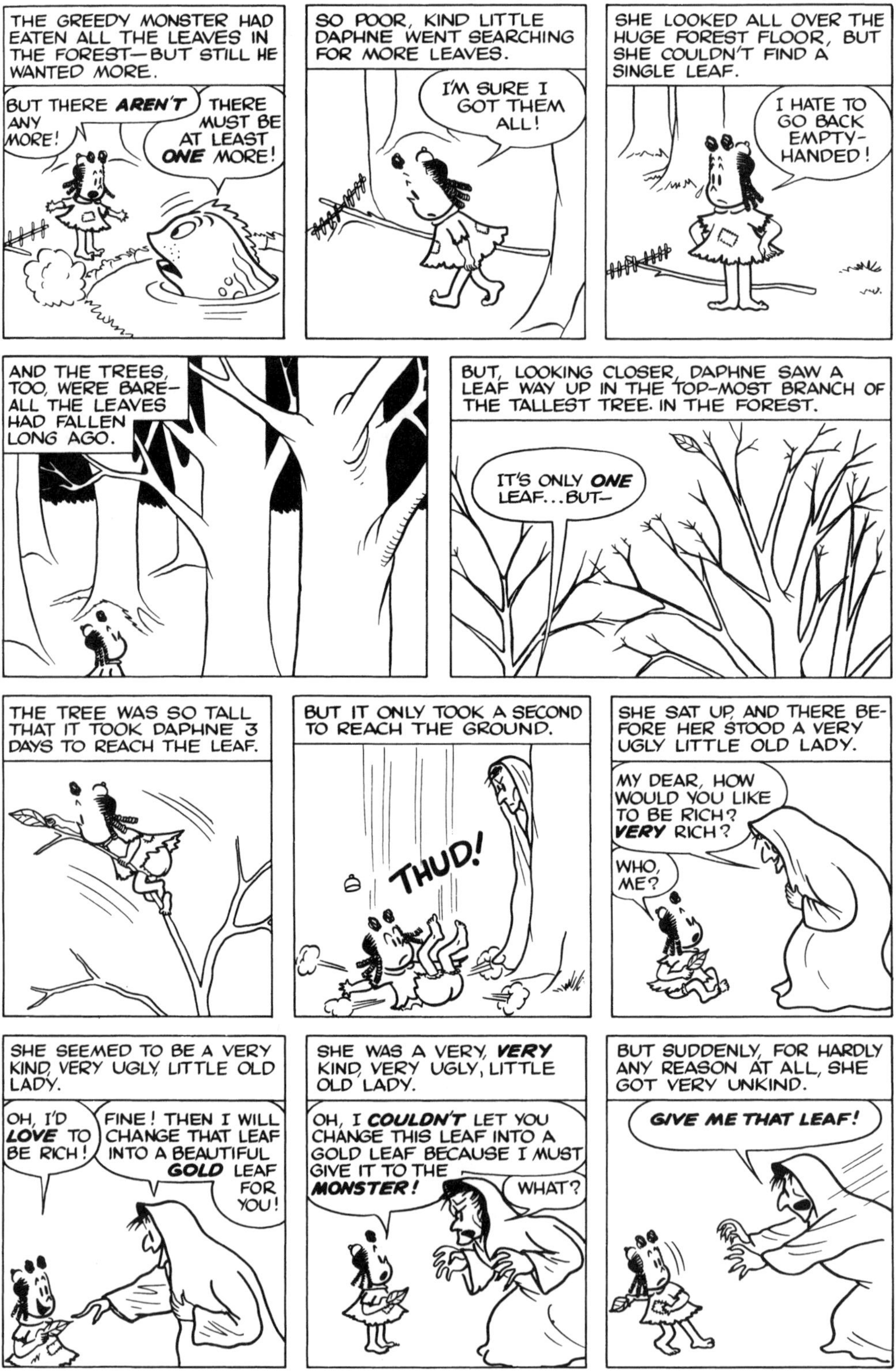
THE GREEDY MONSTER HAD EATEN ALL THE LEAVES IN THE FOREST—BUT STILL HE WANTED MORE.
BUT THERE AREN'T ANY MORE!
THERE MUST BE AT LEAST ONE MORE!
SO POOR, KIND LITTLE DAPHNE WENT SEARCHING FOR MORE LEAVES.
I'M SURE I GOT THEM ALL!
SHE LOOKED ALL OVER THE HUGE FOREST FLOOR, BUT SHE COULDN'T FIND A SINGLE LEAF.
I HATE TO GO BACK EMPTY-HANDED!
AND THE TREES, TOO, WERE BARE—ALL THE LEAVES HAD FALLEN LONG AGO.
BUT, LOOKING CLOSER, DAPHNE SAW A LEAF WAY UP IN THE TOP-MOST BRANCH OF THE TALLEST TREE IN THE FOREST.
IT'S ONLY ONE LEAF...BUT—
THE TREE WAS SO TALL THAT IT TOOK DAPHNE 3 DAYS TO REACH THE LEAF.
BUT IT ONLY TOOK A SECOND TO REACH THE GROUND.
THUD!
SHE SAT UP, AND THERE BEFORE HER STOOD A VERY UGLY LITTLE OLD LADY.
MY DEAR, HOW WOULD YOU LIKE TO BE RICH? VERY RICH?
WHO, ME?
SHE SEEMED TO BE A VERY KIND, VERY UGLY, LITTLE OLD LADY.
OH, I'D LOVE TO BE RICH!
FINE! THEN I WILL CHANGE THAT LEAF INTO A BEAUTIFUL GOLD LEAF FOR YOU!
SHE WAS A VERY, VERY KIND, VERY UGLY, LITTLE OLD LADY.
OH, I COULDN'T LET YOU CHANGE THIS LEAF INTO A GOLD LEAF BECAUSE I MUST GIVE IT TO THE MONSTER!
WHAT?
BUT SUDDENLY, FOR HARDLY ANY REASON AT ALL, SHE GOT VERY UNKIND.
GIVE ME THAT LEAF!

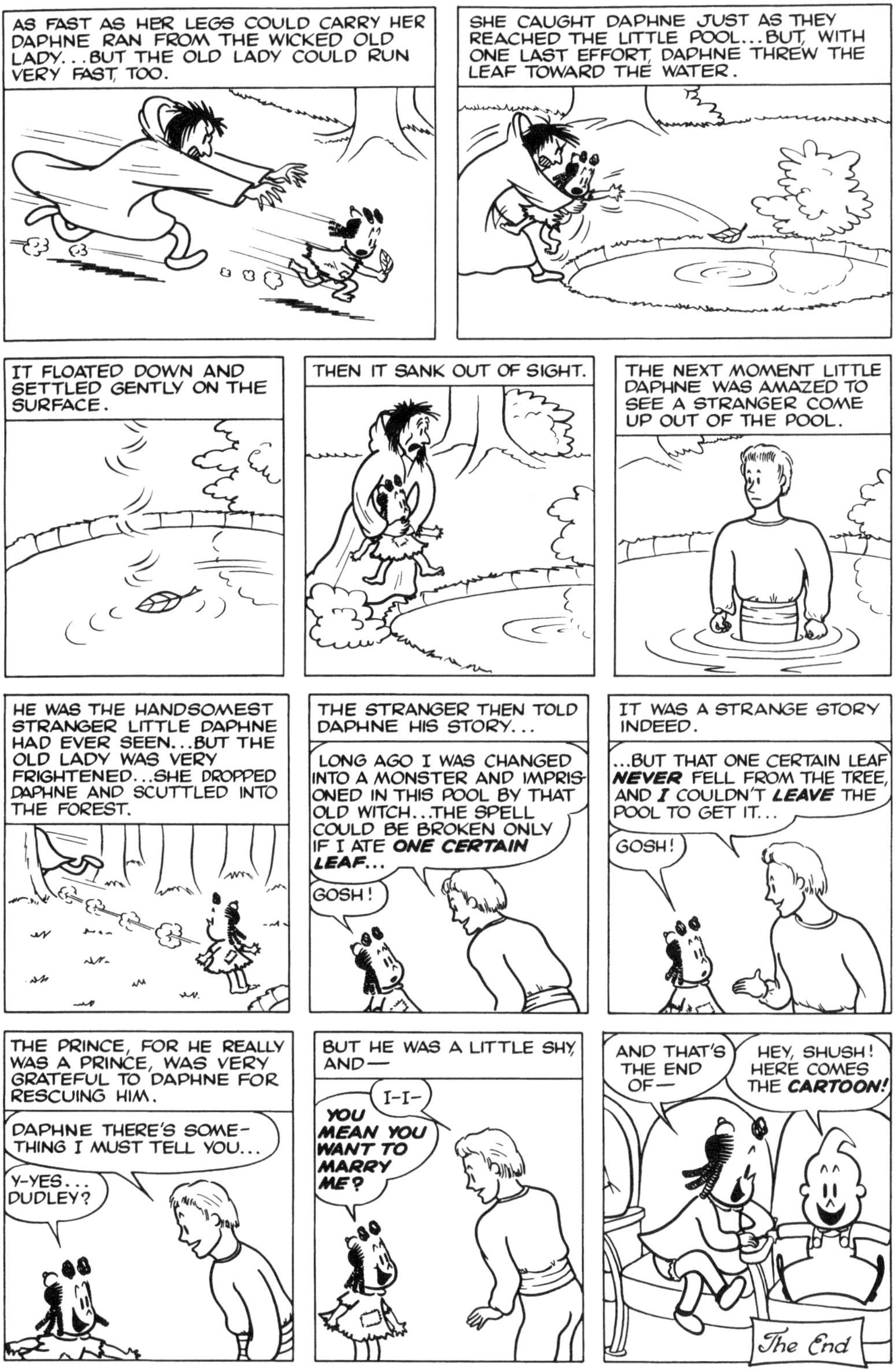
AS FAST AS HER LEGS COULD CARRY HER DAPHNE RAN FROM THE WICKED OLD LADY...BUT THE OLD LADY COULD RUN VERY FAST, TOO.
SHE CAUGHT DAPHNE JUST AS THEY REACHED THE LITTLE POOL...BUT, WITH ONE LAST EFFORT, DAPHNE THREW THE LEAF TOWARD THE WATER.
IT FLOATED DOWN AND SETTLED GENTLY ON THE SURFACE.
THEN IT SANK OUT OF SIGHT.
THE NEXT MOMENT LITTLE DAPHNE WAS AMAZED TO SEE A STRANGER COME UP OUT OF THE POOL.
HE WAS THE HANDSOMEST STRANGER LITTLE DAPHNE HAD EVER SEEN...BUT THE OLD LADY WAS VERY FRIGHTENED...SHE DROPPED DAPHNE AND SCUTTLED INTO THE FOREST.
THE STRANGER THEN TOLD DAPHNE HIS STORY...
LONG AGO I WAS CHANGED INTO A MONSTER AND IMPRISONED IN THIS POOL BY THAT OLD WITCH...THE SPELL COULD BE BROKEN ONLY IF I ATE **ONE CERTAIN LEAF...**
GOSH!
IT WAS A STRANGE STORY INDEED.
...BUT THAT ONE CERTAIN LEAF **NEVER** FELL FROM THE TREE, AND ***I*** COULDN'T **LEAVE** THE POOL TO GET IT...
GOSH!
THE PRINCE, FOR HE REALLY WAS A PRINCE, WAS VERY GRATEFUL TO DAPHNE FOR RESCUING HIM.
DAPHNE THERE'S SOMETHING I MUST TELL YOU...
Y-YES... DUDLEY?
BUT HE WAS A LITTLE SHY, AND—
I-I-
**YOU MEAN YOU WANT TO MARRY ME?**
AND THAT'S THE END OF—
HEY, SHUSH! HERE COMES THE **CARTOON!**
The End

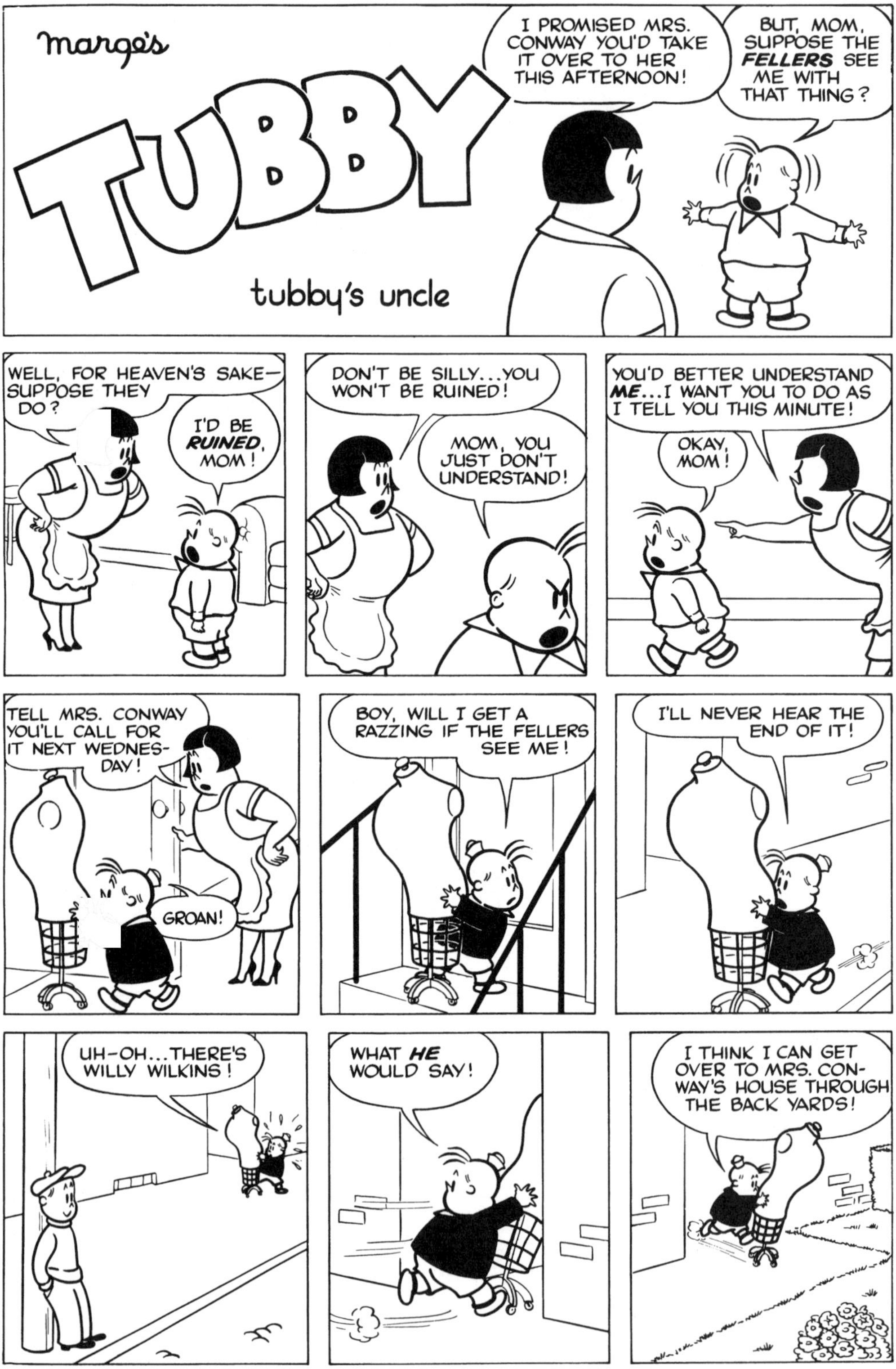
marge's
TUBBY
tubby's uncle
I PROMISED MRS. CONWAY YOU'D TAKE IT OVER TO HER THIS AFTERNOON!
BUT, MOM, SUPPOSE THE FELLERS SEE ME WITH THAT THING?
WELL, FOR HEAVEN'S SAKE—SUPPOSE THEY DO?
I'D BE RUINED, MOM!
DON'T BE SILLY...YOU WON'T BE RUINED!
MOM, YOU JUST DON'T UNDERSTAND!
YOU'D BETTER UNDERSTAND ME...I WANT YOU TO DO AS I TELL YOU THIS MINUTE!
OKAY, MOM!
TELL MRS. CONWAY YOU'LL CALL FOR IT NEXT WEDNES-DAY!
GROAN!
BOY, WILL I GET A RAZZING IF THE FELLERS SEE ME!
I'LL NEVER HEAR THE END OF IT!
UH-OH...THERE'S WILLY WILKINS!
WHAT HE WOULD SAY!
I THINK I CAN GET OVER TO MRS. CON-WAY'S HOUSE THROUGH THE BACK YARDS!

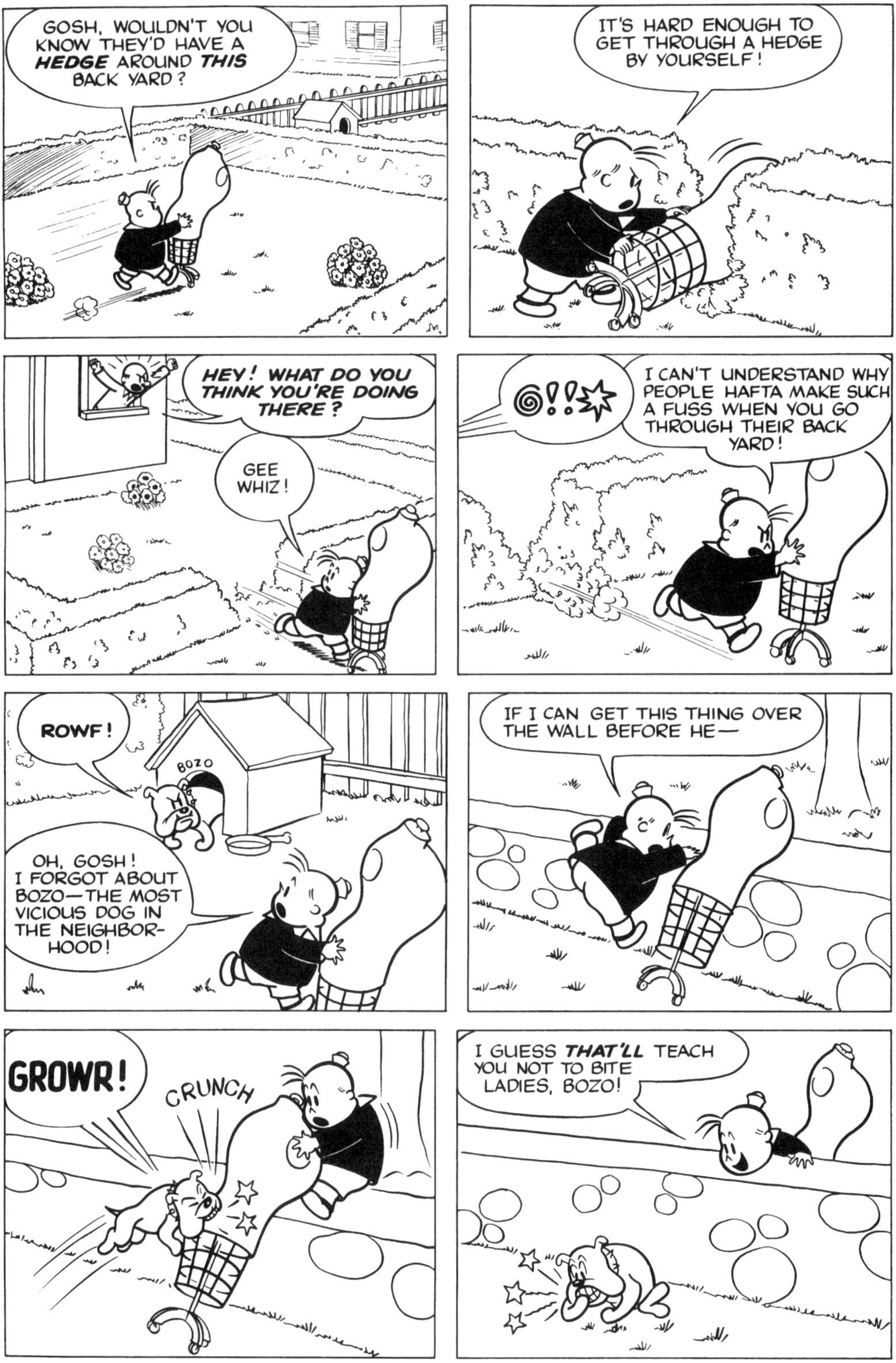
GOSH, WOULDN'T YOU KNOW THEY'D HAVE A ***HEDGE*** AROUND ***THIS*** BACK YARD?
IT'S HARD ENOUGH TO GET THROUGH A HEDGE BY YOURSELF!
***HEY! WHAT DO YOU THINK YOU'RE DOING THERE?***
GEE WHIZ!
I CAN'T UNDERSTAND WHY PEOPLE HAFTA MAKE SUCH A FUSS WHEN YOU GO THROUGH THEIR BACK YARD!
ROWF!
BOZO
OH, GOSH! I FORGOT ABOUT BOZO—THE MOST VICIOUS DOG IN THE NEIGHBORHOOD!
IF I CAN GET THIS THING OVER THE WALL BEFORE HE—
GROWR!
CRUNCH
I GUESS ***THAT'LL*** TEACH YOU NOT TO BITE LADIES, BOZO!

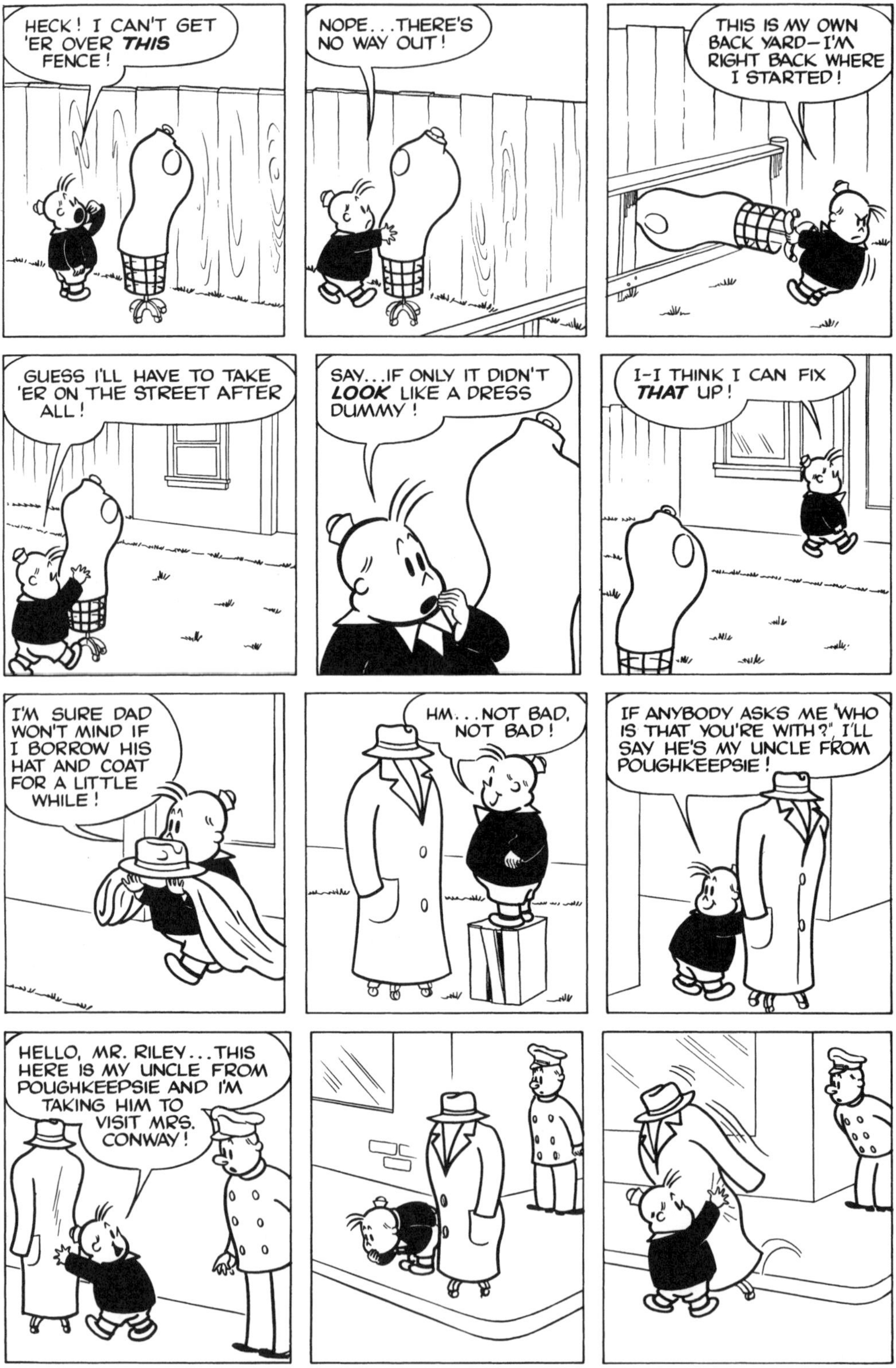
HECK! I CAN'T GET 'ER OVER THIS FENCE!
NOPE...THERE'S NO WAY OUT!
THIS IS MY OWN BACK YARD—I'M RIGHT BACK WHERE I STARTED!
GUESS I'LL HAVE TO TAKE 'ER ON THE STREET AFTER ALL!
SAY...IF ONLY IT DIDN'T LOOK LIKE A DRESS DUMMY!
I-I THINK I CAN FIX THAT UP!
I'M SURE DAD WON'T MIND IF I BORROW HIS HAT AND COAT FOR A LITTLE WHILE!
HM...NOT BAD, NOT BAD!
IF ANYBODY ASKS ME "WHO IS THAT YOU'RE WITH?", I'LL SAY HE'S MY UNCLE FROM POUGHKEEPSIE!
HELLO, MR. RILEY...THIS HERE IS MY UNCLE FROM POUGHKEEPSIE AND I'M TAKING HIM TO VISIT MRS. CONWAY!

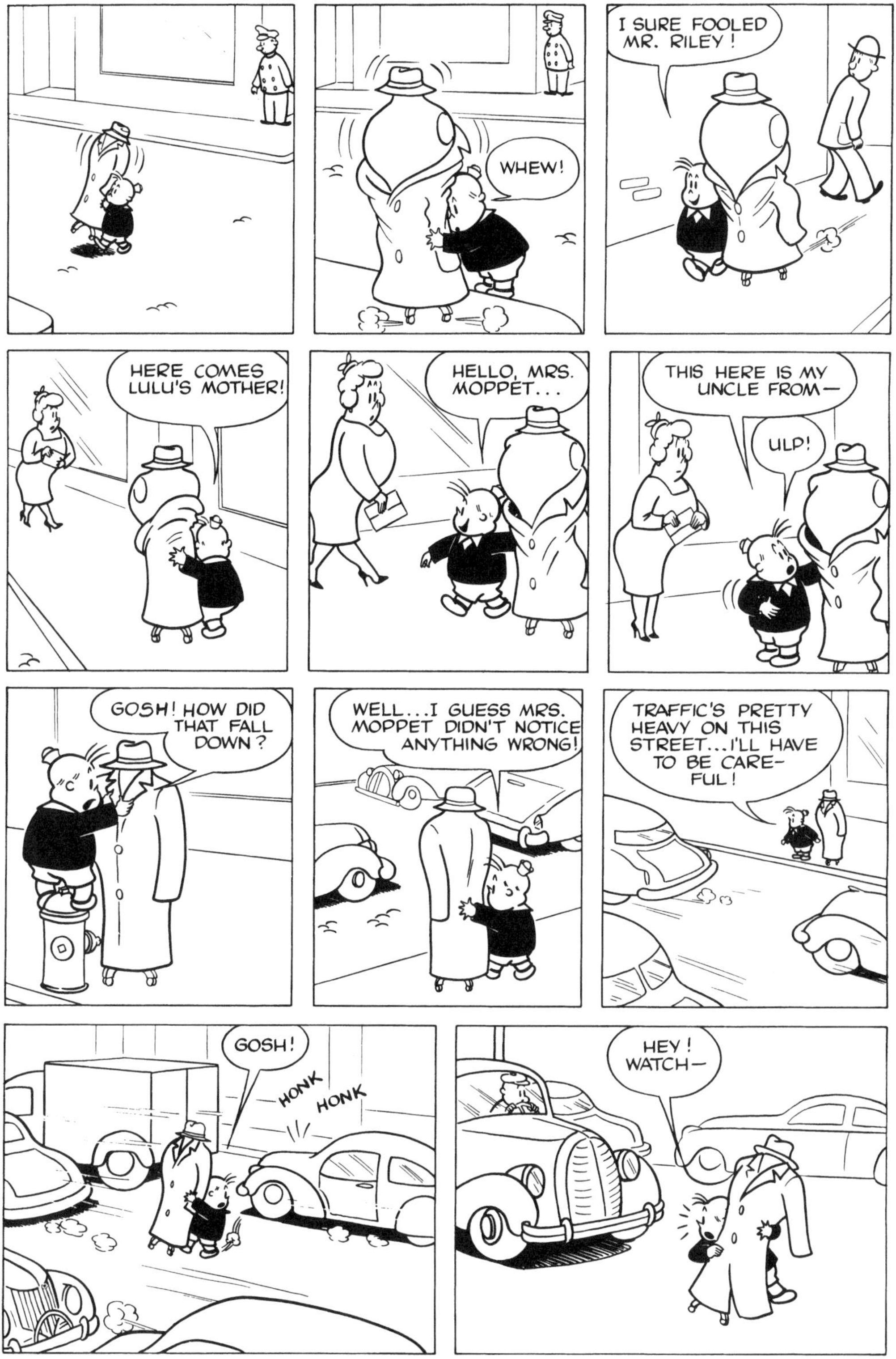
WHEW!
I SURE FOOLED MR. RILEY!
HERE COMES LULU'S MOTHER!
HELLO, MRS. MOPPET...
THIS HERE IS MY UNCLE FROM—
ULP!
GOSH! HOW DID THAT FALL DOWN?
WELL...I GUESS MRS. MOPPET DIDN'T NOTICE ANYTHING WRONG!
TRAFFIC'S PRETTY HEAVY ON THIS STREET...I'LL HAVE TO BE CARE-FUL!
GOSH!
HONK
HONK
HEY! WATCH—

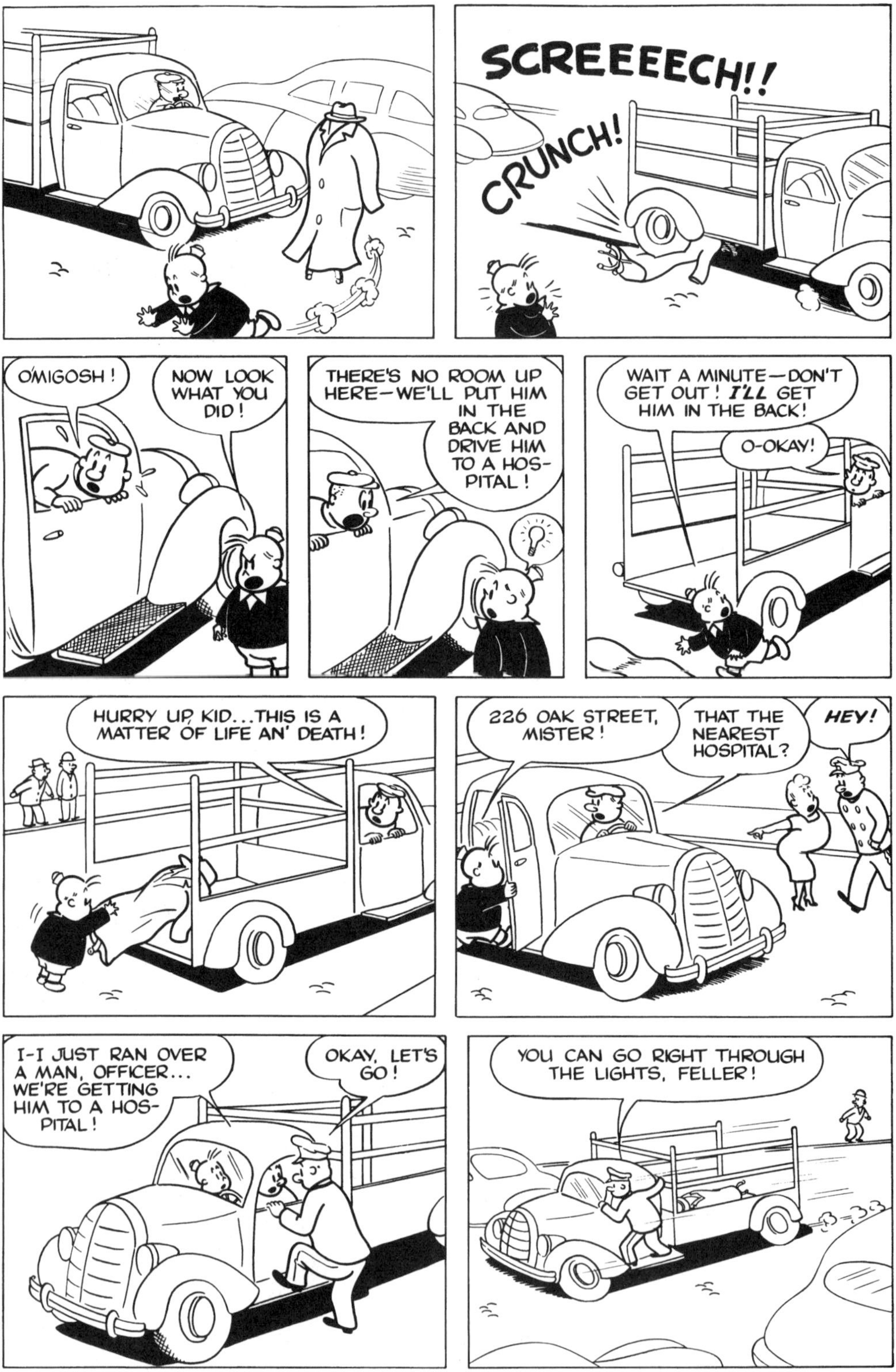
SCREEEECH!!
CRUNCH!
O'MIGOSH!
NOW LOOK WHAT YOU DID!
THERE'S NO ROOM UP HERE—WE'LL PUT HIM IN THE BACK AND DRIVE HIM TO A HOSPITAL!
WAIT A MINUTE—DON'T GET OUT! I'LL GET HIM IN THE BACK!
O-OKAY!
HURRY UP, KID...THIS IS A MATTER OF LIFE AN' DEATH!
226 OAK STREET, MISTER!
THAT THE NEAREST HOSPITAL?
HEY!
I-I JUST RAN OVER A MAN, OFFICER... WE'RE GETTING HIM TO A HOSPITAL!
OKAY, LET'S GO!
YOU CAN GO RIGHT THROUGH THE LIGHTS, FELLER!

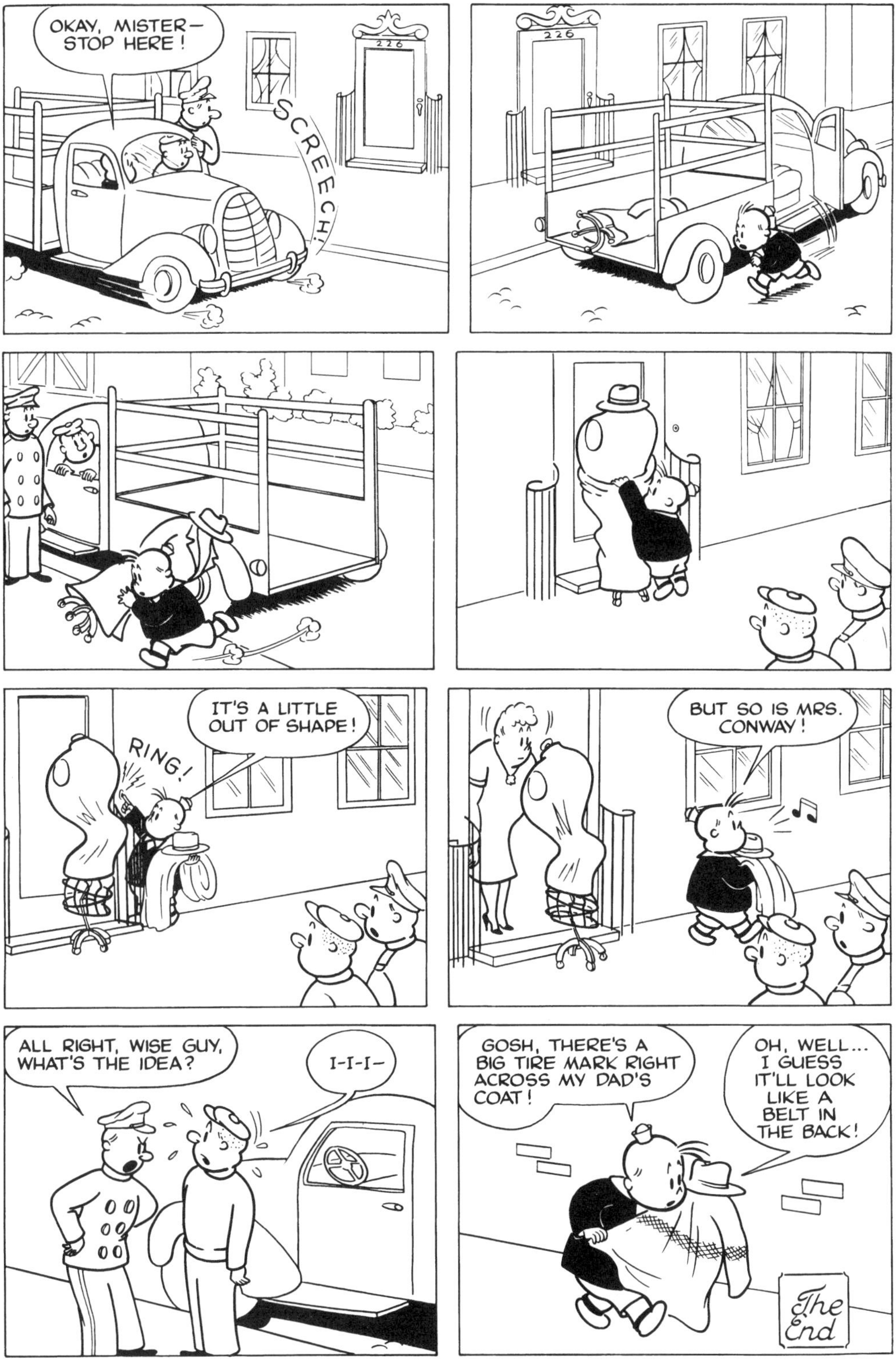
OKAY, MISTER— STOP HERE!
SCREEECH!
226
IT'S A LITTLE OUT OF SHAPE!
RING!
BUT SO IS MRS. CONWAY!
ALL RIGHT, WISE GUY, WHAT'S THE IDEA?
I-I-I—
GOSH, THERE'S A BIG TIRE MARK RIGHT ACROSS MY DAD'S COAT!
OH, WELL... I GUESS IT'LL LOOK LIKE A BELT IN THE BACK!
The End

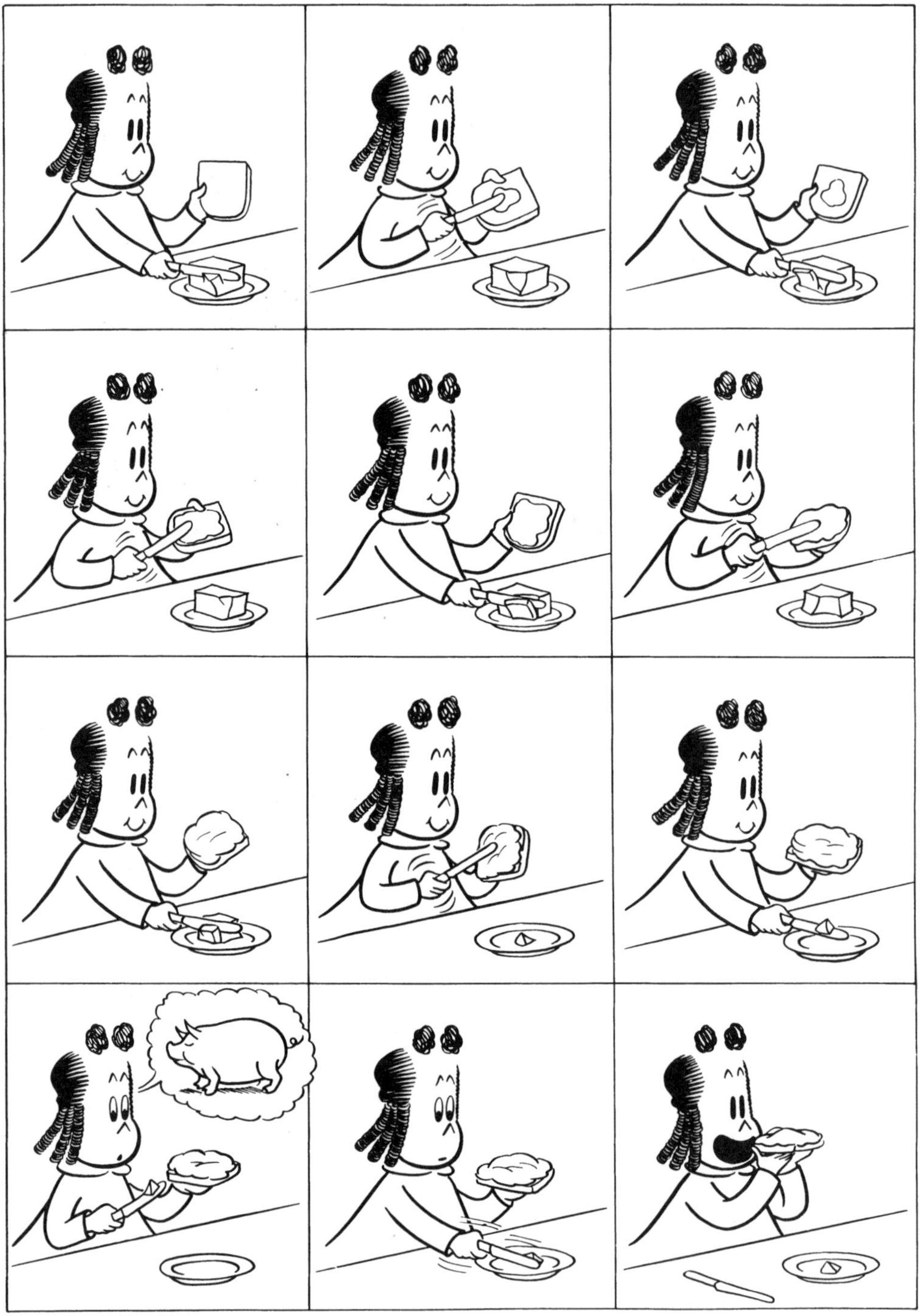

Little Lulu No. 12, June, 1949

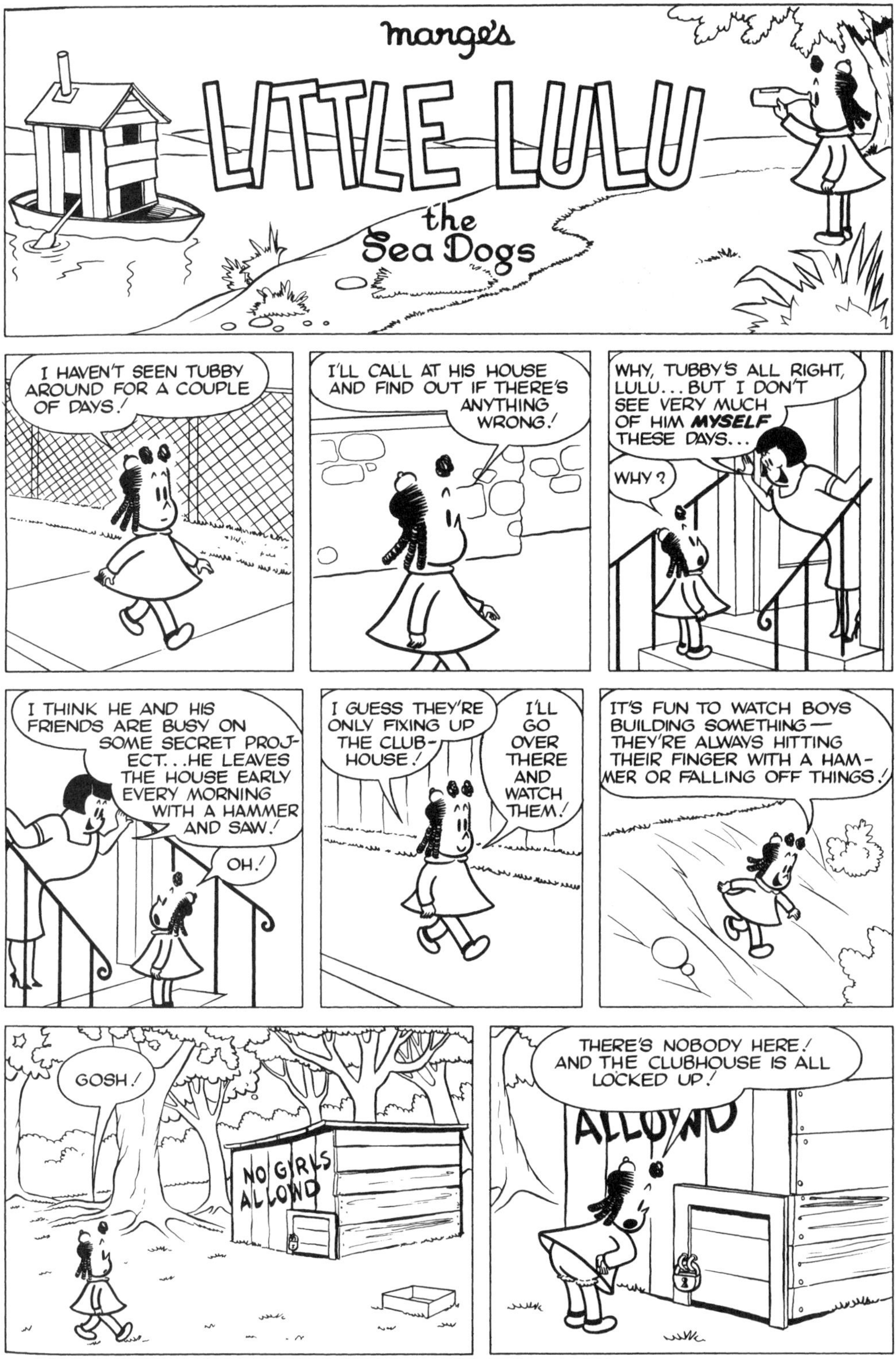
marge's
LITTLE LULU
the Sea Dogs
I HAVEN'T SEEN TUBBY AROUND FOR A COUPLE OF DAYS!
I'LL CALL AT HIS HOUSE AND FIND OUT IF THERE'S ANYTHING WRONG!
WHY, TUBBY'S ALL RIGHT, LULU... BUT I DON'T SEE VERY MUCH OF HIM MYSELF THESE DAYS...
WHY?
I THINK HE AND HIS FRIENDS ARE BUSY ON SOME SECRET PROJECT...HE LEAVES THE HOUSE EARLY EVERY MORNING WITH A HAMMER AND SAW!
OH!
I GUESS THEY'RE ONLY FIXING UP THE CLUBHOUSE!
I'LL GO OVER THERE AND WATCH THEM!
IT'S FUN TO WATCH BOYS BUILDING SOMETHING— THEY'RE ALWAYS HITTING THEIR FINGER WITH A HAMMER OR FALLING OFF THINGS!
GOSH!
NO GIRLS ALLOWD
THERE'S NOBODY HERE! AND THE CLUBHOUSE IS ALL LOCKED UP!
ALLOWD

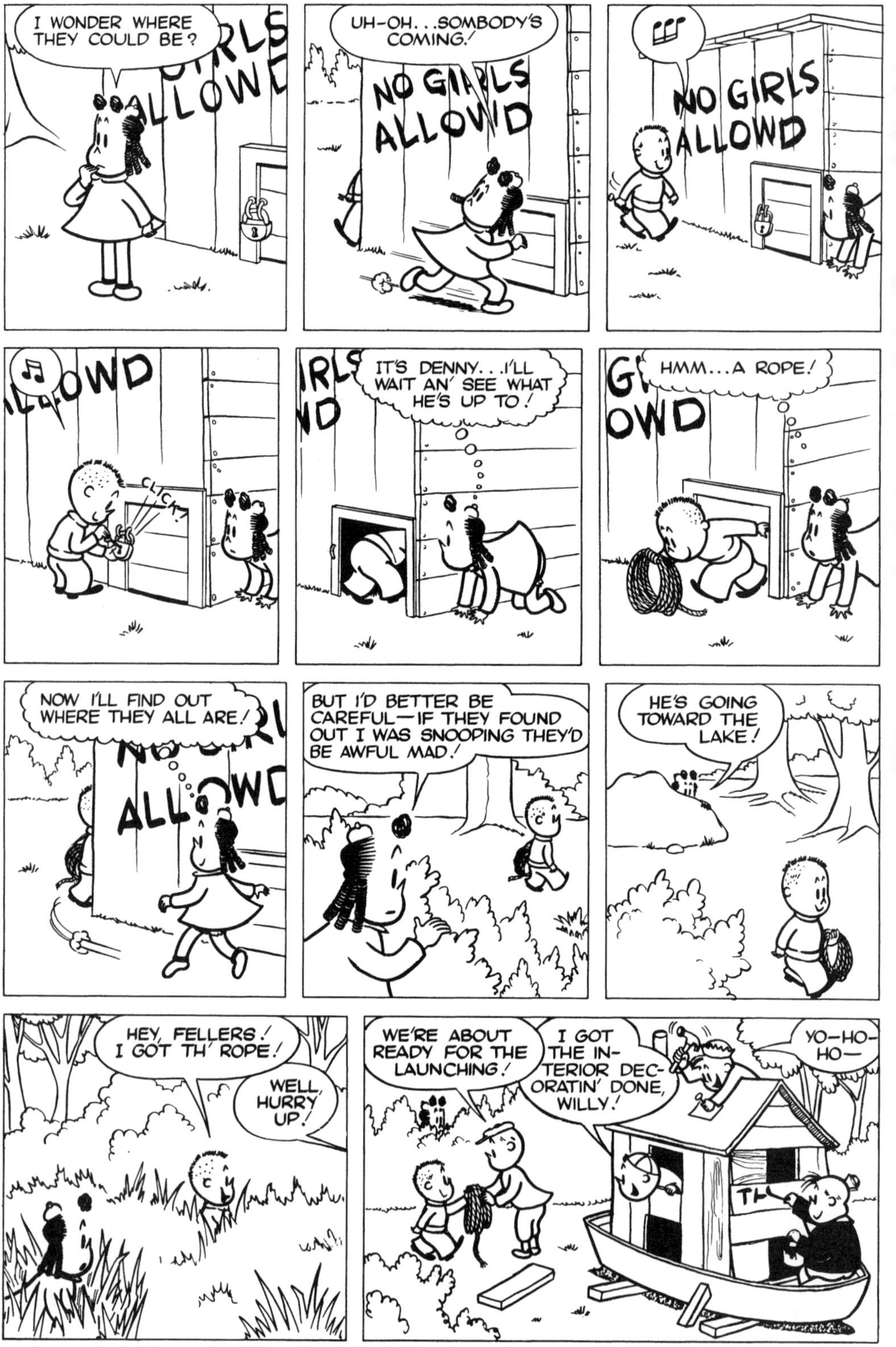
I WONDER WHERE THEY COULD BE?
UH-OH...SOMBODY'S COMING!
NO GIRLS ALLOWD
IT'S DENNY...I'LL WAIT AN' SEE WHAT HE'S UP TO!
CLICK!
HMM...A ROPE!
NOW I'LL FIND OUT WHERE THEY ALL ARE!
BUT I'D BETTER BE CAREFUL—IF THEY FOUND OUT I WAS SNOOPING THEY'D BE AWFUL MAD!
HE'S GOING TOWARD THE LAKE!
HEY, FELLERS! I GOT TH' ROPE!
WELL, HURRY UP!
WE'RE ABOUT READY FOR THE LAUNCHING!
I GOT THE INTERIOR DECORATIN' DONE, WILLY!
YO-HO-HO—

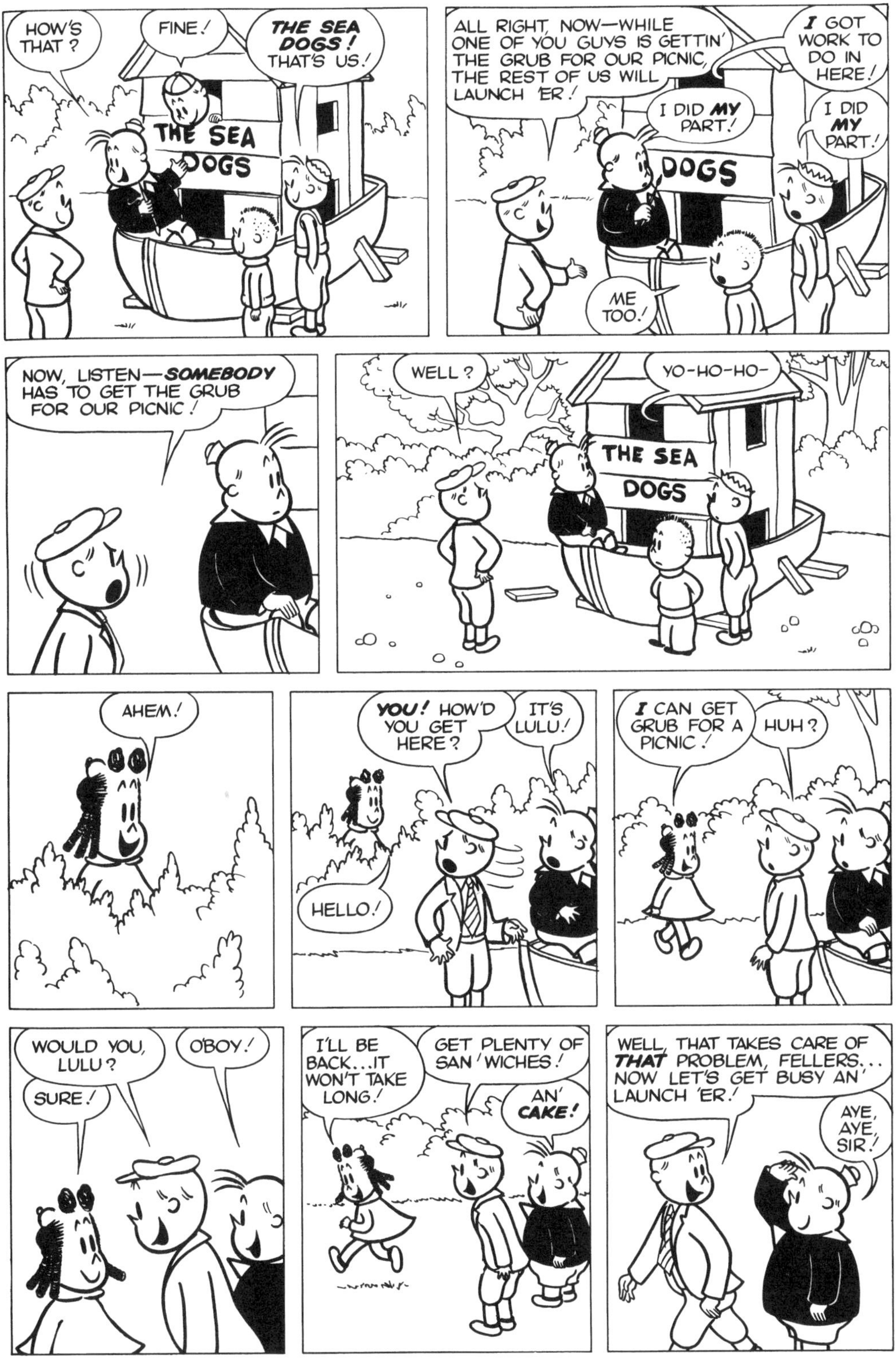

HOW'S THAT?
FINE!
THE SEA DOGS! THAT'S US!
THE SEA DOGS
ALL RIGHT, NOW—WHILE ONE OF YOU GUYS IS GETTIN' THE GRUB FOR OUR PICNIC, THE REST OF US WILL LAUNCH 'ER!
I GOT WORK TO DO IN HERE!
I DID MY PART!
I DID MY PART!
DOGS
ME TOO!
NOW, LISTEN—SOMEBODY HAS TO GET THE GRUB FOR OUR PICNIC!
WELL?
YO-HO-HO-
THE SEA DOGS
AHEM!
YOU! HOW'D YOU GET HERE?
IT'S LULU!
HELLO!
I CAN GET GRUB FOR A PICNIC!
HUH?
WOULD YOU, LULU?
O'BOY!
SURE!
I'LL BE BACK...IT WON'T TAKE LONG!
GET PLENTY OF SAN'WICHES!
AN' CAKE!
WELL, THAT TAKES CARE OF THAT PROBLEM, FELLERS... NOW LET'S GET BUSY AN' LAUNCH 'ER!
AYE, AYE, SIR!

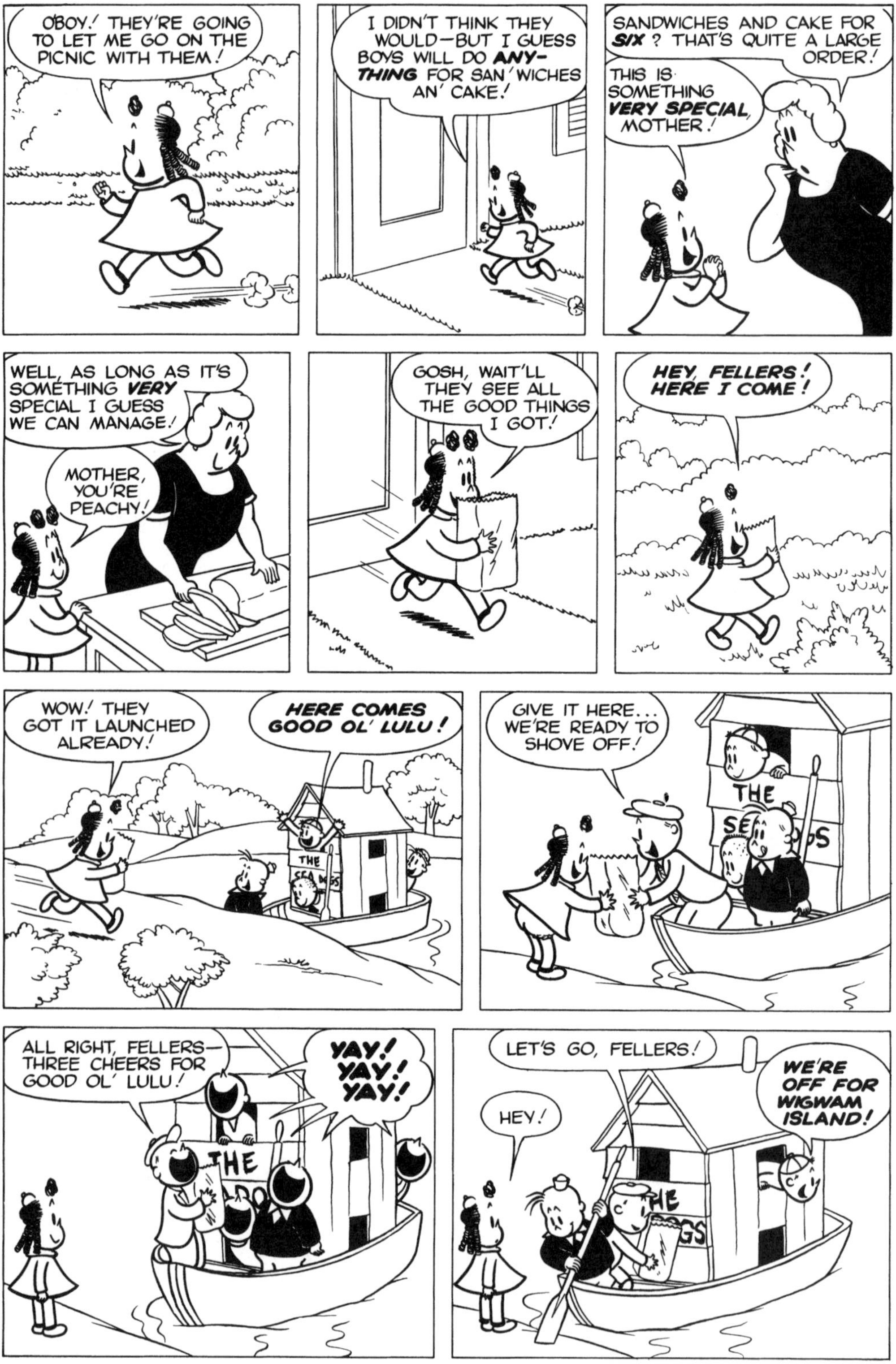

O'BOY! THEY'RE GOING TO LET ME GO ON THE PICNIC WITH THEM!
I DIDN'T THINK THEY WOULD—BUT I GUESS BOYS WILL DO ANY-THING FOR SAN'WICHES AN' CAKE!
THIS IS SOMETHING VERY SPECIAL, MOTHER!
SANDWICHES AND CAKE FOR SIX? THAT'S QUITE A LARGE ORDER!
WELL, AS LONG AS IT'S SOMETHING VERY SPECIAL I GUESS WE CAN MANAGE!
MOTHER, YOU'RE PEACHY!
GOSH, WAIT'LL THEY SEE ALL THE GOOD THINGS I GOT!
HEY, FELLERS! HERE I COME!
WOW! THEY GOT IT LAUNCHED ALREADY!
HERE COMES GOOD OL' LULU!
GIVE IT HERE... WE'RE READY TO SHOVE OFF!
ALL RIGHT, FELLERS—THREE CHEERS FOR GOOD OL' LULU!
YAY! YAY! YAY!
LET'S GO, FELLERS!
HEY!
WE'RE OFF FOR WIGWAM ISLAND!

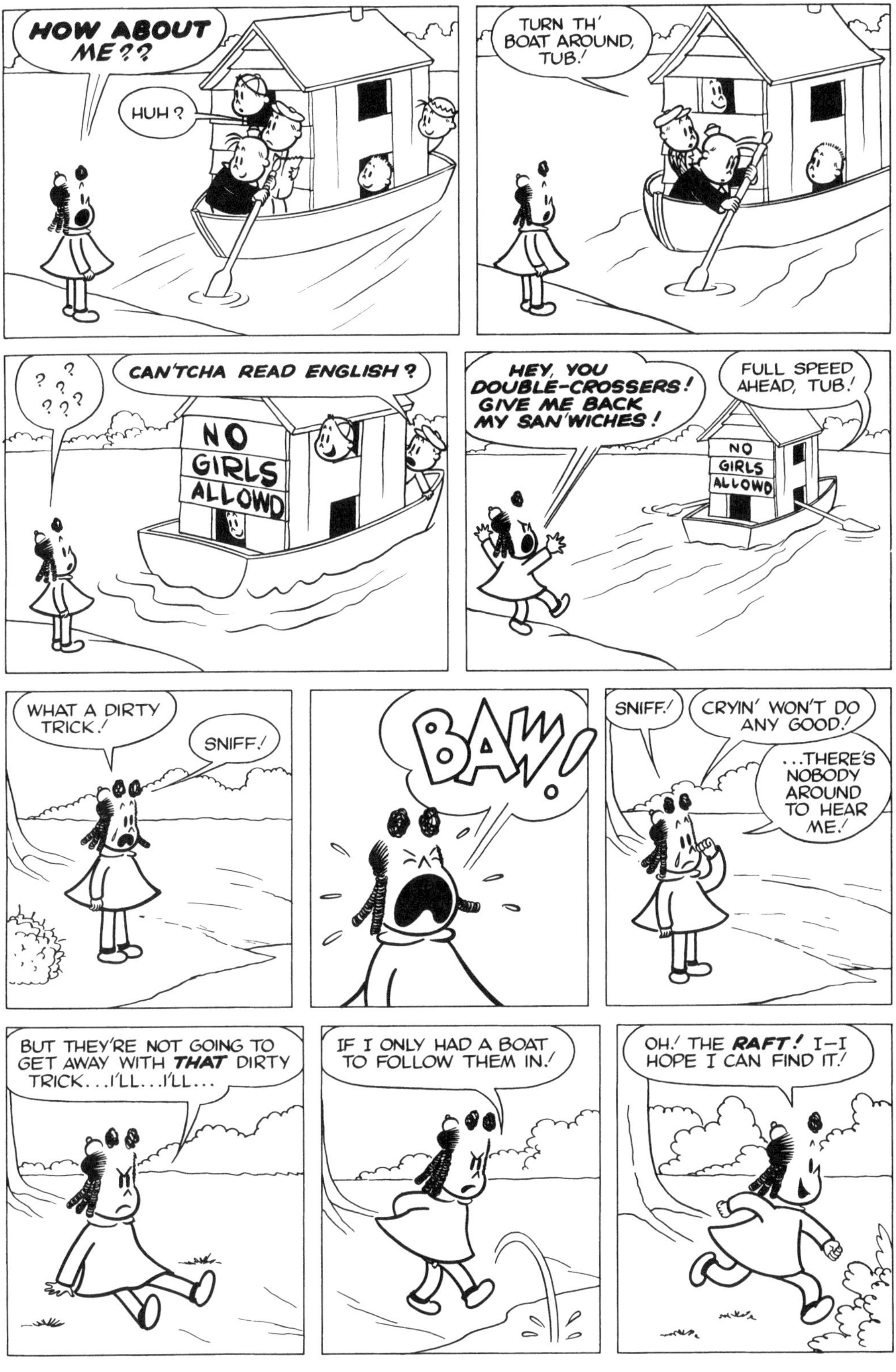
HOW ABOUT ME??
HUH?
TURN TH' BOAT AROUND, TUB.!
? ? ? ? ? ? ?
CAN'TCHA READ ENGLISH?
NO GIRLS ALLOWD
HEY, YOU DOUBLE-CROSSERS! GIVE ME BACK MY SAN'WICHES!
FULL SPEED AHEAD, TUB.!
NO GIRLS ALLOWD
WHAT A DIRTY TRICK.!
SNIFF.!
BAW!
SNIFF.!
CRYIN' WON'T DO ANY GOOD.!
...THERE'S NOBODY AROUND TO HEAR ME.!
BUT THEY'RE NOT GOING TO GET AWAY WITH THAT DIRTY TRICK...I'LL...I'LL...
IF I ONLY HAD A BOAT TO FOLLOW THEM IN.!
OH.! THE RAFT! I—I HOPE I CAN FIND IT.!

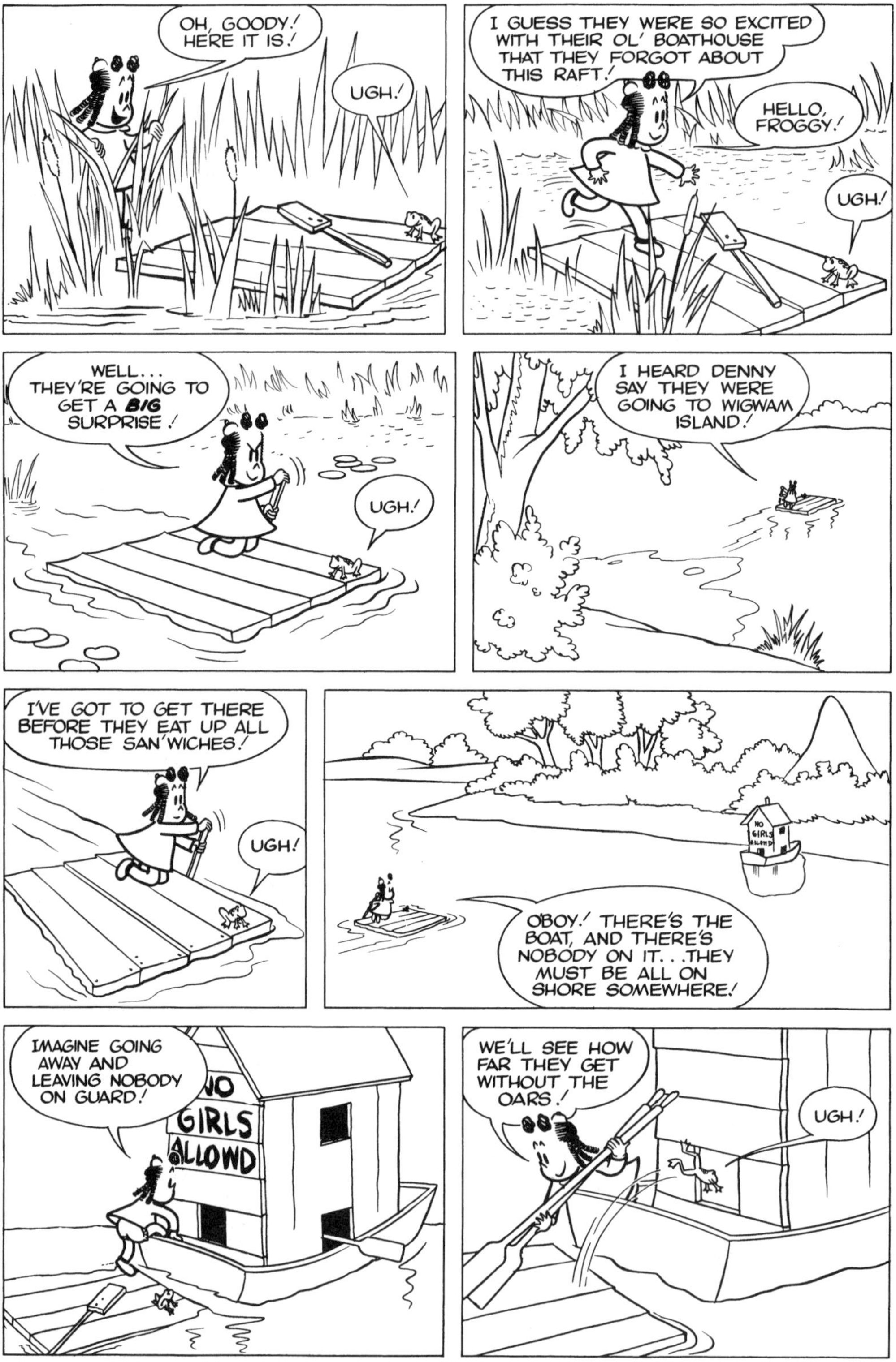
OH, GOODY! HERE IT IS!
UGH!
I GUESS THEY WERE SO EXCITED WITH THEIR OL' BOATHOUSE THAT THEY FORGOT ABOUT THIS RAFT!
HELLO, FROGGY!
UGH!
WELL... THEY'RE GOING TO GET A BIG SURPRISE!
UGH!
I HEARD DENNY SAY THEY WERE GOING TO WIGWAM ISLAND!
I'VE GOT TO GET THERE BEFORE THEY EAT UP ALL THOSE SAN'WICHES!
UGH!
NO GIRLS ALLOWD
O'BOY! THERE'S THE BOAT, AND THERE'S NOBODY ON IT...THEY MUST BE ALL ON SHORE SOMEWHERE!
IMAGINE GOING AWAY AND LEAVING NOBODY ON GUARD!
NO GIRLS ALLOWD
WE'LL SEE HOW FAR THEY GET WITHOUT THE OARS!
UGH!

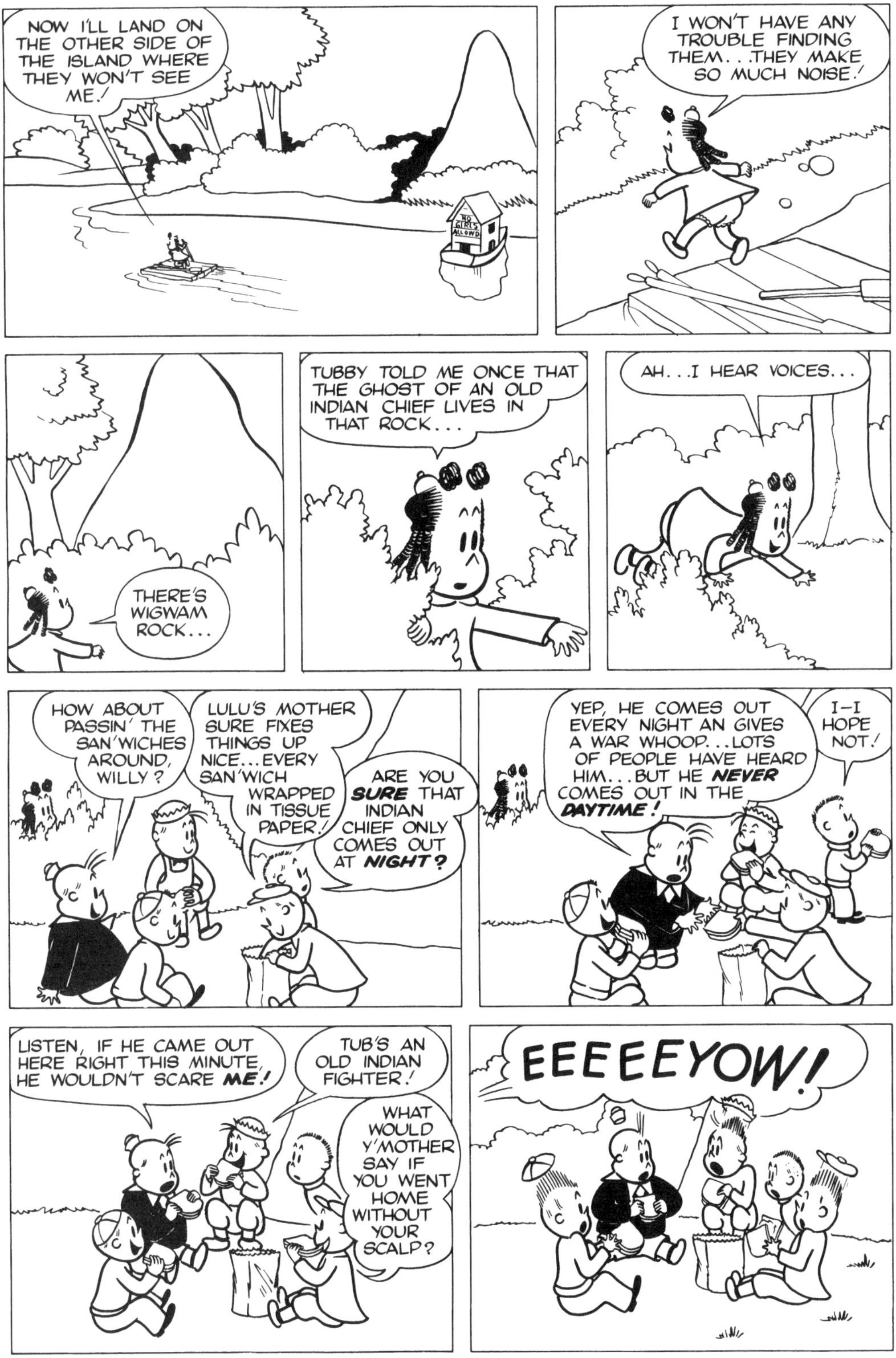
NOW I'LL LAND ON THE OTHER SIDE OF THE ISLAND WHERE THEY WON'T SEE ME!
NO GIRLS ALLOWD
I WON'T HAVE ANY TROUBLE FINDING THEM...THEY MAKE SO MUCH NOISE!
THERE'S WIGWAM ROCK...
TUBBY TOLD ME ONCE THAT THE GHOST OF AN OLD INDIAN CHIEF LIVES IN THAT ROCK...
AH...I HEAR VOICES...
HOW ABOUT PASSIN' THE SAN'WICHES AROUND, WILLY?
LULU'S MOTHER SURE FIXES THINGS UP NICE...EVERY SAN'WICH WRAPPED IN TISSUE PAPER!
ARE YOU SURE THAT INDIAN CHIEF ONLY COMES OUT AT NIGHT?
YEP, HE COMES OUT EVERY NIGHT AN GIVES A WAR WHOOP...LOTS OF PEOPLE HAVE HEARD HIM...BUT HE NEVER COMES OUT IN THE DAYTIME!
I-I HOPE NOT!
LISTEN, IF HE CAME OUT HERE RIGHT THIS MINUTE, HE WOULDN'T SCARE ME!
TUB'S AN OLD INDIAN FIGHTER!
WHAT WOULD Y'MOTHER SAY IF YOU WENT HOME WITHOUT YOUR SCALP?
EEEEEYOW!

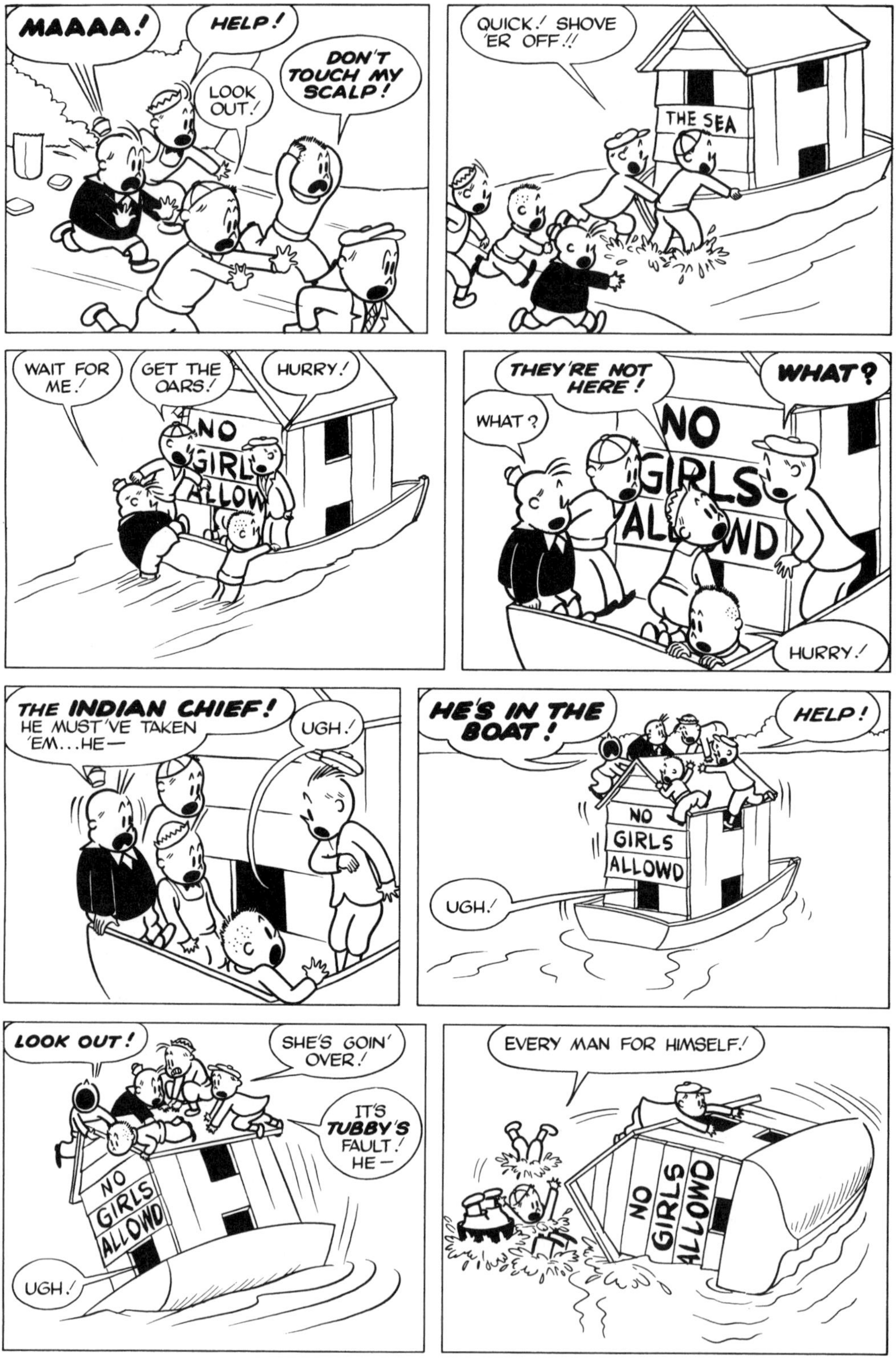
MAAAA!
HELP!
LOOK OUT!
DON'T TOUCH MY SCALP!
QUICK! SHOVE 'ER OFF!!
THE SEA
WAIT FOR ME!
GET THE OARS!
HURRY!
NO GIRLS ALLOWD
THEY'RE NOT HERE!
WHAT?
WHAT?
NO GIRLS ALLOWD
HURRY!
THE INDIAN CHIEF! HE MUST'VE TAKEN 'EM...HE—
UGH!
HE'S IN THE BOAT!
HELP!
NO GIRLS ALLOWD
UGH!
LOOK OUT!
SHE'S GOIN' OVER!
IT'S TUBBY'S FAULT! HE—
NO GIRLS ALLOWD
UGH!
EVERY MAN FOR HIMSELF!
NO GIRLS ALLOWD

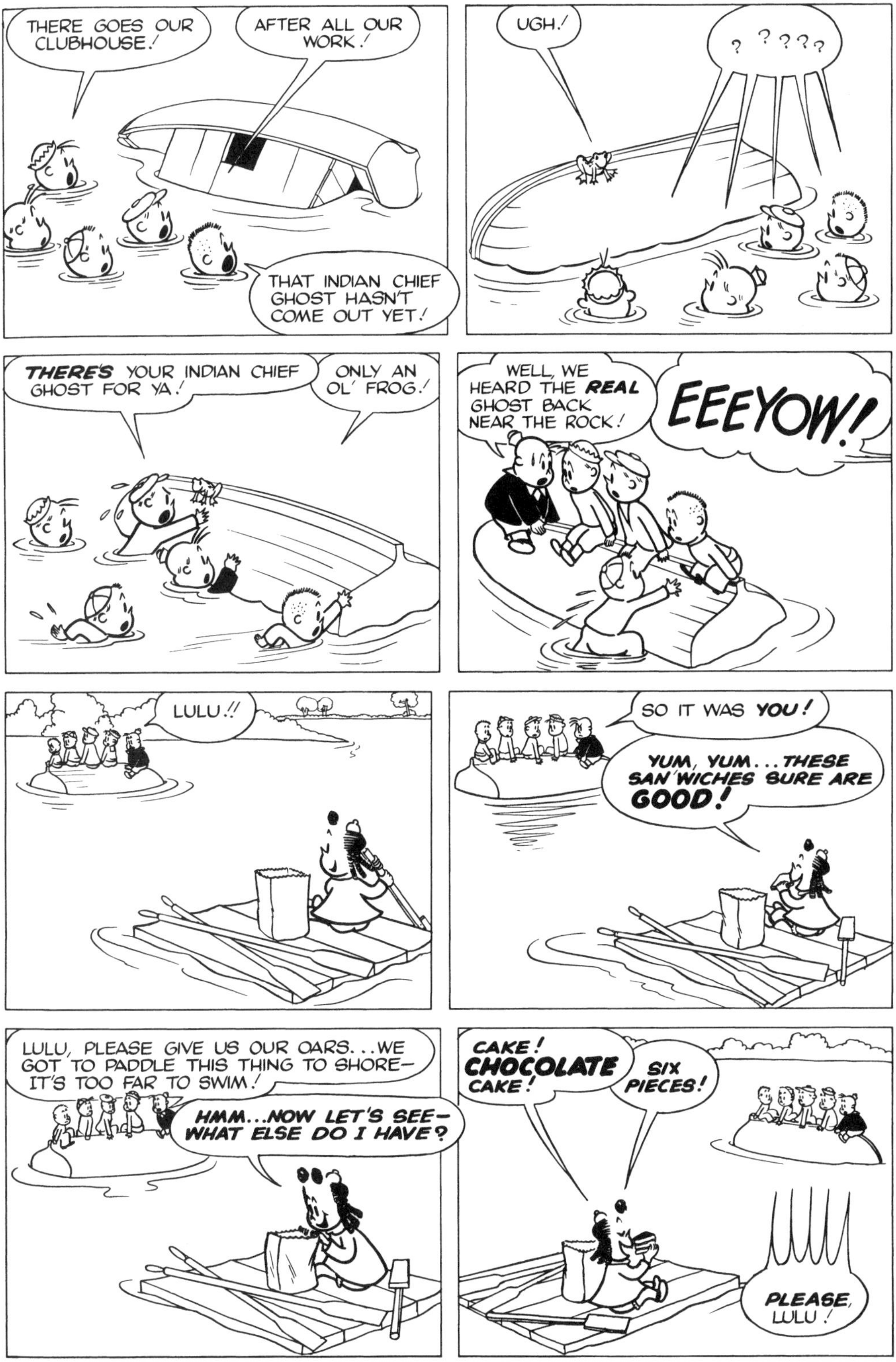
THERE GOES OUR CLUBHOUSE!
AFTER ALL OUR WORK!
THAT INDIAN CHIEF GHOST HASN'T COME OUT YET!
UGH!
? ? ? ? ?
THERE'S YOUR INDIAN CHIEF GHOST FOR YA!
ONLY AN OL' FROG!
WELL, WE HEARD THE REAL GHOST BACK NEAR THE ROCK!
EEEYOW!
LULU!!
SO IT WAS YOU!
YUM, YUM...THESE SAN'WICHES SURE ARE GOOD!
LULU, PLEASE GIVE US OUR OARS...WE GOT TO PADDLE THIS THING TO SHORE–IT'S TOO FAR TO SWIM!
HMM...NOW LET'S SEE–WHAT ELSE DO I HAVE?
CAKE! CHOCOLATE CAKE!
SIX PIECES!
PLEASE, LULU!

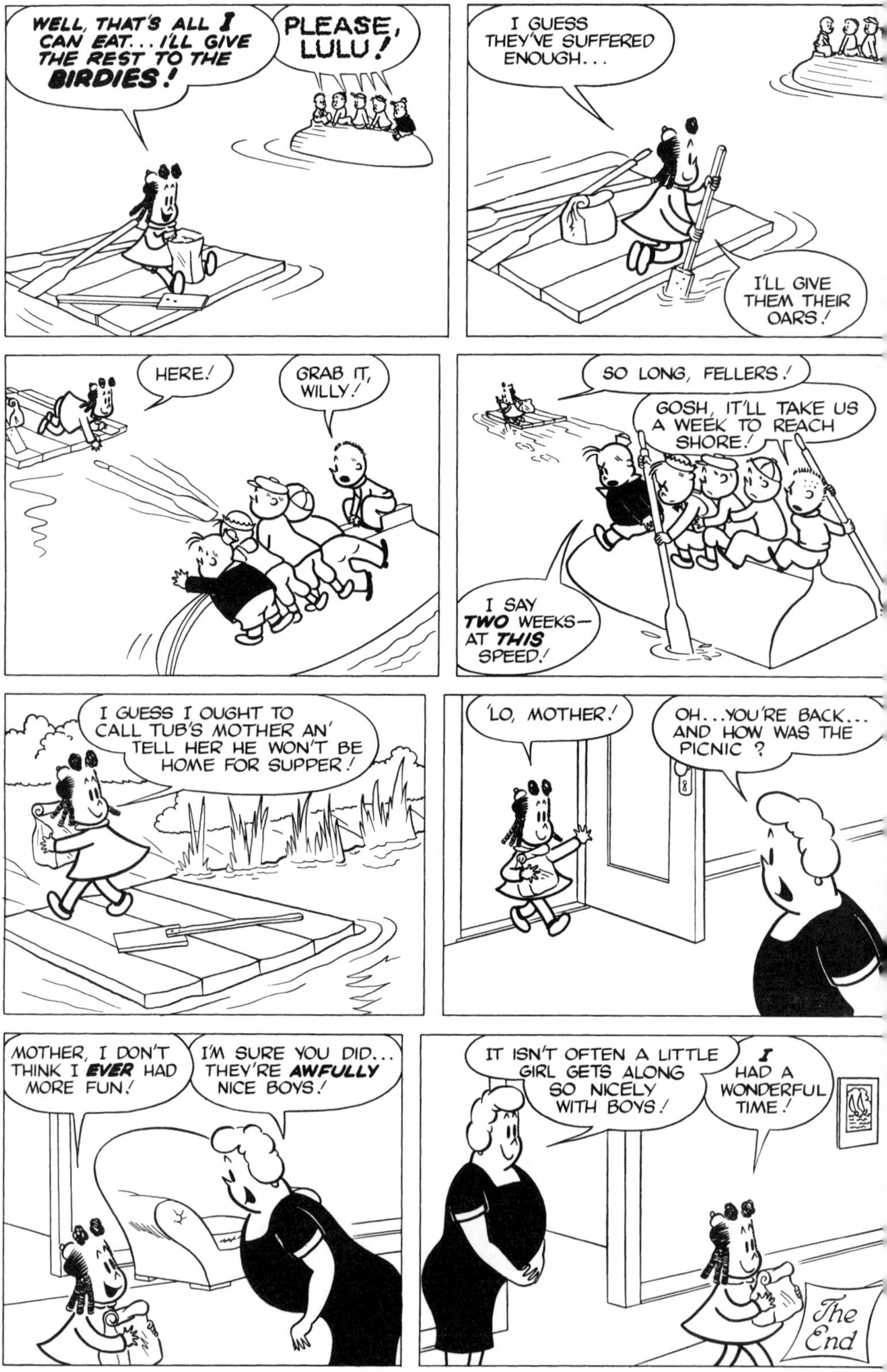
WELL, THAT'S ALL I CAN EAT... I'LL GIVE THE REST TO THE BIRDIES!
PLEASE, LULU!
I GUESS THEY'VE SUFFERED ENOUGH...
I'LL GIVE THEM THEIR OARS!
HERE!
GRAB IT, WILLY!
SO LONG, FELLERS!
GOSH, IT'LL TAKE US A WEEK TO REACH SHORE!
I SAY TWO WEEKS—AT THIS SPEED!
I GUESS I OUGHT TO CALL TUB'S MOTHER AN' TELL HER HE WON'T BE HOME FOR SUPPER!
'LO, MOTHER!
OH...YOU'RE BACK... AND HOW WAS THE PICNIC ?
MOTHER, I DON'T THINK I EVER HAD MORE FUN!
I'M SURE YOU DID... THEY'RE AWFULLY NICE BOYS!
IT ISN'T OFTEN A LITTLE GIRL GETS ALONG SO NICELY WITH BOYS!
I HAD A WONDERFUL TIME!
The End

marge's

# Little Lulu

## FIFTY—FIFTY PROPOSITION

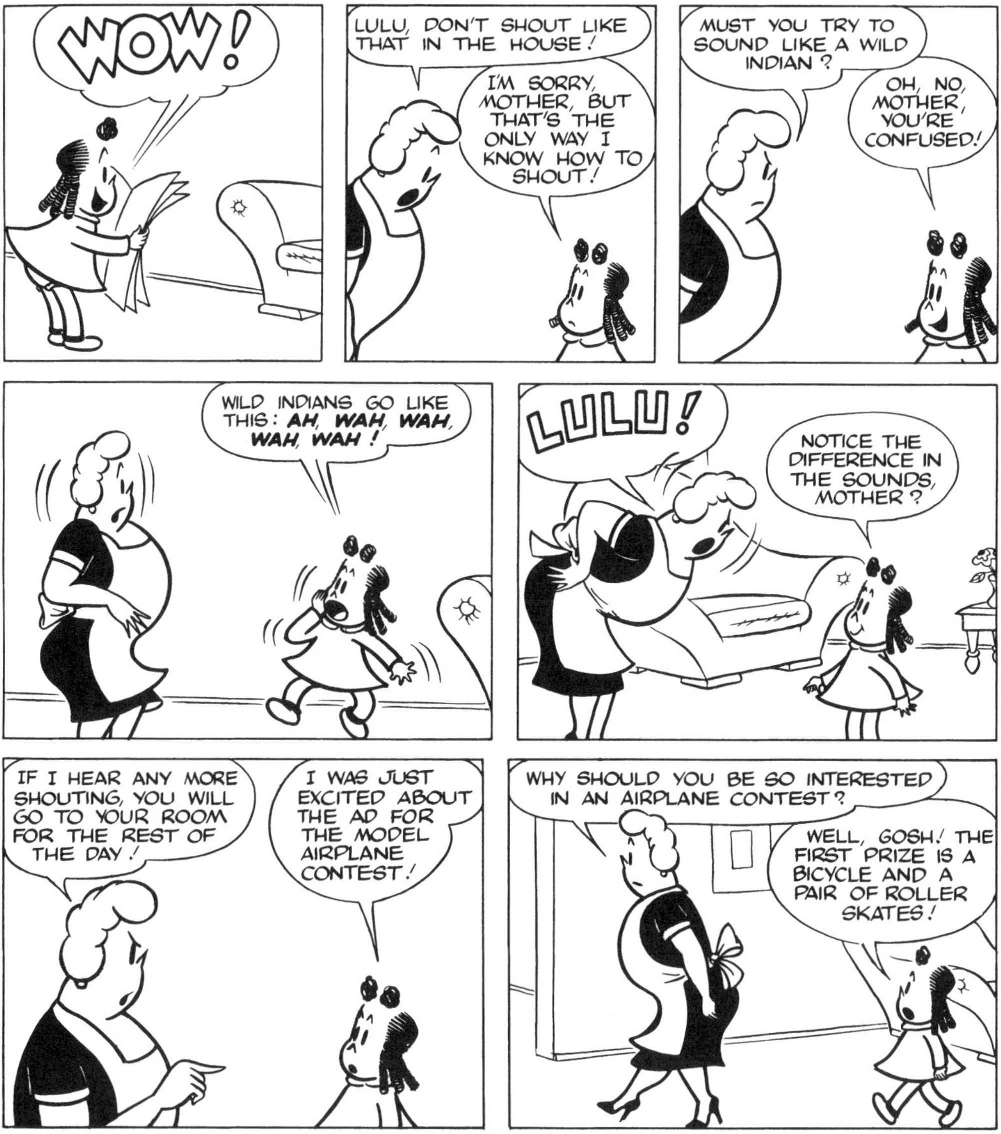
WOW!
LULU, DON'T SHOUT LIKE THAT IN THE HOUSE!
I'M SORRY, MOTHER, BUT THAT'S THE ONLY WAY I KNOW HOW TO SHOUT!
MUST YOU TRY TO SOUND LIKE A WILD INDIAN?
OH, NO, MOTHER, YOU'RE CONFUSED!
WILD INDIANS GO LIKE THIS: AH, WAH, WAH, WAH, WAH!
LULU!
NOTICE THE DIFFERENCE IN THE SOUNDS, MOTHER?
IF I HEAR ANY MORE SHOUTING, YOU WILL GO TO YOUR ROOM FOR THE REST OF THE DAY!
I WAS JUST EXCITED ABOUT THE AD FOR THE MODEL AIRPLANE CONTEST!
WHY SHOULD YOU BE SO INTERESTED IN AN AIRPLANE CONTEST?
WELL, GOSH! THE FIRST PRIZE IS A BICYCLE AND A PAIR OF ROLLER SKATES!

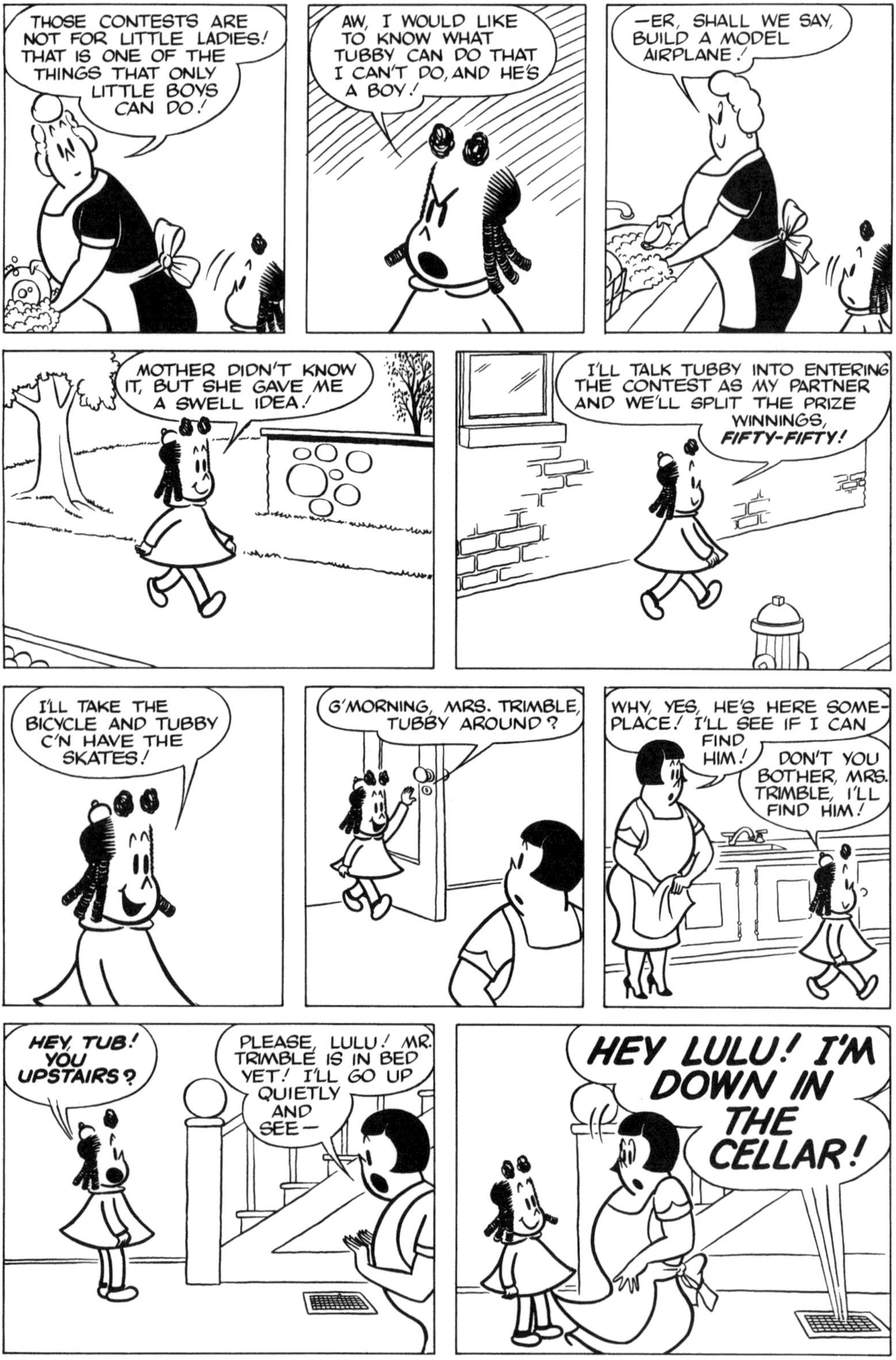
THOSE CONTESTS ARE NOT FOR LITTLE LADIES! THAT IS ONE OF THE THINGS THAT ONLY LITTLE BOYS CAN DO!
AW, I WOULD LIKE TO KNOW WHAT TUBBY CAN DO THAT I CAN'T DO, AND HE'S A BOY!
—ER, SHALL WE SAY, BUILD A MODEL AIRPLANE!
MOTHER DIDN'T KNOW IT, BUT SHE GAVE ME A SWELL IDEA!
I'LL TALK TUBBY INTO ENTERING THE CONTEST AS MY PARTNER AND WE'LL SPLIT THE PRIZE WINNINGS, FIFTY-FIFTY!
I'LL TAKE THE BICYCLE AND TUBBY C'N HAVE THE SKATES!
G'MORNING, MRS. TRIMBLE, TUBBY AROUND?
WHY, YES, HE'S HERE SOME-PLACE! I'LL SEE IF I CAN FIND HIM!
DON'T YOU BOTHER, MRS. TRIMBLE, I'LL FIND HIM!
HEY, TUB! YOU UPSTAIRS?
PLEASE, LULU! MR. TRIMBLE IS IN BED YET! I'LL GO UP QUIETLY AND SEE—
HEY LULU! I'M DOWN IN THE CELLAR!

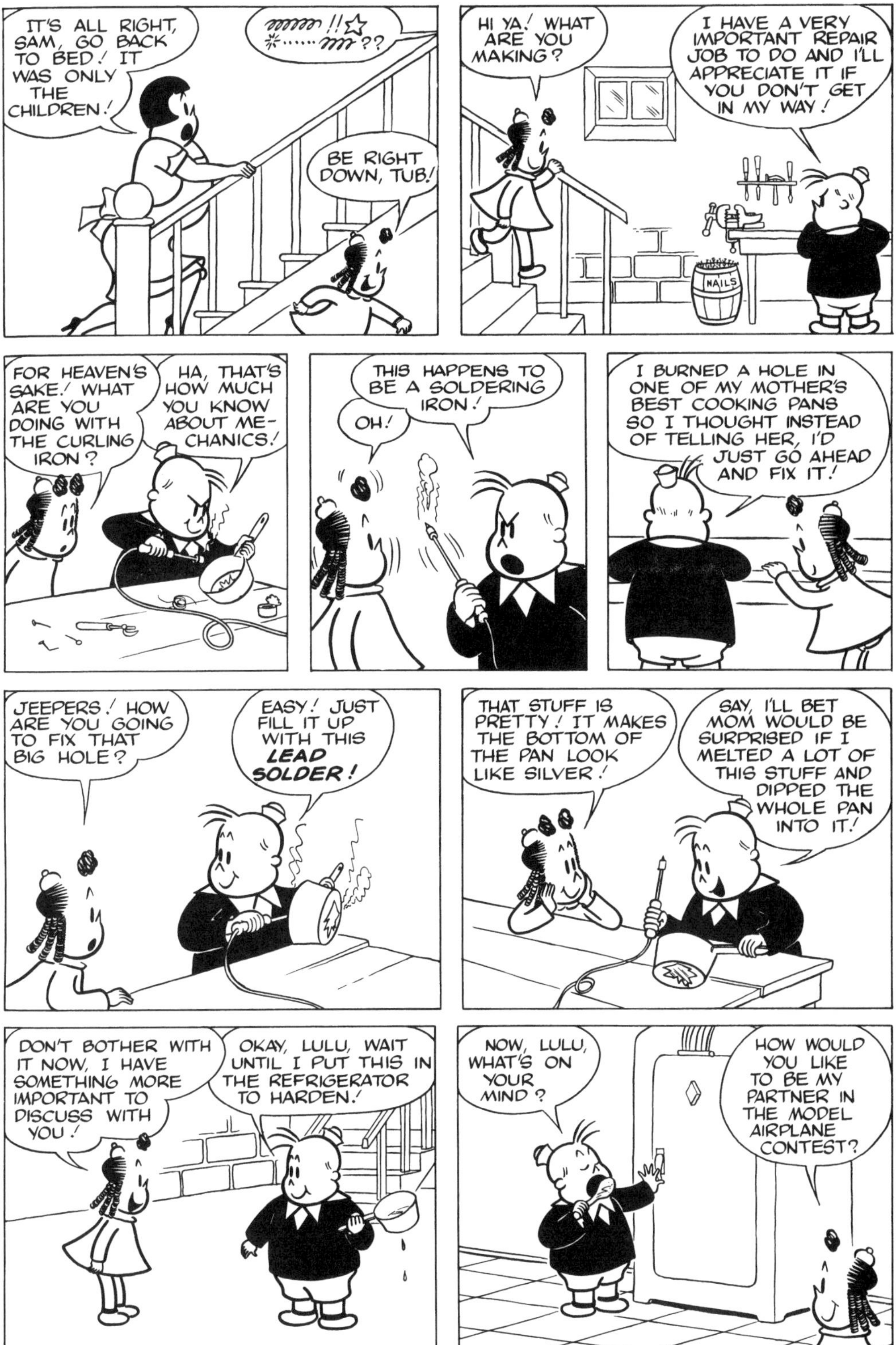
IT'S ALL RIGHT, SAM, GO BACK TO BED! IT WAS ONLY THE CHILDREN!
mmm !!☆ *......mr ??
BE RIGHT DOWN, TUB!
HI YA! WHAT ARE YOU MAKING?
I HAVE A VERY IMPORTANT REPAIR JOB TO DO AND I'LL APPRECIATE IT IF YOU DON'T GET IN MY WAY!
NAILS
FOR HEAVEN'S SAKE! WHAT ARE YOU DOING WITH THE CURLING IRON?
HA, THAT'S HOW MUCH YOU KNOW ABOUT ME-CHANICS!
THIS HAPPENS TO BE A SOLDERING IRON!
OH!
I BURNED A HOLE IN ONE OF MY MOTHER'S BEST COOKING PANS SO I THOUGHT INSTEAD OF TELLING HER, I'D JUST GO AHEAD AND FIX IT!
JEEPERS! HOW ARE YOU GOING TO FIX THAT BIG HOLE?
EASY! JUST FILL IT UP WITH THIS ***LEAD SOLDER***!
THAT STUFF IS PRETTY! IT MAKES THE BOTTOM OF THE PAN LOOK LIKE SILVER!
SAY, I'LL BET MOM WOULD BE SURPRISED IF I MELTED A LOT OF THIS STUFF AND DIPPED THE WHOLE PAN INTO IT!
DON'T BOTHER WITH IT NOW, I HAVE SOMETHING MORE IMPORTANT TO DISCUSS WITH YOU!
OKAY, LULU, WAIT UNTIL I PUT THIS IN THE REFRIGERATOR TO HARDEN!
NOW, LULU, WHAT'S ON YOUR MIND?
HOW WOULD YOU LIKE TO BE MY PARTNER IN THE MODEL AIRPLANE CONTEST?

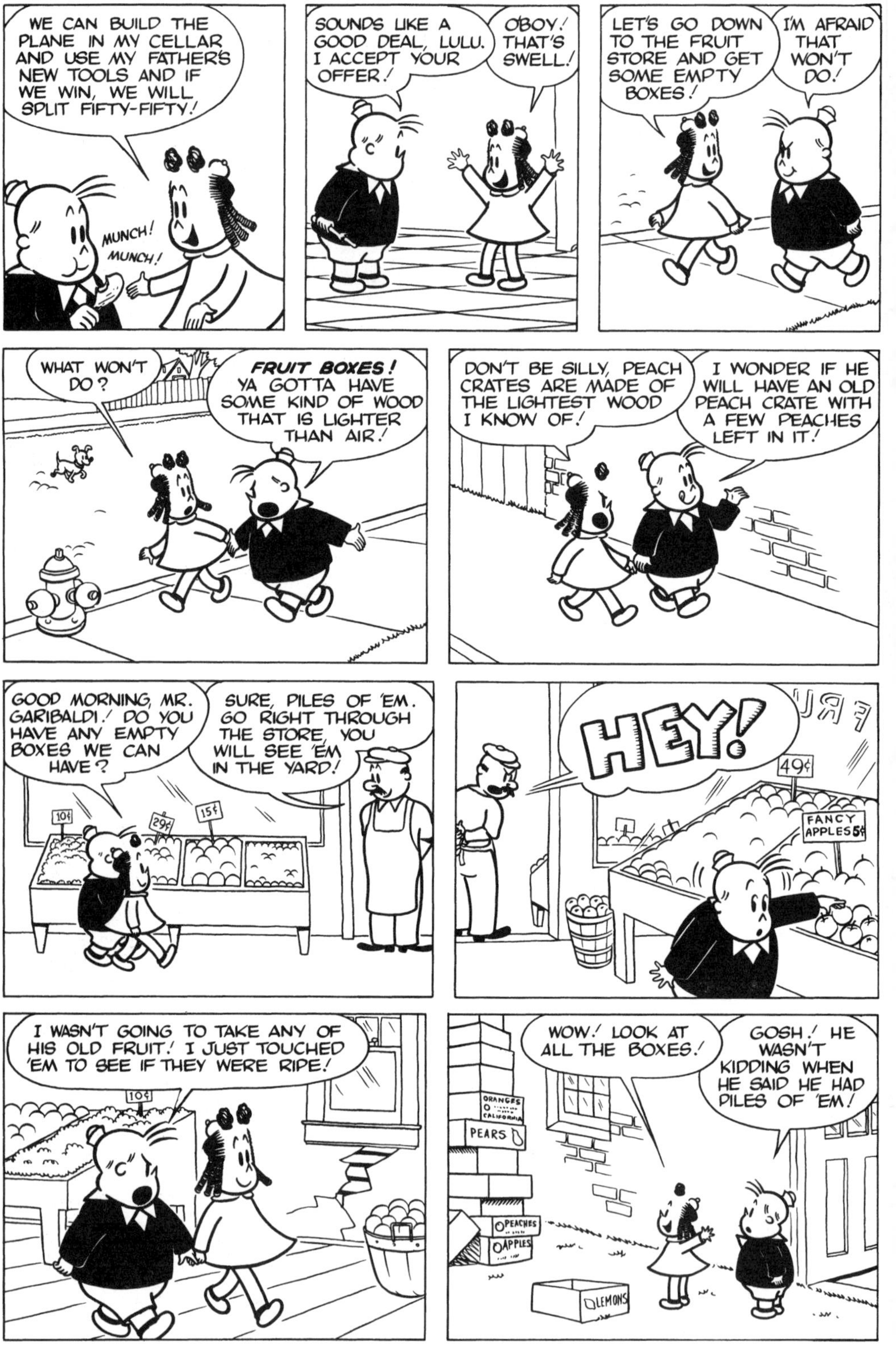
WE CAN BUILD THE PLANE IN MY CELLAR AND USE MY FATHER'S NEW TOOLS AND IF WE WIN, WE WILL SPLIT FIFTY-FIFTY!
MUNCH! MUNCH!
SOUNDS LIKE A GOOD DEAL, LULU. I ACCEPT YOUR OFFER!
O'BOY! THAT'S SWELL!
LET'S GO DOWN TO THE FRUIT STORE AND GET SOME EMPTY BOXES!
I'M AFRAID THAT WON'T DO!
WHAT WON'T DO?
FRUIT BOXES! YA GOTTA HAVE SOME KIND OF WOOD THAT IS LIGHTER THAN AIR!
DON'T BE SILLY, PEACH CRATES ARE MADE OF THE LIGHTEST WOOD I KNOW OF!
I WONDER IF HE WILL HAVE AN OLD PEACH CRATE WITH A FEW PEACHES LEFT IN IT!
GOOD MORNING, MR. GARIBALDI! DO YOU HAVE ANY EMPTY BOXES WE CAN HAVE?
SURE, PILES OF 'EM. GO RIGHT THROUGH THE STORE, YOU WILL SEE 'EM IN THE YARD!
10¢
29¢
15¢
HEY!
49¢
FANCY APPLES 5¢
I WASN'T GOING TO TAKE ANY OF HIS OLD FRUIT! I JUST TOUCHED 'EM TO SEE IF THEY WERE RIPE!
10¢
WOW! LOOK AT ALL THE BOXES!
GOSH! HE WASN'T KIDDING WHEN HE SAID HE HAD PILES OF 'EM!
ORANGES
CALIFORNIA
PEARS
PEACHES
APPLES
LEMONS

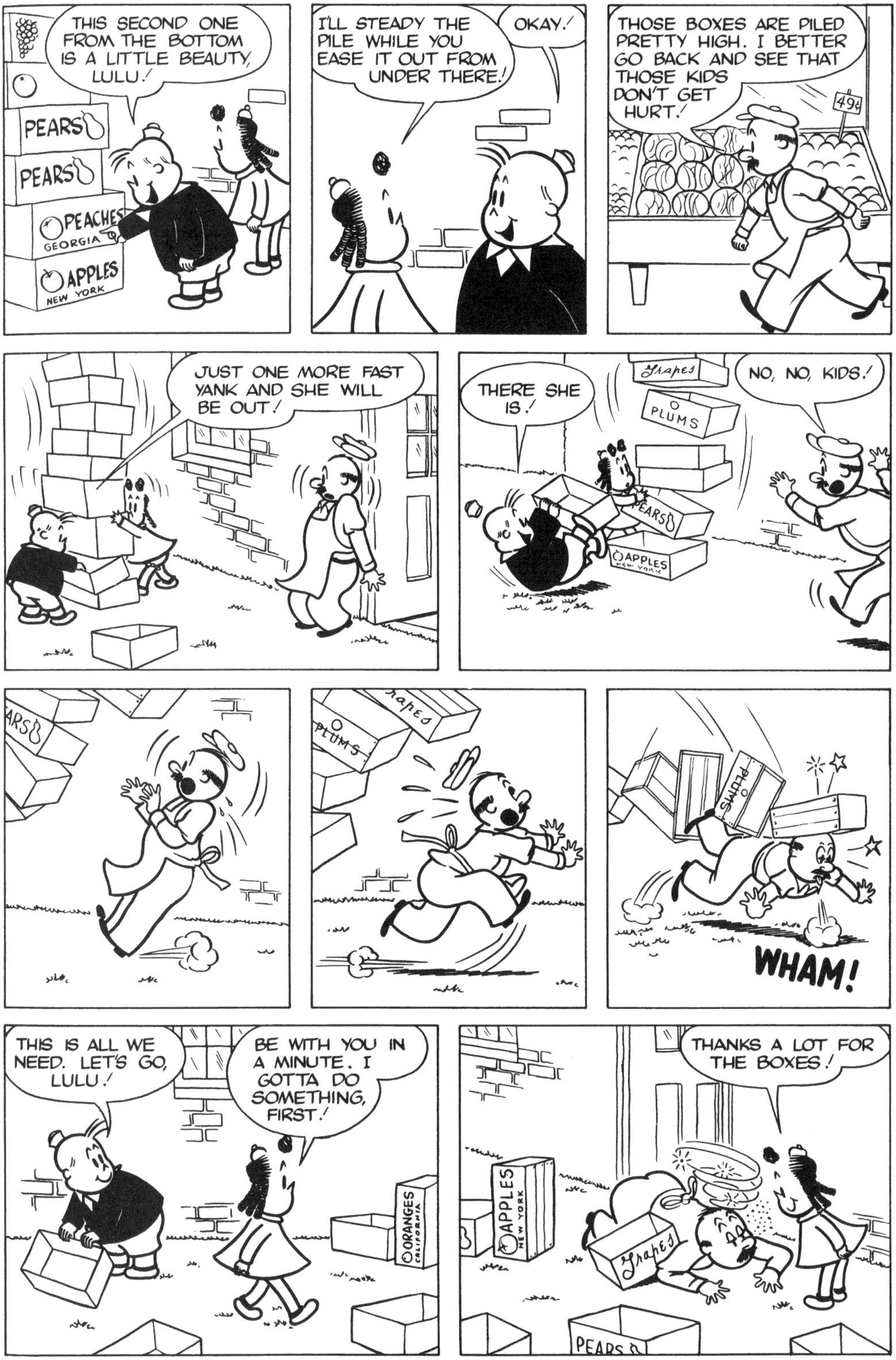
THIS SECOND ONE FROM THE BOTTOM IS A LITTLE BEAUTY, LULU!
PEARS
PEARS
PEACHES GEORGIA
APPLES NEW YORK
I'LL STEADY THE PILE WHILE YOU EASE IT OUT FROM UNDER THERE!
OKAY!
THOSE BOXES ARE PILED PRETTY HIGH. I BETTER GO BACK AND SEE THAT THOSE KIDS DON'T GET HURT!
49¢
JUST ONE MORE FAST YANK AND SHE WILL BE OUT!
THERE SHE IS!
NO, NO, KIDS!
Grapes
PLUMS
PEARS
APPLES NEW YORK
PLUMS
PLUMS
WHAM!
THIS IS ALL WE NEED. LET'S GO, LULU!
BE WITH YOU IN A MINUTE. I GOTTA DO SOMETHING, FIRST!
ORANGES CALIFORNIA
THANKS A LOT FOR THE BOXES!
APPLES NEW YORK
Grapes
PEARS

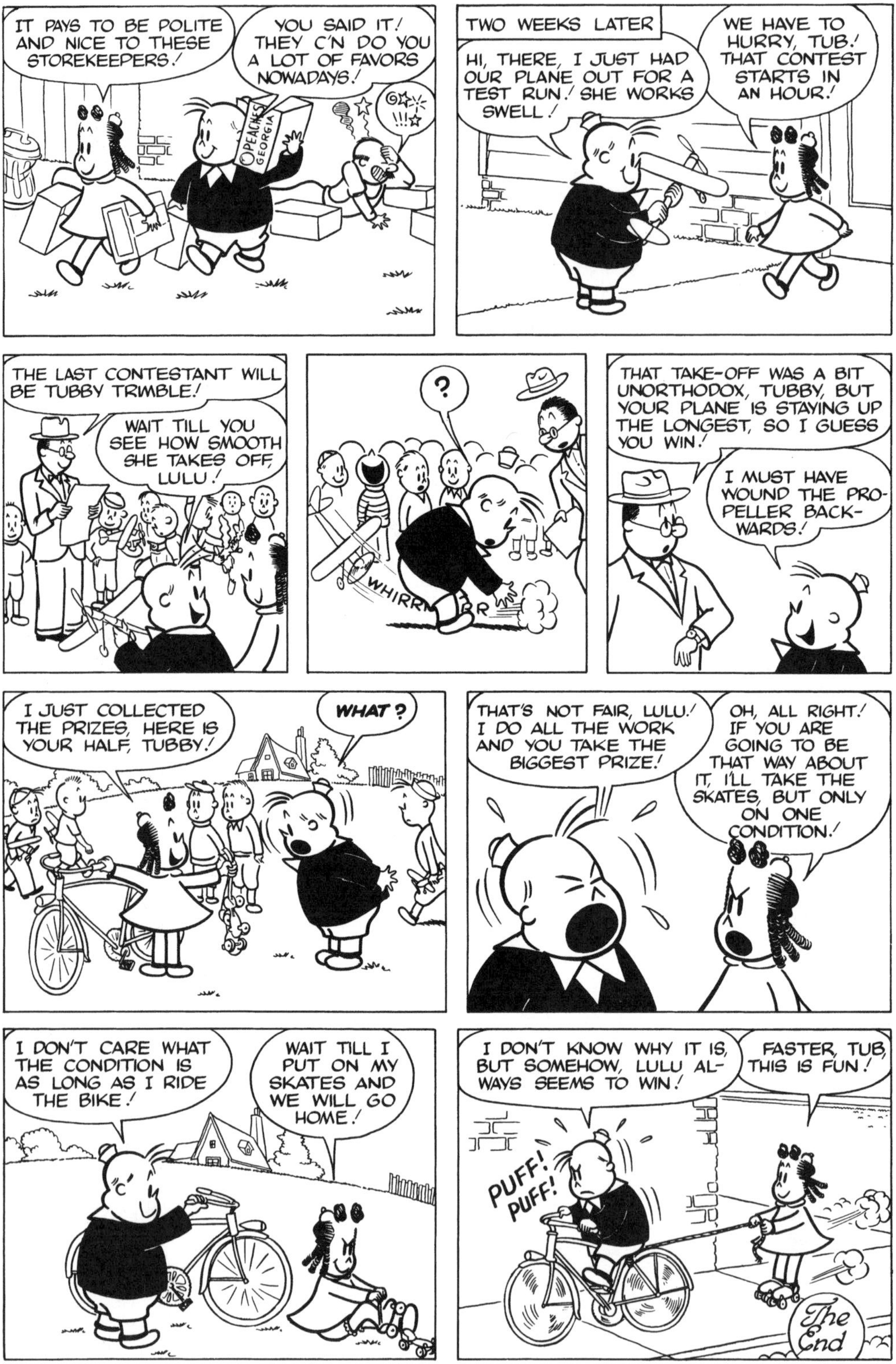
IT PAYS TO BE POLITE AND NICE TO THESE STOREKEEPERS!
YOU SAID IT! THEY C'N DO YOU A LOT OF FAVORS NOWADAYS!
PEACHES GEORGIA
TWO WEEKS LATER
HI, THERE, I JUST HAD OUR PLANE OUT FOR A TEST RUN! SHE WORKS SWELL!
WE HAVE TO HURRY, TUB! THAT CONTEST STARTS IN AN HOUR!
THE LAST CONTESTANT WILL BE TUBBY TRIMBLE!
WAIT TILL YOU SEE HOW SMOOTH SHE TAKES OFF, LULU!
?
WHIRRRR
THAT TAKE-OFF WAS A BIT UNORTHODOX, TUBBY, BUT YOUR PLANE IS STAYING UP THE LONGEST, SO I GUESS YOU WIN!
I MUST HAVE WOUND THE PRO-PELLER BACK-WARDS!
I JUST COLLECTED THE PRIZES, HERE IS YOUR HALF, TUBBY!
WHAT?
THAT'S NOT FAIR, LULU! I DO ALL THE WORK AND YOU TAKE THE BIGGEST PRIZE!
OH, ALL RIGHT! IF YOU ARE GOING TO BE THAT WAY ABOUT IT, I'LL TAKE THE SKATES, BUT ONLY ON ONE CONDITION!
I DON'T CARE WHAT THE CONDITION IS AS LONG AS I RIDE THE BIKE!
WAIT TILL I PUT ON MY SKATES AND WE WILL GO HOME!
I DON'T KNOW WHY IT IS, BUT SOMEHOW, LULU AL-WAYS SEEMS TO WIN!
FASTER, TUB, THIS IS FUN!
PUFF! PUFF!
The End

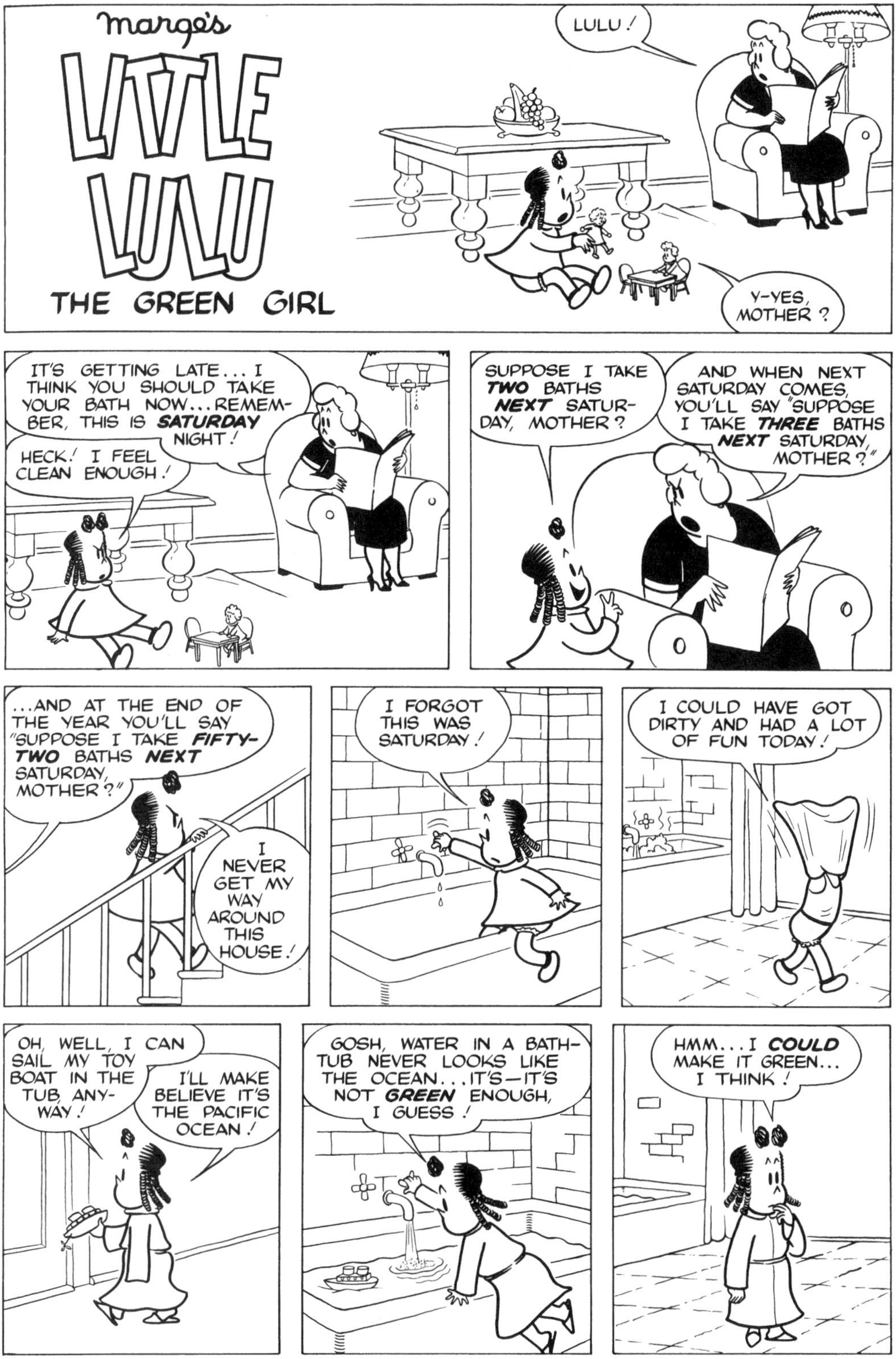
marge's
LITTLE LULU
THE GREEN GIRL
LULU!
Y-YES, MOTHER?
IT'S GETTING LATE... I THINK YOU SHOULD TAKE YOUR BATH NOW... REMEMBER, THIS IS SATURDAY NIGHT!
HECK! I FEEL CLEAN ENOUGH!
SUPPOSE I TAKE TWO BATHS NEXT SATURDAY, MOTHER?
AND WHEN NEXT SATURDAY COMES, YOU'LL SAY "SUPPOSE I TAKE THREE BATHS NEXT SATURDAY, MOTHER?"
...AND AT THE END OF THE YEAR YOU'LL SAY "SUPPOSE I TAKE FIFTY-TWO BATHS NEXT SATURDAY, MOTHER?"
I NEVER GET MY WAY AROUND THIS HOUSE!
I FORGOT THIS WAS SATURDAY!
I COULD HAVE GOT DIRTY AND HAD A LOT OF FUN TODAY!
OH, WELL, I CAN SAIL MY TOY BOAT IN THE TUB, ANYWAY!
I'LL MAKE BELIEVE IT'S THE PACIFIC OCEAN!
GOSH, WATER IN A BATHTUB NEVER LOOKS LIKE THE OCEAN... IT'S—IT'S NOT GREEN ENOUGH, I GUESS!
HMM... I COULD MAKE IT GREEN... I THINK!

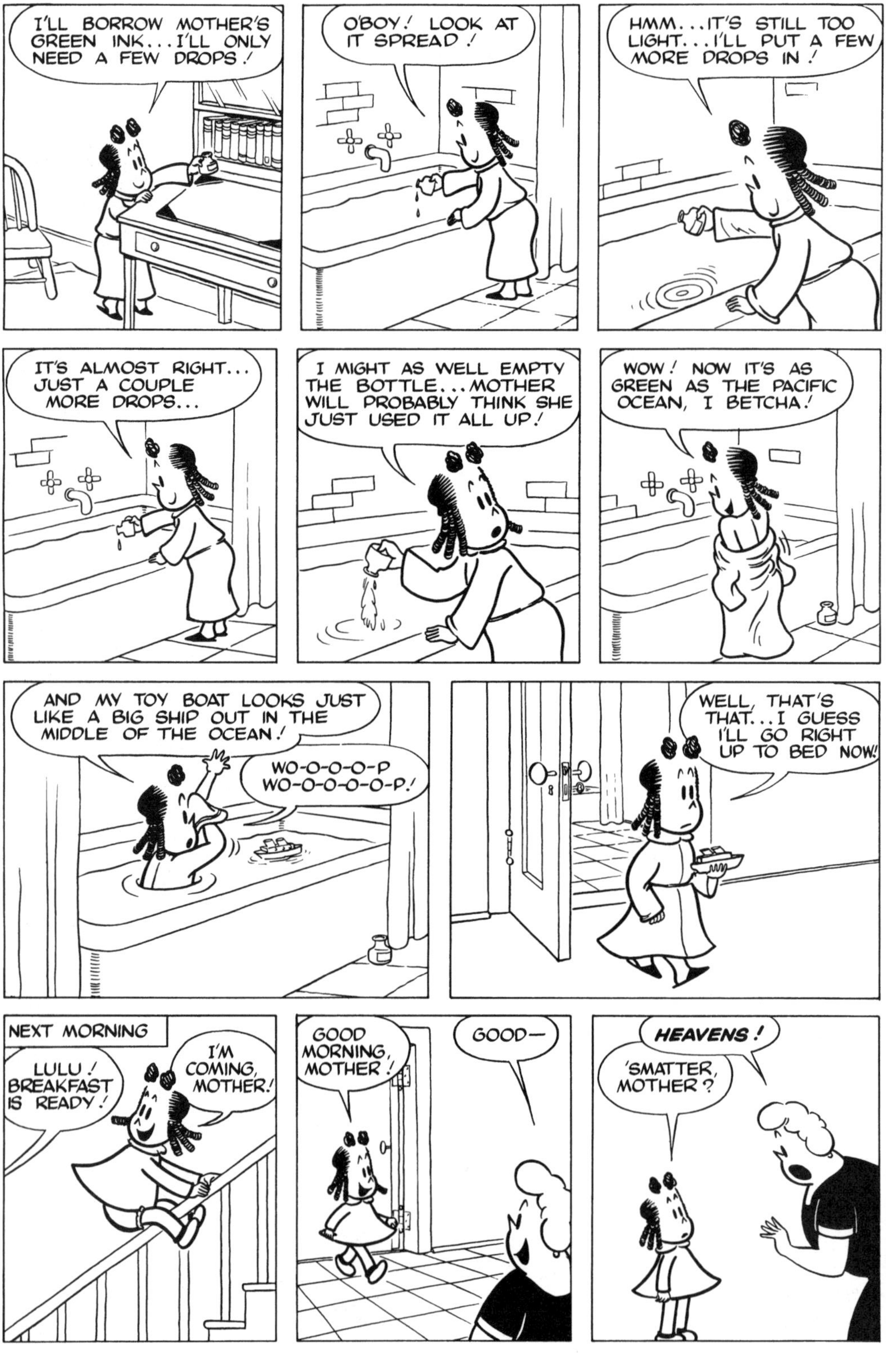
I'LL BORROW MOTHER'S GREEN INK... I'LL ONLY NEED A FEW DROPS!
O'BOY! LOOK AT IT SPREAD!
HMM... IT'S STILL TOO LIGHT... I'LL PUT A FEW MORE DROPS IN!
IT'S ALMOST RIGHT... JUST A COUPLE MORE DROPS...
I MIGHT AS WELL EMPTY THE BOTTLE... MOTHER WILL PROBABLY THINK SHE JUST USED IT ALL UP!
WOW! NOW IT'S AS GREEN AS THE PACIFIC OCEAN, I BETCHA!
AND MY TOY BOAT LOOKS JUST LIKE A BIG SHIP OUT IN THE MIDDLE OF THE OCEAN!
WO-O-O-O-P WO-O-O-O-O-P!
WELL, THAT'S THAT... I GUESS I'LL GO RIGHT UP TO BED NOW!
NEXT MORNING
LULU! BREAKFAST IS READY!
I'M COMING, MOTHER!
GOOD MORNING, MOTHER!
GOOD—
HEAVENS!
'SMATTER, MOTHER?

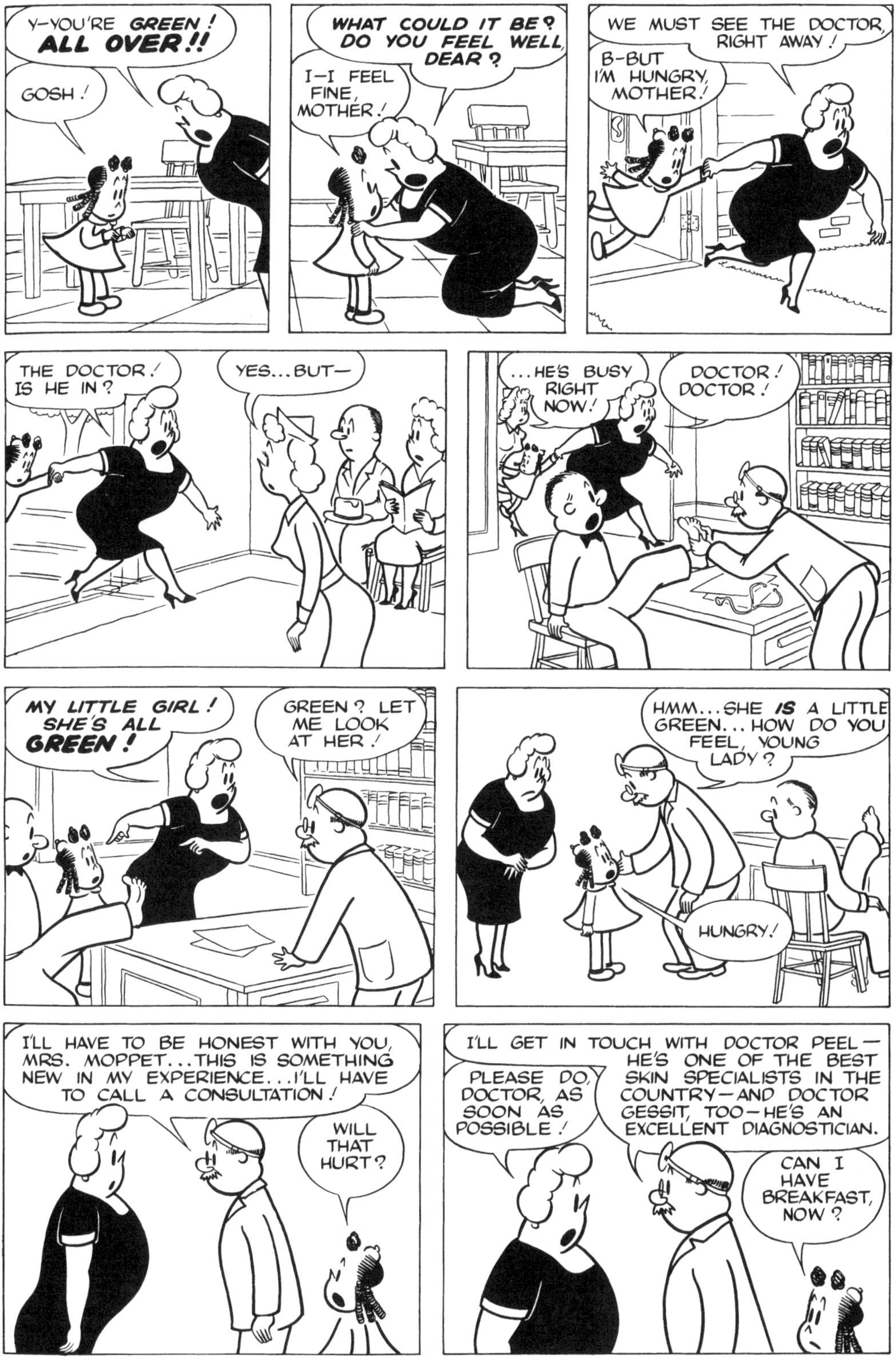
Y-YOU'RE **GREEN!** **ALL OVER!!**
GOSH!
**WHAT COULD IT BE? DO YOU FEEL WELL, DEAR?**
I-I FEEL FINE, MOTHER!
WE MUST SEE THE DOCTOR, RIGHT AWAY!
B-BUT I'M HUNGRY, MOTHER!
THE DOCTOR! IS HE IN?
YES... BUT—
... HE'S BUSY RIGHT NOW!
DOCTOR! DOCTOR!
**MY LITTLE GIRL! SHE'S ALL GREEN!**
GREEN? LET ME LOOK AT HER!
HMM... SHE ***IS*** A LITTLE GREEN... HOW DO YOU FEEL, YOUNG LADY?
HUNGRY!
I'LL HAVE TO BE HONEST WITH YOU, MRS. MOPPET... THIS IS SOMETHING NEW IN MY EXPERIENCE... I'LL HAVE TO CALL A CONSULTATION!
WILL THAT HURT?
I'LL GET IN TOUCH WITH DOCTOR PEEL— HE'S ONE OF THE BEST SKIN SPECIALISTS IN THE COUNTRY—AND DOCTOR GESSIT, TOO—HE'S AN EXCELLENT DIAGNOSTICIAN.
PLEASE DO, DOCTOR, AS SOON AS POSSIBLE!
CAN I HAVE BREAKFAST, NOW?

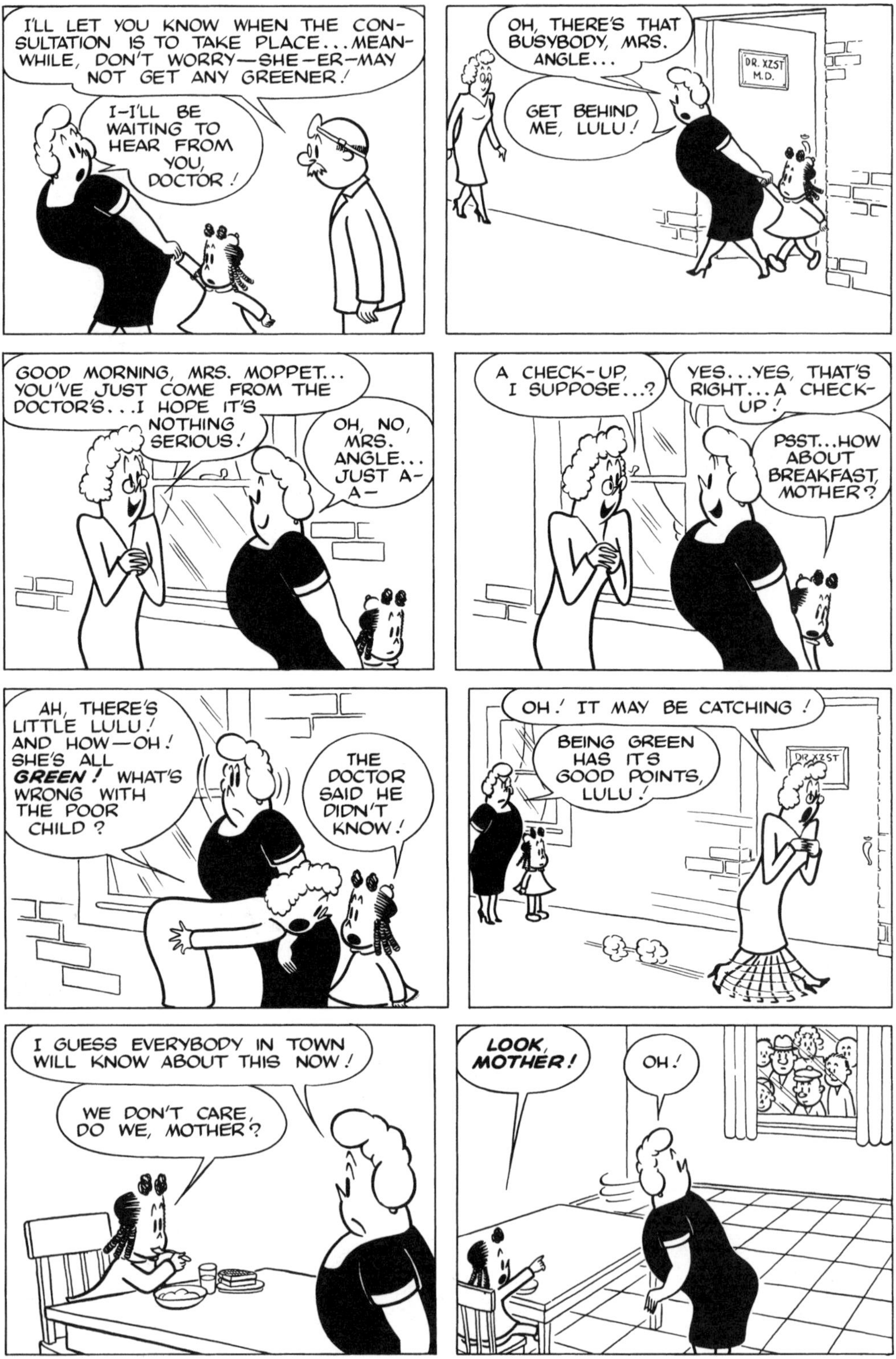
I'LL LET YOU KNOW WHEN THE CONSULTATION IS TO TAKE PLACE...MEANWHILE, DON'T WORRY—SHE—ER—MAY NOT GET ANY GREENER!
I-I'LL BE WAITING TO HEAR FROM YOU, DOCTOR!
OH, THERE'S THAT BUSYBODY, MRS. ANGLE...
GET BEHIND ME, LULU!
DR. XZST M.D.
GOOD MORNING, MRS. MOPPET... YOU'VE JUST COME FROM THE DOCTOR'S...I HOPE IT'S NOTHING SERIOUS!
OH, NO, MRS. ANGLE... JUST A—A—
A CHECK-UP, I SUPPOSE...?
YES...YES, THAT'S RIGHT...A CHECK-UP!
PSST...HOW ABOUT BREAKFAST, MOTHER?
AH, THERE'S LITTLE LULU! AND HOW—OH! SHE'S ALL GREEN! WHAT'S WRONG WITH THE POOR CHILD?
THE DOCTOR SAID HE DIDN'T KNOW!
OH! IT MAY BE CATCHING!
BEING GREEN HAS ITS GOOD POINTS, LULU!
DR. XZST
I GUESS EVERYBODY IN TOWN WILL KNOW ABOUT THIS NOW!
WE DON'T CARE, DO WE, MOTHER?
LOOK, MOTHER!
OH!

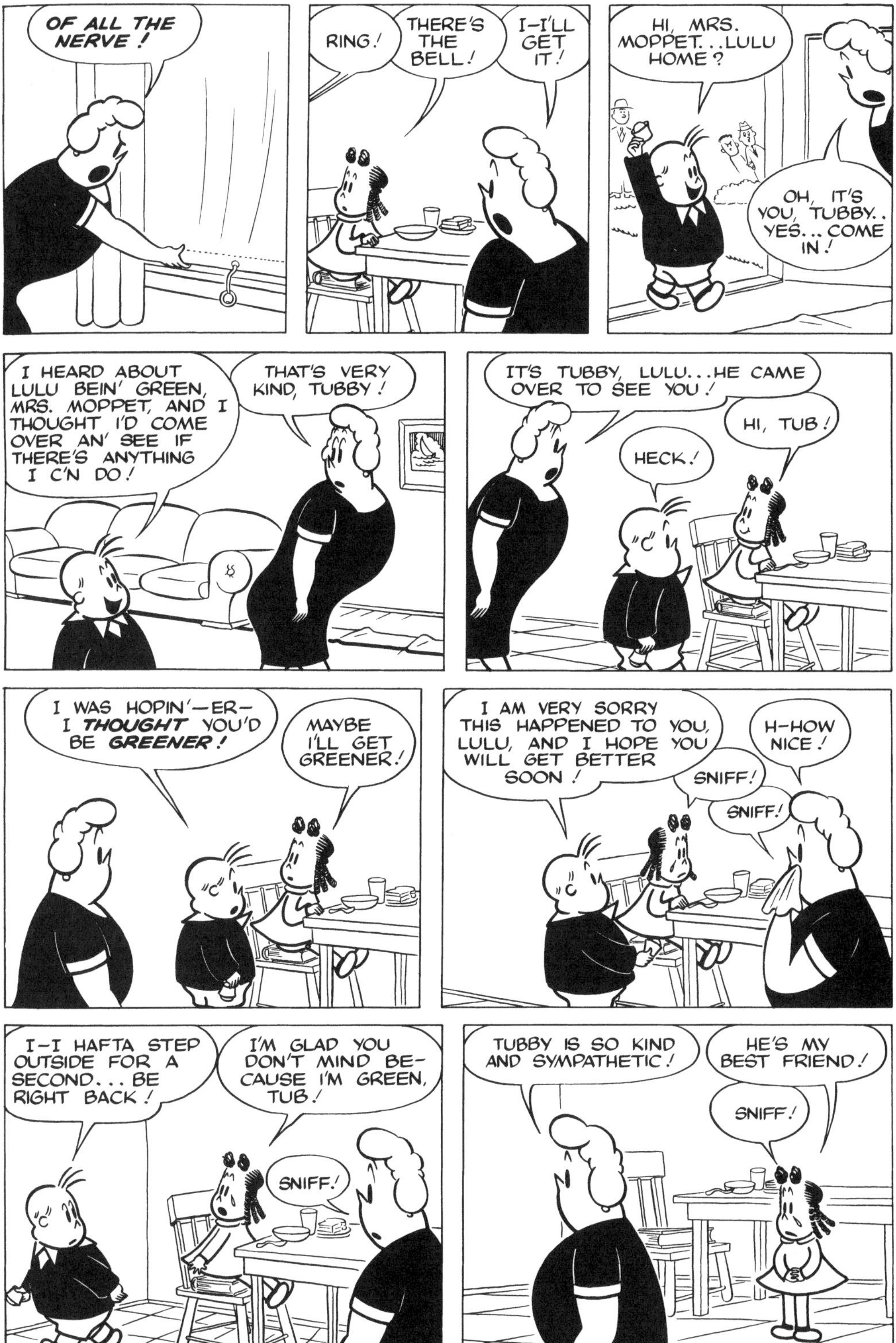
OF ALL THE NERVE!
RING!
THERE'S THE BELL!
I-I'LL GET IT!
HI, MRS. MOPPET...LULU HOME?
OH, IT'S YOU, TUBBY.. YES... COME IN!
I HEARD ABOUT LULU BEIN' GREEN, MRS. MOPPET, AND I THOUGHT I'D COME OVER AN' SEE IF THERE'S ANYTHING I C'N DO!
THAT'S VERY KIND, TUBBY!
IT'S TUBBY, LULU...HE CAME OVER TO SEE YOU!
HI, TUB!
HECK!
I WAS HOPIN'—ER— I THOUGHT YOU'D BE GREENER!
MAYBE I'LL GET GREENER!
I AM VERY SORRY THIS HAPPENED TO YOU, LULU, AND I HOPE YOU WILL GET BETTER SOON!
H-HOW NICE!
SNIFF!
SNIFF!
I-I HAFTA STEP OUTSIDE FOR A SECOND... BE RIGHT BACK!
I'M GLAD YOU DON'T MIND BE-CAUSE I'M GREEN, TUB!
SNIFF!
TUBBY IS SO KIND AND SYMPATHETIC!
HE'S MY BEST FRIEND!
SNIFF!

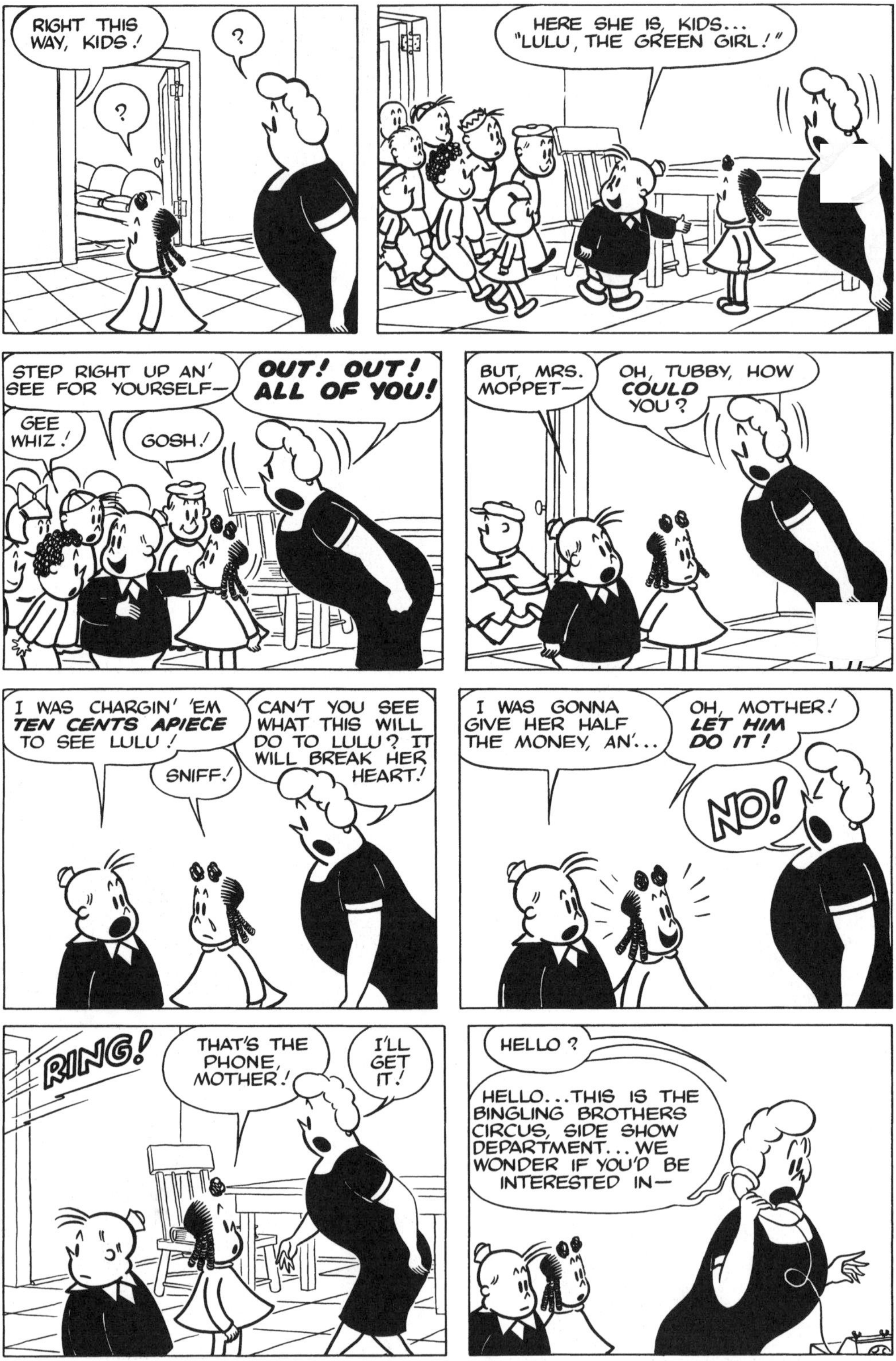
RIGHT THIS WAY, KIDS!
?
?
HERE SHE IS, KIDS... "LULU, THE GREEN GIRL!"
STEP RIGHT UP AN' SEE FOR YOURSELF—
OUT! OUT! ALL OF YOU!
GEE WHIZ!
GOSH!
BUT, MRS. MOPPET—
OH, TUBBY, HOW COULD YOU?
I WAS CHARGIN' 'EM TEN CENTS APIECE TO SEE LULU!
CAN'T YOU SEE WHAT THIS WILL DO TO LULU? IT WILL BREAK HER HEART!
SNIFF!
I WAS GONNA GIVE HER HALF THE MONEY, AN'...
OH, MOTHER! LET HIM DO IT!
NO!
RING!
THAT'S THE PHONE, MOTHER!
I'LL GET IT!
HELLO?
HELLO...THIS IS THE BINGLING BROTHERS CIRCUS, SIDE SHOW DEPARTMENT... WE WONDER IF YOU'D BE INTERESTED IN—

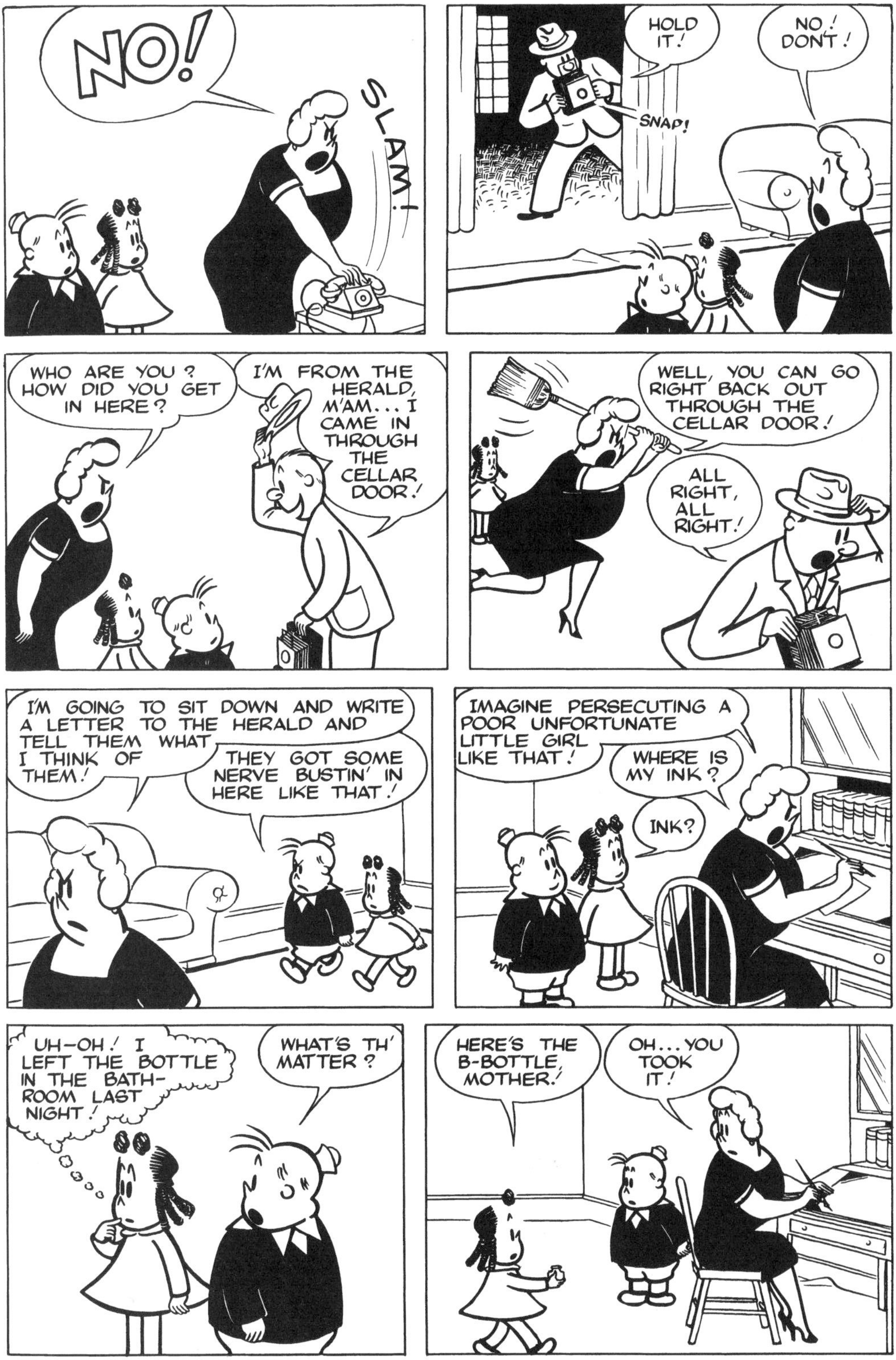
NO!
SLAM!
HOLD IT!
NO! DON'T!
SNAP!
WHO ARE YOU? HOW DID YOU GET IN HERE?
I'M FROM THE HERALD, M'AM... I CAME IN THROUGH THE CELLAR DOOR!
WELL, YOU CAN GO RIGHT BACK OUT THROUGH THE CELLAR DOOR!
ALL RIGHT, ALL RIGHT!
I'M GOING TO SIT DOWN AND WRITE A LETTER TO THE HERALD AND TELL THEM WHAT I THINK OF THEM!
THEY GOT SOME NERVE BUSTIN' IN HERE LIKE THAT!
IMAGINE PERSECUTING A POOR UNFORTUNATE LITTLE GIRL LIKE THAT!
WHERE IS MY INK?
INK?
UH-OH! I LEFT THE BOTTLE IN THE BATH-ROOM LAST NIGHT!
WHAT'S TH' MATTER?
HERE'S THE B-BOTTLE, MOTHER!
OH... YOU TOOK IT!

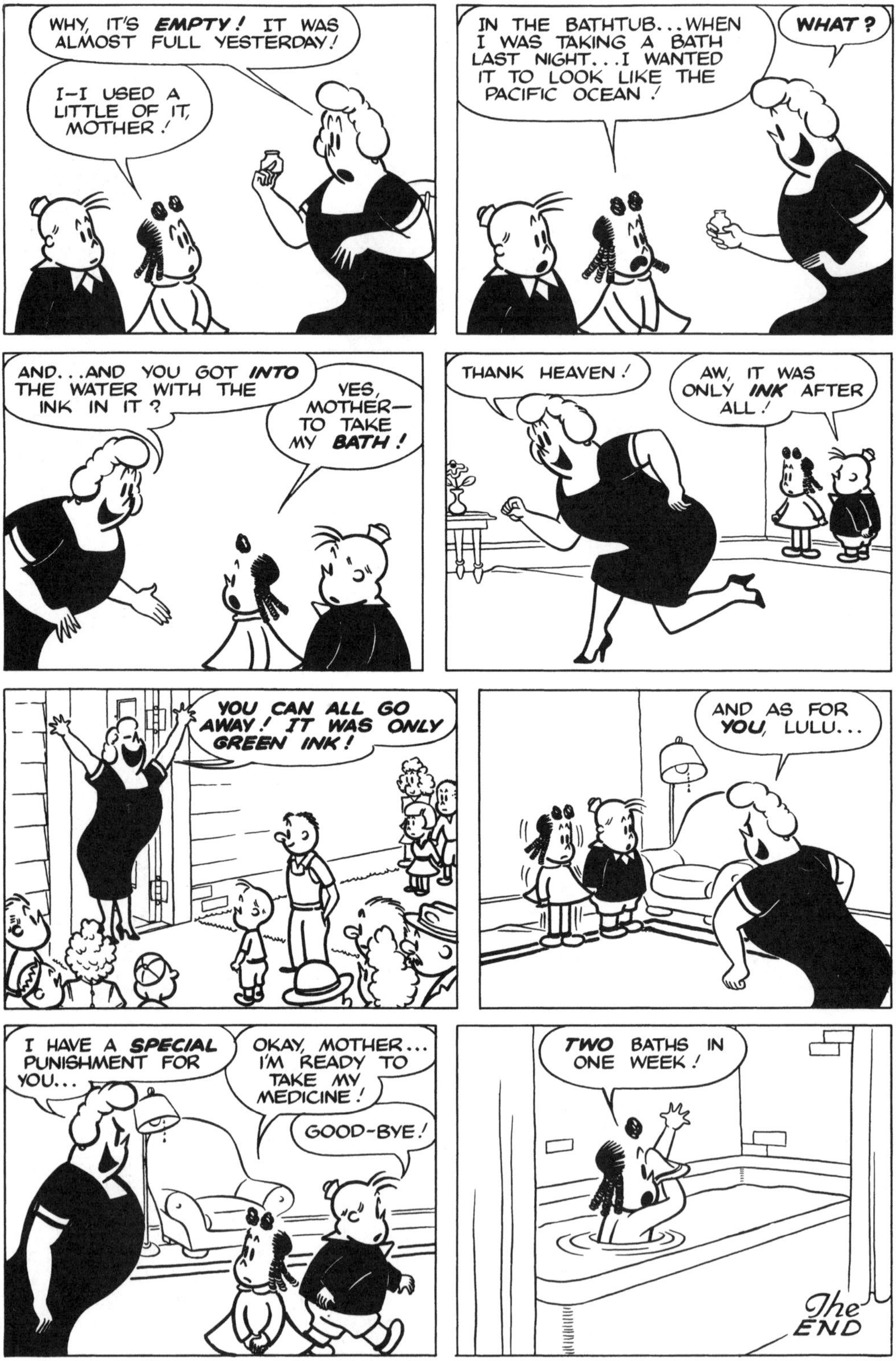
WHY, IT'S EMPTY! IT WAS ALMOST FULL YESTERDAY!
I-I USED A LITTLE OF IT, MOTHER!
IN THE BATHTUB...WHEN I WAS TAKING A BATH LAST NIGHT...I WANTED IT TO LOOK LIKE THE PACIFIC OCEAN!
WHAT?
AND...AND YOU GOT INTO THE WATER WITH THE INK IN IT?
YES, MOTHER— TO TAKE MY BATH!
THANK HEAVEN!
AW, IT WAS ONLY INK AFTER ALL!
YOU CAN ALL GO AWAY! IT WAS ONLY GREEN INK!
AND AS FOR YOU, LULU...
I HAVE A SPECIAL PUNISHMENT FOR YOU...
OKAY, MOTHER... I'M READY TO TAKE MY MEDICINE!
GOOD-BYE!
TWO BATHS IN ONE WEEK!
The END

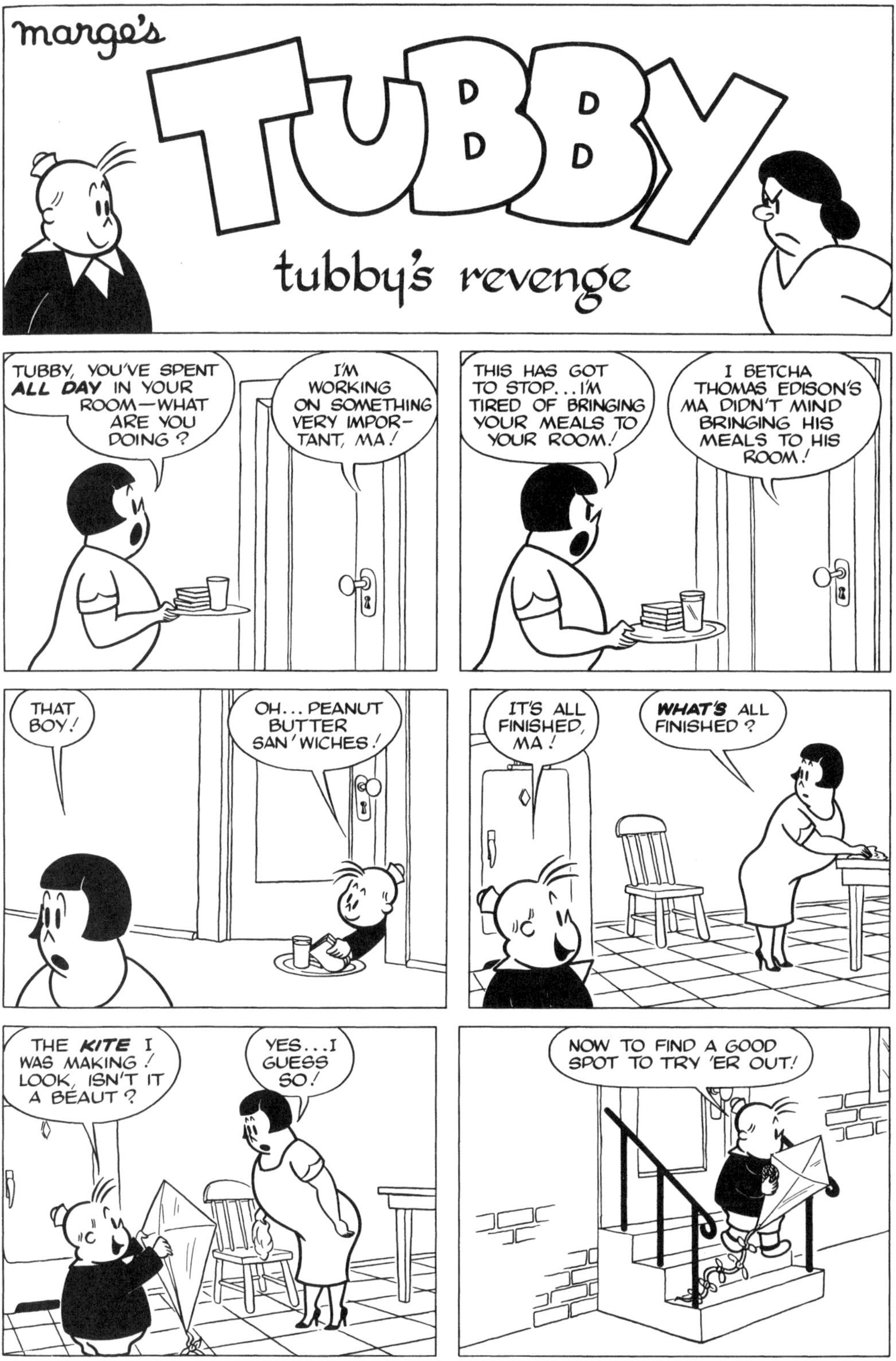
marge's
TUBBY
tubby's revenge
TUBBY, YOU'VE SPENT ALL DAY IN YOUR ROOM—WHAT ARE YOU DOING?
I'M WORKING ON SOMETHING VERY IMPORTANT, MA!
THIS HAS GOT TO STOP... I'M TIRED OF BRINGING YOUR MEALS TO YOUR ROOM!
I BETCHA THOMAS EDISON'S MA DIDN'T MIND BRINGING HIS MEALS TO HIS ROOM!
THAT BOY!
OH... PEANUT BUTTER SAN'WICHES!
IT'S ALL FINISHED, MA!
WHAT'S ALL FINISHED?
THE KITE I WAS MAKING! LOOK, ISN'T IT A BEAUT?
YES... I GUESS SO!
NOW TO FIND A GOOD SPOT TO TRY 'ER OUT!

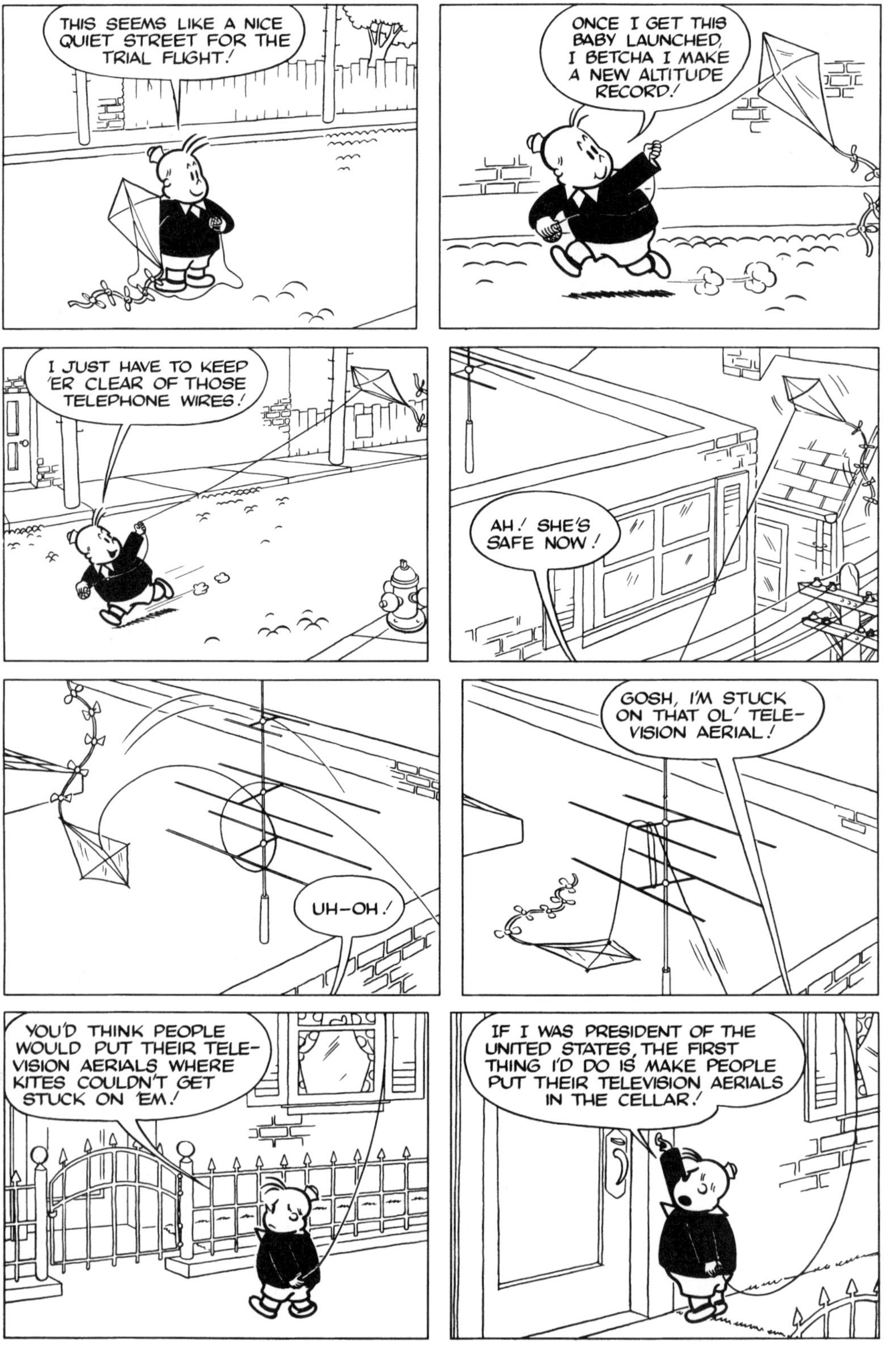
THIS SEEMS LIKE A NICE QUIET STREET FOR THE TRIAL FLIGHT!
ONCE I GET THIS BABY LAUNCHED, I BETCHA I MAKE A NEW ALTITUDE RECORD!
I JUST HAVE TO KEEP 'ER CLEAR OF THOSE TELEPHONE WIRES!
AH! SHE'S SAFE NOW!
UH-OH!
GOSH, I'M STUCK ON THAT OL' TELE-VISION AERIAL!
YOU'D THINK PEOPLE WOULD PUT THEIR TELE-VISION AERIALS WHERE KITES COULDN'T GET STUCK ON 'EM!
IF I WAS PRESIDENT OF THE UNITED STATES, THE FIRST THING I'D DO IS MAKE PEOPLE PUT THEIR TELEVISION AERIALS IN THE CELLAR!

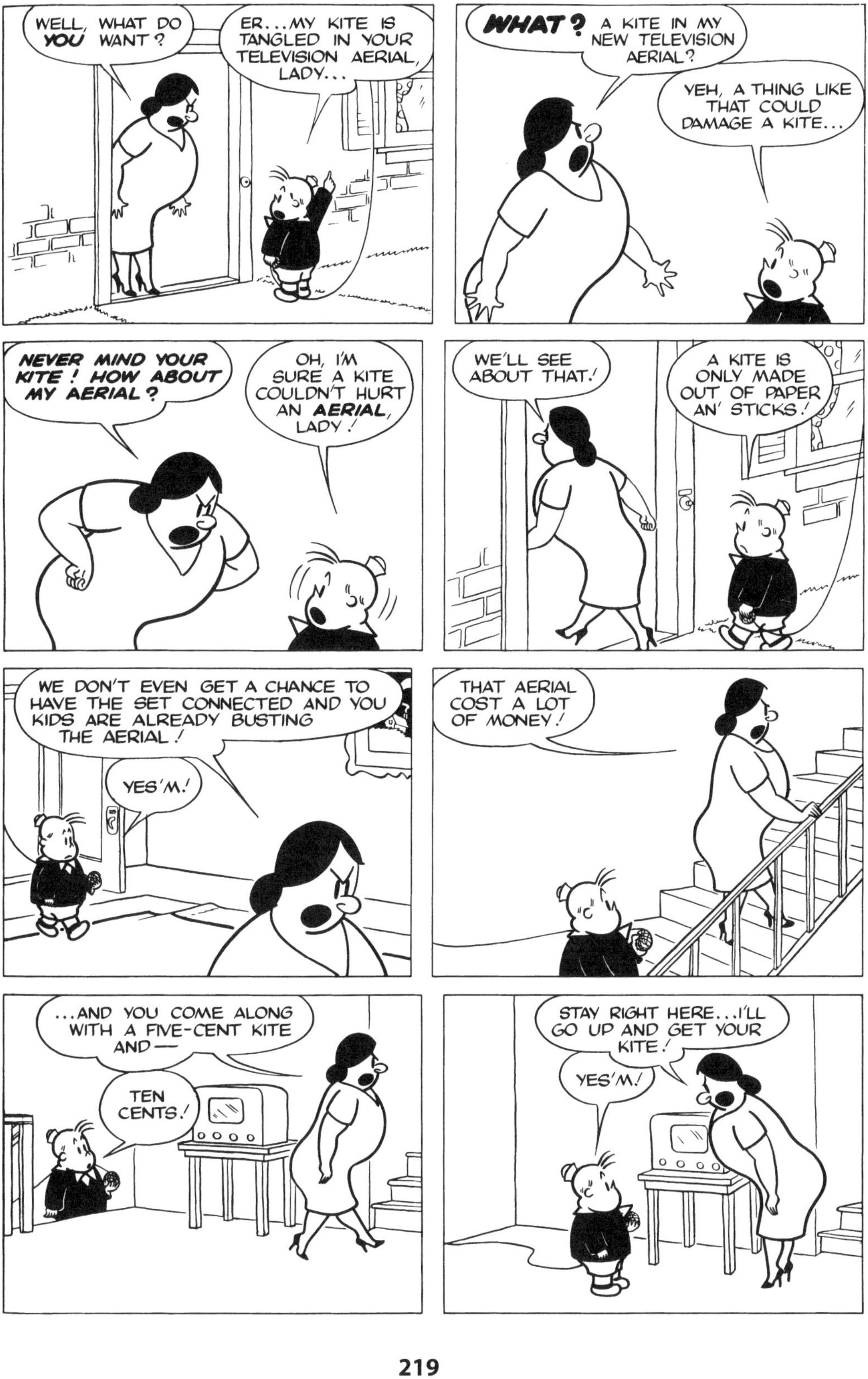
WELL, WHAT DO YOU WANT?
ER...MY KITE IS TANGLED IN YOUR TELEVISION AERIAL, LADY...
WHAT? A KITE IN MY NEW TELEVISION AERIAL?
YEH, A THING LIKE THAT COULD DAMAGE A KITE...
NEVER MIND YOUR KITE! HOW ABOUT MY AERIAL?
OH, I'M SURE A KITE COULDN'T HURT AN AERIAL, LADY!
WE'LL SEE ABOUT THAT!
A KITE IS ONLY MADE OUT OF PAPER AN' STICKS!
WE DON'T EVEN GET A CHANCE TO HAVE THE SET CONNECTED AND YOU KIDS ARE ALREADY BUSTING THE AERIAL!
YES'M!
THAT AERIAL COST A LOT OF MONEY!
...AND YOU COME ALONG WITH A FIVE-CENT KITE AND—
TEN CENTS!
STAY RIGHT HERE...I'LL GO UP AND GET YOUR KITE!
YES'M!

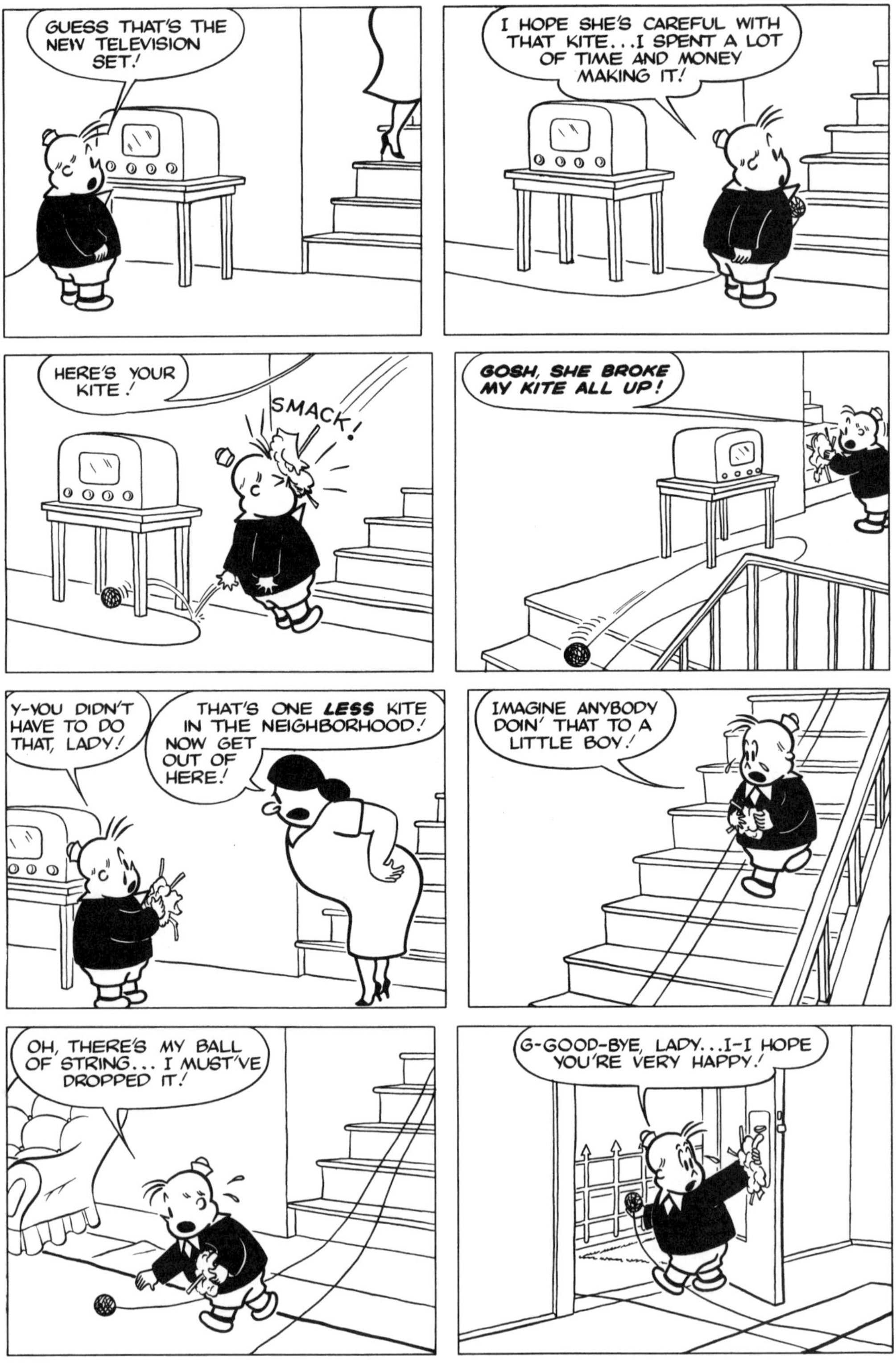
GUESS THAT'S THE NEW TELEVISION SET!
I HOPE SHE'S CAREFUL WITH THAT KITE...I SPENT A LOT OF TIME AND MONEY MAKING IT!
HERE'S YOUR KITE!
SMACK!
GOSH, SHE BROKE MY KITE ALL UP!
Y-YOU DIDN'T HAVE TO DO THAT, LADY!
THAT'S ONE LESS KITE IN THE NEIGHBORHOOD! NOW GET OUT OF HERE!
IMAGINE ANYBODY DOIN' THAT TO A LITTLE BOY!
OH, THERE'S MY BALL OF STRING... I MUST'VE DROPPED IT!
G-GOOD-BYE, LADY...I-I HOPE YOU'RE VERY HAPPY!

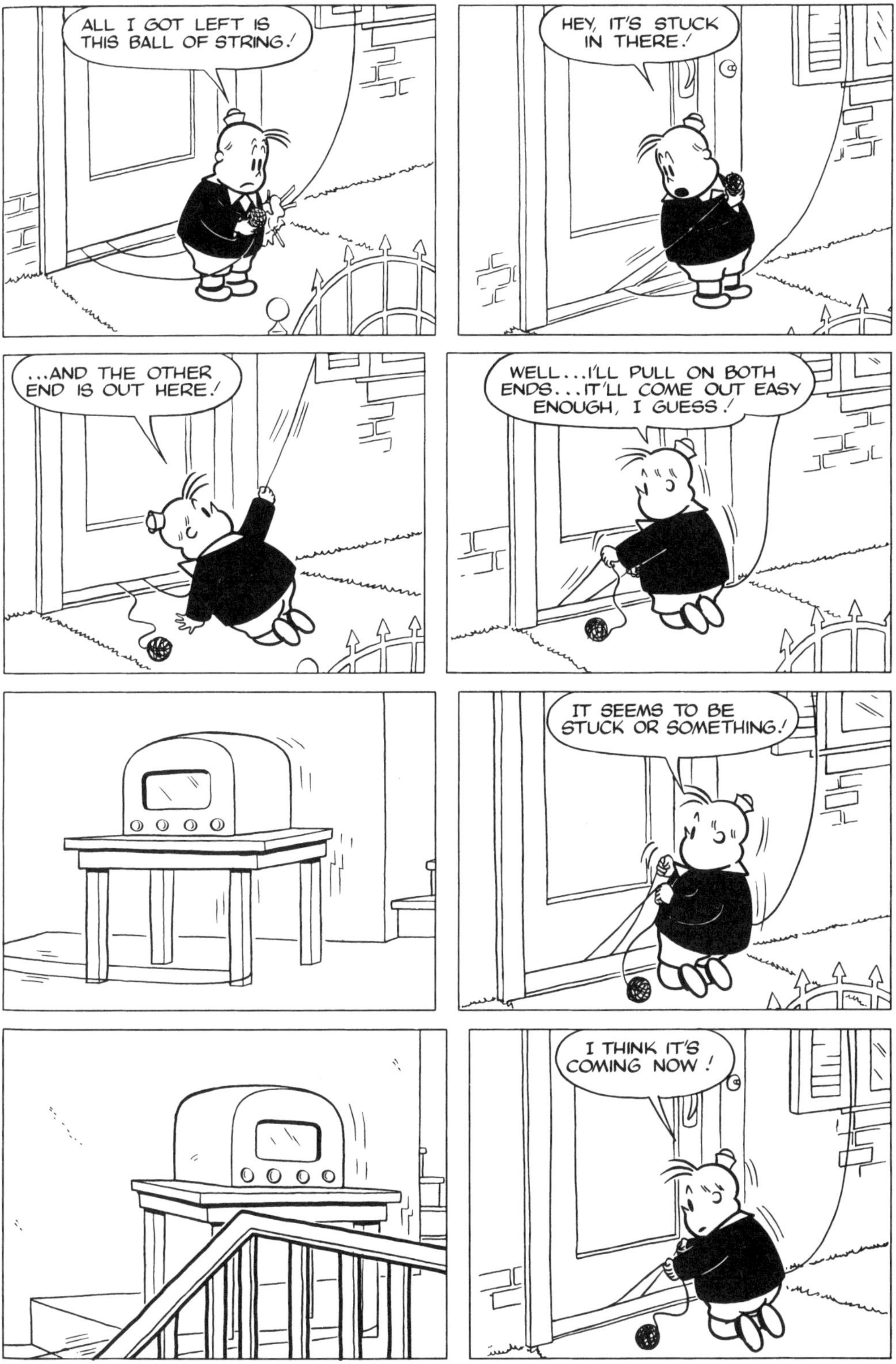
ALL I GOT LEFT IS THIS BALL OF STRING!
HEY, IT'S STUCK IN THERE!
...AND THE OTHER END IS OUT HERE!
WELL...I'LL PULL ON BOTH ENDS...IT'LL COME OUT EASY ENOUGH, I GUESS!
IT SEEMS TO BE STUCK OR SOMETHING!
I THINK IT'S COMING NOW!

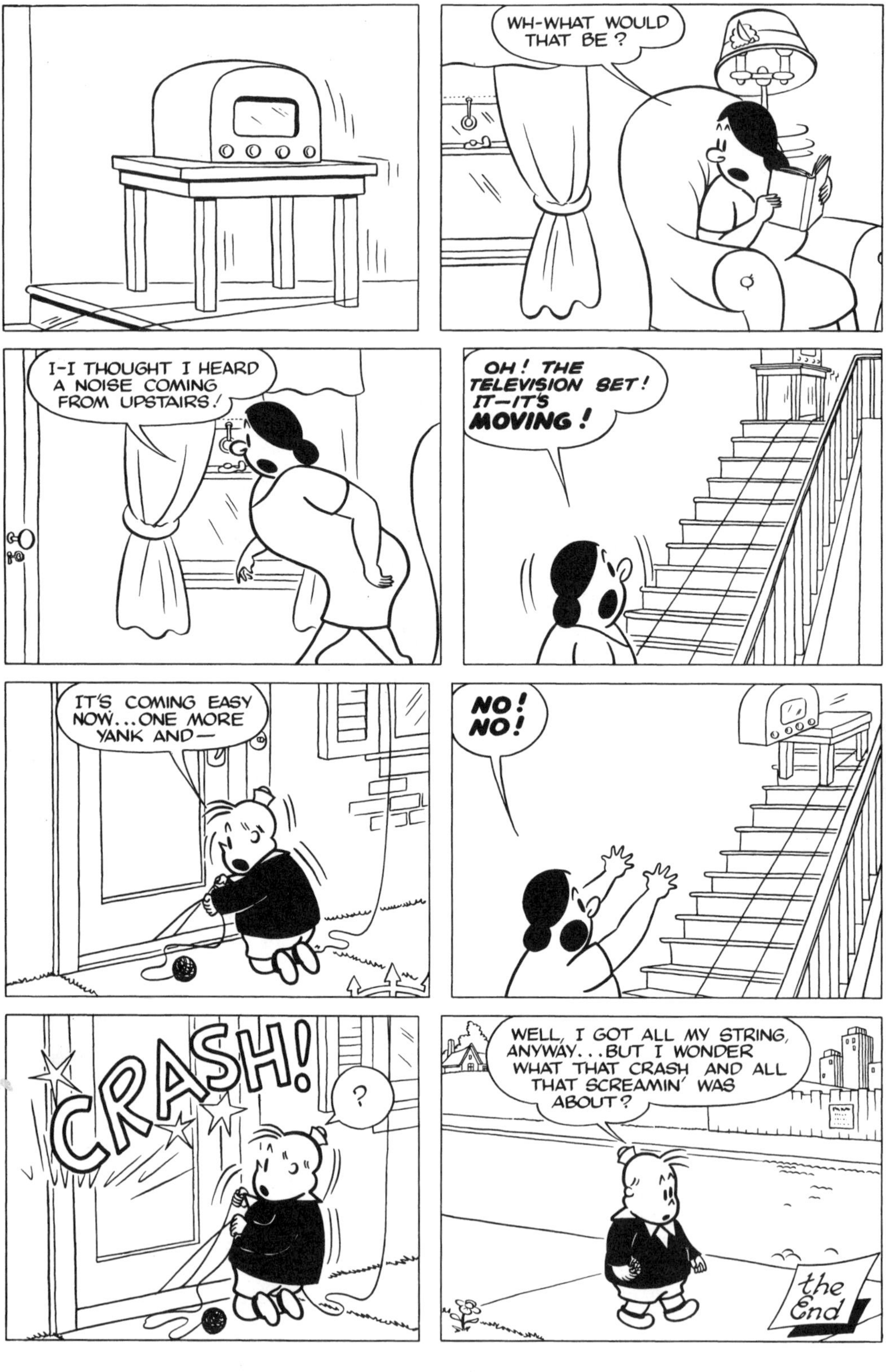
WH-WHAT WOULD THAT BE?
I-I THOUGHT I HEARD A NOISE COMING FROM UPSTAIRS!
OH! THE TELEVISION SET! IT—IT'S MOVING!
IT'S COMING EASY NOW...ONE MORE YANK AND—
NO! NO!
CRASH!
?
WELL, I GOT ALL MY STRING, ANYWAY...BUT I WONDER WHAT THAT CRASH AND ALL THAT SCREAMIN' WAS ABOUT?
the End

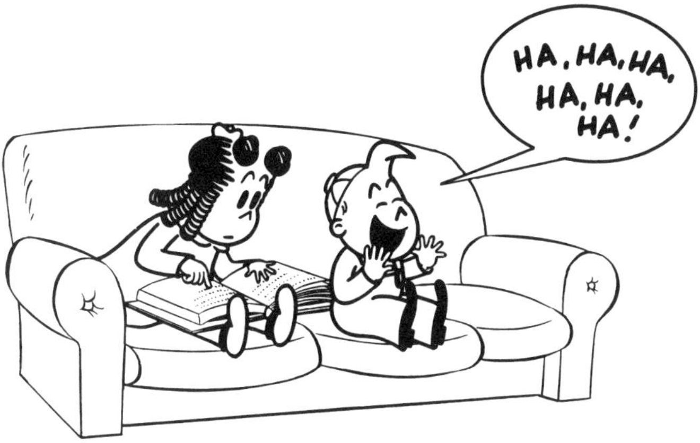
HA, HA, HA, HA, HA, HA!

# Little Lulu®

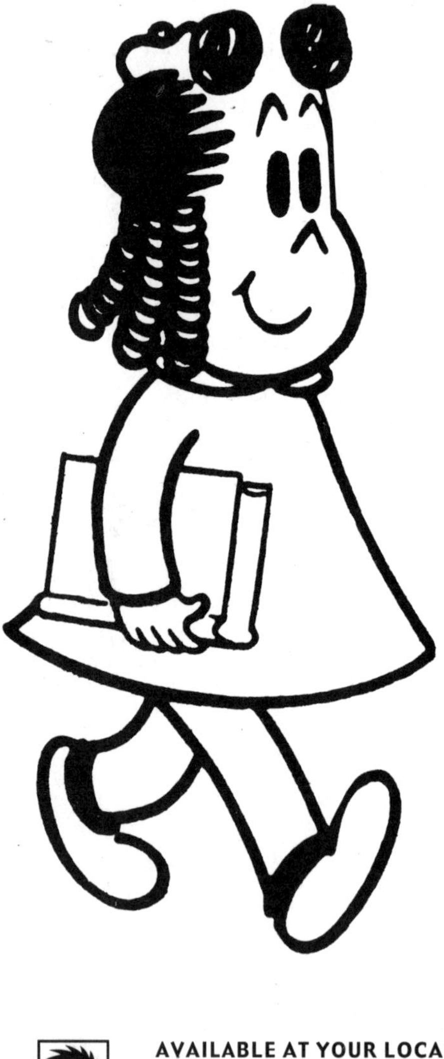

**Volume 1**
**My Dinner with Lulu**
ISBN: 1-59307-318-6 / $9.95

**Volume 2**
**Sunday Afternoon**
ISBN: 1-59307-345-3 / $9.95

**Volume 3**
**In the Doghouse**
ISBN: 1-59307-346-1 / $9.95

**Volume 4**
**Lulu Goes Shopping**
ISBN: 1-59307-270-8 / $9.95

**Volume 5**
**Lulu Takes a Trip**
ISBN: 1-59307-317-8 / $9.95

DARK HORSE BOOKS

**AVAILABLE AT YOUR LOCAL COMICS SHOP OR BOOKSTORE!**
To find a comics shop in your area, call 1-888-266-4226
For more information or to order direct visit Darkhorse.com or call 1-800-862-0052
Mon.-Sat. 9 A.M. to 5 P.M. Pacific Time
*Prices and availability subject to change without notice

## GANISMES DE VOYAGES

DES VOYAGES

e Saint-Victor, 75005.
0-15. Ⓜ Maubert-
en 9h30-18h30, sam

cours du Chapeau-
uverture prévue en

Nationale, 59800.
début 2017.
uai Tilsitt, 69002.
0. Ⓜ Bellecour. Lun-

ue Breteuil, 13001.
. Ⓜ Estrangin. Lun-

Peyrolières, 31000.
. Ⓜ Esquirol. Lun-

oyages s'impose
ce incontournable
ur mesure, avec
vrant les 5 conti-
s'adressent à tous
vivre un pays de
sentant accueilli.
égient des héber-
des moyens de
des expériences
avoriser l'immer-
e. Comptoir vous
lité de rencontrer
abitant dans le
eeters qui vous
'un café, les clés
pays. Comptoir
aussi une large
: échanges par
Web et carnet
sés, assistance
t tous les jours

d Saint-Denis,
micile. 06-85-
ieandco.fr • ita

nce dynamique
u, fondée par
taliens parta-
pour leur pays

d'origine. Ils sont à votre dispositi
tous les jours par mail ou par télépho
pour vous aider à organiser le voya
de vos rêves et pour vous assister t
au long de votre séjour. Seul ou
famille, pour vos loisirs ou pour vo
travail, Italie & Co met à votre disp
sition des offres sélectionnées et t
tées par l'agence. Une soirée à la Sc
de Milan, à la Fenice de Venise ou a
Arènes de Vérone, un cours de cuis
à l'école Barilla ou juste du farnie
sur une belle plage en Sardaigne, It
& Co met à votre disposition son c
net d'adresses de charme. Offre s
ciale lecteurs *Routard* : un accueil
ou un cadeau surprise en donnan
référence « routard » au moment d
réservation.

### ▲ NOUVELLES FRONTIÈRES

*Rens et résas au ☎ 0825-000-
(service 0,15 €/mn + prix app
• nouvelles-fontieres.fr • dans les a
ces de voyages Nouvelles Frontière
Marmara, présentes dans plus de 18
les en France.*
Depuis plus de 45 ans, Nouve
Frontières fait découvrir le monde
plus grand nombre à la découverte
nouveaux paysages et de rencon
riches en émotions. Selon votre b
get ou vos désirs, plus de 100 d
nations sont proposées sous fo
de circuits, de séjours ou de voya
à la carte à personnaliser selon
envies. Rendez-vous sur le Web
bien en agence où les conseillers N
velles Frontières seront à votre éc
pour composer votre voyage selon
souhaits.

### ▲ PROMOVACANCES.COM

*• promovacances.com • ☎ 0
654-850 (1,35 € l'appel puis 0,
mn). Lun-ven 8h-minuit, sam 9h-
dim 10h-23h.*
Le site propose plus de 10 000 voy
actualisés chaque jour sur 300 d
nations : séjours, circuits, week-e
thalasso, plongée, golf, voyage
noce, locations, vols secs... L'amb
du voyagiste : prouver chaque jou
le petit prix est compatible avec
vacances de qualité. Grâce aux



*Noël et l'Épiphanie). Entrée 7 € ; réduc.* Cette superbe et sobre villa, entièrement retapée, appartient au célèbre fabricant de chaussures de luxe italiennes Rossi (musée de la Chaussure sur place, vous n'y échapperez pas !)...

**Villa Widmann Rezzonico Foscari :** *via Nazionale, 420, 30034* ***Mira.*** *☎ 041-42-49-73. À la sortie de Mira, sur la gauche de la route en allant vers Venise. Mar-dim 10h-16h30 (ouv certains lun fériés dont le lun de Pâques). Entrée : 5,50 € ; réduc ; billet jumelé 9 € avec la Barchessa Valmarana, réduc.*
Villa du XVIIIe s beaucoup plus modeste que les autres en taille, on a l'impression qu'elle a été conçue dans une logique intimiste et non ostentatoire. Seulement quatre pièces sont visitables ; peu meublées, elles sont organisées autour d'un hall orné d'un lustre de Murano. Son principal intérêt réside dans ses fresques peintes par des élèves de Piazzetta. Des personnalités comme Stravinsky, Goldoni ou D'Annunzio y ont séjourné, ainsi que quelques papes... Petit parc à l'arrière, en cours de restauration, quelques carrosses et voitures anciennes...

**Barchessa Valmarana :** *via Valmara, 11, 30034* ***Mira.*** *☎ 041-426-63-87. • villavalmarana.net • À la sortie de Mira, face à la villa Widmann, de l'autre côté du canal. Pâques-oct tlj 10h-18h. Entrée : 6 € ; réduc (billet jumelé avec la villa précédente : 9 €).*
Cette Barchessa, seul espace ouvert à la visite, ne donne qu'une petite idée de la majestueuse villa centrale abattue par la famille Valmarana... pour éviter de payer les taxes sur la fortune, eh oui ! Elle doit son nom aux bateaux *(barche)* qui se glissaient en dessous, pour ne pas bloquer le trafic sur le canal. Utilisée au départ comme un grenier pour l'agriculture, elle vira à l'agrotourisme avant l'heure en devenant une maison d'amis pour la famille, lors des grandes soirées données ici. Sa restauration dans les années 1960 a permis de lui donner cette apparence hors du temps qui mérite, sinon l'admiration, du moins toute l'attention des visiteurs. La maison est d'abord remarquable pour sa façade embellie de colonnes doriques. On retrouve ces symboles de richesse et de luxe à l'intérieur, dans la salle principale, avec ses fresques peintes par un élève de Tiepolo, dédiées à la glorification de la famille. De part et d'autre, du même acabit, la *salle des Arts,* dont certaines fresques sont en partie effacées, et la *salle des Caprices* avec ses monochromes représentant les caprices du canal de la Brenta au XVIIe s. Parc romantique à l'arrière, plutôt bien entretenu car le reste de la maison est encore habité par les descendants de la riche famille Valmarana.

**Villa Foscari – La Malcontenta :** *via dei Turisti, 9, 30161* ***Malcontenta.*** *☎ 041-520-39-66. • lamalcontenta.com • Pâques-oct slt, mar et sam 9h-12h. Entrée : 10 €.* Construite par Palladio vers 1560, cette villa affiche une très belle architecture extérieure et contient des fresques de Zelotti. Son nom viendrait du mécontentement des paysans locaux qui s'étaient alors soulevés contre des mesures relatives à la propriété. Une autre légende, appuyée par une fresque peinte à droite en entrant, prétend qu'un mari jaloux y aurait enfermé sa femme, la rendant du coup... plutôt mécontente !

### QUE C'EST TRISTE VENISE...

*Parmi les villas notables, La Malcontenta revêt un aspect tristounet. Elle appartenait à un Foscari jaloux de sa femme, un peu trop entreprenante à son goût. Il l'assigna à résidence dans cette villa jusqu'à la fin de ses jours. Elle y passa les 30 dernières années de sa vie, sans jamais sortir ni même apparaître aux fenêtres, dans la solitude la plus totale ! Le parc était à l'image de cette femme énigmatique : triste et à l'abandon. D'où le nom de la villa, signifiant « la mécontente ».*

# COMMENT Y ALLER ?

## EN AVION

### Les compagnies régulières

**▲ AIR FRANCE**
*Rens et résas au ☎ 36-54 (0,34 €/mn – tlj 6h30/22h), sur • airfrance.fr • dans les agences Air France et dans toutes les agences de voyages. Fermées dim.*
➢ *De l'aéroport Roissy-Charles-de-Gaulle : 6 vols/j. pour Venise-Marco Polo.*
Air France propose des tarifs attractifs toute l'année. Pour consulter les meilleurs tarifs du moment, allez directement sur la page « Meilleures offres et promotions » sur • *airfrance.fr* • *Flying Blue,* le programme de fidélisation gratuit d'Air France-KLM, permet de cumuler des *miles* et de profiter d'un large choix de primes. Cette carte de fidélité est valable sur l'ensemble des compagnies membres de *Skyteam.*

**▲ HOP !**
*Rens et résas sur • hop.fr •, via les canaux de vente Air France, dans ttes les agences de voyages et au centre d'appel ☎ 0892-70-22-22 (0,15 €/mn ; tlj 365 j./an).*
➢ De Biarritz, Bordeaux, Brest, Caen, La Rochelle, Lille, Limoges, Lorient, Lyon, Marseille, Metz-Nancy, Montpellier, Mulhouse-Bâle, Nantes, Nice, Pau, Poitiers, Rennes et Strasbourg, vols vers Venise via Lyon.
HOP ! propose des tarifs attractifs toute l'année. Possibilité de consulter les meilleurs tarifs du moment sur • *hop.fr* •

**▲ ALITALIA**
*Infos et résas au ☎ 0892-655-655 (0,34 €/mn ; lun-ven 8h-20h, w-e 9h-19h), sur • alitalia.fr •, et dans les agences de voyages.*
➢ De l'aéroport Roissy-Charles-de-Gaulle : 5 vols/j. pour Venise-Marco Polo (en partage de code avec Air France).

**▲ BRUSSELS AIRLINES**
*Rens au ☎ 0892-640-030 (0,33 €/mn ; lun-ven 9h-19h, sam 9h-17h) depuis la France. • brusselsairlines.com •*
➢ Vols quotidiens Bruxelles-Venise.

### Les compagnies *low-cost*

Plus vous réserverez vos billets à l'avance, plus vous aurez des chances d'avoir des tarifs avantageux. Des frais de dossier ainsi que des frais pour le paiement par carte bancaire peuvent vous être facturés. En outre, les pénalités en cas de changement de vols sont assez importantes. Il faut aussi rappeler que plusieurs compagnies facturent maintenant les bagages en soute et limitent leurs poids. En cabine également le nombre de bagages est strictement limité (attention même le plus petit sac à main est compté comme un bagage à part entière). À bord, c'est service minimum et tous les services sont payants (boissons, journaux). Attention également au moment de la résa par Internet à décocher certaines options qui sont automatiquement cochées (assurances, etc.). Au final, même si les prix de base restent très attractifs, il convient de prendre en compte les frais annexes pour calculer le plus justement son budget.

**▲ EASY JET**
• *easyjet.com* •
➢ De l'aéroport Roissy-Charles-de-Gaulle, 1-2 A/R par j. et de Paris-Orly, 2 A/R par j.
➢ De Lyon et de Nice, plusieurs vols/sem.

**▲ RYANAIR**
• *ryanair.com* •
➢ De Paris-Beauvais ou de Bruxelles-Charleroi, 1 A/R par j. à destination de Venise-Trévise (aéroport situé à 30 km de Venise).





LES ORG

En France

**▲ COMPTOIR**
• *comptoir.fr* •
*– Paris : 2-18, r*
*☎ 01-53-10-3*
*Mutualité. Lun-*
*10h-18h30.*
*– Bordeaux : 26*
*Rouge, 33800.* **O**
***automne 2016.***
*– Lille : 76, rue*
***Ouverture prévu***
*– Lyon : 10, q*
*☎ 04-72-44-13-4*
*sam 9h30-18h30.*
*– Marseille : 12,*
*☎ 04-84-25-21-80*
*sam 9h30-18h30.*
*– Toulouse : 43, rue*
*☎ 05-62-30-15-00*
*sam 9h30-18h30.*
Comptoir des V
comme une référen
dans le voyage s
80 destinations co
nents. Ses voyages
ceux qui souhaiten
façon simple en s'y
Les conseillers privi
gements typiques,
transport locaux et
authentiques pour
sion dans la vie loca
offre aussi la possibi
des francophones
monde entier, des g
donneront, le temps
de leur ville ou de leu
des Voyages propose
gamme de services
visioconférence, devi
de voyage personnal
téléphonique 24h/24
pendant votre voyage.

**▲ ITALIE & CO**
*– Courbevoie : 169,*
*92400. Sur rdv ou à do*
*56-30-62. • carine@ital*
*lieandco.fr •*
Italie & Co est une agen
et d'un genre nouvea
deux professionnels
geant la même passion

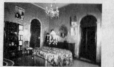

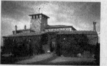

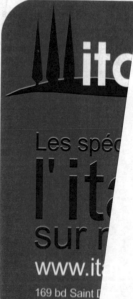

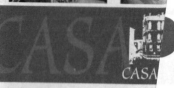

# Votre voyage
# de A à Z !

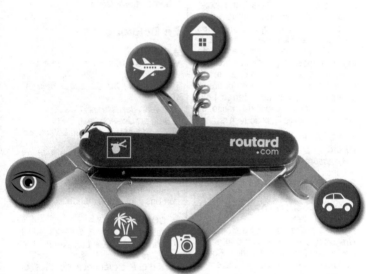

## CHOISIR

Trouvez la destination de vos rêves avec nos idées week-end et nos carnets de voyage.

## ORGANISER

Préparez votre voyage avec nos 220 fiches destination, nos dossiers pratiques et les conseils de nos 530 000 membres.

## RÉSERVER

Réservez avec les meilleurs partenaires votre vol, votre voiture, votre hôtel, votre location…

## PARTAGER

Partagez vos expériences, photos, bons plans et avis d'hôtels avec 2.4 millions d'internautes chaque mois*.

clients publiés sur le site et aux visites virtuelles des hôtels, vous réservez vos vacances en toute tranquillité.

## ▲ TERRES LOINTAINES

– *Issy-les-Moulineaux : 2, rue Maurice-Hartmann, 92130. Sur rdv slt ou par tél :* ☎ *01-84-19-44-45.* ● *terres-lointaines.com* ● *Lun-ven 8h30-19h30, sam 9h-18h.*

Terres Lointaines est le dernier-né des acteurs du Net qui compte dans le monde du tourisme avec pour conviction : « un voyage réussi est un voyage qui dépasse les attentes du client ». Son ambition est clairement affichée : démocratiser le voyage sur mesure au prix le plus juste. En individuel ou en petit groupe, entre raffinement et excellence, Terres Lointaines met le monde à votre portée. Europe, Amériques, Afrique, Asie, Océanie, la palette de destinations programmées est vaste, toutes proposées par des conseillers-spécialistes à l'écoute des envies du client. Grâce à une sélection rigoureuse de prestataires locaux, Terres Lointaines crée des voyages de qualité, qui laissent de merveilleux souvenirs.

## ▲ VOYAGEURS DU MONDE EN ITALIE

● *voyageursdumonde.fr* ●
– *Paris : La Cité des Voyageurs, 55, rue Sainte-Anne, 75002.* ☎ *01-42-86-17-20.* Ⓜ *Opéra ou Pyramides. Lun-sam 9h30-19h. Avec une librairie spécialisée sur les voyages.*
*Également des agences à Bordeaux, Grenoble, Lille, Lyon, Marseille, Montpellier, Nantes, Nice, Rennes, Rouen, Strasbourg et Toulouse. Également Bruxelles et Genève.*

Parce que chaque voyageur est différent, que chacun a ses rêves et ses idées pour les réaliser, Voyageurs du Monde conçoit, depuis plus de 30 ans, des projets sur mesure. Les séjours proposés sur 120 destinations sont élaborés par leurs 180 conseillers voyageurs. Spécialistes par pays et même par région, ils vous aideront à personnaliser les voyages présentés à travers une trentaine de brochures d'un nouveau type et sur le site internet où vous pourrez également découvrir les hébergements exclusifs et consulter votre espace personnalisé. Au cours de votre séjour, vous bénéficiez des services personnalisés Voyageurs du Monde, dont la possibilité de modifier à tout moment votre voyage, l'assistance d'un concierge local, la mise en place de rencontres et de visites privées et l'accès à votre carnet de voyage via une application iPhone et Androïd. Voyageurs du Monde est membre de l'association ATR (Agir pour un Tourisme Responsable) et a obtenu sa certification Tourisme Responsable AFAQ AFNOR.

### Comment aller à Roissy et à Orly ?

Toutes les infos sur notre site ● *routard.com* ● à l'adresse suivante : ● *bit.ly/aeroports-routard* ●

# En Belgique

## ▲ AIRSTOP

☎ *070-233-188.* ● *airstop.be* ● *Lun-ven 9h-18h30, sam 10h-17h.*
– *Bruxelles : bd E.-Jacquemain 76, 1000.*
– *Anvers : Jezusstraat, 16, 2000.*
– *Bruges : Dweersstraat, 2, 8000.*
– *Gand : Maria Hendrikaplein, 65, 9000.*
– *Louvain : Mgr. Ladeuzeplein 33, 3000.*
Airstop offre une large gamme de prestations, du vol sec au séjour tout compris à travers le monde.

## ▲ CONNECTIONS

*Rens et résa :* ☎ *070-233-313.* ● *connections.be* ● *Lun-ven 9h-19h, sam 10h-17h.*
Fort d'une expérience de plus de 20 ans dans le domaine du voyage, Connections dispose d'un réseau de 30 *travel shops* dont un à Brussels Airport, Connections propose des vols dans le monde entier à des tarifs avantageux et des voyages destinés à des voyageurs désireux de découvrir la planète de façon autonome. Connections propose une gamme complète de produits : vols, hébergements, locations de voitures, autotours, vacances sportives, excursions.

## ▲ NOUVELLES FRONTIÈRES

● *nouvelles-frontieres.be* ●
– *Nombreuses agences dans le pays*

*dont Bruxelles, Charleroi, Liège, Mons, Namur, Waterloo, Wavre et au Luxembourg.*
Voir texte dans la partie « En France ».

### ▲ SERVICE VOYAGES ULB

● *servicevoyages.be* ● *25 agences dont 12 à Bruxelles.*
– *Bruxelles : campus ULB, av. Paul-Héger, 22, CP 166, 1000.* ☎ 02-650-40-20
– *Bruxelles : pl. Saint-Lambert, 1200.* ☎ 02-742-28-80.
– *Bruxelles : chaussée d'Alsemberg, 815, 1180.* ☎ 02-332-29-60.
Service Voyages ULB, c'est le voyage à l'université. Billets d'avion sur vols charters et sur compagnies régulières à des prix compétitifs.

### ▲ TAXISTOP

*Pour ttes les adresses Taxistop :* ☎ 070-222-292. ● *taxistop.be* ●
– *Bruxelles : rue Thérésienne, 7a, 1000.*
– *Gent : Maria Hendrikaplein, 65, 9000.*
– *Ottignies : bd Martin, 27, 1340.*
Taxistop propose un système de covoiturage, ainsi que d'autres services comme l'échange de maisons ou le gardiennage.

### ▲ VOYAGEURS DU MONDE

– *Bruxelles : chaussée de Charleroi, 23, 1060.* ☎ 02-543-95-50. ● *voyageursdumonde.com* ●
Voir texte dans la partie « En France ».

## En Suisse

### ▲ STA TRAVEL

● *statravel.ch* ● ☎ 058-450-49-49.
– *Fribourg : rue de Lausanne, 24, 1701.* ☎ 058-450-49-80.
– *Genève : rue de Rive, 10, 1204.* ☎ 058-450-48-00.
– *Genève : rue Vignier, 3, 1205.* ☎ 058-450-48-30.
– *Lausanne : bd de Grancy, 20, 1006.* ☎ 058-450-48-50.
– *Lausanne : à l'université, Anthropole, 1015.* ☎ 058-450-49-20.
Agences spécialisées notamment dans les voyages pour jeunes et étudiants. 150 bureaux STA et plus de 700 agents du même groupe répartis dans le monde entier sont là pour donner un coup de main *(Travel Help)*.
STA propose des tarifs avantageux :

vols secs *(Blue Ticket)*, hôtels, écoles de langues, *work & travel,* circuits d'aventure, voitures de location, etc. Délivre la carte internationale d'étudiant et la carte Jeune.

### ▲ TUI - NOUVELLES FRONTIÈRES

– *Genève : rue Chantepoulet, 25, 1201.* ☎ 022-716-15-70.
– *Lausanne : bd de Grancy, 19, 1006.* ☎ 021-616-88-91.
Voir texte « Nouvelles Frontières »dans la partie « En France ».

### ▲ VOYAGES ARTISANS AUX PIEDS NUS

– *Carouge : rue de Saint-Victor, 3, 1227.* ☎ 022-301-01-50. ● *apnvoyages.ch* ● *en sem sur rdv.*
Voyages APN propose des destinations hors des sentiers battus, particulièrement en Europe (Grèce, Italie et pays du Nord), avec un contact direct avec les prestataires, notamment dans le cadre des agritourismes. Certains programmes sont particulièrement adaptés aux familles. L'accent est mis sur le tourisme responsable et durable. Dans ce cadre, une sélection de destinations telles que la Bolivie ou le Bénin est également proposée.

## Au Québec

### ▲ CLUB AVENTURE VOYAGES

– *Montréal : 759, av. Mont-Royal, H2J 1W8.* ☎ 514-527-0999. ● *clubaventure.qc.ca* ●
Club Aventure développe une façon de voyager qui lui est propre : petits groupes, contact avec les populations visitées, utilisation des ressources humaines locales, visite des grands monuments mais aussi et surtout ouverture de routes parallèles. Ces circuits ont reçu la griffe du temps et de l'expérience ; ils sont devenus les « circuits griffés » du Club Aventure.

### ▲ TOURS CHANTECLERC

● *tourschanteclerc.com* ●
Tours Chanteclerc est un tour-opérateur qui publie différentes brochures de voyages : Europe, Amérique du Nord, Amérique du Sud, Asie et Pacifique sud, Afrique et le Bassin méditerranéen en circuits ou en séjours. Il s'adresse aux voyageurs indépendants qui réservent un billet d'avion, un hébergement (dans toute l'Europe), des excursions

ou une location de voiture. Également spécialiste de Paris, le TO offre une vaste sélection d'hôtels et d'appartements dans la Ville Lumière.

## EN TRAIN

### Au départ de Paris et de la province

La société italienne **Thello** gère les trains de nuit entre la France et l'Italie. *Points de vente à Paris-gare de Lyon : Hall 1-galerie des Fresques, pl. Louis-Armand, 75571 Paris Cedex 12. ☎ 01-83-82-00-00. ● thello.com ● Lun-sam 9h30-19-20, dim et j. fériés 13h-19h20. Et sur le parvis de la gare de Nice, tlj 7h45-12h, 13h30-20h15, rue Thiers.*

➢ *Au départ de Paris-gare de Lyon ou Dijon :* 1 A/R par jour en train de nuit (départ le soir vers 19h – ou de Dijon vers 22h), arrivée vers 9h30 à la gare de Venise.

### Les avantages européens avec la SNCF

*– Rens au ☎ 36-35 (0,34 €/mn hors surcoût éventuel de votre opérateur). ● tgv.com ● voyages-sncf.com ● thello.com ● interrailnet.com ●*

Avec les **Pass InterRail,** les résidents européens peuvent voyager dans 30 pays d'Europe, dont l'Italie. Plusieurs formules et autant de tarifs, en fonction de la destination et de l'âge.

À noter que le *Pass InterRail* n'est pas valable dans votre pays de résidence (cependant l'*InterRail Global Pass* offre une réduction de 50 % de votre point de départ jusqu'au point frontière en France). ● *interrailnet.eu* ●

*– Pour les grands voyageurs, l'Inter-Rail Global Pass* est valable dans l'ensemble des 30 pays européens concernés, intéressant si vous comptez parcourir plusieurs pays au cours du même périple. Il se présente sous 5 formes au choix.

4 formules flexibles : utilisable 5 j. sur une période de validité de 15 j. jusqu'à 15 j. sur une période de validité de 1 mois (200-463 € selon âge et formule). 3 formules « continues » : pass 15 j.,

22 j. et 1 mois (325-626 € selon âge et formule).

Ces 5 formules existent aussi en version 1re classe !

Les voyageurs de plus de 60 ans bénéficient d'une réduction sur le tarif de l'*InterRail Global Pass* en 1re et 2de classes (tarif senior). Également des tarifs enfants 4-12 ans et 12-26 ans.

– Si vous ne parcourez que l'*Italie,* le **One Country Pass** vous suffira. D'une période de validité d'1 mois et utilisable, selon les formules, 3, 4, 6 ou 8 j. en discontinu : compter 87-239 € selon formule). Là encore, ces formules se déclinent en version 1re classe (mais ce n'est pas le même prix, bien sûr). Pour voyager dans 2 pays, vous pouvez combiner 2 *One Country Pass.* Au-delà, il est préférable de prendre le *Global Pass.*

InterRail offre également la possibilité d'obtenir des réductions ou avantages à travers toute l'Europe avec ses partenaires bonus (musées, chemins de fer privés, hôtels, etc.).

Tous ces prix ne sont qu'indicatifs. Il existe aussi l'InterRail Italie premium Pass qui permet de réserver gratuitement les trains. Également des avantages supplémentaires. À partir de 122 €. Pour plus de renseignements, adressez-vous à la gare ou boutique SNCF la plus proche de chez vous.

### Pour préparer votre voyage autrement

*– Trainline :* une nouvelle façon simple et rapide d'acheter vos billets de train sur le web, mobile et tablette. Réservez vos billets pour voyager en France et dans plus de 20 pays européens. Consultez les tarifs et les horaires dans une interface claire et sans publicité. Trainline compare les prix de plusieurs transporteurs européens pour vous garantir le meilleur tarif.

Réservations et paiements en France et en Europe sur ● *trainline.fr* ● et sur mobile avec l'application *Trainline* pour iPhone et Android.

Et pour répondre à vos questions : ● *guichet@trainline.fr* ●

## EN VOITURE

### Covoiturage

Le principe est économique, écologique et convivial. Il s'agit de mettre en relation un chauffeur et des passagers afin de partager le trajet et les frais, que ce soit de manière régulière ou exceptionnelle (pour les vacances, par exemple). Les conducteurs sont invités à proposer leurs places libres sur BlaBlaCar ● *covoiturage.fr* ● (disponible sur Web et sur mobile). L'inscription est gratuite.

### Itinéraires

Aller à Venise en voiture, c'est comme vouloir passer par l'enfer pour atteindre le paradis. La route elle-même est plutôt facile, mais, sur place, on se trouve confronté au vaste problème du parking : soit complet, soit hors de prix, soit souvent les deux... On vous déconseille donc fortement ce mode de transport. Pour les irréductibles, voici quand même quelques indications.

– *À partir de Paris :* 1 110 km. Compter 11h, dont 9h30 d'autoroute. Prendre l'A6 en direction de Lyon jusqu'à Mâcon. Puis Bourg-en-Bresse et Bellegarde. Autoroute vers Chamonix (A6-E25), puis le tunnel du Mont-Blanc (compter 43,50 € la traversée, 55 €

l'A/R ; attention, le retour est valide 8 j. max après la date d'émission), en direction d'Aoste, Turin, Milan. À Milan, continuer sur Brescia, Vérone, Vicence, Padoue, Mestre et Venise.

– **Ceux qui habitent l'est ou le nord de la France** ont avantage à prendre l'autoroute en Suisse *à partir de Bâle.* De Bâle à Venise, compter 7h presque uniquement par autoroute. Passer par Lucerne et le tunnel du Gothard, puis prendre la direction de Milan. De là, se reporter à l'itinéraire ci-avant. À prendre en compte : vignette annuelle de 33 € à payer pour emprunter les autoroutes suisses.

– *À partir de Marseille :* 780 km. Compter 7h30 env, dont 6h30 d'autoroute. Direction Nice, puis longer la côte jusqu'à la frontière italienne. Après Gênes, remonter par Piacenza et continuer sur Brescia. De là, poursuivre jusqu'à Venise.

– *Attention :* en Italie, sur l'autoroute, les panneaux indicateurs sont de couleur verte ; les bleus concernent les autres routes, notamment les nationales ou les routes secondaires. Les feux de croisement sont obligatoires sur les autoroutes et les routes nationales italiennes... sous peine d'amende.

## EN BUS

▲ **CLUB ALLIANCE**
– *Paris : 33, rue de Fleurus, 75006.* ☎ *01-45-48-89-53.* ● *cluballiance voyages.fr* ● Ⓜ *Notre-Dame-des-Champs, Saint-Placide ou Rennes. Lun-ven 11h-19h, sam 14h-19h.* Spécialiste des week-ends et des ponts de 3 ou 4 j. Circuits économiques de 1 à 16 j. en Europe, y compris en France. Pour l'Italie, Club Alliance propose un circuit combiné de 6 j. Florence-Rome-Venise. Brochure gratuite sur demande.

▲ **EUROLINES**
☎ *08-92-89-90-91 (0,34 €/mn), tlj 8h-21h, dim 10h-18h.* ● *eurolines.fr* ●

– *Paris : 55, rue Saint-Jacques, 75005. Lun-ven 9h30-18h30 ; sam 10h-13h, 14h-17h. Numéro d'urgence :* ☎ *01-49-72-51-57.*
*Vous trouverez également les services d'Eurolines sur* ● *routard.com* ● *Eurolines propose 10 % de réduc pour les jeunes (12-25 ans) et les seniors. 2 bagages gratuits/pers en Europe et 40 kg gratuits pour le Maroc.*
– *Gare routière internationale à Paris : 28, av du Général-de-Gaulle, 93541 Bagnolet Cedex.* Ⓜ *Gallieni.*
Première *low-cost* par bus en Europe, Eurolines permet de voyager vers plus de 600 destinations en Europe et au Maroc

avec des départs quotidiens depuis 90 villes françaises. Eurolines propose également des hébergements à petits prix sur les destinations desservies.

*Pass Europe :* pour un prix fixe valable 15 ou 30 jours, vous voyagez autant que vous le désirez sur le réseau entre 51 villes européennes. Également un *mini pass* pour visiter deux capitales européennes (7 combinés possibles).

# VENISE UTILE

## AVANT LE DÉPART

### Adresses utiles

#### En France

**ℹ** *Office national italien de tourisme (ENIT) :* 23, rue de la Paix, 75002 Paris. Infos : ☎ 01-42-66-03-96. ● infoitalie. paris@enit.it ● enit.it ● italia.it ● (site très complet à consulter absolument avt de partir). Ⓜ Opéra ; RER A : Auber. Lun-ven 11h-16h45. Pas d'infos par courrier postal, uniquement par e-mail.

◼ *Consulats d'Italie en France :*
– Paris : 5, bd Émile-Augier, 75116. ☎ 01-44-30-47-00 (standard automatique qui oriente en fonction de l'appel lun-ven 9h-17h). ● segreteria. parigi@esteri.it ● consparigi.esteri.it ● Ⓜ La Muette ; RER C : Boulainvilliers. Ouv au public lun-ven 9h-12h, et mer 14h30-16h30.
– Consulats honoraires et correspondants consulaires à Lyon, Marseille et Metz.

◼ *Institut culturel italien :* hôtel de Gallifet, 73, rue de Grenelle, 75007 Paris. ☎ 01-44-39-49-39. ● iicpa rigi@esteri.it ● iicparigi.esteri.it ● Ⓜ Varenne, Rue-du-Bac ou Sèvres-Babylone. Lun-ven 10h-13h, 15h-18h. Bibliothèque de consultation : ☎ 01-44-39-49-25. Mêmes horaires sf lun mat et fermé de mi-juil à début sept.

◼ *Ambassade d'Italie :* 51, rue de Varenne, 75007 Paris. ☎ 01-49-54-03-00. ● ambasciata.parigi@esteri.it ● ambparigi.esteri.it ● Ⓜ Rue-du-Bac, Varenne ou Sèvres-Babylone. Superbe hôtel particulier ouvert au public uniquement lors des Journées du patrimoine en septembre.

#### En Belgique

**ℹ** *Office de tourisme :* rue Émile-Claus, 28, Bruxelles 50. ☎ 02-647-11-54. ● brussels@enit.it ● enit.it ● Lun-ven 11h-16h.

◼ *Ambassade d'Italie :* rue Émile-Claus, 28, Bruxelles 1050. ☎ 02-643-38-50. ● ambbruxelles.esteri.it ●

◼ *Consulat d'Italie :* rue de Livourne, 38, Bruxelles 1000. ☎ 02-543-15-50. ● segreteria.bruxelles@esteri.it ● cons bruxelles.esteri.it ● Lun-ven 9h-12h30, lun et mer 14h30-16h.

#### En Suisse

◼ *Ambassade d'Italie :* Elfenstrasse, 14, 3006 Berne. ☎ 031-350-07-77. ● ambasciata.berna@esteri.it ● Lun-jeu 9h-13h, 14h-17h ; ven 8h30-13h, 13h30-16h30.

◼ *Consulats d'Italie :*
– Genève : rue Charles-Galland, 14, 1206. ☎ 022-839-67-44. ● conso lato.ginevra@esteri.it ● Lun-mer et ven 9h-12h30 ; mar et jeu 14h-17h.
– Autres consulats à Lausanne et Zurich.

#### Au Canada

**ℹ** *Office national de tourisme :* 110 Yonge St, suite 503, Toronto (Ontario) M5C 1T4. ☎ (416) 925-4882. ● toronto@enit.it ● enit.it ● Lun-ven 9h-17h.

◼ *Ambassade d'Italie :* 275 Slater St, 21st floor, Ottawa (Ontario) K1P 5H9. ☎ (1-613) 232-2401. ● ambasciata. ottawa@esteri.it ● ambottawa.esteri. it ● Lun et ven 9h-12h ; mer 9h-12h, 14h-17h.

◼ *Consulat général :* 136 Berverley St, Toronto (Ontario) M5T 1Y5. ☎ (416) 977-1566. ● constoronto. esteri.it ●

## Formalités d'entrée

Pas de contrôles aux frontières, puisque l'Italie fait partie de l'espace Schengen. Néanmoins, quelques précautions d'usage.
– **Pour un séjour de moins de 3 mois :** ressortissants de l'Union européenne ainsi que de la Suisse, carte d'identité en cours de validité. Ressortissants canadiens : passeport en cours de validité.
– **Pour les mineurs voyageant seuls,** une carte nationale d'identité (ou un passeport) et une lettre manuscrite signée des parents sont nécessaires. Attention cependant à un projet de loi visant à renforcer la législation sur la sortie du territoire. Pour plus d'infos : ● *service-public.fr* ●
– **Pour une voiture :** permis de conduire à 3 volets, carte grise et carte verte d'assurance internationale. Munissez-vous d'une procuration si vous n'êtes pas propriétaire du véhicule.
– **Vaccins :** aucun vaccin n'est obligatoire, mais il est préférable d'avoir son rappel antitétanique à jour, surtout si l'on fait du camping.
– **Pensez à scanner** passeport, carte de paiement, billets d'avion et vouchers d'hôtel. Ensuite, adressez-les-vous par mail, en pièces jointes. En cas de perte ou vol, rien de plus facile pour les récupérer dans un cybercafé. Les démarches administratives n'en seront que plus rapides.

## Assurances voyages

■ **Routard Assurance :** c/o AVI International, 40-44, rue de Washington, 75008 Paris. ☎ 01-44-63-51-00. ● *avi-international.com* ● Ⓜ George-V. Depuis 20 ans, *Routard Assurance,* en collaboration avec *AVI International,* spécialiste de l'assurance voyage, propose aux voyageurs un contrat d'assurance complet à la semaine qui inclut le rapatriement, l'hospitalisation, les frais médicaux, le retour anticipé et les bagages. Ce contrat se décline en différentes formules : individuel, senior, famille, light et annulation. Pour les séjours longs (2 mois à 1 an), consultez notre site. L'inscription se fait en ligne et vous recevrez, dès la souscription, tous vos documents d'assurance par mail.

■ **AVA :** 25, rue de Maubeuge, 75009 Paris. ☎ 01-53-20-44-20. ● *ava.fr* ● Ⓜ Cadet. Un autre courtier fiable pour ceux qui souhaitent s'assurer en cas de décès-invalidité-accident lors d'un voyage à l'étranger, mais surtout pour bénéficier d'une assistance rapatriement, perte de bagages et annulation. Attention, franchises pour leurs contrats d'assurance voyage.
■ **Pixel Assur :** 18, rue des Plantes, BP 35, 78601 Maisons-Laffitte. ☎ 01-39-62-28-63. ● *pixel-assur.com* ● RER A : *Maisons-Laffitte.* Assurance de matériel photo et vidéo tous risques (casse, vol, immersion) dans le monde entier. Devis en ligne basé sur le prix d'achat de votre matériel. Avantage : garantie à l'année.

## Carte internationale d'étudiant (carte ISIC)

Elle prouve le statut d'étudiant dans le monde entier et permet de bénéficier de tous les avantages, services et réductions dans les domaines du transport, de l'hébergement, de la culture, des loisirs, du shopping...
La carte ISIC permet aussi d'accéder à des avantages exclusifs sur le voyage (billets d'avion spécial étudiants, hôtels et auberges de jeunesse, assurances, cartes SIM internationales, location de voiture...).

### Renseignements et inscriptions

– **En France :** ● *isic.fr* ● 13 € pour 1 année scolaire.
– **En Belgique :** ● *isic.be* ●

– *En Suisse :* ● isic.ch ●
– *Au Canada :* ● isiccanada.com ●

## Carte d'adhésion internationale aux auberges de jeunesse (carte FUAJ)

Cette carte vous ouvre les portes des 4 000 auberges de jeunesse du réseau *HI-Hostelling International* en France et dans le monde. Vous pouvez ainsi parcourir 90 pays à des prix avantageux et bénéficier de tarifs préférentiels avec les partenaires des Auberges de Jeunesse *HI*. Enfin, vous intégrez une communauté mondiale de voyageurs partageant les mêmes valeurs : plaisir de la rencontre, respect des différences et échange dans un esprit convivial. Il n'y a pas de limite d'âge pour séjourner en auberge de jeunesse. Il faut simplement être adhérent.

### Renseignements et inscriptions

– *En France :* ● hifrance.org ●
– *En Belgique :* ● lesaubergesdejeunesse.be ●
– *En Suisse :* ● youthhostel.ch ●
– *Au Canada :* ● hihostels.ca ●
Si vous prévoyez un séjour itinérant, vous pouvez réserver plusieurs auberges en une seule fois en France et dans le monde : ● hihostels.com ●

## ARGENT, BANQUES

## Les banques

Les banques sont généralement ouvertes du lundi au vendredi de 8h30 à 13h30 et de 14h30 à 16h. Fermées les week-ends (parfois ouvertes le samedi matin, mais c'est plutôt rare) et jours fériés. Elles disposent généralement d'un distributeur de billets à l'extérieur.

## Les cartes de paiement

Quand vous partez à l'étranger, pensez à téléphoner à votre banque pour relever le plafond de retrait aux distributeurs et pour les paiements par carte, quitte à le faire rebaisser à votre retour.
Avant de partir, notez donc bien le numéro d'opposition propre à votre banque (il figure souvent au dos des tickets de retrait, sur votre contrat, ou à côté des distributeurs de billets), ainsi que le numéro à seize chiffres de votre carte. Bien entendu, conservez ces informations en lieu sûr et séparément de votre carte.
Par ailleurs, l'assistance médicale se limite aux 90 premiers jours du voyage et l'assistance véhicule aux cartes haut de gamme (renseignez-vous auprès de votre banque). Et surtout, n'oubliez pas aussi de VÉRIFIER LA DATE D'EXPIRATION DE VOTRE CARTE BANCAIRE avant votre départ !
En zone Euro, pas de frais bancaire sur les paiements par carte. Les retraits sont soumis aux mêmes conditions tarifaires que ceux effectués en France (gratuits pour la plupart des cartes).
Une carte perdue ou volée peut être rapidement remplacée. En appelant sa banque, un système d'opposition, d'avance d'argent et de remplacement de carte pourront être mis en place afin de poursuivre son séjour en toute quiétude.
En cas de perte, de vol, ou de fraude, quelle que soit la carte que vous possédez, chaque banque gère elle-même le processus d'opposition et le numéro de téléphone correspondant.

– **Carte Bleue Visa :** *numéro d'urgence (Europe Assistance) :* ☎ *(00-33) 1-41-85-85-85 (24h/24).* ● *visa.fr ●*
– **Carte MasterCard :** *numéro* d'urgence : ☎ *(00-33) 1-45-16-65-65.* ● *mastercardfrance.com ●*
– **Carte American Express :** *numéro d'urgence :* ☎ *(00-33) 1-47-77-72-00.* ● *americanexpress.fr ●*

Petite mesure de précaution : si vous retirez de l'argent dans un distributeur, utilisez de préférence les distributeurs attenant à une agence bancaire. En cas de pépin avec votre carte (carte avalée, erreurs de code secret...), vous aurez un interlocuteur dans l'agence, pendant les heures ouvrables.

## Dépannage en cas d'urgence

– **Western Union Money Transfer :** en cas de besoin urgent d'argent liquide (perte ou vol de billets, de chèques de voyage, de cartes de paiement), vous pouvez être dépanné en quelques minutes grâce au système *Western Union Money Transfer.* Pour cela, demandez à un proche de déposer de l'argent en euros dans l'un des bureaux *Western Union.* Les correspondants en France de *Western Union* sont **La Banque postale** *(fermée sam ap-m, n'oubliez pas !* ☎ 0825-009-898 ; *0,15 €/mn)* et la **Société financière de paiements** *(SFDP ;* ☎ *0825-825-842 ; 0,15 €/mn).* L'argent vous est transféré en moins de 15 mn. La commission, assez élevée, est payée par l'expéditeur. Possibilité d'effectuer un transfert en ligne 24h/24 par carte de paiement *(Visa* ou *MasterCard* émise en France). ● *westernunion.fr ●*
– **Depuis l'Italie :** ☎ *800-22-00-55, 800-601-622* ou *800-872-682 (n° gratuit),* lun-ven 8h30-20h, sam 9h-19h, dim 9h-13h.

## ACHATS

### Artisanat traditionnel

Les fameux **masques** en papier mâché, blancs ou peints, constituent, avec le verre de Murano et la dentelle de Burano, l'un des artisanats les plus emblématiques de Venise. Pinocchio, Casanova, personnages de la *commedia dell'arte,* animaux, monstres grimaçants... il y en a vraiment pour tous les goûts et toutes les bourses. Savez-vous comment on les fabrique ? Eh bien, on commence par sculpter un modèle dans de l'argile, puis on en fait un moulage en plâtre. Une fois sec, ce moule est enduit de vaseline, puis tapissé de papier de laine, préalablement enduit d'eau et de colle. Une fois le masque sec, on démoule le tout. Puis il est poncé avec du papier de verre, tandis que les imperfections sont estompées à la peinture acrylique. Pour finir, vient la phase délicate de la peinture à l'eau ; chaque atelier possède d'ailleurs son petit secret de fabrication. On enduit parfois le masque d'un vernis vieillissant.

Le travail de la **mosaïque,** du **verre** et des **dentelles** fait aussi partie des activités traditionnelles. L'art de la mosaïque, introduit par les Romains pour la décoration des maisons et des villas de la Vénétie, se pratique encore de nos jours dans quelques rares ateliers. Forcément, à part les restaurations de la basilique Saint-Marc, les derniers artisans n'ont plus grand-chose à se mettre sous la dent ! L'*île de Murano* est le principal centre de fabrication du verre, alors que *Burano* produit les fameuses dentelles. Malheureusement, le travail artisanal subit la concurrence croissante de la mécanisation. Aujourd'hui, pour répondre à la forte demande occasionnée par la pression touristique, nombre d'objets proviennent de l'étranger et sont produits en série (vous savez, les *made in* machin !). Heureusement, on rencontre encore quelques irréductibles qui travaillent à l'ancienne. Alors, pour garantir l'authenticité de leurs réalisations, les vrai maîtres verriers de Murano apposent sur leur vitrine le macaron « *Vetro artistico Murano* ». On le reconnaît grâce à son adhésif au cœur rouge avec une pince. Cependant, pour la production courante (souvenirs), difficile de distinguer le vrai du faux. Le meilleur gage de vérité étant de voir l'artisan travailler devant vous !

## Vêtements/accessoires

Sachez qu'il existe une différence (de taille !) entre les étiquettes du prêt-à-porter français et italien :

| **Tailles en France** | 34 | 36 | 38 | 40 | 42 | 44 | 46 | 48 | 50 |
|---|---|---|---|---|---|---|---|---|---|
| **Tailles en Italie** | 38 | 40 | 42 | 44 | 46 | 48 | 50 | 52 | 54 |

Pour les chaussures, la pointure française taille une unité de plus que l'italienne, ce qui donne :

| **France** | 36 | 37 | 38 | 39 | 40 | 41 | 42 | 43 | 44 |
|---|---|---|---|---|---|---|---|---|---|
| **Italie** | 35 | 36 | 37 | 38 | 39 | 40 | 41 | 42 | 43 |

# BUDGET

Comme nous l'avons déjà écrit, Venise est une des villes les plus chères d'Italie. Hors saison, on peut cependant se loger et se restaurer à des prix bien plus raisonnables... Par ailleurs, avant de partir, il n'est pas négligeable de se pencher sur l'étude des forfaits proposés. Entre les transports, les musées et les églises, les offres sont très variables et peuvent vous faire gagner quelques euros... Lire attentivement la rubrique suivante « Cartes ou forfaits de visites et transports ».

> **Recommandation à ceux qui souhaitent profiter des réductions et avantages proposés dans le *Routard* par les hôteliers et les restaurateurs.**
>
> À l'hôtel, pensez à les demander au moment de la réservation ou bien lors de votre **arrivée.** Ils ne sont valables que pour les réservations en direct et ne sont pas cumulables avec d'autres offres promotionnelles (notamment sur Internet). Au restaurant, parlez-en **au moment** de la commande et surtout **avant** que l'addition ne soit établie. Poser votre *Routard* sur la table ne suffit pas : le personnel de salle n'est pas toujours au courant et une fois le ticket de caisse imprimé, il est souvent difficile de modifier le total. En cas de doute, montrez la notice relative à l'établissement dans le *Routard* de l'année, bien sûr, et ne manquez pas de nous faire part de toute difficulté rencontrée.

## Hébergement

La fourchette de prix est donc très large et varie énormément suivant la saison : du lit en dortoir entre 15 et 50 € en auberge de jeunesse à une suite valant plusieurs milliers d'euros la nuit dans les palaces célèbres comme le *Danieli* ou le *Cipriani*. Des prix auxquels il convient d'ajouter la **taxe de séjour.** Cette dernière varie suivant la catégorie de l'établissement, la durée du séjour et même, parfois, selon l'âge des hôtes. Il s'agit d'un règlement établi par la mairie, qui demande le paiement en espèces. Elle peut varier de 1 à 5 € par nuit et par personne.
En général, les prix affichés dans les hôtels sont les prix maximum, mais il est possible de négocier en basse saison, si vous restez plusieurs nuits. À vous de tenter votre chance.

Notez que la location d'appartements constitue une alternative avantageuse, surtout à plusieurs. Économies non seulement sur les nuits, mais aussi, et ce n'est pas négligeable, sur les repas. Se reporter à notre rubrique « Hébergement » plus loin.

La haute saison s'étend à peu près de début avril à fin juin (même si dès avril il y a déjà foule au portillon !), puis de septembre au mois d'octobre, sans oublier la semaine du Carnaval, qui varie selon les années, ainsi que les week-ends prolongés (pont de l'Ascension, Pentecôte, Noël, Nouvel An). Juillet et août sont plutôt considérés maintenant comme des mois de basse saison. Les prix sont alors diminués de 20-25 %. Et de mi-novembre à fin mars (sauf la fin d'année et le Carnaval, évidemment), les prix peuvent être divisés par deux (pour les hôtels les plus chic).

Pour une chambre double avec petit déj :
– ***Bon marché :*** moins de 60 €.
– ***Prix moyens :*** de 60 à 120 € pour deux personnes, parfois en dortoir.
– ***Chic :*** de 120 à 160 €.
– ***Très chic :*** de 160 à 200 €.
– ***Beaucoup plus chic :*** au-delà de 200 €.

## Nourriture

Même si on regrette que Venise (à l'image des villes ultra touristiques) propose beaucoup de restos aux plats à peine décongelés et aux rabatteurs insupportables, on y mange aussi fort bien. Il suffit pour cela de s'éloigner des « points chauds », votre guide préféré en poche. Côté petits budgets, les familles trouveront leur compte en achetant des panini, des portions de pâtes, ou des pizzas à emporter, vendues le plus souvent en parts généreuses. Un autre bon moyen de se caler pour pas cher est de commander des *tramezzini* dans un *bacaro* (bar).

### Courses alimentaires

Si vous avez eu la bonne idée de prendre une location d'appartement, vous aurez toujours la possibilité de faire vos courses au **marché du Rialto ou de rio Terrà San Leonardo** ainsi que dans les quelques **supérettes** de la ville. On y trouve généralement de bons produits, notamment des fromages et de la charcuterie à la coupe. Un détail culturel parmi d'autres : sur les marchés et dans les supermarchés italiens, on ne touche jamais les fruits ! Imaginez la réaction des vendeurs quand un Français débarque avec ses vieilles habitudes : il tâte à main nue, voire il goûte et, après, il se décide ou non... Gare aux remontrances !

Les habitués se retrouvent au *Conad*, à San Basilio, sur les Zattere n° 1491 *(plan détachable B5 ; tlj 9h-20h).* Il y a aussi un autre *Billa (zoom détachable C2 ; strada Nova, Cannaregio, 3600 ; lun-sam 8h30-20h, dim 9h-20h),* en plein cœur de la cité. Sinon, il y a les *Coop* de quartier (supérettes), comme celle située près de la chiesa di San Giacomo dell'Orio, dans le quartier de Santa Croce *(zoom détachable B3),* ou encore celle située à l'extrémité des Fondamente Nove, dans le Castello *(plan détachable E-F3).* Mais la plus connue (et la plus grande !) est aussi la mieux repérable, près de l'arrivée des *vaporetti,* piazzale Roma *(plan détachable A3).* Dans San Polo, on signale un magasin bio au n° 2264, calle de la Regina *(zoom détachable C3).*

### Au restaurant

Au restaurant, les menus ne comprennent pas toujours le service (entre 10 et 12 %, parfois plus), ni le *coperto* (couvert), dont le prix est variable d'un établissement à l'autre (facturé par personne, de 1,50 à 4 €).

Soyez très attentif, certains restaurants affichent des tarifs attractifs sur de grandes pancartes mais se gardent bien de mentionner de manière claire ces frais annexes. À l'inverse, d'autres proposent des menus touristiques *tutto compreso* (« tout compris »), qui évitent au moins les surprises désagréables au moment de payer l'addition. Attention aussi aux prix annoncés avec la mention *etto,* cela signifie « pour 100 g » : un poisson de 300 g sera donc trois fois plus cher ! Enfin,

les Vénitiens (et les Italiens en général) ne demandent jamais de carafe et boivent de l'eau minérale en bouteille au restaurant. Là encore, gare aux remontrances et autres froncements de sourcils indignés si vous commandez de l'eau du robinet ! Les prix que nous indiquons s'entendent par personne, pour un repas considéré comme complet par un voyageur à l'appétit moyen : *antipasti, pasta* ou plat jugé principal par les Italiens (risotto, poisson, viande), puis dessert. Voir également notre rubrique « Cuisine » dans « Hommes, culture, environnement » pour s'y retrouver dans les menus. Le vin et les boissons sont comptés en plus, comme toujours...
– *Sur le pouce :* moins de 10 €.
– *Bon marché :* de 10 à 20 €.
– *Prix moyens :* de 20 à 35 €.
– *Chic :* de 35 à 50 €.
– *Très chic :* plus de 50 €.

# CARTES OU FORFAITS DE VISITES ET TRANSPORTS

## POUR GAGNER DU TEMPS ET DE L'ARGENT

Le site • *veneziaunica.it* • (en italien et en anglais) permet d'acheter en ligne et à l'avance les cartes et forfaits de transports, musées – municipaux exclusivement –, toilettes, wifi (Venise est un *hot spot*)... Attention, le site fournit un code et, avec celui-ci, on peut ensuite retirer cartes et forfaits à l'aéroport Marco-Polo, à la gare routière (piazzale Roma), à la gare ferroviaire, au parking du Tronchetto, dans les musées municipaux, aux guichets des transports, etc. (liste disponible sur le site). Infos également au ☎ 00-39-041-24-24 *(depuis l'étranger).* On peut bénéficier d'une légère réduction selon la période de séjour (il faut dans ce cas s'y prendre au moins 15 jours à l'avance).

Une fois sur place, les visites et les transports constituent une part plus que substantielle du budget, sur laquelle vous devez vous pencher avant votre séjour pour choisir la formule qui vous convient le mieux. Il existe en effet plusieurs cartes et forfaits. Transports publics en *vaporetto,* musées, églises, moins de 29 ans... sans compter les gratuités pour les moins de 25 ans pour la plupart des sites. Bienvenue dans la jungle de ces multiples possibilités, parfois difficiles à décrypter. Notre premier conseil est de bien réfléchir à l'avance à son programme avant d'acheter un forfait. Inutile d'acheter une carte hebdomadaire de transports pour s'apercevoir que, la plupart du temps, on sillonne les rues à pied ! De même, souhaitez-vous ne visiter que les musées de la place Saint-Marc ? Aurez-vous vraiment le temps de visiter les 10 musées du *Museum Pass,* même si cette carte est rentabilisée dès le troisième site ?
Voici donc quelques clés pour organiser votre budget. Les prix que nous indiquons étant susceptibles d'augmenter d'ici à la publication de ce guide, considérez-les plutôt comme une base.

## Cartes de réductions pour églises et musées

### Carte Rolling Venice

Carte payante *(6 € env),* que nous recommandons vivement, réservée exclusivement aux **jeunes entre 6 et 29 ans.** Se la procurer avant d'acheter tous les autres forfaits. Elle permet d'obtenir des réductions sur le transport en *vaporetto* dans la lagune ou

en bus au Lido et sur la terre ferme. Elle accorde également des remises dans certains restos, musées, expos, théâtres, hôtels, magasins... Autant ne pas s'en priver. Au moment de l'achat, on vous remet un livret mentionnant tous les endroits acceptant la carte. Elle est valable jusqu'au 31 décembre de l'année où elle a été délivrée. On l'achète en ligne ou aux bornes automatiques de l'ACTV. Plus d'infos sur le site
● *veneziaunica.it* ●

### Chorus Pass

Ce forfait très avantageux donne accès à une vingtaine d'églises parmi les plus belles de Venise. *Billet combiné valable 1 an. Plein tarif 12 € ; tarif étudiant jusqu'à 29 ans, 8 € (ne pas oublier d'apporter un justificatif !) ;* Chorus Pass Family *(2 adultes + les enfants de moins de 18 ans) 24 €. Billet à l'unité 3 €. Gratuit pour les enfants de moins de 11 ans.* Le calcul est vite fait : ce forfait devient intéressant dès la quatrième église ! Sinon, il existe aussi un petit forfait, le *minichorus pass,* valable pour 3 églises seulement.
– *Infos :* **Associazione Chiese di Venezia,** ☎ 041-275-04-62. ● *chorusvenezia. org* ● Le *Chorus Pass* est en vente dans les églises concernées, les billetteries *VELA* et les offices de tourisme. Toutes les églises du *Chorus Pass* ont les mêmes horaires : *lun-sam 10h-17h (dernière entrée à 16h45) ; sf l'église de san Giobbe ouv lun-sam 10h-13h30 slt (dernière entrée à 13h15). Ttes les églises sont fermées dim. Seule l'église des Frari est ouv lun-sam 9h-18h et dim 13h-18h (dernière entrée à 17h30). Elles sont ttes fermées 1ᵉʳ janv, le jour de Pâques, 15 août, 25 déc et dim.*
– *Liste des églises concernées :* Santa Maria del Giglio, Santo Stefano, Santa Maria Formosa, Santa Maria dei Miracoli, Santa Maria Gloriosa dei Frari, San Giovanni Elemosinario, San Polo, San Giacomo dell'Orio, San Stae, Sant'Alvise, San Pietro di Castello, Santissimo Redentore, Santa Maria del Rosario (Gesuati), San Sebastiano, San Giobbe, San Vidal, San Giacomo di Rialto et San Giuseppe di Castello *(ouv slt début avr-fin oct).*
La plupart des églises mettent à disposition une petite planche explicative en français. Ne pas oublier de la rendre à la fin de la visite. Par ailleurs, il existe un ouvrage intitulé *Les Églises de Venise* (en vente dans les églises). Les fonds récoltés servent à leur restauration.

### Museum Pass (pass Muve)

– *En vente dans les musées ou dans les offices de tourisme. Également sur* ● *veneziaunica.it* ● *Plein tarif 24 € ; tarif réduit 18 € pour les 6-14 ans, les étudiants de l'UE (jusqu'à 25 ans) et les détenteurs de la carte* Rolling Venice *(voir plus haut).*
Valable 6 mois, il donne accès à tous les musées municipaux : *palais des Doges, musée Correr, Musée archéologique, bibliothèque Marciana, Ca' Rezzonico, palais Mocenigo, maison de Carlo Goldoni, Ca' Pesaro, musée du Verre à Murano, celui de la Dentelle à Burano* ainsi que le *musée d'Histoire naturelle.* Il donne également une réduction aux expos temporaires du *musée Fortuny.* En moyenne, rentabilisé au troisième musée visité.
– À noter que ce *Museum Pass* **ne permet pas de visiter deux fois le même monument.** Si vous visitez le musée Correr, vous devez visiter dans la continuité et le même jour le Musée archéologique et la bibliothèque Marciana (même bâtiment).
– Il existe également un **Museum Pass San Marco** *(19 € ; réduc)* valable 3 mois, lui, et restreint aux quatre musées de la place Saint-Marc *(palais des Doges, musée Correr, Musée archéologique, bibliothèque Marciana).*
– Attention, le *Museum Pass* ne donne accès ni à l'*Accademia*, ni aux collections de Pinault *(palazzo Grassi* et *Punta della Dogana)*, ni à la *collection Peggy Guggenheim,* pour ne citer que trois lieux qui pratiquent des prix d'entrée pouvant vite doubler, voire tripler votre budget « À voir ». Il ne donne pas non plus accès aux églises, cela va de soi, ni aux visites « extras » de la basilique et du palais des Doges.

*Tourist City Pass*

Alors que les cartes précédentes proposent des réductions ou des forfaits poste par poste (églises, musées municipaux et place Saint-Marc), les différents *Tourist City Pass* donnent accès à beaucoup plus de sites et peuvent être étoffés en fonction de vos appétits culturels :
– Services du *Museum Pass* (accès aux 11 musées municipaux, dont ceux de la place Saint-Marc) et une partie ou toutes les églises du *Chorus Pass* selon le forfait choisi.
– Accès à la *Fondation Querini Stampalia* et au *Musée d'Art hébraïque*.
– Visite guidée de la *Fenice*.
– Réductions pour certaines visites : secrets du palais des Doges, tour de l'Horloge, musée Fortuny, collection Peggy-Guggenheim, expos de la Biennale, Fondation Bevilacqua La Masa, palais Grassi, musée des Icônes de l'Institut hellénique, musée d'Histoire navale, Scuola San Giorgio degli Schiavoni, Scuola Grande dei Carmini et Scuola Grande di San Rocco.
– Les transports en commun, et même le transfert à l'aéroport pour certains forfaits. Bref, c'est à la carte, donc réfléchissez bien avant de choisir le forfait le plus adapté, car si vous n'avez qu'un long week-end à Venise, vous risquez de devoir visiter tous les musées et églises au pas de course pour le rentabiliser.
Ces *pass,* valables 7 jours, ne donnent accès qu'à une entrée par musée. On peut les commander par Internet sur le site ● veneziaunica.it ●
– *Tarifs adulte (à partir de 30 ans) : 27,90 €-136,90 € ; tarifs 6-29 ans : 29,90 €-93,40 €.*

## Cartes de transport *(pass ACTV)*

*ACTV* est la société qui gère les transports publics terrestres et fluviaux. De nombreux distributeurs automatiques de tickets à l'unité et forfaits sont disséminés un peu partout dans la ville. Vous pouvez vous déplacer indifféremment en bus (terre ferme ou Lido), tramway (entre Venise et Mestre), ou emprunter les lignes de *vaporetti* qui parcourent le Grand Canal ou font le tour de Venise.
Le prix d'un trajet est cher, de l'ordre de 7,50 € (valable 1h à partir de la validation du billet ; gratuit pour les moins de 6 ans). Il existe plusieurs forfaits illimités. Ce sont les **pass ACTV** (☎ 041-24-24 ; ● actv.it ●). Tarif 24h : 20 € ; 48h : 30 € ; 72h (3 jours) : 40 € et 60 € valable 7 jours (72h pour 20 € pour les 14-29 ans, sur présentation de la carte *Rolling Venice*). Il existe aussi le billet avec le transfert A/R à l'aéroport, majoré de 8 €. En vente au bureau *VELA,* piazzale Roma *(plan détachable A3),* aux guichets *ACTV* devant presque tous les arrêts de *vaporetti,* à l'aéroport Marco-Polo ou dans les offices de tourisme.
Pour toutes ces cartes, **le décompte des heures commence dès le compostage du ticket au premier voyage, et il est impératif de valider électroniquement votre forfait à chaque trajet, sous peine d'amende.**
– Forfaits valables également pour les îles de Murano, Burano, Mazzorbo, Torcello, Treporti... Sauf pour se rendre directement à l'aéroport par la lagune, car la gestion de ce trajet a été confiée à la société **Alilaguna** (☎ 041-240-17-01 ; ● alilaguna. com ●). *Compter 15 € l'aller, 27 € l'A/R.*
– Le forfait comprend le transport d'un bagage unique (excepté quand on vient de l'aéroport). Dans les *vaporetti,* il existe un emplacement derrière le pilote, prévu pour les bagages.
– Les **jeunes de 6 à 29 ans** en possession de la carte *Rolling Venice* peuvent acheter un forfait transports « *72 hours Youth Card* » au prix de 22 €. Ce forfait, valable 3 jours, permet d'utiliser toutes les lignes de transport (*vaporetti* et bus) sauf les lignes *ACTV* nos 16, 19, 21 et Alilaguna.
– Pour ceux qui seraient tentés de voyager sans billet, sachez que l'amende s'élève à 55 € environ et que les contrôles sont fréquents. Les bagages (au-delà d'un) et les animaux sont normalement payants dans les *vaporetti* (environ 7 €).

## CLIMAT

Venise subit à la fois les caprices du climat méditerranéen et ceux du climat continental. Les températures sont souvent très élevées durant les mois d'été.
– *Les meilleurs mois :* mai et octobre. Ce sont les mois les plus doux et donc les plus agréables.
– *Venise en été :* en juillet et août, la chaleur peut être étouffante en raison de l'humidité et du sirocco qui souffle sur la lagune (sans parler des moustiques !). Dans ce cas, pointer son nez à l'avant des *vaporetti* pour rechercher un peu de fraîcheur reste le seul salut (et encore !). On ne conseille pas Venise en été.
– *Venise en hiver :* en janvier-février, le thermomètre peut passer sous la barre du zéro et la *bora* (un vent du nord-est) vous glace jusqu'aux os. Il peut neiger à Venise. L'arrivée impromptue de la neige sur les ponts et les places vous vaudra peut-être un de vos plus beaux souvenirs. Avantage de cette période hivernale : les prix des hébergements sont au plus bas. Inconvénient : beaucoup d'adresses d'hôtels et de restaurants sont fermées pour les congés annuels.
– *Les mois de mars et d'avril :* il peut y avoir des journées très fraîches sous un ciel bleu cristallin. Quelques journées pluvieuses parfois, mais cela ne dure pas longtemps. La pression touristique n'est pas encore trop forte. Ces deux mois sont plutôt à conseiller.
– *Le mois de novembre* peut vous réserver aussi bien un temps parfaitement dégagé qu'un brouillard à couper au couteau. Mais il faut avouer que Venise sous la pluie ou dans la brume a un charme fou. Attention toutefois aux périodes d'*acqua alta,* où les bottes de pluie sont de rigueur (d'octobre à mars !) !

## DANGERS ET ENQUIQUINEMENTS

La seule crainte, c'est de vous perdre ! C'est ce qui fait le charme de Venise ! On retrouve son chemin tout aussi facilement, après avoir musardé dans des ruelles en cul-de-sac pleines de mystère. Faites plutôt attention de ne pas tomber à l'eau en prenant une photo !

### Sécurité

Venise est une ville sûre. Malgré les quelque 22 millions de visiteurs par an dans le centre historique et ses environs, le nombre d'agressions est très faible. On peut se promener la nuit sans risque. En cas de vol, se rendre au poste de police le plus proche afin de faire établir un constat pour votre compagnie d'assurances. En cas de vol de votre téléphone portable, il vous faut un procès verbal traité informatiquement. Certaines assurances ne prennent pas en compte la déposition manuscrite. De plus, il faudrait avant votre départ avoir sur soi, le numéro IMEI du téléphone (c'est le numéro d'immatriculation). Le plus connu se trouve place Saint-Marc, à côté du *Florian,* mais il y en a un autre notamment à la gare ferroviaire, ou encore à l'aéroport.

### Contrefaçons

Les vendeurs à la sauvette sont présents dans les rues, tout autour des sites touristiques (place Saint-Marc, quartier de l'Accademia, Rialto...). Évitez de succomber aux imitations de sacs de grandes marques. À la douane, en rentrant chez vous, vous risquez une très forte amende, voire une peine de prison. Depuis quelque temps, les autorités italiennes et françaises ont renforcé les contrôles. À bon entendeur !

28°
26°
24°
22°
20°
18°
16°
14°
12°
10°
8°
6°
4°
2°
0°
Maxi
Mini
J F M A M J J A S O N D

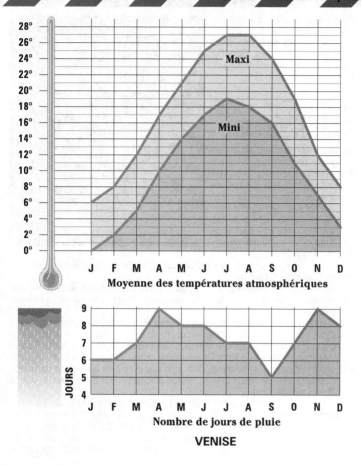

Moyenne des températures atmosphériques

9
8
7
6
5
4
JOURS
J F M A M J J A S O N D

Nombre de jours de pluie

**VENISE**

## Arnaques et marchandage

La cité des Doges est passée de la république marchande à la dictature mercantile, où tout est bon pour faire de l'argent. Ici, le moindre petit hôtel n'a aucun scrupule à proposer des chambres doubles minuscules à 90 € la nuit ; plus loin, un resto à la devanture tapageuse vous sert royalement un poisson de la taille d'une sardine ou un plat de pâtes pour 20 €.
N'encouragez pas ce type de pratiques : faites jouer la concurrence (notamment en basse saison), discutez les prix, comparez les menus et n'hésitez pas à vous en aller dès que vous sentez l'arnaque. Il ne s'agit pas de devenir parano ni agressif, mais simplement d'agir avec discernement. Heureusement, il reste encore de nombreux Vénitiens qui aiment leur métier, désireux de servir de la qualité à prix raisonnables.
Pour finir, sachez qu'au temps des doges, une gueule de lion en pierre était placée dans le palais ducal pour recueillir les lettres de dénonciation concernant les comploteurs de la République (elle y est toujours, d'ailleurs). La délation était le « sport national » à l'époque. Aujourd'hui, il ne tient qu'à vous, lecteurs, de nous

faire partager votre expérience, bonne ou mauvaise. À cet effet, la boîte aux lettres du *Routard* est toujours ouverte pour recueillir vos observations et vos bons tuyaux.

## ENFANTS (ET PARENTS !)

Venise n'est pas seulement un nid pour tourtereaux. Si vous avez décidé de partir avec vos charmants bambins (en âge de marcher et d'apprécier la visite des musées et des églises, car Venise n'est pas faite pour les poussettes), voici quelques suggestions pour leur faire passer d'agréables moments.

> ## NE TOMBEZ PAS DANS LE PANNEAU !
>
> *Les Vénitiens ont l'art du commerce, ce n'est rien de le dire. Méfiez-vous de ceux qui, à la manière de l'Antica Torre, du côté du marché du Rialto, repèrent en vous le gastronome qui furète et vous entraînent vers leur restaurant arborant fièrement la couverture du dernier* Routard Venise. *Jetez un œil sur cette édition avant d'y entrer, comme on vous le conseille toujours, car l'adresse n'y figure peut-être pas ou plus. Ce sont des photocopies qui tiennent lieu de plaques. La police, l'office de tourisme ont été prévenus, mais on est à Venise... Donc, comme on dit par ailleurs, « Soyons attentifs, ensemble ! ».*

– D'abord, *équipez-les de bonnes chaussures.* Ça a l'air tout bête, mais on passe sa journée à marcher...

– La première des choses à faire est de *faire le tour de la ville par le Grand Canal en empruntant le vaporetto.* Le spectacle des canaux et des palais est toujours un moment fort.

– Impossible de manquer le *palais des Doges.* Si vous le pouvez (résa difficile à l'avance), faites la visite des itinéraires secrets (voir « San Marco ») avec son lot de complots et intrigues, la salle de torture et les prisons... Ensuite, éventuellement un petit tour au *musée d'Histoire navale* (Museo Storico Navale ; à voir dans « Castello ») devrait les intéresser, de même que le *musée d'Histoire naturelle,* aménagé comme un cabinet de curiosités (squelettes de dinosaures et autres bébêtes sympathiques).

– Si votre budget ne vous permet pas de vous offrir un tour en gondole, prenez le *traghetto.* Ces gondoles collectives relient une rive à l'autre et ne coûtent que 2 € ! Pas besoin d'exercer ses talents d'équilibriste, le *traghetto,* à fond plat, est très stable. Attention cependant, les Vénitiens sont prioritaires sur ces gondoles collectives. Se renseigner à l'office de tourisme pour les horaires et les trajets.

– Après avoir été si sages, vos enfants mériteront bien une petite *glace.* On trouve des glaciers artisanaux dans la plupart des quartiers (on les a tous consciencieusement testés !).

– Dans le Dorsoduro, rendez-vous sur la *fondamenta Nani* pour observer de l'autre côté du canal le *squero San Trovaso.* Il s'agit d'un des derniers *ateliers de fabrication et de réparation de gondoles.* Intéressant, surtout si les artisans sont à l'œuvre.

– Puis petit tour dans Castello pour aller rendre visite à Hamid à *Ca' del Sol (fondamenta dell'Osmarin, Castello, 4964),* l'un des rares artisans à fabriquer encore d'*authentiques masques.* À coup sûr, vous craquerez pour un Pinocchio ou un animal peint à la main...

– Toujours dans le Castello, pendant que vous *visitez la Fondazione Querini Stampalia,* les enfants (de 3 à 6 ans) sont pris en charge par des animateurs lors d'ateliers ludiques (durée : 1h30 environ).

– Le *Lido* constitue un excellent terrain de jeux : pour ses plages, en saison, mais surtout pour y faire d'agréables promenades à vélo. Pour vous y rendre, prenez les *vaporetti* nos 1, 2 ou 5.2.

– Prenez une demi-journée pour flâner dans **Burano,** l'île de la dentelle, aux maisons peintes de couleurs acidulées. Et pourquoi ne pas prévoir un pique-nique dans l'un des espaces verts, s'il fait beau ? En plus, on y va en bateau...

– Si vous descendez à Murano, n'hésitez pas à passer la tête dans des **ateliers de verrerie** (souvent ouverts aux visiteurs en demandant la permission). Émerveillement assuré !

– Pourquoi ne pas profiter de ce séjour dans la patrie de Vivaldi pour **initier vos enfants à la musique** ? De nombreux concerts sont organisés le soir... Lire « Spectacles (théâtre, musique et Biennale) » dans « Hommes, culture, environnement » pour vous aider à faire votre choix. Et qui sait, peut-être cela fera-t-il naître des vocations ?

– Enfin, si le soir vos chers bambins n'arrivent pas à s'endormir ou s'ils sont difficiles à canaliser en journée, vous pouvez toujours leur faire **compter les ponts.** Il y en a plus de 400 !

## FÊTES ET JOURS FÉRIÉS

Depuis des lustres (vénitiens, sans doute), tout était prétexte à célébrations, fastes et amusements : la victoire de Lépante, le transport des reliques de saint Marc ou encore l'anniversaire de la fin de la peste. La fête gagnait aussi les couvents : même les religieuses se déguisaient au moment du Carnaval ! Malgré son déclin, Venise est encore le décor de fêtes grandioses.

– **Régates de l'Épiphanie :** le 6 janvier au matin, des hommes déguisés en sorcières *(befana)* font la course sur le Grand Canal à bord d'embarcations diverses. Ils sont censés apporter des cadeaux aux enfants.

– **Carnaval :** cette grande manifestation méritait bien sa rubrique à part entière, voir donc la rubrique « Carnaval » plus loin, dans « Hommes, culture, environnement ».

### SORCIÈRE D'UN JOUR

*Pour les Italiens, l'Épiphanie est le jour de la Befana, une gentille sorcière qui circule à califourchon sur son balai de paille. Elle visite les enfants ; aux méchants, elle dépose du charbon dans leurs chaussettes pendues à la cheminée, et aux gentils, de jolis cadeaux et de merveilleuses confiseries. Ah ! Qu'il est loin le bon temps de l'enfance !*

– **25 avril :** jour de la fête nationale mais aussi le jour du saint patron de Venise, saint Marc. La coutume veut qu'on offre ce jour-là un *boccolo* (« bouton de rose ») à son amoureuse. La légende met en scène une belle histoire d'amour sur fond social entre une noble vénitienne et un jeune homme pauvre.

– **La Sensa :** le jeudi de l'Ascension, on commémore les épousailles de Venise avec la mer. « Cultiver la mer et laisser la terre en friche », ce dicton indique la priorité mentale et économique de Venise du temps de sa splendeur. En 1177, le pape Alexandre III, pour remercier Venise d'avoir calmé le jeu avec le terrible Frédéric Barberousse, offrait au premier magistrat de la ville un anneau nuptial comme symbole de son pouvoir sur la mer. Par la suite, chaque année à la *Sensa* (« l'Ascension » en dialecte vénitien), le doge prenait place à la poupe d'un navire d'apparat spécialement construit pour l'occasion, le célèbre *Bucentaure*. Une fois au large, il jetait dans l'Adriatique un anneau en déclarant : « Nous t'épousons, ô Mer, en signe de véritable et perpétuelle domination. » Cette cérémonie durera jusqu'à ce que l'occupation française détruise le navire en 1797 pour récupérer l'or qu'il contenait.

– **La Vogalonga :** instituée en 1975, cette fête, qui se déroule le dimanche qui suit l'Ascension (mi-mai), est un événement très populaire créé à l'origine en réaction à l'augmentation croissante des bateaux à moteurs qui défigurent Venise. Elle consiste en une épreuve d'endurance qui rassemble des centaines de yoles de mer. La course a lieu entre Venise et Burano (soit près de 30 km aller-retour). ● vogalonga.it ●

– *Festa del Redentore :* le 3e week-end de juillet. La fête la plus aimée des Véni-tiens célèbre la fin de la peste de 1576. On établit un pont de bateaux (en fait, depuis quelques années, une passerelle de bois que l'on parcourt à pied) de l'église du Redentore (Giudecca) jusqu'aux Zattere (Dorsoduro). Venise, illuminée de lanternes, scintille alors de mille feux. Des familles s'installent dans leur bateau face à la place Saint-Marc, mangent des sardines *in saor,* du canard rôti et des escargots de mer à l'huile et à l'ail, tout en avalant un bon verre de valpolicella. Feu d'artifice le samedi soir. Ensuite, tradition oblige : on attend le lever du soleil sur les plages du Lido.
Si vous n'avez pas la chance de connaître quelqu'un possédant une terrasse sur le toit *(altana)* à Venise, vous verrez quand même très bien les feux et la fête depuis les quais de la *riva degli Schiavoni* ou à partir de l'église du Redentore, sur la Giu-decca. Mieux, d'une barque dans le bassin de Saint-Marc. Sachez que c'est l'une des fêtes les plus spectaculaires d'Italie, et il faut avoir beaucoup de courage car, pour l'occasion, Venise est archi bondée.
– *Mostra del Cinema di Venezia :* le célèbre festival de cinéma de Venise. Se déroule au Lido pendant une dizaine de jours, de la fin août au 1er dimanche de septembre. À conseiller bien sûr aux inconditionnels du septième art (voir la rubri-que « Cinéma » dans le chapitre « Hommes, culture, environnement ») !
– *Regata storica (régate historique) :* le 1er dimanche de septembre. Elle ras-semble les meilleurs rameurs de Venise, de Pise, d'Amalfi et de Gênes, les quatre républiques maritimes traditionnelles qui ont marqué l'histoire italienne. Seules sont en compétition des gondoles à deux rames. L'épreuve est précédée d'une parade du cortège historique sur le Grand Canal. Les plus belles embarcations, sur lesquelles prennent place des personnages costumés, accompagnent une maquette du *Bucentaure.*
Les régates historiques se déroulent depuis plusieurs siècles et c'est l'occasion d'un grand rassemblement populaire. On y voit des équipages de femmes, de jeunes gens et des représentants des différents quartiers de Venise.
– *La Saint-Martin :* le 11 novembre. Une fête qui vaut tous les Halloween du monde. Tandis que les pâtissiers confectionnent tous un gâteau spécial repré-sentant saint Martin sur son cheval, les enfants tapent sur des casseroles et vont chez les commerçants demander leur obole.
– *Festa della Madonna della Salute :* le 21 novembre. On rappelle la fin de la peste de 1630 par une procession sur un pont établi entre l'église de la Salute et le *campo Santa Maria Zobenico.* Cette fête conserve son aspect religieux.
– Et n'oublions pas la *Journée du patrimoine,* où certains palais et autres sites privés ouvrent exceptionnellement leurs portes au public. *Infos :* ● *giornatafai.it* ● Ou encore la *Journée mondiale de la femme,* le 8 mars de chaque année, où certaines églises et musées ouvrent gratuitement leurs portes aux femmes.

## Jours fériés

Ne pas confondre *giorno feriale* qui, en italien, signifie « jour ouvrable » (samedi compris), avec *giorno festivo,* qui se traduit par « jour férié » (dimanche et fêtes)... Ah ! ces faux amis !
Les jours fériés et chômés sont à peu près identiques aux nôtres, à savoir :

– *1er janvier :* Jour de l'an *(Capodanno).*
– *6 janvier :* Épiphanie *(Epifania).*
– *Fin mars-début avril :* lundi de Pâques *(Pasquetta).*
– *25 avril :* anniversaire de la Libération de 1945 *(festa della Liberazione)* et *fête de la Saint-Marc, patron de Venise.*
– *1er mai :* fête du Travail *(festa del Lavoro).*
– *2 juin :* fête de l'anniversaire de la proclamation de la République *(festa della Repubblica).*
– *15 août :* Assomption *(Ferragosto).*

– *1er novembre :* Toussaint *(Ognissanti).*
– *21 novembre :* fête de la Madonna della Salute.
– *8 décembre :* fête de l'Immaculée Conception *(festa dell'Immacolata Concezione).*
– *25 décembre :* Noël *(Natale).*
– *26 décembre :* jour de Saint-Étienne *(San Stefano).*

# HÉBERGEMENT

## Vous réservez votre séjour à l'avance

Mieux vaut être prévoyant, quelles que soient la durée et la période du séjour. Pendant le Carnaval, à Pâques, d'avril à juin, en septembre-octobre et durant les fêtes de fin d'année, le taux de fréquentation atteint son maximum. Par prudence, la réservation est indispensable plusieurs semaines, voire plusieurs mois à l'avance. Enfin, petit détail qui a son importance : tous les hôtels consentent des réductions importantes aux tour-opérateurs. C'est pourquoi, parfois, on a tout intérêt à passer par une agence.

## Vous débarquez sans réservation

En pleine saison, c'est courir le risque de devoir tourner les talons et de repartir illico ! En intersaison, mieux vaut quand même arriver tôt (disons dans la matinée) pour espérer trouver à se loger dans Venise même, sans quoi c'est le retour assuré vers le continent. Hors saison en revanche, pas de parano, mais méfiez-vous quand même, aux abords de la gare Santa Lucia et au piazzale Roma, des rabatteurs qui vous proposent des prix et des hôtels douteux.
Dès votre arrivée, faites plutôt appel à l'une des antennes de l'*AVA (Associazione Veneziana Albergatori)* que vous trouverez piazzale Roma, à la gare ferroviaire Santa Lucia, au rond-point de l'autoroute Romea de Marghera et à l'aéroport Marco-Polo (☎ *041-522-80-04 ; consulter ● avanews.it ● ou ● veneziasi.it ● pour les offres spéciales).* Ils se chargeront de sonder les disponibilités, mais le choix sera forcément limité.
Quand bien même il serait dommage de ne pas loger au cœur même de la cité des Doges, Mestre (située à une dizaine de kilomètres) reste une alternative intéressante. De Mestre, pour vous rendre à Venise, vous disposez du train ou du bus. Comptez au minimum 30 mn de trajet si vous logez dans le centre, sans compter les imprévus (attentes, retards) qui peuvent doubler le temps. L'*ACTV* (société de transports en commun de Venise) a mis en place un service de bus qui relie le piazzale Roma à la piazza Barche, au centre de Mestre. Même entre minuit et 5h, il vous sera donc possible d'éviter la voiture.

## Campings

Il n'existe pas de camping dans le centre historique de Venise. Les campingcaristes et les campeurs trouveront plusieurs campings autour de Mestre et Marghera. Pour le charme et la tranquillité, vous repasserez, mais vous pouvez toujours essayer de planter votre tente dans le camping du Lido. Finalement, les campings les mieux équipés se situent sur le *litorale del Cavallino,* au nord-est de Venise : tout confort, faciles d'accès en bateau (service régulier, même tard le soir). Mais attention, vous dépenserez en frais de bateau ce que vous aurez économisé en frais d'hébergement en choisissant le camping. Et ce sont pour la plupart de véritables usines à coucher, les unes à côté des autres ! Ils ne sont ouverts que de mi-mai à mi-septembre. Voir notre chapitre « La terre ferme, de Mestre à Punta Sabbioni ». Un conseil : tous ces endroits sont parfois envahis de moustiques *(zanzare)* : mieux vaut prévoir un bon répulsif.

Il existe des listes complètes, dont une éditée par le *Touring Club italien,* que vous pouvez trouver dans les librairies sur place.

■ **Fédération française de camping et de caravaning :** 78, rue de Rivoli, 75004 Paris. ☎ 01-42-72-84-08. ● info@ffcc.fr ● ffcc.fr ● Ⓜ *Hôtel-de-Ville.* Lun-ven 9h-12h30, 13h30-17h30 (17h ven). Possibilité d'acheter la carte FFCC multi-avantages qui permet de bénéficier d'assurances spécifiques dont l'assurance annulation/interruption de séjour ainsi que de nombreuses réductions chez quelque 1 500 partenaires. La carte FFCC comprend également la *Camping Card International* qui vous permettra d'obtenir de multiples réductions dans les campings d'Europe, dont l'Italie.

## Auberges de jeunesse

Auberges de jeunesse ou maisons d'accueil, à vous de choisir. On trouve quelques AJ privées dans Venise même, mais il n'existe qu'une AJ officielle, sur l'île de la Giudecca (attention, à moins de traverser à la nage, il faut prévoir le budget pour le *vaporetto*). Carte des AJ obligatoire. On peut se la procurer en France, l'acheter sur place, mais c'est plus cher, ou sur Internet. En haute saison, il est conseillé de **réserver** à l'avance. Plusieurs possibilités : ● hihostels.com ●

## Logement dans les communautés religieuses

Si vous rêviez de dormir dans un ancien couvent, c'est un vœu facile à réaliser à Venise. Il suffit de se conformer aux règles conventuelles (lits séparés, couvre-feu, etc.). Mais c'est souvent un confort plutôt spartiate, une déco sobre et assez sévère et une ambiance monacale un peu austère...
En outre, certains établissements ne sont ouverts aux touristes que pendant les grandes vacances scolaires d'été.
Couples non mariés, se renseigner avant ! Certaines communautés *(foresterie)* n'acceptent que les filles. On loge soit dans des dortoirs, soit dans des chambres individuelles (rien ne vous empêche de vous rapprocher dès la lumière éteinte, bien sûr...) ou doubles. Ces communautés occupent, pour certaines d'entre elles, de magnifiques palais vénitiens.

### Bed & Breakfast

C'est la formule qui se développe et qui séduit les visiteurs. En fait, de nombreux prétendus *B & B* sont des petits hôtels de six à huit chambres... Les prix pratiqués sont souvent alignés sur ceux des hôtels, mais pas toujours, tout dépend du quartier choisi.

## Pensions

Vous en trouverez beaucoup à Venise. Elles sont appelées *pensione* ou *locanda,* mais cela ne vous reviendra pas nécessairement moins cher que l'hôtel. Il s'agit en général d'une gestion familiale. On n'est pas obligé d'y prendre ses repas ni de rester un minimum de nuits. L'office de tourisme contrôle régulièrement ces établissements. Ils sont donc généralement bien tenus.

## Hôtels

Venise compte un nombre important d'établissements exceptionnels à des prix évidemment bien moins exceptionnels (parfois même excessifs et aberrants). Cela dit, nous avons essayé de sélectionner des adresses de tout standing, du lit en dortoir jusqu'au petit nid d'amour. Certaines sont de véritables coups de cœur. D'autres sont citées surtout pour leur renommée, leur décor ou leur classe, en souhaitant que votre budget vous permette un jour d'y descendre.

Certains palais abritent désormais des chambres sophistiquées, dont les prix atteignent parfois les nues ; ils sont heureusement négociables à la baisse hors saison et en semaine.

Important : certains hôtels cités proposent parfois des réductions importantes (de 15 à près de 50 %). N'hésitez pas à discuter les prix, surtout si vous restez plusieurs nuits. Et si une réduction vous est offerte grâce à ce guide, demandez-la dès votre premier contact avec l'hôtelier (par Internet ou par téléphone).

## Location d'appartements

Cette formule se développe de plus en plus. Pour certains il s'agit de l'option idéale d'hébergement. À vous de choisir sur Internet, où l'on trouve une variété considérable d'appartements, du studio au trois pièces-cuisine, jusqu'au vaste appartement de quatre à six pièces dans un vieux et magnifique palais du XV$^e$ s. Soyez vigilant en pesant le pour et le contre : sous les toits, avec la vue sur les gondoles, c'est agréable, mais quand il n'y a pas d'ascenseur... Attention aussi aux rez-de-chaussée, ils peuvent être plus sombres et, lors de l'*acqua alta,* ce n'est pas l'idéal.

Sur une période d'1 semaine ou plus, la location d'appartements est générale-ment plus économique, surtout pour les familles ou les amis qui voyagent en petits groupes. On trouve souvent des apparts avec une pièce commune dis-posant de sofas convertibles. Ce qui fait que pour le prix d'une nuit en chambre double dans un hôtel classique, on peut parfois dormir à quatre ou à six. Par ailleurs, comme vous disposerez de votre propre cuisine, rien ne vous empêche de faire vous-même votre popote. Une bonne manière de découvrir la vie de quartier...

– Si vous louez un appartement, il y a une contrainte assez stricte à respecter (que l'on ignore en dormant à l'hôtel) : la **collecte des ordures.** À Venise, celle-ci est très réglementée compte tenu du fait que le ramassage des déchets se fait à la main d'une façon artisanale. Des employés poussent des chariots métalliques à roues (pas de moteur) capables de passer partout, dans les ruelles comme sur les ponts. De ces chariots, les ordures sont jetées ensuite dans un bateau-poubelle. Le tri est donc indispensable (papier, cartons, alimentaire, métal, verre...). Être res-pectueux de ces règles propres à Venise, c'est respecter Venise et les Vénitiens !

Voici deux agences que nous avons retenues sans hésitation. Elles sont clas-sées par ordre alphabétique pour éviter les grincements de dents.

■ *Casa d'Arno :* 36, rue de la Roquette, 75011 Paris. ☎ 01-44-64-86-00. ● *info@casadarno.com* ● *casa darno.com* ● Ⓜ Bastille. Ouv 10h-18h. Réception sur rdv. Location d'appar-tements ou de *palazzi,* simples ou luxueux. Également une sélection de chambres d'hôtes de qualité. Conseils et accueil par une Italienne qui connaît bien son pays. Consultez leurs offres sur leur site internet.

■ *Loc'Appart :* 75, rue de la Fontaine-au-Roi, 75011 Paris (sur rdv slt). ☎ 01-45-27-56-41. ● *locappart. com* ● Accueil téléphonique assuré à Paris par des responsables de des-tinations ayant une bonne connais-sance de l'Italie : lun-jeu 10h30-13h, 14h-19h et ven 9h30-13h, 14h-18h.

Avec Loc'Appart, la location d'appar-tement (du studio jusqu'à la maison-nette) pour un minimum de 3 nuits à partir de n'importe quel jour de la semaine est possible. Dossiers suivis par des chargés de destinations à Paris et accueil assuré par des spécialistes sur place qui interviennent en cas de besoin. Une agence sympathique et sérieuse que nous recommandons volontiers. Service d'appartements également proposé dans le reste de l'Italie en ville (Milan, Florence, Rome, Naples, Palerme...) comme à la cam-pagne (Toscane, Ombrie, Côte amalfi-taine, Sicile). Loc'Appart propose aussi des hébergements en Agritourisme et *Bed & Breakfast* dans les différentes villes et régions italiennes.

## Échange d'appartements et de maisons

Une formule de vacances originale ! Il s'agit d'échanger son logement contre celui d'un adhérent du même organisme. Cette formule est avantageuse, en particulier pour les jeunes couples avec enfants. Voici deux agences qui ont fait leurs preuves :

■ *Homelink International* : 19, cours des Arts-et-Métiers, 13100 Aix-en-Provence. ☎ 04-42-27-14-14 ou 01-44-61-03-23. ● homelink.fr ● Lun-ven 9h-12h, 14h-18h. Adhésion annuelle de 125 € avec diffusion d'annonce sur Internet.

■ *Intervac* : 230, bd Voltaire, 75011 Paris. ☎ 05-46-66-52-76. ● info@inter vac.fr ● intervac.fr ● Adhésion annuelle nationale et internationale avec diffusion d'annonce sur Internet : 115 €.

# HORAIRES

Il va sans dire que les horaires qui suivent ne sont donnés qu'**à titre indicatif** car ils sont très changeants. L'office de tourisme édite une brochure comportant une liste des lieux à visiter régulièrement mise à jour (très utile pour les expos temporaires).
– *Banques :* ouvertes du lundi au vendredi de 8h30 à 13h30 et de 14h45 à 15h45 généralement (horaires variables avec les saisons). Fermées les jours fériés.
– *Bureaux et administrations :* dans la plupart des cas, ouverts le matin jusqu'à une heure plus ou moins avancée de l'après-midi (désolés, mais c'est la formule la plus juste que l'on ait trouvée).
– *Églises :* seules les églises payantes ont des horaires fixes et fiables (voir « Chorus Pass » dans la rubrique « Cartes ou forfaits de visites et transports », plus haut). Pour les autres, les plus importantes ouvrent généralement le matin de 9h ou 10h jusqu'à 12h, et de 15h ou 16h jusqu'au soir. Pour les plus petites, il faut avoir la chance de passer devant au bon moment (juste avant ou après une messe).
– *Magasins :* habituellement ouverts tous les jours de 9h à 13h et de 15h30 à 19h30. Fermés une demi-journée par semaine, souvent le lundi matin.
– *Musées :* les horaires sont un peu réduits en basse saison. La billetterie ferme très souvent 30 mn (voire 1h) avant la fermeture des portes, n'attendez donc pas la fin de l'après-midi pour vous décider.
– *Postes :* ouvertes du lundi au vendredi de 8h30 à 14h (13h le samedi ; tous les jours sauf le dimanche jusqu'à 18h30 pour la poste centrale), ainsi que le dernier jour du mois de 8h30 à 12h.
– *Restaurants :* service généralement de 12h à 15h et de 19h à 22h (voire plus dans les quartiers animés). Mais on peut souvent grignoter des *cicchetti* dès 18h dans les bars, avec un verre de vin.
– *Transports :* voir plus loin.

# LANGUE

L'italien est une langue facile pour les francophones. En peu de temps, vous pourrez apprendre quelques rudiments suffisants pour vous débrouiller.
Pour vous aider à communiquer, n'oubliez pas notre **Guide de conversation du routard en italien**.
Ci-après, un petit vocabulaire de secours. Attention à certains faux amis : les *giorni feriali* sont les jours ouvrables (par opposition aux *giorni festivi,* qui sont les dimanche et jours fériés).

## Quelques éléments de base

*Politesse*

| | |
|---|---|
| Bonjour | *Buongiorno* |
| Bonsoir | *Buonasera* |

| | |
|---|---|
| Au revoir | *Arrivederci* |
| Excusez-moi | *Scusi* |
| S'il vous plaît | *Per favore* |
| Merci | *Grazie* |
| Je vous en prie | *Prego* |

### Questions courantes

| | |
|---|---|
| Parlez-vous français ? anglais ? | *Parla francese ? inglese ?* |
| Pouvez-vous me dire... ? | *Può dirmi... ?* |
| Avez-vous... ? | *Ha... ?* |
| Je ne comprends pas | *Non capisco* |
| Parlez lentement | *Parli lentamente* |
| Combien coûte... ? | *Quanto costa... ?* |
| L'addition, s'il vous plaît | *Il conto, per favore* |
| C'est trop cher | *È troppo caro* |

## Le temps

| | |
|---|---|
| Lundi | *Lunedì* |
| Mardi | *Martedì* |
| Mercredi | *Mercoledì* |
| Jeudi | *Giovedì* |
| Vendredi | *Venerdì* |
| Samedi | *Sabato* |
| Dimanche | *Domenica* |
| Aujourd'hui | *Oggi* |
| Hier | *Ieri* |
| Demain | *Domani* |

## Les nombres

| | | | |
|---|---|---|---|
| Un | *Uno* | Huit | *Otto* |
| Deux | *Due* | Neuf | *Nove* |
| Trois | *Tre* | Dix | *Dieci* |
| Quatre | *Quattro* | Quinze | *Quindici* |
| Cinq | *Cinque* | Cinquante | *Cinquanta* |
| Six | *Sei* | Cent | *Cento* |
| Sept | *Sette* | Mille | *Mille* |

## Transports

| | |
|---|---|
| Un billet pour... | *Un biglietto per...* |
| À quelle heure part... ? | *A che ora parte... ?* |
| À quelle heure arrive... ? | *A che ora arriva... ?* |
| Gare | *Stazione* |
| Horaire | *Orario* |

## À l'hôtel

| | |
|---|---|
| Hôtel | *Albergo* |
| Une pension de famille | *Una pensione familiare* |
| Une réservation | *Una prenotazione* |
| Je désire une chambre | *Vorrei una camera* |
| À un lit (double), à deux lits | *Con letto (matrimoniale), con due letti* |

## Un zeste de vénitien

Le vénitien compte parmi les plus doux dialectes d'Italie. Pour les italianistes confirmés, un léger zézaiement apparaîtra comme une marque d'authenticité certaine. Les Vénitiens sont extrêmement fiers de leur dialecte et le considèrent comme une langue à part entière. Néanmoins, peu de gens le parlent encore, ils l'utilisent plutôt mélangé à la langue nationale. Parler le dialecte est un art exercé par tout Vénitien, quel que soit son statut social. Sachez par exemple que les doubles consonnes disparaissent.

Le vénitien apparaît surtout dans les noms de rues, de canaux, de bistrots ou de monuments. On y reconnaît parfois quelques mots de français.

### Manger

| | |
|---|---|
| Baìcoli | Célèbres gâteaux secs |
| Bìrin | Petit verre de bière |
| Biréta | Petit verre de bière légèrement plus grand que le précédent |
| Curasàn | Déformation vénitienne de « croissant » |
| Fugàssa | Fougasse |

### Autres

| | |
|---|---|
| Cae | Rue |
| Òcio ! | Attention ! |
| Fio, fia | Fils, fille |

## LIVRES DE ROUTE

### Livres de référence

– **Italies. Anthologie des voyageurs français aux XVIIIe et XIXe s** (1988), Laffont, coll. « Bouquins ». Des extraits des plus beaux textes sur Venise. Une magnifique anthologie.

– **Venises** (1971), de Paul Morand, Gallimard, coll. « L'Imaginaire », 2006. Ce recueil de souvenirs vénitiens glanés au cours d'une relation fidèle de 60 ans entre la ville et son auteur, c'est la vie d'un homme à l'affût du monde et l'œuvre d'un grand styliste français.

– **Venise** (2006), d'Hippolyte Taine, Grand Caractère, coll. « Kiosque à Livres ». Réédition d'un texte classique sur la Venise du XIXe s vue par un voyageur érudit.

– **La Mort à Venise** (1912), de Thomas Mann, Stock, 2003. Dans le cadre du Lido, l'histoire d'une passion violente, à travers le regard d'un homme subjugué par la beauté incarnée par un adolescent. Un grand classique devenu un film de Visconti.

– **Histoire de ma vie** (1744-1756 ; trois tomes), de Casanova, Gallimard, coll. « Folio » no 1760, 1986. Né à Venise, Casanova connu un destin à l'image de cette ville-labyrinthe mystérieuse aux maisons à double issue. Ses *Mémoires* nous livrent, outre le récit complaisant de ses péripéties amoureuses, un document extrêmement étoffé sur la vie quotidienne au XVIIIe s.

– **Concert baroque** (1974), d'Alejo Carpentier, Gallimard, coll. « Folio » no 1020, 2001. Une nuit de Carnaval inoubliable dans une Venise intemporelle. Par-delà les siècles, Vivaldi, Scarlatti et Haendel se retrouvent sur la tombe de Stravinski. Toutes les beautés de la nuit baroque rendue magique par la grâce du style. À réserver aux initiés.

– **Charles et Camille** (1992), de Frédéric Vitoux, Le Seuil. Ce roman d'amour entre un soldat français et la jeune préceptrice des enfants de l'ambassadeur de Venise en France nous permet de parcourir la Sérénissime abîmée de la fin du XVIIIe s, tandis qu'à quelques encablures de là, les plaines de Vénétie sont mises à feu et à sang par l'armée de Bonaparte.

– **Dictionnaire amoureux de Venise** (2004), de Philippe Sollers, Plon. Un ouvrage qui a la forme d'un dictionnaire sans en avoir le goût. Composé comme un assemblage de nouvelles drôles et éclairées, il chasse les clichés romantiques ou funestes qui ont cours sur la ville, pour offrir une vision vivante, gaie et féminine de la Sérénissime, avec qui l'auteur entretient une passion entière depuis plus de 40 ans.

– **Acqua alta** (1993), de Joseph Brodsky, Gallimard, coll. « Arcades », 1999. Souvenirs vénitiens d'un grand poète russe, mort en 1996. Une déclaration d'amour qu'on a du mal à oublier. À noter : Brodsky est enterré à San Michele, face à Venise.

– **Les Balades de Corto Maltese** (2004), de G. Fuga et L. Vianello, Casterman, 2005. Les auteurs, anciens collaborateurs d'Hugo Pratt, vous entraînent sur les traces de Corto à travers sept itinéraires dans la ville. Une excellente introduction pour découvrir les mystères cachés des rues de Venise. Dommage cependant que les cartes ne soient pas plus explicites et que nombre d'adresses chères au maestro aient disparu.

– **Seule Venise** (2004), de Claudie Gallay, Actes Sud, coll. « Babel », 2005. Une femme d'une quarantaine d'années, après avoir été quittée par son mari, échoue à Venise peu avant les fêtes de fin d'année. C'est l'envers du décor. Elle découvre la Venise des Vénitiens. Le temps est épouvantable : la pluie, le froid... Cela ne l'empêche pas d'arpenter la ville en tous sens et de découvrir une Venise que l'on connaît moins... mais pleine de charme.

– **La Cité des anges déchus** (2007), de John Berendt, L'Archipel. L'auteur débarque à Venise au lendemain de l'incendie de la Fenice, en 1996, et entreprend sa propre enquête pour connaître les raisons et les auteurs d'un tel crime. Un prétexte pour dresser le portrait de la ville et pénétrer les entrelacs d'une société vénitienne décidément pas comme les autres.

– **La Longue Attente de l'ange** (2013), de Melania G. Mazzucco, J'ai lu, n° 10953, 2015. Sous forme de monologue, le livre retrace la vie du peintre le Tintoret. On y retrouve un autre aspect, celui de la relation entretenue avec l'une de ses filles, Marietta, artiste elle aussi. Ce récit met aussi en lumière la Venise du XVIe s.

## Polars en poche

– **Mort à la Fenice** (Points Policier n° 514, 2006), **Noblesse oblige** (Points Policier n° 990, 2005), **Mort en terre étrangère** (Points Policier n° 572, 2006) et **Péchés mortels** (Points Policier n° 859, 2007), pour ne citer qu'eux, mais il y en a bien d'autres, de Donna Leon (Calmann-Lévy et Points Seuil). Américaine d'origine, Donna Leon a entrepris, dans les années 1990, cette série aujourd'hui très connue en France et en Allemagne. Elle vit à Venise.

– **Ceux qui prennent le large** (1963), de Patricia Highsmith, LGF, coll. « Le Livre de Poche Thriller » n° 4416, 2008. Les ruelles et les canaux de Venise sont le cadre angoissant d'une poursuite : celle du père d'une jeune fille retrouvée morte après son gendre, qu'il considère responsable. Une violence sourde et absurde où chaque lieu de la ville devient un piège subtil.

– **La Tempête** (2000), de Juan Manuel de Prada, Le Seuil, coll. « Points », 2002. Dans une Venise vénéneuse, recouverte par la neige et la boue du mois de janvier, un critique espagnol obsédé par le célèbre tableau de Giorgione, La Tempête, se rend à l'Accademia... et est témoin d'un meurtre. Une intrigue intelligente qui nous plonge dans le milieu de l'art vénitien.

## Bandes dessinées et illustrés

– **Vasco, ténèbres sur Venise** (1997), de Gilles Chaillet, éditions du Lombard. Intégrale en trois volumes. Une Venise inquiétante, faite de complots et de luttes d'influence. Un livre foisonnant d'anecdotes originales.

### FUMETTO

Se traduisant par « petite fumée », ce mot signifie « B.D. » en italien. En effet, les bulles ressemblent à des nuages de fumée !

– **Corto Maltese, fable de Venise** (1998), d'Hugo Pratt, Casterman. Incontournable. Une porte ouverte sur les mystères et la magie de la Sérénissime. Casterman a eu la bonne idée de sortir, en 2007, une version commentée de *Fable de Venise,* permettant de mieux se situer dans le temps et l'espace. Un bonheur rare.

– *Lefranc, le mystère Borg* (2006), de Jacques Martin, Casterman. Un très bon classique de la B.D. belge et un scénario sans surprise qui commence dans les montagnes suisses et finit dans les palais vénitiens.

– *Les Voyages de Jhen* (2007), de Jacques Martin, Casterman. Une remarquable initiation, historique et géographique, sur les pas d'un autre héros de cet auteur belge, qui nous promet une aventure trépidante à Venise.

– *Largo Winch, voir Venise... et mourir* (1998), de Philippe Franq et Jean Van Hamme, Repérages Dupuis (deux tomes). La saga du play-boy milliardaire en jeans, cette fois piégé dans la Sérénissime par un dangereux consortium pétrolier. Gondoles, masques de carnaval, carabiniers et pulpeuses courtisanes sont au rendez-vous.

– *Giacomo C.* (2006), de Dufaux et Griffo, Glénat. Une saga (15 tomes parus) très librement inspirée de la vie de Casanova, qui nous plonge en pleine Venise du XVIIIe s en B.D. Secrète, inquiétante, envoûtante, la ville n'est pas qu'un décor dessiné d'après archives, mais le partenaire idéal d'un libre-penseur libertin autant qu'attachant.

– *Venise aquarelles* (2004), de Stéphane Denis et Tudy Sammartini, aquarelles de Fabrice Moireau, les Éditions du Pacifique. Un bel ouvrage qui nous entraîne dans les ruelles de Venise, avec la douceur de l'aquarelle, parce que Venise est une ville d'eau !

## ORIENTATION

Vous serez surpris du nombre de kilomètres que vous parcourrez à pied. C'est votre moyen principal de locomotion, ménagez-le donc, sitôt après avoir quitté le *vaporetto*. Venise ne compte pas moins de 160 canaux, enjambés par 435 ponts (pour nos amis routards qui souffrent des genoux, allez-y tout doux). Le dédale de petites ruelles vous oblige souvent à faire des détours, alors pour essayer de vous en sortir sans faire trop d'allers-retours, privilégiez les axes les plus fréquentés, on y trouve souvent une flèche indiquant soit le Rialto, soit la piazza San Marco, ou encore la gare ferroviaire *(ferroviara)* ou le piazzale Roma.

### Sestieri et numérotation

Venise est partagée en six *sestieri* (ou quartiers) : **Dorsoduro, San Polo, Santa Croce, Cannaregio, San Marco** et **Castello.** Les adresses sont ainsi écrites : nom du *sestiere,* suivi du numéro. Parfois, on indique aussi le nom de la rue (ouf !). Exemple : *Hotel Casanova, calle Vivaldi, Cannaregio, 477.*

Pour s'y retrouver, il faut d'abord lire le nom du quartier puis, si c'est précisé, celui de la rue, et enfin le numéro de l'adresse.

Le problème est donc le suivant : à Venise, beaucoup d'adresses ne comportent pas le nom de la rue !

La numérotation des différents *sestieri* a été imposée le 1er juillet 1841, 44 ans après la chute de la Sérénissime. Les numéros sont peints en noir sur fond blanc (avant, ils étaient en rouge ; il est encore possible d'en voir quelques-uns dans les différents *sestieri* de la ville).

À la suite de nombreux remaniements, démolitions et comblements de canaux, la numérotation apparaît aujourd'hui assez chaotique. Elle progresse par *sestiere* et non par rue ou par place. Une fois que vous vous trouvez dans la rue proprement dite, les numéros suivent en fait le périmètre du pâté de maisons et passent ensuite au suivant. Ça a l'air compliqué, mais on comprend rapidement le système. Allez, un petit jeu (oh, pas très dur) : essayez donc de trouver le n° 1 du quartier San Marco. Vous aurez droit à une bien belle récompense avec l'un des plus beaux monuments du palais des Doges : la *porta della Carta.*

## Des rues et des ruelles : soyez « *calle* »

En fait, Venise est une ville où l'on se perd facilement mais où l'on se retrouve toujours. Pour faciliter l'orientation, la municipalité a installé des **panneaux jaunes**, indiquant les points principaux de la ville (Rialto, place Saint-Marc...), les itinéraires ou l'arrêt du *vaporetto* le plus proche.

Les **noms de rues** sont une véritable mine d'or pour connaître l'histoire du quartier. Certains renvoient à des métiers courants

### LA MORT À CHAQUE COIN DE RUE

*Nizioleto est un mot de dialecte vénitien qui veut dire littéralement « petit linceul », nom qu'on donne aux rectangles blancs entourés de noir peints sur les murs pour indiquer les rues. C'est aussi le nom des avis de décès affichés sur les murs, encadrés d'un liseré noir !*

comme la *calle del Pestrin* (laitier) ou *del Pistor* (boulanger). La *Merceria* indique que les marchands étaient installés dans le périmètre. D'autres rappellent que des communautés religieuses avaient élu domicile *calle dei Preti* (prêtres), ou que des étrangers avaient trouvé refuge *calle degli Armeni* (Arméniens), *degli Schiavoni* (Dalmates).

Pour finir avec la dénomination des rues, voici les bases de la **toponymie vénitienne.** Les petites rues sombres plutôt proches de nos ruelles s'appellent des *cale* ou *calle* (voire *ramo* pour les plus courtes). On réserve le terme de *fondamenta* aux voies bordant un canal, la *riva* étant un quai plus large. Vous trouverez peu de *rughe,* qui étaient bordées de boutiques, ou de *salizzade,* qui sont les premières rues pavées de la ville.

Un canal comblé est un *rio terà,* alors que le *rio* (au pluriel, *rii*) est un petit canal encore navigable. Toutes les places portent le nom de *campo,* ou *campiello* pour les plus petites. La *corte* est généralement un espace commun à plusieurs maisons. La *piscina* est un petit bras d'eau stagnante aujourd'hui comblé. Le *sottoportego* ou *sottoportico,* un passage couvert entre des maisons.

## Cartes

Pour faciliter vos trajets, procurez-vous une carte détaillée avec un index complet des noms de rues.

La carte proposée par l'office de tourisme dans le kit (payant, en français) ne donne que les orientations générales. Quand vous achetez une carte, assurez-vous qu'il s'agit d'une édition récente. *Attention,* les plus joliment présentées ne sont pas forcément les plus complètes. Voici quelques cartes que nous avons testées pour vous.

– Carte *Litografia Artistica Cartografica* : carte de Venise et de sa lagune.

– Carte *City Map Mondadori* : elle est plastifiée et inclut seulement le centre-ville. Existe en version française.

On peut se les procurer dans la plupart des bureaux de tabac.

## PERSONNES HANDICAPÉES

Avec plus de 100 îles reliées par quelque 435 ponts, autant dire que Venise n'est à priori pas une ville facile pour les personnes à mobilité réduite. Cela dit, si beaucoup reste encore à faire, saluons les initiatives de la municipalité dans ce domaine : on peut se procurer auprès des offices de tourisme ou par Internet un kit comprenant notamment une carte avec les zones accessibles en fauteuil roulant ainsi que les stations de *vaporetto* et les toilettes. Le kit comprend également la liste des loueurs de fauteuils roulants, mais on conseille de les réserver au moins 10 jours avant l'arrivée.

Par ailleurs, 10 itinéraires sans obstacles ont été élaborés (en anglais ou italien) : *Marciana, Rialto, Santa Margherita, Frari, Santo Stefano, Santi Giovanni e Paolo, Murano, Burano/Torcello, Castello est* et *Ca' d'Oro*. Noter que la place Saint-Marc, le musée Correr et le palais des Doges sont accessibles aux personnes en fauteuil roulant.

On peut se procurer la liste des hébergements accessibles aux fauteuils : il y en a pas mal près de la place Saint-Marc.

– **Informations et réservations « Città per tutti » :** *dans les offices de tourisme ou à Ca' Farsetti, San Marco, 4136 (jeu 9h-13h).* ☎ *041-274-81-44.* ● *comune. venezia.it* ●

Pour les malvoyants, l'office de tourisme a édité une carte en braille (à demander sur place).

Les handicapés ainsi que leur accompagnateur bénéficient d'une gratuité dans les musées municipaux sur présentation de justificatifs. Il leur est aussi fortement recommandé de téléphoner au musée avant de s'y rendre, pour savoir si l'ascenseur est en état de fonctionnement, ou tout simplement pour que le personnel puisse le mettre en service avant leur arrivée.

# POSTE

## Timbres

– Vers les pays européens, acheter le timbre *Posta prioritaria* (1 €). Pour l'Italie, 0,95 €.

– Vous pouvez acheter vos timbres *(francobolli)* à la poste centrale ou dans les bureaux de tabac signalés par un grand « T » blanc sur fond noir. Les lettres oblitérées avec les timbres *Italia* sont à mettre dans les boîtes rouges. C'est la poste officielle.

– D'autres systèmes d'acheminement de lettres ont vu le jour mais ce n'est pas très fiable. Beaucoup de lecteurs se plaignent.

Certains timbres sont réservés uniquement aux cartes postales et il faut alors déposer celles-ci dans de petites boîtes blanches installées dans divers magasins et kiosques. Enfin, d'autres lettres timbrées avec d'autres timbres sont à mettre dans des boîtes noires *(black box)*. Un troisième réseau parallèle à la poste officielle italienne s'appelle *World Post Mail*. Les boîtes aux lettres sont jaunes *(yellow box)*, les cartes et les timbres s'achètent dans les boutiques de souvenirs. Dans tous les cas, que la boîte soit rouge, noire, ou jaune, **que le réseau soit étatique ou privé, le système d'acheminement du courrier déposé dans les boîtes fonctionne mal.** Une carte postale peut mettre au moins 10 jours pour arriver à destination au départ de Venise. Parfois, elle n'arrive pas du tout !

– **Notre conseil malin :** étant donné ce problème d'acheminement du courrier, évitez les boîtes aux lettres dans la rue ! Allez directement au bureau de poste pour déposer vos cartes postales. C'est plus sûr.

– Pour tout renseignement, n'hésitez pas à contacter le *call center* (☎ *803-160)*. Des opérateurs parlant aussi bien l'italien que l'anglais et le français répondent à vos questions du lundi au samedi de 8h à 20h.

## Codes postaux

Voici les codes postaux des différents *sestieri* (quartiers administratifs) de Venise et des îles :

– San Marco : 30124 ;
– Dorsoduro : 30123 ;
– San Polo : 30125 ;
– Santa Croce : 30135 ;
– Cannaregio : 30121 ;
– Castello : 30122 ;
– Lido : 30126 ;

– Giudecca : 30133 ;
– Murano : 30141 ;
– Burano : 30012.

## POURBOIRES ET TAXES

### Les pourboires

La tradition de la *mancia* (la manche, en quelque sorte...) voulait que l'on donne un pourboire aux sacristains qui montraient les peintures des églises. Mais elle se perd peu à peu dans les brumes de la lagune. Aujourd'hui, les sacristains ont été remplacés par des tirelires électriques qui permettent d'éclairer et d'admirer les chefs-d'œuvre sans forcer la main (0,50-1 €).

Au **restaurant,** la grande majorité d'entre eux comptent le couvert et le service à part. Personne ne vous obligera à donner un pourboire. Mais les Français ont une telle réputation de radinerie (si, si !) qu'un petit geste fera peut-être changer cette image qu'ils trimbalent depuis des lustres !

### L'addition

Ne vous étonnez pas de voir **votre addition majorée du *coperto*,** pratique très courante en Italie. Celui-ci peut varier entre 1 et 3 € par personne ; au-delà, cela devient du vol ! Il doit être signalé sur la carte, quand il y en a un. D'un autre côté, le *servizio* (anciennement à 12-14 %) est désormais presque toujours compris. Ajoutez à cela une bouteille d'eau minérale (autour de 3-4 €) souvent servie d'office, et vous comprendrez pourquoi les additions grimpent si vite. Mais dans tous les cas, **n'oubliez pas de vérifier votre addition avant de payer,** une erreur est si vite arrivée...

## SANTÉ

### Carte européenne d'assurance maladie

Pour un séjour de courte durée à Venise, pensez à vous procurer la carte européenne d'assurance maladie. Il vous suffit d'appeler le ☎ *3646,* de vous connecter par Internet sur votre compte ameli ou d'en faire la demande sur une borne de votre centre de sécu. Vous la recevrez sous une quinzaine de jours. C'est une carte plastifiée du même format que la carte Vitale. Attention, elle est valable 2 ans, gratuite et personnelle (chaque membre de la famille doit avoir la sienne, y compris les enfants). Conservez bien toutes les factures pour obtenir le remboursement au retour.

## SITES INTERNET

● *routard.com* ● Rejoignez la plus grande communauté francophone de voyageurs ! Échangez avec les routarnautes : forums, photos, avis d'hôtels. Retrouvez aussi toutes les informations actualisées pour choisir et préparer vos voyages : plus de 200 fiches pays, une centaine de dossiers pratiques et un magazine en ligne pour découvrir tous les secrets de votre destination. Enfin, comparez les offres pour organiser et réserver votre voyage au meilleur prix.

● *veneziaunica.it* ● En italien et en anglais. Le site de l'office de tourisme indispensable pour acheter *on line* divers *passes* : transports, parkings municipaux, musées municipaux, etc. Le tout à un tarif préférentiel selon la période de séjour (il faut s'y prendre au moins 15 jours à l'avance). En prime, la possibilité d'abonnement pour le wifi durant votre séjour, d'autres accès privilégiés et des services gratuits.

● *turismovenezia.it* ● Un des sites de l'office de tourisme, par secteurs sur l'ensemble de la lagune. Complet et remis à jour régulièrement.

● *actv.it* ● En anglais et en italien. Le site incontournable de la compagnie de transports à Venise : lignes, horaires, cartes d'abonnement...

● *hellovenezia.com* ● En anglais ou italien. Infos sur les activités culturelles de Venise. Lien également avec le site de l'*ACTV* pour les horaires des moyens de transport.

● *gondolavenezia.it* ● En anglais et en italien. Vous saurez tout sur les gondoles. Un historique des gondoles avec schémas et photos à l'appui, ainsi que les trajets possibles.

● *cucina.intrage.it* ● En italien. Un site bien conçu et haut en couleur ! Des recettes à foison (de la plus traditionnelle à la plus inventive) classées par rubriques, des conseils malins à la pelle pour bien cuisiner. S'il n'en fallait qu'un...

● *unospitedivenezia.it* ● En anglais ou italien. Le calendrier des manifestations culturelles, des expos, des visites guidées, et les horaires de musées.

● *carnevale.venezia.it* ● En anglais ou en italien. Le site officiel du Carnaval de Venise avec le programme de l'édition à venir et les archives des éditions passées.

## TABAC

En Italie, la cigarette est interdite dans TOUS les lieux publics (restos, cafés, bars et discothèques) sauf en terrasse. En cas d'infraction, une amende vous attend : 27,50 € à la moindre cigarette allumée (275 € s'il y a des enfants ou des femmes enceintes à proximité). Le moment est donc venu de faire connaissance avec les autres fumeurs agglutinés sur le trottoir devant l'établissement autour du cendrier géant (pratique somme toute plutôt sympathique aux beaux jours mais beaucoup moins dans le froid de l'hiver).

## TÉLÉPHONE, TÉLÉCOMMUNICATIONS

### Téléphone

#### Le téléphone portable en voyage

On peut utiliser son propre téléphone portable en Italie avec l'option « Europe » ou « Monde ».

– *Activer l'option « international » :* pour les abonnés récents, elle est en général activée par défaut. En revanche, si vous avez souscrit à un contrat depuis plus de 3 ans, pensez à contacter votre opérateur pour souscrire à l'option (gratuite). Attention toutefois à le faire au moins 48h avant le départ.

– *Le « roaming » :* c'est un système d'accords internationaux entre opérateurs. Concrètement, cela signifie que lorsque vous arrivez dans un pays, au bout de quelques minutes, le nouveau réseau s'affiche automatiquement sur l'écran de votre téléphone.

– Vous recevez rapidement un sms de votre opérateur qui propose un *pack voyageurs* plus ou moins avantageux, incluant un forfait limité de consommations téléphoniques et de connexion à Internet. À vous de voir...

– *Tarifs :* ils sont propres à chaque opérateur et varient en fonction des pays (le globe est découpé en plusieurs zones tarifaires). **N'oubliez pas qu'à l'international, vous êtes facturé aussi bien pour les appels sortants que pour les appels entrants (moins chers).** Ne papotez donc pas des heures en imaginant que c'est votre interlocuteur qui paye ! Le mieux étant de se faire appeler pour ne pas trop plomber la facture.

– *Internet mobile :* utiliser le wifi à l'étranger et non les réseaux 3G ou 4G. Sinon on peut faire exploser les compteurs, avec au retour de voyage des factures de plusieurs centaines d'euros ! Le plus sage consiste à *désactiver* la connexion « données à l'étranger » (dans « Réseau cellulaire »). Il faut également penser à **supprimer la mise à jour automatique de votre messagerie** qui consomme elle aussi des octets sans vous avertir (option « push mail »). Opter pour le mode manuel. Cependant, des opérateurs incluent de plus en plus de *roaming data* (donc de connexion à Internet depuis l'étranger) dans leurs forfaits avec des formules parfois spécialement adaptées à l'Europe. Bien vérifier le coût de la connexion auprès de son opérateur avant de partir. Noter que l'Union européenne impose aux opérateurs un coût maximum de 0,20 €/Mo (HT) jusqu'en 2017, ce qui permet de surfer plus sereinement et à prix réduit.

### *Bons plans pour utiliser son téléphone à l'étranger*

– **Acheter une carte SIM/puce sur place :** c'est une option avantageuse pour certaines destinations. Il suffit d'acheter à l'arrivée une carte SIM locale prépayée chez l'un des opérateurs *(Vodafone, TIM, Wind)* représentés dans les boutiques de téléphonie mobile des principales villes du pays et aussi parfois à l'aéroport. On vous attribue alors un numéro de téléphone local et un petit crédit de communication. Avant de signer le contrat et de payer, essayez donc, si possible, la carte SIM du vendeur dans votre téléphone – préalablement débloqué – afin de vérifier si celui-ci est compatible. Ensuite, les cartes permettant de recharger votre crédit de communication s'achètent facilement dans les tabacs et marchands de journaux. C'est toujours plus pratique pour trouver son chemin vers un *B & B* paumé, réserver un hôtel, un resto ou une visite guidée, et bien moins cher que si vous appeliez avec votre carte SIM personnelle.
– **Se brancher sur les réseaux wifi** est le meilleur moyen de se connecter au Web gratuitement ou à moindre coût. De plus en plus d'hôtels, restos et bars disposent d'un réseau, le plus souvent gratuit.
– Une fois connecté grâce au wifi, à vous les joies de la **téléphonie par Internet** ! Le logiciel **Skype,** le plus répandu, vous permet d'appeler vos correspondants gratuitement s'ils sont eux aussi connectés, ou à coût très réduit si vous voulez les joindre sur leur téléphone. Autre application qui connaît un succès grandissant, **Viber** permet d'appeler et d'envoyer des sms, des photos et des vidéos aux quatre coins de la planète, sans frais. Il suffit de télécharger – gratuitement – l'appli sur son smartphone, celle-ci se synchronise avec votre liste de contacts et détecte automatiquement ceux qui ont *Viber.* Même principe avec **WhatsApp Messenger.** C'est une messagerie pour smartphone qui permet de recevoir, envoyer des messages, photos, notes vocales et vidéos, et même téléphoner.

## En cas de perte ou de vol de votre téléphone portable

Suspendre aussitôt sa ligne permet d'éviter de douloureuses surprises au retour du voyage ! Voici les numéros des quatre opérateurs français, accessibles depuis la France et l'étranger :

– **SFR :** *depuis la France,* ☎ *1023 ; depuis l'étranger :* 📱 *+ 33-6-1000-1023.*
– **Bouygues Télécom :** *depuis la France comme depuis l'étranger :* ☎ *+ 33-800-29-1000.*

– **Orange :** *depuis la France comme depuis l'étranger :* 📱 *+ 33-6-07-62-64-64.*
– **Free :** *depuis la France :* ☎ *3244 ; depuis l'étranger :* ☎ *+ 33-1-78-56-95-60.*

Vous pouvez aussi demander la suspension de votre ligne depuis le site internet de votre opérateur.
Avant de partir, notez (ailleurs que dans votre téléphone portable !) votre numéro IMEI utile pour bloquer à distance l'accès à votre téléphone en cas de perte ou de vol. Comment avoir ce numéro ? Il suffit de taper sur votre clavier *#06# puis reportez-vous au site ● *mobilevole-mobilebloque.fr* ●

## Appels nationaux et internationaux

– *Renseignements :* ☎ *12 (gratuit).*
– Pour un appel d'*urgence,* composer le ☎ *113.*
– *Italie* ➙ *France :* 00 + 33 + numéro à 9 chiffres de votre correspondant (c'est-à-dire le numéro à 10 chiffres sans le 0 initial).
Code des autres pays francophones : Belgique, 32 ; Luxembourg, 352 ; Suisse, 41 ; Canada, 1.
– *France* ➙ *Italie :* 00 + 39 + indicatif de la ville (6 pour Rome) + numéro de votre correspondant (6 ou 7 chiffres). Tarification selon votre opérateur.
– *Italie* ➙ *Italie :* il faut impérativement composer le numéro de votre correspondant précédé du 0 et de l'indicatif de la ville.

## Internet, wifi

Le wifi existe désormais partout dans la plupart des hôtels et quelques cafés (voir plus haut). Nous l'indiquons autant que possible dans nos adresses. Il est parfois limité en temps et souvent payant au-delà.
– Le centre historique est en partie wifi. Il vous suffit de vous connecter à ● *vene ziaunica.it* ● Vous rentrez un mot de passe et on vous donne un code pour avoir accès au wifi depuis votre téléphone (attention à la note en rentrant) ou votre ordinateur portable. C'est payant (mais très raisonnable et variable en fonction de la saison) : en tarif plein, compter 5 € pour 24h ; 15 € pour 72h et 20 € pour 7 jours. On peut également le faire sur place ; c'est un peu plus cher (respectivement 8, 20 et 30 €). Pour la carte des zones *hot spot* : ● *cittadinanzadigitale.it/mappa-wifi* ●

## TOILETTES PUBLIQUES

Il existe quelques toilettes publiques très propres disséminées en ville. On les trouve clairement indiquées et certaines proposent également un espace pour langer bébé (à l'Accademia, à San Marco, au musée Correr, au Rialto, à San Bartolomeo...). L'accès coûte 1,50 € et une dame-pipi se charge de vous rendre la monnaie. Mais avec tous les bars que vous rencontrerez sur votre route, entre deux visites de musées eux-mêmes bien équipés, vous pourrez certainement contourner le problème (mais pas l'édicule, messieurs, ici, ça ne se fait pas !).

## URGENCES

☎ 112 : c'est le numéro d'urgence commun à la France et à tous les pays de l'UE, à composer en cas d'accident, agression ou détresse. Il permet de se faire localiser et aider en français, tout en améliorant les délais d'intervention des services de secours.

■ *Police* (polizia) : ☎ *113.*
■ *Pompiers* (vigili del fuoco) : ☎ *115.*
■ *Urgences médicales* (pronto soccorso) : ☎ *118.*

■ *Bureau de police* (vigili urbani) *pour les objets trouvés :* piazzale Roma. ☎ *041-522-45-76.*

## *VAPORETTO*, GONDOLE ET TAXI-BATEAU

### Le *vaporetto*

Il s'agit d'une sorte de bus public sur l'eau. Il avance lentement et permet donc de profiter du paysage (surtout sur le Grand Canal). Il y a des places sur le pont et à l'avant, très convoitées par beau temps, mais il est impératif de rester assis pour ne pas gêner les manœuvres. À certaines heures, et sur certaines lignes, il est impossible de s'asseoir en raison du nombre de passagers. Les jours de pluie ou de grand froid, vous pouvez vous réfugier à l'intérieur de la cabine en veillant à céder votre place aux personnes âgées ou handicapées. Les Vénitiens apprécieront le geste, et vous remarquerez que le personnel à bord témoigne pour elles d'un très grand respect.

– Il existe une *quinzaine de lignes* pour relier les différents points de la ville et les îles. La plus connue, la plus fréquentée est toujours la *ligne n° 1,* qui parcourt le Grand Canal dans toute sa longueur en s'arrêtant à toutes les stations. C'est l'idéal pour admirer les palais. La *ligne n° 2,* quant à elle, est plus rapide car elle en court-circuite une bonne partie. Elle permet d'avoir une très belle vue d'ensemble de Venise.

Quand vous consultez les *horaires* et le *plan,* notez que les lignes n$^{os}$ 4.1 et 5.1 circulent dans le sens contraire des aiguilles d'une montre ; les lignes n$^{os}$ 4.2 et 5.2 dans le sens horaire. Ces mêmes bateaux vous transporteront aussi dans les îles. Pour les plus lointaines, vous emprunterez une *motonave,* sorte de ferry. Leur fréquence est d'environ 15 mn (variable selon les lignes et la saison). Les horaires sont affichés au niveau de chacun des embarcadères. Pratique, un écran lumineux vous signale également l'horaire du prochain passage.

– Il existe *deux services nocturnes, « N »,* qui fonctionnent de 23h30 à 4h environ. L'un relie le Lido à l'île de la Giudecca en passant par le Grand Canal (San Marco, Rialto, piazzale Roma...). Le *vaporetto* glissant sur les canaux entre les palais, vous ferez alors l'expérience inoubliable de la beauté de Venise dans le calme de la nuit. L'autre service part des fondamenta Nove pour rejoindre Murano, Burano, Treporti et Punta Sabbioni. Le service est assuré toutes les 20 mn pour le premier. Fréquence beaucoup plus faible pour le second. Renseignez-vous si vous ne voulez pas rester en rade.

– Pour finir, il n'y a pas de problèmes de sécurité. Veillez toutefois à ne pas tomber dans l'eau (on dénombre une petite dizaine de chutes par an !) et attendez la fin de la manœuvre pour rejoindre la terre ferme.

– *Pour tout objet perdu dans un vaporetto,* contacter *ACTV* (vaporetti) *:* au pied du pont de la Constitution, côté piazzale Roma, Santa Croce. ☎ 041-272-21-79.

## La gondole

### L'art de diriger une gondole

Sans la *gondola,* Venise ne serait pas vraiment Venise... Le nom *gondola* apparaît pour la première fois dans un décret du doge en 1094.

Amarrée à son quai, la gondole hoche la tête comme si, en signe de bienvenue, elle s'inclinait respectueusement devant les visiteurs. La gondole est une barque à fond plat, relevée à l'avant et à l'arrière. L'originalité principale réside dans le fait qu'elle est asymétrique (très frappant si vous avez l'occasion d'en voir une en cale sèche). Cette forme particulière autorise une navigation avec un seul aviron, tout en conservant une embarcation parfaitement stable et maniable.

Le coup de rame se fait en trois temps, en appui sur la *forcola,* la dame de nage en noyer ou en cerisier taillée d'un seul bloc. Le premier sert à entrer la rame dans l'eau, le deuxième assure la propulsion mais tend à faire tourner à bâbord, le troisième sort la rame de l'eau en corrigeant ce mouvement. La différence entre le premier et le troisième temps est que le mouvement du gondolier fait tourner le manche de la rame de telle sorte que le tolet (ou dame de nage) soit horizontal à la fin. Cela explique la difficulté de manœuvrer ces engins ! La position du gondolier n'est pas anodine : il en existe une pour chaque direction.

La *couleur noire des gondoles* fut décidée en 1562 par mesure d'austérité et d'égalité. En effet, les riches Vénitiens concouraient entre eux pour posséder la gondole la plus somptueusement décorée ; beaucoup se ruinèrent à ce petit jeu.

À la proue (avant de la gondole) se situe le **ferro,** élément décoratif en forme de « peigne métallique » qui représente les six *sestieri* (quartiers) de Venise ; le septième signe, sur le côté opposé, représenterait l'île de la Giudecca. Accessoirement, le poids du *ferro* compense celui du *gondoliere* (gondolier). Certaines gondoles ont aussi des décorations (« les chevaux de mer ») en cuivre sur les flancs.
On construit encore trois ou quatre gondoles par an dans les derniers *squeri* (ateliers spécialisés) de Venise. La fabrication prend environ 1 an et nécessite un travail que seuls quelques artisans maîtrisent encore.
– Pour ceux qui voudraient en savoir plus sur les nombreux artisans qui participent à la construction des gondoles, du forgeron au tailleur, voici les coordonnées de leur association : **El Felze,** *San Marco, 430.* ☎ 041-520-03-31. ● *elfelze.org* ●

### L'art de (se faire) mener en bateau

Historiquement, les gondoliers étaient les confidents des nobles vénitiens. Aujourd'hui, ils forment encore un corps très fermé où la tradition se perpétue de père en fils. Véritable symbole de Venise, ce qui est désormais une attraction pour touristes est aussi devenu une activité lucrative. Les prix pratiqués sont officiels (six personnes maximum), on les trouve notamment dans la brochure *Eventi e Manifestazioni.*
– **Tarifs des promenades en gondole :** les tarifs des gondoles sont fixés par la mairie de Venise et ne sont pas négociables (ou exceptionnellement). Le tarif de jour est de 80 € pour les 30 premières minutes en journée pour un maximum de six personnes. Chaque quart d'heure supplémentaire coûte 40 €, soit 120 € pour 45 mn et 160 € pour 1h de promenade. Le tarif de nuit est différent. Compter 100 € pour 35 mn, chaque quart d'heure supplémentaire coûte 50 €. Si vous voulez un chanteur, il faudra le payer en plus (à négocier).
À tout prendre, si vous êtes six personnes (capacité max de l'embarcation), ce n'est pas si cher que ça. Y aller tôt le matin, vers 9h, quand les gondoliers n'ont pas encore de clients.
– Il y a environ **430 gondoliers dans Venise** (presque autant que de ponts !), qui se partagent une dizaine de stations. Vous trouverez la liste des itinéraires sur le site de l'école des gondoliers : ● *gondolavenezia.it* ● *(en anglais) ;* ☎ *041-528-50-75.* Mention spéciale à *Kuba,* gondolier francophone, ainsi que son collègue Luca, qui ont leur gondole de modèle plus ancien (ils ne sont qu'une vingtaine à en posséder) dans le quartier du Cannaregio, à hauteur du campo del Ghetto Nuovo. Loin du flux touristique, ils vous feront découvrir une Venise secrète et insolite autour du Ghetto de Venise. Pour tout renseignement et réservation (pensez à le faire avant votre arrivée à Venise) : ▤ *333-422-06-31.* ● *kubakuba@libero.it* ●

### Comment « gondoler » pour pas cher ?

Le *traghetto* est un service de navettes traditionnelles qui permet d'aller d'une rive à l'autre du Grand Canal. Ces gondoles publiques assurent du matin au soir la traversée pour 2 € par personne ! Une façon d'avoir droit à un petit tour en gondole sans se ruiner ! La traversée, assez courte, permet au moins de prendre une photo amusante. Il vaut mieux avoir le pied marin (évitez de vous accrocher à votre voisin, au risque de tout faire chavirer !).
On trouve ces *traghetti* à une dizaine de points différents du Grand Canal. Ils sont indiqués par des pancartes situées dans les rues proches de l'embarcadère. Du nord au sud, ces gondoles relient dans les deux sens : la gare et les *fondamenta San Simeon Piccolo* ; la gare et *San Marcuola* ; la *Ca' d'Oro* et le *campo della Pescheria* ; le *campo San Silvestro* (200 m au sud du Rialto, à la hauteur de la *calle Paradiso*) et les *fondamenta del Carbon* ; *San Tomà* et le *palazzo Mocenigo* ; la *Ca' Rezzonico* et le *campo San Samuele* ; la *chiesa della Salute* et le *campo Santa Maria Zobenico* (aussi appelé *del Giglio*).
Voici, à titre indicatif, les horaires des services de *traghetto.*
 – *San Stefano-San Toma : 7h-20h (dim 8h-19h). Ferrovia-S. Simeone : 8h-14h (fermé dim). Riva del Carbon-riva del Vin : 8h-14h (fermé dim). San Marco (Giardini*

*Reale)-dogana da Mar : 9h-14h. Santa Maria del Giglio-Salute : 8h-18h55 (en hiver 9h-18h). San Sofia-Pescheria : 7h-20h55 (dim 7h30-18h55).*

## Le taxi-bateau

*Attention !* Les prix pratiqués sont très élevés et le transfert depuis l'aéroport par ce moyen (une centaine d'euros) peut grever sérieusement votre budget dès le début du séjour. On raconte que tous les chauffeurs de taxi à Venise sont millionnaires et qu'ils ont toujours un bras dehors pour montrer leur dernière Rolex. Admettez toutefois que leurs bateaux, autrement appelés *motoscafi,* sont splendides, plus bas sur l'eau que les *vaporetti,* plus étroits aussi, tout en bois verni avec des chromes et des cuivres étincelants.

# VÊTEMENTS ET ÉQUIPEMENT

Attacher une attention particulière à ce que l'on met dans sa valise est une condition importante du succès du séjour. On va généralement à Venise pour une très courte durée (en moyenne, 2 à 4 jours), et le voyage peut être vraiment gâché parce qu'on ne s'est pas bien préparé. Pour la durée de votre séjour, abandonnez le look et préférez le confort, l'idéal étant quand même de privilégier un certain chic décontracté plutôt qu'un véritable laisser-aller, si vous voulez passer de la visite d'une église à celle d'un resto un peu classe en passant par une marche d'une demi-journée dans une île.

Une *tenue décente* est de toute façon requise pour pénétrer dans les *églises* (les shorts et débardeurs sont à proscrire). Pour les dames, munissez-vous d'un foulard ou d'un paréo en été, que vous nouerez avant d'entrer.

Emportez de *bonnes chaussures de marche* qui ont déjà servi et dans lesquelles vous vous sentez bien, ainsi que de bonnes chaussettes (attention aux ampoules !). *En hiver, des vêtements très chauds* sont nécessaires : le vent a vite fait de vous glacer les os. Équipez-vous également d'un anorak et de gants si vous visitez les églises en plein hiver, elles sont vraiment glaciales. Même en été, le pull n'est pas de trop, car il fait vite frisquet le soir sur les *vaporetti.* Prévoyez aussi un parapluie ou un imperméable pendant la saison humide. *En période d'acqua alta,* les eaux inondent les places et les ruelles, on peut y circuler en portant des bottes. On trouve des bottes sur place pour une somme modique.

Enfin, n'oubliez pas qu'en *période de Carnaval,* on pourra louer de quoi se déguiser sur place (mais ce n'est pas donné !). Reportez-vous à la rubrique « Carnaval », dans « Hommes, culture, environnement ». En fouillant dans vos vieux placards, vous trouverez sûrement une tenue adéquate. Les Français assistent au Carnaval en nombre mais rechignent à se déguiser !

Une dernière chose : n'oubliez pas qu'à Venise, les transports se font en *vaporetto* (un seul bagage autorisé) et... à pied, veillez donc à ne pas vous surcharger !

# HOMMES, CULTURE, ENVIRONNEMENT

## BOISSONS

### Vins

On ne pouvait rêver mieux que le vin pour inaugurer cette rubrique « Hommes, culture, environnement ». Les Italiens en général, et les Vénitiens en particulier, passent pour être de grands amateurs de vin. En Italie, on boit les vins plutôt jeunes et, contrairement à la France, on n'attache qu'une importance toute relative au millésime. Ne vous posez donc pas trop de questions en poussant la porte d'un *bacaro,* un de ces bars à vins où l'on boit l'*ombra* accompagnée de *cicchetti* : comme les habitués qui, debout, grignotent un petit en-cas, demandez un verre d'une des cuvées proposées à l'ardoise...

Voilà quand même, pour vous

### TOURNÉE GÉNÉRALE !

*On doit l'une des plus belles expressions vénitiennes aux vendeurs qui servaient autrefois du vin sur les places de la ville. Ceux de la place Saint-Marc auraient pris l'habitude d'installer leur étalage à l'ombre du campanile. Au fur et à mesure que la journée avançait, ils tournaient avec le soleil pour garder le vin au frais. À l'époque, on buvait donc* all'ombra *(« à l'ombre »). Le langage évoluant, l'ombra est devenue le petit verre que l'on prend à l'apéritif. Qu'importe, à l'heure où certains commencent à faire un* giro di ombre *(« le tour des bistrots ! »), le soleil tape déjà moins fort.*

aider, surtout si vous ne parlez pas le vénitien ni même l'italien, l'ABC de la culture viticole en Vénétie.

Il existe deux qualités qui correspondent à nos appellations contrôlées : les *DOC (denominazione di origine controllata)* et les *DOCG (denominazione di origine controllata e garantita).* Ces derniers sont les meilleurs mais aussi, bien entendu, les plus chers. Les grands vins se trouvant généralement près de leur lieu d'origine, mieux vaut consommer local.

Sachez tout de même, avant de vous lancer, qu'un vin blanc doux se dit *amabile,* nouveau *novello,* aigre *aspro...* et que l'aspirine se dit *aspirina* !

#### Lexique de l'œnologue averti

– *A* comme *Amarone* : vin rouge de bonne garde, semblable, en plus sec, au *Recioto della Valpolicella.* Un vin très alcoolisé pas si lointain du porto. Remporte régulièrement les faveurs du guide *Gambero Rosso,* qui publie tous les ans un guide des vins italiens.

– *B* comme *Bardolino* : vin rouge léger provenant de la région du lac de Garde. Se boit jeune et frais. Accompagne très bien le risotto ou l'incontournable polenta. ... ou comme *Bianco di Custoza* : provenant de vignes poussant au bord du lac de Garde, c'est un vin blanc sec et rond sentant... les fleurs fraîches.

– *C* comme *Clinton* : vin complètement illégal qui aurait des effets semblables à l'absinthe. Aussi ne faut-il pas trop en abuser... contrairement, paraît-il, à un certain Bill, qui en reçut plusieurs caisses généreusement offertes par les producteurs, après son accession à la présidence des États-Unis.

– **D** comme **Do Mori** (San Polo 429 – Calle dei Do Mori) : une des plus belles et des plus anciennes *osterie* de Venise avec *Alla Vedova* (Cannaregio 3912 – Ramo Ca' d'Oro). Un endroit à fréquenter le soir à partir de 18h, quand une foule d'habitués se presse au zinc. Les amateurs de très bons vins pourront goûter au verre à de petites merveilles... non vénitiennes comme l'*ornellaia* (très bon vin de table de la province de Livourne), le *trignanello* (vin de table de Toscane) et autres *barolo* (du Piémont)... Suffisamment rares (et chers !) pour mériter d'être mentionnés.

– **F** comme **Fragolino** : ressemble comme deux gouttes d'eau au Clinton. Vin tout aussi illégal, que vous aurez, cependant, plus de chances de trouver dans les *osterie* et autres *bacari*. Un petit délice qui, au nez, évoque la fraise – d'où son nom – et que vous trouverez tantôt en rouge, tantôt en blanc (notre préféré). Se boit comme digestif, accompagné de *biscottini* comme les *bussolai*, *buranei* et autres *croccantini*.

– **M** comme **Maraschino** : liqueur à base de cerises sauvages et acidulées.

– **P** comme **Prosecco** : appelé tantôt *prosecco di Conegliano,* tantôt *prosecco di Valdobbiadene,* c'est un vin sec très fruité ou un vin qui appartient alors à la famille des *spumante* (mousseux). Décliné de mille façons, on le retrouve partout.

– **S** comme **Soave** : vin blanc de qualité variable. Aussi est-il préférable de privilégier le *Soave Classico* (sous appellation) et plus encore le *Recioto di Soave*.

– **V** comme **Valpolicella** : vin de Vénétie (région de Vérone). D'un rouge rubis, odorant, fruité, il est capable du pire comme du meilleur.

## Apéritifs et cocktails

Depuis des centaines d'années, certains Vénitiens font la tournée des *bacari* et rentrent chez eux légèrement *rosti* (ivres morts, en fait !). C'est une tradition qui existe encore aujourd'hui, surtout à l'époque du Carnaval. Allez-y doucement quand même !

### HARRY'S BAR

*Hemingway y composa la recette du Montgomery à 15 contre 1 : 15 mesures de gin contre une de Martini (détonant...). C'est aussi dans ce bar mythique que fut inventé le carpaccio du maître de ces lieux, en son temps, le célèbre Cipriani.*

– **Spritz :** une véritable institution à Venise. Il tire son nom de la période d'occupation autrichienne de Venise au XIXe s. Apéritif vénitien à base de vin blanc, plutôt amer avec du Campari, doux avec de l'Aperol et de l'eau pétillante, accompagné d'une olive ou bien d'une rondelle de citron ou d'orange. À boire en terrasse, de préférence, pour prolonger le plaisir du moment. Le meilleur se confectionne avec du *prosecco*.

– **Bellini :** il doit son nom au peintre vénitien Giovanni Bellini et fut inventé par le célèbre Arrigo Cipriani qui sévissait au *Harry's Bar.* Hemingway en était un fidèle amateur ! Ce qui ne signifie pas, comme vous le lirez ou entendrez dire un peu partout, que le meilleur *bellini* se boit forcément dans ce lieu mythique (vu les prix pratiqués, ce serait logique, pourtant). À base de *prosecco* et de jus de pêche blanche fraîchement pressée, selon la tradition. Quand ce n'est pas la saison, le *bellini* est servi à la fraise. Un must qu'on peut trouver en bouteille toute l'année, mais question goût, ça change.

– **Sgroppino :** c'est un digestif. L'essayer, c'est l'adopter. À base de sorbet au citron, et de vodka. Très apprécié à la fin d'un repas copieux, car il est très rafraîchissant. Dans les mariages, on le sert entre les *primi* et les *secondi*.

## Café

Les premières graines de caféier auraient été introduites en Europe par des marchands vénitiens, et le premier *caffè* aurait ouvert ses portes dans la cité des Doges, dès 1640. Ce qui est sûr, c'est que les Italiens sont imbattables pour sa préparation. Et dans ce domaine, la médiocrité ne pardonne pas : un café est bon ou mauvais. Rares sont les Italiens qui, au bar, demandent tout simplement un *espresso.* Certains le souhaitent *ristretto* (serré), *lungo* (allongé) ou encore *macchiato* (« taché » d'une goutte de lait froid, tiède ou chaud). Le café au lait se dit *caffè latte.* À ne pas confondre avec le fameux cappuccino, l'espresso mousseux et saupoudré de chocolat. Sublime quand il est bien préparé !

En hiver, certains se laisseront tenter par le *caffè corretto,* c'est-à-dire « corrigé » d'une petite *grappa,* une eau-de-vie de raisin que les Vénitiens réservent aux jours de grand froid. Un nom inventé par des fonctionnaires désireux de ne pas évoquer cet alcool, paraît-il (on veut bien le croire).

### Uva alla grappa

Spécialité de Venise. À la fin d'un repas, on vous proposera peut-être des raisins secs gonflés dans la grappa *d'uva,* une eau-de-vie maison qui peut titrer jusqu'à 70° et qui devient alors une vraie bombe ! La grappa se décline elle aussi sur plusieurs modes, selon la distillation ou les parfums incorporés. Les plus aventureux pourront tenter la grappa *alla liquirizia* (réglisse). Dévastateur !

### Eau

Dans les restaurants, on vous proposera toujours de l'eau minérale. Précisez *naturale* ou *liscia* si vous souhaitez de l'eau plate ; sinon, pour de l'eau gazeuse, c'est *frizzante.*

## CAFÉS ET BARS

On boit plutôt le blanc pendant la journée, dans les nombreux **bacari (bars à vins)** de la ville, en grignotant un petit morceau *(cicchetto),* devant le comptoir. Mais on y va aussi pour boire un café, du cappuccino à l'*espresso* serré, ou bien une *spremuta,* jus de fruits frais, accompagné de petites douceurs, et ce à toute heure de la journée. Les Vénitiens sont encore très attachés à cette vieille tradition. Le plus souvent, les consommations se prennent au comptoir, car s'asseoir à l'intérieur ou en terrasse a pour fâcheuse conséquence de doubler le prix.

Mais avec la flambée des coûts des loyers qui fait fuir les jeunes, et une population dont la moyenne d'âge dépasse les 50 ans, les rues sont souvent désertes après 22h. Aux beaux jours, la ville reprend quand même vie dans certains quartiers. Il existe quelques endroits animés les vendredi et samedi soir. Les jeunes Vénitiens se retrouvent notamment autour du campo Santa Margherita dans le Dorsoduro, un des endroits les plus vivants de la ville, et dans le quartier de Cannaregio. Dans le quartier San Polo, tout se passe autour du marché de Rialto.

## CARNAVAL

### Grandeur et décadence

Le Carnaval commence traditionnellement **12 jours avant le Mardi gras (février).** Cette fête vient des cultes païens romains et fut récupérée par le christianisme. D'ailleurs, son étymologie est latine : *carnis levare,* qui signifie « ôter, retirer la viande », annonçant les 40 jours de jeûne avant Pâques. D'où le mot carême. Durant le Carnaval, les codes sont inversés. On vit une période de libération vis-à-vis des autorités religieuses et royales. On nomme un roi de fantaisie, souvent simple d'esprit. Un âne, symbole de Satan, est vêtu des habits épiscopaux.

On porte un masque pour préserver l'anonymat... afin d'éviter les représailles. Au temps de sa gloire au XVIII⁵ s, avant de disparaître provisoirement avec la chute de la République, **le Carnaval s'étalait sur 6 mois,** du 1ᵉʳ dimanche d'octobre au Carême. Pendant toute sa durée, les Vénitiens, quelle que soit leur condition sociale, se déplaçaient revêtus d'un **tabarro** (sorte de longue cape) et le visage masqué par la **bauta** (masque blanc pourvu d'un voile noir surmonté d'un petit tricorne).

## ŒUFS INTERDITS

*À partir du XIIIᵉ s, les mattaccini (jeunes gens déguisés en clowns) avaient l'habitude de s'adonner au célèbre « jeu des œufs ». Il consistait à lancer avec une fronde des œufs remplis d'eau de rose à toutes les femmes qu'ils trouvaient belles. Mais celles qui ne leur plaisaient pas recevaient sur leurs costumes des œufs pourris. Ce jeu devint tellement populaire que le gouvernement – après plusieurs interventions sans effet – décida de protéger le passage des femmes sur la place Saint-Marc en étendant des filets le long des Procuratie.*

Tout devenait permis, chacun étant l'égal de son voisin. Le petit marchand pouvait s'introduire dans la conversation des aristocrates, et vice versa. Il n'y avait plus d'autorité, plus de soumission. Progressivement, le masque ne suffit plus ; vint alors le temps du travestissement. Chacun pouvait s'inventer un personnage, en recourant aux trésors de la *commedia dell'arte.* La folie gagnait lentement la place Saint-Marc et les quartiers environnants. Toute la ville se transformait en une gigantesque scène de théâtre où l'on dansait et chantait. Venise était alors la ville de toutes les séductions.

Il existait – à son âge d'or – plusieurs sortes de déguisements bien codifiés. Le costume le plus connu était celui du **mattaccino.** Il se composait d'une robe simple, blanche ou colorée, et d'un chapeau à plumes.

Mais l'occupation française de Venise par les troupes de Bonaparte en 1797 (l'année de tous les malheurs pour la ville) marqua la fin des festivités. Le dernier carnaval sombra dans la débauche et les dépenses fastueuses.

## Le renouveau

À la fin des années 1970, le Carnaval fut soudainement remis à l'honneur. Les premières éditions ont renoué avec la spontanéité et la magie de l'époque. Le succès fut immédiat. Mais très vite, la fête est devenue aussi un enjeu économique pour les commerçants. Le Carnaval y a perdu de son caractère et de son éclat, mais il s'affiche comme *l'un des plus populaires au monde* (avec celui de Rio de Janeiro). En fait, c'est à chacun d'apporter sa touche de magie à la fête... en se déguisant ! Il ne tient qu'à vous de participer à la réussite de ce phénomène touristique. Aux fastueux costumes magnifiquement ouvragés dans le style XVIIIᵉ s s'ajoutent les plus délirantes panoplies. Laissez libre cours à votre imagination, parfois un bout de carton et un peu de tissu suffisent (et ça coûte moins cher !), voire un simple loup pour les plus timides.

Les enfants tirent évidemment leur épingle du jeu ! L'après-midi et le soir, des spectacles se déroulent sur la place Saint-Marc, parfois très impressionnants, dans une ambiance folle. Mais autant l'accepter d'emblée, quitte à écorner un peu l'esprit de la fête : la fréquentation touristique atteint des records à cette période, et on vient voir le Carnaval, pas la ville ! Les prix explosent, les chambres libres se comptent sur les doigts de la main et on les paie à prix d'or. Qui plus est, l'accueil est moins attentif que d'habitude. La ville est saturée, les restaurants débordent et ne sont plus guère fréquentés par les Vénitiens. L'approvisionnement en matières premières, la gestion du personnel... tout devient compliqué, en flux tendu, avec des résultats parfois hasardeux. Bref, armez-vous de patience, d'humour et de « positive attitude » !

## Où louer un costume de carnaval ?

■ **Atelier Flavia :** *Castello, Santa Marina, 6010.* ☎ *041-528-74-29.* ● *veniceatelier.com* ● Propose des costumes d'occasion.

⚜ **Max Art Shop** *(zoom détachable D4, 200) :* *San Marco, Frezzeria, 1286.* ☎ *041-241-38-02.* Des costumes et masques de toutes les époques, dans la plus pure tradition vénitienne, et l'un des bals les plus huppés du Carnaval. Tout est dit ! Voir aussi la rubrique « Achats » du chapitre « San Marco ».

⚜ **Tragicomica** *(zoom détachable C4, 212) :* *calle dei Nomboli, San Polo, 2800.* ☎ *041-72-11-02.* ● *tragico mica.it* ● Se reporter à la rubrique « Achats » du chapitre « San Polo et Santa Croce ».

■ Autre bel atelier à proximité : **Atelier Pietro Longhi,** *San Polo, 2580.* ☎ *041-71-44-78.* ● *pietrolonghi.com* ● Tout près de l'église des Frari.

■ Voir encore l'**Atelier Nicolao** *(plan détachable C2, 22)* : *Cannaregio, 2590.* ☎ *041-520-70-51.* ● *nicolao.com* ●

Ne pas oublier nos adresses de magasins de masques. Pour cela, se reporter à la rubrique « Achats » de chaque quartier.

## CINÉMA

Ah ! Venise ! Ses petits ponts, ses gondoliers, ses pigeons, son carnaval, vous la connaissez déjà par cœur, pour l'avoir rêvée depuis le fond d'un fauteuil, non ? Alors, flash-back ! Palme d'or en 1952, l'*Othello* d'Orson Welles (où il joue lui-même le rôle du Maure) dévoile quelques images de la lagune, même si elle n'en est pas le sujet principal. Deux ans plus tard (1954), Luchino Visconti tourne *Senso,* sur la décadence de sa propre classe, l'aristocratie. Une histoire de passion humaine et de conflits sociaux à la fin du XIX$^e$ s, alors que les Autrichiens occupent la Sérénissime. Il récidive à Venise en adaptant superbement le court roman de Thomas Mann, *Mort à Venise,* filmé dans l'*Hôtel des Bains,* un luxueux palace du Lido, une magnifique histoire de passion, de désir et une réflexion sur l'âge et la beauté dans une société sur le déclin, son thème de prédilection. Visconti n'a-t-il pas été traité de cinéaste « décadentiste » ? Sa décadence est magnifiquement filmée !

Dans le genre comédie dramatique, ne pas manquer *Vacances à Venise* (1955) de David Lean. En vacances au Lido, Katharine Hepburn, solitaire et célibataire, tombe amoureuse d'un bel antiquaire vénitien, malheureusement il est marié... Dans *Venise, la lune et toi* (1958), Dino Risi raconte l'histoire d'un gondolier amoureux (joué par Alberto Sordi, drôle et émouvant). En 1962, c'est au tour de Joseph Losey d'entrer dans la légende. Dans *Eva,* il met en scène un écrivain qui rencontre à Venise une courtisane dont il tombe amoureux. Jeanne Moreau et Virna Lisi sont captivantes de beauté. Superbe scène tournée à la terrasse du café *Lavena* sur la place Saint-Marc. L'année suivante, changement de ton et d'époque : Gianfranco di Bosi tourne *Le Terroriste,* qui se passe pendant l'hiver 1943. Dans une Venise sombre, aux ruelles désertes, à l'opposé des clichés touristiques, des résistants s'opposent à propos d'otages retenus par l'occupant allemand pour faire cesser les sabotages. Plus drôle et plus léger, le couple dansant Fred Astaire-Ginger Rogers s'aime, se sépare et se retrouve dans *Top Hat* avec, à la fin, une Venise de carton-pâte d'un kitsch remarquable.

Pour tourner un des grands films du « maître de Cinecittà », que l'affiche présentera sous le double titre *Casanova-Fellini,* Donald Sutherland s'est même fait limer les dents. Personnage enlaidi, mythomane, marionnette vide et froide, il devient sous la caméra de Federico Fellini le « héros » du « sperme froid », selon les propres mots du maître ! Dans des décors reconstitués en studios à Cinecittà, un film visionnaire très impressionnant. Le célèbre coureur de jupons avait déjà fait l'objet, en 1969, d'un film réalisé par Luigi Comencini qui, tout au contraire, avait reconstitué fidèlement la vie (dissolue) en Italie au XVIII<sup>e</sup> s. Dans son film ***Casanova, un adolescent à Venise,*** il narre en effet l'enfance du séducteur et prédit au jeune homme libertin un monde décevant et factice où tout est théâtre et comédie des apparences. En 1976, c'est Joseph Losey, avec l'opéra filmé ***Don Giovanni,*** interprété divinement par Ruggero Raimondi, qui fait une large place à la Sérénissime.

N'oublions pas, côté séducteurs en plus ou moins grande forme, ***Le Guignolo,*** dans lequel Belmondo, sous la direction de Georges Lautner, survole Venise suspendu à un hélicoptère, habillé d'un sexy caleçon à pois. Plus tard, il enjambe les balcons du *Danieli* ! Michelangelo Antonioni tourne en 1982 ***Identification d'une femme,*** une histoire de quête et de passion sur fond de Grand Canal. Au passage de la gondole, belles images du palais Gritti. En 1988, l'église Saint-Barnabé cache une crypte où est enterré un chevalier à l'occasion d'***Indiana Jones et la dernière croisade.*** Action garantie sous et sur les canaux.

> ## VOIR BOND À VENISE... ET MOURIR !
>
> *En 1963, dans* Bons baisers de Russie, *Sean Connery embrasse Daniela Bianchi sous le pont des Soupirs. Lewis Gilbert, en 1979, fait frémir la Sérénissime avec Roger Moore dans le rôle du célèbre agent 007 qui revient cheveux au vent pour* Moonraker. *Belle course-poursuite à bord d'un bateau-taxi dépassant largement la limitation des 8 km/h autorisés dans la lagune. Mais le clou, c'est quand même l'effondrement du palazzo Pisani dans* Casino Royale, *avec Daniel Craig, en 2006 !*

Dans un genre on ne peut plus différent, ***La Courtisane,*** film américain de Marshall Herskovitz tourné en 1998. Cette histoire inspirée de la vie de Veronica Franco, une célèbre courtisane, nous plonge dans la Venise du XVI<sup>e</sup> s. Un fait réel qui donne lieu à une très belle reconstitution historique. Déjà, Mauro Bolognini avait filmé cette période avec Laura Antonelli dans ***La Vénitienne*** (1986), dont quelques scènes mirent en émoi la censure italienne.

Dans la tradition des comédies anglaises, ***Blame it on the Bellboy*** (1992), où un agent immobilier, un tueur à gages et un homme s'offrant une aventure extraconjugale sont logés dans le même hôtel à Venise. Le réceptionniste, pas très doué avec les patronymes anglais, se mélange les pinceaux en leur donnant leurs messages. Quiproquo et tutti quanti s'ensuivent. Une comédie menée tambour battant par Mark Herman, surtout connu pour avoir réalisé *Les Virtuoses.* Dans ***Pain, Tulipe et Comédie,*** une petite comédie attachante, on assiste avec jubilation à l'escapade vénitienne d'une ménagère modèle qui n'arrive plus à quitter la ville...

Ne passons surtout pas à côté de ***Tout le monde dit : « I love you »,*** où la poursuite de Julia Roberts par Woody Allen dans le dédale des canaux vaut le coup d'œil à elle seule. Mais parmi les productions du nouveau millénaire, on retiendra surtout l'adaptation du ***Marchand de Venise*** par Michael Radford, avec Al Pacino, Cate Blanchett, Ian McKellen et Joseph Fiennes. Ou encore le film sur la vie du grand compositeur baroque, ***Antonio Vivaldi, un prince à Venise,*** réalisé en 2006 par Jean-Louis Guillermou avec Michel Serrault, Michel Galabru et Stefano Dionisi dans le rôle de Vivaldi. Pour les amateurs de romance, ***Dix hivers à Venise,*** sorti en 2009, nous emporte dans une histoire d'amour enneigée qui se partage entre Venise et Moscou ; son réalisateur, Valerio Mieli, ne passe plus inaperçu en Italie. Le tournage de ***The Tourist*** (sorti en 2010) avec Johnny Depp et Angelina Jolie a suscité une vive curiosité chez les Vénitiens, même si ce film ne restera pas dans les annales cinématographiques.

En 2011, le film ***La Petite Venise,*** présenté à la *Mostra* de Venise, a remporté de nombreux prix en Italie. Un joli film qui raconte la rencontre entre un pêcheur vénitien et une jeune immigrée chinoise. Outre l'histoire, la lagune est superbement filmée. Enfin, pour ceux qui préfèrent l'action, vous pouvez toujours opter pour un combat au fleuret dans ***Les Trois Mousquetaires*** de Paul W. S. Anderson.

## La *Mostra* de Venise

Premier festival de cinéma international, la *Mostra* voit le jour en août 1932 sous l'impulsion combinée du comte Giuseppe Volpi di Misurata, homme politique vénitien, et de Luciano De Feo (fondateur de l'Institut international pour le cinéma éducatif). Prenant ses quartiers sur l'île du Lido, la *Mostra* connaît un fort engouement populaire grâce à la qualité des films sélectionnés. Elle permet également de

### LE CHOC DES PHOTOS

*En 1959, Fellini sortit son chef-d'œuvre, La Dolce Vita, avec Marcello Mastroianni. On y voyait un photographe pour vedettes, plutôt sans foi ni loi. Il s'appelait, dans le film, Paparazzo. Ce qui donne, au pluriel...* paparazzi ! *Le nom propre est devenu un nom commun, aujourd'hui bien ancré dans le langage courant.*

révéler des talents aux yeux du grand public, comme Jean Gabin, Marlène Dietrich, Sophia Loren... Mais rapidement, ce festival passe sous le joug de l'autorité fasciste, qui impose un contrôle strict sur les choix du jury (le meilleur film italien se voit décerner la coupe *Mussolini*). Après la chute du régime fasciste et la fin de la guerre, le festival renaît de ses cendres (notamment avec l'avènement du courant néoréaliste) et s'ouvre aux cinémas du monde entier, en primant des films japonais, indiens... Tout au long de son histoire, le festival a récompensé des réalisateurs tels que Luchino Visconti, John Cassavetes, Jean-Luc Godard, Ingmar Bergman, du fameux Lion d'or désignant le meilleur film du festival. Aujourd'hui encore, cette « vieille dame » continue de fasciner. Et, signe de bonne santé, les acteurs et autres starlettes y viennent toujours se pavaner devant l'objectif énamouré des paparazzis !

## COMMEDIA DELL'ARTE

L'origine de la *commedia dell'arte* remonte au Moyen Âge, où les farces se jouaient dans divers dialectes italiens. Le genre n'apparaît qu'au milieu du XVIe s, dans la région de Padoue. Il s'agit de théâtre improvisé mais, pour la première fois, professionnel. Les comédiens doivent broder autour de thèmes récurrents : mariages contrariés, conflits de générations, poursuites, bastonnades, rendez-vous secrets... où l'amour finit toujours par triompher. Ils virevoltent, gambadent, dansent, se travestissent, et les scènes sont entrecoupées d'intermèdes comiques qui n'ont rien à voir avec l'intrigue (les *lazzi*). Jouées à l'origine sur les places des marchés, les pièces deviennent si populaires qu'elles ont bientôt accès à des théâtres, puis aux cours d'Europe. En effet, nul besoin de comprendre ce qui est dit ! Louis XIV finit par chasser les « comédiens italiens » parce qu'ils se seraient moqués de madame de Maintenon dans la comédie de Michel Baron, *La Coquette et la Fausse Prude*. Dès la Régence, ils font naturellement leur réapparition. Les visages, cachés par des demi-masques en cuir, hormis des rôles d'amoureux, sont simplement maquillés. Important : les femmes sont jouées par... des femmes, à une époque où elles étaient pourtant interdites sur scène. Les troupes sont généralement composées de 6 à 12 comédiens incarnant des stéréotypes.

– *Arlequin :* le valet rusé, roublard, coureur de jupons (parfois au langage obscène) et bon vivant. Au départ, son costume est grisâtre et rapiécé, pour devenir peu à peu l'ensemble de losanges colorés qu'on lui connaît.

– *Brighella :* fait aussi partie de la catégorie des *zanni*, les serviteurs. Il cherche à régenter la maison en en faisant le moins possible. Son nom viendrait de *briga* qui signifie « querelle » en italien.

– *Pulcinella (Polichinelle) :* a un masque noir avec un nez crochu. Il possède la gestuelle vive, caractéristique des origines napolitaines du personnage. Véritable caméléon, il ne sait pas garder un secret... de Polichinelle !

– **Colombine :** soubrette maligne à la langue bien pendue, intelligente, coquette, mais surtout entremetteuse de rêve, elle favorise les amours de sa maîtresse.

– **Pantalone :** le type même du vieux marchand vénitien (dont il parle le dialecte) ; riche et avare, il s'amourache de jeunes filles. Alors qu'il représente le pouvoir et la richesse, tous se jouent de lui, ce qui en fait un grincheux amer.

– **Le Docteur :** ami de Pantalone, médecin, il emploie des mots savants toujours hors de propos (et souvent en latin farfelu). Origi-naire de la riche Bologne, pédant, orgueilleux et obèse, il est repré-

## LA CULOTTE DE PANTALONE

*L'imposante braguette du vieillard Pantalone, libertin et avare, avait l'ambition de provoquer les femmes. Et sa culotte avait la particularité d'être longue ! Au XVIe s, quand les Italiens sont venus jouer la comédie en France, on a vite remarqué cet habit inhabituel. Et on appela le vêtement du nom du personnage.*

senté par un habit noir avec une fraise. Son masque est pourvu d'un nez charnu et d'un énorme poireau.

– **Le Capitaine :** vantard, alors que c'est en fait un couard et un piètre amant. Son costume est aussi entièrement noir et son masque est caractérisé par d'impo-santes moustaches.

La *commedia dell'arte* reflétait en les exagérant les particularités locales, impor-tantes dans une Italie très régionalisée. Les dialectes en particulier étaient objets de moquerie d'une ville à l'autre : l'accent vénitien à Florence, l'accent bolognais à Venise, l'accent de Bergame des serviteurs, etc.

Devenu vulgaire et répétitif après deux siècles, le théâtre italien fut réformé en 20 ans, à grand-peine, par **Goldoni** (1707-1793), les acteurs refusant d'appren-dre du texte. En 1750, il expose sa théorie du théâtre dans *Il Teatro comico*. L'auteur vénitien (voir plus loin « Littérature ») parvint finalement à imposer des piè-ces avec une approche plus psychologique des personnages *(La Locandiera, Les Rustres)* et fit peu à peu tomber les masques tout en gardant une certaine légèreté (la trilogie de *La Villégiature*). C'est la fin de la *commedia dell'arte* qui influença à jamais le théâtre européen, jusqu'au cinéma d'un certain Charlie Chaplin.

## CUISINE

### Comment manger à l'italienne ?

La carte des restaurants se divise en cinq grands chapitres : les **antipasti, il primo, il secondo, i contorni** et **i dolci.** Il faut faire un choix en sachant que les Italiens eux-mêmes, en dehors de certains repas de fête, se contentent d'*antipasti* et d'un plat selon leur faim. Sinon, gare à la ceinture et, surtout – car on marche suffisamment à Venise pour digérer – à l'addition finale !

La grande spécialité vénitienne reste la cuisine de poisson, qui se décline des *anti-pasti* au *primo* et *secondo piatto*. On y ajoute une autre spécialité vénitienne : l'encre de seiche *(nero di seppia),* qui entre dans la composition des *risotti* et des pâtes.

#### Antipasti (hors-d'œuvre)

Charcuteries (**salumi, prosciutto, bresaola,** etc.), légumes de saison comme les artichauts ou les asperges, poivrons, aubergines et courgettes grillés, fruits de mer et petits poissons marinés **(sardines in saor)** ou encore la **granseola sott'olio** (araignée de mer), servie avec une fine sauce huile d'olive-citron... Ces mises en bouche (qui s'avèrent parfois de véritables plats) varient selon les établissements et en fonction du marché, mais ce sont les hors-d'œuvre à base de poisson qui restent la grande spécialité de Venise.

### Il primo (premier plat)

La place d'honneur revient à la *pasta*. C'est pourquoi nous lui avons consacré une rubrique spéciale (voir plus loin). Le *risotto* est plus répandu que la *pasta* dans le Nord, et vous devriez vous régaler à Venise. C'est le plat emblématique, celui dont le ratage ou la réussite fait la réputation de l'établissement. Le riz *(riso)* est cuisiné avec des fruits de mer, des petits légumes, des champignons, et agrémenté d'un peu de crème fraîche ou d'une pointe de safran qui rappelle son origine exotique, ou, mieux encore, à l'encre de seiche *(al nero di seppia)*.

Les *minestre* (soupes), souvent faites suivant d'anciennes recettes du terroir, sont excellentes. La plus célèbre est le *minestrone*, à base de céréales, mais on vous en proposera bien d'autres à Venise : la **pasta e fagioli,** reconstituante l'hiver (haricots rouges, lard et tagliatelles, entre autres), qu'on vous servira froide en été, mais aussi le bouillon de riz aux petits pois *(risi e bisi),* sans parler des soupes de poisson...

Les vrais **gnocchis** restent ceux confectionnés à base de pommes de terre *(gnocchi di patate).* Mais vous trouverez nombre de variantes, dont certains gnocchis occasionnels à base de fromage *(di ricotta)* et d'épinards *(verdi),* ou de semoule *(alla romana).* C'est un plat consistant, comme la *pasta.*

Le **risi e bisi** était le plat d'ouverture du repas du doge lors de la fête de Saint-Marc. Si vous n'êtes pas des fanas du riz, goûtez plutôt au *pasticcio* de poisson, une sorte de lasagne aux fruits de mer et crustacés !

### Il secondo (second plat)

Étant donné l'importance du *primo,* le plat de viande ou de poisson ne joue pas le même rôle que dans nos menus. Le veau *(vitello)* apparaît sur bien des cartes et dans des préparations très variées : en paupiettes *(involtini),* en escalope *(scaloppina)* ou bouilli.

Le foie *(fegato alla veneziana),* les tripes *(trippa),* les côtes de porc *(costoletta),* le lapin *(coniglio),* le lièvre *(lepre)* figurent eux aussi souvent sur les cartes.

Le poisson reste une des principales « attractions » du marché du Rialto (sur la façade de la **pescheria,** une plaque mentionne toujours les longueurs minimales des poissons vendus au détail)... L'encre de seiche *(nero di seppia)* est fréquemment utilisée comme sauce pour accompagner les plats de pâtes et le poisson, et le résultat peut être somptueux. Le **baccala mantecato,** spécialité vénitienne à base de morue, est une vraie institution familiale. Elle offre autant de préparations qu'il y avait autrefois de villages : tout dépendait de la durée de la macération des filets de poisson sec dans l'huile d'olive, et des petits secrets de chaque mère de famille ou de chaque cuisinier...

À Venise, comme dans toute la Vénétie, on vous servira souvent, avec la viande, la fameuse *polenta* : autrefois plat du pauvre, elle est devenue un des incontournables locaux.

### I contorni (la garniture)

Les *secondi* sont toujours servis sans garniture. Il faut donc commander celle-ci à part et la payer en supplément. On vous proposera, selon la saison, des pommes de terre, des légumes ou des salades. Mais, très souvent, il s'agit de légumes grillés (poivrons, aubergines, courgettes). Quant à la *verdura cotta,* il ne s'agit pas de salade mais de légumes cuits, servis avec de l'huile d'olive et du citron ou *sott'olii* (baignant dans l'huile, en fait !).

## POURQUOI « TOMATE » SE TRADUIT PAR *POMODORO* ?

*Les grands navigateurs découvrirent la tomate chez les Aztèques, au Mexique. Elle avait bien la forme d'une pomme et valait le prix de l'or parce qu'elle était particulièrement difficile à conserver. Le nom est resté. Assez fade, il fallut plus d'un demi-siècle pour savoir l'utiliser en cuisine.*

### I dolci (desserts)

Les Italiens ne mangent pas beaucoup de sucreries en fin de repas, mais les préfèrent faites à la maison, ou alors ils les mangent dans l'après-midi. Ne manquez pas les **buranei**, petits sablés que l'on trempe dans le **vin santo** ou le **fragolino**, ou encore les **pan dei Dogi** (pain des doges). Quant au *tiramisù,* ce gâteau à base de mascarpone (crème épaisse), avec ses biscuits imbibés de café, qu'on sert saupoudré de cacao, on le donnait aux femmes de Trévise qui venaient d'accoucher pour les remettre sur pied. D'autres prétendent que les courtisanes vénitiennes en mangeaient avec leurs amants en guise de puissant aphrodisiaque (moins moral tout ça !). **Tiramisù** signifie « tire-moi vers le haut » ou « remonte-moi le moral », en référence, évidemment, à sa teneur en café et son haut pouvoir calorique !

## Gelati (les glaces)

Pas d'Italie sans glaces... Dégustation de **cornetto** ou **coppetta** aux parfums comme **alla straciatella,** au **mustazzolo, al caffe con panna, al pasticcio...** Les variations sont innombrables et s'enrichissent de succulents sorbets aux fruits de saison. Pour la petite histoire, on sait que la glace existait déjà en Chine et au Moyen-Orient bien avant notre ère : des glaces fruitées étaient servies aux banquets d'Alexandre le Grand. Les khalifes de Bagdad adoraient déguster des fruits mélangés à de la neige, appelant ce mélange *sharbet* qui signifie « glaçon fruité » en arabe. C'est Marco Polo qui aurait rapporté cette trouvaille en Italie, et sa consommation se serait développée à la cour des Médicis à Florence sous le nom de *sorbetti,* grâce au bien nommé Bernardo Buontalenti.

## Pizza

La pizza est l'emblème même de Naples, mais Venise tire également son épingle du jeu. Née dans les quartiers pauvres de Naples, c'était jadis la nourriture principale des dockers. La pâte, agrémentée d'un petit quelque chose (huile, tomate, fromage...), que l'on roulait sur elle-même, constituait le casse-croûte de midi. Elle a fait du chemin depuis : il y aurait, d'après les spécialistes, près de 200 façons de la préparer. Les pizzerias

**PIZZA ROYALE !**

*C'est en l'honneur de la reine Marguerite de Savoie, l'épouse d'Umbert Ier (fin XIXe s), lors d'une réception à Naples, que l'on prépara une pizza spéciale. Sans ail évidemment, rapport à l'haleine ! On décida alors de rendre hommage à la nation nouvellement unifiée en évoquant le drapeau italien : tomate pour le rouge, mozzarella pour le blanc et basilic pour le vert. La margherita était née.*

déclinent une vingtaine de versions avec les noms des produits qui entrent dans leur composition, ce qui facilite le choix. Les meilleures pizzas sont, bien sûr, cuites au feu de bois, mais c'est interdit à Venise pour raison de sécurité. Donc on se contentera de pizzas cuites au four traditionnel.

## Pasta (les pâtes)

Sur la carte, la *pasta* est toujours considérée comme *primo piatto* (entre les *antipasti* et le second plat) mais depuis bien longtemps, elle est consommée comme plat de résistance. En tout cas, jamais comme accompagnement. *Madonna !*
On ne va pas vous énumérer toutes les sortes de pâtes (il y en a 245), ni toutes les recettes, d'autant que leurs formes et la façon de les préparer varient selon les régions. La préparation la plus simple est *al burro* (au beurre) ou *al pomodoro* (sauce tomate) ; mais il y a surtout, à Venise, les pâtes *alle vongole* (aux palourdes, un délice !), *al nero di seppia* (au noir de seiche), *con le sarde* (spécialité initialement sicilienne au fenouil, sardines fraîches et anchois)...

Dans certains restaurants, il est possible d'en goûter de plusieurs sortes en même temps. Dans ce cas, demandez un *assaggio* (dégustation). Les listes ci-après pourront vous aider dans votre choix.

**Pâtes aux œufs**

*Tagliatelle* : plat et long
*Fettuccine* : long et plat (!), mais en ruban et moins large que les tagliatelles
*Tonnarelli* : spaghetti carré, blanc ou vert
*Lasagne* : large, long, plat et en pile, blanc ou vert
*Cannelloni* : gros tube à farcir
*Ravioli* : en forme de coussin, fourré
*Tortellini* : en forme d'anneau, fourré
*Tortelloni* : la taille au-dessus, fourré
*Quadrucci* : voir *fettuccine*
*Capellini* : petits cheveux

**Pâtes sans œufs**

*Spaghetti* : long et rond
*Bucatini* : spaghetti géant avec un tout petit trou
*Ziti* : spaghetti géant avec un grand trou
*Penne* : sorte de tuyau biseauté
*Rigatoni* : plus gros que les *penne,* rayés et aux extrémités droites
*Conchiglie* : en forme de coquillage
*Puntine* : petits points
*Farfalle* : papillons
*Maccheroni* : macaroni
*Fusilli* : pâtes en forme de spirale

## Comment manger à la vénitienne ?

La cuisine vénitienne peut s'enorgueillir d'une tradition ancestrale, et sa longue histoire est intimement liée à celle d'une cité orientée vers la mer. C'est pourquoi on retrouve dans la gastronomie vénitienne des saveurs et des goûts orientaux, que l'on rencontre rarement ailleurs en Italie. En premier lieu, il s'agit d'une cuisine de marins, nécessitant de jouer aussi bien la conservation que sur l'économie : on ne jetait rien. Bien sûr, vous pourrez manger à Venise la traditionnelle

### LA MODE DE LA MORUE

*Au XV$^e$ s, le navigateur vénitien Querini affréta un bateau vers la mer du Nord. Affrontant une terrible tempête, il se réfugia aux îles Lofoten en Norvège. Il fut sauvé par les pêcheurs qui lui apprirent la technique de la morue séchée. Un excellent moyen pour conserver le poisson et naviguer plus loin. Depuis, on déguste la morue à Venise alors qu'elle ne se pêche pas en Méditerranée.*

**pasta,** en privilégiant toutefois les **bigoli in salsa,** gros spaghettis accompagnés d'une sauce à base de sardines et d'oignons, les spaghettis aux palourdes chers à Hugo Pratt ou les gnocchis à la vénitienne, apportés par les envahisseurs venus d'Europe centrale. Mais il serait dommage de passer à côté des autres spécialités locales comme le **risi e bisi,** associant petits pois, jambon, lardons et riz, mijotés dans un consommé de poulet, ou la *pasta fagioli,* à base de gros haricots et de pâtes, sans parler de toutes ces autres soupes utilisant les légumes de saison chers aux habitués du marché du Rialto.

Car c'est au Rialto qu'ils vont chercher poissons et crustacés, fruits et légumes qui arrivent chaque matin par la mer, soit en provenance des fermes piscicoles de la lagune, les *valli da pesca,* soit des îles voisines comme Sant'Erasmo, appelée le potager de Venise.

Si vous vous demandez pourquoi les Vénitiens se ruent sur le **radicchio trevigiano** (qui n'a rien à voir avec la salade de Trévise que l'on connaît en France), les **spareselle,** asperges miniatures, ou les **castraure,** pousses d'artichauts printaniers, goûtez-les au restaurant et vous comprendrez !

Dans les restaurants aux alentours du marché, goûtez le **fritto misto** (une friture de calamars, anchois, lotte, crevettes...) ou les **sarde in saor** (sardines macérées avec des petits oignons, des raisins secs et des pignons). Ou encore les **seiches farcies,** à moins que vous aussi ne succombiez devant les **moleche,** ces petits crabes mous frits entiers, pour n'en faire qu'une bouchée.

Quant au *foie à la vénitienne,* cette spécialité qui remonte à l'Antiquité associe foie et oignon. Un plat servi avec l'incontournable polenta.

Plus subtil, le canard rôti, qui constitue le clou du dîner de la fête du *Redentore* (voir la rubrique « Fêtes et jours fériés » dans « Venise utile » en fin de guide), ou le célébrissime *carpaccio* servi la plupart du temps recouvert de copeaux de parmesan.

Dans les *bacari,* les amateurs de vins servis au verre à l'apéritif accompagneront leur boisson

## QUI L'EÛT CRU ?

*Parmi les restaurateurs de renom à Venise, Giuseppe Cipriani, le fondateur du Harry's Bar et de la Locanda Cipriani, reste le plus connu. En 1950, pour faire plaisir à une comtesse au régime, il eut l'idée du filet de bœuf cru taillé en tranches fines, arrosé d'une sauce aussi colorée que savoureuse et saupoudré de parmesan. Il n'hésita pas à baptiser son plat du nom d'un peintre vénitien connu pour ses rouges si personnels :* carpaccio.

favorite de *tramezzini,* sortes de petits triangles de pain de mie renfermant une garniture de viande, de légumes ou de fromage, et surtout de délicieux *cicchetti,* à déguster au comptoir. Typiques et savoureux, il y en a pour tous les goûts : charcuterie locale, *crostini di baccalà mantecato* (pain grillé avec cette fameuse crème de morue dont chaque établissement garde la recette et qui remonte à la grande époque de la navigation vénitienne, quand les bateaux revenaient chargés de... cabillaud), et bien sûr de croustillantes croquettes de thon, de riz et de viande.

## Petit lexique culinaire

| | |
|---|---|
| *Acciughe* | Anchois |
| *Baccalà* | Morue |
| *Brodetto* | Soupe de poisson |
| *Casalinga* | Comme à la maison, « ménagère » |
| *Contorno* | Garniture |
| *Dolci* | Desserts |
| *Fegatini di pollo* | Foies de volaille |
| *Gamberi* | Crevettes |
| *Gamberoni* | Gambas |
| *Ortaggi* ou *verdure* | Légumes |
| *Pane* | Pain |
| *Pasticceria* | Pâtisserie |
| *Pesce* | Poisson |
| *Riso* | Riz |
| *Sarde* | Sardines |
| *Scampi* | Langoustines |
| *Seppia* | Seiche |
| *Spumone* | Glace légère aux blancs d'œufs |
| *Tiramisù* | Gâteau à base de mascarpone et de biscuits imbibés de café |
| *Torta* | Gâteau |
| *Vitello* | Veau |
| *Vongole* | Palourdes ou clovisses |
| *Zuppa* | Soupe |

## Le succès du *slow food*

De plus en plus de restaurants vénitiens affichent désormais l'autocollant *slow food* (reconnaissable à son petit escargot), comme un gage de qualité. Ce mouvement culinaire, né dans le village de Bra (Piémont) en 1986 défend les valeurs de la cuisine traditionnelle, et notamment celle des petites *trattorie* de terroir.

Le retour du « bien manger » et la volonté de préserver la biodiversité ne sont pas contradictoires avec une certaine forme de modernisation, à condition qu'elle soit au service du goût. L'idée, c'est de respecter la nature et d'attendre le bon moment pour apprécier un légume ou un fruit.

Les restaurants estampillés *Slow Food* (on en a sélectionné certains dans ces pages) ne sont pas forcément chers.

Pour plus d'informations sur ce mouvement : • *slowfood.fr* • *slowfood.it* •

## *Caffè ? Trattoria ? Enoteca ? Ristorante ?* Comment s'y retrouver ?

Le routard risque d'être désorienté les premiers jours devant la variété des enseignes.

– Le **caffè** et la **paninoteca :** petit déjeuner simple qu'affectionnent les Vénitiens : *cappuccino* (ou *caffè*) et *cornetto* (un croissant qui peut être fourré au chocolat, à la crème ou à la confiture) sur un bout de comptoir. On y vend aussi des gâteaux, des *panini* et des *tramezzini* (sandwichs triangulaires au pain de mie). Si vous vous asseyez, les prix grimpent forcément, sans parler des cafés avec terrasse stratégique...

– La **rosticceria,** c'est un traiteur qui vend des plats à emporter, mais chez qui on a la possibilité de se restaurer sur place (quelques tables). Il y en a très peu à Venise.

– La **tavola calda** (une sorte de cantine ou self) est un endroit où l'on sert une restauration rapide, offrant un nombre assez limité de plats cuisinés à un prix très abordable.

– Dans une **pizzeria,** vous pourrez manger... des pizzas, voyons ! À noter aussi que l'on peut acheter des parts de pizza dans certaines boulangeries *(panetterie).*

– On trouve aussi des **enoteche,** des bars à vins, qui proposent également de bons produits régionaux à déguster sur place. Le cadre est souvent très soigné, et les prix sont plutôt raisonnables, sauf pour les vins.

– La **trattoria** est un restaurant à gestion (théoriquement) familiale. Comparable au bistrot du coin français, la trattoria propose une cuisine faite maison (*casareccia* ou *casalinga*). Tendance depuis quelques années : la trattoria chic à la déco recherchée. Attention : la carte n'offre pas un grand choix de plats.

– Tout comme l'**osteria** qui, à l'origine, était un endroit modeste où l'on allait pour boire et qui proposait un ou deux plats pour accompagner la boisson... L'appellation a été reprise par des restaurateurs (parfois en ajoutant un *h* et en remplaçant le *e* par un *a*, « *hostaria* », pour faire plus chic) pour donner un goût d'antan tout en appliquant des tarifs plus élevés... On peut la comparer à notre brasserie.

– Enfin, le **ristorante** correspond au resto gastronomique. Dans cette catégorie, on trouve tout et son contraire, mais surtout une note salée en fin de repas.

## CURIEUX, NON ?

– L'addition est traditionnellement majorée du **pane e coperto** (pain et couverts ; 1-3 € par personne).

– La bouteille d'eau minérale est généralement apportée d'office sur la table entraînant un supplément de 3 à 4 €.

– Dans les églises, les sacristains sont souvent remplacés par des tirelires électriques (en général 1 €) pour éclairer les chefs-d'œuvre sans forcer la main.

– Les Italiens ont l'habitude le matin de se contenter d'un café et d'un croissant sur le zinc au lieu d'un copieux petit déjeuner.

– Vous passerez pour un touriste si vous commandez un cappuccino après 11h.

– La *pasta* fait partie intégrante du repas, qu'on mange en « *primi* » avant le plat principal.

– Si vous voulez prendre un petit café au comptoir comme de nombreux Italiens, il vous faudra d'abord payer avant de consommer.

– Dans tous les hôtels, un cordon – signalé par un discret panneau – pend au long du mur de la douche ou de la baignoire. Un dispositif de sécurité imposé par la loi, en cas de malaise : une traction déclenche une sonnerie à la réception. Mais vu le nombre de clients qui pensent que c'est le cordon de la ventilation, voire une corde à linge... il est plutôt rare que quelqu'un prenne la peine de se déplacer !

## ÉCONOMIE

La Vénétie fait partie des régions les plus riches d'Italie, et même d'Europe. Au moment de son expansion maximale, entre le XIIIe et le XVe s, Venise fut un carrefour marchand d'enver-gure internationale, grâce à son autorité sur une grande partie de la Méditerranée orientale. Le quartier du Rialto qui, à l'époque, incarnait la plaque tournante du

### ORIGINE DE LA BANQUE

*Au Moyen Âge, les prêteurs sur gages travaillaient sur un comptoir* (il banco). *C'est l'origine de ces établissements financiers. Quand ils faisaient faillite, ils étaient obligés de casser, de rompre ce comptoir* (banco rotto). *D'où le mot « banqueroute ».*

commerce, s'est transformé depuis l'avènement du tourisme en un formidable « marché à souvenirs ». Un **secteur touristique** qui emploie aujourd'hui près de la moitié de la population – hôtellerie, restauration, agences de voyages, banques... 22 millions de touristes en moyenne par an, cela fait une source de revenus consi-dérable pour Venise !

Mais l'enrichissement de Venise n'est pas tant dû à l'argent laissé par les touristes qu'à l'appétit des spéculateurs qui n'ont de cesse d'augmenter le prix des loyers. Et, quand bien même quelques restaurateurs arrivent à tirer leur épingle du jeu, l'augmentation des prix des locations a forcé certains d'entre eux à se replier dans des quartiers moins fréquentés pour céder leur place aux inévitables grosses enseignes, les seules à pouvoir honorer les loyers exigés par les proprios...

En dehors de ce secteur, la région vit grâce à la présence du port de Marghera et des zones industrielles qui l'entourent. Pétrochimie, métallurgie, construction navale et industrie mécanique sont la base de l'économie régionale. On doit y ajouter les dentelles de Burano et la verrerie de Murano, connues dans le monde entier, qui emploient à elles seules près de 6 000 personnes.

## ENVIRONNEMENT

### Pollutions en tout genre

– Paradoxalement, on a laissé s'installer l'un des **plus grands complexes indus-triels d'Italie** dans l'un des sites les plus fragiles sur le plan écologique. Complè-tement aberrant : les grandes industries chimiques de Mestre-Marghera sont à l'origine d'une partie importante de la pollution aquatique de la lagune et de la dégradation des bâtiments.

– Les **pigeons** contribuent à dégrader les édifices, leurs déjections acides abîment la pierre déjà fragilisée. Attention, il est désormais interdit de les nourrir, comme il est également interdit aux marchands de graines de vendre leurs sachets place Saint-Marc. Ces derniers vendent désormais des souvenirs en tout (mauvais !) genre. Et des pigeons pour en acheter, il y en aura toujours !

– Par ailleurs, **le sel et l'humidité ambiante,** ainsi que les vagues des bateaux à moteur qui viennent mourir contre les murs agressent en permanence les façades et soubassements des palais et abîment toutes les sculptures extérieures.

D'un autre côté, on a tous entendu et lu beaucoup de choses sur l'**enfonce-ment de Venise** (25 cm depuis le début du XXe s) : **tectonique des plaques,** appauvrissement de la nappe phréatique située sous la lagune par excès de pompage créant un affaissement des strates, piétinement de la vingtaine de millions de touristes qui chaque année la visitent, etc.

Mais force est de constater que les énormes quantités de **rejets toxiques** dues à la proximité des zones industrielles de Mestre sont les premières incriminées. Un phénomène aggravé par le développement de la navigation à moteur (*vaporetti, lancioni* – bateaux privés grand tourisme pour transport de groupes –, mais aussi bateaux d'approvisionnement de la ville, taxis, ambulances et bateaux de la police). Pour tenter de remédier à cela, la coque des bateaux publics a même été spécialement étudiée pour la navigation dans Venise et leur vitesse limitée à 5 km/h. Enfin, que penser des énormes paquebots qui accostent carrément aux portes de la ville ? Pour les laisser entrer dans la lagune, il a fallu rogner les bandes de terre qui protégeaient la lagune... ce qui a contribué à accentuer le phénomène d'*acqua alta* (voir ci-dessous) !

## *Acqua alta* (grandes marées)

Venise a régulièrement les pieds dans l'eau. Sous l'action conjuguée des grandes marées, de la pression atmosphérique, des courants et du vent, la mer pénètre dans la lagune et inonde certains quartiers de la ville. On appelle cela une *acqua alta*. Ce phénomène, qui se produit en moyenne 100 fois par an (de manière plus ou moins prononcée) et qui se déroule généralement **de début novembre à fin avril**, est très spectaculaire (surtout place Saint-Marc, le point le plus bas de Venise). Il fait le bonheur des photographes et des voyagistes japonais, qui enregistrent leurs plus forts taux de réservation pendant cette période ! L'office de tourisme peut fournir une carte des zones inondables.

**La place Saint-Marc se retrouve la première sous les eaux** quand la lagune déborde. Ce qui peut paraître amusant pour les touristes l'est beaucoup moins à la longue pour les Vénitiens ! Imaginez votre rez-de-chaussée envahi par l'eau régulièrement dans l'année... Mais pas de panique en ce qui vous concerne : l'*acqua alta ne dure que quelques heures* (le temps d'une marée), des passerelles sont installées pour faciliter la circulation et de nombreux marchands improvisés proposent des paires de bottes.

### LES CHOPINES

*Rien à voir avec la bière. On appelait ainsi les chaussures hautes qui furent inventées à Venise, dès le XVIe s, afin de franchir les flaques d'eau. Ces plates-formes en bois pouvaient atteindre 60 cm. Et puis, la hauteur est devenue plus raisonnable, et, surtout, on abaissa le devant. Résultat, il ne resta qu'un talon de quelques centimètres. Louis XIV, qui ne mesurait que 1,62 m, lança la mode des chaussures à talons. D'autres chefs d'État l'ont imité.*

Malheureusement, l'agrandissement des trois passes de la lagune (pour laisser entrer les gros bateaux) facilite l'accès de la marée et augmente chaque année la fréquence et l'importance des *acque alte*.

Même si elles sont souhaitables pour brasser et « purifier » l'eau des canaux, elles endommagent les fondations des maisons et peuvent même paralyser la ville. Ainsi, le 4 novembre 1966, la place Saint-Marc s'est retrouvée sous plus de 1,94 m d'eau (un record !), et toute la cité a connu une panne générale d'électricité. Depuis, les Vénitiens sont avertis du danger par une sirène un peu lugubre qui retentit 6h avant les grands débordements (le nombre de sonneries indique la hauteur d'eau attendue).

Depuis des dizaines d'années, on ne compte plus les études et les projets émis par les spécialistes du monde entier pour sauver Venise. Le projet le plus raisonnable a consisté à surélever les sols des parties les plus basses de

la ville et à rehausser les quais, comme à San Marco, mais ces travaux sont désormais interrompus en vue d'un projet plus ambitieux.
– En réponse aux lecteurs prévoyants qui nous demandent les coordonnées des magasins vendant des bottes appropriées pour l'*acqua alta,* voici deux adresses près du pont du Rialto : *Amorino* (chausseur qui se trouve sur le pont même) et *La Friulana* (Rialto 86), une fois passé le pont en allant vers le piazzale Roma. On y trouve toutes les pointures et même... trois hauteurs différentes !

## Faut-il sauver Moïse ?

Ce projet « pharaonique », baptisé *Mose* (Moïse, bien connu pour se tirer d'affaire quand il s'agit d'eau !), consiste en rien de moins qu'ériger un barrage (constitué de 79 parois mobiles) sur les trois portes d'accès à la lagune : les passes du Lido, de Malamocco et de Chioggia. Ces barrages ne devraient fonctionner qu'en cas de montée des eaux menaçante, disparaissant dans les profondeurs le reste du temps. Seulement, les écologistes et de nombreux Vénitiens de tous bords sont contre : selon certains, dont des scientifiques indépendants, cette solution n'est valable que sur du court terme (50 ans au plus), elle menace sérieusement tout l'écosystème de la lagune et surtout, en cas de ratage, elle mettrait définitivement en péril le site historique de Venise. Les intérêts politiques sont à l'heure actuelle plus que divergents, alors que les intérêts financiers ont pris le dessus (comme par hasard), et la polémique est loin d'être apaisée.
– Pour en savoir plus sur ce projet *Mose* déjà bien entamé, vous pouvez vous rendre au **centre d'information Punto Laguna** : *San Marco, 2949, sur le campo Santo Stefano. Pour plus d'infos :* ● *mosevenezia.eu* ●

## La gestion des déchets

C'est un problème qui dure. Au XVIIIe s déjà, les immondices étaient déposées à même le sol et enlevées par les habitants des îles voisines quand ils avaient besoin de fumier ! Aujourd'hui, les éboueurs passent tous les matins collecter les sacs-poubelle (laissés par les Vénitiens devant leur porte avant 8h), les déposent dans des chariots dont le contenu est ensuite déversé dans une barge. Les ordures sont finalement incinérées à l'extrême ouest de l'île de la Giudecca. Le coût d'une telle collecte est très élevé : de l'ordre de 4 000 € par an pour un restaurant.

## GÉOGRAPHIE ET URBANISME

### Situation

Venise se trouve au centre d'une lagune de 50 km de long environ et de 15 km de large. La commune est un ensemble très compact : elle regroupe près de **118 îlots très rapprochés, reliés par 160 canaux.** Elle est séparée de la mer Adriatique par une bande sableuse. On y accède par trois passages : le *porto del Lido,* le *porto di Malamocco* et le *porto di Chioggia.* Des chenaux profonds, naturels et artificiels, permettent la navigation. Des *bricole* (piliers de bois assemblés trois par trois) balisent le passage. En dehors de Venise et des îles avoisinantes, il existe de nombreux îlots non habités. À chaque île de la lagune correspondait une des fonctions de la cité. Cette organisation permettait ainsi d'isoler et donc de maîtriser chaque secteur d'activité : San Servolo et son hôpital psychiatrique (fermé en 1979) ; San Michele, l'île-cimetière où repose, entre autres, Igor Stravinski ; Sant'Erasmo, le « potager de Venise » ; Murano où, en 1297, s'installèrent les verriers pour éviter les incendies dans le centre-ville (en fait, une autre raison était sans doute d'isoler la production pour éviter la fuite des secrets de fabrication dans une Venise déjà très visitée à l'époque) ; Burano, haut lieu de la pêche et de la dentelle ; San Francesco del Deserto, l'île-monastère...

## Les constructions sur pilotis

À l'origine, la ville s'est constituée avec la venue, sur des terres émergées, de colonies fuyant les Barbares. Puis, avec la concentration des populations, le centre de la ville s'est développé. Mais la surface marécageuse rendait les constructions difficiles. Il était donc nécessaire de consolider le terrain afin qu'il puisse supporter le poids des bâtiments. **La ville de Venise repose ainsi en partie sur ces pilotis.** La technique consistait à enfoncer dans le sol des troncs d'arbres (chêne rouvre, aulne et mélèze) pour y construire par-dessus une plateforme, avant d'entamer les travaux du bâtiment proprement dits.

### VAGUES DE PROTESTATION !

*On accuse les bateaux à moteur de faire des vagues qui découvrent régulièrement les pilotis des maisons, alors qu'ils doivent normalement rester immergés pour ne pas pourrir au contact de l'air. Ce n'est pas tant le problème que les vagues découvrent les pilotis (ceux qui jalonnent les canaux ou ceux d'amarrage, pas ceux qui soutiennent les palais et qui sont fichés dans le sol des îlots), c'est plutôt que les remous vont ronger les rives des canaux et provoquer l'effondrement des briques des rives et des fondations !*

On peut voir ainsi sur le Grand Canal plusieurs fenêtres et balcons qui s'affaissent. En effet, les pieux qui les soutenaient étaient enfoncés seulement sous les murs porteurs. Au fil des travaux intérieurs, la répartition des masses s'est trouvée modifiée alors que les soubassements n'avaient pas été conçus à cet effet.

## Une histoire d'eau !

Historiquement, toute la vie de la cité s'organise autour de l'eau. Aujourd'hui encore, le Grand Canal reste l'artère principale. Quelque 45 petits canaux y débouchent, et toutes les embarcations le parcourent pour passer d'un point de la ville à un autre. **Venise est divisée en six *sestieri*** (quartiers administratifs). Ce partage remonterait au XIIe s, pour faciliter la levée des impôts nécessaires à la guerre contre Byzance. Mais cette division n'a pas eu de véritable répercussion sur l'urbanisme. En fait, la ville s'organise autour des *campi,* ces places qui constituent les vrais centres de la vie communautaire. La fonction première du *campo* était de fournir les maisons avoisinantes en eau potable. Venise a beau être la ville la plus « aquatique » du monde, elle ne possède pas de sources naturelles. Le *campo* abritait donc une gigantesque citerne souterraine qui servait à recueillir les eaux de pluie. Les curieux remarqueront qu'une poulie est accrochée en haut des maisons qui bordent les places : celle-ci permettait de remonter l'eau directement du puits vers la cuisine, située au dernier étage pour éviter les odeurs (il fallait y penser !). Ce système ingénieux perdit son utilité dès la fin du XIXe s, avec la mise en place des premières canalisations d'eau potable reliées à la terre ferme. Aujourd'hui, les margelles des puits (fermés hermétiquement) constituent un témoignage fidèle de l'art vénitien ; elles ressemblent à des chapiteaux de colonnes romaines. Il en existe d'autres de style gothique ou byzantin.

## Et la lumière fut...

L'éclairage public fut mis en place dès 1732, mais les lanternes étaient trop espacées pour avoir une réelle utilité. C'était du pain béni pour les truands et autres coupe-jarrets ! Aussi, un corps de guides nocturnes, munis de chandelles, avait été créé pour protéger les nobles et rendre la ville plus sûre. Puis l'électricité a permis de rendre l'éclairage performant, mais on peut regretter le temps où Venise n'était éclairée que par des lampes à huile, quand la lumière ambrée devait ajouter au mystère de la ville.

## HISTOIRE

Dès 1300 av. J.-C., les **Vénètes,** un peuple indo-européen, sont installés dans les îlots de la lagune et vivent tranquillement en petites communautés.

Après s'être repliés sur la terre ferme, peut-être pour échapper au paludisme qui sévissait à l'époque, les Vénètes sont contraints d'y revenir sous la pression des invasions barbares. Nous sommes au V$^e$ s, l'Empire romain, christianisé depuis la conversion de Constantin en 315, commence à battre de l'aile. L'instabilité règne. Du coup, les habitants de la Vénétie trouvent tout naturellement refuge sur ces lagunes, pas spécialement hospitalières mais sur lesquelles ils

### VENISE ET LA BRETAGNE PARENTES ?

*Du temps de César, une tribu appelée les Vénètes vivait autour de Vannes. Ces pêcheurs du Morbihan seraient les descendants d'une colonie de pesca-tori de Vénétie. Comme dit Châteaubriand, « Je regarde donc les Vénitiens comme des Bretons... les gondoliers et moi sommes cousins... »*

se sentent à l'abri. Ils vont s'y installer progressivement. Ils choisissent deux sites stratégiques : **Torcello,** au nord, et **Malamocco,** au sud. Malamocco connaîtra l'avènement du premier doge et deviendra le siège de l'évêché deux siècles plus tard, tandis qu'à Torcello est édifiée la *catedrale Santa Maria Assunta.* Dans le même temps, les **Byzantins,** qui avaient réussi à prendre le contrôle de toute l'Italie dès 563, reconnaissent en eux des alliés de confiance. Du coup, la situation se stabilise et les églises fleurissent un peu partout. Un site appelé le Rivo Alto (le Rialto), facilement accessible, est élu comme centre d'échanges. Il préfigurera l'actuelle Venise qui, elle, verra le jour au seuil du IX$^e$ s alors que les armées de Charlemagne débouleront dans la région.

À partir de cet embryon de ville, une cité marchande se développe rapidement, tirant profit de sa situation, **entre les empires franc et byzantin, entre Occident et Orient.** Habiles diplomates, les Vénitiens, bien qu'inféodés à Byzance, ne tardent pas à affirmer leur autonomie. Enrichis grâce à l'exploitation du sel des salines de Chioggia (au sud de la lagune), ils établissent des comptoirs un peu partout autour de la Méditerranée, mais aussi en Europe occidentale, s'affirment, à l'instar des Génois et des Pisans, comme les **premiers marchands d'Europe.** Mais l'empire de Byzance commence à s'effriter, les Normands sont en pleine expansion ; peu sûre et difficile à tenir, la terre ferme n'offre aucune perspective de conquête. C'est donc tout naturellement vers la mer que se tournent les Vénitiens. Idéalement placés sur l'Adriatique, ils dopent leur flotte marchande au cours du XII$^e$ s en créant l'Arsenal. Ce dernier alimentera la machine de guerre économique pendant plusieurs siècles.

### La quatrième croisade (1201-1204)

Le passage d'une dimension régionale à la dimension mondiale (du moins à l'échelle du monde connu au Moyen Âge) se fait par un véritable hold-up : la quatrième croisade. Les Vénitiens feront des affaires en or : moyennant un paiement d'avance, ils vont louer leur flotte aux croisés afin qu'ils puissent se rendre en Terre sainte. Le seul problème, c'est que les soldats du Christ n'ont pas un sou en poche. Qu'à cela ne tienne ! Sous la gouverne d'Enrico Dandolo, un doge rusé comme un renard, Venise intime l'ordre aux croisés d'aller piller Byzance, rien que ça ! Et non sans s'être fait la main auparavant sur la ville croate de Zara (l'actuelle Zadar). Les croisés en oublieront même la Palestine, c'est tout dire... **La rupture est désormais consommée entre l'Orient et l'Occident chrétien.**

Du coup, avec ses nouvelles possessions (la côte dalmate – actuelle Croatie –, la plupart des îles grecques, dont la Crète qui sera, avec Chypre plus tard, son grenier à blé), Venise s'impose sur le commerce mondial de l'époque. Et cela va durer trois ou quatre siècles... !

## Une puissance mondiale au XVᵉ s

Oui mais voilà, devant tant d'enjeux, Venise doit adapter ses institutions. Le système complexe qui régule l'administration de la cité, avec la **place prépondérante du Grand Conseil** (émanation de l'aristocratie vénitienne), est amélioré au XIIIᵉ s. La cause ? L'importance que prend Venise sur le plan international. La Sérénissime est devenue quasiment un empire colonial et donc militaire, même s'il n'y a pas eu de vraies

### LE STORE VÉNITIEN

*Ce sont les navigateurs vénitiens qui découvrirent cet ingénieux système... en Perse. Non seulement il protège du soleil, mais aussi préserve l'intimité. Il permet d'observer sans être vu (à l'époque, tout le monde était un peu espion). Quand l'objet arriva en France, on préféra rappeler son origine ancienne puisqu'on le nomme « persienne ».*

colonies de peuplement. Politiquement, ce n'est pas une monarchie ni un royaume mais une **république aristocratique dotée d'un pouvoir collégial.** Le doge est élu par ses pairs (démocratie) et sa place ne s'hérite pas. Il est au service de Venise.

**Au XVᵉ s, la puissance vénitienne est à son apogée.** Les Vénitiens ont à la fois un empire maritime unique qui s'étend jusqu'à Chypre (annexée en 1488) et des possessions terrestres qui vont jusqu'à la basse vallée du Pô. La mer Méditerranée est leur mère ! « Cultiver la mer et laisser la terre en friche », cette devise leur a permis de s'enrichir et de gagner le premier rang parmi les nations ! L'ensemble de ses revenus annuels la place au même rang que le duché de Bourgogne ou encore les royaumes de France et d'Angleterre. On estime alors à quelque 6 000 les vaisseaux marchands en exercice pour son compte, galères mises à part. Venise est enviée et honnie par ses voisins.

Le commerce et la finance sont florissants, les Vénitiens sont les **premiers banquiers du monde** et ils attirent un grand nombre de nationalités, ce qui fait de la République un carrefour culturel. Le commerce des épices du Levant (Moyen-Orient) fait vivre 4 000 familles vénitiennes entre Damas et Alep (Syrie), Bagdad (Irak) et Le Caire (Égypte). Mais le vent va tourner. L'arrivée, en provenance de Chine, de la boussole et du gouvernail va permettre aux Portugais de révolutionner leur marine à voile. Du coup, sous l'impulsion d'Henri le navigateur, les Portugais entament leur circumnavigation de l'Afrique et finissent par ouvrir de nouveaux comptoirs en Asie. La donne change... Après la découverte par Vasco de Gama de la route des Indes, plus facile, moins onéreuse, la route terrestre des épices (ouverte au XIIIᵉ s, du temps de Marco Polo), échappe désormais au contrôle de Venise. C'est une perte énorme ! Dans le même temps, les Espagnols découvrent le Nouveau Monde (1492), tandis que l'Empire ottoman s'empare de presque la totalité des possessions vénitiennes. Bref, ça va mal...

## Le déclin dans la splendeur (XVIᵉ et XVIIᵉ s)

L'expansion ottomane porte un coup sévère à la grandeur de la Sérénissime qui va littéralement s'épuiser à batailler sur tous les fronts. Les marchands doivent se faire guerriers, ce n'est pas vraiment leur métier... Curieusement, la vie intellectuelle de la cité est de plus en plus brillante, les arts sont à leur sommet et son prestige culturel fascine l'Europe entière. Le XVIᵉ s est celui des grands maîtres de la peinture vénitienne : Titien, Tintoret, Véronèse. Dans le même temps, on redistribue les cartes en Méditerranée. Sous le règne de **Charles Quint,** l'Europe est dominée par la dynastie des Habsbourg d'Espagne. L'empereur du Saint Empire reprend le contrôle du commerce en consolidant son protectorat dans la Botte italienne. Venise doit s'allier

## DU POISON SUR LE VISAGE

*Dès le XVIᵉ s, le beau monde exige d'avoir le visage pâle. On utilisait la céruse, inventée à Venise, cet onguent à base de plomb. On mit 200 ans pour se rendre compte que ce maquillage corrodait la peau et accentuait les rides, les transformant en crevasses.*

avec la France pour se battre à Marignan en 1515 contre les impériaux. La Sérénissime a des ennemis sur terre ferme mais aussi sur mer. Elle doit affronter une force redoutable : les Turcs. Depuis la chute de Constantinople en 1452, les Ottomans n'ont pas cessé d'accroître leur empire. Ils viennent d'achever leur mainmise sur le Moyen-Orient, et étendent leur influence vers les Balkans et l'Europe centrale. La guerre est déclarée entre la chrétienté et le monde musulman. Venise se tourne alors vers le pape pour former une Sainte Ligue et s'allier aux Espagnols pour tenter d'enrayer la poussée ottomane.

Néanmoins, les dangers militaires en Méditerranée, les menaces extérieures n'empêchent pas Venise de briller de sa glorieuse flamme. Comme l'écrit le Toscan L'Arétin en 1537 : « Plus qu'aucune autre ville, elle brille pour sa noblesse, sa magnificence, sa puissance... ses richesses... Silence, Rome ! Personne ici n'a en tête de pouvoir ou vouloir tyranniser la liberté... Je prétends que le bon Dieu y passe avec plaisir onze mois sur douze. Ici pas le moindre mal de tête, pas de pensée de la mort... La liberté s'y promène jupes relevées sans trouver personne pour lui dire "baissez-les". » C'est l'esprit vénitien dans la splendeur du XVIᵉ s !

## La bataille de Lépante en 1571

Après le chant, le déchant ! Après les rires, les larmes. L'année 1565 sème la mort à Venise avec la peste qui fait des ravages. Un malheur n'arrive jamais seul : les Turcs prennent Nicosie et Famagouste. Chypre est bientôt perdue. Le **7 octobre 1571,** les Vénitiens et la coalition européenne affrontent les Turcs. C'est la fameuse **bataille de Lépante** (aujourd'hui Naupacte, au nord-est de Patras, en Grèce). Ce fut la bataille navale la plus sanglante et la plus meurtrière que la Méditerranée n'ait jamais connue. Avec plus de 120 000 marins engagés de part et d'autre. Venise fournit plus de la moitié des 200 galères de la coalition chrétienne, forte de 35 000 rameurs et de 40 000 soldats. Les Turcs sont battus, ils perdent 116 navires, mais, après cette défaite, ils n'en reconstruisent pas moins du double. Cependant, cette bataille de Lépante ne débouche sur aucune conquête territoriale. Et quand bien même les Ottomans consolident leurs positions, raflant à Venise quelques belles possessions comme la Crète (on l'appelait Candie), ils perdent leur suprématie sur la mer. Désormais, la porte de la Méditerranée est ouverte aux navires de commerce anglais, français et scandinaves. L'Espagne et le Portugal, quant à eux, sont définitivement tournés vers le Nouveau Monde.

## XVIIIᵉ s : la capitale galante de l'Europe

Retour de la peste à Venise en 1630-1631 avec 46 490 morts, soit le quart de la population ! Un désastre. Le 22 août 1645, les Turcs prennent La Canée (Crète) et en 1650 tous les Vénitiens de Constantinople (Istanbul) sont expulsés par le sultan. Après des années de combat en Méditerranée pour consolider ses positions, Venise finit par céder la Crète (elle fut vénitienne pendant 450 ans) à l'Empire ottoman victorieux (1668). L'orgueil des Vénitiens est atteint. La richesse de Venise n'est plus qu'une façade car la ville s'endette pour maintenir son train de vie fastueux.

Pourtant, malgré l'adversité, les vicissitudes et les malheurs, elle continue à faire la fête ! Venise insouciante et heureuse reste la capitale européenne des plaisirs. Au XVIIIe s, le Carnaval peut durer jusqu'à 6 mois ! Venise ne cesse de rayonner à travers toute l'Europe. La cité n'a jamais été aussi belle, aussi joyeuse, on n'y a jamais connu une telle douceur de vivre. Malgré la présence du tribunal de l'Inquisition, aucune

## À BON CHAT, BON RAT !

*Pourquoi cet animal est-il si souvent représenté à Venise dans les magasins de souvenirs sous forme de chat botté ou même en costume de doge ? La raison est historique et pratique. En période de peste, les chats mangeaient les rats venant des navires qui transmettaient l'épidémie... Depuis cette époque, les Vénitiens aiment beaucoup les chats.*

cité au monde ne peut jouir d'une telle liberté. Résolument tournée vers les plaisirs, la Sérénissime affirme ses tendances pour le libertinage. À tel point que le doge doit prendre des mesures (façon de parler) pour enrayer la pratique de la sodomie, très appréciée à l'époque. Les fils des grandes familles restent célibataires et vivent avec des courtisanes. Seuls les héritiers les moins avantagés se marient et font des enfants. La démographie vénitienne est menacée par la vie facile. **Casanova** et **Goldoni** épanouissent leur génie, l'un dans le libertinage, l'autre dans la comédie, au cœur de cette Venise pétillante, galante, voluptueuse et raffinée. Mais force est de constater qu'en tournant le dos au monde de la sorte, l'aristocratie vénitienne se coupe des réalités qui l'entourent. Le monde change, elle va s'en apercevoir mais trop tard...

## Qui a dit que Venise n'était pas en Italie ?

Le dernier doge, 120e de la série, Ludovico Manin, démissionne quand Bonaparte déclare la guerre à Venise. Finie, l'indépendance que les Vénitiens avaient toujours connue. Le traité de Campo-Formio (1797) donne Venise à l'Autriche qui, à l'exception des années 1805-1814 (retour de Napoléon qui puise dans les trésors de la cité) et 1848-1849 (insurrection conduisant à la création éphémère de la seconde république de Venise), met la ville au pas. Celle-ci n'est plus alors que l'ombre de ce qu'elle fut.

Petit à petit, les Vénitiens se tournent, non sans difficultés, vers l'avenir : le train relie bientôt Venise au reste de l'Italie. Grâce à Napoléon III, qui organise une consultation en 1866, les Vénitiens choisissent le rattachement au nouvel État italien. Nouveau port (la *Marittima*), nouveau pont routier, travaux visant à rendre la ville plus salubre, tout est fait pour que la Sérénissime retrouve une nouvelle jeunesse. Le tourisme va réveiller la belle endormie.

## Principales dates historiques

– *450 environ :* devant l'incursion des Barbares, les Vénètes se réfugient dans la lagune.
– *697 :* changement de régime, celui des maîtres de la lagune est remplacé par celui des doges. Élection du premier doge, Paoluccio Anafesto.
– *1000 :* Venise prend ses distances avec Byzance et commence à bâtir son propre empire. C'est vers cette époque que l'on institue la fête des noces symboliques de Venise et de la mer.
– *1172 :* alors que les premières croisades ont commencé, la République conforte ses institutions avec la création du Grand Conseil qui affaiblit le pouvoir du doge.
– *1204 :* prise et sac de Constantinople à l'occasion de la quatrième croisade. Les Vénitiens, dans le partage entre croisés, obtiennent le monopole du commerce et rapportent chez eux un trésor fabuleux.
– *1271-1295 :* voyage du plus célèbre des marchands vénitiens, Marco Polo, jusqu'en Asie.

– *1348 :* la peste noire débarque en juin. Elle exterminera près de 75 % des Vénitiens.

– *1378-1381 :* Chioggia (au sud de la lagune) est occupée par la flotte génoise. Venise sort victorieuse des combats et devient la plaque tournante du commerce mondial.

– *1453 :* prise de Constantinople par les Turcs (Mehmet II). Certaines possessions vénitiennes passent aux mains des Ottomans.

– *1463 :* la Sérénissime attaque les Turcs, dont l'expansion menace ses intérêts.

– *1476 :* devant les succès de l'ennemi, Venise décide de demander la paix au sultan turc, mais perd en contrepartie certains de ses territoires.

– *1492 :* découverte de l'Amérique par Christophe Colomb au service du roi d'Espagne.

– *1500 :* l'expédition de Vasco de Gama ouvre la route maritime des Indes. Cette période marque le début d'une dure concurrence sur le commerce des épices avec l'Orient. Le monopole des marchands vénitiens est gravement menacé.

– *1508 :* ligue de Cambrai ; le pape, l'Empire germanique, l'Espagne et Louis XII (pour la France) s'unissent pour diviser l'Empire vénitien. La ville parvient à préserver ses possessions mais ressort très affaiblie du complot.

– *1537 :* après plus de 60 ans de paix avec les Turcs, le combat reprend.

– *1570 :* les Turcs s'emparent de Chypre, possession vénitienne depuis près d'un siècle.

– *7 octobre 1571 :* victoire navale de Lépante. Une alliance conclue avec le pape et l'Espagne permet d'infliger une sévère défaite aux Turcs. À Venise, on fête cette victoire pendant 3 jours.

– *1575-1576 :* la peste fait près de 50 000 victimes.

– *1606 :* conflit avec la politique de l'Église. La République est excommuniée par le pape.

– *1640 :* reprise des hostilités avec l'Empire ottoman. La Crète tombe finalement aux mains des Turcs en 1669.

– *1684 :* Venise recouvre le Péloponnèse, qu'elle perd en 1718. L'économie de la ville reste cependant forte, soutenue par une intense activité des comptoirs de change et des banques.

– *1789 :* élection de Ludovico Manin, dernier des 120 doges qui se sont succédé à la tête de la Sérénissime.

– *1797 :* fin de la République. Le 12 mai, Bonaparte entre en vainqueur à Venise. Le dernier doge abdique. Bonaparte livre la ville à l'Autriche par le traité de Campo-Formio et partage avec elle les possessions de la Sérénissime.

– *1805 :* annexion de la Vénétie à l'Empire napoléonien.

– *1815 :* Venise repasse sous domination autrichienne.

– *1848-1849 :* soulèvement contre les Autrichiens. Daniele Manin tente d'instaurer une république indépendante.

– *1866 :* la Vénétie est rattachée par plébiscite au royaume d'Italie.

– *1966 : acqua alta* (inondation) qui plonge Venise sous presque 2 m d'eau. L'Unesco prend en charge la sauvegarde de la ville. Création d'associations dans le monde entier pour participer financièrement aux restaurations des palais et des œuvres d'art.

– *1996 :* le théâtre La Fenice est ravagé par un incendie. Un drame lyrique, salué avec émotion dans le monde entier.

– *2003 :* c'est au tour du moulin Stucky (sur l'île de la Giudecca) d'être ravagé par les flammes alors qu'il était en pleine restauration. Inauguration officielle en revanche du nouveau théâtre La Fenice après 8 ans de fermeture.

– *2008 :* inauguration du pont de la Constitution, le quatrième sur le Grand Canal et surtout le plus controversé.

– *2012 :* en novembre, Venise connaît l'une de ses plus grosses *acqua alta* depuis 1872. L'eau recouvre plus de 70 % de la ville.

– *2014 :* démission du maire Orsini pour corruption.

## LITTÉRATURE

Depuis le XVIe s (et jusqu'au XVIIIe s), Venise est le plus important centre éditorial italien, en promouvant sa production en Italie tout en important de la littérature étrangère.

L'activité théâtrale reste des plus productive : **Carlo Goldoni** (1707-1793) transformera le théâtre (inspiré principalement de la *commedia dell'arte*) grâce à ses comédies comme **La Locandiera** (1753), **Il Campiello** (1756) et **Baroufe à Chioggia** (1762). À la *commedia dell'arte*, il préfère la comédie de caractère ; à la fiction, il oppose la vie. Sur scène, il fait jouer des personnages tirés de la réalité dans les décors du quotidien. Il mélange les genres, le tragique et le comique. Son souhait est de toucher à l'intimité et à la complexité de la vie. Il ne laisse pas de place à l'improvisation et proscrit le masque qui nuit à l'action. Cela lui a finalement valu l'hostilité de ses compatriotes, qui préféraient la *commedia dell'arte* ! Son œuvre est considérable (150 pièces, dont 11 en dialecte vénitien). Installé à Paris, il y meurt dans l'indifférence et l'indigence.

C'est à Venise que voit le jour une des figures qui a beaucoup marqué l'imaginaire européen : **Giacomo Casanova (1725-1798).** C'est à la fois un grand voyageur, un espion et l'archétype du séducteur, ce qui lui a valu, dénoncé par un mari jaloux, de séjourner dans les « Plombs » (anciennes prisons) du palais ducal. Cela dit, il est un des rares à s'en être évadés. C'est en français qu'il rédigea ses *Mémoires*, à la fois libertines et politiques, exilé en Bohême au château de Dux (Duchkov). Un James Bond avant l'heure ?

Venise, c'est aussi évidemment une ville qui a attiré et inspiré de tout temps nombre d'écrivains : Montaigne, Montesquieu, Balzac, Ruskin, Lord Byron, Goethe, Châteaubriand, Dickens, Émile Zola, Proust, Hemingway... Pour mieux connaître la bibliographie liée à la Sérénissime, se reporter à la rubrique « Livres de route » dans « Venise utile ».

## MÉDIAS

### Votre TV en français : TV5MONDE, la première chaîne culturelle francophone mondiale

Avec ses 11 chaînes et ses 14 langues de sous-titrage TV5MONDE est distribuée dans plus de 190 pays du monde par câble, satellite et sur IPTV. Vous y retrouverez de l'information, du cinéma, du divertissement, du sport, du documentaire...

Grâce aux services pratiques de son site voyage (● voyage.tv5monde.com ●) vous pouvez préparer votre séjour, et une fois sur place, rester connecté avec les applications et le site ● tv5monde.com ● Demandez à votre hôtel le canal de diffusion de TV5MONDE et contactez ● tv5monde.com/contact ● pour toutes remarques.

### Journaux et livres

Comme tout bon Vénitien, lisez le matin votre journal en terrasse, dans un café. Deux grands quotidiens nationaux se partagent le marché : *Il Corriere della Sera* et *La Repubblica*. Mais il existe une pléiade de journaux locaux, concernant aussi bien toute la grande région *(La Stampa)* que la ville elle-même. À Venise, *Il Gazzettino* et la *Nuova Venezia* ont trouvé chacun leurs lecteurs. La presse spécialisée talonne de près ces journaux généralistes puisque *La Gazzetta dello sport* arrive en troisième position des ventes (sur près de 90 titres pour un lectorat qui oscille entre 5 et 6 millions), avec plus de 450 000 exemplaires.

Dans les kiosques, les librairies françaises, les centres culturels, vous trouverez une sélection des quotidiens et hebdomadaires français. Certaines librairies du centre ont un rayon d'ouvrages en français avec un bon choix de livres de poche.

## Radio

Il existe plus de 1 300 stations de radio en Italie, pour la plupart locales, réparties sur tout le territoire. La radio d'État, la *RAI (Radio Audizione Italia),* est toute-puissante, mais on compte des dizaines de radios plus originales. De plus, sur les grandes ondes, selon l'endroit où l'on se trouve, on peut parfois capter certaines stations françaises telles que *RMC* (216 kHz), *Europe 1* (183 kHz) ou *France Inter* (162 kHz). Si la réception n'est pas fabuleuse, essayez par Internet.

## Télévision

On aurait pu quasiment glisser ce chapitre au niveau pollution visuelle, vu le peu d'intérêt que présente la télévision italienne. En Italie, difficile de parler de la télé sans évoquer le groupe *Fininvest* de « monsieur Télévision », Silvio Berlusconi. Le monopole d'État ayant été levé en 1975, les chaînes privées ont envahi le petit écran.

### ATTENTION À LA BERLUE !

*Les* veline *sont ces potiches pulpeuses qui ont envahi les plateaux de la télévision italienne sous Berlusconi. Le décolleté échancré et la jupe courte, elles n'ont généralement pas le droit à la parole. Ce sont les reines des jeux débiles. L'une d'entre elles, qui affirmait publiquement que les gays étaient « constitutionnellement stériles », était quand même devenue ministre... de l'Égalité des chances sous Berlusconi. Il paraît qu'elle a fait marche arrière depuis !*

# PATRIMOINE CULTUREL

De l'église *Santa Maria Assunta* de Torcello, dont les fondations remontent au VIIe s, aux œuvres contemporaines et futuristes exposées lors de la Biennale, Venise constitue une sorte de résumé des grandes influences artistiques à travers le temps. D'un point de vue architectural, une vraie harmonie entre les styles et peu de verrues en fin de compte, ce qui contribue grandement au charme de la ville. Au niveau des arts plastiques, outre le riche passé pictural de la ville, pour lequel on vient de loin (voir nos explications un peu plus loin), Venise a résolument mis un pied, et c'est déjà plus inattendu, dans l'art moderne et contemporain : les deux musées de la Fondation Pinault (le palazzo Grassi et la Punta della Dogana), le musée Guggenheim, la Ca' Pesaro, la Biennale d'art contemporain de Venise... sont tous des références internationales.

## *ARCHITECTURE*

### L'influence byzantine

Après la chute de Rome, la ville se peuple progressivement, et c'est l'Empire byzantin qui influence les premières constructions. Pas étonnant donc que la basilique Saint-Marc *(basilica di San Marco),* édifiée au IXe s à la gloire du saint patron de la ville, rappelle l'architecture de Sainte-Sophie à Istanbul. Les fameux chevaux de Saint-Marc ont même été volés à Constantinople ! Mais Venise ne se contente pas des influences extérieures et réinvente elle-même le style byzantin. On parle alors de la **période vénéto-byzantine** (jusqu'à la fin du XIIIe s). C'est à cette époque que sont construits les premiers palais et maisons patriciennes sur le Grand Canal. Si le fond du dessin des demeures reste byzantin, les riches marchands décorent fastueusement les façades et l'intérieur (palais *Farsetti* et *Loredan*). Ce même mélange architectural se retrouve dans d'autres édifices de l'époque comme l'église *Santa Maria e San Donato* de Murano.

## Le gothique et l'ouverture au monde

La période gothique qui commence alors va mettre Venise sous influence nord-européenne. Historiquement, c'est le début du déclin de Byzance. Les églises conventuelles des *Frari* et de *Santi Giovanni e Paolo* sont, avec le palais des Doges, les œuvres gothiques les plus magistrales. Les petites fenêtres à arcades cèdent la place aux rosaces, corniches et portails découpés comme de la précieuse dentelle. Les façades sont recouvertes de marbre aux teintes variées et parfois en partie d'or (d'où le nom de *Ca' d'Oro* donné à l'un des palais du Grand Canal). Toutes ces constructions illustrent l'enrichissement des marchands vénitiens, mais aussi l'ouverture et l'importance que prend Venise sur la scène internationale : ses façades ne témoignent plus d'une attitude renfermée mais, au contraire, d'une disposition presque conquérante.

## Palladio et la Renaissance

La Renaissance atteint enfin la ville au milieu du XV<sup>e</sup> s. Les architectes Lombardo, Sansovino et bien sûr Palladio, à qui l'on doit les fameuses villas... palladiennes, donnent à Venise un nouveau visage, à la hauteur d'une des villes les plus peuplées du monde à l'époque. Là encore, la Sérénissime ne se contente pas d'une simple greffe architecturale et apporte sa touche au style Renaissance.

## Classicisme et décadence

Enfin, au XVIII<sup>e</sup> s se développe le baroque et le néoclassicisme. Au même moment, la République, après les siècles d'or (XVI<sup>e</sup> et XVII<sup>e</sup> s), a de plus en plus de difficultés à préserver sa suprématie. Menacée, appauvrie par des guerres, elle décide quand même de s'embellir à nouveau. Les plus grandes familles font construire des palais grandioses et en confient la décoration à de grands artistes comme Tiepolo. L'élégance rococo s'impose au travers des églises de *San Stae*, de la *Pietà* ou des *Gesuati*. La république de Venise s'éteint en 1797, avec l'arrivée de Napoléon (*scusate*, il s'appelait encore Bonaparte à l'époque !). Les constructions postérieures ne seront plus que de malheureux pastiches des édifices anciens, sans véritable originalité. Toutefois, elles s'intègrent bien dans le décor existant.

## *PEINTURE*

Pour les amoureux de la peinture, Venise regorge de magnifiques trésors. Si beaucoup de tableaux sont conservés dans les musées, on en trouve aussi sur leur lieu d'origine : dans les églises (chapelles, sacristies) et les **scuole.** Ces institutions essentielles de la vie vénitienne, placées sous la protection d'un saint patron, étaient à l'origine des associations laïques de bienfaisance et d'assistance aux pauvres, créées par de riches Vénitiens qui prenaient en charge la charité. Ces *scuole* ont profondément marqué la peinture vénitienne. En effet, afin d'assurer cette charité (nourrir les pauvres, prendre en charge les orphelins et soigner les handicapés), elles recevaient des dons, et certaines sont devenues très riches.

En s'installant dans les plus beaux bâtiments de la ville, les *scuole* se sont lancées dans le mécénat d'artistes. Des peintres devenus célèbres comme Véronèse, Carpaccio ou Titien vont, grâce à leurs mécènes, exercer leur talent à Venise. Ils décorent les *scuole*, les églises et les palais. Ils vont imposer de nouvelles techniques, notamment dans l'emploi des couleurs, et devenir des références pour toute la Renaissance italienne. Venise ne comptera pas moins de 200 *scuole* au XVI<sup>e</sup> s.

La peinture vénitienne a subi une double influence : celle des mosaïques, d'une part, qui constituent une des premières formes d'art plastique ; et celle de la ville même, qui donne à la peinture sa douceur. Au XV<sup>e</sup> s, deux familles de peintres, les Vivarini et les Bellini, rompent avec le style gothique (tons contrastés et lignes décoratives) et forment le début de l'école vénitienne. On représente désormais des sujets et plus seulement des idées. La peinture vénitienne atteint son apogée au XVIe s avec trois peintres majeurs : Titien (vers 1490-1576), le Tintoret (1518-1594) et Véronèse (1528-1588), qui auront un grand nombre d'élèves. Ces peintres innovent en jouant sur les effets d'optique et sur les réductions d'objets. Désormais, le personnage et l'espace forment un tout indissociable. Au même moment se développe la technique du portrait, qui constitue un genre à part : l'homme devient un sujet d'étude, et on lui préfère une position de trois quarts plutôt que de profil. Les peintres de toute l'Europe, de Rubens à Van Dyck, du Greco à Vélasquez, de Poussin à Fragonard, seront influencés par ces maîtres vénitiens (notamment Titien et ses élèves).

Alors que sa suprématie politique décline, Venise rivalise avec Florence et Rome dans le domaine des arts. Puis la plupart des peintres vénitiens du XVIIe s manquant d'inspiration, sa peinture s'affadit. Dans un dernier élan artistique, le XVIIIe s renoue avec la beauté : Tiepolo (1696-1770) peindra de magnifiques plafonds et Il Canaletto (Antonio Canal, 1697-1768) représentera admirablement les scènes de la vie quotidienne à Venise.

## Quelques noms de la peinture vénitienne

On ne peut citer tous les grands noms de la peinture vénitienne, mais vous trouverez ci-après les incontournables qui nous ont particulièrement touchés. Prenez le temps de voir au moins l'essentiel, en évitant l'overdose de *Vierge à l'Enfant,* toujours possible à Venise.

### Gentile Bellini (1429-1507)

Frère de Giovanni, il fut sans doute plus influencé que ce dernier par Mantegna. C'est le portraitiste et le peintre des grandes fêtes de Venise, celui des grandes peintures-récits, commandées par les *scuole,* qui rivalisaient entre elles pour obtenir le meilleur artiste capable de retracer la vie de leurs saints patrons. Il est aussi le plus orientaliste des peintres de l'école vénitienne, ayant travaillé à Constantinople.

### Giovanni Bellini (1430-1516)

Ayant subi la double influence de Mantegna (son beau-frère) et d'Antonello de Messine, Giovanni Bellini est célèbre pour ses nombreuses *Vierge à l'Enfant* et pour ses *Pietà* qui transmettent un réel sentiment de mélancolie. Ami de Dürer, fondateur, avec son frère Gentile, de la peinture vénitienne du XVIe s, par un nouveau langage centré sur la couleur et la lumière, il dirigea un atelier d'où sortirent deux peintres parmi les plus célèbres du *cinquecento* : Giorgione et Titien. Giovanni Bellini introduit la tradition des grands formats, les *teleri,* qui vont à Venise remplacer les grandes fresques. Il est enterré au cimetière des moines de San Giovanni e Paolo (Castello).

### Vittore Carpaccio (vers 1465-1525)

C'est un de nos peintres préférés, celui que les ouvrages de référence sur Venise ont souvent occulté. Il est, plus sérieusement, renommé pour ses grandes représentations de Venise, où le jeu des couleurs et la liberté l'emportent sur le souci du détail de Gentile Bellini. Son œuvre la plus célèbre reste le cycle de *La Légende de sainte Ursule* (musée de l'Accademia), composé de neuf toiles, qui connut et connaît toujours un très grand succès. Il est le premier peintre à juxtaposer des épisodes d'une légende sacrée à la vie quotidienne du peuple de Venise. Il exécutera de nombreuses toiles pour les *scuole.*

### Giorgione (vers 1477-1510)

Même si l'on dispose de très peu de documents sur sa vie, ce peintre, né à Castelfranco Veneto, a toujours été encensé, malgré le petit nombre d'œuvres que l'on peut lui attribuer avec certitude (il mourut très jeune de la peste, et une trentaine de tableaux seulement ont pu être authentifiés). Les historiens d'art considèrent qu'aucun autre artiste de sa génération n'eut une telle influence. Il fut, comme Titien, un élève de Giovanni Bellini. Quelles sont les caractéristiques de son œuvre ? Une tendance réaliste transmise par les écoles allemande et flamande, celle-ci étant très prisée au début du XVIᵉ s (le passage de Dürer à Venise vers 1494 a beaucoup marqué les peintres de l'époque) ; un intérêt prononcé pour la nature, les paysages qui ne sont plus un arrière-plan mais font intrinsèquement partie de la peinture ; enfin, une nouvelle approche de la couleur. Elle devient, avec ce peintre, un moyen d'expression fondamental. Ses glacis à la luminosité mystérieuse lui ont valu le surnom de « Vermeer de la Renaissance ».

*La Tempête,* un des chefs-d'œuvre de l'art vénitien, attire à l'Accademia tous les amoureux de Giorgione. C'est une de ses peintures les plus énigmatiques. Aucun critique d'art n'a vraiment réussi à en trouver la signification... Triste fin de vie : l'artiste meurt à 34 ans de la peste que sa femme lui avait transmise.

### Titien (vers 1490-1576)

Contrairement à Giorgione, Titien a vécu très âgé, ce qui lui permit de réaliser une œuvre importante et de parvenir à une gloire qui égala presque celle de Michel-Ange. Il honora les commandes des plus grands, du pape Paul III, qui le reçut à Rome, à François Iᵉʳ et à Charles Quint.

Né en Vénétie, à Pieve di Cadore, au pied des Alpes, Tiziano Vecellio, connu sous le nom de Titien, fut l'élève de Giovanni Bellini. Sa peinture des fresques (hélas disparue) du *Fondaco dei Tedeschi,* exécutée avec Giorgione, le rendit célèbre. Il imposa ensuite sa marque en substituant au fondu de Giorgione des masses équilibrées, en alliant sens du concret et somptuosité : à l'atmosphère rêveuse du premier, il oppose une interprétation plus directe de la réalité.

Vient ensuite la série des chefs-d'œuvre religieux : l'*Assomption* (église des Frari), la *Présentation de la Vierge au Temple* (Accademia), la *Madonna di Ca' Pesaro* (Frari)... Déjà, dans ce dernier tableau, il se permet d'ignorer les règles traditionnelles de la composition : la Vierge n'est plus au centre, comme c'était toujours le cas, mais sur le côté, et les deux saints intercesseurs ne sont pas placés de façon symétrique ; par ailleurs, la Vierge et les saints ont les mêmes proportions que les membres de la famille Pesaro. L'homme a une si haute conscience de lui-même qu'il ose côtoyer les figures divines sans craindre de profaner la représentation sacrée. De cette disposition originale naît un ensemble particulièrement vivant.

Peu à peu, au milieu du siècle, Titien est gagné par le maniérisme, le goût des couleurs fortes et des formes étirées. Il privilégiera la couleur à la forme. À la fin de sa vie, Titien s'oriente vers une exaltation intérieure que l'on ressent grâce à des couleurs assourdies. Devant ses dernières œuvres, comme l'*Annonciation* (église San Salvatore), le *Martyre de saint Laurent* (aux Gésuiti) et surtout la *Déposition* (à l'Accademia), à laquelle il songeait pour sa sépulture et qui fut terminée par Palma le Jeune, on est saisi par une gravité plus profonde. L'imposant décor architectural de cette œuvre ultime apporte une sérénité solide, un peu hors du temps. Titien exerça une influence sur les plus grands peintres, de Véronèse à Rubens et à Vélasquez... Goethe écrira de lui : « À la fin de sa vie, il s'était mis à peindre symboliquement ce qu'il peignait autrefois concrètement, il ne représentait plus le velours, mais l'idée du velours. » Sa sépulture se trouve dans l'église de Santa Maria dei Frari (San Polo) en face de celle du sculpteur Canova.

### Le Tintoret (1518-1594)

Fils d'un teinturier vénitien, d'où son surnom, il est probable qu'il fut quelque temps l'élève de Titien. Après avoir reçu la révélation de Michel-Ange et des maniéristes, il orientera définitivement son art vers l'expression dramatique et les grands effets lumineux. Toute sa carrière se déroule à Venise. Pendant 23 ans, il va peindre pour la *Scuola Grande di San Rocco,* où fougue et lyrisme trouvent leur apothéose dans la *Crucifixion* (voir le chapitre « San Paolo et Santa Croce »). Autre ensemble de chefs-d'œuvre : au palais des Doges, où il décore la salle du Sénat, la salle du Grand Conseil. *La Gloire du Paradis* est sa dernière œuvre la plus importante, où il s'est lui-même représenté, vieillard au regard angoissé.

Le Tintoret, qui peignait avec une rapidité étonnante, si bien que l'on est tenté parfois de croire certaines toiles inachevées, utilise les apports du maniérisme et affectionne les figures sinueuses et tourmentées. Le visage est toujours clair sur un fond toujours sombre. Le Tintoret influença de nombreux peintres, en particulier le Greco qui adoptera sa façon d'allonger les lignes. Il est enterré dans la belle église Madonna dell'Orto au Cannaregio, ce quartier où il est né, où il a vécu et où il est mort. Destinée sédentaire mais géniale !

### Paolo Véronèse (1528-1588)

Paolo Caliari, dit Véronèse, se forme dans un milieu fidèle à la tradition de Bellini tout en étant sensible à la peinture du Corrège. Il quitte Vérone et s'installe à Venise en 1555, où il travaille d'abord pour le palais ducal. Il décore ensuite l'église San Sebastiano qui est pour lui l'équivalent de la *Scuola San Rocco* pour le Tintoret. Après s'être attelé aux plafonds de la bibliothèque de la Marciana, Véronèse séjourne à Rome où il découvre Raphaël.

Véronèse montre une prédilection pour les grandes compositions religieuses, non par conviction chrétienne, mais parce qu'elles permettent de disposer des foules bigarrées avec des compositions étonnantes, abondantes et fastueuses par le rythme des colonnades et des vastes portiques. Ainsi se place-t-il lui-même dans les *Noces de Cana* (actuellement au Louvre) dans un *concertino* avec ses confrères : Titien (à la contrebasse), le Tintoret (au violoncelle) et Bassano (à la flûte). Pour la commande *Le Repas chez Levi,* qui représente une Cène, tableau central de toute visite à l'Accademia, il place également son autoportrait au milieu de chiens, de bouffons et d'Allemands faisant partie de la suite de Jésus. Une telle inconvenance provoquera d'ailleurs sa comparution devant le tribunal de l'Inquisition pour outrage. À la mort de Titien, Véronèse devient le peintre officiel de la République, ce qui lui permet de donner libre cours à de grandes scénographies. Il travaille de nouveau pour le palais des Doges ; sa virtuosité brillante excelle dans l'*Apothéose de Venise*, œuvre pleine d'imagination et de lumière. Véronèse n'est pas un peintre dramatique mais un contemplatif dont les œuvres dégagent une impression de luminosité et d'harmonie. On a dit qu'il fut le premier peintre « pur », c'est-à-dire indifférent à la réalité de ce qu'il peint. C'est le dernier peintre de la Venise du XVIe s, somptueuse et encore glorieuse. On peut voir sa tombe dans l'église San Sebastiano (Dorsoduro).

### Giambattista Piazzetta (1682-1754)

Caractéristique de sa peinture : son intérêt pour la vie populaire et le retour au clair-obscur dont il sait aussi s'affranchir pour retrouver la transparence des couleurs vives. Son chef-d'œuvre est sans doute *La Gloire de saint Dominique* à l'église *Santi Giovanni e Paolo.* L'élan extatique de ses personnages est mis en valeur par une heureuse orchestration des couleurs. Il fut nommé directeur de l'école de nu de l'Académie vénitienne.

### Giambattista Tiepolo (1696-1770)

Contemporain de Vivaldi, il a peint le ciel comme aucun autre artiste de son temps. Ses plafonds peints sont les plus beaux qui soient. Tiepolo a une âme d'ange ailé. Il fut le chef de file de la peinture italienne du XVIIIe s, maître du baroque. Il a subi l'influence de Piazzetta (à qui il doit la structuration de ses compositions), de Véronèse et de Sebastiano Ricci. Il était lui aussi doté d'un sens formidable de la couleur, peignant avec une facilité extraordinaire. Il réalisa d'importants travaux à Milan, Würzburg en Bavière (sa plus grande fresque connue) et Madrid, où le roi Charles III fit de lui son peintre attitré. C'est sans doute le dernier survivant des grandes écoles italiennes. Il décora également de nombreux palais, dont la villa Pisani à Stra, au bord du canal du Brenta, et orna plafonds et murs d'allégories parfois assez délirantes, où évoluent divinités, anges et amours. La vitalité ornementale et chromatique de la tradition vénitienne atteint ici son apogée. La peinture de Tiepolo est remplie de volupté et de joie de vivre. Ainsi, le *Martyre de saint Barthélemy,* réalisé vers 1720 pour l'église San Stae, ressemble, en dépit des préparatifs sinistres, à une scène de ballet...

La maîtrise de la lumière est la composante de toute son œuvre. Elle se traduit par des ciels clairs, parcourus de nuages blancs... Cette caractéristique n'est pas sans rappeler Véronèse, mais ici le dessin est plus nerveux, léger comme l'air. Tiepolo est mort à Madrid.

### Canaletto (1697-1768)

Ah ! Les *vedute* (littéralement, les « vues de Venise ») de Canaletto, qui restituent si bien l'atmosphère de la ville au XVIII<sup>e</sup> s, véritable témoignage historique de la cité à cette époque, par leur souci du détail, la minutie de leurs compositions ! Ses peintures sont d'une grande minutie et d'un réalisme précis. On dirait des photos de l'époque. Sa particularité : il vécut 10 ans en Angleterre avant de revenir à Venise en 1755. Il faut dire que les Anglais affectionnaient beaucoup ses peintures, qu'ils achetaient en grand nombre (ce qui explique le peu de tableaux de Canaletto conservés à Venise). La plupart de ses œuvres se trouvent dans les grands musées de Londres. On pense que sa tombe serait dans l'église San Lio (Castello).

### Francesco Guardi (1712-1793)

C'était le beau-frère de Tiepolo. Considéré comme l'élève de Canaletto, Guardi est le précurseur de l'impressionnisme, qui utilise toutes les variations de la lumière. Son *Départ du Bucentaure pour le Lido de Venise* (1766) a été très souvent reproduit comme s'il s'agissait d'un Canaletto. Il nous charme aussi par ses *Caprices,* véritable interprétation de la vie vénitienne, où les gondoliers ne sont suggérés que par des touches colorées. Un charme aérien, une légèreté incomparable se dégagent de ses peintures.

## SCULPTURE

### Antonio Canova (1757-1822)

Même si sa carrière a atteint son apogée dans la ville de Rome, le sculpteur est originaire de la Vénétie, et c'est à Venise qu'il s'éteint. De son enfant prodige de la sculpture, Venise ne garde que quelques œuvres, dont le *Dédale et Icare* au musée Correr et l'*Hector* au palais Treves. Le sculpteur a été une des plus importantes figures du néoclassicisme italien et étranger (pour l'anecdote, il était le favori de Napoléon...). Le tombeau de Canova, dans l'église Santa Maria dei Frari, est la sépulture la plus insolite de Venise. Elle a la forme d'une pyramide.

### Andrea Verrochio (1435-1488)

Pas un Vénitien, certes, mais il est célèbre à Venise pour une statue qui amuse toujours autant les vieux habitants. Son maître en sculpture fut Donatello. Sous la protection, plus tard, de Laurent de Médicis, il réalisa de nombreux travaux, dont le mausolée de Jean et Pierre de Médicis, à San Lorenzo. Il est surtout célèbre pour sa statue de Colleoni, à côté de l'église de *Santi Giovanni e Paolo.* Et il fut, ce qui est non négligeable, le maître de Léonard de Vinci !

## PETITE CHRONOLOGIE ARTISTIQUE

**– 828 apr. J.-C. :** première phase de construction de la basilique Saint-Marc, les Vénitiens y déplacent le corps du saint, d'Alexandrie en Égypte.

– **976 apr. J.-C. :** destruction de l'église Saint-Marc lors d'un grand incendie qui s'étend du palais des Doges à l'église.

– **1063 :** reconstruction de la basilique Saint-Marc.

– **De 1172 à 1178 :** construction du premier palais des Doges.

– **1430 :** naissance de Giovanni Bellini.

– **Vers 1465 :** naissance de Carpaccio.

– **1488 :** le *Triptyque* de Bellini à l'église Santa Maria dei Frari.

– **Vers 1490 :** naissance de Titien à Pieve di Candore.

– **1516 :** mort de Giovanni Bellini.

– **1518 :** *L'Assomption de la Vierge* de Titien, à l'église Santa Maria Gloriosa dei Frari.

– **1518 :** naissance de Jacopo Robusti, dit (le) Tintoret.

– **1539 :** la *Présentation de la Vierge au Temple* de Titien à l'Accademia.

– **1555 :** Véronèse arrive à Venise.

– **1562 :** l'*Annonciation* de Titien à l'église San Salvatore.

– **1562-1563 :** toile des *Noces de Cana* (Véronèse) commanditée pour le réfectoire du couvent bénédictin de San Giorgio Maggiore.

– **1565 :** la *Crucifixion* du Tintoret à l'école de San Rocco.

– **1576 :** mort de Titien.

– **1577 :** un incendie détruit une partie du palais des Doges et de ses peintures (de Bellini, Pordenone, Titien...).

– **1588 :** mort de Véronèse.

– **1594 :** mort du Tintoret.

– **1649 :** la famille Bon commande la construction de la Ca' Rezzonico à l'architecte baroque Baldassare Longhena.

– **1682 :** naissance de Giambattista Piazzetta.

– **1696 :** naissance de Giambattista Tiepolo.

– **1697 :** naissance d'Antonio Canal (dit Il Canaletto).

– **1712 :** naissance de Francisco Guardi.

– **1722 :** le *Martyre de saint Barthélemy* de Tiepolo exposé à l'église de San Stae.

– **1751 :** Giambattista Rezzonico rachète la Ca' Rezzonico et charge Giorgio Massari de la fin des travaux.

– **1754 :** mort de Giambattista Piazzetta.

– **1756 :** les travaux du palais Ca' Rezzonico se terminent.

– **1757 :** naissance d'Antonio Canova à Passago.

– **1768 :** mort de Canaletto.

– **1770 :** mort de Tiepolo à Madrid.

– **1792 :** mort de Francisco Guardi.

– **1793 :** *Amour et Psyché* de Canova, actuellement au Louvre.

– **1812 :** Canova imagine Pauline Borghese en *Vénus sortant du bain*.

– **1822 :** mort de Canova à Venise.

– **1895 :** création de la Biennale de Venise.

– **14 juillet 1902 :** le campanile de la place Saint-Marc s'écroule.

– **1949 :** acquisition du *palazzo Venier dei Leoni* par Peggy Guggenheim pour accueillir sa collection de peintures modernes.

– **2006 :** ouverture du *palazzo Grassi,* qui expose la collection d'art contemporain de François Pinault, par roulement.

– **2008 :** inauguration du *pont de la Constitution,* le quatrième sur le Grand Canal.

– **2009 :** ouverture de la *Punta della Dogana,* second lieu d'exposition de la collection privée de François Pinault.

## VENISE RESTAURÉE

Face aux périls qui menacent Venise, de nombreuses associations se sont créées dans le monde entier afin de financer la préservation de ce patrimoine universel. Grâce à elles, plusieurs dizaines de palais et d'églises ont déjà été « sauvés des eaux » et des centaines de tableaux ont été restaurés. Parmi ces institutions figure le Comité français pour la sauvegarde de Venise. Malgré cela, la ville continue de se dégrader.

À Venise, il y a toujours des musées ou des églises fermés pour cause de restauration. Le problème, c'est que seules les grandes entreprises sont à même de financer de tels investissements. D'où cette mode récente des échafaudages géants recouverts de pubs. Imaginez l'impact visuel sur la place Saint-Marc, photographiée par des centaines, voire des milliers de visiteurs à chaque seconde. Une véritable poule aux œufs d'or pour les publicitaires ! C'est malheureusement le prix à payer pour sauver des monuments. Il nous est impossible d'indiquer les restaurations en cours (sauf quand elles durent très longtemps). Soyez indulgent.

## PERSONNAGES CÉLÈBRES

– **Saint Marc ou san Marco** *(I*er* s)* : un des quatre évangélistes. Il a fondé l'Église d'Alexandrie. Sa dépouille aurait été transportée au IX e s à Venise, dont il est devenu le saint patron.

– **Marco Polo** *(1254-1324)* : membre d'une riche famille de négociants, il part à 17 ans en Chine, où il sert pendant plus de 15 ans l'empereur mongol Kubilay. Fait prisonnier pendant 3 ans, lors de la guerre de Gênes, il rassemble ses souvenirs dans le *Livre des merveilles du monde* ou *Il Milione.* Le récit a été dicté en français à son compère de prison. Pas de maison, pas de tombe, presque rien de lui ne subsiste à Venise sauf la cour *(corte)* del Milione, ancien emplacement de sa demeure vénitienne.

– **L'Arétin** *(1492-1556)* : né en Toscane, cet écrivain turbulent (on l'a surnommé le « Fléau des princes ») se réfugie à Venise en 1527 ; la Sérénissime est bonne fille et le protège, même quand il continue à se déchaîner dans ses écrits ou à vivre en libertin. Il n'aime que Venise : « Toutes les autres contrées me paraissent des fours, cabanes et grottes, au lieu de la noble, illustre et adorable Venise... » On lui doit des sonnets luxurieux, des pièces, des dialogues qualifiés de licencieux (dans I *Ragionamenti,* il s'étend longuement sur la profession de courtisane) mais aussi des hagiographies...

– **Claudio Monteverdi** *(1567-1643)* : ce musicien n'est pas vénitien d'origine, mais il fut le maître de la chapelle Saint-Marc à partir de 1613 et pendant 30 ans. Il composa pour les fêtes de la ville et finit par entrer dans les ordres. Il est enterré dans l'église des Frari.

– **Casanova** *(1725-1798)* : né à Venise, mort à Dux en Bohême (Duchkov, aujourd'hui), Casanova est avant tout célèbre pour ses nombreuses conquêtes féminines. Archétype du séducteur, il est l'incarnation vivante de don Juan (don Giovanni). Il commença sa carrière comme ecclésiastique puis agent secret. Diplomate, à une période de sa vie, il était plutôt escroc et imposteur. On l'a même accusé d'inceste envers sa fille. Sa réputation sympathique vient surtout du fait qu'il écrivit lui-même en français ses *Mémoires* à sa propre gloire.

– **Antonio Vivaldi** *(1678-1741)* : ce Vénitien, tout d'abord destiné à une carrière religieuse (il fut dispensé de ses obligations ecclésiastiques pour raisons de santé), fut professeur de violon à l'*ospedale della Pietà* (hôpital de la Pitié), puis violoniste à la basilique Saint-Marc. Il fixa la forme du concerto. *Les Quatre Saisons,* son œuvre la plus célèbre, ne représentent qu'une infime partie de sa production musicale très abondante (par exemple, 456 *concerti* pour divers instruments, dont la moitié pour violon). On l'appelait « le Prêtre roux », et sa technique au violon faisait dire de lui qu'il avait passé un pacte avec le diable... Il quitte Venise pour Vienne en 1740 où l'empereur lui a proposé un poste. Arrivé à Vienne, il apprend la mort de son protecteur. Vivaldi sombre dans le désespoir et la solitude. Il meurt dans la pauvreté à Vienne un 28 juillet, comme Bach (un de ses admirateurs). Le cimetière du Burgerspital où il est enterré a disparu. Oubliée au XIXe s, son œuvre ne sera redécouverte qu'au début du XXe s.

– **Hugo Pratt** *(1927-1995)* : le « maestro » de la bande dessinée italienne a passé son enfance à Venise. Comme Corto Maltese, son héros de papier le plus célèbre,

il revint toujours, entre deux voyages à travers le monde. De 1970 à 1994, il loua le dernier étage d'une maison située au Lido, au bout du village de Malamocco.
– **Giuseppe Sinopoli** *(1946-2001)* : chef d'orchestre mondialement réputé, il fut aussi un compositeur spécialiste de la musique contemporaine. Foudroyé sur scène par une crise cardiaque durant le troisième acte d'*Aïda,* l'auditorium *Parco della Musica* à Rome lui a dédié une salle.
– **Guerrino Lovato :** il est l'artiste vénitien par excellence quand il s'agit de masques. Inspiré par les masques traditionnels de la *commedia dell'arte,* il a aussi beaucoup créé pour le théâtre, l'opéra et le cinéma, et même pour les villes (il a participé à la réalisation de l'hôtel *Venetian* à Las Vegas). Contraint de fermer sa boutique, affaiblie pas la concurrence asiatique, il a transféré son atelier-musée à Malo, à 1h de Venise.

## POPULATION

L'agglomération vénitienne englobe le centre historique, Murano, Burano, Torcello, le Lido et les faubourgs de Mestre et de Marghera. On compte environ 269 000 habitants au total : 55 000 pour Venise elle-même, 32 000 pour les îles et 177 000 pour la terre ferme. C'est beaucoup et peu à la fois. Il faut savoir, en effet, que **Venise se dépeuple au profit de la terre ferme** (facilités de transport, prix du logement, etc.) et que la tendance ne semble pas s'inverser. Dans les années 1950, on comptait le double d'habitants dans le centre ancien.
Aujourd'hui, la population de Venise est l'une des plus âgées d'Italie et compte en gros un tiers de plus de 65 ans, un tiers d'étudiants et un tiers d'actifs. Plusieurs raisons expliquent ce phénomène. Pollution, manque de structures, spéculation immobilière impliquant une flambée du prix des loyers et manque de travail dans les domaines autres que ceux liés au tourisme font que les jeunes et les familles désertent. Qui plus est, l'afflux massif de touristes contribue, peu à peu, à transformer Venise – non pas en une ville-musée comme le craignaient certains –, mais en une sorte de *Veniceland.* Les Vénitiens qui habitent encore dans le centre paient la moindre intervention sur leur logement un prix exorbitant, tandis que les autorisations de travaux sont délivrées au compte-gouttes...
Au final, la population est constituée essentiellement de saisonniers, d'étudiants ou de Vénitiens d'adoption qui vivent ici quelques mois dans l'année seulement. Environ 70 % des personnes qui travaillent à Venise n'y habitent pas, 20 000 viennent y travailler chaque jour. La transhumance quotidienne est telle que l'on déconseille de se trouver autour du piazzale Roma vers 8h30 ou vers 18h, et même d'emprunter les *vaporetti* pendant ces heures de pointe, à moins d'avoir la nostalgie du métro parisien.

## SAVOIR-VIVRE

Pas question ici de jouer aux donneurs de leçons. Mais il est indispensable de prendre conscience que Venise n'est pas qu'un formidable musée à ciel ouvert ! Ses habitants y travaillent, déposent et récupèrent leurs enfants à l'école, font leurs courses, bref, vivent comme tout un chacun. Sauf qu'en saison touristique, les ruelles étroites et les petits ponts qui font le charme de la ville sont si souvent embouteillés... que se déplacer devient un véritable casse-tête pour tout le monde. Le mieux, c'est de faire comme les Vénitiens : on marche sur le côté droit histoire de fluidifier le trafic ! Par ailleurs, par mauvais temps, attention aux parapluies tenus trop bas. C'est tout bête mais ça facilite grandement le séjour.
Quelques conseils pêle-mêle :
– Sachez qu'il est officiellement interdit de pique-niquer aux abords des monuments, et comme il y en a partout dans Venise, on ne vous fait pas de dessin...

– Évitez de vous asseoir sur les ponts ou de bloquer le trafic en vous arrêtant en plein milieu d'une rue le nez sur votre carte.

– Dans les *vaporetti,* essayez de ne pas bloquer la sortie, de chaque côté, et laissez descendre les passagers avant de monter à bord.

– Ne jetez pas vos ordures par terre ou (pire encore !) dans l'eau, vous risqueriez une sévère contredanse.

– Si vous louez un appartement, pensez à sortir vos ordures le jour J en respectant le tri sélectif (généralement, avant 8h du matin) et ne le faites pas la veille au soir, c'est interdit.

# SITES INSCRITS AU PATRIMOINE MONDIAL DE L'UNESCO

Organisation
des Nations Unies
pour l'éducation,
la science et la culture

En coopération avec
le centre du patrimoine mondial de l'UNESCO

Pour figurer sur la liste du Patrimoine mondial, les sites doivent avoir une valeur universelle exceptionnelle et satisfaire à au moins un des 10 critères de sélection. La protection, la gestion, l'authenticité et l'intégrité des biens sont également des considérations importantes. Nos patrimoines culturel et naturel sont deux sources irremplaçables de vie et d'inspiration. Ces

### L'ITALIE, CHAMPIONNE DU MONDE !

*Sur près de 1 000 sites répertoriés par l'Unesco au Patrimoine de l'humanité, l'Italie remporte la première place avec 49 monuments ou lieux. La France n'est pas si mal placée avec 38 au compteur.*

sites appartiennent à tout le monde, sans distinction de territoire. Infos : ● whc. unesco.org ●

Extraordinaire chef-d'œuvre architectural dans son ensemble, **Venise et sa lagune** sont classées depuis 1987.

# SPECTACLES (THÉÂTRE, MUSIQUE ET BIENNALE)

Venise possède une activité culturelle foisonnante, et un séjour dans la ville de Vivaldi peut être l'occasion d'assister à un concert, par exemple. Pour connaître le programme, vous trouverez dans les hôtels (de plus de 3 étoiles) le fascicule gratuit **Un Ospite di Venezia** (ou ● unospitedivenezia.it ●), très bien fait (en anglais et en italien). On peut aussi se procurer auprès de l'office de tourisme et des hôtels le trimestriel **Eventi e Manifestazioni,** un guide très complet mais payant.

## La musique classique

La musique occupe à Venise une place de choix. On a d'ailleurs l'habitude de dire qu'elle est ici chez elle.

Voici un petit rappel de quelques musiciens vénitiens célèbres : **Giovanni Gabrielli** (1557-1612), compositeur de musique Renaissance et baroque, **Claudio Monteverdi** (1567-1643), né à Crémone, mort à Venise après y avoir vécu et travaillé, et bien sûr le plus grand de tous, **Antonio Vivaldi** (1678-1741), né à Venise mais mort à Vienne. N'oublions pas non plus **Lorenzo da Ponte** (1749-1838), fils d'un cordonnier juif de Vénétie, devenu le librettiste de Mozart. Da Ponte le Vénitien a écrit les livrets des *Noces de Figaro,* de *Don Giovanni* et de *Cosi fan Tutte.* Anecdote misérable : les nazis voulaient réécrire les livrets de ces opéras parce que son auteur était juif...

N'est-ce pas toujours le souffle de Venise qui frémit dans ces œuvres de Mozart ? Le personnage de don Giovanni n'est-il pas au fond plus vénitien qu'italien ?

Au XVIIIe s, il y avait quatre conservatoires annexés aux grands hospices de Venise, avec chacun sa spécialité. La Pietà était renommée pour la musique symphonique, les Mendicanti pour la qualité des voix. En dehors des salles publiques, la rue constituait une scène immense où s'installaient de nombreux orchestres improvisés. À Venise aujourd'hui, il y a presque tous les soirs un concert de musique classique dans les théâtres, dans les églises (*San Vidal* notamment), les Frari (belle acoustique, mais pas de concerts réguliers) ou encore dans les *scuole* ou à l'Ateneo. On peut y entendre de l'opéra, de la musique symphonique, de la musique de chambre (en particulier Vivaldi), du chant et même du jazz ou des comédies musicales.

Si on passe en général un moment plaisant, la qualité des prestations est évidemment variable, surtout dans les églises, allant des élèves de conservatoire arrondissant leurs fins de mois aux véritables professionnels. Essayez de vous renseigner avant, tout en comparant les tarifs. Pour vous aider dans votre choix, voici quelques salles de concerts que nous recommandons plus particulièrement :

∞) ***Teatro La Fenice*** *(zoom détachable C-D4) :* campo San Fantin, San Marco, 1965. ☎ 041-78-65-11. ● *teatrolafenice.it* ● *Ouv 45 mn avt chaque représentation. Pour les résas :* ● *turismoeventi@velaspa.com* ● *music-opera. com* ●*;* call center vénitien ☎ 041-24-24, tlj 9h-18h, majoration de 10 % ; ou directement sur place. Différents points de vente de billets : sur place (tlj 10h-17h) ; piazzale Roma (tlj 8h30-18h30) ; Tronchetto (tlj 8h30-18h) ; Lido, piazzale S. Maria Elisabetta (tlj 8h30-18h30) ; et Mestre, via Verdi, 14/d (lun-ven 8h30-18h30 ; sam 8h30-13h30). Pour les amateurs, assister à une représentation à La Fenice ajoute au bonheur du séjour, à condition d'avoir réservé sa place à l'avance. La Fenice fait partie des plus beaux opéras italiens avec le San Carlo à Naples et la Scala de Milan. C'est un lieu incontournable ! On peut aussi tenter sa chance sur place, quelques jours avant pour certains concerts, mais sans garantie d'obtenir une place correcte. Attention, les moins chères sont situées tout là-haut et sans vue ! Incontournable en tout cas pour tout ce qui est concert symphonique, musique de chambre, opéra et ballet. L'acoustique est unique, car toute l'infrastructure est en bois, et le public vénitien un spectacle en soi car spontané. En effet, contrairement à l'usage en France, les spectateurs n'hésitent pas à acclamer et à bisser les artistes en pleine représentation. Les chanteurs et musiciens se prêtent de bonne grâce à ces fantaisies, n'hésitant pas à rejouer un air ou un morceau avant de poursuivre. Attention tout de même, ils n'auront pas du tout cette attitude devant Mozart ou Wagner. Le tout dans un cadre de rêve, de dorures et d'angelots... Voir aussi nos pages sur la visite de La Fenice au chapitre « San Marco ».

∞) ***Interpreti Veneziani*** *(chiesa San Vidal ; zoom détachable C4) :* San Marco, 2862 B. ☎ 041-277-05-61. ● *interpretiveneziani.com* ● *Concert à 20h30 en hiver, 21h en été. Résa conseillée le w-e. Compter 27 €/pers ; 22 € pour les étudiants.* L'église San Vidal organise et accueille 300 concerts par an. L'orchestre est composé d'une petite dizaine d'instrumentistes à chaque fois, tous virtuoses et solistes par roulement. Le concert, bien rodé et rondement mené, de très bon niveau, comprend toujours une partie Vivaldi ; le reste change, baroque ou non. Les *Quatre Saisons* sont programmées les mardi et samedi. Seul bémol : l'acoustique pas optimale car l'église est très haute de plafond. Mais l'interprétation se fait uniquement sur des instruments d'époque (XVIIe et XVIIIe s), sous le regard de San Vidal, immortalisé par Carpaccio.

∞) ***Musica a palazzo*** *(palazzo Barbarigo-Minotto ; zoom détachable C5) :* fondamenta Duodo o Barbarigo, San Marco, 2504. Infos aux offices de tourisme, au 🖷 340-971-72-72 ou ● *musicapalazzo@yahoo.com* ● *musicapalazzo.com* ● *Compter 70 € la place.* Le palais Barbarigo-Minotto, situé au bord du Grand Canal, ouvre ses portes le soir à des représentations d'opéras célèbres, dans son décor du XVIIIe s resté en l'état. Programme en alternance : *Le Barbier de Séville* de Rossini, *La Traviata* et *Rigoletto* de Verdi, ou encore une sélection de duos d'amour. Il s'agit de versions arrangées : une poignée d'instrumentistes et solistes professionnels qui interprètent les airs les plus célèbres. Mais tout est dans l'ambiance, les représentations sont intimes, et les chandeliers vous accueillent dès l'entrée. Une centaine de spectateurs seulement, assis parmi les artistes. On devient vite acteur de l'opéra (à défaut de chanteur !) et on change de pièce à chaque acte, passant du salon au bureau ou à la chambre à coucher. De la musique de chambre dans tous les sens du terme ! Une heureuse initiative et une expérience qui ravira les amateurs d'opéra, à un tarif certes élevé mais proche de ce que l'on paie habituellement pour une représentation classique d'opéra.

∞] *Palazzetto Bru Zane* (centre de musique romantique française ; zoom détachable B3) : San Polo, 2368. ☎ 041-521-10-05. ● bru-zane. com ● *Programme sur le site, auprès de l'office de tourisme ou à la billetterie lun-ven, 14h30-17h30 et 1h avt le début des spectacles. À partir de 15 € la place ; 5 € pour les étudiants.* Ouvert en 2009, le palazzetto Bru Zane, d'une surface de 800 m², a été entièrement rénové dans l'esprit du XVIIe s, date de sa construction. Situé dans le quartier San Stin (non loin de la Scuola Grande di San Giovanni Evangelista), il est entièrement consacré à la musique romantique française du XIXe s. Il fallait oser en Italie ! Le palais possède désormais une élégante salle de concerts de 75 places et une unité de recherche en musicologie. Nombreux concerts au cours de 2 festivals annuels à Venise : en février et à l'automne ; un troisième est organisé en partenariat avec des grandes villes d'Europe. Une programmation de qualité pour un public averti, mais ouverte à tous.

## Le théâtre

On comptait, au XVIIIe s, sept salles spacieuses et fréquentées, quand Paris n'en possédait que trois. Quatre de ces théâtres étaient consacrés à l'opéra, les trois autres à la comédie. Mais il fallait encore ajouter les salles privées et les théâtres ambulants.
Venise a connu tout d'abord le triomphe de la *commedia dell'arte* jusqu'au XVIIIe s (voir plus haut la rubrique du même nom). Elle était créée à partir d'un canevas sommaire. Les interprètes recevaient de brèves instructions sur leur rôle, puis improvisaient. Les acteurs, le visage masqué, étaient à la fois mimes, acrobates, danseurs, musiciens, poètes et comédiens. Le peuple vénitien fuyait la tragédie et pouvait ainsi satisfaire son penchant naturel pour la drôlerie. Mais le genre s'essoufflera. Les personnages devinrent trop artificiels, les situations usées et les acteurs médiocres. C'est alors qu'est apparu Goldoni, qui a momentanément réconcilié les Vénitiens avec le théâtre écrit (voir plus haut la rubrique « Littérature »).

∞] *Teatro Goldoni* (zoom détachable D4) : calle Goldoni, San Marco, 4650 B. ☎ 041-240-20-11/14. ● teatrostabileveneto.eu ● Répertoire vénitien classique et quelques créations.

∞] *Teatro Fondamenta Nove* (plan détachable D-E2) : fondamenta Nove, Sestiere Cannaregio, 5013. ☎ 041-522-44-98. ● teatrofondamentanuove. it ● Près de l'église des jésuites.

∞] *Atelier Malibran* (zoom détachable D3) : campiello Malibran, 5873, Cannaregio, 30131. ☎ 041-78-66-03 ou 041-78-65-11. ● teatrolafenice.it ● (même gestion que La Fenice). Pas très loin du Rialto. Date du XVIIe s. Programme varié, y compris de musique classique, ballet et opéra.

## La Biennale de Venise

– *Rens et infos :* ☎ 041-521-87-11. ● labiennale.org ● Cet événement culturel international est consacré en alternance soit à l'architecture, soit à l'art visuel (en juin). Visites guidées (y compris de lieux habituellement fermés au public, comme le théâtre de l'Arsenal), spectacles, expos... Programme dans les offices de tourisme ou dans les bureaux de la Biennale, répartis dans la ville. Chaque biennale est également accompagnée d'un volet *DMT* (danse, musique, théâtre), de mi-juin à mi-juillet. Cet événement contemporain rythme les rues de Venise **tous les 2 ans** pour le plus grand bonheur des amateurs d'art contemporain. Internationale et prestigieuse, la Biennale de Venise est un « laboratoire de recherche » où se côtoient les plus osées et extravagantes créations. Créée en 1893 pour célébrer les noces d'argent du roi Umberto Ier et de Marguerite de Savoie, c'est en fait en 1895 qu'a lieu la toute première édition, unique en son genre et déjà très en vue. Le « prix du public » fut décerné à Giacomo Grosso pour son *Ultimo Convergno,* la peinture d'un cadavre entouré de femmes nues. Le ton était donné !

## SPORTS

Vouloir faire du sport à Venise est en soi un sacré sport !
– Dans le centre historique de Venise, vous pourrez faire votre *jogging.* Le plus agréable est de courir le long des *Zattere* (Dorsoduro), sur la Giudecca ou encore dans les *giardini pubblici* du Castello.
– Les fanas d'**aviron** seront comblés. C'est le sport le plus populaire. Toute l'année, les équipages s'entraînent pour la *Vogalonga,* la régate historique. *Le club se situe sur les fondamenta Nove, près de la calle delle Cappuccine, au 6576 A, en face de l'île San Michele (☎ 041-522-20-39).* ● canottieriquerini.it ●
– Depuis 2014, le **kayak** est interdit sur les canaux par la mairie de Venise.
– Pour *se baigner,* il existe bien la piscine du *Cipriani* sur la Giudecca (pour routards de luxe !), mais on n'oserait vous la conseiller. Préférez la piscine *Sant'Alvise (Cannaregio 3161)* ; vous pouvez acheter un billet pour la journée ; c'est déjà très cher. Mieux vaut aller au **Lido** (ou encore sur l'île de Sacca Fisola, île assez moche, il faut le reconnaître, mais avec une belle piscine). En été, difficile d'étendre sa serviette sur les plages publiques du Lido à moins d'aller aux extrémités de l'île, où il y a plus d'espace. Cependant, *louer un vélo* dès votre sortie du *vaporetto* vous permettra de faire le tour de l'île en découvrant des coins plus tranquilles. Il y a de plus un **golf** de 18 trous au sud de l'île, un club d'**équitation** et des courts de **tennis.** Voir le chapitre « Les îles du Sud » pour plus de renseignements.
– *Le marathon de Venise :* chaque année en octobre. Il part de Stra, sur la terre ferme, traverse le pont de la Liberté et mène les plus valeureux jusqu'à l'église de la Salute. ● venicemarathon.it ●
– *Su e zo* (*su e giu,* « haut et bas » en dialecte vénitien), plus informel puisque sans classement, part de la place Saint-Marc et traverse la ville, les places, les ponts (d'où son nom !). ● suezoperiponti.it ●

# les ROUTARDS sur la FRANCE 2017-2018

(dates de parution sur • ***routard.com*** •)

## Découpage de la FRANCE par le ROUTARD

ANGLETERRE
NORD
MANCHE
Nord-Pas de Calais
PAYS-BAS
BELGIQUE
Pas-de-Calais
Nord
Week-ends autour de Paris
Hauts-de-France
Somme
ALLEMAGNE
Picardie
Aisne
Ardennes
LUX.
Seine-Maritime
Normandie
Oise
Calvados
Manche
Meuse
Moselle
Eure
Normandie
Paris
Marne
Lorraine
Bas-Rhin
Bretagne Nord
Orne
Ile-de-France
Grand-Est
Meurthe-et-Moselle
Côtes-d'Armor
Ille-et-Vilaine
Alsace
Finistère
Mayenne
Eure-et-Loir
Aube
Haute-Marne
Vosges
Bretagne
Rennes Métropole
Sarthe
Haut-Rhin
Pays de la Loire
Morbihan
Loir-et-Cher
Loiret
Yonne
Haute-Saône
Bretagne Sud
Loire-Atlantique
Maine-et-Loire
Châteaux de la Loire
Bourgogne
Côte-d'Or
Doubs
Nantes et ses environs
Indre-et-Loire
Nièvre
Terr. de Belfort
Centre-Val de Loire
Cher
Bourgogne-Franche-Comté
Franche-Comté
Pays de la Loire
Jura franco-suisse
Deux-Sèvres
Vienne
Indre
Saône-et-Loire
Jura
Vendée
SUISSE
Allier
Poitou
Ain
Haute-Savoie
Les Charentes
Haute-Vienne
Creuse
Auvergne
Lyon
Savoie Mont Blanc
Charente-Maritime
Charente
Limousin
Puy-de-Dôme
Loire
Rhône
OCÉAN ATLANTIQUE
Isère
Auvergne-Rhône-Alpes
Savoie
Corrèze
Nouvelle-Aquitaine
Périgord-Dordogne
Cantal
Haute-Loire
Isère, Alpes du Sud
ITALIE
Dordogne
Ardèche, Drôme
Gironde
Lot
Hautes-Alpes
Bordelais, Landes, Lot-et-Garonne
Lot, Aveyron, Tarn
Lozère
Ardèche
Drôme
Lot-et-Garonne
Alpes-de-Haute-Provence
Tarn-et-Garonne
Aveyron
Gard
Vaucluse
Alpes-Maritimes
Landes
Gers
Tarn
Provence
Toulouse Métropole
Montpellier Métropole
Nice
Bouches-du-Rhône
Var
Occitanie
Hérault
Pyrénées-Atlantiques
Haute-Garonne
Marseille
Côte d'Azur
Aude
Hautes-Pyrénées
Pays basque, Béarn
Ariège
Languedoc et Roussillon
Provence-Alpes-Côte d'Azur
Haute-Corse
Midi toulousain (Pyrénées, Gascogne)
Pyrénées-Orientales
Corse
ESPAGNE
Corse
0
100
200 km
MER MÉDITERRANÉE
Corse du Sud


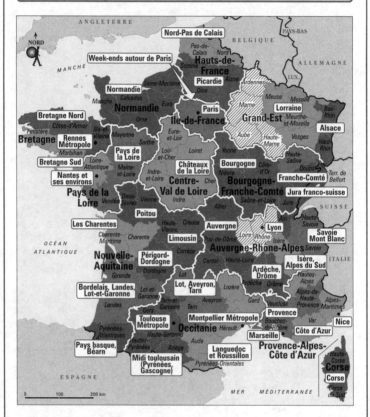

## Autres guides nationaux

- Hébergements insolites en France (mars 2017)
- La Loire à Vélo
- La Vélodyssée (Roscoff-Hendaye)
- Nos meilleurs campings en France
- Nos meilleures chambres d'hôtes en France
- Nos meilleurs restos en France
- Les visites d'entreprises

## Autres guides sur Paris

- Paris
- Paris balades
- Restos et bistrots de Paris
- Le Routard des amoureux à Paris
- Week-ends autour de Paris

# *les ROUTARDS sur l'ÉTRANGER 2017-2018*

(dates de parution sur • *routard.com* •)

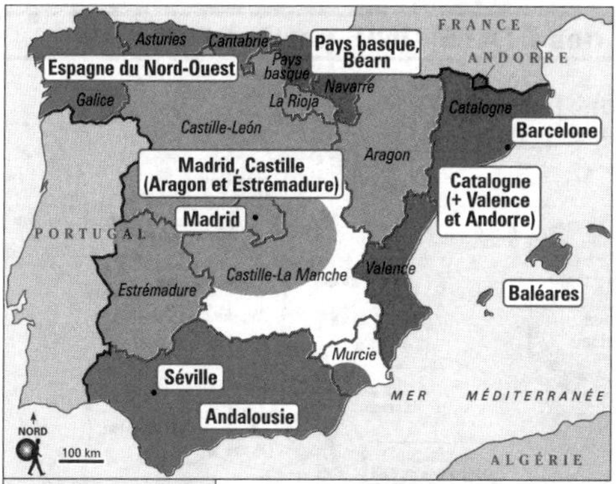
FRANCE
ANDORRE
Asturies
Cantabrie
Espagne du Nord-Ouest
Pays basque
Pays basque, Béarn
Navarre
Galice
La Rioja
Catalogne
Barcelone
Castille-León
Madrid, Castille (Aragon et Estrémadure)
Aragon
Catalogne (+ Valence et Andorre)
Madrid
PORTUGAL
Castille-La Manche
Valence
Estrémadure
Baléares
Murcie
Séville
Andalousie
MER MÉDITERRANÉE
NORD
100 km
ALGÉRIE

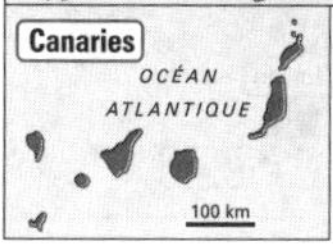
Canaries
OCÉAN ATLANTIQUE
100 km

**Découpage de l'ESPAGNE par le ROUTARD**

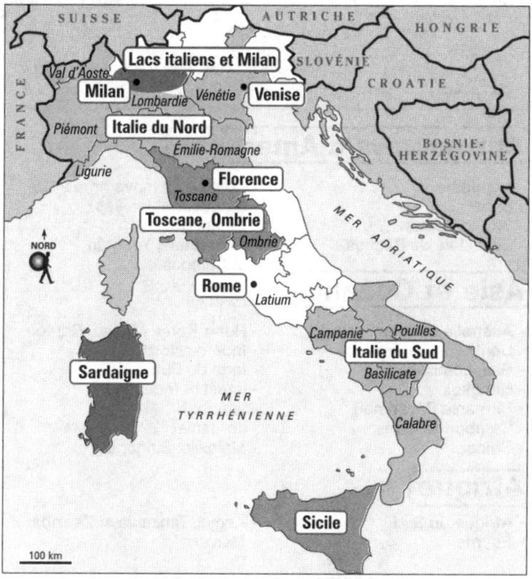
SUISSE
AUTRICHE
HONGRIE
Lacs italiens et Milan
SLOVÉNIE
Val d'Aoste
Milan
Lombardie
Vénétie
Venise
CROATIE
FRANCE
Piémont
Italie du Nord
BOSNIE-HERZÉGOVINE
Émilie-Romagne
Ligurie
Florence
Toscane
Toscane, Ombrie
MER ADRIATIQUE
NORD
Ombrie
Rome
Latium
Campanie
Pouilles
Italie du Sud
Sardaigne
Basilicate
MER TYRRHÉNIENNE
Calabre
Sicile
100 km

**Découpage de l'ITALIE par le ROUTARD**

## Autres pays européens

- Allemagne
- Angleterre, Pays de Galles
- Autriche
- Belgique
- Budapest, Hongrie
- Capitales baltes (avril 2017)
- Crète
- Croatie
- Danemark, Suède
- Écosse
- Finlande
- Grèce continentale
- Îles grecques et Athènes
- Irlande
- Islande
- Madère
- Malte
- Norvège
- Pologne
- Portugal
- République tchèque, Slovaquie
- Roumanie, Bulgarie
- Suisse

## Villes européennes

- Amsterdam et ses environs
- Berlin
- Bruxelles
- Copenhague
- Dublin
- Lisbonne
- Londres
- Moscou
- Prague
- Saint-Pétersbourg
- Stockholm
- Vienne

# les ROUTARDS sur l'ÉTRANGER 2017-2018

(dates de parution sur • *routard.com* •)

## Découpage des ÉTATS-UNIS par le ROUTARD

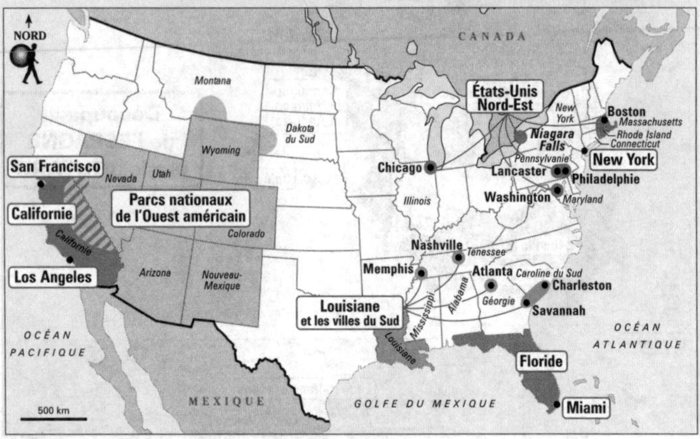

NORD
CANADA
Montana
Dakota du Sud
Wyoming
États-Unis Nord-Est
New York
Boston
Massachusetts
Rhode Island
Connecticut
Niagara Falls
Pennsylvanie
New York
San Francisco
Nevada
Utah
Chicago
Lancaster
Philadelphie
Washington
Maryland
Illinois
California
Parcs nationaux de l'Ouest américain
Colorado
Californie
Nashville
Tenessee
Memphis
Atlanta
Caroline du Sud
Charleston
Los Angeles
Arizona
Nouveau-Mexique
Louisiane et les villes du Sud
Mississippi
Alabama
Géorgie
Savannah
OCÉAN PACIFIQUE
OCÉAN ATLANTIQUE
Louisiane
Floride
MEXIQUE
GOLFE DU MEXIQUE
500 km
Miami


## Autres pays d'Amérique

- Argentine
- Brésil
- Canada Ouest
- Chili et île de Pâques
- Costa Rica (novembre 2016)
- Équateur et les îles Galápagos
- Guatemala, Yucatán et Chiapas
- Mexique
- Montréal
- Pérou, Bolivie
- Québec, Ontario et Provinces maritimes

## Asie et Océanie

- Australie côte est + Red Centre
- Bali, Lombok
- Bangkok
- Birmanie (Myanmar)
- Cambodge, Laos
- Chine
- Hong-Kong, Macao, Canton
- Inde du Nord
- Inde du Sud
- Israël et Palestine
- Istanbul
- Jordanie
- Malaisie, Singapour
- Népal
- Shanghai
- Sri Lanka (Ceylan)
- Thaïlande
- Tokyo, Kyoto et environs
- Turquie
- Vietnam

## Afrique

- Afrique du Sud
- Égypte
- Kenya, Tanzanie et Zanzibar
- Maroc
- Marrakech
- Sénégal
- Tunisie

## Îles Caraïbes et océan Indien

- Cuba
- Guadeloupe, Saint-Martin, Saint-Barth
- Île Maurice, Rodrigues
- Madagascar
- Martinique
- République dominicaine (Saint-Domingue)
- Réunion

## Guides de conversation

- Allemand
- Anglais
- Arabe du Maghreb
- Arabe du Proche-Orient
- Chinois
- Croate
- Espagnol
- Grec
- Italien
- Japonais
- Portugais
- Russe
- G'palémo (conversation par l'image)

## Les Routards Express

Amsterdam, Barcelone, Berlin, Bruxelles, Budapest, Dublin, Florence, Istanbul, Lisbonne, Londres, Madrid, Marrakech, New York, Prague, Rome, Venise.

## Nos coups de cœur

- Les 50 voyages à faire dans sa vie (octobre 2016)
- Nos 52 week-ends dans les plus belles villes d'Europe
- France - Monde

# VOYAGEZ CONNECTÉ AVEC Le Routard

# DÉCOUVREZ EN MAGASIN LA SÉLECTION DES PRODUITS VOYAGE & CONNECT DU ROUTARD

## GAMME ADAPTATEURS & BATTERIES

## GAMME RETRACT & NOMADE

## GAMME VOYAGE & CONNECT

DEA CRÉATEUR, FABRICANT ET DISTRIBUTEUR DEPUIS 2002 D'ACCESSOIRES TÉLÉPHONIE, D'AUDIO BLUETOOTH ET DE PRODUITS NOMADES ET CONNECTÉS EST FIER DE VOUS PRÉSENTER LA SÉLECTION DES PRODUITS DU ROUTARD

BY DEA

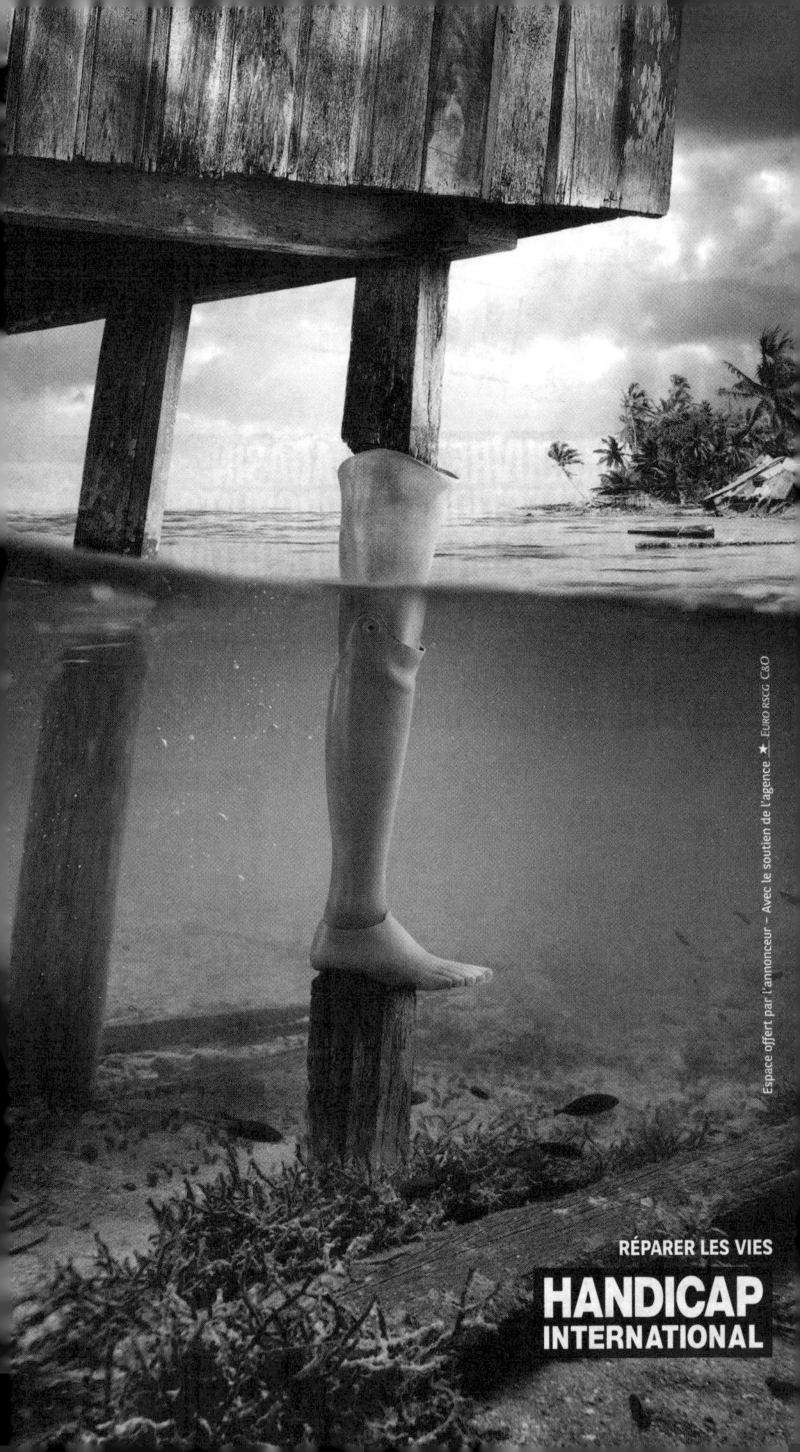
Espace offert par l'annonceur – Avec le soutien de l'agence ★ EURO RSCG C&O
RÉPARER LES VIES
HANDICAP
INTERNATIONAL

Document à caractère publicitaire

routard
COURTE DURÉE
assurance

# routard assurance

## Voyages de moins de 8 semaines

| RÉSUMÉ DES GARANTIES* | MONTANT MAXIMUM DES GARANTIES |
|---|---|
| **FRAIS MÉDICAUX** (pharmacie, médecin, hôpital) | 100 000 € U.E. / 300 000 € Monde entier |
| Agression (déposer une plainte à la police dans les 24 h) | Inclus dans les frais médicaux |
| Rééducation / kinésithérapie / chiropractie | Prescrite par un médecin suite à un accident |
| Frais dentaires d'urgence | 75 € |
| Frais de prothèse dentaire | 500 € par dent en cas d'accident caractérisé |
| Frais d'optique | 400 € en cas d'accident caractérisé |
| **RAPATRIEMENT MÉDICAL** | Frais illimités |
| Rapatriement médical et transport du corps | Frais illimités |
| Visite d'un parent si l'assuré est hospitalisé plus de 5 jours | 2 000 € |
| **CAPITAL DÉCÈS** | 15 000 € |
| **CAPITAL INVALIDITÉ À LA SUITE D'UN ACCIDENT**** | |
| Permanente totale | 75 000 € |
| Permanente partielle (application directe du %) | De 1 % à 99 % |
| **RETOUR ANTICIPÉ** | |
| En cas de décès accidentel ou risque de décès d'un parent proche (conjoint, enfant, père, mère, frère, sœur) | Billet de retour |
| **PRÉJUDICE MORAL ESTHÉTIQUE** (inclus dans le capital invalidité) | 15 000 € |
| **ASSURANCE RESPONSABILITÉ CIVILE VIE PRIVÉE** | |
| Dommages corporels garantis à 100 % y compris honoraires d'avocats et assistance juridique accidents | 750 000 € |
| Dommages matériels garantis à 100 % y compris honoraires d'avocats et assistance juridique accidents | 450 000 € |
| Dommages aux biens confiés | 1 500 € |
| **FRAIS DE RECHERCHE ET DE SAUVETAGE** | 2 000 € |
| **AVANCE D'ARGENT** (en cas de vol de vos moyens de paiement) | 1 000 € |
| **CAUTION PÉNALE** | 7 500 € |
| **ASSURANCE BAGAGES** | 2 000 € (limite par article de 300 €)*** |

* Les garanties indiquées sont valables à date d'édition du Guide Le Routard. Par conséquent, nous vous invitons à prendre connaissance préalablement de l'intégralité des Conditions générales mises à jour sur www.avi-international.com ou par téléphone au 01 44 63 51 00 (coût d'un appel local).

** 15 000 euros pour les plus de 60 ans.

*** Les objets de valeur, bijoux, appareils électroniques, photo, ciné, radio, mp3, tablette, ordinateur, instruments de musique, jeux et matériel de sport, embarcations sont assurés ensemble jusqu'à 300 €.

**PRINCIPALES EXCLUSIONS*** (communes à tous les contrats d'assurance voyage)

- Les conséquences d'événements catastrophiques et d'actes de guerre,
- Les conséquences de faits volontaires d'une personne assurée,
- Les conséquences d'événements antérieurs à l'assurance,
- Les dommages matériels causés par une activité professionnelle,
- Les dommages causés ou subis par les véhicules que vous utilisez,
- Les accidents de travail manuel et de stages en entreprise (sauf avec l'option Sports et Loisirs Plus),
- L'usage d'un véhicule à moteur à deux roues et les sports dangereux : surf, rafting, escalade, plongée sous-marine (sauf avec l'option Sports et Loisirs Plus).

**Souscrivez en ligne**
**sur www.avi-international.com**
**ou appelez le 01 44 63 51 00***

AVI
Travel insurance and much more

AVI International (SPB Groupe) - S.A.S. de courtage d'assurances au capital de 100 000 euros - Siège social : 40-44, rue Washington (entrée principale au 42-44), 75008 Paris - RCS Paris 323 234 575 - N° ORIAS 07 000 002 (www.orias.fr). Les Assurances Routard Courte Durée et Longue Durée ont été souscrites auprès d'un assureur dont vous trouverez les coordonnées complètes sur le site www.avi-international.com.

# INDEX GÉNÉRAL

INDEX GÉNÉRAL

## LISTE DES CARTES ET PLANS

Nous tenons à remercier tout particulièrement Loup-Maëlle Besançon, Thierry Bessou, Gérard Bouchu, François Chauvin, Grégory Dalex, Fabrice Doumergue, Cédric Fischer, Carole Fouque, Michelle Georget, David Giason, Claude Hervé-Bazin, Emmanuel Juste, Dimitri Lefèvre, Fabrice de Lestang, Romain Meynier, Éric Milet, Pierre Mitrano, Jean-Sébastien Petitdemange et Thomas Rivallain pour leur collaboration régulière.

Emmanuelle Bauquis
Jean-Jacques Bordier-Chêne
Michèle Boucher
Sophie Cachard
Lucie Colombo
Agnès Debiage
Émilie Debur
Jérôme Denoix
Flora Descamps
Louise Desmoulins
Tovi et Ahmet Diler
Clélie Dudon
Sophie Duval
Alain Fisch
Romain Fossurier

Bérénice Glanger
Adrien et Clément Gloaguen
Marie Gustot
Bernard Hilaire
Sébastien Jauffret
Jacques Lemoine
Amélie Mikaelian
Caroline Ollion
Martine Partrat
Odile Paugam et Didier Jehanno
Émilie Pujol
Prakit Saiporn
Jean-Luc et Antigone Schilling
Caroline Vallano

**Direction:** Nathalie Bloch-Pujo
**Contrôle de gestion:** Jérôme Boulingre et Adeline Cazabat Barrere
**Secrétariat:** Catherine Maîtrepierre
**Direction éditoriale:** Catherine Julhe
**Édition:** Matthieu Devaux, Géraldine Péron, Olga Krokhina, Gia-Quy Tran, Julie Dupré, Emmanuelle Michon, Sarah Favaron, Flora Sallot, Elvire Tandjaoui, Quentin Tenneson, Clémence Toublanc et Sandra Vavdin
**Préparation-lecture:** Véronique Rauzy
**Cartographie:** Frédéric Clémençon et Aurélie Huot
**Fabrication:** Nathalie Lautout et Audrey Detournay
**Relations presse France:** COM'PROD, Fred Papet. ☎ 01-70-69-04-69.
● info@comprod.fr ●
**Direction marketing:** Adrien de Bizemont, Clémence de Boisfleury et Charlotte Brou
**Contacts partenariats:** André Magniez (EMD). ● andremagniez@gmail.com ●
**Édition des partenariats:** Élise Ernest
**Informatique éditoriale:** Lionel Barth
**Couverture:** Clément Gloaguen et Seenk
**Maquette intérieure:** le-bureau-des-affaires-graphiques.com, Thibault Reumaux et npeg.fr
**Relations presse:** Martine Levens (Belgique) et Maureen Browne (Suisse)
**Régie publicitaire:** Florence Brunel-Jars

### Remarque importante aux hôteliers et restaurateurs

Les enquêteurs du *Routard* travaillent dans le plus strict anonymat. Aucune réduction, aucun avantage quelconque, aucune rétribution n'est jamais demandé en contre-partie. Face aux aigrefins, la loi autorise les hôteliers et restaurateurs à porter plainte.

### Avis aux lecteurs

Le *Routard,* ce n'est pas comme le bon vin, il vieillit mal. On ne veut pas pousser à la consommation, mais évitez de partir avec une édition ancienne. Les modifications sont souvent importantes.

Les réductions accordées à nos lecteurs ne sont jamais demandées par nos rédacteurs afin de préserver leur indépendance. Les hôteliers et restaurateurs sont sollicités par une société de mailing, totalement indépendante de la rédaction, qui reste donc libre de ses choix. De même pour les autocollants et plaques émaillées.

### Avec routard.com, choisissez, organisez, réservez et partagez vos voyages !

✓ Rejoignez la plus grande communauté francophone de voyageurs : plus de **2 millions** de visiteurs !

✓ Échangez avec les routarnautes : forums, photos, avis d'hôtels.

✓ Retrouvez aussi toutes les informations actualisées pour choisir et préparer vos voyages : plus de 200 fiches pays, une centaine de dossiers pratiques et un magazine en ligne pour découvrir tous les secrets de votre destination.

✓ Enfin, comparez les offres pour organiser et réserver votre voyage au meilleur prix.

## — Les **Routards** *parlent aux* **Routards** —

Faites-nous part de vos expériences, de vos découvertes, de vos tuyaux. Indiquez-nous les renseignements périmés. Aidez-nous à remettre l'ouvrage à jour. Faites profiter les autres de vos adresses nouvelles, combines géniales... On adresse un exemplaire gratuit de la prochaine édition à ceux qui nous envoient les lettres les meilleures, pour la qualité et la pertinence des informations. Quelques conseils cependant :

– Envoyez-nous votre courrier le plus tôt possible afin que l'on puisse insérer vos tuyaux sur la prochaine édition.

– N'oubliez pas de préciser l'ouvrage que vous désirez recevoir, ainsi que votre adresse postale.

– Vérifiez que vos remarques concernent l'édition en cours et notez les pages du guide concernées par vos observations.

– Quand vous indiquez des hôtels ou des restaurants, pensez à signaler leur adresse précise et, pour les grandes villes, les moyens de transport pour y aller. Si vous le pouvez, joignez la carte de visite de l'hôtel ou du resto décrit.

– N'écrivez si possible que d'un côté de la lettre (et non recto verso).

– Bien sûr, on s'arrache moins les yeux sur les lettres dactylographiées ou correctement écrites !

En tout état de cause, merci pour vos nombreuses lettres.

## 122, rue du Moulin-des-Prés, 75013 Paris

● guide@routard.com ● routard.com ●

## — **Routard Assurance** *2017* —

Née du partenariat entre *AVI International* et le *Routard, Routard Assurance* est une assurance voyage complète qui offre toutes les prestations d'assistance indispensables à l'étranger : dépenses médicales, pharmacie, frais d'hôpital, rapatriement médical, caution et défense pénale, responsabilité civile vie privée et bagages. Présent dans le monde entier, le plateau d'assistance d'*AVI International* donne accès à un vaste réseau de médecins et d'hôpitaux. Pas besoin d'avancer les frais d'hospitalisation ou de rapatriement. Numéro d'appel gratuit, disponible 24h/24. *AVI International* dispose par ailleurs d'une filiale aux États-Unis qui permet d'intervenir plus rapidement auprès des hôpitaux locaux. À noter, *Routard Assurance Famille* couvre jusqu'à 7 personnes, et *Routard Assurance Longue Durée Marco Polo* couvre les voyages de plus de 2 mois dans le monde entier. *AVI International* est une équipe d'experts qui répondra à toutes vos questions par téléphone : ☎ 01-44-63-51-00 ou par mail ● routard@avi-international.com ● Conditions et souscription sur ● avi-international.com ●

Édité par Hachette Livre (58, rue Jean-Bleuzen, CS 70007, 92178 Vanves Cedex, France)
Photocomposé par Jouve (45770 Saran, France)
Imprimé par Jouve 2 (quai n° 2, 733, rue Saint-Léonard, BP 3, 53101 Mayenne Cedex, France)
Achevé d'imprimer le 9 septembre 2016
Collection n° 13 - Édition n° 01
75/4430/6
I.S.B.N. 978-2-01-323702-4
Dépôt légal : septembre 2016

PAPIER À BASE DE
FIBRES CERTIFIÉES